KB130092

인민 3부작 · 2

마오의 대기근

인민 3부작 • 2

마오의 대기근

중국 참극의 역사

1958~1962

프랑크 디쾨터 지음 | 최파일 옮김

THE PEOPLE'S TRILOGY, VOLUME 1: MAO'S GREAT FAMINE
by FRANK DIKÖTTER

This Korean edition is published by arrangement with The Wylie Agency (UK) Ltd.

일러두기
• 각주는 옮긴이주다.

이 책은 실로 꿰매어 제본하는 정통적인 사철 방식으로 만들어졌습니다.
사철 방식으로 제본된 책은 오랫동안 보관해도 손상되지 않습니다.

혁명은 사교 모임의 만찬이 아니다.

— 마오쩌둥

차례

3부 파괴

4부 생존

5부 취약 계층

6부 죽음의 방식들

머리말

1958년과 1962년 사이에 중국은 점점 지옥으로 빠져들었다. 중국 공산당 주석 마오쩌둥(毛澤東)은 대약진 운동, 즉 15년이 안 되는 기간에 영국을 따라잡으려는 시도로 조국을 광란으로 몰아넣었다. 마오쩌둥은 중국의 가장 큰 자산인 수억 명에 달하는 노동력을 대거 투입함으로써 경쟁국들을 단숨에 따돌리고 조국의 경제를 끌어올릴 수 있으리라 생각했다. 공업 부문에만 매달린 소련 발전 모델을 따르는 대신 중국은 〈두 다리로 걸으리라〉. 농민 대중은 농업과 공업을 동시에 개조함으로써 후진 경제를 모두에게 풍요로운 현대적 공산주의 사회로 전환할 목적으로 동원되었다. 유토피아적 낙원을 추구하는 과정에서 모든 것은 집산화되었다. 마을 주민들은 공산주의의 도래를 알리는 거대한 인민공사 안으로 한데 몰아넣어졌다. 농촌 사람들은 일과 집, 토지, 소유물, 생계를 빼앗겼다. 집단 배급소에서 성과에 따라 조금씩 배급된 식량은 사람들이 당의 모든 지시를 따르도록 강제하는 무기가 되었다. 거대한 치수 프로젝트의 일환으로 진행되는 관개 사업에 마을 주민의 절반이 흔히 집에서 멀리 떨어진 타지에서 제대로 먹지도 쉬지도 못하는 상황에서 몇 주에 걸쳐 강제 동원되었다. 이 실험은 수천만 명의 목숨을 앗아 가며 중국 역사상 최악의 파국을 몰고 왔다.

비교 가능한 다른 참사들, 이를테면 폴 포트나 아돌프 히틀러, 이오시프 스탈린 치하에서 일어난 참사들과 달리 대약진 운동 동안 대체 어떤 일이 벌어졌는지 그 실제 규모는 거의 알려지지 않았다. 당의 신임장으로 든든히 뒷받침되는, 극히 신뢰받는 역사가들을 제외하고는 누구도 당 기록 보관소에 접근할 수 없었기 때문이다. 그러나 새로운 기록물 보관법 덕분에 최근 방대한 분량의 기록물이 전문 역사가들에게 공개되며 마오쩌둥 시대를 연구하는 방식이 근본적으로 변화했다. 이 책은 여러 해에 걸쳐 수십 곳의 당 기록 보관소에서 수집된 1,000건이 훌쩍 넘는 기록물들을 바탕으로 한다. 나는 베이징의 외교부와 허베이(河北), 산둥(山東), 간쑤(甘肅), 후베이(湖北), 후난(湖南), 저장(浙江), 쓰촨(四川), 구이저우(貴州), 윈난(雲南), 광둥(廣東) 성 등지의 대형 지방 기록 보관소부터 중국 전역의 도시와 군에 흩어져 있는, 더 작지만 똑같이 소중한 기록 보관소의 소장 기록들을 참고했다. 사료들은 공안부 비밀 문건부터, 최고위 당직자 회의의 상세한 의사록과 주요 지도자들의 검열되지 않은 연설문의 판본, 농촌 지역 작업 조건에 대한 설문 조사, 대량 학살 조사 기록, 수백만 명의 죽음에 책임이 있는 지도부의 고백, 대약진 운동 최종 국면에 참사의 규모를 파악하기 위해 파견된 특별 조사 팀이 작성한 조사 문건, 집산화 운동 기간 동안 농민 저항에 관한 일반 보고서, 비밀 여론 조사, 평범한 사람들이 작성한 항의 서한 등등을 아우른다.

이 방대하고 세세한 기록 서류에서 나온 것은 대약진 운동에 대한 우리의 생각을 바꿔 놓는다. 예를 들어 전체 사망자 수에 관해서 지금까지 연구자들은 1953년, 1964년, 1982년의 인구 조사를 비롯한 공식 인구 통계를 바탕으로 그 수치를 추정해야 했다. 그들이 추정한 초과 사망자 수는 1500만~3200만 명이다. 그러나 당시 작성된 공안부 보고서와 대약진 운동 마지막 몇 달 동안 당위원회에서 취합한 두꺼운 비밀 문건들은 이런 추산치가 얼마나 불충분한지를 여실히 보여 주면서 훨씬 어마어마한 규모의 파국을 가리키고 있다. 이 책은 1958년부터 1962년까지 적어도 4500만 명의 사람들이 억울하게 사망했음을 보여 준다.

〈기근〉이나 심지어 〈대기근great famine〉이라는 표현은 마오주의 시대의 이 4~5년을 묘사하는 데 흔히 쓰이지만 이 표현은 과격한 집산화 과정에서 사람들이 죽어 간 무수한 방식을 제대로 담아내지 못한다. 〈기근〉이라는 안이한 용어 사용은 이러한 죽음들이 형편없이 실행된 섣부른 경제 계획의 의도하지 않은 결과라는 널리 퍼진 시각을 뒷받침하는 데 일조하기도 한다. 대량 살상의 이미지는 보통 마오쩌둥이나 대약진 운동과 연관되지 않으며, 중국은 흔히 캄보디아나 소련 관련 참상과 비교될 때 더 우호적인 평가를 받음으로써 계속해서 득을 보고 있다. 그러나 이 책에 제시된 새로운 증거들이 입증하듯이 강압과 공포, 체계적인 폭력이 대약진 운동의 토대였다. 종종 다른 곳도 아닌 당에 의해 취합된 꼼꼼한 보고서들 덕분에 우리는 1958년과 1962년 사이 기간에 전체 희생자의 대략 6~8퍼센트가 고문을 받다 죽거나 약식 처형되었다는 것을 추론할 수 있는데, 그렇다면 이 희생자 수는 최소한 250만 명에 이른다. 다른 희생자들은 고의적으로 식량 배급을 거부당해 아사했다. 그보다 더 많은 이들이 일하기에는 너무 늙거나 몸이 약하거나 아파서, 따라서 밥값을 할 수 없다는 이유로 천천히 죽어 갔다.

사람들은 선별적으로 살해되기도 했다. 부자라는 이유로, 꾸물거린다는 이유로, 자기 생각을 공개적으로 말하거나 아니면 단순히 사람들이 좋아하지 않는다는 이유로, 무슨 이유로든 공동 식당에서 국자를 뜨는 사람의 손에 죽었다. 사람보다는 숫자에 초점을 맞출 수밖에 없는 압력에 시달리는 현지 간부들이 꼭대기의 계획자들한테서 내려온 목표치를 달성하는 데만 신경 쓰는 가운데, 무수한 사람들이 직무 태만을 통해 간접적으로 살해되었다.

약속된 풍요라는 이상은 인류 역사상 가장 참혹한 대량 살상을 낳았을 뿐 아니라 농업과 무역, 공업, 운송에도 유례없는 피해를 입혔다. 솥과 냄비, 각종 연장들이 발전을 나타내는 마법의 지표로 여겨진 국가 철강 생산량을 높이기 위해 토법고로(土法高爐) 속으로 들어갔다. 가축의 수가 급격하게 감소했다. 동물이 수출 시장에 팔려 나갈 목적으로 도축되었기 때문이기도 하지만 질병과 굶주림으로 한꺼번에 죽어 나갔기 때문이다. 모든 이의 식탁에 고기를 올리겠다는 거대 양돈장 프로젝트는 무용지물이었다. 원자재와 물자가 형편없이 배치되고, 공장장들이 산출량을 증가시키기 위해 고의적으로 규정을 왜곡했기 때문에 낭비가 늘어났다. 모두가 더 높은 산출량을 끊임없이 추구하면서 규정과 절차를 무시한 채 손쉬운 지름길로만 가려다 보니 조악한 상품들이 쏟아져 나왔고, 이런 상품들은 집하되지 않은 채 철도 측선 옆에 쌓여 갔다. 부정부패가 생활 구석구석으로 스며들어 간장부터 수력 댐에 이르기까지 모든 것을 부패시켰다. 계획 경제가 창출한 수요를 감당할 수 없던 운송 체계는 삐걱거리며 굴러가다 결국 완전히 붕괴했다. 수억 위안어치의 상품이 공동 식당과 공동 숙사, 심지어 길에도 쌓여 갔고, 무수한 재고품이 그야말로 썩어 버리거나 녹슬어 갔다. 곡물이 흙먼지 이는 시골 도로 곁에 집하되지 않고 그대로 쌓여 있는 동안 사람들은 풀뿌리를 캐러 다니거나 흙이라도 파먹는, 이보다 더 낭비적인 시스템을 설계하기도 어려웠을 것이다.

이 책은 또한 공산주의로 단숨에 도약하려는 시도가 어떻게 인류 역사상 최대의 재산 파괴를 낳았는지도 보여 준다. 그 재산 파괴의 규모는 제2차 세계 대전 당시 폭격에 의한 그 어떤 결과도 훌쩍 넘어선다. 비료를 만들기 위해, 공동 식당을 짓기 위해, 주민들을 재배치하기 위해, 도로가 곧게 뻗도록 하기 위해, 더 좋은 미래에 자리를 내주기 위해, 혹은 그저 거주자들을 처벌하려는 심산에서 집들을 철거하면서 전체 가옥의 40퍼센트가량이 돌무더기가 되었다. 자연계도 무사할 수 없었다. 우리는 대약진 운동 기간 동안 사라진 삼림 면적이 어느 정도인지 그 규모를 완전히 파악하지는 못할 테지만 일부 지방에서는 자연에 대한 장기간에 걸친 집중적 파괴로 나무가 절반까지 사라졌다. 강과 물길도 피해를 입었다. 중국 전역에서 엄청난 인적, 경제적 희생을 치러 가며 수억 명의 농민들이 건설한 댐과 운하는 산사태와 토사 퇴적, 토양 염화, 엄청난 홍수를 야기하면서 대부분 쓸모없게 되거나 심지어 위험 요소가 되었다.

따라서 이 책이 의미하는 바는 결코 기아에만 국한되지 않는다. 이 책이 기록하는 것, 종종 괴로울 만큼 세세하게 기록하는 것은 마오쩌둥이 자신의 위신을 걸었던 사회 경제 체제의 붕괴다. 파국이 펼쳐지면서 주석은 자신이 가진 없어서는 안 될 당의 지도자라는 위상을 유지하기 위해 비판가들을 맹공격했다. 그러나 기근이 끝난 뒤에 주석에 강하게 반대하는 새로운 분파 세력들이 등장했다. 정권을 유지하기 위해 마오쩌둥은 문화 대혁명으로 나라를 뒤엎어야 했다. 중화 인민 공화국 역사에서 중심축이 되는 사건은 대약진 운동이었다. 공산주의 중국에서 무슨 일이 일어났는지를 이해하려는 어떤 시도든 대약진 운동을 마오주의 시대 전체의 정중앙에 놓고 시작해야 한다. 훨씬 더 일반적인 측면에서 보자면, 현대 사회가 자유와 규제 사이에서 균형을 찾으려고 애쓰는 가운데, 당시의 파국은 카오스에 대한 해결책으로서의 국가 계획이라는 발상이 얼마나 심대하게 어긋난 것인지를 상기하는 사례로 남아 있다.

이 책은 일당 국가에서 권력의 동학(動學)에 관해 새로운 증거들을 내놓는다. 대약진 운동 이면의 정치는 공식 진술들이나 반(半)공식적 문서들, 문화 대혁명 동안 나온 홍위병 자료들을 바탕으로 정치학자들이 연구해 왔지만 이같이 검열을 거친 출전들 가운데 어느 것도 막후에서 무슨 일이 일어났는지는 드러내지 않는다. 권력의 중심부에서 오간 말과 행위들에 대한 완전한 그림은 베이징의 중앙당 기록 보관소가 연구자들에게 문을 열 때에야 알려질 텐데, 그런 일이 가까운 미래에 일어날 것 같지는 않다. 그러나 지방 지도자들이 종종 매우 중요한 당 집회에 참석했고 베이징에서 일이 돌아가는 사정을 알아야 할 필요가 있었기 때문에 지방의 기록 보관소에서 여러 핵심 모임의 의사록들을 발견할 수 있다. 기록들은 지도부를 매우 새롭게 조명한다. 극비 모임들 일부가 밝혀지면서 서로의 뒤통수를 치고 협박도 마다하지 않는 당 지도자들의 악랄한 술수들이 적나라하게 드러났다. 여기서 드러나는 마오쩌둥의 초상은 도저히 매력적이라고 할 수 없다. 그가 면밀하게 가꾸어 온 공적 이미지와는 거리가 멀다. 연설은 횡설수설이고, 역사에서 자신

의 역할에 집착하며, 종종 과거에 받은 모욕에 대한 앙금이 오래가고, 회의에서 자신의 감정을 이용해 좌중을 으르고 자신의 뜻을 관철하는 데 도사며, 무엇보다도 인명 손실에 철저히 무감한 사람이다.

우리는 마오쩌둥이 대약진 운동의 핵심 설계자였으며, 따라서 뒤따른 파국에 중점적 책임이 있다는 것을 안다.[1] 그는 동료들과 흥정하고 그들을 구슬리고, 들볶고, 때로 괴롭히거나 핍박하면서, 자신의 비전을 밀어붙이기 위해 갖은 애를 써야 했다. 스탈린과 달리 라이벌들을 지하 감옥에 끌고 가 처형시키지는 않았지만 그들의 경력을, 그리고 당내 최고 위치에 따라오는 많은 특권들을 끝장냄으로써 그들을 공직에서 몰아낼 수 있는 권력을 갖고 있었다. 영국을 따라잡으려는 운동은 마오 주석과 함께 시작하여 몇 년 뒤 그가 동료들에게 경제 계획에서 더 점진적 접근법으로 복귀하는 것을 마지못해 허락하면서 끝났다. 그러나 류사오치(劉少奇)와 저우언라이(周恩來), 즉 마오쩌둥 다음으로 가장 힘 있는 당 지도자 두 사람이 반발했다면 그는 결코 뜻대로 할 수 없었을 것이다. 그리고 그들은 그들대로 다른 고위 동료들로부터 지지를 이끌어 내는 가운데 이해관계의 사슬과 동맹이 당 꼭대기부터 촌락 단위에 이르기까지 죽 이어졌다. 바로 지금 이 책에서 처음으로 낱낱이 서술되는 대로 말이다. 지독한 숙청이 단행되면서 무기력한 간부들이 냉혹하고 파렴치한 인간들로 대체되었다. 새로운 사람들은 자기 이득을 챙기고자 베이징에서 불어오는 바람에 따라 돛을 조절할 줄 아는 사람들이었다.

그러나 무엇보다도 이 책은 지금까지 따로 떼어져 연구되어 온 파국의 두 차원을 하나로 합친다. 우리는 중난하이(中南海), 즉 베이징의 중앙당 본부로 기능한 복합 건물의 복도에서 일어난 일들과 보통 사람들의 일상 경험을 연결시켜야 한다. 인터뷰에 바탕을 둔 몇몇 마을 연구를 제외하면 대기근은커녕 마오쩌둥 시대에 대한 사회사는 한마디로 전무하다.[2] 그리고 기록 보관소에서 나온 새로운 증거들이 파국의 책임이 마오쩌둥을 넘어서 훨씬 멀리까지 미침을 보여 주는 것처럼, 당이 자신들의 지배 아래 있는 일상 생활의 모든 측면에 관하여 취합한 풍성한 서류 기록들은 인민은 희생자에 불과했다는 일반적인 관념을 떨쳐 낸다. 정권이 국내외에 투사한 사회 질서에 대한 비전에도 불구하고, 선출된 정부가 있는 어느 나라에서도 들어 보지 못했을 얼마간의 은밀한 반대와 전복 시도에 부딪히면서 당은 결코 자신들의 원대한 설계를 시행하는 데 성공하지 못했다. 꼭대기에서의 실수가 결국 기계 전체를 멈추게 하는 엄격하게 통제된 공산주의 사회라는 이미지와 대조적으로, 기록 보관소와 인터뷰에서 드러나는 모습은 해체된 사회, 사람들이 살아남기 위해 가능한 모든 수단에 의존하도록 방치된 사회라는 그림이다. 과격한 집산화가 너무도 파괴적이었기에 사회의 전 계층은 당이 제거하려고 애쓴 이윤 동기를 비밀리에 십분 발휘하면서 마스터플랜을 우회하거나 손상시키거나 이용해 먹으려고 했다. 식량 기근이 퍼져 나가면서 보통 사람들에게 생존은 점점 더 거짓말을 하고 남을 홀리거나 감추고 훔치거나 속이거나 좀도둑질을 하거나 양식을 뒤지고 밀수하거나 술수를 부리고 조작하거나 아니면 국가의 허점을 노리는 여타 수법을 동원하는 능력에 달려 있게 되었다. 로버트 서비스Robert Service가 지적하듯이 소련의 경우 이런 현상은 기계를 멈추게 하는 작은 모래알이라기보다는 오히려 시스템이 완전히 멈춰 서는 것을 방지하는 기름이었다.[3] 〈완벽한〉 공산 사회는 사람들이 협력하게 하는 동기를 충분히 제공할 수 없었고 이윤 동기를 일정 정도 도모하지 않았으면 완전히 자멸하고 말았을 것이다. 당 노선을 지속적으로 위반하지 않았다면 어느 공산 정권도 그렇게 오랫동안 권력을 계속 유지하지는 못했을 것이다.

생존은 불복종에 달려 있었지만 곡물을 숨기는 농민부터 장부를 조작하는 현지 간부에 이르기까지 각계각층의 사람들이 생각해 낸 다양한 생존 전략은 정권의 생명을 연장하는 경향도 있었다. 사람들은 살아남기 위해 거짓말을 했고 그 결과로 맨 꼭대기의 주석까지 전달되는 정보가 왜곡되었다. 계획 경제는 방대한 양의 정확한 데이터 투입을 요구하지만 모든 층위에서 목표치가 왜곡되고 숫자가 부풀려지고 현지의 이해관계와 충돌하는 정책들은 무시되었다. 이윤 동기에서와 마찬가지로 개인의 진취성과 비판적 사고는 지속적으로 억압될 수밖에 없었고 항구적인 계엄 상태가 전개되었다.

일부 역사가들은 〈농민〉을 〈국가〉와 대립시키면서 이러한 생존 행위들을 〈저항〉의 증거나 〈약자의 무기〉로 해석할지도 모른다. 그러나 생존의 기술은 사회 스펙트럼의 전역에 걸쳐 존재했다. 꼭대기부터 밑바닥까지 거의 모든 사람들이 기근 동안 물건을 훔쳤고, 너무도 많이 훔쳐서 이러한 행위들이 〈저항〉이라면 당은 진즉 무너졌을 것이다. 얼핏 봐서는 보통 사람들에 의해 일어난 도덕적으로 매력적인 저항 문화처럼 보이는 것을 미화하는 일은 구미가 당길 수도 있지만, 식량이 한정되어 있을 때 한 사람이 무언가를 얻으면 흔히 누군가가 그만큼 잃었다. 농민들이 곡물을 감출 때 촌락 바깥의 노동자들은 굶주림으로 죽어 갔다. 직공들이 밀가루에 모래를 섞을 때 유통 라인을 따라 있는 누군가는 모래알을 씹고 있었다. 그저 필사적인 생존 방식들이었던 것을 낭만화하는 것은 실제로는 집산화가 모두에게 때때로 냉혹한 도덕적 타협을 강요한 세계를 흑백 논리로만 바라보는 것이다. 일상적인 인간

성 저하는 따라서 대량 파괴와 함께 진행되었다. 프리모 레비Primo Levi는 아우슈비츠에 대한 회고록에서 생존자들은 대부분 영웅이 아니라고 말한다. 생존 법칙이 지배하는 세상에서 누군가가 자신을 남들보다 우선시할 때 그의 도덕의식은 변한다. 『가라앉은 자와 구조된 자』에서 레비는 살아남으려고 결심한 수용소의 입소자들이 배급 식량을 더 얻어 내기 위해 도덕 체계에서 벗어나야 했던 것을 보여 주면서 그것을 회색 지대라 부른다. 그는 여기서 옳고 그름을 판단하려고 하지 않고 그저 집단 수용소가 작동하는 방식을 한 겹 한 겹 드러내 보이면서 설명하고자 노력한다. 파국의 시대에 인간 행동의 복잡성을 이해하는 것 역시 이 책의 목표 가운데 하나며 당의 기록 보관소는 우리가 반세기 전 사람들이 했던 어려운 선택들에 — 그것이 권력의 중심부에서 내려진 선택이든 아니면 수도에서 멀리 떨어진 채 굶어 죽어 가고 있던 가족의 오두막 안에서 내려진 선택이든 간에 — 더 가까이 다가가는 것을 처음으로 허락한다.

이 책의 1, 2부는 핵심적 전환점을 파악하고 수백만 명의 목숨이 몇몇 수뇌부가 내린 결정들로 좌우된 다양한 방식들을 보여 주면서 대약진 운동이 어떻게 그리고 왜 그렇게 진행되었는지를 설명한다. 3부는 농업과 산업, 무역, 주택 공급부터 자연 환경까지 파괴의 규모를 살펴본다. 4부는 그 원대한 계획이 보통 사람들의 일상적인 생존 전략에 의해 어떻게 변형되어 결국에는 아무도 의도하지 않았고, 거의 아무도 알아보지 못할 대상으로 변해 갔는지를 보여 준다. 도시에서 노동자들은

물건을 훔치고 일부러 꾸물거리거나 적극적으로 계획 경제를 사보타주했고, 농촌에서 농민들은 들에서 곧장 곡물을 먹어 치우거나 더 나은 삶을 찾아서 유랑하는 등 온갖 생존 전략에 의존했다. 어떤 이들은 곡물 창고를 약탈하고 당사에 불을 지르고 화물차를 공격하고 이따금 정권에 대항해 무장 반란을 꾀했다. 그러나 사람들의 생존은 당과 인민이 대립하는 복잡한 사회 위계질서에서 각자의 위치에 크게 제한되었다. 그리고 이런 사람들 가운데 일부는 다른 이들보다 훨씬 더 취약했다. 5부는 어린이와 여성, 노인들의 삶을 살펴본다. 마지막으로 6부는 사고, 질병, 고문, 살해, 자살부터 아사에 이르기까지 사람들이 죽어 간 다양한 방식을 추적한다. 책 말미의 사료 해제는 기록 보관소 증거들의 성격을 더 상세하게 설명한다.

연대표

1949년

중국 공산당이 본토를 정복하고 10월 1일 중화 인민 공화국을 수립. 패배한 국민당 지도자 장제스(蔣介石) 총통은 타이완으로 피난. 12월 마오쩌둥이 소련과 전략적 동맹을 맺고 스탈린으로부터 도움을 얻고자 모스크바로 떠남.

1950년 10월

중국, 한국 전쟁에 참전.

1953년 3월

스탈린 사망.

1955년 가을 ~ 1956년 봄

더딘 경제 발전을 못마땅하게 여긴 마오쩌둥이 농촌 집산화의 가속화와 곡물, 면화, 석탄, 철강의 대량 증산을 추진. 일부 역사가들은 〈소약진 운동〉이라고 부르는 그의 〈사회주의 고조(高潮)〉 정책이 산업 물자 부족 사태와 농촌 곳곳에서의 기근을 초래. 1956년 봄에 저우언라이와 다른 경제 계획가들이 집산화의 속도를 늦출 것을 촉구.

1956년 2월

흐루쇼프가 모스크바에서 행한 비밀 연설에서 스탈린과 개인숭배를 규탄. 스탈린의 처참한 집산화 정책에 대한 비판이 중국에서 사회주의 고조 정책에 반대하는 이들의 입지를 강화. 마오쩌둥은 탈스탈린화를 자신의 권위에 대한 도전으로 인식.

1956년 가을
〈마오쩌둥 사상〉에 대한 언급이 당헌에서 빠지고 집단 지도 체제 원칙이 추어올려진 대신 개인숭배는 비난받음. 사회주의 고조 정책 중단.

1956년 10월
탈스탈린화에 고무된 헝가리인들이 자국 정부에 맞서 봉기. 소련군이 헝가리를 침공, 봉기를 진압하고 모스크바가 후원하는 신(新)정권 수립.

1956년 겨울 ~ 1957년 봄
마오쩌둥이 동료 대다수가 바라는 바와 반대로, 경제 개발에서 과학자와 지식인 들의 지지를 확보하고 소련의 헝가리 침공으로 이어진 사회적 소요를 피하기 위하여 〈백화〉 운동을 통해 더 공개적인 정치 기후를 조성함.

1957년 여름
당의 지배권 자체에 의문을 제기하는 비판 공격이 쇄도하면서 백화 운동이 역효과를 초래. 마오쩌둥이 태도를 바꿔서 이런 비판적 목소리들은 당을 파괴하려고 작정한 〈불순분자〉들이라고 비난. 그가 덩샤오핑(鄧小平)에게 반(反)우파 운동을 맡김. 이 운동으로 50만 명이 탄압을 받고 그중 다수의 학생과 지식인 들이 중노동을 하도록 오지로 이송. 당은 주석 뒤에서 하나로 단합.

1957년 11월
마오쩌둥 모스크바 방문. 소련의 최초 궤도 위성 스푸트니크호에 깊은 인상을 받은 그는 〈동풍이 서풍보다 우세하다〉고 선언. 그는 소련이 경제 생산 규모에서 15년 내로 미국을 앞지를 것이라는 흐루쇼프의 발언에 응답하여 중국이 같은 기간 내 영국을 추월할 것이라고 선언.

1957년 겨울 ~ 1958년 봄
잇따른 당 협의회에서 마오쩌둥이 자신의 경제 정책에 반대하는 저우언라이와 다른 고위 지도층을 공격. 농업 생산량과 공업 생산량 목표치 증가를 요구하며 집단 동원에 대한 자신의 비전을 적극 내세우고 농촌 집산화를 가속화. 〈전력투구하고, 목표를 더 높게 잡고, 더 많이 달성하여, 더 빠르고 더 많은 경제적 결과를!〉이라는 구호가 당의 노선이 됨.

1957년 겨울 ~ 1958년 여름

탄압 운동이 경제 정책에 비판적인 당원 수십만 명을 겨냥. 여러 성(省)의 당 지도자들이 숙청되고 마오쩌둥의 철저한 추종자들로 교체됨. 당내 반대의 목소리가 막힘.

1957년 겨울 ~ 1958년 봄

대규모 치수 사업이 대약진 운동의 시작을 알리며 개시됨. 수억 명의 평범한 마을 주민들이 원거리 대형 사업에 동원되어 충분한 휴식과 식량이 주어지지 않는 상태에서 몇 주씩 강제 작업을 계속함.

1958년 여름

흐루쇼프가 베이징 방문. 그러나 마오쩌둥이 동맹국 소련과 먼저 상의하지 않은 채 타이완 해협의 여러 섬을 포격하기로 결정해 미국과의 국제적 위기를 촉발하면서 양자 간 긴장 관계가 드러남. 모스크바는 중화 인민 공화국에 대한 공격은 소련에 대한 공격으로 간주될 것이라고 선언하고 베이징에 무게를 실어 주면서 한쪽 편을 들 수밖에 없었음.

1958년 여름

거대 치수 프로젝트에 주민들을 대거 동원하기 위해 농촌에서 훨씬 대규모의 행정 단위가 요구됨. 결국 집단 농장들이 통합되어 2만 가구까지 수용하는 거대한 인민 공사가 출현. 공사에서의 생활은 군사적 노선을 따라 운영됨. 토지와 노동을 비롯해 거의 모든 것이 집산화됨. 공사 식당이 개인 부엌을 대체하고 아이들도 보육 시설에 맡겨짐. 임금을 계산하기 위해 노동 점수 제도가 도입된 한편 일부 공사에서는 심지어 화폐도 폐지됨. 점점 높아지는 당의 철강 생산 목표치를 달성하고자 각종 철제품을 녹이는 토법고로가 이용됨. 중국 여러 지역에서 기근 발생 조짐 엿보임.

1958년 11월 ~ 1959년 2월

마오쩌둥은 부풀려진 목표량을 내놓은 현지 간부들에게 등을 돌리고 공산주의로의 즉각적인 이행 약속. 대약진 운동 가운데 최악의 만행 사례를 얼마간 억제하려고 노력하지만 계속해서 집산화를 밀어붙임. 당이 저지른 잘못은 〈열 개 중 하나〉일 뿐이라고 선언. 외국과의 약속을 이행하고 도시 주민들을 먹이기 위해 농촌에서 식량 징발 급격히 증가. 기근 확산.

1959년 3월

상하이(上海) 회의에서 마오쩌둥이 고위 당원들을 위축시키는 공격 개시, 광범위한 기근에도 불구하고 농촌의 총곡물 생산량의 3분의 1까지 가져가는 더 높은 징발 목표량 압박.

1959년 7월

루산(廬山) 회의에서 마오쩌둥이 펑더화이(彭德懷)와 다른 지도자들을 대약진 운동을 비판한다는 이유로 〈반당 파벌〉이라고 규탄.

1959년 여름 ~ 1960년 여름

펑더화이 및 그의 동지들과 유사한 비판적 견해를 표명한 당원들에 대한 탄압 운동이 개시됨. 수천만 명의 주민들이 기아, 질병, 고문으로 사망.

1960년 7월

흐루쇼프의 지시로 소련 고문들이 중국에서 철수. 저우언라이와 리푸춘(李富春)이 무역 구조를 소련에서 서방 쪽으로 이동시킴.

1960년 10월

허난(河南) 성 신양(信陽)에서 대량 아사에 대한 리푸춘의 보고가 마오쩌둥에게 건네짐.

1960년 11월

비상 명령이 발효됨. 주민들에게 작은 텃밭, 부업 종사, 1일 여덟 시간 휴식이 허용되고 지역 시장도 회복시키는 등 주민들에 대한 공사의 권력을 약화시키려는 여러 조치가 실시됨.

1960년에서 1961년으로 넘어가는 겨울

조사 팀들이 곳곳에 파견되어 파국의 전체적 규모가 드러남. 대량의 식량이 서방에서 수입됨.

1961년 봄

주요 당 지도자들의 순시 결과 대약진 운동에서 더 후퇴. 류사오치가 기근의 책임을 당에게 돌렸지만 마오쩌둥한테서는 일체의 책임을 덜어 줌.

1961년 여름

대약진 운동의 결과가 연이은 당 모임에서 논의됨.

1962년 1월

수천 명의 당 간부들이 참석한 확대 당 대회에서 류사오치가 기근을 인재로 묘사. 마오쩌둥에 대한 지지가 시들해짐. 기근은 누그러졌지만 1962년 말까지 농촌 곳곳에서 계속 아사자 발생.

1966년

마오쩌둥이 문화 대혁명 개시.

중국, 1958년
소련
북
서
동
남
발하슈 호
몽골
우루무치
아프가니스탄
신장
간쑤
파키스탄
칭하이
시닝
린샤
티베트
써다
브라마푸트라 강
라싸
네팔
쓰촨
인도
부탄
겐지스 강
방글라데시
쿤밍
원난
국경
국경 분쟁 지대
성(省) 경계
버마
0 100 200 300 400 500 마일
0 200 400 600 800 킬로미터
벵골 만
태국

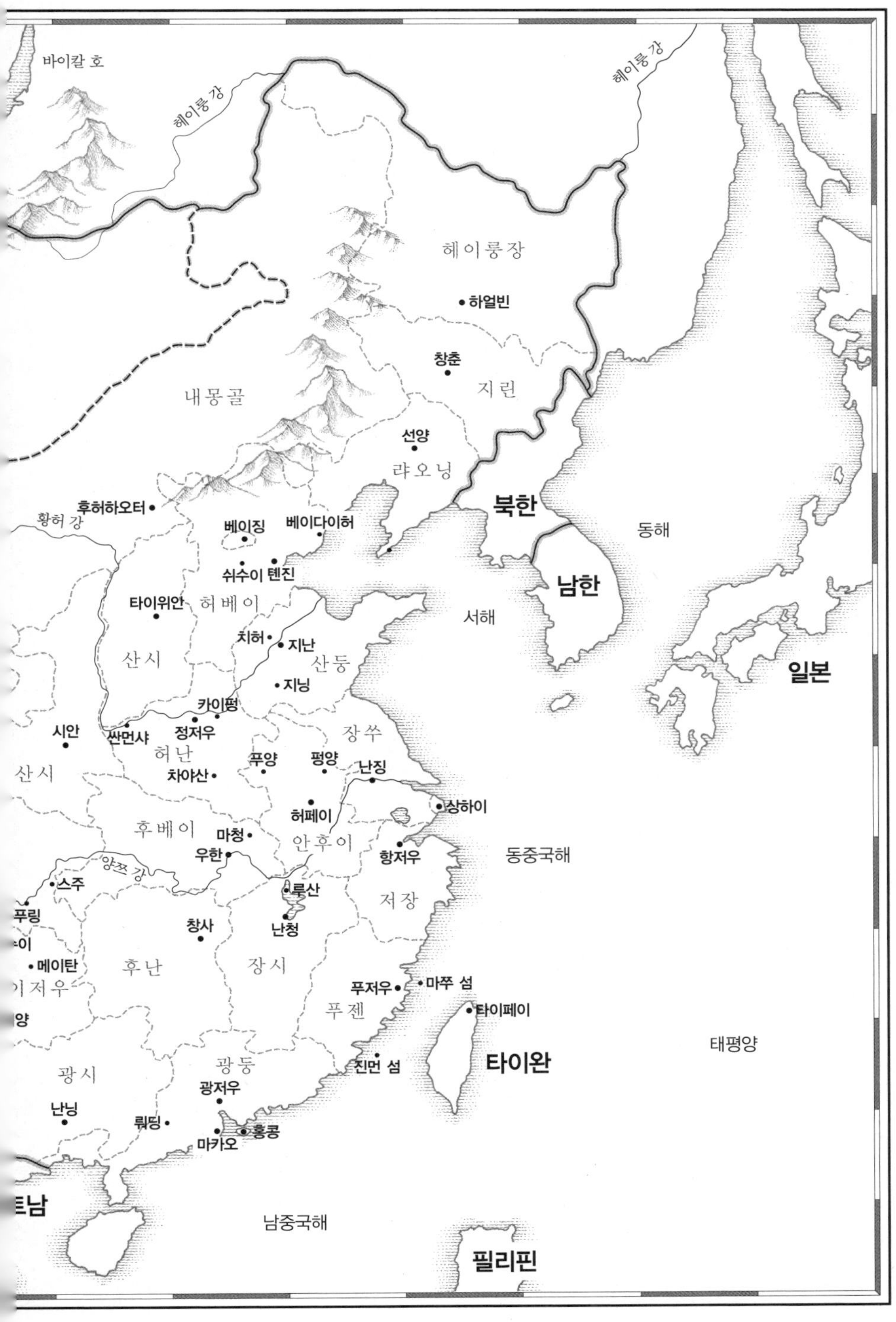

바이칼 호
헤이룽강
헤이룽강
헤이룽장
하얼빈
창춘
지린
내몽골
선양
랴오닝
북한
동해
남한
일본
후허하오터
황허 강
베이징
베이다이허
쉬수이
톈진
타이위안
허베이
서해
치허
지난
산둥
산시
지닝
카이펑
시안
싼먼샤
정저우
장쑤
허난
산시
푸양
펑양
난징
차야산
허페이
상하이
후베이
마청
안후이
항저우
동중국해
우한
양쯔 강
스주
루산
저장
푸링
창사
난청
메이탄
후난
장시
푸저우
마쭈 섬
타이페이
푸젠
태평양
광시
광둥
진먼 섬
타이완
광저우
난닝
뤄딩
홍콩
마카오
남중국해
필리핀

1부

유토피아를 추구하다

1장

두 라이벌

1953년 스탈린의 죽음은 마오쩌둥에게 해방이었다. 30년 넘게 마오쩌둥은 그 공산 세계의 지도자에게 간청하는 입장에 있었다. 스물일곱 살 때, 중국 공산당 창당 모임에 참석하기 위해 상하이로 가는 여비 명목으로 소련 첩자에게 처음 200위안을 건네받았을 때부터 마오쩌둥의 삶은 러시아 자금에 의해 뒤바뀌었다. 그는 거리낌 없이 돈을 받았고, 모스크바와의 관계를 이용해 초라한 게릴라 전사 무리를 최고 권력으로 이끌었다. 하지만 모스크바로부터의 끊임없는 문책과 당직으로부터의 축출, 그리고 당 정책을 둘러싼 소련 고문관들과의 무수한 대결도 감내해야 했다. 스탈린은 마오쩌둥에게 중국의 많은 지역을 지배한 국민당 지도자이자 철천지원수인 장제스 총통 품안으로 들어가라고 지속적으로 강요했다. 스탈린은 마오쩌둥과 그의 농민 병사들을 별로 신뢰하지 않았고 1927년 국민당이 상하이에서 피비린내 나는 공산주의자 학살을 주도한 뒤에도 공공연하게 장제스를 편애했다. 1920년대 대부분의 기간 동안 장제스의 군대는 궁지에 몰린 마오쩌둥을 가차 없이 뒤쫓았고, 공산주의자들은 산악 기지로 피신했다가 1만 2,500킬로미터 거리를 가로질러 훗날 대장정으로 알려진 북쪽으로의 퇴각을 감행할 수밖에 없었다. 장제스가 1936년 시안(西安)에서 납치되었을 때 스탈린은 즉시 전보를 보내 마오쩌둥에게 인질을 무사히 풀어 주라고 명령했다. 1년 뒤 일본이 중국을 침략했을 때 스탈린은 국민당 정권에 비행기와 무기, 고문관을 보내 주는 한편 마오쩌둥에게 그의 대적(大敵)인 장제스와 다시 통일 전선을 형성하라고 요구했다. 마오쩌둥이 제2차 세계 대전 동안 받은 것이라곤 비행기에 가득 실려 온 선전 유인물이 전부였다.

일본과 맞서는 대신 마오쩌둥은 중국 북부에서 세력을 강화했다. 1945년 전쟁이 끝날 무렵 언제나 냉정한 실용주의자인 스탈린은 내전이 발생할 시 공산주의자들에 대한 지원 계획을 축소시키면서 국민당과 동맹 조약을 맺었다. 일본이 항복한 뒤 곧바로 공산주의자와 민족주의자 간의 전면전이 재개되었다. 다시금 스탈린은 한 발짝 뒤로 물러나 사태를 관망하는 태도를 취했고, 장제스와 손을 맞잡았으며 연합국이 일본을 패배시키는 과정에서 이제는 세계의 지도자로 인정받게 된 미국을 조심하라고 마오쩌둥에게 경고하기까지 했다. 마오쩌둥은 그의 충고를 무시했다. 결국에는 공산주의자들이 우위를 점했다. 그들이 수도 난징(南京)에 도달했을 때 소련은 자국 대사가 국민당과 함께 도망치도록 허락한 몇 안 되는 외국 가운데 하나였다.

이제 공산당의 승리가 확실해 보일 때조차도 스탈린은 계속해서 마오쩌둥과 거리를 두었다. 그를 둘러싼 모든 것이 이 소련 지도자에게는 미심쩍은 듯했다. 마오쩌둥이 도시에 식량을 공급하는 임무를 떠맡길 주저하며 몇 주 동안 군대를 상하이 바깥에 세워 두었을 때 스탈린은 수차례 자문할 수밖에 없었다. 대체 어떤 공산주의자가 노동자를 두려워한단 말인가? 그는 마오쩌둥의 저작 번역본을 읽고 나서 〈봉건적〉이라고 일축한 뒤, 중국 지도자는 농민이자 미개인 마르크스주의자라고 결론 내렸다. 마오쩌둥에게 반항적이고 완강한 기질이 있다는 것은 분명했다. 장제스가 타이완까지 후퇴하게 만든 그의 승리를 다른 식으로 설명하기는 어려웠을 것이다. 그러나 자존심과 독립심이야말로 정확히 그를 괴롭히는 것이었다. 스탈린은 어디서나 적을 보는 경향이 있었다. 혹시 이자가 또 다른 티토Tito가 되지는 않을까? 모스크바에 반기를 들어 공산주의자 가족에서 쫓겨난 그 유고슬라비아 지도자처럼 되지는 않을까? 골칫거리는 티토만으로도 충분했고, 게다가 스탈린은 자신의 도움 없이 들어선 정권이 소련의 경계선에 딱 붙어 방대하게 뻗어 있는 제국을 다스린다는 전망을 반기지 않았다. 스탈린은 아무도 신뢰하지 않았고, 십중팔구 자기에게 불만이 한참 쌓여 있을 잠재적 라이벌이라면 더더욱 그랬다.

아닌 게 아니라 마오쩌둥은 자신이 받은 무시를 잊지 않았고 스탈린이 자신을 취급하는 방식에 깊이 분개했지만, 그 말고는 달리 지원을 기대할 사람이 없었다. 공산주의 정권은 국제적 인정과 더불어 전쟁으로 피폐해진 나라를 재건하는 데 경제적 원조가 간절했다. 마오쩌둥은 자존심을 접고 소련과의 관계 개선을 추구하면서 〈일변도〉 정책을 선언했다.

스탈린을 만나고 싶다는 여러 차례의 요청은 거절되었다. 그러다 1949년 12월 마오쩌둥은 마침내 모스크바로 오라는 연락을 받았다. 그러나 인류의 4분의 1을 공산주의 궤도에 올려놓은 위대한 혁명의 지도자로서 환영받기보다는 스탈린의 일흔 살 생일을 축하하고자 모스크바로 온 다른 여러 대표들 중 한 명의 하객으로 취급받는 냉대를 받았다. 짤막한 만남 뒤 마오쩌둥은 수도 바깥의 작은 별장으로 쫓겨나 공식 접견을 기다리며 몇 주 동안 홀로 있어야 했다. 하루하루가 지날수록 그는 전적으로 소련 독재자를 중심으로 돌아가는 공산주의자 형제단 속에서 자신이 차지하고 있는 초라한 위치를 깨닫게 되었다. 마침내 스탈린을 만났을 때 그가 얻은 것이라고는 고작 5년에 걸쳐 분할 지불되는 3억 달러의 군사 원조뿐이었다. 이 쥐꼬리만 한 액수를 위해서 마오쩌둥은 중대한 영토상 양보, 19세기의 불평등 조약을 연상시키는 특권을 허락해야만 했다. 소련은 1950년대 중반까지 뤼순(旅順, 포트아서)과 만주의 동청 철도를 지배할 수 있다는 보장을 받았다. 중국 서쪽 끄트머리 신장(新疆)의 광물 매장지 채굴권도 소련에 넘겨졌다. 그러나 마오쩌둥은 대신 일본이나 그 동맹국, 특히 미국의 공격을 받을 시 상호 보호를 제공하는 내용의 조약을 얻어 낼 수 있었다.

마오쩌둥과 스탈린이 중소 우호 동맹을 아직 체결하기도 전, 한반도가 분할된 뒤 1948년에 북한을 장악한 공산주의 게릴라 전사 김일성은 무력으로 조국을 다시 통일시키려는 생각을 하고 있었다. 마오쩌둥은 김일성에게서 미국에 맞선 공산주의자 우군을 보았기에 북한을 지지했다. 1950년 6월 한국 전쟁이 발발했지만 전쟁은 남한을 수호하려는 미국의 개입을 불러왔다. 압도적 제공권과 탱크 대대에 직면하여 사면초가에 빠진 김일성은 결국 중국과 북한의 국경선까지 밀렸다. 미국이 압록강을 건너 중국을 공격할지도 모른다고 걱정한 마오쩌둥은 스탈린의 공중 엄호를 약속받고서 한반도에서 싸울 자원병을 파견했다. 혹독한 전쟁이 뒤따랐고 스탈린이 약속한 비행기는 드문드문 왔기에 중국 쪽 사상자 수는 그만큼 많아졌다. 무력 충돌이 피비린내 나는 교착 상태에 빠졌을 때 스탈린은 전쟁을 끝내려는 협상을 번번이 방해했다. 강화(講和)는 그에게 전략적 이익이 되지 않았다. 한술 더 떠서 스탈린은 한반도에 보내 준 소련 군사 장비에 대한 대가를 지불하라고 중국에 요구했다. 1953년 3월 그의 죽음은 재빨리 휴전을 가져왔다.

30년 동안 마오쩌둥은 순전히 전략적 필요 때문에 기꺼이 모스크바에 고개를 숙이면서 스탈린으로부터 굴욕을 당해 왔다. 한국 전쟁으로 그는 소련의 후견에 더욱 반감을 느끼게 되었고, 이런 반감은 그와 마찬가지로 조국이 모스크바를 상대할 때 대등하게 취급되기를 갈망하던 동료 지도자들과 공유하는 것이었다.

한국 전쟁은 동료들에 대한 마오쩌둥의 지배력도 강화했다. 주석은 이미 1949년에 당을 승리로 이끌었다. 다른 당 지도자들은 주저할 때 그가 개입을 밀어붙였기 때문에 한국 전쟁 역시 그의 개인적 영광이었다. 그는 교착 상태에 이를 때까지 미국과 싸운 사람이었다. 병사들이 엄청난 희생을 치러야 했지만 말이다. 그는 이제 동료들 위에 우뚝 섰다. 스탈린처럼 마오쩌둥도 자신과 어깨를 나란히 할 자격은 아무에게도 없다고 생각했고, 스탈린처럼 역사에서 자신이 맡게 된 역할에 대해 한 치의 의심도 없었다. 그는 자신의 천재성과 무오류성을 확신했다.

스탈린이 죽은 뒤 마오쩌둥은 마침내 크렘린으로부터 독립하고 사회주의 진영의 지도권을 주장할 기회를 얻었다. 주석은 당연히 자신을 공산주의의 지도자로 여겼다. 공산주의가 이제 자본주의를 분쇄할 참이니 그는 전 우주를 회전시키는 역사적 축이 될 터였다. 그가 바로 전 세계의 4분의 1에 제2의 10월 혁명을 가져오고, 부하들을 승리로 이끌지 않았던가? 스탈린은 자신이 볼셰비키 혁명을 주도했다는 주장도 할 수 없는 처지였다. 모스크바에서 곧 그의 권력을 물려받을 니키타 흐루쇼프는 더 말할 것도 없었다.

태도가 거칠고, 변덕스럽고, 충동적인 흐루쇼프는 그를 아는 많은 이들로부터 능력과 야심 둘 다 부족한 멍청이로 여겨졌다. 바로 이런 평판 때문에 그는 스탈린 치하에서 살아남을 수 있었다. 그를 얕잡아 보면서 다정하게 대하는 스탈린의 태도 덕분에 흐루쇼프는 자기보다 더 뛰어나지만 그 독재자를 상대하는 데서 잘못을 저지른 다른 동료들의 운명을 피해 갈 수 있었다. 스탈린은 흐루쇼프를 장난스럽게 〈나의 꼬마 마르크스〉라고 부르며 파이프로 그의 이마를 가볍게 치고는 〈텅 비었군〉 하고 농담을 한 적도 있었다.[1] 흐루쇼프는 스탈린의 귀염둥이였다. 그러나 그는 스탈린만큼 피해망상에 사로잡혀 있었고, 보기와는 딴판인 어수룩함 이면에 교활함과 큰 야심을 숨기고 있었다.

흐루쇼프는 스탈린이 마오쩌둥을 취급하는 방식을 통렬히 비난했고, 베이징과의 관계를 새로운 기반 위에 올려놓음으로써 과거 스승을 뛰어넘으려고 마음먹었다. 그는 마오쩌둥에게 자애로운 선생님, 즉 그 농민 반군을 더 계몽된 형태의 마르크스주의로 이끄는 스승이 되고자 했다. 또한 흐루쇼프는 수백 개의 공장과 시설이 소련의 원조로 지어질 때 대규모 기술 이전을 주관하는 인정 많은 후원자 역할도 했다. 원자력부터 기계 공학에 이르기까지 모든 영역에 걸쳐 소련 고문들이 중국으로 파견되었고, 스탈린이 죽고 나서 몇 년 사이 소련에서 1만 명 정도의 중국 학생이 교육을 받았다. 그러나 베이징의 지도자들은 고마움을 표시하는 대신 이러한 후한 대접을 당연한 처사로 여기며, 흥정과 애원, 구슬림을 섞어 가며 갈수록 더 많은 경제적, 군사적 지원을 얻어 내고자 했다. 흐루쇼프는 굴복했다. 역량을 과신한 그는 소련이 감당할 수 있는 범위를 크게 넘어서는 원조 패키지를 받아들이도록 모스크바의 동료들을 을러메야 했다.

흐루쇼프는 베이징을 만족시키기 위해 위험을 감수했고 그 대가로 많은 것을 기대했다. 하지만 마오쩌둥은 흐루쇼프를 그가 그토록 벗어나고 싶어 했던 촌스럽고 미숙한 벼락 출세자로 보며 멸시했다. 결정적 전환점은 1956년 흐루쇼프가 당 대회에서 전달된 비밀 보고에서 이전 지배자의 범죄들을 — 마오쩌둥과 상의하지 않고 — 규탄했을 때 찾아왔다. 중국 공산당 주석은 이것이 공산주의 진영 내에서 모스크바의 권위를 약화시킬 것이라고 감지했기 때문에 이 연설을 칭찬했다. 하지만 그는 결코 흐루쇼프를 용서하지 않을 것이었다. 언제나 자신이 그 중심에 있는 것으로 세상을 해석하는 데 익숙해서 탈스탈린화를 자신의 권위에 대한 도전으로 보았기 때문이다. 스탈린을 격하하는 것은 그에게 많은 불만을 품고 있었음에도 불구하고 끊임없이 자신을 소련 독재자와 비교한 마오쩌둥의 권위를 훼손하는 것이었다. 마오쩌둥은 또한 오로지 자신만이 스탈린의 과오와 업적을 평가할 수 있을 만한 도덕적 우위를 점한다고 생각했다. 더욱이 스탈린에 대한 공격은 그저 미국인들의 장단에 놀아나는 꼴이 될 수도 있었다.

무엇보다도 스탈린에 대한 반발은 마오쩌둥에 대한 비판도 허용될 수 있다는 소리였다. 흐루쇼프의 비밀 연설은 주석의 커져 가는 권력을 두려워하고 집단 지도 체제로의 복귀를 원하는 이들에게 유리한 공격 수단을 제공했다. 1956년 9월 베이징에서 열린 제8차 전국 대표 대회에서 〈마오쩌둥 사상〉에 대한 언급이 당헌에서 빠졌고, 대신 집단 지도 체제의 원칙이 추켜세워지고 개인숭배가 규탄받았다. 흐루쇼프의 비밀 보고에 속박된 마오쩌둥으로서는 이러한 조치들에 동조하는 것 외에

도리가 없었고, 다름 아닌 그 자신이 대표 대회 몇 달 전에 그 조치들에 일조했다.[2] 그러나 주석은 모욕을 당했다고 느꼈고 사적으로는 분노를 감추지 않았다.[3]

마오쩌둥은 〈사회주의 고조〉로 알려진 그의 경제 정책이 1956년 후반, 대표 대회의 제2차 총회에서 중단되었을 때 또 다른 좌절을 겪었다. 한 해 전, 더딘 경제 발전 속도가 못마땅하여 초초해진 마오쩌둥은 더 신중한 템포를 선호하는 이들을 〈전족을 한 여인들〉이라 부르며 여러 차례 비판했었다. 그는 농촌 집산화의 가속이 가져올 농업 생산량의 급증을 예언하며 1956년 1월 곡물, 면화, 석탄, 철강의 비현실적 증산을 요구했다. 사회주의 고조 — 나중에 일부 역사가들이 〈소약진〉이라고 부른 — 는 곧바로 난관에 봉착했다.[4] 증산을 위해 필요한 자금과 원자재를 구할 수 없었기 때문에 도시의 공업 생산은 각종 부족과 병목 현상에 시달렸다. 농촌에서는 농부들이 가축을 도살하고 곡물을 숨기면서 집산화가 대대적인 저항에 부딪혔다. 1956년 봄이 되자 일부 성(省)에서는 기근이 나타났다. 저우언라이와 경제 계획가 천윈(陳雲)은 주석의 충격 요법이 낳은 피해를 억제하려고 애쓰면서 〈무모한 전진〉을 그만둘 것을 요청했고, 집단 농장의 규모를 축소하고, 제한된 자유 시장으로 복귀하고, 농촌에서 사적 생산의 여지를 더 넓게 허용하려고 했다. 좌절한 마오쩌둥은 이것을 개인적 도전으로 보았다. 1956년 6월 사회주의 고조가 〈모든 것을 하룻밤 사이에 이루려는 시도〉라고 비판하는 『인민일보』 사설이 그 앞으로 전달되었을 때 화가 난 마오쩌둥은 사설 맨 위에 〈읽지 않겠다〉고 휘갈겨 썼다. 나중에 그는 〈나를 욕하는 것을 왜 읽어야 하는가?〉라고 자문했다.[5] 그의 입지는 흐루쇼프가 비밀 연설에서 농촌의 집산화를 포함하여 스탈린의 농업 정책 실패를 부각

시켰기 때문에 더욱 약화되었다. 스탈린에 대한 비판은 마오쩌둥의 집산화 추진에 대한 의도하지 않은 평가처럼 보였다. 제8차 전국 대표 대회는 사회주의 고조 정책을 폐기했다.

다른 당 지도자들이 커다란 의구심을 표명했음에도 불구하고 1957년 4월 마오쩌둥이 백화 운동을 전개하며 당에 대한 공개 비판을 부추긴 뒤 더 많은 굴욕이 뒤따랐다. 그는 보통 사람들에게 의견을 개진하라고 촉구함으로써 소수의 우파와 반혁명 분자가 만천하에 드러나기를 바랐다. 그럼으로써 헝가리에서 탈스탈린화로 야기되었던 혼란상이 중국에 나타나는 것을 방지할 거라고 기대했다. 헝가리에서는 1956년 10월 공산당에 대한 거국적인 반란이 일어나 결국 소련 군대가 침공하여 모든 반대를 난폭하게 분쇄하고 모스크바가 지원하는 새로운 정부를 수립했다. 중국에서는 마오쩌둥이 주저하는 동료들에게 당이 어떤 반대든 많고 작은 〈헝가리식 사변들〉로 쪼개서, 개별적으로 처리할 수 있을 것이라고 설명했다.[6] 그는 더 열린 분위기는 국가 발전에서 과학자와 지식인의 지지를 확보하는 데도 일조할 것이라고 생각했다. 그러나 그는 크게 잘못 짚었다. 그가 쏟아 낸 비판의 십자 포화가 당의 지배권 그 자체뿐 아니라 자신의 지도력에도 의문을 제기했기 때문이다. 그는 이러한 비판가들을 당을 파괴하려고 작정한 〈불순분자들〉이라고 비난하는 것으로 대응했다. 그는 덩샤오핑에게 반우파 운동을 맡겼다. 엄청난 맹위를 떨친 이 운동은 50만 명을 겨냥했고, 그중 다수는 중노동을 하도록 오지로 이송된 학생과 지식인 들이었다. 마오쩌둥은 정국을 다시 장악하기 위해 고군분투했고, 백화 운동 전체가 엄청나게 당혹스러운 사태였지만 자신의 우위를 다시 주장할 수 있는 여건을 조성했다는 점에서 그의 전략은 부분적으로 먹혀들었다. 사방에서 공격을 받고, 지배권이 의심받는 상황에서 당은 주석 뒤에서 하나로 뭉쳤다.

1957년 6월 백화 운동의 붕괴는 〈우파 보수주의〉가 중대한 이념적 적이며, 현재의 경제 부진 뒤에는 우파의 타성이 자리 잡고 있다는 주석의 의혹도 확고하게 했다. 그는 자기편으로 끌어들이려고 애쓴 바로 그 전문가들로부터 비판이 쏟아지며 폐기되었던 사회주의 고조 정책들을 부활시키고 싶었다. 만약 경제 발전을 도울 전문적 기술과 과학적 지식을 갖고 있는 그 많은 지식인들이 불만분자들이라면 나라의 미래를 그들의 전문성에 맡긴다는 것은 정치적으로 현명하지 못한 일이 될 것이다. 당의 제2인자인 류사오치도 이 같은 마오의 시각을 공유했고 그는 농업 생산의 목표량을 더 늘려야 한다는 주석의 주장에 당의 지지를 결집시켰다.[7] 1957년 10월 류사오치의 지원을 받은 마오쩌둥은 재도입된 자신의 비전을 구체화한 〈더 크게, 더 신속하게, 더 좋게, 더 경제적으로〉라는 구호를 내걸었다. 그는 무분별하게 앞으로 내달린다는 함의를 담고 있는 〈모진(冒進)〉이라는 표현을 도약한다는 의미의 〈약진〉으로 대체하는 데도 성공했다. 혹독한 반우파 운동이 전개되는 와중에 거의 모든 당 지도자들이 반대할 엄두를 내지 못했다. 마오쩌둥은 제 뜻대로 하고 있었고 흐루쇼프에게 도전할 태세도 갖추었다.

2장

입찰 개시

1957년 10월 4일, 비치볼 크기의 반짝반짝 빛나는 강철 구체가 하늘 너머로 발사되어 궤도에 도달한 뒤 시속 약 2만 9,000킬로미터 속도로 지구 둘레를 돌기 시작했고, 세계 곳곳의 무선 통신기들은 그 구체에서 방출된 신호를 포착했다. 소련이 미국을 충격에 빠트리며 세계 최초로 지구 궤도 위성을 성공적으로 발사한 것이다. 경외감과 공포를 동시에 낳은 우주 경쟁의 새 장이 열렸다. 이를 목격한 사람들은 84킬로그램의 위성을 궤도로 쏘아 올리기 위해서는 대륙 간 탄도 미사일만큼 강력한 로켓 엔진이 필요하다는 데 주목했다. 이 말은 러시아가 이제 미국까지 도달하는 원자 폭탄도 발사할 수 있다는 뜻이었다. 한 달 뒤 훨씬 더 무거운 위성이 우주 공간에서 지구 둘레를 돌 최초의 생명체를 실은 채 머리 위로 쏘아 올려졌다. 맞춤 우주복을 입은 라이카라는 작은 개가 스푸트니크 2호의 승객으로서 역사를 만들었다.

흐루쇼프는 대담한 움직임을 통해, 성공적인 대륙 간 탄도 미사일 실험에 관한 끊임없는 모스크바발(發) 프로파간다로 뒷받침되는 미사일 외교의 시대를 열었다. 두 번째 위성 발사는 10월 혁명 40주년에 맞춰 전 세계에서 초청된 수천 명의 공산당 지도자들이 붉은 광장에 자리한 가운데 경축되도록 기획되었다.

그러나 위성 발사라는 승리에도 불구하고 흐루쇼프의 입지는 좁았다. 강경 스탈린주의자인 몰로토프, 말렌코프, 카가노비치가 시도한 쿠데타에서 그가 간신히 살아난 지는 반년도 채 되지 않았다. 독일에 대한 최종 공격을 이끌고 베를린을 점령한 제2차 세계 대전의 영웅 주코프 원수는 수장을 보호하기 위해 군 수송기를 이용하여 핵심 동지들을 모스크바로 서둘러 보냈다. 그러나 주코프는 군대를 통솔하고 있었고 차라리 흐루쇼프를 상대로 탱크를 내보내는 게 나을 뻔했다. 군사 쿠데타를 두려워한 소련 지도자는 정치적 술수를 부려 11월 초에 주코프를 퇴임시켜야 했다. 이제는 〈반당 세력〉으로 지칭되는 몰로토프와 말렌코프, 카가노비치의 숙청을 정당화하는 일이야 그렇다 치지만 가장 많은 훈장을 받은 소련 장군의 해임을, 그의 비밀 연설과 헝가리 반란으로 이미 엄청난 정신적 충격을 받은 외국 내빈들에게 어떻게 설명할 수 있을 것인가? 소련으로부터 지령을 받기를 거부해 온 지독히도 독립적인 유고슬라비아의 지도자 이오시프 티토는 40주년을 망칠 수도 있는 또 다른 잠재적 반대 요인이었다. 10월 중순에 티토는 모스크바 당 지도자 대회에서 발표될 소련 선언서 초안에 반대했고 행사 참석을 거절했다.

흐루쇼프는 외교 정책과 이념에서 서로 간의 차이에도 불구하고 마오쩌둥한테서 핵심 우군을 얻었다. 마오쩌둥은 그로서도 라이벌을 도울 만한 이유가 있었다. 그는 핵무기를 얻게 도와 달라고 소련 지도자를 거듭 닦달했다. 미국이 타이완에 군사적 지원을 제공하기 시작한 이래로, 그리고 1955년 미국인들이 전략 핵미사일을 도입한 뒤로 마오쩌둥은 반드시 원자 폭탄을 가져야겠다고 작심한 상태였다. 이제 국제적 정상 회담이 열리기 직전인 10월 15일, 흐루쇼프는 1959년까지 소련 원자 폭탄 한 기를 중국에 전달한다는 조건으로 중국과 비밀 협정을 체결하여 지지를 다졌다.[1]

마오쩌둥은 사기충천했다. 그는 마침내 자신의 순간이 왔음을 알았다. 흐루쇼프는 그에게 기댔고, 주석과 그의 수행원들에게 관심을 아낌없이 베풀었다. 투폴레프 Tu-104 비행기 두 대가 중국 대표단을 모스크바까지 실어 나르기 위해 날아왔다. 몇몇 중요 고위 당 간부들을 대동한 소련 지도자는 브누코프 공항에서 마오쩌둥을 따뜻하게 영접했고 개인적으로 그를 숙소까지 인도했다. 중국 대표단은 총회에 참석하는 64개국 가운데 크렘린 궁전에 묵는 유일한 대표단이었다.

마오쩌둥은 다마스크 천을 씌워 장식하고 천장은 소용돌이꼴 잎사귀 무늬로 채색된 예카테리나 여제의 내실에 묵게 되었다. 서쪽 별관 전체가 호화롭게 치장되어 있었다. 머리 부분은 청동으로 마감된 높은 기둥들이 줄지어 늘어서 있었고, 벽은 물결무늬 실크가 둘러쳐져 있거나 호두나무 널판을 씌웠으며 금박 치장 벽토를 바른 둥근 천장 아래로는 곳곳에 두꺼운 카펫이 깔려 있었다. 그러나 마오쩌둥은 이 모든 것을 의식하지 못하는 듯했고 자기 요강을 썼다.[2]

11월 7일, 기념일 경축 행사의 공개적 클라이맥스가 찾아왔다. 마오쩌둥이 레닌 영묘 위 흐루쇼프 옆에 서서 붉은 광장을 통과하는 네 시간짜리 퍼레이드를 지켜보는 가운데 소련군은 신무기들을 과시했다. 사람들은 중국 국기를 흔들며 〈마오쩌둥과 중국 만세〉를 외쳤다.

자신에게 부여된 온갖 특권에도 불구하고 마오쩌둥은 자신을 초대한 주최 측에 대해 투덜거리길 좋아했다. 그는 음식에 대해 혹평하고 러시아 문화를 무시했으며, 다른 나라 당 대표들한테는 거들먹거리고 흐루쇼프한테는 쌀쌀맞게 굴었다. 〈저자들이 지금은 우리를 얼마나 다르게 대하는지 봐〉라고 그는 비웃음을 흘리며 자신의 의사에게 빈정댔다. 「심지어 이 공산주의자 땅에서도 그들은 누가 힘이 세고 누가 약한지를 안다고. 정말 속물들이야!」[3]

그러나 그는 흐루쇼프가 기대해 온 결정적인 지원을 제공했다. 11월 14일 모든 당 대표단 앞에서 그는 선언했다. 「지금 이 자리에는 사람도 아주 많고 당도 아주 많습니다. 우리한테는 우두머리가 있어야 합니다. (……) 소련이 그 우두머리가 아니라면 대체 누가 우두머리겠습니까? 알파벳 순서로 정해야 할까요? 알바니아? 호찌민 동무가 있는 베트남? 아니면 다른 나라? 중국은 수장이 될 자격이 없습니다. 우리는 아직 경험이 부족합니다. 우리는 혁명에 관해 알지만 사회주의 건설에 관해서는 모릅니다. 인구상으로 우리는 대국이지만 경제적으로는 소국입니다.」[4]

그러나 비록 마오쩌둥이 전시용 충성 서약을 해주었다 하더라도 한편으로 그는 흐루쇼프가 아니라 바로 자신이 공산주의 진영의 진정한 최고 수장임을 보여 주고자 모스크바에 왔다. 그는 심지어 흐루쇼프 면전에 대고 그가 사람들의 기분을 상하게 하는 고약한 성미가 있다고 말할 정도로 소련 지도자를 깎아내릴 몇 안 되는 기회를 절대 놓치지 않았다.[5] 이틀 뒤 11월 18일에 그가 예견해 왔던 순간이 왔다. 즉석연설로 총회 의례를 깡그리 무시하면서 마오쩌둥은 건강이 나쁘다는 핑계를 대며 앉은 채로 대표단에게 연설했다. 나중에 흐루쇼프가 회고록에서 회상했듯이 마오쩌둥은 자신이 나머지 사람들보다 한 등급 위라고 생각했다.[6] 장황하고 두서없는 독백에서 주석은 흐루쇼프에게 몸을 돌려 마치 학생에게 말하듯 조언을 건넸다. 「사람은 누구든 뒷받침이 필요합니다. (……) 중국 속담 중에 푸른 잎의 뒷받침이 있기 때문에 연꽃이 아름답다는 말이 있습니다. 흐루쇼프 동지, 동지는 연꽃이긴 하지만 동지 역시 잎의 뒷받침이 필요합니다.」 이것만으로 충분히 아리송하지 않다는 듯 그다음 마오쩌둥은 1957년 6월 흐루쇼프와 스탈린 강경파 사이 대결은 〈두 노선 간의 투쟁으로, 한쪽은 오류가 많았고, 한쪽은 비교적 맞았다〉고 선언했다. 이것을 인색한 칭찬으로 이해해야 할까 아니면 은근한 가시 돋친 비판으로 이해해야 할까? 확실히 통역자는 뉘앙스를 알 수 없어서, 〈다른 두 집단〉이 있었는데 〈흐루쇼프가 이끄는 경향이 승리했다〉는 식의 모호한 말을 중얼거려야 했다. 훗날 유고슬라비아 대사는 마오쩌둥이 정확히 무슨 말을 했는지 〈그 중국인 빼고는 아무도 알지 못했〉지만 좌중은 쥐죽은 듯 조용해졌다고 회고했다.[7] 그러고 나서도 마오쩌둥은 계속해서 주인장을 더욱 난처하게 하면서 6월 쿠데타의 핵심 음모가의 한 명인 몰로토프를 〈오랜 투쟁의 역사가 있는 옛 동지〉라고 묘사했다.[8]

마오쩌둥 연설의 고갱이는 주최 측인 러시아 관계자들을 더욱 소름끼치게 했다. 〈세계에는 지금 두 가지 바람, 즉 동풍과 서풍이 불고 있다. 우리 중국에서는 동풍이 서풍에 우세하지 않으면 서풍이 동풍에 우세해진다는 말이 있다. 작금의 국제 상황에서 핵심 요점은 동풍이 서풍에 우세하다는 것, 그러니까 사회주의 세력이 자본주의 세력에 압도적으로 우세해져 왔다는 것이다.〉

마오쩌둥은 계속해서 두 진영 간 세력 균형의 변화를 검토한 뒤 자신이 곰곰 생각해 온 임박한 세계 대전에 관한 발언으로 세계 공산당 대표자들을 충격에 빠트렸다.[9] 〈전쟁이 터지면 얼마나 많은 사람이 죽을

지 생각해 보자. 지금 전 세계에는 27억 명이 있고, 그중 3분의 1이 목숨을 잃을 수도 있다. 수치를 약간 더 높게 잡으면 절반이 사망할 수도 있다. 나는 최악의 사태가 발생하여 전 세계 사람의 절반이 사망한다면 그래도 여전히 절반이 남아 있을 것이고, 대신 제국주의는 지상에서 사라져서 세상 전체가 사회주의 사회가 될 것이라고 말하겠다. 몇 년이 지나면 세계 인구는 다시금 27억 명이 될 것이다.〉[10] 자신이 고려하고 있는 인명 손실에 철저히 무감한 듯 마오쩌둥은 미국이 〈종이호랑이〉에 불과하다고 말을 이었다. 그는 이 경우와 그와 유사한 다른 경우들에서 허세를 부리고 있었지만 무력을 내세운 온갖 위협의 요점은 흐루쇼프가 아니라 바로 자기가 더 결연한 혁명가라는 것을 보여 주는 것이었다.

마오쩌둥은 오로지 총회의 청중을 위해서만 인구 총계를 들먹인 게 아니었다. 한동안 그는 흐루쇼프가 탈집중화를 추진하고 자신의 현지 심복들이 감독하는 새로운 지역 경제 평의회로 권력을 이전시키기 위해 모스크바의 책상물림 관료들을 약화시키는 것을 주시해 왔다. 흐루쇼프는 농업 수확량을 증대하는 방법에 대하여 농민들에게 강연하면서 농촌 지역을 종횡무진으로 방문해 왔다. 〈사각형으로 무리지어 감자를 심어야 한다. 우리 할머니가 한 대로 양배추를 재배해야 한다.〉[11] 그는 〈산술적으로〉는 옳지만 소련 인민들이 무엇을 할 수 있는지는 이해하지 못한 채 요란한 경력만 자랑하는 경제학자들에 대해 혹평했다. 〈자본주의 세계의 이념가들이 오랫동안 떠들게 내버려 두자. 경제학자 동지들이 얼굴을 붉히게 하자. 사람은 때로 갑작스러운 역주로 자신의 역량을 뛰어넘어야 한다.〉[12] 그리고 스탈린주의 국가의 압박에서 농부들을 풀어 줌으로써 발생하는 그 갑작스러운 역주가 심지어 미국의 경제도 따라잡을 물질적 풍요를 만들어 내리라. 〈자신의 역량을 알게 되면 인민은 기적을 일으킨다.〉 1957년 5월 흐루쇼프는 다음 몇 년 안으로 소련이 1인당 육류, 우유, 버터 생산량에서 미국을 따라잡을 것이라고 의기양양해했다.[13] 이제 모스크바에서 외국 당 대표단들을 앞에 두고 흐루쇼프는 10월 혁명을 기념하는 기조연설에서 자신의 경제 드라이브의 성공을 선언했다. 「동지들, 우리 계획가들의 계산에 따르면 다음 15년 안으로 소련은 미국 중요 생산품의 현재 산출량을 따라잡을 뿐 아니라 능가할 수 있을 것입니다.」[14]

마오쩌둥은 지체하지 않았다. 그는 공개적으로 도전을 받아들였고 중국은 당시 여전히 중요 산업 강국으로 간주되던 영국을 15년 내로 넘어설 것이라고 즉시 발표했다. 〈올해 우리나라는 강철 520만 톤을 생산했고, 5년 뒤에는 1000만~1500만 톤을 생산할 수 있을 것이다. 5년이 더 지나면 2000만~2500만 톤을, 다시 5년 뒤에는 3000만~4000만 톤을 달성할 것이다. 내가 허풍을 떠는 것일지도 모르지만, 장래 또 다른 국제 모임에서 만났을 때 여러분은 내가 너무 주관적이라고 비판할지도 모르지만, 나는 지금 상당한 증거를 바탕으로 말하는 것이다. (……) 흐루쇼프 동지는 소련이 15년 안에 미국을 따라잡을 것이라고 말했다. 나는 15년 안으로 우리 또한 영국을 추월할 수 있을 것이라고 말할 수 있다.〉[15] 대약진 운동이 시작되었다.

3장
계급 숙청

모스크바에서 흐루쇼프는 마오쩌둥에게 앞으로 돌진할 명분을 제공했다. 스푸트니크호는 상대적으로 후진적인 소련이 미국같이 경제적으로 앞선 선진국들을 따돌릴 능력을 가지고 있음을 입증했지만 소련 계획가들은 마오 주석이 포기할 수밖에 없었던 사회주의 고조 정책과 유사한 대대적 경제 드라이브를 준비하고 있었다.

베이징에서는 소련에서 돌아온 지 2주도 채 지나지 않은 마오쩌둥이 약진 정책을 위해 부주석 류사오치의 지원을 확보했다. 키가 크지만 살짝 등이 굽고 희끗희끗한 머리의 류사오치는 검소하고 과묵한 인물로 수시로 밤을 새워 가며 열심히 일하며 일생을 당 노선에 바쳐 온 터였다. 자신을 주석의 후계자로 본 그는 스스로를 돌보지 않고 고되게 일해 온 세월에 대한 보상으로 주석 자리가 마땅히 자신에게 돌아올 것이라고 믿었다. 몇 달 전에 마오쩌둥 본인이 국가 주석 자리에서 물러날 의향을 내비쳤었고 어쩌면 류사오치에게 사적으로 자신의 후계자로서 그를 지지한다는 확언을 했을 수도 있다.[1] 류사오치는 마오쩌둥의 비전을 받아들였다. 〈15년 내로 소련이 주요 공업, 농업 생산품의 산출량에서 미국을 따라잡고 능가할 수 있다. 같은 기간에 우리는 철, 강철, 다른 주요 공업 생산에서 영국을 따라잡고 추월해야 한다.〉[2] 그해가 끝나기 전에 치수, 곡물 생산, 철강 생산에서 커다란 진전이 있었음을 알리는 신문 기사들이 중국 곳곳에서 나왔다. 1958년 새해 첫날 『인민일보』는 류사오치가 승인한, 지도자의 비전이 포착된 사설을 실었다. 〈전력투구하고 목표를 높게 잡아라.〉[3]

좀처럼 자신을 내세우지 않는 학구파 유형이자 국가 기획 위원회 위원장으로서, 각 생산품이 얼마나 많이 생산되어야 하는지를 상세히 열거한 전화번호부처럼 두꺼운 청사진을 지방마다 보내던 리푸춘 역시 마오쩌둥을 지지했다. 같은 후난 성 출신으로 주석을 어렸을 적부터 알고 지냈고 대장정의 참전 군인이기도 한 리푸춘은 두려움에서였든 확신이나 야망이 있어서였든 경제 기획가들 중에 처음으로 대약진 운동의 시류에 편승한 이였다. 그는 류사오치에 합류하여 마오쩌둥의 대담한 비전을 칭송했다.[4]

요란한 프로파간다의 영향 아래, 사적인 모임과 당 협의회에서 마오쩌둥에게 들볶이고 회유된 성장들은 각종 경제 활동에서 더 높은 목표치를 약속하면서 그의 전력투구 운동에 힘을 실어 주었다. 1958년 1월 초 항저우(杭州)에서 열린 소규모 당 간부 모임에서 주석을 진정으로 경외하며 살아온 상하이 시장 커칭스(柯慶施)는 〈사회주의 건설의 새로운 고조〉를 열광적으로 칭송했다. 키가 크고 부푼 머리 모양의 그는 조국이 〈인민 대중에 의지함으로써 바람을 타고 파도를 부숴야〉 한다고 주장했다.[5] 지지자들에게 둘러싸이고 커칭스에게 고무된 마오쩌둥은 수년간 쌓인 울분을 더 이상 참지 못하고, 자신의 비전을 줄곧 거부해 온 주요 경제 기획가들 중 한 명인 보이보(薄一波)의 면전에서 폭발하고 말았다. 보이보는 노련한 혁명가였지만 그의 관심사 중 하나는 균형 예산을 유지하는 것이었다. 〈나는 당신의 그따위 이야기는 듣지 않겠소!〉라고 마오쩌둥은 호통쳤다. 「무슨 소리를 하는 거요? 지난 몇 년 동안 나는 더 이상 예산안을 살펴보지 않았지만 당신은 어쨌거나 내가 거기에 서명하게 강요했지.」 그다음 그는 저우언라이한테 고개를 돌렸다. 「내 책 『중국 농촌에서의 사회주의 급증*The Socialist Upsurge in China's Countryside*』에 쓴 서문은 나라 전체에 엄청난 영향을 미쳤소. 그게 〈개인숭배〉나 〈우상숭배〉요? 그러거나 말거나 나라 전역의 신문과 잡지들은 그 글을 거듭 찍어 내고 있고, 어마어마한 영향을 미쳤소. 이제 나는 진짜로 〈무모한 진전의 주범〉이 되었군!」[6] 채찍을 휘두르며 기획가들을 유토피아로 향하는 길로 몰아넣을 때가 온 것이다.

중국 남단에 자리한 난닝(南寧)은 초목이 무성한 아열대 기후 덕분에 〈초록 도시〉로 알려져 있다. 온화한 기후 덕분에 이곳에서는 복숭아와 빈랑나무 열매, 야자나무가 연중 잘 자란다. 1월 중순이면 감귤 나무에 꽃이 활짝 피고 기온이 섭씨 25도를 기록하는 훈훈한 날씨의 난닝은 한겨울 베이징에서 온 당 지도자들에게 얼마간 위안을 줬겠지만 분위기는 긴장감이 감돌았다. 간쑤 지방의 열성적 지도자 장중량(張仲良)은 〈시작부터 끝까지 주석은 우파 보수주의 사고를 비판했다!〉며 열광적으로 호응했다.[7] 마오쩌둥은 모임 첫날의 기조를 세웠다. 「〈모진에 반대〉라는 표현을 두 번 다시 언급하지 말 것. 알겠소? 이것은 정치적 문제요. 어떤 반대든 실망으로 이어질 것이고, 낙담한 6억 명은 재앙이 될

것이오.」[8]

여러 날 동안 마오쩌둥은 여러 차례 분통을 터트렸고 경제 기획가들이 〈인민들의 열정에 찬물을 끼얹고〉 나라의 앞길을 가로막는다고 비난하며 그들을 을러댔다. 〈모진〉을 반대하는 잘못을 저지른 자들은 〈우파와 고작 50미터 떨어져〉 있을 뿐이다. 1956년 6월 20일 비판적 논설을 실었던 『인민일보』의 편집장 우렁시(吳冷西)는 마오쩌둥이 호출한 지도자들 목록 가운데 맨 위에 있었다. 주석의 평결은 다음과 같았다. 〈속류 마르크스주의, 속류 변증법. 이 논설은 반우파임과 동시에 반좌파인 것 같지만 사실 전혀 반우파가 아니며 전적으로 반좌파적이다. 이것은 뚜렷하게 나를 반대하는 논조다.〉[9]

자리에 모인 지도자들에게 거대한 압력이 가해졌고 심지어 고된 당 생활에 단련된 이들조차도 이 스트레스는 견디기 힘들었다. 기술 개발의 책임을 지고 있는 위원회 위원장이자 마오쩌둥 부인의 전남편인 황징(黃敬)은 주석이 그에게 임무를 맡기자 무너지고 말았다. 그는 침대에 누워 천장을 쳐다보며 알아들을 수 없는 말을 웅얼거리다 의사에게 어리둥절한 표정을 지어 보이며 용서해 달라고 애걸했다. 「날 좀 살려 주시오, 제발!」 치료를 받기 위해 비행기에 태워진 그는 광저우까지 자신과 동행하던 리푸춘한테 무릎을 꿇고 머리를 조아렸다. 군병원에 입원한 그는 창문 밖으로 뛰어내려 다리가 부러졌다. 황징은 1958년 11월에 47세의 나이로 사망했다.[10]

그러나 마오쩌둥의 분노의 진짜 대상은 저우언라이였다. 1월 16일 마오쩌둥은 총리 앞에 커칭스의 「새로운 상하이는 사회주의 건설을 가속화하며 바람을 타고 파도를 부순다」 사본을 여봐란 듯 흔들어 댔다. 「언라이, 자넨 총리지. 자네는 이렇게 좋은 글을 쓸 수 있을 것 같나?」

그는 비웃듯이 물었다. 「저는 못 하죠.」 총리는 공격을 받아내려고 애쓰면서 낮게 중얼거렸다. 의례적인 공개적 망신 뒤에 결정타가 날아왔다. 「자네는 〈모진〉을 반대하지 않은가? 나는 〈모진〉에 대한 반대에 반대한다네!」[11] 다수의 당 좌파 지도자들이 다툼에 가세했다. 커칭스와 쓰촨 성의 급진파 지도자 리징취안(李井泉)이 총리를 난도질했다.[12] 사흘 뒤 저우언라이는 1956년의 정책 역전에 대한 모든 책임을 떠맡고, 그것이 〈우파 보수주의 사고〉의 결과이자 자신이 주석의 지도 정책에서 탈선했었다는 것을 인정하는 긴 자아비판 연설을 했다. 당이 저지른 잘못은 〈열 가지 가운데 하나〉일 뿐이기에 지나치게 강조되어서는 안 된다는 마오쩌둥의 생각은 당 대회의 선언서에 고이 채택되면서 소약진 운동을 공격했던 사람들을 주변화했다.[13]

상냥하고 나긋나긋해서, 살짝 여자 같은 구석이 있는 저우언라이는 중국의 외교 사절로 안성맞춤이었고 딱 맞는 편에 속하는 재능을 가지고 있었다. 그는 필요할 때면 아주 겸손하게 자세를 낮추고 나올 수도 있었다. 공산당이 승리하기 전에 국민당을 지지하던 사람들은 바닥이 무거워서 어떻게 놔도 오뚝 서는 중국의 장난감인 부다오웡(不倒翁), 즉 오뚝이라는 별명으로 그를 부르곤 했다.[14] 혁명가로서의 이력을 쌓던 초기에 저우언라이는 일찌감치 마오쩌둥에게는 결코 도전하지 않겠다고 다짐한 터였다. 그의 결심은 두 사람이 어느 사건에서 서로 충돌한 것에서 기인했고 그 일로 마오쩌둥은 속이 부글부글 끓었다. 1932년 한 협의회에서 게릴라 전술을 비판하던 이들은 마오쩌둥을 맹공격하고 전선의 지휘권을 그를 대신하여 저우언라이한테 넘겼다. 그 결과는 재앙이었다. 몇 년 뒤 국민당 부대가 홍군을 박살 내면서 공산주의자들은 근거지를 떠나 대장정에 나설 수밖에 없었던 것이다.

1943년 마오쩌둥의 권위가 최고가 되었음을 깨달으면서 저우언라이는 주석에 대한 변치 않을 지지를 표명했다. 그는 〈마오쩌둥의 지도와 그가 나아가는 방향은 중국 공산당이 나아가는 방향이다!〉라고 선언했다. 그러나 마오쩌둥은 저우언라이가 그렇게 쉽사리 궁지에서 벗어나게 내버려 두지 않았다. 저우언라이의 충성심은 자신의 정치적 범죄를 자인하고, 스스로를 원칙이 결여된 〈정치 사기꾼〉이었다고 불러야 했던 잇단 자아비판 모임으로 시험받았다. 그것은 호된 자기 비하 경험이었지만 그 덕분에 저우언라이는 주석의 충직한 조수로 부상할 수 있었다. 그로부터 줄곧 불편하고 역설적인 동맹 관계가 발전했다. 마오쩌둥은 권력의 잠재적 도전자로서 저우언라이를 저지해야 했지만 한편으로 국정을 운영하려면 그가 필요했다. 마오쩌둥은 일상 업무와 조직적 세부 사안들에 대해서는 관심이 없었고 사람들을 흔히 거칠게 다뤘다. 저우언라이는 조직에 재능이 있는 일급 행정가, 당의 단합을 이끌어 내는 데 뛰어난 매끄러운 수완가였다. 어느 전기 작가가 표현한 대로, 마오쩌둥은 〈채찍을 들어 올리기 위해 저우언라이를 바짝 끌어당겨야 했던 한편 때로는 자신의 생존에 없어선 안 될 그에게 채찍을 마구 휘두르기도 했다〉.[15]

채찍질은 난닝에서 끝나지 않았다. 두 달 뒤 청두 당 대회의 마지막 며칠은 궤도 수정 세미나에 할애되었다. 그러나 먼저 마오쩌둥이 스탈린식 경제 경로를 맹목적으로 따라온 기획가들에게 경멸적 발언을 쏟아 냈다. 그가 보기에 스탈린식 경제 경로는 대규모 산업 복합 단지에 대한 지나친 강조, 문어발식 관료 기구, 만성적인 농촌 저발전이었다. 일찍이 1956년 11월에 그는 〈소련의 모든 것이 완벽하고, 심지어 그들의 똥마저도 향기롭다는 식으로 무비판적으로 사고〉한다며 동료들 일부를 맹비난했다.[16] 공산주의로 가는 중국만의 경로를 찾으려면 이제는 사회주의 도그마로 얼어붙어 버린 소련식 방법들을 완고하게 고수하기보다는 창조적 사고가 필요했다. 중국은 공업과 농업을 동시에 발전시키고, 중공업과 경공업을 동시에 시도하면서 〈두 다리로 걸어야〉 한다. 그리고 그 길의 지도자로서 마오쩌둥은 이제 완전한 충성심을 요구했다. 〈숭배가 뭐가 나쁜가? 진리는 우리 수중에 있는데 왜 우리가 그것을 숭배하지 말아야 하는가? 집단은 저마다 그 지도자를 숭배해야 하고, 숭배할 수밖에 없다.〉 마오쩌둥은 설명했다. 이것은 〈올바른 개인숭배〉라고.[17] 마오쩌둥의 메시지는 커칭스에 의해 즉시 받아들여졌고 그는 전율에 휩싸여 외쳤다. 「우리는 주석에게 맹목적 신뢰를 품어야 한다! 우리는 주석에게 거리낌 없이 복종해야 한다!」[18]

자신에 대한 개인숭배를 당당히 선언한 마오쩌둥은 정치적 측근인 류사오치에게 절차 진행을 넘겼다. 사실상 모든 참가자들이 자아비판에 나선 가운데 상황은 저우언라이에게 괴롭기 짝이 없었을 것이다. 두 사람 다 경쟁심이 무척 강했고, 어쩌면 류사오치는 주석한테서 권력을 넘겨받을 미래를 전망하며 저우언라이를 위협 상대로 보았을지도 모른다.[19] 그날 류사오치는 지도자 찬양에서 저우언라이를 압도했다. 〈그동안 나는 마오 주석의 우월성을 느껴 왔다. 나는 그의 생각을 따라가지 못한다. 마오 주석은 당내 누구도 따라갈 수 없는 엄청난 지식, 특히 중국사에 대한 지식을 갖고 있다. [그는] 특히 마르크스 이론과 중국 현실을 결합하는 데 실제적 경험을 보유하고 있다. 이런 측면에서 마오 주석의 우월성은 우리가 칭송하고 배우려고 노력해야 할 점이다.〉[20] 저우언라이는 저우언라이대로 난닝 대회 이후 경제 계획에서 자신의 권위를 박탈한 주석의 비위를 맞춰 줘야 할 강한 압박을 느꼈다. 다시금 그는 자신의 오류에 관해 긴 고해성사를 했지만 그의 자아비판은 마오쩌둥을 감동시키지 못했다.

5월, 1,300명 넘게 참가한 공식 당 대회에서 저우언라이와 당의 경제 정책에서 전권을 쥐고 있던 천윈은 또 다른 자기 시험을 준비하도록 불려 나왔다. 어떻게 해야 마오쩌둥을 만족시킬 수 있을지 더 이상 알 수 없었던 저우언라이는 며칠을 자진하여 틀어박혀 있으면서 딱 맞는 표현을 찾으려고 고군분투했다. 그와 유사한 궁지에 몰려 있는 천윈과 전화로 대화를 나눈 뒤 저우언라이는 완전히 낙담하여 머릿속이 그야말로 하얘졌다. 그가 할 수 있는 일은 비서를 멍하니 쳐다보면서 몇 마디 말을 뱉어 내고 침묵하는 것이 전부였다. 그날 밤늦게 아내는 저우언라이가 책상에 엎드려 있는 모습을 보았다. 총리를 도우려는 생각에 비서는 마오쩌둥과 저우언라이가 〈많은 폭풍우를 헤치며 한배를 타왔던〉 것에 관한 문단에 밑줄을 그었다. 나중에 연설문을 들여다본 저우언라이는 화를 내며 비서를 힐책했다. 그는 눈물을 펑펑 쏟으며 비서가 당 역사에 대해 너무 모른다고 비난했다.[21] 결국 저우언라이는 대회에 모인 당 지도자들 앞에서 주석에게 찬사를 쏟아 내고, 청중에게 마오쩌둥은 〈진리의 화신〉이고 잘못은 오로지 당이 그의 위대한 지도로부터 멀어졌을 때만 벌어졌다고 말하며 굽실거렸다. 이러한 굴종을 선보이고 며칠 뒤 저우언라이는 마오쩌둥에게 주석의 글을 성실하게 연구하고 지도를 모두 따르겠다고 약속하는 사적인 편지를 건넸다. 주석은 마침내 만족했다. 그는 저우언라이와 다른 이들이 훌륭한 동지라고 공언했다. 저우언라이는 자리를 보전했다.

대약진 운동의 첫 몇 달 동안 저우언라이는 거듭하여 창피를 당하고 비하되었지만 결코 지지를 거두지 않았고 난닝에서 주석의 맹렬한 격노를 묵묵히 받아들이는 쪽을 택했다. 저우언라이는 자기 주인을 타도할 권력이 없었지만 그의 뒤에는 계획가들이 있었고, 또 자기 경력을 희생하여 물러날 수도 있었을 것이다. 그러나 그는 비록 동료들의 그늘에 가릴지언정 권력에 머무는 길로서, 주석한테서 받는 굴욕을 감수하는 법을 배웠다. 저우언라이는 마오쩌둥에게 충성스러웠고 그 결과 하인의 많은 기술들이 주인을 사주하는 데 투입되었다.[22] 마오쩌둥은 비전에 찬 공상가였고, 저우언라이는 악몽을 현실로 탈바꿈시키는 산파였다. 언제나 근신 중인 그는 자신을 입증하기 위해 대약진 운동에 지칠 줄 모르고 전념하게 된다.

저우언라이가 권력과 굴종의 화려한 볼거리를 선보이며 비하되는 동안 다른 고위 경제 관료들도 재빨리 줄을 섰다. 국가 기획 위원회 위원장 리푸춘은 1957년 12월 다른 계획가들의 대오에서 이탈하여 마오쩌둥의 구호 주변으로 집결하면서 자아비판이라는 수단을 쓸 필요가 없었다. 천윈은 여러 차례 자아비판 발언을 했다. 1956년 소약진 운동을 반대했던 재무부장 리샨녠(李先念)과 국가 경제 위원회 위원장 보이보는 이제 시류에 저항할 수 없음을 깨달았다. 아무도 감히 이견을 표명하지 못했다. 리푸춘과 리샨녠은 마오쩌둥에게 충성을 선언한 뒤 당의 중추 세력인 서기국에 임명되었다.

최고위층에 정치적 압력을 증대하기 위해 주석은 중앙에서 지방으로 권력 이동도 주관했다. 난닝 모임은 마오쩌둥이 소집한 일련의 즉석 협의회 가운데 첫 번째 모임이었다. 그는 자기 추종자들을 대약진 운동으로 회유할 수 있게, 참가자 면면을 엄격하게 통제하고, 의제를 설정하고 회의 진행을 지배했다. 그는 지방 인사들을 베이징 국가 정무원 같은 기존 기관의 좀 더 공식적 회기에 소환하기보다는 서기국을 지방으로 데려갔다.[23] 그렇게 함으로써 그는 성 지도자들 사이에 깊이 흐르고 있는 불만의 분위기를 활용했다. 산시(山西) 성의 제1서기 타오루자(陶魯笳)는 나라에 만연한 빈곤에 조바심을 표명하면서 많은 현지 간부들을 대변했다.[24] 〈가난하고 백지 상태인〉 중국이라는 마오쩌둥의 시각은 경쟁국들을 뛰어넘어 조국을 약진시킬 당의 역량을 믿는 이상주의자들 사이에서 반향을 얻었다. 〈사람이 가난하면 혁명가가 되는 경향이 있다. 백지는 글쓰기에 안성맞춤이다.〉[25] 급진적 지방 지도자들은 지도자의 비전에 맞장구를 쳤다. 허난 성 성장 우즈푸(吳芝圃)는 우파 반대파를 분쇄하고 약진하는 〈지속적 혁명〉을 알렸다. 인민 해방군에서 장기 복무한 베테랑이자 안후이(安徽) 성의 지도자인 쩡시성(曾希聖)은 〈중국의 얼굴을 바꾸기 위해 3년간 열심히 싸우자〉는 구호를 내걸었다. 그러나 무엇보다도 상급자들이 자기 안방에서 의례적으로 비하당하는 양상을 목격한 지방은 탄압의 바람이 중국 전역을 관통하면서 저마다 마녀사냥을 개시하도록 부추겨졌다.

———

마오쩌둥은 동료들이 자신의 메시지의 성격을 짐작하도록 알쏭달쏭하게 나올 수도 있었지만, 이번에는 올바른 지도 방침과 관련하여 베이징으로부터 압력이 많았다. 우파 분자들에 대한 숙청이 철저하게 실시되도록 마오쩌둥은 자신의 싸움개 덩샤오핑을 일련의 지역 모임에 파견했다. 지시 사항은 분명했다. 간쑤 성에서 덩샤오핑은 부성장 쑨뎬차이(孫殿才), 천청이(陳成義), 량다쥔(梁大均)에 맞선 투쟁은 분명해야 한다고 설명했다.[26] 간쑤 성장 장중량은 조금도 지체하지 않았고 몇 주 뒤 성 당위원회 안에서 반당 도당의 정체가 드러났다고 발표했다. 공교롭게도 반당 세력의 지도자는 쑨뎬차이, 천청이, 량다쥔이었다. 그들은 당을 공격하고, 사회주의를 폄하하고 자본주의를 고취하고 1956년 사회주의 고조 정책의 업적을 부인했다는 혐의를 썼으며 이것 말고도 그들의 가증스러운 죄목은 많았다.[27]

이들은 베이징의 지원으로 실각당한 막강한 지도자들이었다. 그러나 숙청은 대다수의 비판적 목소리를 잠재우며 당의 모든 층위에서 단행되었다. 거의 어느 누구도 당 노선에 감히 반대하지 못했다. 내몽골 사막 지대 인근 가난한 지방인 간쑤 성 곳곳에서 곡물 징발이나 과도한 할당에 관해 조금이나마 비판적으로 지적한다는 것은 생각도 못할 일이 되었다. 수확량을 걱정하는 당원들에 대한 메시지는 단도직입적이었다. 〈네가 우파인지 아닌지 신중하게 고려해야 한다.〉[28] 간쑤 성 성도에 위치한 란저우 대학교에서 절반에 달하는 학생들에게 정치적으로 보수적인 느림보라는 표시인 백색 기가 쥐어졌다. 일부는 등에 〈내 아버지는 백색 기다〉라고 쓰인 종이가 붙기도 했다. 구타를 당하는 학생들도 있었다. 중립적 태도를 취한 학생들은 반동으로 규탄되었다.[29] 1960년 3월이 되자 약 19만 명이 공개 모임에서 규탄받고 굴욕을 당했고, 최고위 지방 관리 150명을 비롯해 4만 명의 간부가 당에서 축출되었다.[30]

과격 지도자들이 더 소심한 경쟁 상대를 제거할 기회를 잡으면서 유사한 숙청이 나라 전역에서 벌어졌다. 1957년 12월부터 윈난 남부 지방은 당 고위 관계자부터 촌락의 간부에까지 이르는 반우파 숙청 분위기에 줄곧 사로잡혀 있었다. 1958년 4월에 작은 키와 이중 턱 외모의 거친 현지 실력자 셰푸즈(謝富治)는 〈반당 파벌〉 지도자들을 전복했다고 밝혔다. 조직부의 수장인 정둔과 왕징은 〈지역주의〉와 〈수정주의〉, 자본주의 옹호, 당 지도체제 타도를 시도하고 사회주의 혁명에 반대했다는 죄목을 썼다.[31] 1958년 여름이 되자 이러한 이단 심문 재판은 2,000명 정도의 당원 제거로 이어졌다. 윈난 성의 십여 군데 행정 구역 가운데 현이나 그보다 더 큰 지역 단위에서 일하고 있던 막강한 간부들 150명 이상을 비롯하여, 최고 지도자들도 열다섯 명 가운데 한 명꼴로 파면되었다. 숙청 운동이 전개되면서 추가적으로 9,000명의 당원한테 우파라는 꼬리표가 붙었다.[32]

〈반당〉 파벌이 거의 어디서나 발각되었다. 마오쩌둥은 지방 지도자들을 계속 재촉했다. 1958년 3월 그는 레닌의 유명한 발언을 환기시키며 〈독재자로는 너보다 내가 더 낫다〉고 선언했다. 〈지방에서도 유사하다. 독재자로 장화(江華)냐 사원한(沙文漢)이냐?〉[33] 저장 성에서 사원한은 장화에게 내쫓겼고 유사한 대결이 광둥과 내몽골, 신장, 간쑤, 칭하이, 안후이, 랴오닝, 허베이, 윈난 성 등지에서 벌어졌다.[34] 나중에 기근에 가장 큰 영향을 받게 될 지방 가운데 하나인 허난 성에서는 온건한 지도자 판푸성이 마오쩌둥의 열성적 추종자 우즈푸에게 밀려났다. 판푸성은 사회주의 고조 동안 집산화에 관해 암울한 그림을 그렸었다. 〈농민들은 (……) 오늘날 역축과 같다. 황소는 집에 매여 있고, 인간은 들판에서 마구에 묶여 있다. 부녀자들은 자궁이 밖으로 쳐지도록 쟁기와 써레를 끈다. 협동은 인력의 착취로 둔갑한다.〉[35] 바로 여기에 자본주의로의 대놓은 후퇴 사례가 있는 듯했고, 당과 마을을 분열시키면서 판푸성의 추종자들은 모조리 쫓겨났다. 〈판푸성 타도〉나 〈우즈푸 타도〉 같은 구호를 내건 허수아비들이 흙먼지 이는 길가에 들어섰다. 대부분의 지역 간부들은 바람이 어느 방향으로 불고 있는지를 볼 수 있었고 우즈푸 쪽으로 줄을 섰다.[36]

그러나 압력이 얼마나 강했든 간에 언제나 선택지가 있었다. 마오쩌둥이 장쑤를 순방하여 현지 지도자에게 우파들과 싸우고 있느냐고 물었을 때 장웨이칭은 용기를 내어 주석에게 만일 불순분자가 있다면 자신을 그 지도자로 여겨야 할 것이라고 대답했다. 당은 나부터 먼저 제거해야 한다. 마오쩌둥은 껄껄 웃었다. 「자네는 황제를 말에서 끌어낸 대가로 능지처참 당하는 걸 두려워하지 않는군! 좋소, 그럼 그냥 가만 놔두지…….」[37] 그 결과 장쑤에서는 다른 곳보다 고발된 간부가 적었다.

그러나 시류를 거스를 확신이나 용기, 성향이 있는 사람은 드물었다. 숙청은 당의 모든 계층을 속속 관통했다. 마오쩌둥이 베이징에서 자기 뜻을 강요하는 가운데 지방 실력자들은 반대파는 누구든 〈보수 우파〉라고 규탄하면서 저마다 전횡을 휘둘렀다. 그리고 지방 수도에 권력자가 있듯이 현장과 그 수하들도 경쟁 상대를 제거하기 위해 숙청을 이용했다. 그들은 권력을 등에 업고 위협을 일삼는 현지 불량배들한테는 눈을 감았다. 기저에서는 서류 위에 묘사된 유토피아와는 한참 딴판인 세상이 펼쳐지기 시작했다.

초기 경고 신호는 1958년 여름, 고위 관계자들 사이에 회람된 보고서가 상하이 바로 남쪽 펑 현의 반우파 운동 동안 폭력이 일반적인 현상이 되었음을 보여 주었을 때 나타났다. 100여 명이 자살을 했고 많은 사람들이 들판에서 죽어 갈 때까지 노역에 처해졌다. 펑 현 현장 왕원중은 〈대중〉을 간부의 손에 들린 막대기를 볼 때만 말을 듣는 개에 비유하는 구호로 모범을 보였다. 수천 명의 마을 주민들이 몇 달간 끊임없이 일상에 끼어들어 있던 공개 모임에서 〈지주〉나 〈반혁명 분자〉로 고발되었다. 많은 사람들이 일상적으로 두들겨 맞고 손발이 묶이고 고문당했고, 일부는 현 전역에 세워진 특별 노동 수용소로 끌려갔다.[38]

평 현은 앞으로 찾아올 암흑을 예시하는 무시무시한 경고였다. 그러나 현장에서 멀리 떨어진 사상누각에 자리한 꼭대기에서, 천지 만물을 변화시킬 인민의 능력에 대한 믿음은 무한했다. 1957년 11월 마오쩌둥한테 가장 많은 신임을 받는 동료 가운데 한 명인 천정런은 치수 사업에서 인민 대중의 열정을 저해하는 〈우파〉 보수주의를 공격했다. 치수 사업은 대약진 운동의 결집 구호였다.[39]

4장
집합 나팔 소리

척박한 칭하이 산맥에서 발원한 흙탕 강물이 중국 심장부를 관통해 5,500킬로미터 정도를 흘러 베이징 근처 황해의 가장 깊숙한 만 보하이 해로 쏟아진다. 산의 계곡을 통과해 흐르는 강 상류는 물이 맑지만 가파른 절벽과 협곡들을 지난 뒤 먼지투성이 풍적토 평원을 가로질러 구불구불 흘러가면서 강물은 강한 바람에 실려와 오랜 세월 쌓인 부드러운 실트 퇴적물을 머금게 된다. 진흙과 모래가 강에 더 많이 섞일수록 강물 색깔은 더러운 황토색을 띠게 된다. 풍적토는 유속이 느려지는 하류에 쌓이면서 강바닥을 높인다. 고도(古都)인 카이펑을 지나갈 때쯤이면 강바닥은 주변 들판보다 10미터 높다. 강둑이 터지면 북부 평원은 쉽게 침수되어 역사상 가장 위험천만한 자연재해 가운데 하나로 탈바꿈한다. 카이펑 자체도 침수되고 버려지고 재건되기를 여러 차례 반복했다. 전통적으로 도랑과 제방이 홍수 방제 시설로 이용되었으나 별로 효과가 없었고 강은 연간 16억 톤의 실트를 실어 나르는 것으로 추정된다. 중국 속담에서 〈황허의 물이 맑으면〉이라면 표현은 영어에서 〈하늘에서 돼지가 날아다니면〉과 같은 뜻이다.

또 다른 전통 속담은 기적의 지도자의 도래를 예고한다. 〈한 위인이 등장하면 황허가 맑게 흐를 것이다.〉 마오쩌둥 주석이 그리도 자주 홍수를 일으켜 〈중국의 슬픔〉이라는 이름을 얻은 강을 다스릴 수 있을까? 초기 선전 포스터는 그가 바위 위에 앉아 황허를 굽어보며 생각에 잠긴 모습을 보여 주는데 어쩌면 강물을 맑게 할 방도를 숙고하고 있었을지도 모른다.[1] 1952년 이 사진들이 찍혔을 때 황허를 순회하고 있던 마오쩌둥은 다소 수수께끼 같은 한 마디를 던졌다. 「황허 공사는 반드시 실행되어야 한다.」[2] 마오쩌둥이 옆으로 물러나 있는 동안 엔지니어들 사이에서는 공사 계획을 둘러싸고 열띤 논쟁이 벌어졌고 결국에는 거대 댐을 선호하는 파가 이겼다. 거대 프로젝트라면 사족을 못 쓰는 소련 전문가들이 하류 지역을 조사한 뒤 허난의 싼먼샤(三門峽)를 적당한 부지로 선정했다. 1956년 4월 표준 저수 수위가 360미터인 댐 설계도가 제시되었는데 100만 명에 가까운 주민이 이주하고 22만 헥타르의 땅이 침수된다는 뜻이었다. 여러 수력 엔지니어들이 의구심을 품었지만 프로젝트는 1957년 4월 공식적으로 개시되었다. 미국에서 공부하고 미국의 주요 댐을 모두 방문했던 지질학자 황안리는 강의 퇴적물을 없애려는 시도는 심각한 결과를 초래할 것이라고 주장했다. 대형 댐으로 흙과 황토*를 막는 것은 저수지의 수명을 줄이고 궁극적으로 재앙으로 이어질 것이다. 그러자 마오쩌둥이 개입했다. 〈이 헛소리는 뭔가?〉는 1957년 『인민일보』에 실린 사설의 제목이었다. 글은 황안리를 비난하는 여러 고발 내용을 열거했는데 그중에는 그가 주석을 공격하고, 당에 해를 끼쳤으며, 부르주아 민주주의를 조장하고, 외국 문화를

* 바람에 날려 온 실트 풍적토. 뢰스라고도 함.

칭송했다는 것도 있었다.[3] 싼먼샤 댐에 대한 모든 비판은 일축되었다.

1958년 말이 되자 황허의 물길은 막혔다. 주민 수만 명의 노동이 들어간 파라오풍 사업에서 600만 제곱미터 정도의 흙이 옮겨졌다. 1년 뒤 댐이 준공되었다. 원래 설계에서는 여러 배출구와 관을 통해 축적된 퇴적물이 댐을 통해 빠져나가도록 했다. 그러나 기일 내에 프로젝트를 완수하려고 서두르면서 이 배출구들이 강화 콘크리트로 막혀 버렸다. 완공된 지 1년 만에 퇴적물이 상류로 조금씩 움직이기 시작해 수위가 높아지고 시안의 공업 중심지가 침수될 조짐이 보였다. 퇴적물을 걷어 내기 위해서는 광범위한 개축이 필요했고 개축은 한편으로 저수 수위 하강을 야기했다. 수위가 더 낮아지면서 엄청난 비용을 들여 설치한 14만 킬로와트 터빈은 무용지물이 되었고 다른 곳으로 옮겨야만 했다. 강물은 더 이상 맑지 않았다. 1961년이 되자 황허가 실어 나르는 토사의 양은 두 배가 되었다고 저우언라이 본인이 인정했다. 정저우 서쪽 어느 황허 유역은 95퍼센트까지 진흙으로 이루어져 있었다.[4] 몇 년 뒤 그 지역은 워낙 심하게 토사로 막혀서 외국인들은 댐을 방문하는 것이 금지되었다.[5]

〈대약진〉이라는 표현은 1957년 하반기에 시작된 치수 사업 맥락에서 처음 사용되었다. 15년 안으로 영국을 추월하려고 작정한 마오쩌둥은 자본을 노동으로 대체하는 데서 급속한 공업화에 대한 열쇠를 찾았다. 거대 인구는 중국의 진짜 자산이고 농촌의 모습을 바꾸기 위해서는 춘경기가 오기 전 농한기에 그들을 동원해야 한다. 물길을 돌려서 건조

한 북부 지방에 흩어져 있는 피폐한 촌락들의 빈약한 표토에 물을 댈 수 있다면, 아열대 남부 지역에서 거대한 제방과 저수지로 홍수가 방제된다면, 곡물 수확량은 급증할 것이다. 중국 전역에서 수천만 명의 농민들이 관개 사업에 합류했다. 당은 선조들이 수천 년 걸려 이룩한 것을 그들이 집단적으로 단 몇 달 만에 해낼 수 있다고 선전했다. 1957년 10월에 3000만 명 정도가 모집되었다. 1958년 1월이 되자 중국에서는 여섯 사람 중 한 명꼴로 땅을 파고 있었다. 그해가 저물기 전에 5억 8000만 세제곱미터 이상의 돌과 흙이 옮겨졌다.[6] 성장인 우즈푸가 베이징에 깊은 인상을 심어 주기 위해 계획된 초대형 프로젝트에 가차 없이 노동력을 몰아넣으면서, 싼먼샤 댐이 건설되고 있던 허난 성이 앞장섰다. 허난 성과 안후이 성의 경계 지역, 수십 년 동안 전개될 야심 찬 〈화이 강을 동력화하자〉 운동의 중심지에서는 100개가 넘는 댐과 저수지가 1957년과 1959년 사이에 건설되었다.[7]

지도층은 북서부를 특히 강조하기는 했지만 대형 관개 사업은 거대증에 사로잡힌 나라에 여기저기서 등장했다. 비판적 목소리는 드물었다. 마오쩌둥은 지식인을 불신했고 1957년 여름에 백화 운동 기간 동안 비판적 의견을 표명한 수십만 명의 지식인을 탄압했다. 그러나 앞장에서 본 대로 1957년 후반부터 반우파 운동을 통한 당 지도자들 숙청은 대약진 운동에 대한 반대 목소리를 제거하는 데 더욱 효과적이었다.

예를 들어 간쑤 성에서 쑨뎬차이와 량다쥔 같은 고위 지도자들은 1958년 2월 〈반당〉 파벌의 우두머리로 규탄받고 제명되었다. 그들을 향한 고발 내용 가운데 하나는 그들이 치수 운동의 속도와 범위에 관해 의구심을 표명했다는 것이었다. 그들은 관개 용지 5만 헥타르당 마을 주민 100명의 목숨이 대가로 지불된다고 주장했다. 그들이 권좌에서 제거되자 지역 유력 인사인 장중량이 주도권을 잡고 베이징으로부터 부름에 응답할 수 있게 되었다. 간쑤 성 노동력의 70퍼센트에 가까운 340만 명의 농민들이 중국의 가장 건조한 지방 가운데 하나를 가로지르는 관개 사업에 배치되었다. 다수의 주민들이 보와 저수지를 건설하는 일에 동원되었지만 이마저도 지도층의 성에 차지 않았다. 장중량은 미래에 대한 더 대담한 비전을 품고 있었다. 대형 물의 고속도로가 눈 덮인 산맥을 관통하고 깊은 계곡들을 이으면서 간쑤 성의 중부와 서부 지역에 물을 공급한다는 비전이었다. 물길이 언덕으로 돌려져서 주뎬(九甸) 협곡에서 칭양(慶陽)까지 900킬로미터를 흘러가면서 타오 강은 말 그대로 〈산을 옮길〉 것이었다.[8] 깨끗한 식수를 간쑤 성 전역의 바짝 마른 촌락들로 끌어오면 간쑤는 베이징의 원명원만큼 푸르고 우거진 거대한 공원으로 변신하리라.[9]

공사는 1958년 6월에 시작되었고 나라의 지도층으로부터 지지를 이끌어 냈다. 1958년 9월 주더 원수는 붓글씨를 이용해 프로젝트의 비상한 성격을 알렸다. 그가 쓴 문장은 다음과 같다. 〈타오 강을 산 위로 끌어올리는 것은 자연을 변형시키는 간쑤 인민의 선구적 과업이다.〉[10] 그러나 프로젝트는 처음부터 여러 문제에 시달렸다. 토양 침식은 자주 산사태를 야기해 저수지가 토사로 막히고 강물은 진흙탕으로 변했다.[11] 프로젝트에 동원된 마을 주민들은 빈약한 곡물 식단을 보충하기 위해 풀뿌리를 캐러 다니고 추운 겨울에 피난처를 얻기 위해 산에 동굴을 파야 했다.[12] 1961년 여름이 되자 공사는 중단되었고 1962년 3월에 프로젝트는 완전히 폐기되었다. 관개 토지 총면적은 0헥타르, 국가가 치른 비용은 1억 5000만 위안, 노동 일수는 60만 일, 인민들이 치른 비용은 헤아릴 수 없을 정도다. 공사 절정기에는 16만 명 정도가 프로젝트에 동원되었고 이들 대부분은 농사일에서 전용된 주민들이었다. 최소 2,400명이 사망했는데 일부는 사고로 죽었지만 훨씬 많은 수는 갈수록 높아지는 목표를 달성하기 위해 밤낮으로 노예처럼 일하도록 강요한 잔혹한 정권에 의해 죽었다.[13] 간부들이 광기에 사로잡혀 주민들을 닦달한 결과 프로젝트의 심장부에 위치한 산악 지대의 궁핍한 퉁웨이 현이란 곳은 중국에서 가장 높은 사망률을 기록하게 된다. 서서히 찾아오는 아사와 만연한 체벌은 이 황량한 지역을 참상의 현장으로 바꿔 놓았다.

치수 사업에서 목표량은 한 지방이 옮길 수 있는 흙의 톤수로 측정되었다. 그다음 이 마법의 숫자 — 진행되고 있는 프로젝트의 실제 유용성과는 완전히 무관한 — 는 경쟁심에서 전국적으로 비교되었고, 한 지방의 정치적 영향력을 좌우했다. 특별히 이 치수 운동을 감독하기 위해 설립된 치수국의 부국장 류더룬은 나중에 〈우리의 일상 업무는 각 성마다 전화를 걸어 그들이 진행하고 있는 프로젝트의 숫자에 관해 물어보는 것, 즉 얼마나 많은 사람들이 참여하고 있는가, 얼마나 많은 흙을 날랐는가 물어보는 것이었다. 지금 와서 보면 우리가 모은 데이터와 수치 일부는 과장된 게 뻔히 보였지만 그때는 누구도 사실 여부를 일일이 확인할 여력이 없었다〉라고 회고했다.[14]

이 운동의 기조는 베이징에서 세웠고 수도에서 마오쩌둥은 모두가 운동에 참여하도록 했다. 베이징 북쪽으로 30킬로미터 정도 떨어진 곳, 여러 언덕으로 북풍으로부터 보호되는 고요하고 인가가 드문 계곡에 명대의 황제와 황후들이 능에 잠들어 있었다. 코끼리와 낙타, 말, 기린, 여타 신화적 짐승들의 석상과 인간 석상의 장례 행렬로 호위되는 이 황제들은 이제, 백성들은 벌거벗은 산 사면에서 쏟아져 내려오는 급류에 노출되는 동안 광대한 궁궐을 지었다고 비난받고 있었다. 1958년 1월 인민 해방군의 병사들은 능 근처에 저수지 공사를 시작했다. 계곡에 있는 강을 댐으로 막으면 규칙적인 물 공급이 사람들에게 도움을 주리라. 군대는 돌격대를 제공했다. 수도의 기관과 공장에서 인력이 공급되는 가운데 작업이 불철주야로 진행되는 동안 언론과 라디오는 대중에게 지속적으로 공사 진척 상황을 보도했다.

십삼릉수고(十三陵水库)는 대약진 운동의 주력 사업, 중국의 나머지 지역들이 따라야 할 본보기가 되리라. 이내 수도에서 온 수만 명의 〈자원자〉들이 사업에 합류했는데 여기에는 학생과 간부들뿐 아니라 심지어 외국 외교관들도 있었다. 작업은 전천후로 진행되었고 밤에는 횃불과 랜턴, 휴대용 석유램프에 의지해 계속되었다. 기계는 거의 사용되지 않았다. 공사장에 나온 사람들에게는 삽과 곡괭이, 그리고 화차에 잡석들을 실어 담기 위한 바구니와 장대가 주어졌다. 화차는 댐까지 왕복 운행을 했고 파편들은 거기서 자갈로 갈렸다. 깎아 낸 돌은 도르래로 들어 올렸다. 그다음 1958년 5월 25일 마오쩌둥이 군중 앞에 나타나 사진가들 앞에서 흙이 담긴 들통이 양 끝에 매달린 대나무 장대를 어깨에 걸친 채 포즈를 취했다.[15] 그 사진들이 신문마다 일면을 장식하며 일순간 온 국민에게 활기를 불어넣었다.

폴란드 출신의 얀 로빈스키라는 젊은 학생은 이 저수지 건설에 참여했다. 그와 다른 자원자들은 바구니 두 개가 달린 장대를 받았고 그들은 여름 햇살에 얼굴을 보호하기 위해 밀짚모자를 쓰고서 선로 언저리에서 작업을 해나가며 바구니에 잡석들을 담았다. 작업자들은 열 명 단위로 나뉘었고, 이 작업반의 십장이 100명 단위 작업반에 보고하면 그곳의 십장은 다시 명령 계통을 따라 다음 단위의 십장에게 보고했다. 모두가 〈3년간 힘들게 일하면 1만 년간 행복하다〉라고 쓰인 현수막이 내걸린, 군대가 세운 막사나 농가에서 잤다. 로빈스키는 양민들을 착취했다고 비난받은 황제들도 만리장성과 대운하, 명대 황릉을 건설할 때 유사한 전술을 썼으리라는 것을, 즉 그들도 유사한 전술로 장비라고는 대나무 장대밖에 없는 수만 명의 일꾼들을 고분고분하나 능률적인 노동력으로 혼연일체가 되게 만들었으리라는 것을 금방 깨달았다.[16]

도움을 주겠다고 자원한 미하일 클로치코라는 어느 외국인 고문 역시 자신이 뜬 흙 몇 삽이 선전적 가치가 별로 없음을 지적하며 회의적이었다. 물론 그의 삽질은 수백 명의 노동자들이 그의 주변으로 모여들어 외국인이 삽질을 하는 모습을 입을 떡 벌리고 바라보면서 몇 분이나마 쉴 수 있는 반가운 기회를 제공하기는 했다. 작업 대부분이 체계적이지 못했고, 공사에 참여하도록 강제된 수천 명의 작업자들을 실어 나르고, 몇 주씩 숙식을 제공하는 것보다 굴착기와 대형 트럭을 갖춘 몇 백 명의 인력이 훨씬 더 효율적으로 일을 해냈을 것이다.[17]

프로젝트가 서둘러 수행되다 보니 커다란 계산 착오를 낳았고, 1958년 4월 저수지에 누수 현상이 발생했다. 물이 빠져나가는 것을 막고 땅을 동결시키기 위해 토양 응고 전문가가 폴란드 그단스크에서 공수되었다. 정부 고위인사들이 마오쩌둥을 칭송하고 공사에 자원한 작업자들을 치하하는 가운데 마침내 요란한 악대의 연주와 함께 공식적인 준공식이 열렸다.[18] 잘못된 곳에 건설된 탓에 저수지는 몇 년 뒤 물이 말라 버리면서 버려졌다.

십삼릉수고에서의 공사는 몇몇 외국 학생들에게는 흥미진진한 이벤트였을지 모르지만 대부분의 사람들은 등골이 휘는 노역을 몹시 두려워했다. 마오쩌둥 본인도 땡볕 아래서 한 시간 반 동안 땅을 판 뒤 얼굴이 벌게지면서 땀을 흘리기 시작했다. 그는 〈이렇게 조금밖에 안했는데도 벌써 땀이 비 오듯 흐르는군〉이라고 말하고는 잠시 쉬려고 지휘 텐트로 물러갔다.[19] 마오는 자신의 지근거리 수행원들 — 비서, 경호원, 주치의 — 도 저수지 작업을 하도록 보냈다. 「녹초가 될 때까지 다들 일해. 정말 못 참겠으면 그때 내게 말하고.」 작업반 1호로 알려진 그들은 다른 사람들은 옥외에서 삿자리에 누워 잘 때 교실 마룻바닥에 깐 이불 위에서 자는 엘리트 특권층이었다. 그들은 작업을 관장한 장군이 야간 조에 배치해 주었기 때문에 초여름의 타는 듯한 더위도 피할 수 있었다. 마오쩌둥의 개인 주치의 리즈쑤이(李志綏)는 건강하고 서른여덟 살로 아직 젊었지만 땅을 파고 흙을 져 나르는 일은 그가 여태 해본 것 가운데 가장 고된 일이었다. 2주가 지나자 기진맥진한 그는 삭신이 쑤시고 밤이면 감기 몸살로 덜덜 떨었다. 몸 안에 남아 있던 기운이 모조리 소진되었다. 작업반 1호의 어느 누구도, 심지어 힘이 좋은 경호원들조차도 일을 그만두고 싶었지만 감히 누가 그만두고 싶은 기색을 내비쳐서 반동분자로 찍히고 싶겠는가? 다행히도 그들은 중난하이로 돌아가라는 명령을 받았다.[20]

그러나 수도 바깥에서 압력은 훨씬 더 컸고 운동의 직격탄을 맞은 사람들은 마을 주민들이었다. 그들은 고작 2주간 일한 뒤 엘리트 당 간부의 안락한 생활로 복귀할 수 있게 철수하라는 명령을 받지 못했다. 그들은 집과 가족에서 멀리 떨어진 공사 현장으로 무리를 지어 행진해야 했고, 몇 달 동안 줄곧 온종일 고된 일을 하고 때로는 조금도 쉴 틈이 없이 밤새도록 일해야 했다. 제대로 먹지도 입지도 못한 채 비바람과 눈, 더위에 고스란히 노출되었다.

윈난 성은 세상의 관심에서 멀리 떨어진 곳에 무슨 일이 벌어지고 있었는지를 보여 주는 훌륭한 실례다. 아열대 지방의 일부 마을들은 1957년에서 1958년으로 넘어가는 겨울에 저수지 공사를 시작했지만 현지 당 지도자는 미진하다고 느꼈다. 1958년 1월 초, 몇 달 뒤에 반우파 운동에서 동료들을 무자비하게 숙청하는 셰푸즈는 너무 많은 농민들이 농한기에 자신들의 집단적 의무를 수행하지 않는, 굼벵이들이라고 큰 목소리로 불평했다. 모든 성인 남성에게 엄격하게 최소 하루 여덟 시간 작업이 부과된 반면, 관개 사업 작업자들이 소비하는 식량은 삭감되어야 한다.[21] 그다음 1월 15일 『인민일보』는 윈난 성을 치수 사업 운동에서 성과가 가장 나쁜 지역이라고 소개했다.[22] 다른 지역을 따라잡으려고 작정한 셰푸즈는 이튿날 긴급회의를 소집했다. 그는 윈난 성 인력의 최대 절반까지 운동에 참여해야 하며 마을 주민들은 하루 열 시간까지, 필요하다면 밤새도록 일하라고 명령했다. 작업 기피자들은 처벌받아야 하며 목표는 무슨 일이 있어도 달성되어야 한다. 명령을 따르지 않는 간부들은 해임될 것이다.[23] 이미 수천 명의 당 간부들을 제거한 반우파 운동이 한창 전개되는 와중에 나온 이런 발언은 단순히 말뿐인 위협이 아니었다. 결과는 신속히 나타났다. 1월 19일 『인민일보』는 고작 며칠 전에 성과 부진 지역으로 지목받은 윈난 성에서 이제는 전체 인력의 3분의 1인 250만 명이 흙을 나르고 있다고 보도했다.[24] 셰푸즈는 윈난 지방이 3년 안으로 완전히 관개될 것이라고 공언했다.[25]

성공의 대가는 컸다. 바다처럼 넓은 고원 호수 근처 추숑에서는 관개 사업에 소집된 농민들이 일상적으로 욕설을 듣고 두들겨 맞았다. 주민들은 푸성귀를 조금 훔쳤다고 줄에 묶였고, 열심히 일하지 않은 사람들은 무자비한 작업 체제를 부과하려고 애쓰는 간부들이 휘두르는 칼에 찔렸다. 임시변통 노동 막사는 반항적인 분자들을 수용했다. 지휘 체계 더 위쪽에 있는 당 지도자들은 이러한 관행을 알고 있었다. 1958년 4월 현을 조사하기 위해 윈난 성 당위원회가 조사 팀을 파견했다. 기대에 찬 소문이 주민들 사이에 돌기 시작하자 한 용감한 사람이 부족한 식량과 긴 작업 시간과 관련한 집단적 불만에 대한 지지를 이끌어 내고자 했다. 그는 셰푸즈한테 올라간 최종 보고서에서 〈반동〉이자 〈방해 공작원〉으로 규탄되었다.[26]

윈난 성의 수도 쿤밍 시에서 동쪽으로 130킬로미터 정도 떨어진 곳, 돌과 모래가 깎여 나가 삐죽삐죽한 봉우리를 이루는 바위산이 있는 원시림 한복판에 자리한 루량(陸良) 현은 1957년 곡물에 대한 〈농부들의 우파적 요구〉에 굴복했다고 통렬한 비난을 받았다. 새로운 지도자 천성녠은 심지어 병자까지도 밖에 나가 작업을 하도록 가죽 채찍을 들고 다니며 마을 거리를 순찰하는 헌병대를 조직하며 당 노선을 완고하게 고수했다.[27] 기아에 의한 사망 사례는 1958년 2월에 처음 나타났다. 6월에 이르자 부종, 즉 수종이 만연했고 무수한 마을 주민들이 굶주림으로 사망했는데 그들 대부분은 시충 저수지에서 작업했던 사람들이었다. 수종은 발이나 발목, 다리에 또는 신체 다른 부위 피부 아래 체액이 쌓일 때 생긴다. 선진국에서는 생활 습관의 가벼운 변화로, 예를 들면 소금을 너무 많이 먹는다든가 날이 따뜻할 때 너무 오래 서 있으면 생길 수 있다. 그러나 가난한 나라에서는 단백질 부족으로 야기되며 영양실조의 증세로 간주된다. 때로 기근 수종으로 불리기도 한다. 루량에서는 이런 사례들을 조사하기 위해 의료진이 여러 차례 파견되었지만 기근의 오랜 역사가 있는 나라에서 잘 알려져 있다시피 수종이 일반적으로 굶주림 때문에 생겨나는 증상이라고 진단할 용기는 반우파 캠페인의 와중에 어느 누구에게도 기대할 수 없었다. 일부 의사들은 심지어 수종이 전염병일지도 모른다고 의심해 요양과 충분한 식사 대신 항생제를 처방했다.[28] 처음에 시신은 관에 넣어 매장했지만 몇 달 뒤에는 그냥 거적때기로 덮어 공사 현장 근처 도랑과 연못에 내던졌다.[29]

윈난은 예외가 아니었다. 우파로 낙인찍힐까 두려운 당 간부들이 주민들을 심하게 몰아붙이면서 중국 전역에서 농민들은 거대한 관개 사업에 끌려 나와 아사 직전으로 내몰리고 있었다. 자신이 직접 반 시간 동안 삽으로 자갈을 떴기 때문에 마오쩌둥은 관개 사업에 들어가는 인적 희생을 알 만한 입장이었다. 1958년 3월, 장쑤 성의 관개 사업에 관한 장웨이칭의 보고를 들으면서 그는 〈우즈푸는 300억 세제곱미터의 흙을 옮길 수 있다고 주장한다. 내 생각에 그러면 3만 명이 사망할 것이다. 쩡시성은 200억 세제곱미터의 흙을 옮길 것이라고 말했는데 그러면 2만 명이 사망할 것이다. 장웨이칭은 6억 세제곱미터만을 약속하는데 그러면 아마도 안 죽을 것〉[30]이라고 생각했다. 관개 사업 계획에서 대중 동원은 줄어들지 않고 수년간 계속되면서 굶주림으로 이미 허약해지고 기력이 쇠진한 수천, 수만 명의 목숨을 앗아 갔다. 크메르 루주 치하 캄보디아의 오싹한 전조처럼 간쑤 성 칭수이 현 주민들은 이 공사 프로젝트들을 〈킬링필드〉라고 불렀다.[31]

5장

스푸트니크호 발사하기

증가하는 목표치들로 가득한 도표들은 다양한 색깔로 아름답게 도해되어 킬링필드와 극명한 대조를 이루었다. 곡물 생산량과 철강 생산량부터 시골에 판 우물 숫자에 이르기까지 생각할 수 있는 모든 영역에서 목표치가 하늘 높이 치솟으면서 구호(口號)의 세계와 지상의 현실 사이 어두컴컴한 간극이 생겨났다. 이러한 간극을 만들어 낸 압력 뒤에는 마오쩌둥의 영향력이 작용하고 있었다. 비공식적인 대화 자리에서 그는 목표 생산량을 갈수록 더 높이 잡도록 지역 지도자들을 들들 볶고 신경을 긁어 댔다.

마오쩌둥의 고향 후난 성의 신중한 지도자 저우샤오저우(周小舟)는 1957년 11월에 마오쩌둥의 장광설에 처음 시달린 사람들 중 하나였다. 후난 성은 왜 농업 생산량을 증대하지 못하는가? 후난 성 수도 창사(長沙)를 방문한 마오쩌둥은 물었다. 「후난 농민들은 왜 지금도 1년에 벼를 한 번만 심는가?」 저우샤오저우가 이곳의 기온 때문에 1년에 한 번밖에 심을 수밖에 없다고 설명하자 마오쩌둥은 저장 성도 후난 성과 같은 위도대에 있지만 벼 이기작을 한다고 지적했다. 「자네는 다른 지역의 경험들을 연구하지도 않는군. 그게 문제야.」 마오쩌둥의 지적은 계속되었다.

「그러면 그 문제를 연구해 보겠습니다.」 저우샤오저우는 고분고분하게 대답했다.

「연구해 보겠다니 그게 무슨 소린가?」 마오쩌둥이 되물었다. 「연구한다고 성공하지는 못할 거야. 그만 물러가도 좋네.」 당 지도자를 간단하게 일축한 마오쩌둥은 책을 펼쳐 들고 읽기 시작했다.

그러자 수모를 당한 저우샤오저우는 약속했다. 「당장 이기작을 시작하도록 노력하겠습니다.」 마오쩌둥은 그의 말을 못 들은 척 무시했다.[1]

몇 달 뒤 저우샤오저우가 보낸 대표가 베이징에서 주석을 만났을 때 마오쩌둥은 후난 성 대신에 허난 성을 열렬히 칭찬했다. 중국에서 생산되는 밀의 절반이 허난 성에서 나왔다. 「어떻게 생각하나?」 그다음 그는 후난 성에 대한 실망을 토로했다. 「룩셈부르크는 인구가 30만 명밖에 안 되지만 철강을 연간 300만 톤 생산하네. 그런데 후난 성은 인구가 얼마지?」[2]

마오쩌둥은 거듭 메시지를 전달하기 위해 가까운 동료들도 파견했다. 반우파 캠페인에서 덩샤오핑이 그의 믿음직한 부관이었던 것처럼 탄전린(譚震林)은 농업 부문을 관장하는 열성파였다. 키가 작고 더벅머리에다 두꺼운 안경을 쓰고 입술이 툭 튀어나온 그는 마오쩌둥의 철저한 신봉자이자 커칭스의 동지이며, 상하이의 떠오르는 별이었다. 왕년의 어느 동료는 그를 무자비할 정도로 〈임무 지향적인〉 냉소적 인물로 묘사했다.[3] 주석 앞에 불려 나온 동료들에 대한 그의 조언은 잘못이 있든지 없든지 간에 무조건 즉석 자아비판을 하라는 것이었다.[4] 탄전린은 여러 달 동안 중국 곳곳을 돌며 대약진 운동의 배후에서 압박감을 부추졌다. 그는 자신이 지지부진하다고 간주한 후난 성 지방에서 목격한 것들이 마음에 들지 않았다.[5] 정치적으로 퇴보하는 곳으로 고발하겠다고 위협하자 저우샤오저우는 마지못해 곡물 수확량 숫자를 부풀리기 시작했다.[6]

일대일 만남이 벌어지는 권력의 회랑 바깥에서는 압력을 계속 유지하기 위해 전화가 이용되었다. 중국 크기의 나라에서 전화는 지도자가 물리적 거리에 상관없이 부하들과 접촉할 수 있게 해주었다. 예를 들어 더 많은 강철을 생산하려는 광풍 속에서 셰푸즈는 주변의 광시(廣西) 성과 구이저우 성의 성과에 뒤처질 위험을 거듭 명심하도록 윈난 성 곳곳의 서기관들에게 전화를 돌리곤 했다.[7] 그러면 당 서기관은 야금산업부로부터 정기적으로 업데이트된 정보를 보고받았다. 이를테면 1958년 9월 4일에 가장 최신의 성과들이 베이징에 의해서 전화로 전달되었다.[8] 그다음 9월 6일에는 마오쩌둥의 연설이 전화 회의로 전달되었고, 9월 8일에는 철강 목표량에 관한 보이보의 보고가, 11일에는 펑전의 보고가, 16일에는 왕허서우(王鶴壽)의 보고가 뒤따랐다. 그사이 농업과 산업, 집산화에 관한 무수한 협의가 수도에서 걸려 온 전화로 이루어졌다.[9] 전화가 얼마나 자주 이용되었는지는 모르지만 대약진 운동 절정기에 광둥의 어느 인민공사의 한 간부는 배게 심기(수확량을 늘릴 목적으로 종자를 더 조밀하게 심는 경작 방식으로, 밀집 경작이라고도 한다) 농법을 실시할 목적으로 1960년 한 농번기 동안 90차례 전화 협의회가 열렸다고 추산했다.[10]

압력은 마오쩌둥이 소집한 즉석 당 모임들을 통해서도 지속되었는데 그는 새로운 이념적 주제들을 고취하고 목표 생산량을 높이기 위해 의제들을 지배했다.[11] 생산량 급증을 반대한다는 이유로 마오쩌둥으로부터 크게 질책당한 보이보는 일단의 국가적 목표치를 1958년 1월 난닝 모임에서 이중 계획 시스템으로 대체함으로써 광란에 적잖이 기여했다. 이 이중 계획에 마오쩌둥은 세 번째 계획 세트를 추가했다. 결국 삼중이 된 계획은 다음처럼 굴러간다. 중앙에는 반드시 달성해야 할 일단의 목표치들이 있고, 제2차 계획 역시 당연히 달성될 것으로 기대된다. 이 두 번째 계획이 성으로 전달되어 무슨 일이 있어도 반드시 달성해야 할 지방의 첫 번째 목표치가 된다. 각 성은 그다음 그들이 예상하는 달성 목표치를 반영한 제2차 계획을 수립할 것을 요구받고 결국에는 다 합쳐서 세 가지 목표치가 나오는 것이다. 이 시스템은 현까지 전달되어 현 단위에서 사실상 네 번째 생산 계획까지 추가되었다. 전국적 목표치들이 당 모임에서 끊임없이 수정되어 올라가면서 정해진 목표량과 희망 목표량으로 이루어진 시스템 전체가 꼭대기부터 밑바닥 마을 단위까지 광란의 인플레이션을 일으키며 목표량에서 대약진을 낳았다.[12]

더욱이 모방과 경쟁의 과정은 정치적 긴장을 더했다. 마오쩌둥은 그들의 부하들이 보는 앞에서 소심한 동료들을 폄하했을 뿐 아니라 더 극단적인 동료들을 칭찬했고, 경쟁의식을 높이기 위해서 누구든 또 무엇이든 항상 비교하는 경향이 강했다. 후난 성은 철강 생산에서 룩셈부르크와 나란히 놓였고, 중국은 공업 생산량에서 영국과 비교되었으며 간쑤 성은 관개 사업 추진력에서 허난 성과 비교되었다. 이 역시 난닝에서 마오쩌둥이 당 지도자들에게 내린 훈령에 담겨 있다. 경쟁심을 북돋기 위해 온 나라가 비교 작업에 참여해야 한다. 각계각층에서 열리는 끝없는 모임에서 시행되는 정기적인 평가는 각 성과 도시, 현, 인민공사, 공장 심지어 개인들한테까지 성과를 토대로 하여 세 가지 범주의 명칭을 부여했다. 〈홍색 기(旗)〉는 앞서 나가는 지방이나 집단에게 수여되고,

〈회색 기〉는 보통으로 간주되는 이들에게, 〈백색 기〉는 뒤처진 이들에 대한 처벌을 의미했다. 작업이 끝난 뒤 열리는 모임에서 나눠 주는 이 상징적 명칭, 때로는 칠판에 적힌 각 작업 단위의 이름 옆에 적히기도 한 명칭은 조금만 정치적 열성이 부족해도 우파라는 딱지가 붙을 수 있는 사회에서 망신을 주는 힘이 있었다. 온 나라가 규정량, 할당치, 목표량의 세상이 되었고, 확성기가 구호를 쏟아 내고 간부들이 작업을 체크하고 평가하고, 위원회가 주변 세상을 끝없이 등급을 매기고 평가하는 상황에서 그런 숫자들로부터 도망치는 것은 거의 불가능했다. 그리고 개인성과 등급은 갈수록 그들이 받는 처우의 종류를 좌우하게 된다. 굶주림의 시기에 공동 식당에서 국자로 퍼주는 죽의 양에 이르기까지 모든 처우를 말이다. 마오쩌둥의 뜻은 분명하다. 「비교하라. 어떻게 비교해야 하는가? 우리가 〈비교〉라고 부르는 것은 사실 〈강제〉다.」[13] 어느 현 관리는 당시의 경험을 다음처럼 회고했다.

그해에 우리는 봄 농사는 내버려 둔 채 우물 파기 작업에 가용한 모든 인력을 투입했다. 주(州)의 당위원회는 평비[평가와 비교] 모임을 주재했고 우리는 거기서 우물 파기 사업에는 〈홍색 기〉를, 봄 농사에서는 〈백색 기〉를 받았다. 나는 현 당위원회로 돌아가 이것을 보고한 뒤 당 서기한테서 호통을 들었다. 〈홍색 기를 들고 가서 어떻게 백색 기를 받고 돌아오나!〉 그때 문제가 정말 심각하다는 걸 깨달았다. 내 자신이 〈백색 기〉로 찍힐 수도 있었다. 그래서는 나는 곧 출산 예정인 흐느끼는 아내와 파상풍에 걸려 죽어 가는 누이를 남겨 둔 채 산에 있는 작업 현장으로 돌아가야 했다.[14]

농업과 공업 생산 부문에서 터무니없는 수치들이 세간의 이목을 다투면서 곧 중국의 모든 사람들이 목표량 열풍에 사로잡혔다. 기록적 목표량을 달성했다는 이러한 주장들은 당 모임에서 들먹여지고 강력한 선전 기구에 의해 대대적으로 유포되면서 최신의 기록들 뒤에 있는 지도자들에게 영예를 안겼다. 수치들은 하늘 높은 줄 모르고 치솟아 새로운 최고치를 경신하는 것은 사회주의 진영이 지난해 우주 공간에 쏘아올린 첫 인공위성을 기려 〈스푸트니크호 발사하기〉라고 불렸다. 〈스푸트니크호 발사하기〉, 〈전투 중인 당에 합류하기〉, 〈불철주야로 열심히 일하기〉는 홍색 기를 받는 길이었다. 곧 중국 최초의 인민공사가 될 허난 성 차야산(〈스푸트니크 공사〉로 알려지게 된다)에서는 헥타르당 4,200킬로그램의 밀 수확 목표량이 1958년 2월에 설정되었다. 6,000명의 활동가들이 봇물처럼 쏟아지는 포스터와 전단지, 구호, 현수막으로 무장한 채 시골을 돌아다니자 목표치는 한 단계 더 높아졌다. 그해 말이 되자 헥타르당 37.5톤이라는 완전히 허구적인 목표량이 약속되었다.[15]

이러한 기록들 다수가 〈스푸트니크 밭〉, 즉 새로운 기록을 경신하는 데 열심인 현지 간부들이 과대 선전한 다수확 실험용 밭에서 달성되었다. 이 밭들은 대체로 집단 농장 가운데 단 몇 뙈기에 국한되어 있었지만 훨씬 넓은 곳에 적용되는 새로운 영농 기술의 시연장 역할을 했다. 수확량을 증대시키려는 움직임은 비료 쟁탈전을 조장했다. 바다에서 긁어 온 해초와 쓰레기장에서 건져 온 찌꺼기부터 굴뚝에서 긁어낸 검댕에 이르기까지 상상 가능한 모든 종류의 양분이 논밭에 뿌려졌다. 동물과 사람의 분뇨를 밭으로 져 나르는 사람들의 행렬이 끊이질 않았고 때로는 한밤중까지 이어졌다. 중국 제국의 변경을 따라 살아온 많은 소수 민족들 사이에서는 분뇨가 전통적으로 더러운 오염 물질로 여겨졌다. 이제 그곳에는 최초로 옥외 변소가 세워졌고 당은 현지 주민들의 정서를 깡그리 무시했다. 분뇨를 모으는 일은 벌받는 팀에게 떨어진 과제가 되었다.[16] 인간의 노폐물은 머리카락으로까지 확대되어 광둥의 일부 마을에서는 여성들이 비료에 보태기 위해 머리카락을 잘라야 했고 그렇지 않으면 공동 식당 출입이 금지되었다.[17]

그러나 토양에 양분을 공급하는 주된 방법은 진흙과 볏짚으로 지은 건물을 허무는 것이었다. 외양간처럼 동물이 살았던, 특히 가축이 방뇨를 한 건물의 벽은 유용한 비료를 제공할 수 있었다. 처음에는 낡은 담과 폐가가 헐렸지만 증산 운동이 탄력을 받으면서 줄줄이 늘어선 가옥들 전체가 체계적으로 철거되었다. 흙벽돌이 산산조각 나 들판에 흩뿌려졌다. 후베이 성 다볘 산맥 남쪽에 아늑히 자리 잡은 마청에서는 비료를 모으기 위해 가옥 수천 채가 철거되었다. 1958년 1월에 이곳은 후베이 성 당 서기관 왕런중(王任重)에 의해 헥타르당 쌀 6톤 수확을 달성한 모범 현으로 치켜세워졌다. 〈마청에서 배우자!〉 『인민일보』는 열광적으로 외쳤다. 실험 경작지로 마오쩌둥의 칭찬을 받자 마청은 성지가 되었다. 다음 몇 달에 걸쳐 그곳에 저우언라이와 외교부장 천이, 리샌녠을 비롯해 50만 명의 간부가 찾아갔다. 8월이 되자 헥타르당 쌀 277톤 수확이라는 새로운 기록이 달성되었다. 선전 기구는 〈기적의 시대!〉라고 당당히 선언했다.[18]

요란한 과대 포장과 허위 수치들이 세간의 주목을 끌기 위해 다투는 가운데 일선의 사람들한테는 압력이 끊이질 않았다. 마청의 어느 인민공사에서는 여성 연맹의 회장이 자기 집에서 이사를 나와 집을 비료로 바꾸게 함으로써 앞장섰다. 이틀 만에 가옥 300채와 외양간 50채, 닭장 수백 개가 허물어졌다. 그해 말이 되자 5만 채 정도의 건물이 파괴되었다.[19] 서로를 능가하고자 중국 전역의 다른 인민공사들도 너도나도 뒤를 따랐다. 광둥 성 다시 현, 〈25톤 곡물 대학〉과 〈5,000킬로그램 밭〉으로 역시나 전국적 주목을 받은 한 인민공사에서는 현지 간부들이 시얼의 가옥 절반을 때려 부쉈다.[20] 다른 유기물들도 결국에는 밭으로 돌아갔다. 장쑤 성의 몇몇 지역들에서는 땅이 백설탕으로 뒤덮였다.[21]

깊이 갈기는 농민들을 변덕스러운 토양에서 자유롭게 해줄 또 다른 혁명적 처방이었다. 작물을 더 깊이 심을수록 뿌리가 더 튼튼해지고 줄기도 더 크게 자란다는 것이 이런 실험 뒤에 자리한 논리였다. 〈인해 전술을 이용해 모든 밭을 갈아엎어라.〉 이것이 마오쩌둥의 명령이었다.[22] 관개 사업에서 자갈을 퍼 나르는 게 힘든 일이라면 50센티미터부터 1미터 넘게 — 때로는 3미터에 달했다 — 땅을 깊게 가는 것은 완전히 진을 빼는 일이었다. 연장이 부족한 곳에서는 농민들은 손으로 이랑을 팠고 때로는 횃불에 의지해 밤이 새도록 땅을 갈았다. 모두가 탐내는 홍색 기를 얻으려고 안달이 난 간부들에게 들볶인 마을 주민들은 때때로 기반암에 닿을 때까지 땅을 파고들어가 표토를 파괴하기도 했다. 1958년 9월이 되자 800만 헥타르의 땅이 대략 30센티미터 깊이로 갈아엎어졌지만 지도부는 적어도 60센티미터 깊이는 되어야 한다며 여전히 더 많은 것을 요구했다.[23]

깊이 갈기는 다수확을 위한 고도의 집중 파종으로 이어졌다. 원래 이 선부른 실험은 인공적 실험 밭에서만 실시되었지만 이듬해 급진적 간부들이 주시하는 가운데 일반 밭으로 퍼져 나갔다. 광둥 성 댜오팡에서는 1960년 기근의 와중에 척박한 산악 지대에 헥타르당 600킬로그램까지 종자가 뿌려졌다.[24] 광둥 성 여타 지역에서는 농부들이 1헥타르의 밭에 250킬로그램이 넘는 콩을 심도록 동원되었다. 그러나 그해 추수기가

끝났을 때 헥타르당 땅콩 수확량은 고작 525킬로그램에 불과했다.[25]

배게 심기는 혁신적 경작의 주춧돌이었다. 용솟음치는 평등의 기운 속에서 빛과 영양분을 공유하는 같은 계급에 속하는 종자 역시 혁명 정신을 보여 주는 듯했다. 주석은 이렇게 설명했다. 「작물은 다른 동무와 함께 잘 자라며, 함께 성장하면서 더 편안할 것이다.」[26] 마을 주민들은 서로 인접한 줄의 모를 실험 경작지로 옮겨 촘촘하게 심으라는 지시를 자주 받았다. 물론 주민들은 바보가 아니었다. 그들은 대대로 농사를 지어 왔고 자신들의 생계가 달린 귀중한 자원을 어떻게 돌봐야 할지 잘 알고 있었다. 많은 이들이 상부의 명령을 도저히 믿을 수 없었고 일부는 간부들한테 사정을 설명하려고 애썼다. 「모종을 너무 배게 심으면 모종 사이에 숨 쉴 공간이 없어집니다. 거기다가 밭에 비료를 쏟아 부으면 숨이 막혀 죽고 말 거요.」 그러나 농부들의 충고는 무시되었다. 「이건 신기술이오. 당신들이 이해를 못하는 거야!」[27]

1957년 이래로 줄곧 반우파 운동을 목격해 왔기에 대부분의 주민들은 약삭빠르게도 공개적으로 이의를 제기하는 일은 삼갔다. 이 책을 위해 인터뷰에 응한 생존자들은 하나같이 비슷한 이야기를 들려주었다. 「우리는 어떻게 상황이 돌아가는지 알고 있었지만 아무도 감히 말을 할 수 없었다. 만일 내가 무슨 말이든 하면 그들은 두들겨 팰 것이다. 우리가 뭘 할 수 있겠는가?」[28] 또 다른 사람은 이렇게 설명했다. 「정부가 무슨 말을 하든 우리는 그대로 따라야 했다. 만일 내가 뭔가 말을 잘못하면, 만일 내가 말한 것이 일반적인 노선에 반하는 것이면 나는 우파로 낙인찍힐 것이다. 그러니 아무도 감히 말을 꺼내지 못했다.」[29] 저장 성 취 현의 한 마을에서 일어난 일은 좋은 실례를 보여 준다. 죽을 끓이는 커다란 솥단지가 밭에 놓였고 아이들의 먹을 것을 챙겨 줘야 할 임신부든 쉬고 싶은 노인들이든 아무도 자리를 뜰 수 없었다. 간부들이 마을로 돌아가는 모든 길목을 다 차단해 버렸기 때문에 사람들은 밤새 일해야 했다. 배게 심기를 반대한 사람들은 당 활동가들에게 두들겨 맞았다. 열의를 보여 주지 못한 모양인 어느 고집 센 노인은 머리채를 잡혀 도랑에 얼굴을 처박혔다. 그다음 마을 주민들은 모종을 뽑아서 처음부터 다시 심으라는 명령을 받았다.[30]

방문은 세심하게 연출되었다. 마청에서 주민들은 방문객들 앞에서 대약진 운동에 관한 나쁜 소리는 한마디도 하지 말라는 경고를 받았다. 논밭을 시찰한 성장 왕런중은 농민들이 낟가리를 치우는 것을 보았지만 그것들은 그의 방문을 위해서 철저하게 진열된 것이었다.[31] 쉬수이에서는 군인 출신인 장궈중이 바깥 세계에 제시되는 이미지는 조금도 흠잡을 데 없도록 신경 썼다. 불순분자들은 현부터 모든 인민공사와 생산 대대, 생산대까지 뻗어 있는 정교한 노동 수용소 시스템 속으로 모습을 감췄다. 〈생산 장려〉를 위해 부진자들은 사람들 앞을 지나 행진한 뒤 수용소에 갇혔는데 1958년부터 1960년까지 7,000명 정도의 사람이 대략 이렇게 잡혀 들어갔다.[32] 광둥 성 뤄딩에서 1958년 늦게 롄탄 인민공사를 방문한 시찰 위원회는 일단의 소녀들과 값비싼 향수, 흰 수건, 열여섯 가지 음식이 차려진 호화로운 연회로 환영받았다. 수십 명의 농민들이 인근 산허리에 공사를 칭송하는 거대한 구호를 새기기 위해 며칠 동안 쉴 새 없이 작업했다.[33] 시찰 때 마오쩌둥을 수행한 의사 리즈쑤이는 엄청난 풍년이 들었다는 인상을 주기 위해 주석이 시찰하는 경로를 따라 벼를 옮겨 심으라는 명령이 떨어졌다는 말을 들었다. 이 의사는 〈중국 전역이 무대였고, 인민 모두가 마오쩌둥을 위한 초대형 구경거리의 연기자였다〉[34]고 지적했다. 그러나 많은 사람들이 자기 바로

윗사람을 뛰어넘기 위한 권력 쟁탈전에 기꺼이 달려들기 때문에 실제로 독재 정권에는 독재자 한 사람만 있는 게 아니다. 중국은 현지마다 전횡을 휘두르는 유력자들로 가득했고 이들은 자신들의 성과가 진짜라고 믿도록 상관을 속이기 위해 갖은 애를 썼다.

마오쩌둥은 뛸 듯 기뻐했다. 중국 전역에 걸쳐 면화나 쌀, 밀, 땅콩 수확 신기록이 경신되었다는 보고들이 속속 들어오자 그는 이 잉여 식량들을 가지고 어떻게 해야 할까 고민하기 시작했다. 1958년 8월 4일, 장궈중을 대동하고 기자들에게 둘러싸인 채 쉬수이에서 밀짚모자와 무명천 신발 차림으로 밭을 갈던 그는 희색이 만면했다. 「그렇게 많은 곡물을 어떻게 먹어 치울 셈이지? 잉여 식량을 어쩔 셈인가?」

「기계류로 교환할 생각입니다.」 장궈중은 잠시 생각한 뒤 대답했다.

「하지만 자네한테만 잉여 식량이 있는 게 아니라 다른 사람들도 곡물이 너무 많은데! 아무도 자네 곡물을 원치 않을 걸?」 마오쩌둥은 인자한 미소를 띠며 대꾸했다.

「토란으로 술을 빚을 수도 있지요.」 다른 간부가 제안했다.

「그럼 모든 현에서 술을 빚겠군! 우리한테 술이 몇 톤이나 필요하지?」 마오쩌둥은 곰곰 생각하고는 말을 이었다. 「이렇게 곡물이 많으니 앞으로는 자네들 작물을 덜 심고, 작업 시간을 절반으로 줄이고, 나머지 시간을 문화와 여가, 개방 학교와 대학에 쏟아야 해. 안 그런가? 더 많이 먹어야 해. 하루 다섯 끼니도 좋지!」[35]

마침내 중국은 굶주림 문제를 해결하고 인민이 먹을 수 있는 양보다 더 많은 식량을 생산하여 끝없는 빈곤에서 벗어날 길을 찾은 것이다. 전년 대비 두 배의 풍년이라는 보고들이 나라 전역에서 들어오면서 다른 지도자들도 일제히 대열에 합류했다. 농업 부문을 맡고 있던 탄전린은 현지 지도층에 활기를 불어넣고자 각 성을 시찰했다. 그는 사회주의 풍요의 땅이라는 마오쩌둥의 비전을 공유했다. 그곳은 농민들이 제비집 요리 같은 별미로 식사를 하고 비단과 공단, 여우털을 걸치며 수도관과 텔레비전을 갖춘 고층 건물에서 사는 곳이었다. 모든 현마다 공항이 생길 것이다.[36] 탄전린은 심지어 중국이 어떻게 소련도 크게 앞지르는 데 성공했는지를 설명했다. 「소련은 여전히 공산주의 대신에 사회주의를 실시하고 있으니 일부 동무들은 우리가 어떻게 그렇게 신속히 해내는지 궁금할 것이다. 두 나라 간 차이점은 우리는 〈지속적 혁명〉을 하고 있다는 점이다. 소련은 〈지속적 혁명〉을 하지 않거나 그것을 느슨하게 따르고 있을 뿐이다. 공유화(共有化)가 곧 공산 혁명이다!」[37] 한편으로 천이는 다음 몇 년에 걸쳐 충분한 곡물이 비축될 수 있으므로 그러고 나면 농민들은 두 차례 농사철 동안 농사를 짓지 말고 대신 현대적 편의 시설을 모두 갖춘 농가를 짓는 데 전념해야 한다는 의견을 피력했다.[38] 현지 지도자들도 열심히 맞장구를 쳐댔다. 1959년 1월 국무원은 농업 부문 신기록 경신을 증언하기 위해 각 인민공사들이 베이징에 보낸 편지와 선물, 쏟아져 들어오는 사람들을 막아야 했다. 주석 앞으로 편지와 선물이 쇄도했다.[39]

6장

포격을 개시하라

10월 혁명을 기리는 기념식을 며칠 앞두고 우주 공간으로 발사된 떠돌이 개 라이카의 유해는 1958년 4월 스푸트니크 2호가 대기권에 재진입하는 순간 분해되면서 불에 타 사라졌다. 우주의 관이 지구 둘레를 도는 사이 그 아래 세계는 변했다. 러시아인들이 노출시킨 미사일 격차에 자극받은 아이젠하워 대통령은 탄도 미사일을 영국과 이탈리아, 터키에 보냈다. 흐루쇼프는 핵미사일을 탑재한 잠수함으로 대응했다. 그러나 소련의 위협이 공고하려면 태평양에 기지를 둔 잠수함이 필요했고 이는 다시 무선 송신소를 필요로 했다. 모스크바는 잠수함 합동 함대를 운용할 수도 있다고 암시하며 중국 해안에 장파 무선 통신소 건설 제안을 갖고 베이징에 접근했다.

7월 22일 소련 대사 파벨 유딘Pavel Yudin은 모스크바의 제의를 가지고 주석의 의견을 타진했다. 마오쩌둥은 노발대발했다. 회견 동안 그는 무력한 대사에게 화를 쏟아 냈다. 「당신들은 중국인들을 못 믿는군. 당신들은 오로지 러시아인들만 믿지. 러시아인은 우월한 존재고, 중국인은 열등하고 조심성 없는 사람들이라는 거지. 그래서 이런 제안을 들고 온 것 아닌가? 공동으로 보유하고 싶다고? 당신들은 모든 것을 공동으로 보유하길 바라지. 우리 육군, 해군, 공군, 공업, 농업, 문화, 교육까지. 이건 어떤가? 우리는 계속 게릴라 세력으로 남아 있고 아예 우리 해안 수천 킬로미터를 당신들한테 넘기는 거지. 원자 폭탄 몇 개 갖고 있다고 당신네는 이제 모든 걸 지배하고 싶어 하고 임대하길 원하는군. 그게 아니라면 왜 이런 제안을 들고 날 찾아왔는가?」 마오쩌둥의 말은 계속되었다. 중국에 대해 흐루쇼프가 마치 고양이가 쥐를 갖고 놀 듯이 행동한다는 것이다.[1]

마오쩌둥의 폭발은 러시아인들에게 날벼락 같았다. 어디서나 음모를 보는 마오쩌둥은 합동 함대 제의가 원자 폭탄을 주기로 한 1년 전 약속을 취소하려는 흐루쇼프의 수작이라고 확신했고 아무리 설명해도 그의 의심을 지울 수 없었다.[2]

7월 31일에 결국 상황을 타개하기 위해 흐루쇼프가 베이징으로 날아왔다. 그러나 7개월 전 모스크바에서는 휘황찬란한 의전이 마오쩌둥을 환대한 반면 베이징 공항에서 소련 지도자에 대한 접대는 냉랭했다. 당시의 통역관 리웨란(李越然)은 〈레드 카펫도 의장대도 포옹도 없었다〉고 기억했다. 마오쩌둥과 류사오치, 저우언라이, 덩샤오핑을 비롯해 굳은 표정을 한 일단의 당 간부들만이 그를 맞이했다.[3] 흐루쇼프는 베이징 밖 멀리 떨어진 언덕에 위치한, 에어컨 설비도 없는 숙소에 배정되었다. 그날 밤 숨 막히는 더위를 피하기 위해 침대를 테라스로 옮긴 흐루쇼프는 모기떼의 공격을 받아야 했다.[4]

흐루쇼프가 도착한 즉시 길고 모욕적인 회담이 중난하이에서 열렸다. 소련 지도자는 유딘의 외교 조치에 관해 길게 설명해야 했고 누가 봐도 언짢은 마오쩌둥의 심기를 누그러뜨리기 위해 애를 썼다. 한번은 회담 도중 짜증이 난 마오쩌둥이 자리에서 벌떡 일어나 흐루쇼프의 얼굴에 대고 손가락질을 하며 말했다. 「난 공동 함대가 뭐냐고 물었는데 당신은 아직도 그게 뭔지 대답을 안 해주는군!」

흐루쇼프는 얼굴이 벌게졌고 평정을 유지하려고 안간힘을 썼다.[5] 「동지는 정말로 우리가 붉은 제국주의자라고 믿으시오?」 그가 답답해서 묻자 마오쩌둥이 쏘아붙였다. 「신장과 만주를 반식민지로 둔갑시켰던, 스탈린이란 이름으로 통하는 사람이 있었지.」 진짜든 그렇게 받아들인 것이든 모욕에 관한 말다툼이 더 이어진 뒤 합동 함대 방안은 결국 물거품이 되었다.[6]

이튿날 또 다른 모욕이 뒤따랐다. 마오쩌둥이 슬리퍼와 가운만 걸친 채 중난하이의 수영장 가에서 흐루쇼프를 맞은 것이다. 마오쩌둥은 흐루쇼프가 수영을 할 줄 모른다는 것을 알아차리고는 이 소련 지도자를 수세에 몰아넣었다. 거추장스러운 구명 기구를 끼고 물이 얕은 가장자리에서 어푸어푸하던 흐루쇼프가 결국 밖으로 허우적거리며 기어 나와 수영장 가장자리에 앉아 모양새 없이 물속에 다리만 달랑거리는 동안 마오쩌둥은 손님에게 다양한 영법을 과시하며 수영장을 오가다가 나중에 가서는 얼굴을 하늘로 향하고 편안하게 둥둥 떠 있었다.[7] 그동안 내내 통역관들은 주석의 정치적 사색의 의미를 파악하기 위해 수영장 가장자리를 종종거리며 돌아다녔다. 나중에 마오쩌둥은 그의 주치의에게 그것이 〈흐루쇼프를 엿 먹이는〉 방식이었다고 설명했다.[8]

마오쩌둥은 반년 전에 모스크바에서 흐루쇼프와 입찰 경쟁을 시작했었다. 이제 그의 손님은 수영장 가장자리에 얌전히 앉아 있는 가운데 주석은 선혜엄을 치면서 대약진 운동의 성공에 관해 이야기하며 떠벌렸다. 「우리는 쌀이 너무 많아서 그걸 어찌해야 할지 모르겠소.」 며칠 전 공항에서 류사오치가 중국의 경제 상황을 되새기면서 흐루쇼프에게 한 말을 상기시키는 듯했다. 「지금 우리가 걱정하는 것은 식량 부족이라기보다는 잉여 곡물로 무엇을 해야 할지랍니다.」[9] 어이가 없었던 흐루쇼프는 이런 상황에서는 자신도 도와줄 수 없을 것 같다는 외교적인 답변을 했다. 그러나 속으로는 이렇게 생각했다. 〈우리는 모두 열심히 일하지만 아직 충분한 비축량을 구축하지 못했다. 중국은 굶주리는데 쌀이 너무 많다고 말하다니!〉[10]

마오쩌둥은 여러 해에 걸쳐 흐루쇼프를 어떻게 상대해야 할지 그의 됨됨이를 가늠해 왔다. 이제 그는 잠수함 기지의 필요성을 일축하고 무선 통신소 요구를 묵살하면서 그를 쥐고 흔들었다. 소련 대표단은 빈손으로 돌아갔다. 그러나 마오쩌둥이 세계정세에서 주도권을 쥐려고 작정했기에 이것으로 끝이 아니었다. 몇 주일 뒤 8월 23일 모스크바에 미리 경고하지 않고 마오쩌둥은 장제스가 지배하고 있는 타이완 해협 앞바다 진먼(金門) 섬과 마쭈(馬祖) 섬에 포격 개시 명령을 내려 국제 위기를 촉발했다. 미국은 해군을 증원하고 공대공 미사일로 타이완에 있는 제트 전투기 100대를 무장시키는 것으로 대응했다. 9월 8일 모스크바는 중화 인민 공화국에 대한 공격은 소련에 대한 공격으로 간주될 것이라고 선언하면서 베이징에 무게를 실어 줌으로써 어쩔 수 없이 한쪽 편을 들어야 했다.[11] 마오쩌둥은 환호작약했다. 그는 흐루쇼프로 하여금 핵무기의 보호 장막을 중국까지 넓히도록 강요함과 동시에 워싱턴과의 긴장 완화를 추구하는 모스크바의 시도를 망친 것이다. 마오쩌둥이 그의 의사에게 표현한 그대로였다. 「그 섬들은 흐루쇼프와 아이젠하워가 이쪽으로 갔다가 저쪽으로 갔다가 장단 맞춰 계속 춤을 추게 만드는 지휘봉이야. 참으로 멋지지 않은가?」[12]

그러나 섬을 폭격한 진짜 이유는 국제 관계와 관련이 없었다. 마오쩌둥은 집산화를 독려하기 위해 긴장감을 고조시키길 원했다. 〈긴장 상황은 인민을, 특히 뒤떨어진 자들, 중도파들을 동원하는 데 도움이 된다. (……) 인민공사는 의용군을 조직해야 한다. 이 나라의 모든 사람이 병사다.〉[13] 타이완 해협 위기는 국가 전체의 군사화에 최종적 근거를 제공했다. 당시 중국에서 연구하고 있던 한 동독인은 이를 두고 〈카제르넨코무니스무스Kasernenkommunismus〉, 즉 병영 공산주의라고 불렀고 이것은 인민공사의 모습으로 나타났다.[14]

7장
인민공사

수영장에서 흐루쇼프와의 만남 하루 뒤 리즈쑤이는 마오쩌둥한테 불려 왔다. 새벽 3시에 주석은 의사한테서 영어 수업을 원했다. 나중에 아침 식사 자리에서 마음이 느긋해진 마오쩌둥은 리즈쑤이에게 자신의 모범 성인 허난에서 인민공사 창립에 관한 보고서 하나를 건넸다. 「이건 굉장한 일이야.」 마오쩌둥은 소규모 농업 협동조합들이 결합하여 거대 집단 공동체로 탄생하는 것에 관해 흥분하여 말했다. 「이 〈인민공사〉라는 표현은 훌륭하군.」[1] 혹시 이것이 스탈린은 결코 찾지 못한 공산주의로 가는 다리가 될 수 있지 않을까?

치수 사업 운동이 1958년 가을에 시작된 직후 집단 농장들이 합병되어 더 큰 단체가 생겨나기 시작했는데 특히 대규모 인력 투입이 요구되는 지역들이 그랬다. 가장 커다란 공사는 허난 성 차야산(嵖岈山)에서 등장했는데 9,400가구 정도가 거대한 행정 단위로 통합되었다. 그러나 인민공사의 등장을 가능하게 한 것은 쉬수이 현이었다.

베이징에서 남쪽으로 100킬로미터 떨어진 건조하고 먼지 이는 북중국 시골에 자리한 쉬수이 현은 혹독한 겨울과 봄의 홍수, 주민들의 생존에 충분한 곡물을 도통 산출하지 못하는 염기성 토양이 특징인, 인구 30만 정도의 작은 현이지만 재빨리 주석의 주목을 한 몸에 받게 되었다. 현지 지도자인 장궈중은 관개 사업을 마치 야전처럼 접근했다. 10만 명의 인력을 징발한 그는 농민들을 군대 조직을 따라 대대, 중대, 소대 단위로 나눴다. 그리고 마을과의 연락을 차단하고 이 노동 부대원들이 임시 막사에서 자고 공동 식당에서 밥을 먹으며 야외에서 생활하게 만들었다.

장궈중의 접근법은 대단히 효과적이었고 1957년 9월 베이징의 지도층의 눈길을 끌었다.[2] 일례로 탄전린은 쉬수이 현의 사업에 껌뻑 죽었다. 그는 1958년 2월에 〈쉬수이 현이 치수 사업에서 신(新)경험을 낳았다!〉고 외쳤다. 명령에 군대처럼 정확하게 대응하는 규율 잡힌 단위로 주민들을 집산화함으로써 장궈중은 노동 문제와 자본 문제를 동시에 해결했다. 다른 현들은 사람들이 논밭을 내팽개치고 관개 공사에서 일하느라 노동력 부족에 직면한 반면 그는 파도의 물마루가 최고조에 이르면 또 다른 물결이 밀려오는 것처럼 프로젝트들을 차례차례 다루면서 자신의 농민 병사들을 지속적 혁명에 전개했다. 핵심 용어는 〈군사화〉, 〈전투화〉, 〈규율화〉였다. 각 생산 대대는 연간 수확량 50톤이 의무인 7헥타르의 경작지에 대한 책임을 떠맡았다. 장궈중은 〈2~3년 열심히 일하면 우리 자연환경을 바꿀 수 있을 것〉이라고 설명했다. 탄전린은 〈단 두 계절 만에 대약진이 나타난다!〉며 열광적으로 호응했다.[3] 마오쩌둥은 보고서를 읽고 평가를 덧붙였다. 「쉬수이의 경험은 널리 장려되어야 해.」[4]

몇 주 뒤 『인민일보』는 노동력의 군사화를 성공의 열쇠로 파악하며 쉬수이를 추켜세웠다.[5] 그다음 1958년 7월 1일에 『붉은 깃발(紅旗)』에 발표된 짧은 글에서 주석의 대필 작가인 천보다(陳伯達)는 농민들이 모두 의용군으로 무장하고 거대한 공사에 결합된 모습을 그려 보였다. 〈무장한 국민이 절대적으로 필수다.〉[6] 대대적 홍보 차원에서 마오쩌둥은 전국을 순회하며 허베이, 산둥, 허난 성을 방문했다. 그는 농민들이 대대와 소대 단위로 조직된 방식을 칭찬하고, 여성을 가사에서 해방시켜 전선으로 보내는 공동 식당과 탁아소, 양로원에 찬사를 쏟아냈다. 그는 〈인민공사는 훌륭하다!〉고 선언했다. 그해 여름에 걸쳐 중국 전역의 현지 간부들이 너도나도 집단 농장을 인민공사로 결합하여 중국은 동원 체제가 되었다. 이 과정에서 최대 2만 가구까지 하나로 합쳐져 기본 행정 단위가 되었다. 1958년이 저물 즈음 농촌 전역이 2만 6,000개 정도의 공사로 집산화되었다.

보하이 만을 내려다보는 크고 화려한 방갈로가 있는 해변 휴양지 베이다이허, 다름 아닌 중국 지도부가 해마다 찾는 피서지에서 마오쩌둥은 자신이 천년 만에 찾아온 돌파구 앞에 서 있다고 믿었다. 1958년 8월 23일 진먼 섬에 대한 맹포격이 막 개시되려는 참에 그는 스탈린이 고안한 경직된 물질적 인센티브 시스템을 깔보는 발언을 쏟아 냈다. 〈우리는 잉여 곡물로 조달 시스템을 실행할 수 있다. (……) 우리가 지금 건설하고 있는 사회주의는 공산주의의 맹아를 길러 낸다. 인민공사는 모두에게 무상 식량을 가져다주는 공산주의로 가는 황금 다리였다. 우리가 비용을 받지 않고 식량을 제공할 수 있다면 이는 거대한 변혁일 것이다. 약 10년 내로 물자가 풍부해질 것이고 도덕적 수준은 높아질

것이다. 우리는 의식주로 공산주의를 시작할 수 있다. 공동 식당, 무상 식량, 그게 바로 공산주의다!〉[7]

그해 여름 베이징의 당 협의회에서 한껏 추켜세워진 장궈중은 마오쩌둥의 부추김에 응답하여 1963년까지 공산주의가 도래할 것이라고 자신 있게 예견했다.[8] 9월 1일 『인민일보』는 그리 멀지 않은 미래에 쉬수이 공사가 저마다 필요한 만큼 가져갈 수 있는 낙원으로 인도할 것이라고 선언했다.[9] 전국적인 도취 상태에서 류사오치는 한 주일 뒤 쉬수이 인민공사를 방문했다. 그는 7월에 발전소 노동자들에게 〈중국은 곧 공산주의 단계에 진입할 것이다. 그것이 실현되기까지는 오래 걸리지 않을 것이고 여러분들 다수는 이미 그 실현을 보고 있다〉고 말하며 다른 누구보다도 일찍이 공산주의를 약속했었다. 영국을 능가하는 것은 더 이상 십년 내의 문제가 아니다. 2, 3년이면 충분할 것이다.[10] 이제, 공사들을 둘러본 그는 의식주와 의료 서비스, 여타 일상생활의 필수적 측면들이 돈을 받지 않고 공사가 제공하는 조달 시스템을 추진했다.[11] 그 달 말에 산둥의 팡 현은 수천 명의 당 활동가들이 모인 대규모 모임에서 1960년까지 공산주의로 가는 다리를 건너겠다고 엄숙히 맹세했다. 마오쩌둥은 기뻐서 어쩔 줄 몰랐다. 「이 보고서는 정말 훌륭하고, 한 편의 시이며 현실로 이루어질 수 있을 것 같아 보이는군!」[12]

인민공사는 대약진 운동에서 갈수록 힘겨워지는 과제들을 완수하기 위해 안간힘을 쓰면서 노동력에 대한 현지 간부들의 커져 가는 수요를 충족시켰다. 그러나 현장에서 주민들은 열의가 크지 않았다. 일상생활

이 군사 노선을 따라 조직되면서 주민들은 〈일선〉에서 〈대대〉와 〈소대〉로 〈전투를 치러야〉 하는 〈보병〉이 되는 한편 〈돌격대〉는 〈기동전〉에서 〈행군을 감행〉할 수도 있었다. 사회 안에서 혁명가에게 부여된 위치는 〈초소〉이며 대형 프로젝트에서 일하는 무리는 〈대군〉이었다.[13]

군사적 표현은 군 조직으로 대응되었다. 〈모두가 병사〉라고 마오쩌둥은 선언했고 인민 의용군의 편성은 나머지 사회를 인민공사로 조직하는 데 도움이 되었다. 〈과거에 우리 군대에는 월급이나 휴일, 하루 여덟 시간 근무 따위는 없었다. 일반 사병으로 우리는 모두 똑같았다. 진짜 공산주의 정신은 거대한 인민 군대를 일으킬 때 찾아온다. (……) 우리는 군사 전통을 부활시킬 필요가 있다.〉 그는 이렇게 설명했다. 〈소련의 군사 공산주의는 곡물 조달에 토대를 두었다. 우리는 24년의 군사적 전통이 있고 조달 시스템이 우리 군사 공산주의 뒤에 있다.〉[14]

포탄이 진먼 섬을 때리는 가운데 『인민일보』는 〈탄도 미사일과 원자폭탄은 결코 중국 인민을 두려움에 떨게 하지 못할 것〉이라고 큰소리쳤고 온 국민이 한사람처럼 일어서 제국주의 세력에 맞서 임전 태세를 갖췄다. 2억 5000만 남녀가 병사의 바다로 변신할 참이었다.[15] 10월이 되자 쓰촨의 3000만 의용군들이 저녁에 두 시간 동안 군사 훈련을 받았다. 산둥에서는 2500만 전사들이 철강과 곡물 생산 〈일선〉의 〈주력 군대〉였다. 잉난 현에서만 이렇게 훈련받은 7만 명이 깊이 갈기 전투에서 50만 주민분의 일을 떠맡았다. 북만주 바깥의 헤이룽장에서는 군사적 관습이 젊은이 열 명 가운데 아홉 명꼴로 주입되면서 600만 명의 의용군이 탄생했다.[16] 탄전린은 성인 남성은 저마다 총을 쏘는 법을 배우고 1년에 총알 서른 발을 쏴야 한다고 규정하며 의용군에 관해 열변을 토했다.[17] 그러나 실제로는 총을 소지한 사람은 거의 없었다. 많은 이들이 작업이 끝난 후 논밭 옆에서 구식 소총을 가지고 기계적으로 동작을 따라하며 무성의하게 훈련했을 뿐이다. 그러나 일부 소수는 실탄으로 연습했고 돌격대로 훈련받았다.[18] 그들은 공사를 설립하는 광풍이 몰아쳤을 때뿐 아니라 이후 기근 시기 내내 규율을 강제하는 데 결정적인 집단으로 활동하게 된다.

의용군 운동과 훈련받은 소규모 전사 집단은 모든 공사에 군사 조직을 가져왔다. 중국 전역에 걸쳐 농민들은 나팔소리에 새벽에 기상하여 한 줄로 공동 식당으로 가서 묽은 쌀죽 한 그릇을 잽싸게 먹었다. 호루라기 소리에 집합한 인력은 각종 깃발과 현수막을 들고 행군 노래에 맞춰 군대식 행진을 하며 일터로 갔다. 때로는 확성기에서 더 열심히 일하라고 촉구하는 구호가 터져 나오거나 혁명가가 흘러나왔다. 당 활동가들, 현지 간부들 그리고 의용대가 규율을 강제하고 때로는 성과가 부진한 사람들을 구타로 처벌했다. 하루가 끝나면 주민들은 각자 작업 교대에 따라 배정된 숙소로 돌아갔다. 각자의 성과를 평가하고 현지 전술을 검토하는 모임이 저녁에 이어졌다.

생산대 대장이 사람들을 마음대로 부릴 수 있는 가운데 노동력은 흔히 적절한 보상 없이 인민공사에 의해 전유되었다. 마청의 장셴리는 이렇게 설명했다. 「우리한테는 공사가 있으니까 요강을 빼면 모든 것이, 심지어 인간도 집산화된다.」 이것은 가난한 농민 린성치에게 〈간부가 시키는 것은 뭐든 해야 한다〉는 의미였다.[19] 그 결과 임금은 사실상 폐지되었다. 반장의 지휘 아래 일하는 생산 팀의 일원들은 그 대신 팀 전체의 평균 성과와 수행 업무, 각 작업자의 성별과 나이로 이루어진 복잡한 시스템에 따라 계산된 점수를 받았다. 연말이 오면 각 팀의 순수입은 팀원들 사이에서 〈필요에 따라〉 분배되었고 잉여는 원칙적으로 각자가 쌓은 노동 점수에 따라 분배되었다. 그러나 실제로는 국가가 개입해 전부 다 가져갔기 때문에 잉여라는 게 거의 존재하지 않았다. 더욱이 노동 점수는 대약진 운동 기간 동안 급속히 가치가 낮아졌다. 난징 바로 바깥 장닝 현에서는 1957년 하루 일당이 1.05위안이었다. 1년 뒤에 그것은 28센트에 불과했다. 1959년이 되자 그 가치는 고작 16센트로 낮아졌다. 현지인들은 점수 제도를 〈오이로 북 두들기기〉라고 불렀다. 열심히 두들길수록 소리는 덜 난다. 작업에 대한 모든 인센티브가 사라졌기 때문이었다.[20]

일부는 아예 보수를 전혀 받지 못했다. 1961년 후난 성 샹탄(湘潭) 현에서 인터뷰를 했던 건장한 젊은이 춴위취안은 자신이 1958년에 총 4.5위안을 벌어서 그 돈으로 바지 한 벌을 샀다고 기억했다. 이듬해 그는 탄광으로 파견되었는데 그곳에서는 작업 기록을 남기지 않았고 그는 아무것도 받지 못했다.[21] 일부 인민공사들은 돈을 완전히 없애 버렸다. 광둥 성 룽찬에서 돼지를 판 주민들은 현금 대신 신용 전표를 받았고, 결국 주민들은 너도나도 가축을 도살해 먹어 버렸다.[22] 그러나 많은 경우 주민들은 인민공사한테서 꿔야 할 처지여서 일종의 부채 상환 노동관계에 빠지게 되었다. 하루 종일 두엄을 져 날라서 만성 질환 아내와 다섯 자식을 먹여 살려야 하는 리여여는 현금이 전혀 없었다. 「나 같은 사람들은 돈이 한 푼도 없었고 우리는 계속 빚을 지고 있었다. 우리는 인민공사에 빚을 갚아야 했다.」[23] 기근 동안 아홉 식구를 돌본 쓰촨 성 북부 출신 이발사 펑다바이는 식량을 하도 많이 꿔야 했기 때문에 50년이 지난 뒤에도 여전히 빚을 갚고 있었다.[24]

가장 급진적인 인민공사에서는 개인 소유의 밭, 무거운 연장, 가축을 모두 공사에 넘겨야 했다. 많은 경우에 사람들은 극히 기본적인 것을 제외하고 아무것도 소유할 수 없었다. 〈똥도 집산화되어야 한다!〉는 쓰촨 성 성장 리징취안의 말 그대로였다.[25] 이에 맞서 주민들은 자신들의 재산을 최대한 건지고자 애썼다. 가축을 도살하고 곡물을 감추고 자산을 팔았다. 광둥 성 북동부 습윤한 산지 주민 후융밍은 대약진 운동이 막 시작되었을 때 닭 네 마리를 잡았고 이튿날에는 오리 세 마리를 잡았다. 그다음에는 암캐 세 마리를 잡았고 뒤이어 강아지들도 도축되었다. 마침내는 고양이도 잡아먹었다.[26] 많은 농민들이 마찬가지로 가금과 가축을 먹어 치웠다. 광둥 성 전역의 마을에서 닭과 오리를 먼저 먹고 그다음 돼지와 암소를 잡았다. 숫자에 민감한 현지 관리들은 인민공사의 도래와 더불어 돼지와 채소 소비만 60퍼센트 정도 증가했다고 추정했는데 주민들이 집산화에 대한 불안감에 사유지에서 나온 것을 먹어 치웠기 때문이다.[27] 광둥에서는 〈내가 먹는 것은 내 것이고 내가 먹지 않는 것은 누구 것이든 될 수 있다〉라는 말이 흔했다.[28]

도시 공사를 부과하려는 시도는 몇 년 뒤 대체로 포기되지는 했지만 유사한 시나리오가 도시에서도 뒤따랐다. 1958년 10월 첫 몇 주 사이에 광저우의 한 지구에서만 은행에서 50만 위안이 인출되었다.[29] 예금 인출 사태가 벌어진 우한에서는 동부 공사East commune 설립 이틀 만에 전체 예금액의 5분의 1이 빠져나갔다.[30] 소규모 사업체의 일부 직원들은 심지어 자신들의 생계가 달려 있는 재봉틀을 팔아 치우기도 했고 어떤 이들은 연료로 팔기 위해 자기 집의 마룻바닥을 뜯어냈다.[31] 한때는 구두쇠였던 이들은 저축액이 몰수될 것을 걱정해 갑자기 과시적 소비에 빠져들었다. 평범한 노동자는 값비싼 브랜드의 담배와 여타 사치품을 구입했다. 일부는 심지어 호화로운 연회에 돈을 펑펑 썼다.[32] 풍문들이 집단적 공포에 불을 지폈다. 일부 마을들에서는 한 사람 앞에 담요 한 장 빼고 모든 게 공동 소유가 되었다는 말이 돌았다. 「심지어 옷에도 번호가 붙었다더라.」[33]

생산량을 증대하고 갈수록 높아지는 목표치를 달성하기 위한 강력한 추진 과정에서 집도 몰수되었다. 결국엔 인민공사도 서류상에 계획된 공동 식당과 기숙사, 탁아소, 양로원을 세우기 위해 벽돌이 필요하지 않은가? 앞서 본 대로 마청에서 가옥은 처음에는 비료를 얻기 위해 철거되었고 그런 경향은 인민공사의 도래로 악화되었다. 현 전역에서 주민들은 주거 공유를 시작했고 일부 가족들은 결국 임시 오두막에 기거하게 되었다. 고집 센 농민들은 〈집에서 이사를 나가지 않는 사람들한테는 곡물 배급이 되지 않을 것〉이라는 소리를 들었다. 일부 마을에서 근대화라는 거창한 비전이 오래된 집의 철거를 정당화했다. 구이산 인민공사에서는 잘 닦인 길과 고층 건물이 먼지 이는 길에 늘어선 흙집을 대체할 것이라는 공상적 계획을 위해서 서른 채의 가옥이 철거되었다. 새 집은 단 한 채도 지어지지 않았고 일부 가구는 결국 돼지우리나 버려진 절에서 살게 되었다. 지붕으로는 비가 새고 흙과 짚으로 지은 구멍이 숭숭 뚫린 벽으로 바람이 들어왔다. 〈내 집을 허무는 것은 조상님 무덤을 파헤치는 것보다 더 끔찍하다〉고 한 주민은 외쳤다. 그러나 감히 불평하는 사람은 거의 없었다. 현지 간부들이 돌아다니며 한마디 말도 하지 않고 철거할 집을 그저 손가락으로 가리키는 동안 대부분의 사람들은 말없이, 때로는 눈물을 글썽이며 가만히 있을 뿐이었다.[34] 쓰촨 성 단장 현에서는 열한 명의 사람들이 돌아다니며 수백 채의 초가집에 불을 질렀다. 〈하루 저녁에 초가집을 없애고 사흘 안에 거주지를 짓고, 100일 만에 공산주의를 건설하자〉가 대표 구호였다. 일부 마을들은 주민이 몽땅 소개되었다. 물론 아무도 철거 계획 단계 이상 나가지 못했지만 말이다.[35] 가옥들은 농촌 사회를 군대처럼 조직하려는 강력한 추진책의 일환으로 특정하게 남녀를 분리시키기 위해서도 철거되었다. 간쑤 성 징닝에서는 성장 장중량의 명령에 따라 대약진 운동 기간 동안 1만 채의 주거지가 가루가 되었다. 쫓겨난 주민들 대다수는 결국 모범 공사들이 구상한 것과 같은 기숙사가 아니라 헐벗은 채 거리에 나앉게 되었다.[36]

극빈층 주민들 말고는 대부분의 사람들은 공동 식당을 좋아하지 않았는데 다른 이유가 아니라도 얼마 안 되는 자본으로 운영되며 사방으로 확장되는 공사는 개인의 그때그때 기분이나 취향, 식단을 도저히 맞춰 줄 수 없었기 때문이다. 일부 사람들은 집단 편의 시설을 이용하기 위해서 수 킬로미터를 걸어가야 했다. 후난 성에서는 성장인 저우샤오저우에 따르면 3분의 2가 넘는 주민들이 공동 식사에 반대했다.[37] 중국 전역에서 당 간부들은 주민들이 공동 식당을 이용하도록 압력 수단을 써야 했다. 마청에서는 마을에 곡물 공급을 끊어 버리는 단순하지만 효과적인 접근법이 사용되었다. 그러나 양식을 비축해 둔 가구들은 여전히 공동 식당에 나타나지 않았다. 그들은 〈인민공사〉를 사보타주하려고 작정한 〈부농〉으로 규탄되었다. 그다음에는 의용군이 나서서 거리를

순찰하며 굴뚝으로 연기가 새어나오는 가구들을 찾아 벌금을 물렸다. 최후 수단은 집집마다 돌아다니며 양식과 식기를 몰수하는 것이었다.[38]

새로운 시설들이 마을에서 가져온 식량과 가구, 자금으로 세워진 것이기에 일단 공동 식당에 자리를 잡자 주민들은 작정하고 진탕 먹어 대고 더 열심히 물자를 써댔다. 마청의 한 인민공사에서는 가구 약 10만 점과 돼지 300마리, 곡물 5만 7,000킬로그램이 공동 식당으로 들어갔다.[39] 그들의 노동이 착취당하고 소유물이 몰수되고 집이 철거되면서 주민들은 지도자들의 비전을 공유할 기회를 얻었다. 공산주의가 바로 눈앞에 있었고 국가는 모든 것을 제공하리라. 〈각자의 필요에 따라〉는 문자 그대로 받아들여졌고 사람들은 벌 받지 않는 한 최대한 먹어 치웠다. 대략 두 달 동안 중국 전역의 많은 마을에서 사람들은 〈뱃가죽을 늘렸다〉. 〈더 많이 먹어야 해. 하루 다섯 끼니도 좋지!〉라는 쉬수이 현에서 있었던 마오쩌둥의 지시를 따른 셈이다. 특히 식량 이외의 작물 — 예를 들면 면화 — 이 재배되는 지역에서는 곡물이 국가에서 제공되었기 때문에 자제가 눈에 띄게 덜했다. 노동자들은 뱃속을 가득 채웠고 일부는 식욕이 부족하다는 핀잔을 들을 정도였다. 남은 밥은 양동이째 변기에 버려졌다. 일부 생산대에서는 사람들이 누가 가장 많이 먹을 수 있는지 시합을 벌였고 아이들은 먹는 속도를 따라가지 못해 눈물을 흘리기도 했다. 어떤 이들은 하루에 다섯 끼를 먹음으로써 〈스푸트니크호 발사하기〉라는 마오쩌둥의 말을 액면 그대로 실천했다. 한 마을에서 반주일은 먹일 식량이 하루 사이에 사라졌다.[40] 장쑤 성 장닝 현에서 일부 주민들은 앉아서 1킬로그램의 밥을 먹어 댔다. 낭비적 소비는 도시에서 더 심해서 1958년 말 난징의 어느 작업장에서는 단 하루 동안 50킬로그램의 쌀이 하수구로 버려졌다. 버려진 찐빵이 변기를 막았다. 어느 꼼꼼한 감독관은 오물통 바닥에 밥이 30센티미터 두께로 쌓여 있었다고 말했다. 일부 공장에서는 노동자들이 하루에 밥을 스무 그릇까지 먹어 치웠다. 남은 밥은 돼지에게 먹였다.[41] 잔치는 오래가지 않았다.

8장
철강 열풍

스탈린은 살인적인 물자 징발로 농촌의 모든 부(富)를 빨아먹는 식으로 농업을 희생시켜 공업 자본을 확충했다. 마오쩌둥은 소련 모델의 대안으로서 그 반대로 공업을 농촌으로 가져오고자 했다. 인민공사의 공업 생산량은 대규모 투자를 요구하지 않으면서 즉각적이고 비약적인 생산성 향상으로 이어지는 저렴한 혁신과 토착 기술에 의지해 즉각 증대될 수 있다. 이것은 다시금 더 큰 경제적 목표를 달성할 수 있게 주민들에게 활력을 불어넣을 것이다. 여기에 대규모 외국 자본 투자 없이 후진적 농촌을 공업화할 열쇠가 있었다. 부르주아 전문가들은 보수 우파라고 비판을 받은 대신 순박한 농민들의 세속적 지혜는 높이 추켜세워졌다. 윈난에서는 당의 거물 인사인 셰푸즈가 러시아 전문가들이 권고한 지질학적 측정 결과와 기술적 조사 내용에 공공연하게 콧방귀를 뀌며 그 대신 댐과 저수지 축조에 관해 대중의 지혜에 기댔다.[1] 외국의 전문 기술보다는 직관적 지식과 토착적 창의성이 중국의 농촌 마을들에 소련을 뛰어넘게 할 저렴하고 효과적인 혁신을 도입하리라. 시골은 연구 기관의 평범한 농민들에 의해 개발된 단순한 장치들을 통해 기계

화될 것이다. 노동자들이 어떻게 스스로 트랙터를 조립하는 데 성공했는지를 보여 주는 보고서 위에 마오쩌둥은 〈가장 미천한 자들이 가장 영리하고, 가장 특권을 누리는 자들이 가장 멍청하다〉고 적었다.[2] 주석의 지혜의 말씀을 되풀이하는 셰푸즈는 다음과 같이 말했다. 〈우리는 신통하다. 어쩌면 우리의 신통력은 이류일 수도 있다. 어쩌면 다른 행성에 우리보다 더 똑똑한 사람들이 있을 수도 있고 그렇다면 우리는 이등이겠지만 만약 우리가 그들보다 똑똑하다면 우리는 일등으로 신통한 사람들이다.〉[3]

모범 노동자들이 당의 선전을 도배했다. 평생 학교를 다녀 본 적 없는 허난 성 출신 빈농 허딩은 머리 위에 줄을 따라 이동하며 흙을 쏟아 붓고 되돌아오는, 나무로 된 자동 삼태기를 발명했는데 이것은 저수지를 축조하는 데 필요한 노동력을 여덟 배 줄였다.[4] 나무 컨베이어 벨트, 나무 탈곡기, 나무 이앙기는 모두 보통 사람들의 기적으로 추켜세워졌다. 산시(陝西) 성에서 주민들은 심지어 토착 자동차와 기관차까지 내놓았다. 모든 부품이 나무로 만들어진 것이었다.[5] 이들 대부분은 딱히 해될 것이 없었지만 낭비가 엄청나기도 했다. 광둥 성 댜오팡 인민공사에서 2만 2,000개의 들보와 버팀목, 마룻널이 공사 기계화 운동의 일환으로 하룻밤 사이에 주민들의 집에서 뜯겨 나왔다. 그렇게 만들어진 손수레는 금방이라도 무너질 듯해서 누구든 사용하려고 하는 순간 산산조각이 났다.[6]

그러나 진짜 기준점은 강철이었다. 여기 사회주의를 대표할 만한 자재가 있었다. 단단하고 번쩍거리며, 산업적이고, 현대적이고, 노동자 계급적인 자재가. 〈스탈린〉은 혁명의 모든 적을 기꺼이 분쇄하는 강철 같은 사람을 대변했다. 연기를 내뿜는 공장 굴뚝, 윙윙거리는 공작 기계,

공장 호루라기 소리, 붉게 달아오른 우뚝 솟은 용광로. 이것들은 사회주의 근대성의 성화된 이미지였다. 노동자 시인 알렉세이 가스테프는 〈우리는 철에서 자라났다〉고 썼다. 그는 인간이 철과 융합되면서 기계가 인간이 되고 인간이 기계가 되는 세상을 알렸다. 강철은 사회주의 연금술에서 성스러운 요소였다. 철강 생산량은 사회주의 나라들이 종교적 열의를 띠며 되뇌는 마법의 숫자였다. 철강 생산량은 인간 행위의 모든 복잡한 차원들을 마법처럼 증류하여 한 나라가 발전의 척도에서 어디에 서 있는지 보여 주는 단 하나의 정확한 숫자로 환원했다. 마오쩌둥은 산업 전문가는 아니었을지도 모르지만 즉석에서 언제든 사실상 모든 나라의 철강 생산량을 줄줄이 읊을 줄 알았던 것 같다. 그는 철강에 사로잡혀 있었고 영국을 추월하는 것은 갈수록 영국의 연간 철강 생산량을 앞지르는 것이 되었다. 철강은 목표량의 단계적 확대의 원동력이었고 마오쩌둥은 중국의 철강 생산량을 증대하기 위해 강하게 밀어붙였다. 1957년 중국의 철강 생산량은 535만 톤이었다. 1958년의 목표량은 1958년 2월에 620만 톤으로 설정되었고 이 수치는 5월에 850만 톤으로 상승했다가 6월에 마오쩌둥은 목표량을 다시 1070만 톤으로 높이기로 했다. 이 수치도 9월에는 1200만 톤으로 상향 조정되었다. 그는 숫자들로 속이면서 1960년 말이면 중국이 소련을 따라잡고, 철강 1억 톤 생산이 달성될 1962년이면 미국도 따라잡을 것이라고 확신했다. 그다음 중국은 몇 년 안에 1억 5000만 톤에 도달하며 다른 나라들을 크게 제칠 것이다. 1975년이면 7억 톤의 철강이 생산되어 영국을 한참 뛰어넘을 것이다.[7]

마오쩌둥의 헛소리는 가까운 동지들의 부추김에 힘을 얻었다. 일례로 리푸춘은 사회주의 체제의 우월성 덕분에 인류 역사에서 유례없는 속도로 발전할 수 있다고 공언했다. 영국은 단 7년 만에 추월될 수 있다. 그다음 그는 철과 강철, 다른 공산품에서 3년 이내에 영국을 제친다는 허황된 계획을 내놓았다.[8] 1958년 6월 초, 마오쩌둥이 수영장 주위를 한가로이 거닐며 야금부장 왕허서우에게 철강 생산량을 두 배로 늘리는 수가 있는지를 묻자 부장은 〈문제없습니다!〉라고 대답했다.[9] 커칭스는 동중국만으로 800만 톤을 생산할 수 있다고 큰소리쳤다.[10] 왕런중, 타오주(陶鑄), 셰푸즈, 우즈푸, 리징취안 같은 성장들은 모두 철강 생산에 관해 주석의 변덕스러운 비전에 장단을 맞춰 주며 터무니없는 약속을 남발했다.

성공의 열쇠는 인민공사의 뒤뜰에 설치하여 주민들이 운영하는 작은 고로(高爐)였다. 모래, 돌, 내화 점토나 벽돌로 만들어진 고로는 영국을 앞지르기 위한 노력에 모든 주민들을 동원할 수 있는 비교적 간단한 일이었다. 전형적인 토법고로는 맨 위에 나무 대(臺)가 있고 들보로 지지되는 3, 4미터 높이였다. 고로 옆에 있는 경사로로 접근 가능하여 농민들은 코크스와 광석, 융제(融劑)*를 담은 자루를 등에 지거나 바구니를 어깨에 걸치고 경사로를 부지런히 오르내렸다. 바닥으로는 공기가 주입되고 용해된 쇠와 광재(鑛滓)**는 기둥 마개로 흘러나왔다. 전통적인 송풍 방식에 기반을 둔 토법고로는 일부는 작동했을지도 모르지만 다수가 철강 열풍에 사로잡힌 간부들이 인민공사에 강요해 만들어진 엉터리였다.

철강 드라이브는 1958년 늦여름에 절정에 달했다. 그해 초에 위신이 실추되었던 당 기획가 천윈이 철강 증산 운동을 맡아서 명예를 회복하

* 용해를 촉진하기 위하여 섞는 물질.

** 광석을 제련하고 남은 찌꺼기.

기 위해 열심히 일했다. 8월 21일 그는 목표량보다 1톤 적은 것도 용납하지 않겠다는 마오쩌둥의 명령을 전달했고 계획 달성 실패에 대한 처벌은 경고부터 당에서 축출까지 다양했다.[11] 여세를 몰아가기 위해 마오쩌둥은 소련의 도움을 받아 제작된 거대한 강철 콤바인* 완공식에 참석차 그해 9월에 우한을 방문해 고로에 처음 불을 지펴 용해된 쇠가 흘러나오는 모습을 지켜보았다. 같은 날 베이징은 강철 드라이브에 대한 지지를 독려하도록 1,500명의 당 활동가로 이루어진 팀을 중국 전역에 파견했다.[12] 그다음 9월 29일은 국경절을 축하하며 더 높은 목표를 달성하는 날로 지정되었다. 국경절을 2주 앞두고 야금부장 왕허서우는 전화 협의회에서 성장들에게 도전에 맞설 것을 부탁했고 그들은 이튿날 전화 통화로 현 대표들을 독려했다.[13]

윈난 성에서 셰푸즈는 철강 증산을 위해 2주 동안 불철주야 공격을 선언하며 증산 운동에서 모두가 병사가 될 것을 주문했다.[14] 아침이면 당 활동가들은 뿔뿔이 흩어져 나갔는데 일부는 제시간에 벽촌에 닿기 위해 해도 뜨기 전에 길을 떠났다. 더훙 현에서는 주민 20만 명이 철강 증산 운동에 투입되어 수천 기의 벽돌 고로에서 타오르는 불빛으로 하늘이 선홍색으로 물들었다. 주민들이 연료를 찾아 숲으로 여기저기 흩어진 가운데 일부는 석탄을 채집했고 삽과 곡괭이, 때로는 손으로 넓은 땅을 파헤쳤다. 목표량을 달성하려는 미친 듯한 시도에 사고도 빈번했다. 마구잡이로 베어진 나무들이 사람들 위로 쓰러졌다. 채굴할 땅굴을 뚫기 위해 경험 없는 노동자들이 사용한 폭발물도 인명을 앗아 갔다.[15] 셰푸즈는 수시로 전화를 걸어 최신 성과를 확인했다.[16] 그는 그대로 보

* 곡식을 베어서 탈곡하는 기계.

이보한테 채근을 당했는데 보이보는 1200만 톤이라는 새로운 목표량을 전달하며 중국 전역에 걸쳐 4000만 노동자가 50만 기 정도의 고로를 운용 중이라고 자랑했다.[17] 국경절에 보이보는 10월은 철강 생산 약진의 달이 되어야 한다고 선언했고 다시금 한바탕 광기가 뒤따랐다. 윈난에서는 또 다른 기록을 경신하기 위한 특별 〈고(高)생산성〉 주간이 선포됨에 따라 증산 운동에 참여한 사람 숫자가 300만에서 400만으로 훌쩍 치솟았다. 셰푸즈는 〈세계의 눈이 중국에 쏠렸다〉고 주장했는데 이제 온 나라가 큰소리쳐 온 목표량을 달성하든지 아니면 굴욕적으로 잘못을 시인해야 할 것이었다.[18]

꼭대기부터 줄줄이 내려오는 압력에 직면하여 주민들은 증산 운동에 참여하는 것 말고는 도리가 없었다. 윈난 성 취징 지역에서는 마룻널이 뜯겨 나가고 깃털을 이용해 불을 때거나 풀무를 만들 수 있도록 닭이 도살되었다. 당 활동가 집단들이 집집마다 돌아다니며 흔히 가재도구나 농기구를 징발해 가는 식으로 고철을 수집했다. 충분한 열성을 보이지 않는 사람들은 폭언을 듣거나 괴롭힘을 당하거나 심지어 줄에 묶여 사람들 앞에서 조리돌려졌다. 하나가 끝나기 무섭게 또 다른 운동이 뒤따르는 식으로 한 해가 온통 운동으로 점철되자 — 관개 사업, 비료 운동, 깊이 갈기 운동, 배게 심기 운동, 인민공사의 도래 — 〈위성 발사〉라는 구호만 들어도 주민들의 마음에는 두려움이 일기에 충분했다. 그런 구호는 아무도 며칠씩 잠을 잘 수 없는 또 다른 〈격전〉이나 〈야간 전투〉를 예고했다. 일부는 반딧불처럼 반짝이는 고로의 불빛을 멀찍이서 지켜보며 몇 시간이나마 휴식을 취하고자 슬쩍 빠져나가 춥고 축축한 숲속에서 한뎃잠을 자려고 했다. 그들은 추위에 시달리고 제대로 먹지 못했다. 현지 간부들은 공동 식당의 등장으로 이제 전적으로 그들 수중

에 있는 식량을 절약함으로써 철강 제조 비용을 줄이고 그렇게 해서 숫자를 부풀리고자 했다.[19]

중국은 온통 불빛의 파도에 잠겼다. 어디서나 고로가 붉게 이글거렸지만 증산 운동 기간 동안 펼쳐진 인간 드라마는 물론 마을마다 달랐다. 윈난 성에서 일부 농민들은 생산 목표량을 채우기 위한 벼락치기 작업에서 적절한 음식이나 휴식을 누리지 못한 채 고로 근처에서 죽도록 일할 수밖에 없었다.[20] 중국 전역의 다른 촌락들에서는 주민들이 냄비나 팬 같은 작은 선물을 몰래 들고 갔다. 그러나 의심이 가는 반항의 싹을 자르는 새로운 두 가지 차원이 폭력의 장(場)에 새로 추가되었다. 첫째로, 간부들은 명령을 강제하기 위해 이제 인민공사 내부에 수립된 의용군에 의지할 수 있었다. 예를 들어 마청에서 의용군은 마을로 와서 고로에서 며칠씩 작업하도록 사람들을 징발해 갔다. 작업장을 일찍 떠난 어떤 사람은 〈직무 유기자〉라고 쓰인 고깔모자를 쓰고 거리를 행진해야 했다.[21] 둘째로, 모든 식량이 이제 공사의 수중에 있었으므로 간부들은 배급 식량을 일종의 보상이나 처벌로 활용할 수 있었다. 작업을 거부하거나 조금이라도 태만한 기미를 보이면 배급량 삭감이나 배급 식량을 전혀 받지 못하는 식으로 처벌받았다. 아이들을 돌보기 위해 밤에 집에 머무는 여자들은 마청(麻城)에서 공동 식당 출입이 금지됐다.[22] 안후이 성에서 기근을 견뎌 낸 장아이화는 나중에 이렇게 설명했다. 〈위에서 시키는 대로 해야 했다. 안 그러면 간부가 음식을 주지 않았다. 간부의 손에 국자가 들려 있었다.〉[23] 식량 공급에 대한 간부들의 지배력은 어디서나 냄비와 팬을 수시로 수거해 가면서 더욱 강화되었다.

도시에서 운동은 보통 사람들에게 힘겨웠다. 난징에서는 한 고로가 단 하루 만에 8.7톤 생산이라는 기록을 세웠지만 지속적으로 불을 때

줘야 했고 일부 생산대들은 너무 배가 고파서 제철소 옆에서 기절할 지경이었다. 거대한 압력에도 불구하고 사람들은 여전히 저항했다. 왕만샤오는 하루에 여덟 시간 이상 일하는 것을 거부해 버렸다. 당 서기관이 이를 문제 삼자 그는 조금도 기죽지 않고 단도직입적으로 〈그걸로 뭘 어쩔 셈인데요?〉라고 되물었다. 다른 이들도 토법고로가 과연 철강 생산에서 영국을 추월하는 데 도움이 될지 공공연하게 의심을 표명했다. 일부 생산대에서는 절반 가까운 작업자들이 〈부진한〉 사람으로 묘사되었는데 힘든 일을 기피했다는 뜻이다.[24]

결국 지도부는 그들이 원하는 기록을 얻었다. 비록 그 대부분은 광석을 제련한 후에 남은 찌꺼기거나 불순한 원광, 아니면 그저 통계적 발명에 불과했지만 말이다. 농촌 인민공사에서 나온 괴철은 너무 작거나 잘 부서져서 현대적 압연 공장에서 쓸 수 없었기 때문에 어디에나 쌓여 있었다. 야금부 자체에서 나온 한 보고서에 따르면 많은 지방들에서 토법고로에서 생산된 철 가운데 3분의 1도 사용하지 못했다. 그리고 그 가격표는 어마어마했다. 토법고로에서 나온 철 1톤은 현대적 용광로에서 필요한 생산 비용의 두 배인 300~350위안으로 계산되었는데 여기에 4톤의 석탄, 3톤의 철광석, 30~50일의 노동이 추가되었다.[25] 1958년 철강 드라이브로 초래된 총 손실은 훗날 통계청에서 50억 위안으로 추정되었다. 건물과 숲, 탄광과 사람들이 입은 피해는 제외하고 말이다.[26]

완만하게 솟은 들판이 뻗어 있는 우크라이나에서 자란 외국인 고문 미하일 클로치코는 1958년 가을 남중국에 왔을 때 누런 맨땅이 계단식

으로 구획된 것을 보고 깜짝 놀랐다. 그것은 유명한 다랑이 논이었지만 사람의 모습은 거의 보이지 않았다.[27]

농민들은 다 어디 갔나? 많은 이들이 의용군에 의해 토법고로에 동원되었고 일부는 대규모 관개 사업에 배치되었고 또 일부는 갈수록 높아지는 목표량을 추격하는 많은 공장에서 일을 찾아 마을을 떠나고 없었다. 1958년 총 1500만 명이 넘는 농민들이 더 나은 삶에 대한 전망에 혹하여 도시로 갔다.[28] 윈난 성에서는 산업 노동자의 숫자가 1957년 12만 4,000명에서 77만 5,000명으로 뛰었는데 50만 명 이상이 시골에서 왔다는 뜻이었다.[29] 윈난 성의 전체 노동력의 3분의 1이 그해에 한때 치수 사업에 파견되었다.[30] 달리 표현하면 윈난 성 시골 진닝에서 성인 노동 인구 7만 명 가운데 2만 명이 관개 사업에, 1만 명이 철도 건설에 배치되어 식량을 생산할 인구는 3만 명밖에 남지 않았던 것이다.[31] 그러나 숫자는 또 다른 노동 패턴 변화를 가렸다. 대부분의 남자들이 마을을 떠남에 따라 여자들이 들판에서 일해야 했던 것이다. 많은 이들이 모를 고르게 심지 않아 잡초가 논밭을 침범하게 되는 등 복잡한 논을 돌본 경험이 없었다. 융런 현에서는 그 결과 작물의 5분의 1이 썩었다.[32]

농업에 투자되는 시간의 최대 3분의 1까지 사라졌지만[33] 마오쩌둥과 그의 동료들은 깊이 갈기와 배게 심기 같은 혁신이 이러한 시간 부족을 충분히 벌충할 것이라고 믿었다. 다른 한편으로 지도부가 추켜세운 〈지속적 혁명〉에 따라 농민들은 농한기는 산업 현장으로, 추수기는 농업 전선으로 옮겨가면서 군사 노선을 따라 배치되었다. 셰푸즈가 표현한 대로 〈지속적 혁명은 끊임없이 새로운 과제를 들고 나오는 것〉이었다.[34] 그러나 사무원부터 학생과 교사, 공장 노동자와 도시 거주민부터 군 병력에 이르기까지 가용한 모든 인력 자원이 동원되었음에도 현장에서의 상황은 엉망진창이었다. 다수의 농기구가 철강 생산 운동으로 파괴되었고 노동력은 여전히 댐 건설에 돌려졌고 인민공사의 공동 곡창은 운영이 형편없었다. 시찰 팀을 맞이하기 위해 대약진 운동을 칭송하는 구호를 산등성이에 새겼던 모범 공사인 롄탄에서는 수천 명의 농민들이 가을 추수기 동안 7헥타르 경지를 깊이 갈기 위해 징발되었다. 작물을 수확할 인력을 구할 수 없었기 때문에 수만 톤의 곡식이 들판에 방치되었다.[35]

그러나 국가에 넘기는 곡물은 현지 간부들이 공식적으로 밝혔던 수확량에 따라 넘겨야 했다. 1958년 실제 곡물 생산량은 2억 톤을 갓 넘겼지만 작황이 풍년이라는 온갖 주장들을 토대로 지도부는 4억 1000만 톤에 가깝다고 추산했다. 순전히 허구적인 숫자를 바탕으로 한 가혹한 곡물 적출은 주민들 사이에 분노와 두려움만 자아낼 뿐이었다. 곡물 징발로 온 나라를 인류 역사상 최악의 기근으로 몰아넣을, 인민을 상대로 한 전쟁의 무대가 마련되었다. 1958년 10월 남중국의 일부 지도자들에게 연설하며 탄전린은 단도직입적으로 말했다. 「농민들에 맞서 싸워야 한다. 강압을 두려워하면 이념적으로 뭔가 문제가 있는 것이다.」[36]

2부

죽음의 골짜기를 지나

9장
경고 신호들

인민공사의 도입 이전부터 아사하는 사람들은 있었다. 일찍이 1958년 3월에 곡물 관련 당 협의회에서 다수의 대표들은 식량 부족에 관한 우려를 표명했다. 농민들이 논밭을 떠나 관개 사업에서 일하도록 불려 나왔기 때문이다. 기근에 대한 뚜렷한 조짐은 텅 빈 마을을 떠나 흙먼지 이는 길을 따라 다니며 먹을 것을 구걸하는 무리들로부터 나타났다. 재무부장 리샨녠은 이러한 우려를 묵살하고 곡물 목표량을 계속 밀어붙였다.[1]

4월 말이 되자 굶주림과 식량 부족이 나라 전역을 휩쓸었다. 광시 성에서는 여섯 명 중 한 명꼴로 양식이나 돈이 없었고 성 여러 지역에서 주민들이 기아로 죽어 갔다. 산둥 성에서는 67만 명이 기아에 허덕이고 있었고 안후이 성에서는 130만 명이 궁핍에 시달렸다. 후난 성에서는 농민 열 명 가운데 한 명꼴로 한 달 넘게 양식이 쪼들렸다. 심지어 아열대 지역인 광둥 성에서는 100만 명에 가까운 사람들이 굶주렸고 후이양과 잔장에서는 기아에 허덕이는 부모들이 자식을 내다 팔 만큼 상황이 특히 나빴다. 허베이 성에서는 곡물 부족 사태가 매우 심해서 수만 명이 양식을 찾아 시골을 떠돌았다. 창 현, 바오딩, 한단에서는 아이들이 팔려 나갔다. 황폐해진 마을을 떠난 1만 4,000명의 비렁뱅이들이 톈진에 도착하여 임시 거처에 머물렀다. 간쑤 성에서는 많은 주민들이 나무껍질을 먹는 지경에 이르렀다. 수백 명이 굶어 죽었다.[2]

이것은 보릿고개라는 일시적인 이상 상태로 설명될 수도 있지만 중국 곳곳에서 기근은 여름을 거치며 악화되었다. 앞 장에서 살펴본 대로 일찍이 1958년 2월에 관개 사업 운동에서 노동 징발이 여러 아사 사례를 초래했었다. 그러나 기근은 댐이나 저수지 축조 작업에 징발된 주민들에게 국한되지 않았다. 한 가지 사례만 들자면 차화에서는 1958년 1월부터 8월까지 마을 주민 여섯 명 가운데 한 명이 죽어서 사망자 수가 1,610명에 달했다. 일부는 맞아 죽었지만 대다수는 기아와 질병으로 사망한 것이었다.[3] 현장인 천성녠(陳盛年)은 1957년 곡물 징발을 엄하게 실시하지 않아서 숙청된 당직자를 대신해 임명된 사람이었다. 천성녠은 엄격한 규율을 부과하기 위해 폭력 사용을 장려했다. 차화에서는 간부 세 명 가운데 두 명이 일상적으로 체벌에 의존했고, 너무 허약해서 일을 할 수 없는 사람들한테서 먹을 권리를 앗아 갔다.[4]

문제는 루량에만 국한되지 않았다. 윈난 성 취징 지역 전역에 걸쳐 사람들이 기아로 죽어 갔다. 루량에서는 1만 3,000명 정도가 사망한 것으로 보고되었다. 루난과 뤄핑, 푸위안, 시쭝과 다른 현들에서도 수천 명이 굶어 죽어 가고 있었다.[5] 루시 현에서는 현지 당위원회가 일찍이 1957년에 실제 양보다 두 배나 많게 농민 한 사람 앞에 연간 300킬로그램의 곡물이 있다고 숫자를 부풀렸다. 1958년 5월 이후에 기근은 1만 2,000명의 목숨을 앗아 갔는데 열네 명 가운데 한 명꼴이었다. 일부 촌락에서는 전체 주민 가운데 5분의 1이 땅에 묻혔다.[6]

취징 지역에서 얼마나 많은 사람이 죽었는지 파악하기는 어렵지만 기록 보관소에 묻혀 있던 일단의 인구 통계 자료는 이 쟁점을 얼마간 규명해 준다. 이 자료들은 1958년에 8만 2,000명, 즉 인구의 3.2퍼센트가 사망했음을 보여 준다. 출생 인구수는 1957년 10만 6,000명에서 1958년 5만 9,000명으로 급격하게 떨어졌다. 윈난 성 전체의 사망률은 2.2퍼센트로, 1957년 전국 평균 사망률 1퍼센트의 두 배 이상이었다.[7] 윈난 성 당 간부 셰푸즈는 루량에 관해 오래 고민한 끝에 1958년 11월에 마침내 마오쩌둥에게 이 인명 손실을 보고하기로 했다. 주석은 보고서를 좋아했다. 여기, 그에게 진실을 말해 주는, 의지할 수 있는 누군가가 있는 듯했다. 1년 뒤 셰푸즈는 베이징 공안부의 수장으로 승진했다. 말하자면 루량 주민들의 죽음을 마오쩌둥은 〈귀중한 교훈〉이라고 여겼다.[8]

또 다른 교훈은 마오쩌둥이 잉여 곡물을 없애기 위해 농민들에게 하루 다섯 끼를 먹으라고 일렀던 대약진 운동의 성지 쉬수이 현에서 나왔다. 쉬수이 현의 화려한 겉모습 뒤로 장궈중은 고분고분하지 않은 농민부터 위에서 시키는 대로 하지 않은 당 서기들까지 현지 인구의 1.5퍼센트를 수용하고 있는 정교한 노동 수용소를 운영했다. 수용소 안의 처벌은 매질부터 한겨울 추위에 벌거벗겨 밖에 내놓는 것까지 악랄했다. 그 결과 124명이 사망했다. 어떤 이들은 평생 불구가 되었다. 수용소 바깥에서는 대략 7,000명이 조리돌려지거나 사람들이 침을 뱉거나 줄에 묶이거나 두들겨 맞거나 무릎이 꿇리거나 양식을 뺏기는 등의 방식으로 괴롭힘을 당해 그중 212명이 죽었다.[9] 다스거촹(大寺各莊) 생산 대대의 언뜻 인심 좋아 보이는 단장으로, 자신의 전시용 마을에 마오쩌둥과 여타 방문객을 반갑게 맞이했던 리장성은 툭하면 농민들을 구타했고 일부는 겨울 동안 얼어 죽도록 추위 속에 매달아 놓기도 했다.[10] 각종 폭력에도 불구하고 수확량은 장궈중이 약속한 양 근처에도 가지 못했다. 저우언라이가 1958년 12월 허베이를 지나갔을 때 한껏 몸을 낮춘 장궈중이 그에게 접근하여 쉬수이 현이 헥타르당 3,750킬로그램밖에 생산하지 못했다고 털어놓았는데 이는 그해 여름 내내 큰소리쳐 온 15톤과는 한참 거리가 먼 수확량이었다. 사실상 쉬수이는 굶어 죽어 가고 있었다. 저우언라이는 도움을 주겠다고 약속했다.[11]

이러한 실상의 전부는 아니지만 상당 부분이 마오쩌둥의 명령에 따라 작성된 1958년 10월 기밀 부서 보고서에 드러나게 되었다. 마오쩌둥은 중앙 위원회에 보고서를 돌리면서 보고서 말미에 〈이런 종류의 문제들은 일개 인민공사에만 국한되지 않을 것〉이라고 적었다.[12] 그러나 장궈중의 위신이 추락하면서 주석은 쉬수이 현 남쪽으로 80킬로미터 떨어진 안궈 현을 새로운 모범 현으로 끌어안았다. 매년 곡물을 2,300킬로그램 생산하는 농민들에 관한 보고를 들은 뒤 그는 허베이성의 생산량이 1957년 1,000톤에 불과했다가 1959년에 5,000톤으로 치솟은 것을 생각했다.[13] 허베이 성장 류쯔허우(劉子厚)가 마오쩌둥에게 이런 숫자들 중 일부는 부풀려졌을지도 모른다고 경고했을 때 주석은 이러한 우려를 가볍게 일축하고 오류는 불가피하다고 대수롭지 않게 말했다.[14]

마오쩌둥은 용감한 개인들이 보낸 개인적 편지든, 현지 간부가 자발적으로 올린 불만 사항이든, 그의 명령으로 공안 직원이나 개인 비서들이 수행한 조사 결과이든 간에 다양한 통로로 중국 구석구석에서 기아

와 질병, 학대에 대한 무수한 보고를 받았다. 쉬수이와 루량은 두드러진 두 사례였다. 다른 지역의 사례들은 이 책의 다른 곳에서 다룰 것이지만 아직도 많은 사례들이 당이 엄선한 소수의 연구자들을 제외하고는 아무도 접근하지 못한 채 베이징 중앙 기록 보관소에 잠자고 있다.

1958년 말이 되자 마오쩌둥은 현장에 널리 퍼진 권력 오남용에 관한 우려를 불식시키고자 몇 가지 제스처를 취했다. 그는 발언을 하면서 루량에 관한 이야기를 유포했고 주민들의 생활 여건이 산출량 증대의 대가로 도외시되어 왔음을 인정했다. 그러나 그에게 루량은 유사한 잘못에 대하여 중국의 나머지 지역을 마법처럼 〈면제시켜〉 주는 〈교훈〉에 불과했다. 쉬수이 현으로 말하자면 마오쩌둥은 터무니없는 생산량을 기꺼이 주장하며 등장한 다음 현으로 신뢰를 옮겼을 뿐이었다. 11장에서 보게 되듯이 마오쩌둥은 실제로 1958년과 1959년 6월 사이에 대약진 운동의 속도를 늦췄지만 유토피아를 추구하는 마음에는 결코 흔들림이 없었다. 대약진 운동은 모두를 위한 미래의 풍요가 현재의 고통을 대체로 보상해 줄 공산주의 낙원을 건설하기 위해 수행되는 군사적 작전이었다. 모든 전쟁에는 사상자가 있고, 어떤 전투들은 불가피하게 패배하기도 하며, 몇몇 참혹한 충돌은 훗날 되돌아보면 피할 수도 있었을 비극적 희생을 야기할지도 모르지만 그럼에도 불구하고 운동은 계속 추진되어야 했다. 외교부장 천이는 1958년 11월에 현장의 몇몇 인간적 비극을 언급하며 다음과 같은 표현을 했다. 〈작업자들 사이에서 실제로 사상자가 나타나기는 했지만 궤도에 오른 우리를 멈출게 할 만한 정도는 아니다. 이것은 우리가 지불해야 할 대가이며, 결코 두려워할 것이 아니다. 얼마나 많은 사람들이 [혁명의 대의를 위해] 전장과 감옥에서 희생되어 왔는지는 누가 안단 말인가? 이제 우리 앞에는 몇몇 질병과 죽음의 사례들이 있지만 그건 아무것도 아니다!〉[15] 다른 지도자들은 기근 자체를 깡그리 무시했다. 쓰촨에서 1958년에서 1959년으로 넘어가는 겨울 동안의 끔찍한 기아의 와중에 급진파 지도자 리징취안은 쓰촨의 일부 마을 주민들은 마오쩌둥보다 더 많은 고기를 먹어 몸무게가 몇 킬로그램씩 늘었다며 인민공사에 관해 열광적 찬사를 늘어놓았다. 「자, 인민공사에 관해 어떻게 생각하나? 인민이 살이 찌는 것은 나쁜 일일까?」[16]

수십 년의 게릴라 전투에 익숙하고, 1935년 다섯 차례의 궤멸적 전투 뒤 감행한 대장정과 제2차 세계 대전에서 일본군의 끊임없는 공격, 막대한 사상자를 낸 참혹한 내전에서 살아남은 당에게 몇몇 인명 손실은 예상할 만한 것이었다. 공산주의는 하룻밤 사이에 성취되지 않을 것이다. 1958년은 전격전, 즉 여러 전선에서 동시에 전개되는 부단한 공습의 해였다. 지휘를 맡은 장군들은 일반 사병들에게 얼마간 휴식이 필요함을 인정했다. 1959년은 더 전통적인 게릴라 전투를 수행하며 보내게 될 것이다. 이는 한마디로 대약진 운동에 관한 핵심 결정들은 어느 것도 뒤집히지 않는다는 뜻이었다.

1959년 초반의 경제 상황은 압력이 계속 유지되어야 한다고 말하고 있었다. 마오쩌둥은 집산화 추진 광풍을 진정시키는 것에 관해 걱정하는 한편, 농업 생산이 급증했다는 것을 의심할 만한 이유는 전혀 없었다. 그에게 제출된 합동 보고서에서 최고 경제 기획가 리샨녠, 리푸춘, 보이보는 다음과 같은 상황을 확인시켜 주었다. 〈곡물, 면화, 식용유의

경우, 생산량은 농업 생산에서 대약진의 결과 지난해에 비해 엄청나게 증가했다. 우리는 우리 임무를 수행하고 전진하는 과정에 생길 수도 있는 어떤 문제든 성실하게 해결하기만 하면 된다.〉[17]

계획가들에 따르면 가장 큰 문제는 시골이 도시로 식량을 충분히 보내고 있지 않다는 것이었다. 1억 1000만 명가량까지 불어난 도시 인구에게 조달된 곡물량은 1958년 하반기에 4분의 1 증가하여 총 1500만 톤에 달했다.[18] 그러나 그걸로는 충분하지 않았다. 12월, 머리가 벗겨지고 정력적인 베이징 시장 펑전이 경보를 울렸고 중앙 계획가 리푸춘의 경고도 뒤따랐다. 그는 난닝과 우한의 비축량이 몇 주치 분량밖에 없으며 베이징, 상하이, 톈진 시와 랴오닝 성은 두 달을 간신히 버틸 정도라고 말했다. 12월까지 적어도 72만 5,000톤이 비축되어야 했지만 후베이와 산시 같은 성들에서 식량이 크게 부족하여 실제로 전달된 양은 그것의 4분의 1에 불과했다. 랴오닝 성과 더불어 세 도시는 모두 특별 보호 아래 있었고 잉여 식량이 있다고 밝힌 성들 — 쓰촨, 허난, 안후이, 산둥, 간쑤 — 은 추가로 총 41만 5,000톤을 인도하라는 명령이 내려왔다. 곡물 부족만 문제가 아니라 간쑤와 후난 같은 성들이 필요한 돼지고기의 극히 일부만을 보내 주었기 때문에 많은 도시들이 하루나 이틀 이상은 버티지 못할 만큼 고기도 부족했다. 채소와 생선, 설탕도 빠듯했다.[19]

도시들이 특권적 지위를 누렸을 뿐 아니라 수출에도 최우선적 무게가 실렸다. 다음에 볼 테지만 중국은 1958년 외국 장비를 구입하는 데 막대한 돈을 썼다. 그다음 가을 추수기에 과도한 낙관주의 상태에서 1959년에 더 많은 물량을 주문했다. 계산서들이 밀려들어옴에 따라 나라의 평판은 외국과의 약속을 지키는 능력에 달려 있었다. 1958년 말부터 줄곧 저우언라이는 동료들과 주석의 지지를 받아 수출 시장에 갈수록 더 많은 물자를 조달하는 임무를 완수하도록 시골 지방을 압박했다. 도시를 먹여 살리고 외국과의 계약을 지키기 위해 현장에서 한 발자국의 후퇴도 불가능했다.

10장
흥청망청 쇼핑

공산주의로 가는 빛나는 길을 대중 동원에서 찾을 수 있다 하더라도 중국이 농업 국가에서 산업 거국으로 변신하기 위해서는 다량의 공업 장비와 선진 기술이 필요했다. 마오쩌둥이 중국이 15년 안으로 영국을 추월할 것이라고 큰소리쳤던 모스크바에서 돌아온 순간부터 베이징은 우방국들로부터 아낌없이 사들이기 시작했다. 제강소, 시멘트 가마, 유리 공장, 발전소, 정유 공장 등, 중공업을 위한 모든 장비와 설비를 구입했다. 크레인, 대형 트럭, 발전기, 모터, 펌프, 압축기, 수확기, 콤바인, 모든 것이 전례 없이 대량으로 수입되었다. (통째로 사들인 공장들을 제외하고) 금속 절단 공작 기계의 인도 물량은 1957년 187대에서 1958년 772대로 치솟았고 이앙기와 파종기는 429대에서 2,241대, 트랙터는 67대에서 2,657대로, 대형 트럭은 212대에서 1만 9,860대로 급증했다.[1] 철 함유 압연 금속, 알루미늄, 여타 원자재 공급량도 훌쩍 뛴 한편 운송 통신 장비 물량도 급격하게 치솟았다.

이런 수입품 대부분은 유엔이 전략적 수입품에 금수 조치를 부과한 1951년 이후로 중국이 경제적, 군사적으로 의지해 온 소련에서 왔다.

무역 제한은 미국이 한국 전쟁에서 중국을 침략 국가로 낙인찍은 뒤로 실시되어 왔다. 중국은 1950년대에 모든 설비가 언제든 작동할 수 있는 상태로 제작되어 넘겨받는 방식으로, 150가지 이상의 일괄 수주 프로젝트 협정을 모스크바와 체결했다. 1958년 1월에 추가로 맺은 계약은 대약진 운동을 추진하기 위한 경제, 군사 지원 확대를 가져왔다. 1958년 8월에는 소련의 지원을 받아 47기의 공장 설비 일체를 건설하기로 합의했다. 그에 앞서 이미 200기 정도에 관한 계약이 체결된 상태였다. 1959년 2월 또 다른 협정이 31기의 추가적 공장을 비롯해 경제적, 과학적 협력을 확대했다. 이로써 건설될 산업 프로젝트와 공장, 여타 설비의 숫자는 대략 300개에 달했다.[2]

베이징은 또한 주문한 내역을 빨리 인도해 달라고 모스크바를 압박했다. 1958년 3월 베테랑 군인 주더는 바오터우와 우한에 강철 콤바인 두 대를 빨리 완성해 달라고 재촉했다.[3] 유사한 부탁이 7월에는 저우언

표 1: 소련으로부터의 수입 금액, 주요 상품 집단과 품목(단위 100만 루블)

	1957	1958	1959	1960	1961	1962
소련으로부터의 수입 금액(총)	556	576	881	761	262	190
무역	183	292	370	301	183	140
석유와 석유 제품	(80)	(81)	(104)	(99)	(107)	(71)
공장 설비	245	174	310	283	55	9
군사 장비	121	78	79	72	12	11
신기술	7	31	122	104	12	30

출처: 1963년 9월 6일, 베이징 외교부, 109-3321-2, 66~77쪽과 88~89쪽. 비록 환율은 지속적으로 변하지만 1루블은 대략 2.22위안, 1.1달러와 같다. 숫자는 반올림을 해서 완벽하게 정확하지 않을 수 있다.

라이의 개인 사절들 가운데 한 명을 통해 베이징 주재 러시아 대리 대사 S. F. 안토노프한테도 들어왔다.[4] 대약진 운동의 압박이 워낙 커서 당장 필요한 수요를 충족시키고, 종종 예정보다 인도 날짜가 앞당겨진 쌓여 가는 각종 상품 주문 기한을 맞추기 위해 소련 산업의 전 부문이 생산을 재조직해야 할 정도였다.[5] 소련으로부터의 수입은 표 1에서 보듯이 1958년과 1959년에 놀랍게도 70퍼센트 증가했다. 1957년에 수입액은 5억 5600만 루블이었던 반면 1959년에는 8억 8100만 루블로, 그중 3분의 2는 기계류와 장비였다. 중국은 또한 다량의 철과 강철, 석유 수입을 소련에 의존했다. 베이징이 중국 원유의 절반과, 기계 부품, 중공업 장비를 모스크바에 의존했지만 사회주의 블록의 다른 국가들, 특히 동독에서 수입해 오는 비중도 컸다. 1958년 발터 울브리히트는 제당 공장과 시멘트 공장, 발전소와 유리 공장을 짓는 데 동의하여 중국으로의 수출 수준이 급격히 증가했다.[6] 동독으로부터 수입액은 1억 2000만 루블까지 증가했고 여기에 1959년 추가로 1억 루블 규모의 수입이 뒤따랐다.[7]

그러나 대약진 운동 기간 동안 급격한 변화를 겪은 것은 수입량만이 아니었다. 베이징은 공산주의로 가는 길에 힘을 실어 줄 최고의 설비를 찾는 과정에서 미국이 부과한 금수 조치의 점진적 붕괴로 서유럽에 접근이 가능해지면서 외국과의 무역 구조도 극적으로 변화시켰다. 중국의 거대 시장에 접근하려고 열심인 영국이 1956년부터 줄곧 수출 제한 시스템을 없애기 위해 활발히 움직이면서 미국 정부는 동맹국들에 대한 압력을 유지할 수 없었다. 영국으로부터의 상품 구입액은 1957년 1200만 파운드에서 1958년 2700만 파운드와 1959년 2400만 파운드로 두 배 증가한 한편 서독으로부터의 수입액도 1957년 2억 마르크에서

1958년 6억 8200만 마르크와 1959년 5억 4000만 마르크로 치솟았다.[8]

이러한 수입 대부분은 공업과 관련되었으나 마오쩌둥은 가장 선진적 군사 장비도 집요하게 추구했다. 1957년부터 베이징의 지도부는 모스크바로부터 군사 장비와 〈신기술〉을 최대한 뽑아내는 데 초점을 맞췄다. 1958년 6월 저우언라이는 흐루쇼프에게 현대적 해군 건설에 필요한 원조를 요청하는 편지를 썼다. 두 달 뒤 타이완 해협의 진먼 섬과 마쭈 섬 포격 동안 그는 최신 공중 감시 기술을 요청했다. 1959년 5월 〈국방과 항공 장비〉와 관련한 전략 물품 구입 주문서가 러시아 앞에 제출되었다. 1959년 9월에는 1960년에 베이징이 소련 군사 장비에 총 1억 6500만 루블을 쓸 계획이라고 알리는 저우언라이의 통지서가 뒤따랐다.[9] 외국 관찰자들이 살펴볼 수 있게 발표된 통계들은 군사 장비 같은 〈보이지 않는〉 품목들을 포함하지 않기 때문에 베이징이 얼마나 돈을 많이 썼는지는 여전히 수수께끼다. 그러나 외교부 기록 보관소는 이제 〈특별 상품〉 즉, 군사 장비와 〈신기술〉 둘 다로 구성된 모스크바로부터의 수입에 관한 분명한 개요를 제공한다. 표 1이 보여 주는 대로 이 두 가지 상품 집단 수입액은 1959년 2억 루블 넘게 불어나 소련으로부터 중국 수입액의 거의 4분의 1에 달했다.

중국은 소련에 대한 채무 의무를 이행해야 했다. 1950년과 1962년 사이에 모스크바가 베이징에 빌려준 액수는 14억 700만 루블에 달했다.[10] 1960년 여름 소련과의 불화 이후 중국이 급격하게 대부 상환을 늘리기 전에도 부채 원리금 상환 분납금은 틀림없이 연간 2억 루블 이상에 달했을 것이다. 중국의 외화와 준비금은 한정되어 있었으므로 부채와 실제 수입액은 제한된 자원에 부담을 주면서 수출을 통해 현물로 갚아야 했다. 기본적 무역 패턴은 신용, 자본재, 원자재를 희소 광물, 제품,

표 2: 소련으로부터의 수입액, 주요 상품 집단과 품목(단위 100만 루블)

	1957	1958	1959	1960	1961	1962
중국의 대 소련 수출(100만 루블)	672	809	1006	737	483	441
무역	223	234	218	183	140	116
농산물과 부가 가공품	227	346	460	386	304	296
농산품과 부가 산품	223	229	328	168	40	30

출처: 1963년 9월 6일 베이징 외교부,109-3321-2, 66~68쪽. 숫자는 어림수라 정확하지 않을 수 있다.

표 3: 소련으로 곡물과 식용유 수출(1,000톤, 100만 루블)

	1957		1958		1959		1960		1961	
	금액	무게	금액	무게	금액	무게	금액	무게	금액	무게
곡물	77	806	100	934	147	1418	66	640	1.2	12
쌀	(25)	(201)	(54)	(437)	(88)	(784)	(33)	(285)	(0.2)	(1.8)
대두	(49)	(570)	(45)	(489)	(59)	(634)	(33)	(355)	(0.9)	(10.4)
식용유	24	57	23	72	28	78	15	41	0.4	0.4

출처: 1963년 9월 6일 베이징 외교부, 109-3321-2, 70~71쪽. 선택 가능한 상품과 어림수 때문에 숫자는 정확하지 않을 수 있다.

식품과 교환하는 것이었다. 예를 들어 돼지고기는 케이블과, 콩은 알루미늄과, 곡물은 압연강과 교환되었다. 안티몬, 주석, 텅스텐 같은 희금속의 양은 제한되어 있었기 때문에 베이징의 홍청망청 쇼핑은 청구서를 지불하기 위해 농촌에서 더 많은 식량을 뽑아내야 한다는 뜻이었다(표 2를 보라). 소련으로 전체 수출 가운데 절반 이상이 섬유, 담배, 곡물, 대두, 과일, 식용유부터 통조림 고기에 이르기까지 농산물이었다. 표 2와 표 3이 가리키듯 모스크바로의 쌀 수출액만 1957년부터 1959년까지 세 배 증가했다. 달리 말해 수입의 직격탄은 농민들에게 떨어졌다.

중국 무역의 설계자는 누구였는가? 대외 무역 증가가 경제 성장 계획과 일치하게 설계하는 식으로 계획 경제에서 수입과 수출은 보통 연례 무역 협정을 통해 통제되었다. 따라서 자본 투자 비율과 무역 규모, 수확량 사이에는 직접적 관계가 있었다. 중앙 지도부에서 합의한 전체적 경제 계획은 수입 구조와 규모를 결정했고 이는 다시 수출 수준을 정했다. 무역 방안은 외교부가 마련했고 그다음 외교부는 수입과 수출을 정해진 범위의 농산품과 공산품을 거래하는 무역 공사에 위임했다.[11]

공산주의 중국의 미로 같은 관료제 안에서 저우언라이 총리가 무역을 총괄적으로 관장했다. 그는 중국 바깥 세계와, 다시 말해 소련만이 아니라 공산주의 진영 바깥의 나라들과도 경제 관계를 강화하기를 간절히 바랐다. 저우언라이에 따르면 경제 발전은 오로지 적절한 자본과 과학 기술, 전문 지식으로 달성될 수 있었고 그 모든 것은 해외에서 들여와야 했다. 저우언라이와 가까운 동지인 무역부장 예지좡(葉季壯)도 기계류와 공장 수입 대금을 지불할 수 있는 급격한 수출 증대에 찬성했다. 그러나 1957년 저우언라이는 무역에서 신중한 후퇴를 타진하며 무역 대표부의 열성에 고삐를 죄었다. 1957년 10월 예지좡은 무역 대표부에 중국 인민이 막대한 식량, 특히 식용유 수출로 고통받고 있으며, 이것이 심각한 식량 부족 현상을 야기했음을 설명해야 했다. 저우언라이는 1958년에 모든 나라와의 무역량이 축소되어야 한다고 이미 결정했다.[12]

경제 계획에서 저우언라이의 점진적 접근은 마오쩌둥의 대담한 대약진 운동의 비전과 손발이 맞지 않았다. 앞서 본 대로 마오쩌둥은 1958년 1월 난닝 협의회에서 반대파의 목소리를 잠재우면서, 총리가 표명한 우려들에 대해 화를 내며 일축했다. 그 대신 마오쩌둥은 주더 쪽으로 기울었다. 전설적 명성을 자랑하는 베테랑 군인인 주더는 오래전 1928년에 마오쩌둥과 손을 잡았다. 주더는 군사적 실력을 제공하고 마오쩌둥은 당 정치에서 탁월한 능력을 발휘하며 두 사람은 서로를 의지하게 되었다. 본인도 능수능란한 정치가인 주더는 공산주의로의 약진이라는 주석의 비전을 어떻게 뒷받침해 줘야 할지 알았다. 1957년 10월 그는 이미 〈점진적으로 대규모 수입국이자 수출국이 될 수 있도록 수출입을 확대하기 위해 진력해야 한다〉고 주장했었다. 몇 주 뒤에 그는 〈사회주의를 건설하고자 한다면 과학 기술, 장비, 철강, 다른 필수 자재들을 수입해야 한다〉고 주장했다.[13]

〈더 큰 수입, 더 큰 수출.〉 국가의 실제 역량을 넘어 식량과 자재 수출을 거칠게 몰아붙이는 이상주의적 정책이 1958년의 주요 구호가 되었다. 이는 자신의 정책들의 성공을 국제 무대에서 과시할 수 있기에 마오쩌둥의 구미에 맞았다. 일단 마오쩌둥이 동료들한테 자신의 권위를 세우고 대약진 운동에 비판적인 목소리를 틀어막자 재정 규율을 지지하는 게 현명하다고 생각하는 지도자는 거의 없었다. 공업과 농업 생산 계획량이 쉴 새 없이 상향 조정되면서 수입량도 치솟았다. 달리 말해 무역 긴축은 마오쩌둥이 대약진 운동의 실패를 깨달을 때만 실현 가능했다. 정치가 지배했고, 수입 초과는 예산상 방만의 신호가 아니라 경제를 확 바꾸는 대중의 힘에 대한 무한한 믿음의 지표로 비쳤다. 외국으로부터 자본재 수입에 돈을 쓰는 목적은 기계와 제조품을 생산하는 능력을 창출하는 것이었다. 그럼으로써 중국 경제는 극적으로 고도의 공업 발전 단계로 진입하고 궁극적으로 소련에 대한 경제 의존의 속박에서 벗어나리라.

마오쩌둥은 국내에서 반대파가 거의 없었다. 중국 바깥 소련 진영의 지도자들은 대약진 운동에 관해 의구심을 품었을지도 모르지만 중국에서 실려 오는 식량이 증가하는 것은 그들의 구미에 맞았다. 결국에 흐루쇼프는 소련 경제에서의 강조점을 중공업에서 소비자의 요구 대상으로 옮기고 있었고 고기와 우유, 버터의 1인당 생산에서 미국을 능가하겠다는 약속을 내건 상태였다. 동독에서 울브리히트는 서독으로 도망침으로써 체제에 대한 반대를 표명하는 사람들의 이동을 막기 위해 필사적이었다. 그 역시 1958년 제5차 당 대회에서 1인당 소비재 양이 곧 서독의 양을 〈따라잡고 추월〉할 것이고 이 과정은 1961년이면 완료될 것으로 보인다고 발표하며 사회주의 사회가 만들어지고 있다는 터무니없는 주장을 내놓았다.[14] 그 사이 그는 농촌을 집산화하여 심각한 식량 부족 사태를 야기했고 이는 중국에 대한 수입 의존도를 높일 뿐이었다. 동독 지도자들은 1959년 중국의 작물 수확 규모에 관해 의구심을 품었을지도 모르지만 더 많은 식량을 들여오는 데 열심이었다.[15] 대약진 운동 기간 동안 쌀은 동독에서 주식이 되었을 뿐 아니라 마가린 산업도 중국으로부터의 식용유 수입에 의존했다. 무역 대표부는 동물 사료와 담배, 땅콩 수입에도 더욱 박차를 가했다.[16] 경제에 압박이 워낙 심해서 1959년 6월에 중국 무역 대표단은 독일에 돼지 사료용으로 수출되는 사료가 중국에서 사람들을 먹이는 데 필요하다고 설명할 수밖에 없었다.[17]

중국은 소련 진영 동맹국들에 더 많이 수출했을 뿐 아니라 아시아와 아프리카에서도 생산품을 마구 팔아 치우기 시작했다. 모스크바에서 10월 혁명 40주년 기념식에서 흐루쇼프는 농산품에서 미국을 따라잡겠다는 의향을 당당하게 선언했다. 그는 무역 공세도 발표했다. 〈우리는 평화로운 무역의 영역에서 전쟁을 선포한다〉고 위협하며 미국의 무역을 저해하고 개발 도상국의 경제를 소련의 품으로 끌어들일 전 세계적인 경제 주도권 계획을 개시했다. 러시아는 주석, 아연, 대두 제품을 아무도 경쟁할 수 없는 가격으로 팔았고, 생산 비용보다 낮은 가격으로 — 종종 낮은 이자율 및 우대 상환 조건의 차관과 함께 — 중동에 대형 트럭과 차, 기계류를 인도했다.[18] 경제를 정치에 종속시키는 계획 경제에서 소련은 원자재에 대해 초과 지불을 하고 시장 가격을 무시하며, 전 세계에서 영향력을 획득하기 위해 막대한 손실을 감당할 수 있었다.

중국은 중국대로 무역 전쟁에 뛰어들도록 자극을 받아, 대약진 운동으로 초래된 풍요의 시대에 국내 수요를 채우고도 남아도는 것인 양 상품을 낮은 가격에 팔아 치웠다. 자전거, 재봉틀, 보온병, 돈육 통조림, 만년필 등, 각종 상품이 진정한 공산주의를 향한 경쟁에서 중국이 소련을 앞선다는 것을 보여 주기 위해 비용 이하의 가격으로 팔렸다. 영국 식민지 홍콩에서는 중국에서 제조된 비옷이 광저우에서보다 40퍼센트 낮은 가격에 팔렸다.[19] 가죽 신발은 한 켤레당 미화 1.5달러, 얼린 메추라기는 한 마리당 8센트, 바이올린은 미화 5달러에 팔렸다.[20]

그러나 제국주의에 맞선 경제 전쟁에서 주적은 일본이었고 중국은 콩기름, 시멘트, 강재, 창유리에서 경쟁자보다 싸게 팔기 위해 최선을 다했다. 광목부터 날염 무명에 이르기까지 다양한 상품들이 시장에 쏟아져 나오면서 무엇보다도 의류 시장이 공산주의의 우월성을 확고히 주장해야 할 전장이 되었다. 경제 비용 이하로 상품을 수출하는 대가는 생존을 간신히 이어 가는 나라에게 치명적이었다. 1957년에 870만 필 정도의 옷감이 5000만 달러 이상에 수출되었다. 1958년 첫 9개월 동안에만 920만 필이 국제 시장에 팔려 나가 고작 4700만 달러를, 즉 앞서보다 12퍼센트 적게 벌어들였다. 그해 말이 되자 시골의 가난한 농부들이 솜옷 없이 겨울을 맞이하고 있을 때 약 1400만 필이 비용 이하의 가격으로 해외에 팔려 나갔다.[21] 그 모든 것이 중국이 세계에서 다섯 번째 대신 세 번째로 큰 직물 수출국이라는 영예를 얻기 위해서 이루어졌다. 예지좡이 1958년 말에 무역 관련 당 협의회에서 인정한 대로 전보다 더 많이 팔리긴 했지만 그에 따른 수입은 훨씬 줄어들었기 때문에 비용 이하의 가격으로 상품을 시장에 쏟아 낸 것은 처참한 실패였다. 〈정말로 우리 자신에게 손해를 입히고 우리 친구들이 겁먹게 만들고, 우리 적들을 잠에서 깨웠다.〉[22]

「무역부에서 일부 사람들이 계약을 건성으로 체결한다는 말이 들린다. 누가 당신네들한테 그렇게까지 수출하라고 허락했나?」 저우언라이는 그 계획과 거리를 두면서 질의했다.

〈면화 수확이 풍년이라 우리는 아무런 문제도 없을 거라 생각했고 그래서 허락을 구하지 않았다〉고 무역부 행정관 마이민이 끼어들었다.[23]

그러나 면화 수확도 곡물 수확도, 그와 관련해서라면 산업 생산량도 대약진 운동 기간 동안 약속했던 양 근처에도 가지 않았다. 중국은 무역 수지 적자가 점점 커지고 있었다. 사회주의 우방들에게 약속한 물자 인도는 이루어지지 않았다. 합의한 냉동 가금 2,000톤 가운데 3분의 1 분량만이 1958년 동독에 넘겨졌고 발터 울브리히트는 크리스마스에 맞춰 나머지 분량을 인도해 달라고 요구했다. 중국은 동독에 500만 ~700만 루블을, 헝가리에는 130만 루블을, 체코슬로바키아에는 110만 루블을 빚진 상태였고 모두가 쌀이나 땅콩, 가죽 형태로 보상을 요구했다. 저우언라이는 추가로 1만 5,000톤의 쌀과 2,000톤의 땅콩을 헝가리와 체코슬로바키아에 풀기로 동의했다. 그는 주더의 〈큰 수입, 큰 수출〉 정책도 무시했다. 1958년 사회주의 진영으로의 수출로 4억 위안이 적자임을 지적하며 〈무역이 조정되어야 하므로 대규모 수출과 대규모 수입에 반대한다〉고 밝혔다.[24]

적자는 어떻게 메워야 할까? 1958년 11월 저우언라이가 처음으로 〈외국과 체결한 계약을 지키기 위해서 우리가 안 먹거나, 덜 먹고 덜 소비하는 것이 좋겠다〉고 천명했다.[25] 몇 주 뒤 그는 〈물건을 받고 답례로 아무것도 내놓지 않는 것은 사회주의 방식이 아니다〉라고 덧붙였다.[26] 덩샤오핑도 거들었다. 〈만약 모두가 달걀 몇 알, 고기 1파운드, 기름 1파운드, 곡물 6킬로그램만 아낄 수 있다면 수출 문제 전체가 싹 사라질 것이다.〉[27] 리샨녠, 리푸춘, 보이보도 동의했다. 〈사회주의와 더 나은 미래를 건설하기 위해 우리가 이유를 설명한다면 인민은 덜 먹는 데 동의할 것이다.〉[28]

외국과의 계약 의무를 지키기 위해 1959년도 수출액은 65억 위안에서 79억 위안으로 상당히 증가한 한편 수입액은 63억 위안으로 3퍼센트만 증가했다.[29] 예를 들어 외국 시장으로 수출이 예정된 곡물은 두 배 증가해 400만 톤에 달했다.[30] 일부 독자들은 전체 곡물 생산량의 몇 퍼센트에 불과할 뿐이라고 생각할지도 모르지만 가난한 나라에서 몇 백만 톤은 생사를 갈랐다. 1961년, 나라가 기근에서 벗어날 길을 암중모색하고 있던 때에 왕런중이 뼈아프게 지적한 대로 후베이 성(그는 이곳의 성장이었다)은 1959년에 대량 아사와 싸우라고 베이징으로부터 곡물 20만 톤을 받은 반면 중국은 같은 해에 400만 톤 이상을 수출했다.[31]

수출 목표량을 달성하는 책임은 성장들에게 넘겨져서 각 지역은 국가 목표량을 일정 비율씩을 떠맡았다. 그러나 1958년에서 1959년으로 넘어가는 겨울에 성장들은 갈수록 커져 가는 부족분에 직면했다. 1959년 1월에 이르러 수출용 곡물은 전국적으로 8만 톤밖에 마련되지 않았다. 다음 달에 후베이 성은 계획된 4만 8,000톤 가운데 2만 3,000톤 이상 내놓기를 거부한 한편 리징취안은 쓰촨 할당량의 3분의 2만 내놓고, 나머지 분량은 다양한 하급 곡물로 채우기로 동의했다. 안후이 성에서 정시성은 계획된 2만 3,000톤 가운데 5,000톤만 인도하는 것을 승인했다. 푸젠 성은 전혀 내놓지 않았다.[32] 다른 수출 품목에서도 대부분의 성들은 수출 할당량의 절반만 채웠고 구이저우, 간쑤, 칭하이 같은 지역들의 실제 수출량은 의무 할당량의 3분의 1 이하로 떨어졌다.[33]

인도 불이행에 대한 불만의 목소리가 베이징에 도달했다. 예를 들어 레닌그라드의 병원과 유아원들은 한겨울에 쌀이 떨어졌다.[34] 무역 문제가 통제 불능 상태에 빠지면서 1959년 3~4월 상하이 당 모임에서 이 사안이 논의되었다. 마오쩌둥이 나서서 해법으로 채식을 권유했다. 〈수출을 보장하기 위해 옷과 식량을 아껴야 한다. 그렇지 않고 만약 6억 5000만 인민이 조금 더 먹기 시작하면 수출 잉여를 다 먹어 치우게 될 것이다. 말, 소, 양, 닭, 개, 돼지 등, 여섯 종의 농장 가축은 고기를 먹지 않지만 여전히 잘 살아 있지 않은가? 일부 사람들도 고기를 전혀 먹지 않으며, 쉬 노인은 고기를 안 먹고도 80살까지 살았다. 황얀페이도 고기를 안 먹었다고 하지만 80살까지 살았다. 아무도 고기를 먹지 말고 고기를 전부 수출해야 한다는 결의안을 통과시킬 수 없을까?〉[35] 주석의 훈령을 들은 베이징 시장 펑전은 기꺼이 한 술 더 떠서 수출을 늘리기 위해 곡물 소비도 감축해야 한다고 주장했다. 이제 대담해진 저우언라이는 〈육류 수출을 보장할 수 있도록 석 달 동안 돼지고기를 먹지 말아야 한다〉고 주장했다.[36] 육류 외에 식용유 소비도 감축되었다. 1959년 5월 24일 모든 성에 명령이 떨어졌다. 수출 시장과 사회주의 건설을 위해 농촌에서 더 이상 식용유를 팔지 말아야 한다고.[37]

수출 물량 인도의 압력이 커지면서 또 다른 문제가 발생했다. 목표량을 맞추기 위해 현지 업체들이 날림으로 일을 처리하면서 수출품의 품질 수준 저하를 야기한 것이다. 소련은 육류의 품질에 관해 거듭해서 불만을 제기했는데 흔히 박테리아에 오염되었다는 내용이었다. 전체 돈육 통조림의 3분의 1까지가 녹슬어 있었다.[38] 다른 상품들에 관해서도 불만이 쌓였다. 소련에 보낸 신발은 4만 6,000켤레 정도가 결함이 있었고, 홍콩에 수출된 종이는 쓸 수 없었으며, 이라크가 구입한 건전지는 누액이 발생했고, 스위스에 실려 온 석탄의 5분의 1은 돌로 밝혀졌다. 서독은 달걀 500톤에서 살모넬라균을 발견했고, 모로코의 경우 중화 인민 공화국에서 사온 전체 호박씨의 3분의 1이 벌레 먹은 것이었다.[39] 1959년에 인도한 부패 상품을 교환해 주는 비용은 2억~3억 위안에 달한 한편 중국은 해외에서 쉽게 떨쳐 내기 어렵게 될 오명도 얻었다.[40]

커져 가는 무역 수지 적자를 여전히 극복할 수 없었던 국무원은 국내 소비를 줄이거나 소비를 아예 없앨 수 있는 모든 상품을 쥐어 짜내라고 명령하는 한편 남은 부족분은 구할 수 있는 다른 상품으로 대체해야 한다고 말했다.[41] 재조정을 뒷받침하기 위해, 모든 수출 상품의 품질과 양을 감독하는 특별 수출청이 설립되었다.[42] 무역 협정은 연중 일정을 따라 맺어졌고 새로운 조정 내용은 수출 목표를 달성하기 위한 연말 드라이브의 일환이었다. 중국이 겨울로 막 접어들 때 수출 압력이 더해진다는 뜻이었다. 예를 들어 돼지고기 수출량이 할당량을 밑돌자 11월에 그해가 가기 전까지 900만 마리 돼지를 추가로 조달하기 위한 캠페인이 조직되었다.[43]

1959년이 저물 때까지 무자비한 공출을 통해 저우언라이의 목표에 따라 79억 위안어치의 상품이 수출되었고 곡물과 식용유 수출액은

17억 위안에 달했다. 그해 수출된 곡물 420만 톤 가운데 142만 톤은 소련으로, 100만 톤은 동유럽으로 보내졌고, 160만 톤에 가까운 양은 〈자본주의 국가들〉로 갔다.[44] 그러나 이러한 모든 노력에도 불구하고 그것만으로는 도저히 충분하지 않았다. 1958년 동유럽과의 무역 수지 적자와 1959년에 소련과의 무역 수지 적자만 3억 위안에 달했다.[45] 갈등은 1960년 여름에 끓어오르게 된다.

11장
아찔한 성공

마오쩌둥은 대약진 운동을 위해 동료들을 어르고, 구슬리고, 때로는 윽박지르기도 했다. 중국은 급속한 공업화와 농촌의 집산화를 통해 더 선진적 나라들을 따라잡는 경주에 돌입했다. 경제 발전 속도에 관해 경각심을 보인 지도자들은 공개적으로 비난받고 모욕을 당한 한편 현장에서 대약진 운동에 비판적인 이들은 테러의 회오리에 휩쓸려 사라졌다. 더 많은 수확량을 달성하려는 광풍이 걷잡을 수 없을 정도로 거세지고 현장에서 발생하는 피해에 관한 증거들이 쌓이자 마오쩌둥은 태도를 바꿔 자신의 운동이 야기한 혼란상에 관해 자신을 제외한 모두를 탓하기 시작했다. 수십 년간의 정치적 숙청으로 갈고 닦은 자기 보존에 관한 본능적 감각을 타고난 교활한 정치가로서 그는 혼란의 책임을 현지 당 관리와 동료 들에게 떠넘겼을 뿐 아니라 자신을 국민들의 복지에 관해 걱정하는 인자한 지도자로 그리는 데 성공했다. 1958년 11월부터 1959년 6월까지 지속된 과정 동안 압력은 일시적으로 완화되었다. 물론 그러한 일시적 유예는 오래가지 못한다.

마오쩌둥이 단단히 자리 잡은 정치 환경 속에서는 잘못된 정보 전달이 횡행했다. 주석도 바보가 아닌 이상 자신이 기여한 일당 체제가 허위 보고서와 부풀린 통계들을 낳을 수 있음을 너무도 잘 이해하고 있었다. 공산주의 정권마다 공식적 관료제를 우회하는 정교한 모니터링 메커니즘이 존재했다. 주변의 실상에 어두워지면 쿠데타가 일어날 수도 있기에 특히 최고 지도자들은 하급 당 관리들이 자기만 알고 감춰두려는 문제들에 관해 관심이 지대했다. 통제 기관들은 재정, 인사, 절차, 보고 등을 체크하는 업무를 수행하며 정부 기구들과 당 지도자들의 공식적 활동을 감독했다. 국가 안보 기구는 범죄 예방, 교도소 운영, 안보 유지 같은 일반적인 업무 외에도 수시로 여론을 조사하고 사회적 불만의 정도를 가늠했다. 그런 측면에서 공안부장은 마오쩌둥에게 매우 중요한 존재였고 그가 1959년에 그 일에 셰푸즈를 임명한 것은 놀랍지 않다. 그는 주석에게 진실을 말한다는 믿음을 주는 지도자이지 않은가? 당 기구의 모든 층위에서 온갖 범위의 주제들을 다룬 비밀 보고서가 수시로 작성됐다. 물론 이런 보고서들도 편향될 수 있었다. 이런 과정은 사실을 알아내는 임무를 주어 믿음직한 관리를 파견하는 방식으로 우회할 수도 있다. 마오쩌둥도 지방의 고위 간부들과 함께 인민공사의 문제를 직접적으로 다루고자 직접 순방을 하는 식으로 1958년 10월에 그런 일을 한 셈이다. 통계 부풀리기에 관한 증거들이 쌓여 가자 그의 걱정은 갈수록 깊어졌다. 우창에서 그의 가까운 동지인 왕런중이 계획된 3000만 톤 대신 기껏해야 곡물 1100만 톤만 생산할 수 있음을 보여 주는 비판적 보고서를 제시하자 마오쩌둥은 자신감이 꺾이고 낙담했다.[1]

생명줄은 광둥 성 서기관 자오쯔양(趙紫陽)이 제공했다. 1959년 1월 상관인 타오주에게 보내는 보고서에서 자오쯔양은 다수의 인민공사가 곡물을 숨기고 현금을 감춰 두었다고 밝혔다. 한 현에서만 곡물 3만 5,000톤이 발각되었다.[2] 이 단서를 쫓아서 자오쯔양은 곡물 숨기기 반대 캠페인을 개시했고 이로써 100만 톤의 곡물을 찾아냈다.[3] 타오주는 보고서를 칭찬하며 그것을 마오쩌둥에게 보냈다.[4] 그다음 급진파 쩡시성의 지도 아래 안후이 성에서 소식이 들어왔다. 〈농촌에서 이른바 곡물 부족 문제는 실제 곡물 부족이나 과도한 국가 공출과 상관이 없다. 이것은 이데올로기의 문제, 특히 현지 간부들 사이에서의 이데올로기 문제다.〉 보고서는 계속해서 기층의 생산대 대장들은 네 가지 우려를 품고 있다고 설명했다. 즉, 인민공사가 그들에게 충분한 곡물을 지급하지 않을 것이고, 다른 생산대들이 일부러 임무를 다하지 않고 수확량 일부를 감출지도 모르며, 보릿고개에 대비하여 곡물이 과도하게 징발될지도 모르며, 만약 실제 곡물 생산량을 밝히면 더 무거운 할당이 뒤따를지도 모른다는 우려였다.[5] 마오쩌둥은 즉시 이 보고서들을 돌리며 다음처럼 덧붙였다. 〈곡물을 감추고 몰래 나누는 생산 대대 단장들의 문제가 매우 심각하다. 이는 사람들에게 걱정을 안기고 현지 간부들의 공산주의 도덕성과 봄 수확량, 1959년 대약진 운동에 대한 열성, 인민공사의 공고화에 영향을 미친다. 나라 전역에 문제가 만연해 있고, 즉시 해소되어야 한다!〉[6]

마오쩌둥은 백성들의 안녕을 도모하는 자애로운 현인 왕의 태도를 취했다. 공산주의의 바람이 시골에서 잠잠해졌다고 그는 설명했다. 과도하게 열성적인 간부들이 인민공사의 이름으로 마구잡이로 재산과 노동력을 전유하면서 집산화를 너무 밀고 나가자 주민들이 곡물을 감추기 시작했다. 1959년 3월 마오쩌둥은 농민들이 곡물 징발을 회피하기 위해 취한 전략에 감탄하는 발언을 하며, 당이 공출 방식을 바꾸지 않는다면 자신도 그들에게 가담할 수 있다는 협박을 하기까지 했다.[7] 〈나는 이제 보수주의를 지지한다. 우경화 편에 서겠다. 균등주의와 좌파 모험주의에 반대한다. 이제 나는 5억 농민과 1000만 지방 간부들을 대변한다. 우파 기회주의자가 되는 것은 필수 불가결하며, 우리는 우파 기회주의를 고집해야 한다. 여러분 모두가 나에 가담해 오른쪽으로 가지 않는다면 나 혼자 우파가 되고 나 혼자 당에서의 축출에 맞서겠다!〉[8] 다른 누군가에는 죽음을 의미했을 〈우파〉라는 꼬리표는, 마오쩌둥만이 권력에 맞서 분연히 진실을 말하는 외로운 영웅 행세를 할 때 그렇게 가볍게 언급될 수 있었을 것이다. 그가 지나치다고 탓한 현지 간부들의 경우, 5퍼센트가 숙청되어야 한다. 〈그들 전부를 총살할 필요는 없다.〉[9] 몇 달 뒤 마오쩌둥은 조용히 숙청 비율을 5퍼센트에서 10퍼센트로 올렸다.[10]

마오쩌둥은 또한 동료들을 심하게 질책했다. 황제는 가까운 자문관들에게 호도됐던 모양이다. 풍년이 들긴 했지만 증산 운동에서 이전에 주장한 것과 같은 환상적인 풍작은 아니었다는 것이다. 마오쩌둥은 터무니없는 예측에 거듭 야유를 퍼붓고 경제 생산 계획이 더 현실적 수준으로 낮춰져야 한다고 요구하면서 당 간부들에게 따지고 들었다. 신중한 보이보가 1959년 3월에 산업 프로젝트들을 감축하지 않자 마오쩌둥은 철저히 무시했다. 〈대체 어떤 인간들이 우리 산업을 운영하고 있는 건가? 바로 부잣집 응석받이들이다! 지금 바로 우리 산업에서 필요한 자는 진시황제 유형이다. 산업 부문의 당신네들은 항상 정의와 미덕에 관해서만 떠들어 대고 너무 물러 터져서, 그 결과 아무것도 이룬 게 없다.〉[11]

잘못은 그의 소망들을 아주 충실하게 실행해 온 그의 가까운 측근들에게 특히 돌려졌다. 4월 상하이에 모인 당 지도자들 앞에서 마오쩌둥은 회고했다. 〈8월 베이다이허 협의회에서 내가 작은 모임을 주최했을 때, 우리가 1959년도 목표량을 논의할 때 아무도 이의를 제기하지 않았다. 그 당시 나는 주로 진먼 섬 포격 문제 때문에 정신이 없었다. 인민공사 문제는 정말로 내 문제가 아니었고 그 문제를 책임진 사람은 탄전린이었다. 나는 몇 줄만 적었다.〉 인민공사에 대한 결의안에 관해서는 그는 다음과 같이 생각했다. 〈그건 다른 누군가의 생각이었지 내 생각이 아니었다. 나는 그것을 들여다봤지만 이해하지는 못했고 그저 공사는 좋다는 막연한 인상만 품고 있었다.〉 목표량 부풀리기에 일조한 것은 이해하기 힘든 문서들이다. 〈우리는 이런 이해 불가능한 문서들이 이 자리를 뜨는 것을 금지해야 한다. 당신들은 대학생, 대학 교수, 위대한 유학자이지만 나는 평범한 학생에 불과하니 당신들은 평범한 언어로 글을 써야 한다.〉 그리고 누구라도 자신의 지도력에 의구심을 품을까 봐 그는 동료들에게 경고했다. 〈일부 동무들은 여전히 내가 지도자라는 것을 인정하지 않는다. (……) 많은 사람들이 나를 미워한다. 특히 [국방부장] 펑더화이는 나를 죽도록 미워한다. (……) 펑더화이에 대한 나의 정책은 다음과 같다. 당신이 날 공격하지 않으면 나도 당신을 공격하지 않을 것이지만 당신이 나를 공격한다면 틀림없이 나도 당신을 공격할 것이다.〉 그다음 마오쩌둥은 류사오치, 저우언라이, 천윈, 주더, 린뱌오(林彪), 펑더화이, 류보청, 천이, 심지어 오래전에 세상을 떠난 런비스(任弼時)를 비롯해 과거에 자신에게 동의하지 않았던 모든 당 지도자들의 이름을 하나씩 거론하며 장황한 비난을 쏟아 냈다. 덩샤오핑만 빼고, 그 자리에 참석한 모든 지도자들이 거명되었다.[12] 이러한 감정 폭발의 요점은 마오쩌둥이 줄곧 옳았고, 과거 당에서 때때로 그에게 반대했던 사람들은 모두 틀렸다는 것을 보여 주는 데 있었다. 역사의 편에 서 있는 마오쩌둥은 누구한테도 해명할 의무가 없었다.

그리고 누구도 그의 노선의 전반적 올바름과 성공이 가장 중요하다는 사실에 관해 의심의 여지가 없었다. 마오쩌둥은 대약진 운동을 상찬할 기회는 결코 놓치지 않았다. 〈우리가 얼마나 많은 문제를 안고 있든 간에 최종적으로 따져 볼 때 열 손가락 중에 하나 이상은 아니다.〉[13] 10분의 1을 전체로 착각하는 것은 오류다. 심지어 그런 중차대한 성격의 운동이 단 하나의 잘못도 없이 실행될 수 있다는 생각이야말로 오류다. 대약진 운동을 의심하는 것은 오류고, 비판적인 거리를 두고 가만히 앉아 방관하는 것도 오류다.[14] 그의 전체적 전략 측면에서 마오쩌둥의 결심은 결코 흔들릴 수 없었다.

1959년 전반기에 배게 심기와 깊이 갈기 경향은 조금도 누그러지지 않은 채 계속되었고 관개 사업은 신속히 진행되었으며 집산화도 계속 추진되었다. 농촌을 집산화하는 총력 드라이브에 뒤이은 긴축 시기에 스탈린은 1930년 〈아찔한 성공〉이라는 제목의 글을 발표한 뒤 농민들이 집단 농장을 떠나는 것을 허용했다. 그의 과거 후원자와 달리 마오쩌둥은 인민공사에 관해 별로 한 게 없었다. 그는 인민공사보다는 생산대대가 기본 책임 단위가 되어야 한다고 지시했을 뿐이었다. 역사가들은 이 시기를 〈후퇴〉나 〈냉각〉기로 해석해 왔지만 전혀 사실이 아니다. 덩샤오핑은 1959년 2월에 전장의 보좌관들에게 이 점을 분명히 했다. 〈우리는 열기를 식힐 게 아니라 달궈야 한다.〉[15]

도시를 먹여 살리고 외국 고객을 만족시키기 위한 농촌으로부터의 징발은 정확히 이 시기 동안 급격히 증대했다. 3월 25일 상하이의 진장 호텔에서 열린 모임 참석자들에게만 배포된 기밀 의사록에서 마오쩌둥은 전체 곡물 가운데 3분의 1이 징발되어야 한다고 명령했는데 이전보다 훨씬 높은 비율이었다. 〈3분의 1 이상만 징발하지 않는다면 인민은 반발하지 않을 것이다.〉 조달 할당량을 채우지 못한 지역들은 보고되어야 한다. 〈이것은 무자비한 조치가 아니라 현실적 조치다.〉 나라에 풍년이 들었고, 간부들은 곡물을 조달할 때 허난 성의 사례를 공부해야 한다. 〈먼저 치는 사람이 이기고 마지막에 치는 사람은 패배한다.〉 마오쩌둥은 이 과제를 수행하기 위해 대형 트럭 1만 6,000대를 추가로 마련하게 했다. 육류의 경우, 그는 석 달 동안 농촌에서 육류 소비를 금지한 허베이와 산둥 성의 결정을 칭찬했다. 〈그것 참 훌륭하군. 어째서 나라 전체가 똑같이 할 수 없는 거지?〉 식용유도 최대한 공출되어야 한다. 그는 국가가 연간 1인당 옷감 8미터를 보장해야 한다는 동료들의 건의를 묵살했다. 〈누가 그렇게 명령했나?〉 그리고 바로 앞 장에서 본 대로 마오쩌둥은 현지 시장에 주어진 우선권도 뒤집었다. 수출이 현지의 필요를 제치고 반드시 보장되어야 했다. 〈우리는 덜 먹어야 한다.〉 실질적 문제에 직면한 전시에는 단호하고 가차없는 접근이 정당화되었다. 〈먹을 게 충분하지 않으면 사람들은 굶어 죽는다. 인민 절반이 배를 채울 수 있도록 나머지 절반은 굶어 죽게 둬야 한다.〉[16]

마오쩌둥의 말이 법이었다. 그러나 더 이해하기 힘든 그의 발언들 가운데 일부는, 이를 테면 〈먼저 치는 사람이 이기고 마지막에 치는 사람은 패배한다〉는 말은 무슨 뜻이었을까? 당 서기관에 의해 농업 부문을 관장하게 된 탄전린은 1959년 6월 조달과 관련한 전화 협의회에서 이

말의 뜻을 명확히 했다. 그는 농민들이 먹기 전에 곡물을 가져와야 한다고 설명했다. [농민과 국가] 양쪽이 작물을 먼저 가져가려고 했기 때문에 신속함이 절대적으로 중요했다. 〈그러나 《먼저 치는 사람이 이긴다》는 말은 현과 지역 당 서기들만 사용해야 한다. 그 층위 아래에서 사용될 경우 쉽게 오해를 낳을 수 있다.〉[17] 마오쩌둥에게 간부들이 어떻게 수확량 수치를 부풀렸는지를 보고한 왕런중은 다음과 같은 권고를 받는다. 〈우리는 무력에 의지하기 전에 먼저 평화적 수단을 시도할 것이다. 만약 그들이 여전히 국가의 통일된 계획을 따르지 않는다면 우리는 공식 경고부터 해임이나 심지어 당에서의 축출까지 필요한 조치를 취할 것이다.〉[18]

기근의 조짐은 1958년부터 보였다. 1959년 전반기, 주민들이 국가의 징발 증대 명령에 타격을 받으면서 아사가 만연하게 되었다. 심지어 탄전린 같은 열성분자도 일찍이 1월에 500만 명 정도가 기근에 의한 수종에 시달리고 7만 명이 아사했다고 추정했다. 저우언라이는 아사자 수를 12만 명으로 잡았다. 두 사람 다 한참 낮춰 잡았지만 추가적인 조사를 실시할 만한 유인 동기는 거의 없었다.[19] 마오쩌둥은 기근을 알고 있었지만 고통받는 지역의 주민들이 모범 성 허난 성의 일일 배급량인 500그램까지 충분한 식량을 받고 있음을 보여 주는 보고서를 배포하면서 사태의 심각성을 축소했다.[20] 일선의 현지 간부들은 베이징에서 보내오는, 자꾸만 바뀌고 상호 모순적인 신호에 정신을 못 차린 채 어떻게 대처해야 할지 몰랐다. 최상층 지도부는 상하이에서 마오쩌둥의 분노 폭발에 깜짝 놀랐다. 그것은 앞으로 일어날 일들의 전조였다.

12장
진실의 끝

장시 성 북부에는 해발 고도 1,500미터의 험준한 산봉우리들이 솟아 있는 광대한 산맥이 뻗어 있다. 루산 산맥 자체는 물과 바람에 깎인 도랑과 협곡, 동굴과 암석이 많은 퇴적암과 석회암 지대로, 이곳의 거친 바위투성이 지세는 관광객들의 찬탄을 자아낸다. 절벽과 바위 틈새에 자리한 전나무와 소나무, 녹나무와 삼나무 숲은 인근의 폭포와 더불어 시선을 끌고 절과 탑들은 양쯔 강 계곡 아래 자리한 멀리 보양 호숫가의 모래 언덕까지 내려다보이는 전망을 제공한다. 온화한 기후는 숨 막히는 여름 무더위 동안 간절한 휴식을 제공한다. 공산혁명 전에는 유럽인들도 겨울 동안 스키와 썰매를 타러 이 지역으로 트레킹을 왔다. 한 영국인 선교사가 1895년에 쿠링(牯嶺) 계곡을 처음 매입했고 다음 몇십 년에 걸쳐 계곡에서 끌고 온 무른 화강암으로 지은 수백 채의 단층집들이 들어서면서 루산은 외국인들을 위한 요양원과 하계 거주지로 변신했다. 집권 국민당 지도자 장제스는 멋진 빌라를 얻어서 1930년대에 부인과 함께 그곳에서 여러 여름을 보냈다. 마오쩌둥은 그곳에 자신의 거처를 하나 잡고 총통 자신이 돌에 새긴 메이루 빌라Meilu Villa라는 이름이 보존되도록 했다.

주석은 1959년 7월 2일에 루산 회의를 열었다. 당 지도자들은 이 모임을 〈신선들의 모임〉이라고 불렀다. 불사신들은 천상의 구름에 자리 잡은 채 속세의 제약에 구애받지 않고 안개 속을 미끄러지듯 노니며 한갓 인간보다 훨씬 높은 곳에서 살았다. 마오쩌둥은 동료들이 원하는 주제는 무엇이든 자유롭게 논의하기를 바랐고, 자신도 열여덟 가지 우선 논의 사항을 생각해 두었다. 그러나 그는 회의 개막 바로 그날 국방부장 펑더화이의 비판적 발언을 우연히 듣고는 자신의 의제에 열아홉 번째 항목을 집어넣었다. 바로 당 단합이었다.[1] 그는 대약진 운동의 업적들을 칭송하고 중국 인민의 열의와 에너지를 추켜세우며 회의의 기조를 세웠다.

당 지도자들이 대약진 운동에 관해 어떻게 생각하는지 마오쩌둥이 알아보는 한 가지 방법은 그들을 지역별 소집단으로 나눠 문제점들을 토론하도록 하는 것이었다. 저마다 일주일동안 자기 지역의 구체적인 쟁점들을 검토하는 사이 주석은 각 집단의 모임에 관해 유일하게 일일 보고를 받음으로써 회의를 전체적으로 감독할 수 있었다. 펑더화이가 무슨 수를 꾸미고 있을지 모른다는 의심에도 불구하고 마오쩌둥은 루산에서 그토록 이름난 암벽 동굴과 절, 여러 유교 사적지를 방문할 계획을 잔뜩 세우는 등 처음에는 기분이 좋았다. 현지 지도부도 예전 가톨릭 성당에서 가무단이 공연을 하는 저녁 오락 행사를 마련했고, 이 여흥은 마오쩌둥이 여러 젊은 간호사들에게 둘러싸이는 무도회로 어김없이 이어졌다. 마오쩌둥은 특별 보안으로 철저하게 보호받은 채 자기 방에서 그들과 어울리곤 했다.[2]

마오쩌둥은 소집단 토론에 개입하지 않았지만 믿을 만한 성장들이 제출한 보고서를 통해 각 집단이 대약진 운동의 문제를 어떻게 접근하는지 알고 있었다. 대약진 운동의 문제점들이 이전 회의들에서 이미 논의되었고 걷잡을 수 없게 악화되는 상황에 대처하기 위해 일부 조치들이 취해졌기에 협의회 참가자들 다수는 루산 회의가 경제 개혁을 더욱 추진할 것이라고 믿었다. 시간이 흐르면서, 주석이 전혀 개입하지 않는 데다 소집단이 조성하는 친밀한 분위기 덕분에 일부 지도자들은 기아와 가짜 생산 수치들, 농촌에서 간부들의 권력 오남용에 관해 갈수록 더 터놓고 이야기하게 되었다. 북서부 집단에 배정된 펑더화이는 마오쩌둥의 대약진 운동 지휘를 여러 차례 비난하며 허심탄회하게 발언했다. 〈마오쩌둥을 포함해서 우리 모두 저마다 책임이 있다. 철강 목표량 1070만 톤은 마오 주석이 세운 것이니 그가 어찌 책임을 피해 갈 수 있단 말인가?〉[3] 그러나 주석의 침묵이 이를 인정한다는 것은 아니었다. 자신이 생각한, 토론이 허용되는 한계가 무시되고, 일부 지도자들이 집산화의 실패들뿐 아니라 거기에서 자신의 개인적 역할에 관해서까지 초점을 맞추기 시작하자 마오쩌둥은 점점 심기가 나빠졌다.

마오쩌둥은 7월 10일 지역별 지도자 회의를 열고 지난해의 성과들이 실패를 크게 능가한다고 주장하며 다시금 입을 열었다. 그는 1958년 1월 난닝 회의에서 신성화된 은유를 사용했다. 〈누구나 열 손가락이 있지 않은가? 우리는 그 가운데 아홉 손가락을 성취로, 한 손가락만을 실패로 꼽을 수 있다.〉 당은 문제들을 해결할 수 있지만 단합과 이데올로기 공유를 통해서만 가능하다. 그는 전반적 노선은 전적으로 옳다고 말했다. 류사오치는 지금까지 등장했던 몇몇 문제들은 경험 부족 때문이라고 설명하며 맞장구를 쳤다. 귀중한 교훈을 얻기 위해서는 언제나 수업료를 물지 않는가? 저우언라이는 당이 문제들을 신속히 발견하고 전문가들은 그 문제들을 신속히 해결한다고 덧붙였다. 주석은 다음과 같이 결론지었다. 〈상황은 전체적으로 훌륭하다. 많은 문제가 있지만 우리의 미래는 밝다!〉[4]

마오쩌둥의 발언에 침묵이 뒤따랐다. 그러나 모두가 기꺼이 순응한 것은 아니었다. 국방부장 펑더화이는 고집이 세기로 이름이 나 있었다. 펑더화이는 마오쩌둥도 자랐던 고장인 후난 성 샹탄의 고향으로 돌아갔었을 때 배게 심기를 강요받은 농민부터 철강 증산 운동의 일환으로 집을 허물어뜨리는 간부에 이르기까지 어디서나 권력 악용과 고통을 발견했다. 양로원과 유아원에 방문한 그는 누더기를 걸친 아이들과 추운 겨울에 대자리에 쭈그리고 있는 노인들 같은 참상만을 목격했다. 심지어 그가 다녀간 뒤에도 펑더화이는 고향 마을에서 만연한 기아에 관해 편지를 계속 받았다.[5] 펑더화이는 농촌에서 목격한 참상에 깊이 통감했고 루산 회의에서 대약진 운동의 실패를 다룰 수 있을 거란 희망을 키웠다. 그는 이제 회의가 마오쩌둥의 뜻을 추종하느라 기근 문제는 회피한 채 틀에 박힌 회의로 전락하지 않을까 불안했다.[6] 그는 어느 지도자도 솔직하게 의견을 말할 용기가 없다고 생각했다. 류사오치는 막 국무원장이 되었고 저우언라이와 천윈은 1년 전에 찍소리도 못하게 되었으며 주더는 비판적 생각이 거의 없고 린뱌오 원수는 건강이 나쁘고 작금의 문제에 관한 이해가 부족한 한편 덩샤오핑은 어떠한 비판적 의견도 표명하길 꺼렸다.[7] 그는 발언을 하는 대신 마오쩌둥에게 편지를 쓰기로 마음먹고 7월 14일 주석이 잠들어 있을 때 숙소에 장문의 편지를 남기고 왔다.

다부진 몸집과 불도그 같은 인상, 바짝 깎은 머리에, 통통한 사람인 펑더화이는 마오쩌둥에게 자신의 생각을 망설이지 않고 솔직하게 말하는 지도자로 유명했다.[8] 마오쩌둥과 펑더화이의 인연은 징강산(井岡山)에서 게릴라전을 벌이던 초창기로까지 거슬러 올라가지만 두 사람은 여러 차례 충돌했고 특히 유명한 사례는 한국 전쟁 당시 격분한 펑더화이가 군사 전략에 관해 주석한테 따지기 위해 경호원을 밀치고 마오쩌둥의 침실로 뛰어들었을 때였다. 주석은 베테랑 원수를 몹시 싫어했다.

펑더화이의 의견을 담은 편지는 진정서처럼 시작한다. 〈나는 단순한 사람, 정말이지 조야하고 눈치가 부족한 사람이야. 그러니까 이 편지가 가치가 있을지 없을지는 자네가 판단하게. 내가 틀린 데가 있다면 언제든 바로잡아 주게.〉 펑더화이는 농업과 산업 생산량이 치솟고 토법고로는 농민들에게 새로운 기술적 기량을 가져왔다며 대약진 운동이 이룩한 성과들에 적절한 찬사를 바치는 것을 잊지 않는다. 심지어 고작 4년이면 영국을 추월할 것이라고 예측하기까지 한다. 그는 어떤 문제가 발생했든 간에 그것은 주석의 생각들에 대한 몰이해에서 기인한다고 썼다. 편지 후반부에 펑더화이는 당이 대약진 운동의 실수로부터 배울 수 있다고 주장하는데 그 실수들로는 천연자원과 인력의 낭비, 생산량 부풀리기, 좌경화 등이 있었다.

그의 편지는 균형 잡히고 신중했으며, 다음에 일어날 일들을 고려하면 더욱 그랬지만 본의 아니게 마오쩌둥을 격분시켰다. 펑더화이의 〈좌경 오류로 이어지는 프티 부르주아 광신〉 언급은 주석의 민감한 부위를 건드렸다. 〈경제 건설 문제를 다루는 일은 진먼 섬 폭격이나 티베트 문제를 처리하는 것처럼 쉽게 이루어지지 않는다〉는 비꼬는 듯한 언급도 거슬리기는 마찬가지였다.[9]

의사의 말에 따르면 마오쩌둥은 밤새 잠을 못 이뤘다. 이틀 뒤 그는 빌라에서 정치국 상임 중앙 위원회를 열어 목욕 가운과 슬리퍼 차림으로 지도자들을 맞이했다.[10] 마오쩌둥은 당 외부의 우경 분자들이 대약진 운동을 공격해 왔고 운동이 이로움을 가져오기보다는 해를 더 많이 끼쳤다고 주장하며 이제는 당내의 사람들도 운동의 토대를 약화시키고 있다고 설명했다. 펑더화이도 그런 사람이며 그의 편지는 소집단 토론을 위해 루산 회의의 참석자 150명 전원에게 배포될 것이었다. 그다음 그는 류사오치와 저우언라이에게 베이징에서 증원군을 불러오라고 요청했다. 펑전, 천이, 황커청(黃克誠), 여타 사람들이 가능한 조속히 회의에 합류할 예정이었다.[11]

대부분의 고위 간부들은 이제 상황이 얼마나 심각해졌는지 알아차리고 자신들은 펑더화이에 반대한다는 의사를 분명히 했다. 간쑤 성 성장 장중량은 간쑤 성의 성공들이 대약진 운동이 현명함을 예증한다고 주장했다. 대약진 운동에 명운이 걸린 타오주, 왕런중, 천정런도 또한 동의했다.[12] 그러나 그렇지 않은 사람도 여럿 있었다. 이튿날 베이징에서 도착한 육군 참모부장 황커청은 뜻밖에도 펑더화이를 옹호해 발언했다. 몇 주 내에 시인하게 되는 것처럼 황커청은 농촌에서 얼마나 기아가 만연한지를 보고 잠을 이룰 수 없었다.[13] 마오쩌둥이 언제나 의지할 수 있는 탄전린은 폭발했다. 〈개고기라도 먹었소?[머리에 열이라도 받은 거냐는 뜻] 열이라도 나는 거요? 다 말도 안 되는 소리요! 우리를 도와달라고 동무를 루산까지 불렀다는 걸 아셔야지.〉[14] 다른 이들도 마음이 흔들렸다. 허난 성 당 제1서기 저우샤오저우는 몇몇 가시 돋친 말이 담겨 있다는 것을 인정하면서도 편지를 칭찬했다. 결정적 전환점은 7월 21일 장원톈이 마오쩌둥과 대약진 운동에 관해 깜짝 놀랄 공격을 가하며 날린 폭탄 발언이었다.

장원톈(張聞天)은 일찍이 1930년대에 반대파의 일원으로서 마오쩌둥의 리더십을 거부한 바 있지만 나중에는 주석의 편에서 그를 지지했다. 외교부 부부장으로서 그는 상당한 무게감이 있었고 마오쩌둥은 펑더화이에 대한 그의 지지를 국방부와 외교부 간의 동맹으로만 볼 따름이었다.[15] 7월 21일 장원톈은 마오쩌둥 지지파들의 잦은 야유에도 불구하고 여러 시간 동안 발언했다. 정립된 당 관례에 반하여 그는 짧은 서두에서 대약진 운동의 성취들을 싹 무시하고 대약진 운동이 야기한 문제들에 관해 곧장 면밀한 검토에 뛰어들었다. 목표치는 너무 높고 수확량 주장들은 가짜이며, 그 결과로 사람들은 굶주려 죽어 가고 있었다. 토법고로의 비용은 50억 위안이며, 농민들이 철을 제련하느라 너무 바빠서 들판에서 수확하지 못해 손실된 작물은 말할 것도 없었다. 장원톈은 〈모든 인민은 철을 제련하라〉 같은 구호를 어리석다고 규탄했다. 생산 중단이 빈번했다. 외국인들은 중국산 제품의 낮은 품질에 관해 불평하며 중국의 평판에 손상을 입히고 있었다. 무엇보다도 대약진 운동은 농촌에 아무런 변화도 이끌어 내지 못했다. 〈조국은 《가난하고 텅텅 비어 있으며》 사회주의 체제는 우리에게 이를 급속히 변화시킬 조건들을 마련해 주었으나 우리는 《여전히 가난하고 텅텅 비어 있다.》〉 장원톈은 마오쩌둥이 황제를 말에서 끌어내리라고 종용했음을 인정한다. 그러나 목이 달아날 것을 두려워해 아무도 감히 솔직하게 이야기하지 못한다. 결론에서 그는 마오쩌둥의 열 손가락 은유를 뒤집는다. 〈단점이 성과를 9대 1로 능가한다.〉[16]

마오쩌둥은 이것이 자신의 리더십에 대한 합동 공격은 아닌지 틀림없이 궁금해 했을 것이다. 펑더화이는 군대를 통솔했고 저우샤오저우는 성의 수장이었고 장원톈은 외교부에서 일했다. 배후에 더 많은 반대파들이 있는 것은 아닐까? 펑더화이는 지난 몇 달 간 순방한 간쑤 성에서 경험한 것에 의거하여 토론에서 북서부 소집단에 배정되었고 펑더화이와 장원톈은 둘 다 그 지역에서 나타난 문제들에 대해 수차례 논의했었다.[17] 루산 회의가 진행되는 가운데 간쑤 성에서 쿠데타가 벌어졌다. 간쑤 성의 성장 장중량이 루산 회의에 참석하기 위해 란저우를 떠난 뒤 성 당위원회는 그의 라이벌인 훠웨이더에 의해 조종되었다. 7월 15일에 그들은 수천 명이 아사했으며 150만 명이 넘는 농민들이 대여섯 현을 휩쓴 기근으로 고통 받고 있음을 알리는 속달 편지를 보냈다. 이 기근에 주요 책임이 있는 사람은 장중량으로, 그는 성장으로서 수확량 숫자를 부풀리는 것을 승인했고 국가 징발을 증대했고 현장에서 간부들의 권력 오남용을 묵과했으며 1959년 4월에 기아가 발생했을 때 조치를 취하지 않았다. 따라서 마오쩌둥의 두 눈 앞에서 루산 회의 중도에 그의 가장 열성적 추종자 가운데 한 명이 성 당위원회에 의해 권위가 깎이고 있었다.[18]

나쁜 소식이 더 들어왔다. 4월에 펑더화이는 동유럽에 친선 순방을 갔다가 알바니아에서 흐루쇼프를 잠깐 만났었다. 귀국한 직후 마오쩌둥에게 순방 결과를 간략히 보고하는 동안 펑더화이는 주석의 얼굴을 벌겋게 달아오르게 하는 눈치 없는 발언을 했다. 티토와 가까운 수십 명의 지도자들이 알바니아로 도피했더라는 것이다. 티토는 그의 가까운 지지자들 일부를 멀어지게 하면서 감히 스탈린에게 반기를 든 유고슬라비아의 무자비한 지도자였다. 마오쩌둥은 틀림없이 이 언급을 자신의 통치에 대한 은근한 비판으로 해석했을 것이다.[19] 몇 주 뒤 6월 20일에 소련 지도부는 중국의 핵무기 개발을 돕겠다고 한 협약을 취소했다.

7월 18일 흐루쇼프는 폴란드 도시 포즈난을 방문하는 동안 공개적으로 인민공사를 규탄했다. 그는 1920년대에 러시아에서 인민공사를 강요했던 사람들이 공산주의란 무엇인지 그리고 그것은 어떻게 건설되어야 하는지 이해가 부족했다고 비난했다. 폴란드 라디오 방송에서 처음 이 발언이 공개되었을 때는 인민공사가 언급되지 않았지만 며칠 뒤 발언 전문이 러시아 일간지 「프라우다」에 실렸고 면밀한 관찰자들에게는 이 발언이 마오쩌둥을 향해 신중하게 계획된 공격처럼 보일 수밖에 없었다. 며칠 뒤 흐루쇼프 발언의 중국어 번역문이 베이징 지도부를 대상으로 한 관보에 실렸지만,[20] 이미 7월 19일에 마오쩌둥은 모스크바 대사관에서 작성한 보고서를 돌렸다. 일부 소련 간부들이 대약진 운동의 결과로 중국에서 사람들이 굶어 죽어 가고 있는 사실을 공공연하게 논의하고 있음을 보여 주는 내용이었다.[21] 당내의 적들과 해외의 수정주의자들 사이에 혹시 공모가 존재하는 것은 아닐까? 펑더화이와 장원톈이 대약진 운동을 공격하고 있는 바로 이 시점에 흐루쇼프가 연설을 한 것은 우연일까?

상하이의 당 수장인 커칭스는 장원톈의 발언에 격분하여 마오쩌둥에게 접근해 지금 당장 적들과 대결할 것을 촉구했다. 리징취안도 마오쩌둥과 이야기를 나눴다. 비록 그날 저녁 무슨 이야기가 오고 갔는지 자세한 내용은 알려져 있지 않지만 류사오치와 저우언라이도 7월 22일 저녁 주석과 상의했다.[22] 류사오치를 연루시키는 다소 떳떳하지 못하지만 교묘한 방식으로 마오쩌둥은 몇 주 뒤에 일부 동지들이 더 큰 발언의 자유를 요구했을 때 자신은 어리둥절했었다고 주장하게 된다. 류사오치는 그에게 이들이 고립된 목소리가 아니라 당 노선을 다투는 분파라고 지적한 사람이었다.[23]

7월 23일 마오쩌둥은 3시간에 걸쳐 모호한 은유와 반대파를 겁주려는 의도의 대놓은 협박을 뒤섞어 장황한 연설을 했다. 그는 다음처럼 연설의 포문을 열었다. 〈여러분이 오랫동안 발언했으니 나도 몇 마디 해도 되겠소? 어떻게들 생각하시오?〉 그다음 그는 펑더화이의 편지를 반박하고 공산당 설립 이후부터 당에 대한 모든 공격들을 하나하나 되짚고 지도자들에게 위기의 순간에 흔들리지 말라고 경고했다. 일부 동무들은 우파가 되는 것에서 30킬로미터밖에 떨어져 있지 않다. 그는 석 달 전 당 총회에서 한 위협을 되풀이했다. 〈날 공격하지 않으면 나도 공격하지 않겠지만 날 공격하면 나도 틀림없이 공격할 거요.〉 모든 생산대대의 자잘한 문제들이 다른 뉴스를 희생시켜가며 하나하나 『인민일보』에 보도된다면 신문 지면에 나오는 데 적어도 1년은 걸릴 것이다. 그러면 그 결과는 어떨까? 나라가 무너지고 지도부는 전복될 것이다. 〈만약 우리가 망해 마땅하다면 나는 농촌으로 가서 농민을 이끌고 정부를 전복할 것이오. 만약 인민 해방군이 나를 따르지 않는다면 나는 다른 홍군을 찾으러 갈 것이오. 그렇지만 아마 인민 해방군은 날 따를 것이오.〉 마오쩌둥은 대약진 운동의 전체적 책임이 자신에게 있음을 시인했지만 철강 증산 운동을 처음 제안한 상하이 당위원회 제1서기 커칭스부터 전반적 계획을 맡은 리푸춘, 함께 농업 부문을 관장한 탄전린과 루랴오얀, 그리고 윈난이나 허난, 쓰촨, 후베이 성 등등 어디든 간에 그가 좌파라고 꼬리표를 단 성장들에 이르기까지 동료들도 줄줄이 연루시켰다. 마오쩌둥은 최후통첩을 날렸다. 지도자들은 자신과 펑더화이 둘 중에 하나를 선택해야 할 것이며 잘못된 선택은 당에 엄청난 정치적 결과를 가져올 것이라고.[24]

청중은 충격을 받았다. 마오쩌둥은 의사와 같이 걸어 나가다 펑더화이와 부딪혔다. 「펑 부장, 같이 얘기 좀 합시다.」 마오쩌둥이 제의했다.

펑더화이는 붉으락푸르락했다. 「얘기할 게 없소. 더는 할 말이 없소.」 그는 오른손을 내려 자르는 동작으로 허공을 가르며 대답했다.[25]

8월 2일 마오쩌둥은 다음 2주 동안의 기조를 세우는 짧지만 험악한 연설로 중앙 위원회 총회를 개막했다. 〈우리가 처음 루산에 도착했을 때 어떤 사람들이 허심탄회하게 발언할 자유가 없다고 말하면서 뭔가 심상치 않은 분위기, 뭔가 압력이 있었소. 당시 나는 이게 다 무슨 일인지 잘 알지 못했소. 나는 뭐가 뭔지 도통 갈피를 잡지 못하고 왜 충분한 자유가 없다고들 하는지 이해를 못 했소. 정말로 첫 두 주는 신선들의 만남처럼 느껴졌고 아무런 긴장도 흐르지 않았소. 나중에 가서야 일부 참석자들이 발언의 자유를 원하면서 분위기가 팽팽해졌소. 그들이 총노선을 비판할 자유, 총노선을 파괴할 자유를 원하면서 긴장이 생겨났소. 그들은 작년에 우리가 한 게 모두 나빴다고, 근본적으로 나빴다고 말하면서 지난해 우리가 한 일을 비판하고 올해의 작업도 비판했소. (……) 지금 우리는 무슨 문제를 갖고 있소? 오늘 유일한 문제는 당과 인민, 위대하고 역동적 사회주의 기획에 맹공을 개시한 우파 기회주의자들이요.〉 마오쩌둥은 동료들에게 일도양단의 선택을 해야 한다고 경고했다. 〈단합을 원하느냐 당을 쪼개길 원하느냐 둘 중 하나요.〉[26]

다음 주 소규모 공작 집단들이 당에 반대하는 음모의 세부 사항 하나하나까지 물고 늘어지며 펑더화이, 장원톈, 황커청, 저우샤오저우, 여타 사람들을 다그치는 임무를 떠맡았다. 일련의 팽팽한 대결과 엄한 추궁 속에서 〈반당 파벌〉은 그들의 과거와 만남, 발언 하나하나를 낱낱이 파헤치는 자아비판을 갈수록 세세하게 해야 했다. 기근에 관한 주장들은 리징취안, 정시성, 왕런중, 장중량과 같은 성장들에게 불길한 그림자를 드리웠고 그들은 자신들의 신뢰를 무너뜨리는 자들을 공격하도록 딱히 종용할 필요도 없었다. 린뱌오도 역시 혹독한 면모를 드러냈다. 내전 당시 만주에서 국민당의 최고 부대들을 격파한 바 있는 비쩍 마르고 머리가 벗겨진 장군 린뱌오는 몇 달 전에 마오쩌둥에 의해서 당의 부주석 중 한 명으로 조용히 승격되었다. 물, 바람, 추위에 관한 각종 공포증에 시달리는 그는 집에 틀어박혀 좀처럼 나오지 않으며 종종 전화로 병가를 알렸지만 루산 회의에서는 펑더화이가 지나치게 〈야심이 많고, 음모를 꾸미며, 위선적〉이라고 비난하며 주석을 옹호하고 나섰다. 그는 새된 목소리로 〈오직 마오쩌둥만이 위대한 영웅이며 다른 어느 누구도 감히 그 역할을 넘봐서는 안 된다. 우리는 모두 그한테 한참 못 미치며 그러니 그럴 생각은 아예 품지 않는다!〉[27]고 떠들어 댔다.

류사오치와 저우언라이도 각자 맡은 역할이 있었다. 둘 다 잃을 게 많았고 만일 마오쩌둥이 한발 물러서기로 한다면 둘 중 누구라도 지금까지 나라에서 잘못된 일에 책임을 면치 못할 것이었다. 류사오치는 대약진 운동을 열광적으로 지지했고 4월에 국무원장으로 승진하면서 그러한 충성에 보답을 받았다. 그는 또 자신이 당 리더십의 잠재적인 계승자라고 보았고 현 상황에서 괜히 풍파를 일으키고 싶은 마음이 없었다. 마오쩌둥의 격노 이후 류사오치는 하도 안절부절못하게 되어 수면제 복용량을 늘릴 정도였다. 한번은 과다 복용하여 화장실에서 쓰러졌다.[28] 그러나 그는 다시금 기운을 차리고 8월 17일 회의 마지막 날 마오쩌둥의 여러 장점을 칭송하며 알랑거리는 아첨을 선보였다.[29]

저우언라이는 총리로서 일상적인 국정 운영에 관여해 왔고 만일 펑더화이의 뜻이 관철되었다면 재앙과도 같은 사태 전개에 책임을 져야 했을 것이다. 그에게는 노 원수에게 위협감을 느낄 개인적인 이유도 있었다. 황커청은 힐문 시간에 예전에 펑더화이가 저우언라이를 약해 빠진 정치인으로 묘사하고 그가 모든 중요한 자리에서 물러나야 한다고 발언했다고 밝혔다.[30] 무엇보다도 저우언라이는 절대로 마오쩌둥을 거역하지 않겠다고 오래전에 결심했기에 주석을 지지했다. 마오쩌둥에 대한 충성은 그가 수십 년에 걸친 격렬한 정치적 알력 다툼에서 발견한 바대로 권력에 머무르는 데 핵심 요인이었다. 그의 입지는 이미 1년 전 난닝에서의 마오쩌둥의 살기등등한 공격으로 약화된 상태였고 그는 주석의 진노를 다시 사고 싶은 마음이 없었다. 마오쩌둥은 따라서 펑더화이에게 위협감을 느낀 지도자들 간의 불편한 동맹의 중심에 있었다. 그들의 지지가 없었다면 주석이 우세하지 못했을지도 모른다.

회의가 진행되고 비판이 격화되면서 마오쩌둥에 반대했던 자들은 점차 무너졌고 완전한 실토가 이루어졌다. 펑더화이는 자신의 편지와 이전 회기에서 했던 발언들이 단발적인 사건이 아니라 〈우파 기회주의 성격의 반당, 반인민, 반사회주의적 잘못〉이라고 실토했다.[31]

마오쩌둥은 8월 11일에 다시금 펑더화이를 지목해 발언했다. 「북중국 총회에서 나는 40일 동안 자네 어머니를 욕보이고, 여기 루산에서 자네는 우리 모친을 20일 동안 욕보였으니 나는 아직도 자네한테 20일 빚이 있군. 자, 이제 자네가 하고 싶은 대로 하게 해주지. 지금까지 갖고 있던 40일에다가 닷새를 더하기까지 했으니 실컷 우리를 모욕할 수 있을 거야. 안 그러면 우린 아직도 자네한테 빚이 있는 셈이야.」 더 일반적인 사회주의 용어로 표현하면 마오쩌둥은 펑더화이와 그의 지지자들이 프롤레타리아 사회주의 혁명과는 별로 공통점이 없는 〈부르주아 민

주주의자〉라고 주장했고 그리하여 그들의 위상을 빼앗고 그들을 부르주아 계급으로 낙인찍었다.[32]

5일 뒤 협의회 폐회식에서 마오쩌둥의 반대파들이 당과 국가, 인민에 반하는 모의를 꾸몄다고 유죄를 인정하는 결의문이 채택되었다.[33] 다음 몇 달 동안 〈우경〉 분자들에 대한 전국적인 마녀사냥이 벌어질 것이었다.

13장
탄압

군대가 숙청되었다. 군부에서 이념적 반대파를 찾아내는 일을 믿고 맡길 수 있는 린뱌오는 루산에서의 활약에 펑더화이의 자리로 보답을 받았다. 린뱌오는 농촌의 실태에 관해 진실을 말하는 것은 실패할 수밖에 없는 순진한 접근이라는 것을 알았고 그 대신 주석에게 아첨성 발언을 쏟아냈다. 그러나 사적으로는 펑더화이보다 훨씬 더 비판적이어서 수년 뒤에 홍위병에 의해 드러난 개인 일기장에 대약진 운동은 〈몽상에 토대를 두고 있었으며 엉망진창〉이라고 털어놓았다.[1] 한 지도자의 속마음과 그의 공개적 진술 간의 거리가 이렇게 먼 경우도 좀처럼 보기 힘들지만 새로운 숙청이 전개되면서 나라 전역의 당 간부들은 앞 다투어 주석과 대약진 운동에 대한 충성심을 입증하고자 했다.

최상층부에서 숙청의 기조가 세워졌다. 펑전은 문화 대혁명을 예고하는 언어로 계급 숙청을 위한 북을 울렸다. 〈오랜 전우나 동료, 심지어 남편이나 아내, 누구와 맞서든 간에 투쟁은 심오해야 하고 우리의 원칙에 따라 수행되어야 한다.〉 농업 부문을 관장하는 열성 부총리 탄전린은 적이 다름 아닌 최상층부에 자리를 틀고 있다고 지적했다. 〈이 투쟁이 우리와 우리의 일부 오랜 전우들을 분리시켜야 한다!〉[2] 1959년 말까지 베이징에서만 중앙 위원회 위원 수준까지 300명에 가까운 인사, 다시 말해 최상층부의 10퍼센트를 비롯해 수천 명의 고위층 관리들이 숙청 대상이 되었다. 60명이 넘는 인사들이 우파로 낙인찍혔다. 많은 이들이 옛 참전용사였으나 지도부가 설명한 대로 그들은 결연하게 분쇄되어야 했으니 이들을 분쇄하지 않는다면 〈사회주의 건설〉이 위태로워지리라.[3]

중국 전역에서 대약진 운동에 관해 조금이라도 의구심을 내비친 사람은 누구든 색출되었다. 간쑤 성에서 이 투쟁은 장중량이 란저우로 돌아오자마자 시작되었다. 훠웨이더와 쑹량청, 그리고 〈루산을 겨냥해 독화살을 쏜〉 여타 인사들은 〈반당 파벌〉로 규탄 받았다. 1만 명이 족히 넘는 간부들이 성 전역에 걸쳐 집요하게 색출되었다.[4] 그의 라이벌들은 베이징에 보낸 탄핵 편지에서 만연한 기근을 밝힌 반면 장중량은 주석에게 이렇게 썼다. 〈우리 성의 모든 부문에서 작업은 줄기차게 앞서 나가고 있으며 곡물에 관한 것을 비롯해 중대한 변화가 일어나고 있다. 성 전역에서 풍작을 내다보고 있다.〉[5] 그 뒤 1960년에 그의 영역이 생지옥으로 변하자 그는 다시금 반당 파벌의 수장인 훠웨이더를 탓하며 기근에 의한 죽음을 해명하는 편지를 썼다. 장중량은 그 문제를 다시금 〈열 손가락 가운데 하나〉의 문제라고 부르며 나중에 대량 아사로 드러나게 될 사태를 축소했다.[6]

대약진 운동에 방해가 되었던 사람은 누구든 제거되었다. 윈난 성에서는 상무국의 대리가 식량 부족과 인민공사에 관해 비판적 언급을 했다고, 그리고 주석의 녹음 연설이 재생되는 동안 코를 골았다는 이유로 쫓겨났다.[7] 허베이 성에서는 치수 사업국 부국장이 철강 증산 운동 동안 중앙난방 시스템의 해체가 과연 현명한 일인지 의심을 표명했다는 이유로 숙청당했다.[8] 일부 공동 식당들을 폐쇄하기 시작했던 현장들은 사회주의를 포기하고 〈자급자족하는 정책으로 되돌아〉갔다고 탄압을 받았다.[9] 안후이 성의 부성장 장카이판(張凱帆)과 그의 일파 일부는 축출되었는데 마오쩌둥은 다음과 같이 말했다. 「그런 사람들은 당으로 숨어들어온 협잡꾼들이다. 그들은 프롤레타리아 독재를 사보타주하고 당을 분열시키고 파벌을 조성하려고 획책한다.」[10] 유사한 고위층 축출이 푸젠과 칭하이, 헤이룽장, 랴오닝 성 등에서 벌어졌다.

대약진 운동의 충격을 가까스로 완화할 수 있었던 성장들은 제거되었다. 마오쩌둥과 그의 신봉자들이 그의 조심스러운 태도를 지속적으로 공격하자 허난 성의 지도자 저우샤오저우도 결국 이기지 못하고 내키지 않지만 1958년 작황 전망을 부풀렸다. 그러나 그는 지방 시찰 동안 현지 간부들의 열성에 찬물을 끼얹을 기회를 좀처럼 놓치지 않았다. 창더에서 그는 곡물 생산량에 관한 온갖 호언장담을 공공연하게 비웃었다. 그는 조달 시스템에 의문을 표했다. 한 여자가 접근하여 현지의 공동 식당에 관해 불평을 하자 그는 그냥 거기서 나와서 집에 돌아가 밥을 지어먹으라고 했다. 그는 스푸트니크 논밭이 다급한 농업 과제들로부터 주의를 분산하는 위험한 실험이라고 봐서 후난 성의 누구도 마청이 세운 본보기를 따르면 안 된다고 딱 잘라서 거부했다. 닝샹에서는 토법고로에서 일하는 사람들을 불러들어야 한다고 요구했다. 모든 초등학생들에게 생산적 노동 참여를 요구하는 학업-작업 병행 프로그램에 대한 그의 반응은 한마디 비속어에 그쳤다. 〈개소리!〉[11] 최선의 노력에도 불구하고 많은 현지 간부들은 확신과 야심이 합쳐져 대약진 운동을 열렬히 수용하며 빠르게 앞서 나갔고 이는 다른 지역 어디서나 찾을 수 있는 같은 종류의 권력 오남용으로 이어졌다.

그러나 전체적으로 후난 성은 마오쩌둥의 아첨꾼 왕런중이 운영하는 이웃 후베이 성보다 상황이 더 나았다. 1959년 마오쩌둥의 특별 열차가 우창에 멈췄을 때 도시는 처참한 상태였다. 심지어 마오쩌둥이 묵는 영빈관에도 고기나 담배가 없었고 채소도 거의 없었다. 마오쩌둥의 고향 성인 후난 성 창사는 야외 식당이 여전히 손님들에게 장사를 하는 등 형편이 달랐다. 양자 사이의 차이를 잘 의식하고 있던 저우샤오저우는 마오쩌둥을 동행하여 창사까지 온 라이벌 왕런중의 속을 긁었다. 〈후난 성은 열심히 일하지 않았다고 비판을 받았지만 이제 후베이 성을 보시오. 당신네들은 퀴퀴한 담배나 차도 없지 않소? 당신네들은 작년에 비축량을 다 써버렸지. 오늘 우리는 가난할지 모르지만 적어도 저장고에 물자가 있소.〉[12] 이제 와서 보면 저우샤오저우는 일당 체제의 혹독한 환경에서 살아남기에는 적을 너무 많이 만들었는지도 모른다. 〈반당 파벌〉의 핵심 일원으로서 그는 총회 직후 숙청되어 장핑화같이 마오쩌둥의 지시를 하나하나 기꺼이 따르는, 그리고 그 결과로 지역 주민들을 아사시키는 지도자들을 위한 길을 닦았다.

대약진의 우행을 견뎌 내며 조금이나마 남아 있던 이성은 농민들을 적나라한 당 권력에 어느 때보다 취약하게 한 마녀사냥의 광기 속에서 싹 무시되었다. 모든 층위 — 성, 현, 공사, 생산 대대 — 에서 혹독한 숙청이 실시되어 활기 없는 간부들이 베이징에서 불어오는 급진적 바람의 혜택을 보기 위해 돛을 조절하는, 열성적이고 비양심적인 분자들로 교체되었다. 비록 총 당원 수는 1559년에 1396만 명에서 1961년 1738만 명으로 급증했지만 1959~1960년에 360만 명의 당원이 우파로 낙인찍히거나 숙청되었다.[13] 수단이 목적을 정당화하는 도덕적 세계에서 많은 이들이 주석이 구상한 목표를 달성하기 위해 무엇이 옳고 그른지에 대한 모든 판단을 벗어던지고 기꺼이 주석의 도구가 될 태세였다. 만약 1959년 여름 루산에서 지도부가 경로를 뒤집었다면 기근이 앗아 간 희생자는 수는 백만 단위였을 것이다. 그 대신에 수천만 명이 혹사와 질병, 고문, 굶주림으로 죽어 가게 되면서 중국은 파국으로 빠져든다. 지도부가 눈길을 돌려, 기층에서 벌어지고 있는 사태에 눈을 감을 완벽한 구실을 소련과의 커져 가는 불화에서 찾으면서 인민에 대한 전쟁은 전적으로 새로운 차원을 띠게 될 참이었다.

14장
중소 분쟁

1960년 7월 16일 미하일 클로치코는 전보를 통해 복귀 명령을 통보받았다. 클로치코와 더불어 대략 1,500명의 소련 고문관과 2,500명의 딸린 식구들은 베이징의 대사관을 통해 짐을 싸서 떠나라는 명령을 받았다. 그들을 손님으로 맞았던 중국인 주인들은 마지막까지 정중했다. 가능한 모든 지원을 제공하라는, 그와 더불어 가능한 어떤 수단을 써서든 러시아인들이 아직 넘겨주지 않은 모든 기술적 정보를 얻으라는 지시를 받았기 때문이었다.[1] 중국을 떠나는 고문관들을 위한 환송연에서 외교부장 천이는 그들의 어마어마한 도움에 따뜻한 감사를 표하고 모두 건강하기를 빌었다. 좀 더 시큰둥한 어조로 한 소련 대표는 〈우리는 당신들에게 정말 많은 것을 해주었는데 당신들은 만족하지 못하는군요〉라며 불만을 표시했다.[2]

2년 전 마오쩌둥이 진먼 섬과 마쭈 섬을 포격하여 국제 위기를 촉발한 뒤에 흐루쇼프는 중국에 샘플용 원자 폭탄을 건네주기로 한 자신의 제의를 재고하기 시작했다. 소련과 미국 사이 핵 군축 회담 때문에 그는 약속 이행을 미뤘고 1959년 6월에 결국 약속을 완전히 취소했다.[3]

1959년 9월 하순에 미국과 소련 간 정상 회담에서 흐루쇼프는 소련의 총병력수를 100만 명으로 줄이는 데 합의하며 미국과의 관계 개선을 더욱 추구했다. 중화 인민 공화국 건국 10주년을 기념하기 위해 몇 달 뒤 흐루쇼프가 베이징을 방문했을 때 중국과의 관계는 더욱 악화되었다. 소련 대표단은 중국과 인도 간 국경 분쟁을 비롯해 잇따른 쟁점들을 놓고 주최 측 중국과 충돌했는데 모스크바가 맹방인 베이징을 지지하는 대신 두 나라 사이에 중재자 역할을 자임했기 때문이었다. 1960년 봄 베이징은 〈수정주의〉와 〈제국주의자들과의 유화〉 정책을 추구한다는 명분으로 흐루쇼프를 갈수록 독설에 찬 발언으로 규탄하면서 사회주의 진영을 이끄는 권리를 놓고 공공연하게 모스크바에 도전하기 시작했다.[4] 격노한 소련 지도자는 소련 고문관을 전부 중국에서 철수시키는 것으로 보복했다.[5]

철수는 마오쩌둥에게 타격을 안겼다. 이는 두 나라 간 경제 관계의 와해, 수십 가지 대규모 프로젝트의 취소, 최고급 군사 기술 이전의 동결로 이어졌다. 정창Jung Chang과 존 홀리데이Jon Halliday가 『마오쩌둥: 비화*Mao: The Unknown Story*』에서 지적한 대로 이제 돈이 많이 드는 프로젝트의 비용을 지불하기 위한 식량 수출을 덜 해도 되므로 중국 인민은 이러한 프로젝트 취소로 득을 봤어야 한다.[6] 그러나 16년에 걸쳐 상환하도록 협정이 맺어져 있음에도 마오쩌둥은 일정을 앞당겨 정산해야 한다고 우겼다. 〈옌안 시절[전시]에는 정말 힘들어서 고추를 먹고 지냈지만 우리는 아무도 죽지 않았고 이제는 그 시절보다 여건이 훨씬 좋으니까 허리띠를 졸라매고 5년 안으로 돈을 갚도록 노력하면 좋겠다.〉[7] 1960년 8월 5일 심지어 소련 전문가들의 출국이 전부 완료되기도 전에 성장들은 국제 수지 적자가 20억 위안을 향해 가고 있는데 나라는 수출을 충분히 하고 있지 않다는 경고를 전화를 통해 받았다. 2년 안으로 소련에 진 빚을 갚기 위해 모든 노력을 기울여야 하고 이는 다시 곡물, 면화, 식용유 수출을 최대한 증대함으로써 이루어져야 했다.[8]

소련에 대한 초기 상환의 진정한 규모는 베이징 외교부 기록 보관소가 공개되어 이제야 막 드러났는데 무수한 회계원들이 변동하는 환율과 루블화의 변화하는 금 함유량, 무역 협정의 재협상과 이자율 계산이 소련에 대한 상환에 어떻게 영향을 미치는지 상세한 기록을 남겨 놓았다. 이 기록들은 모스크바가 1950년부터 1955년까지 베이징에 (이자를 포함하지 않고) 약 9억 6860만 루블을 빌려주었음을 보여 준다. 소련 전문가들의 본국 소환이 이루어질 즈음에 중국은 여전히 4억 3030만 루블을 빚지고 있었다.[9] 그러나 무역 수지 적자의 결과로 다음 몇 년 사이에 추가적 차관 계약이 맺어졌고 1962년 말이 되자 베이징의 총부채는 14억 700만 루블(12억 7500만 루블 융자 더하기 1억 3200만 루블로 추산되는 이자)에 달했다. 이 가운데 약 12억 6900만 루블이 1962년까지 청산되었다.[10] 달리 말해 총 부채가 9억 6800만 루블에서 14억 700만 루블로 늘어난 한편, 중국은 수천만 명이 기근으로 죽어 가던 1960년에서 1962년 사이에 대략 5억 루블을 상환했다는 소리다. 1960년에 제공된 수치는 이자를 포함하지 않기 때문에 이 상환액은 실제로는 더 적을 수도 있다. 아마도 이자는 원금에 더해 상환되었겠지만 10퍼센트 정도 오차 수정을 감안한다 하더라도 막대한 금액이 소련에 지불되었다는 사실은 변함이 없다. 1960년에 1억 6000만 루블이 부채의 일부를 상환하기 위해 보내진 한편 1962년에는 대략 1억 7200만 루블을 갚았다 (1961년의 수치는 빠져 있지만 대충 비슷할 것이다).[11] 부채를 청산하기 위해 대량의 상품 수출도 이루어져 1962년 말이 되자 중국은 소련에 1억 3800만 루블만 빚을 지고 있었다. 중국은 1963년에 9700만 루블을 갚겠다고 고집했고 1965년까지 모든 부채를 청산했다.[12]

그러나 러시아는 이전보다 더 빠르게 상환해 달라고 요구하지 않았다. 반대로 그들은 1961년 4월에 미납금 2억 8800만 루블을 새로운 신용 대부로 재융자하고, 새로운 대부는 4년에 걸쳐 상환하고 1962년의 첫 상환액은 800만 루블을 넘지 않는다는 조건에 합의했었다.[13] 무역수지 적자에 대한 지불 유예가 계획에 없던 대부처럼 작동하면서 사실 중국은 지금까지 단 1년 사이에 다른 어느 나라가 받은 것보다도 더 큰 경제 원조를 소련한테 받은 셈이었다.[14]

모든 전문가들의 소환이 경제에 미친 진짜 피해는 미미했는데 농업 부문에서 일하던 민간 전문가는 거의 없었기 때문이다. 그리고 일부 산업 프로젝트들이 외국 전문가의 철수로 지연되었다 하더라도 이 시점에서 중국 경제는 이미 깊은 곤경에 빠져 있었다. 그러나 마오쩌둥은 편리하게도 중국 경제의 붕괴를 소련 탓으로 돌리며, 기근에 관한 가장 끈질긴 허구, 즉 굶주림은 부채를 갚으라는 소련의 압박으로 야기되었다는 허구를 만들어 냈다. 이미 1960년 11월에 중국은 동독으로 식량 전달 지연을 해명하기 위해 소련의 전문가 소환에 의해 경제 전체가 입은 막대한 피해와 더불어 자연재해를 거론했다.[15] 1964년 모스크바 외교 정책의 주요 이데올로그인 미하일 수슬로프Mikhail Suslov는 중국이 기근을 두고 소련을 탓한다고 말했다.[16] 오늘날까지 기근에서 살아남은 보통 사람들은 그들 생각에 무엇이 대량 아사를 야기했냐고 물으면 어김없이 소련을 지목한다. 그게 바로 홍콩 국경 부근 사징 출신 한 농민이 최근의 인터뷰에서 기근을 설명한 방식이다. 〈정부는 소련에 막대한 빚을 졌고 그 차관을 갚아야 했다. 어마어마한 금액의 차관 말이다.

그래서 생산된 모든 것을 나라에 바쳐야 했다. 소련에 빌린 차관을 갚기 위해 모든 가축과 곡물을 정부에 내놓아야 했다. 소련은 중국한테 차관을 갚으라고 강요했다.〉[17]

외국 고문관들의 소환이 중국에서 기근 문제와 본격적으로 씨름하기 위한 정책의 채택을 재촉했을까? 그 당시나 지금까지도 그렇게 보는 관찰자들은 거의 없다. 흐루쇼프는 제 발등을 찍었다고 대대적인 비난을 받는다. 소련 지도자는 중국에 대해 그나마 갖고 있던 영향력마저 하룻밤 새 내팽개쳐 버린 것이다. 자신들의 지도자에게 특히 통렬한 비판을 가한 이들은 스테판 체르보넨코Stepan Chervonenko와 레프 델리우신Lev Deliusin과 같은 당시 베이징에서 근무하던 러시아 외교관들로, 그들은 자국과 중국과의 〈특별한 관계〉를 통해 양국 간 중개자로서 자신들의 지위를 크게 누리고 있었다.[18] 흐루쇼프 본인은 확실히 그런 목적을 염두에 두지 않았다. 그는 아마도 더 겸손해진 중국이 소련이 더 흔쾌히 받아들일 수 있는 조건들로 재협상하기 위해 테이블로 되돌아올 것으로 기대했을 것이다. 그러나 그가 그럴 의도였든 아니었든 간에 흐루쇼프의 조치는 대량 아사의 결과들에 관한 보고가 중국 전역에서 들어오고 있던 바로 그 시점에 마오쩌둥에게 타격을 주어 그를 더욱 고립시키는 데 일조했다. 사실, 1960년 여름에 마오쩌둥은 나쁜 소식을 대면할 기운도 없다는 듯 너무 의기소침하여 몸져눕기까지 했다.[19] 그는 이 난국을 헤쳐 나갈 방도를 찾기 위해 애쓰면서 후퇴 중이었다.

15장

자본주의 곡물

1960년 7월 소련 전문가들이 복귀하자 거의 즉시 저우언라이와 리푸춘, 리샨녠의 체제가 대외 무역을 맡게 되었다.[1] 흐루쇼프의 조치에 대한 그들의 대응은 소련 중심의 무역 구조에서 벗어나 서구 쪽으로 이동하는 것이었다. 8월 말이 되자 무역부장 예지좡은 해외의 무역 대표들에게 사회주의 진영에서 수입을 축소하라고 지시했다. 새로운 무역 협정은 난징 다리 건설을 위한 소련으로부터의 철강 수입과 같은 몇 가지 전략적 프로젝트를 제외하면 모두 중단될 예정이었다. 제시된 상품의 가격이나 사양이 만족스럽지 않다는 구실로 어떠한 새로운 수입 계약도 체결되지 않을 것이었다.[2] 당시 일부 외국 관측통들은 사회주의 진영에 의한 무자비한 대(對)중국 봉쇄를 거론했으나[3] 소련과 그 맹방으로부터의 경제 분리는 전적으로 베이징 쪽에서 주도한 것이었다.

그러나 중국은 부적절한 사양에 대한 사소한 불만을 들어 이전 무역 파트너들을 한없이 속일 수는 없었다. 1960년 12월이 되자 마오쩌둥이 일선에서 한발 물러난 가운데 마침내 더 그럴듯한 해명이 나왔다. 공식적으로는 중국이 많은 농촌 지역을 할퀴고 간 유례없는 자연재해를 겪는 중이라, 더 이상 식량을 소련에 수출할 수 없다는 것이었다. 알바니아를 제외하고 사회주의 진영과의 모든 무역은 축소되어야 했다.[4] 게다가 기근이라는 인위적 차원으로부터 주의를 돌리기 위해 자연의 위력을 들먹이는 것은 추가적 이점이 있었다. 무역 협정은 보통 인간의 통제를 넘어서는 예기치 못한 상황의 발생 시 계약의 일부나 전부가 해지될 수 있다는 표준적인 면제 조항 33조가 있었다.[5] 33조는 이제 무역을 줄일 때뿐 아니라 일련의 협정 전체를 취소하는 데 이용될 수 있었다.[6]

10장에 제시된 표는 소련으로의 수출액이 1960년에 7억 6100만 루블에서 이듬해 2억 6200만 루블로 떨어졌음을 보여 준다. 유사한 하락이 동유럽부터 수입에서도 두드러진다. 무역 파트너들과의 모든 미납금이 청산되었을 때만 1961년의 무역 협정을 고려할 수 있을 것이라고 예지쾅은 동베를린의 무역 파트너에게 설명했다.[7] 그러나 동독은 중국산 쌀에 익숙해졌을 뿐 아니라 중국에 식용유도 의존하고 있었다. 부족분이 너무 커서 발터 울브리히트는 1961년 8월에 흐루쇼프에게 도움을 요청할 수밖에 없었다.

중국은 소련 전문가의 철수에 대한 처벌이 아닌 파산 상태라는 이유로 사회주의 진영으로부터 멀어졌다. 중국의 재정 상태를 보여 주는 가장 좋은 잣대는 암시장에서의 위안화 가치였는데 위안화 가치는 1960년에 엄청나게 하락하기 시작했다. 그러다 1961년 1월 식량 부족에 대한 뉴스가 나머지 세계로 새어 나가자 사상 최저치인 10위안 당 미화 0.75달러까지, 다시 말해 위안화의 공식 가치의 대략 6분의 1까지 곤두박질쳤다. 전체적으로 1961년 6월에 이를 때까지 위안화 가치는 전년도 대비 50퍼센트 하락했다.[8]

위안화 하락은 부분적으로 국제 시장에서 곡물값을 지불하기 위한 경화를 마련할 필요 때문에 야기되었다. 기아에 대처하는 한 가지 방법은 잉여 지역에서 기근 지역으로 곡물을 옮기는 것이었지만 1960년 가을이 되자 또 다른 흉작으로 기근이 악화되었고 이 전략은 별로 효과를 보지 못했다. 저우언라이와 천윈은 자본주의 국가로부터 곡물을 수입해야 한다고 마오쩌둥을 가까스로 설득했다. 그들이 어떻게 마오쩌둥을 설득했는지는 분명하지 않지만 아마도 곡물 수입을 현금 벌이를 위한 수출 진작의 한 방법으로 제시함으로써 납득시켰을 것이다. 곡물 수입을 위한 첫 계약 협상은 1960년 말 홍콩에서 이루어졌다.[9] 600만 톤에 가까운 곡물이 1960~1961년에 미화 3억 6700만 달러에 구입되었다(표 4를 보라). 지불 조건은 다양했다. 캐나다는 전환 가능한 파운드화로 25퍼센트 계약금 지불을 요구한 반면 오스트레일리아는 10퍼센트 선불 지급과 함께 나머지 금액은 신용 대부를 허용했다. 그러나 모두 다 합쳐서 1961년에 구입액의 절반을 지불해야 했다.[10]

표 4: 1961년 중국의 곡물 수입

수출 국가	단위 100만 톤
아르헨티나	0.045
오스트레일리아	2.74
버마	0.3
캐나다	2.34
프랑스	0.285
독일	0.250
총합	5.96

출처: BArch, Berlin, 1962, DL2-VAN-175, 15쪽. Allan J. Barry, 'The Chinese Food Purchases', China Quarterly, no. 8(Oct.-Dec. 1961), 21쪽도 보라.

이러한 계약 사항을 이행하기 위해 중국은 이체 가능한 통화로 흑자를 이루어야만 했는데 이는 자본재의 수입을 삭감하고 비(非)공산권에 수출을 늘림으로써만 가능했다. 여태까지 기근 내내 저우언라이는 달걀과 육류 인도 물량이 하루도 빠짐없이 반드시 홍콩에 도착하도록 했다.[11] 이제 1960년 가을에, 소련으로 인도되는 물량이 부족하다고 불평하는 흐루쇼프의 불만에 찬 항의에도 불구하고 그는 구할 수 있는 모든 식량을 홍콩 쪽으로 돌리기로 결정하여 영국 식민지와의 무역을 크게 증대했다.[12] 홍콩으로 향하는 면화와 직물 생산품의 수출액도 1959년 2억 1730만 홍콩달러에서 이듬해 2억 8700만 홍콩달러로 뛰었다.[13] 다 합쳐서 홍콩은 미화로 연간 약 3억 2000만 달러를 내놓으며, 기근 동안 중국이 벌어들인 외화의 가장 큰 원천이었다.[14] 1958년 경우처럼 아시아 시장들도 값싼 상품으로 넘쳐났다. 예를 들어 직물은 인도와 일본 같은 경쟁자들은 도저히 대항할 수 없는 낮은 가격에 팔렸고, 심지어 이런 상품들이 중국 본토에서 몹시 필요할 때도 싼값에 팔려 나갔다.

베이징은 또한 은괴를 런던으로 보내 금고를 텅 비웠다. 중국은 1960년 말이 되자 금은 수출국이 되었는데 1961년에는 대략 5000만~6000만 트로이온스를 보냈고 이 가운데 1550만 파운드어치인 4600만 트로이온스는 영국이 가져갔다.[15] 저우언라이의 보고서를 의지할 수 있다면 다 합쳐서 약 1억 5000만 달러가 1961년 말까지 금은을 팔아서 마련되었다.[16] 더 많은 외화를 마련하기 위한 필사적 시도에서 중국은 동정심을 사고파는 암울한 무역을 시작했다. 이 무역을 통해 해외의 중국인들은 홍콩의 은행들에서 현금을 내고 특별 쿠폰을 구입할 수 있었고 그다음 이 쿠폰들은 국경 너머 굶주린 친척들에게 보내져 곡물과 담

요로 교환되었다.[17]

중국은 왜 사회주의 우방들로부터 곡물을 수입하지 않았을까? 자존심과 두려움이 주요 원인이었다. 앞서 본 대로 지도부는 외국 무역 파트너들과 맺은 수출 협정을 지키기 위해 농촌을 약탈하면서 전혀 망설임 없이 나라의 평판을 인민의 요구보다 중요하게 여겼다. 그러나 자존심 다음에는 종종 흔히 말하는 실추가 따라오기 마련이며 1961년 3월 저우언라이는 무역 파트너들에게 중국은 더 이상 식량을 수출하거나 장기 무역 협정을 지키거나 대규모 공장 건설을 위한 여러 계약을 이행할 수 있는 처지가 아니라고 설명하며 굴욕적인 시인을 해야만 했다. 1960년 한 해에만 100만 톤이 넘는 곡물과 식용유가 여전히 소련에 미지급 상태였고 가까운 장래에 중국이 밀린 식량 인도를 이행할 가능성도 없었다. 저우언라이가 외교적인 수사로 표현한 대로 사회주의 우방들을 그렇게 심하게 실망시키고서 중국이 어찌 곡물을 요청할 수 있겠는가?[18]

베이징은 또한 원조 요청이 모스크바로부터 거절당할 수도 있다고 두려워했는데 대약진 운동 전체가 중국이 앞서 나감으로써 소련이 무색해지길 의도한 것이었기 때문이다. 이 같은 걱정은 아마 근거가 없지 않았을 것이다. 물론 모스크바는 처음에 호의를 표시하긴 했다. 예를 들어 러시아는 무이자의 환어음 방식으로 곡물 100만 톤과 설탕 50만 톤을 인도하고, 비용은 여러 해에 걸쳐 상환하는 조건을 제안했다. 베이징은 곡물은 거절하고 설탕은 받았다.[19] 호루쇼프는 1961년 4월 크렘린에서 예지좡과의 회담 때 거듭 곡물 인도 제안을 했다. 그는 중국 무역부장에게 자신은 중국이 처한 곤경에 깊이 공감하고 있으며 우크라이나가 1946년에 끔찍한 기근을 겪은 바 있기에 더욱 그렇다고 말했다. 그는 청자의 기분을 상하게 할 뿐인 거칠고 다소 생각 없는 암시로서 당시에 인육을 먹는 사례까지 있었다고 덧붙였다. 그다음 흐루쇼프는 아무렇지도 않게 소련이 철강 생산에서 미국을 곧 앞지를 참이라고 언급하며 대화의 주제를 전환했다. 예지좡은 정중하게 제의를 거절했다.[20]

몇 달 뒤 여름이 오고도 기근이 수그러지지 않자 저우언라이는 다시 러시아에 접촉했다. 1961년 8월 모스크바에서 온 대표단과의 만남에서 그는 왜 인민 공화국 역사상 처음으로 곡물이 제국주의 진영에서 수입되고 있는지를 설명했다. 그다음 저우언라이는 다소 에두른 방식으로 소련이 200만 톤의 곡물을 콩과 솔, 주석, 어쩌면 쌀과도 교환할 용의가 있는지를 물었다. 3분의 1만이 선금으로 지불될 것이고 나머지 지불은 다음 2년에 걸쳐 이루어질 것이다. 대표단이 7000만 루블의 무역적자 앞에서 멈칫거린 직후에 나온 제안이라 타이밍이 형편없었다. 〈가지고 있는 외환이 있습니까?〉 소련 측이 단도직입적으로 묻자 저우언라이는 중국은 외환이 없으며 은을 팔고 있다고 시인할 수밖에 없었다.[21] 대표단은 이 문제를 어정쩡한 상태로 남겨 둔 채 떠났고 여러 달 동안 더는 아무런 이야기도 없다가 마침내 누군가가 덩샤오핑에게 소련이 어려움을 겪고 있고 원조할 입장이 아니라고 말해 줌으로써 암시를 주었다. 중국은 틀림없이 체면이 엄청나게 깎였을 것이다.[22]

저우언라이가 1961년 7월 추가로 석유 2만 톤을 요청했을 때 모스크바는 큰 파국의 와중에 역시나 지연 전술을 채택했다. 흐루쇼프는 넉 달을 기다리다가 22차 소련 당 대회가 끝난 뒤에야 베이징의 요청에 응했다.[23] 정치적 지렛대는 1961년 6월에 합의된 곡물 맞교환으로부터도 얻을 수 있었다. 베이징이 캐나다로부터 구입한 밀 가운데 28만 톤이 처음부터 소련에 책정되어 있었고 소련은 다시금 유사한 양을 중국에 수출했다. 밀이 캐나다에서 러시아로 곧장 선적된 뒤에 소련은 그 수입품이 북아메리카에서 온 것처럼 행동함과 동시에 중국에 대한 곡물 수출을 1961년도에 발표된 무역 통계에 올렸다. 외국 전문가들이 두 사회주의 대국 간의 불화의 기색을 찾고자 발표된 통계들을 열심히 뒤적이는 동안 세계의 눈에는 마치 소련이 중국을 먹여 살리는 것처럼 비쳤다.[24]

해외에서 구입한 곡물이 전부 다 국내 소비용은 아니었다. 예를 들어 버마에서 구입한 쌀은 미납 계약을 이행하기 위해 곧장 실론으로 선적되었다. 16만 톤가량도 사회주의 우방과의 무역 적자를 처리하기 위해 동독으로 갔다. 그리고 중국은 기근의 와중에도 친구들에게 계속 관대했다. 밀 약 6만 톤의 화물이 선물로서 캐나다 항구에서 티라나로 곧장 선적되었다. 알바니아는 인구가 약 140만 명이었으므로 이 양은 국내 수요의 5분의 1에 달했다.[25] 베이징에서 티라나의 주요 협상가였던 푸포 쉬티Pupo Shyti는 나중에 자신이 베이징에서 기근의 조짐을 볼 수 있었다며 다음과 같이 회상했다. 〈중국인들은 우리에게 모든 것을 내주었다. (……) 뭐든 필요하면 우리는 중국인들에게 부탁만 하면 됐다. (……) 나는 부끄러웠다.〉[26] 알바니아 말고 다른 나라들도 기근이 절정일 때 무료로 쌀을 받았는데 예를 들어 기니는 1961년에 1만 톤을 수령

했다.[27]

중국은 아시아와 아프리카의 개발 도상국에 후한 원조와 값싼 차관으로 국제적 이미지를 가꾸는 일을 결코 멈추지 않았다. 베이징이 대약진 운동 기간 동안 외국 무상 원조를 늘린 한 가지 이유는 공산주의 미래로 가는 다리를 발견했음을 입증하기 위해서였다. 그러나 주요 고려 사항은 모스크바와의 경쟁의식이었다. 탈식민화 시대에 흐루쇼프는 댐이나 대형 경기장 같은, 위신을 높이는 프로젝트에 원조를 아끼지 않음으로써 개도국들을 미국으로부터 소련의 궤도 안으로 끌어들이려고 애쓰는 식으로 개도국의 충성을 놓고 경쟁을 시작했다. 마오쩌둥은 아시아와 아프리카에서 리더십을 놓고 그에게 도전하고 싶었다. 그는 개발 도상국 세계와 관계를 맺는 데 전제가 되는 크렘린의 〈평화적 진화〉 개념을 무시하고 그 대신 모스크바와의 결연한 경쟁 속에서 알제리와 카메룬, 케냐와 우간다 같은 나라들에서 공산 혁명가들을 원조하면서 전투적인 혁명 이론을 선동했다.

중국은 기근 시기에 해외에 얼마나 많은 도움을 주었을까? 전체적으로 중국은 1950년부터 1960년 7월까지 40억 위안을 제공했는데 그중 28억 위안은 무상 경제 원조였고, 12억 위안은 무이자나 저이자 차관이었다.[28] 이들 대부분은 1958년부터 줄곧 제공되었다. 1960년, 늘어가는 무상 증여에 대처하기 위해 장관급의 외국 경제 연락 담당국이라는 새로운 기관이 신설되면서 외국에 대한 원조는 4억 2000만 위안으로 정해졌다.[29] 이듬해 베이징이 중국의 곤경을 알고 있는 사회주의 우방들이 제의한 새로운 차관이나 심지어 지불 유예를 거부했을 때 6억 6000만 위안 정도가 외국 원조로 계획되어 있었다.[30] 수혜국들로는 8400만 달러가 책정된 버마, 1120만 달러가 책정된 캄보디아 등이 있었고 베트남은 1억 4200만 루블, 알바니아는 1억 1250만 루블을 원조 받았다.[31] 이러한 총액은 국가의 전체 수입이 350억 위안으로 45퍼센트 급감하는 가운데 가능했는데 보건과 교육 부문에서 14억 위안 삭감을 비롯해 여러 분야에서 삭감이 이루어졌기 때문이다.[32]

그러한 관대함은 기층에서 사람들이 굶어 죽어 가고 있던 반면 1960년에도 곡물이 여전히 수출되고, 그것도 일부는 무상으로 수출되고 있었다는 뜻이다. 사실, 〈수출 제일〉 정책으로 거의 모든 성이 전보다 더 많이 수출해야 했다. 후난 성은 4억 2300만 위안어치 상품, 즉 성의 총생산액의 3.4퍼센트를 수출하라는 지시를 받아 쌀 30만 톤과 돼지 27만 톤을 비롯한 농산품이 수출되었다.[33]

1960년 8월, 사회주의 진영으로 식품 수출을 제한하는 저우언라이의 결정 이후 다섯 달 안으로 10만 톤이 훌쩍 넘는 곡물이 광둥에서 조달되어 쿠바와 인도네시아, 폴란드, 베트남에 보내졌는데 그 시기 광둥 성에서 징발된 47만 톤 가운데 약 4분의 1에 해당하는 양이었다. 광둥 성장 타오주가 1960년 9월 피델 카스트로 정권과 공식 외교 관계를 수립한 이후 설명한 대로 미국 제국주의에 포위된 쿠바 인민에게 곡물을 전달하는 것은 〈국제적 평판〉의 문제였다.[34] 광저우의 공장 노동자들은 후진국 세계에 대한 이타적 지원에 그보다 열의가 덜했다. 국외로 수출되고 홍콩의 백화점에서 판매되면서 면직물이 부족해지자 이미 분노를 느끼던 그들은 공공연하게 물었다. 〈우리가 먹을 것도 부족한데 왜 쿠바에 수출하는가?〉[35] 심지어 간쑤 같이 멀리 떨어진 곳에서도 주민들은 마오쩌둥이 쿠바로 쌀을 보내고 있기 때문에 자신들이 굶주려야 한다고 항의했다.[36] 다음 달에 열린 베이다이허의 당 대회에서 지도부는 설탕을 받는 대신에 카스트로에게 2600만 위안어치에 달하는 쌀 10만

톤을 더 보내기로 결정했다.[37]

중국은 곡물 수입에 외화를 다 쓰는 대신에 원조를 수용할 수는 없었을까? 존 케네디 대통령은 베이징이 기근의 시기에도 여전히 아프리카와 쿠바에 식량을 수출하고 있다고 냉담하게 지적했던 것 같고, 중국 공산당으로부터 어떤 식량 지원이든 환영할 것이라는 의사 표시는 전혀 없었다고 덧붙였다.[38] 적십자는 실제로 지원을 하려고 했지만 베이징에 접근하면서 먼저 티베트에서의 기근 상황에 관해 문의하는 실수를 저지르고 말았다. 티베트는 얼마 전 대규모 반란이 일어나 인민 해방군이 막 진압한 곳이었다. 답변은 신속하고 예측 가능했다. 1960년 이 나라는 유례없는 풍작을 거두었고 기근은 절대로 없으며 사실과 반대되는 소문은 순전히 중상이라는 것이다. 그러자 불난 집에 부채질하듯 적십자회의 눈치 없는 사무총장 헨리크 베어Henrik Beer는 제네바에서 두 번째 전문을 보내 그러면 중국도 상황은 같은 것이냐고 물었다. 격노한 베이징으로부터 티베트와 중국은 별개의 국가가 아니라 한 나라이며 나라 전역에서 정부는 지난 두 해 동안의 자연재해를 극복하기 위해 인민공사의 여러 이점들에 의지하고 있다고 지적하는 답신이 도착했다.[39]

그러나 적십자가 그 문제를 더 요령껏 제기했을지라도 외국의 원조는 거절되었을 가능성이 크다. 일본 외무상이 사람들의 이목을 피해 밀 10만 톤을 선적해 조심스럽게 기부하겠다며 외교부장 천이와 조용히 대화를 주고받았지만 거절당했다.[40] 1959년 태풍이 할퀴고 간 광둥을 돕기 위해 동베를린 어린이들이 선물한 옷도 체면을 잃는 것으로 비쳤고 대사관들은 더 이상 기부를 받지 말라는 명령을 받았다.[41] 중국은 개도국 세계를 기꺼이 후원하고 있었으나 아무한테도 도움을 받으려하지 않았다.

16장
타개책

무역을 관장하고 있는 저우언라이, 리푸춘, 리샨녠의 삼두 체제는 파산 경제에 직면하여 1960년 8월에 무역 구조를 소련에서 벗어나 서구 쪽으로 이동시키기 시작했다. 몇 달 후 저우언라이와 천윈은 자연재해로 농업 부문이 큰 피해를 입은 뒤 경제를 회복시키기 위해서는 곡물 수입이 필요하다고 마오쩌둥을 간신히 설득했다. 당 기획가들은 또한 매우 신중하게 정책 지침을 손질하면서 조용히 노선 선회를 조종하기 시작했다. 리푸춘은 1960년 8월에 대약진 대신 〈조정〉을 강조하는 새로운 모토에 따라 작업에 착수했다. 슬로건에 의한 정부가 정국을 호령하는 일당 국가에서, 고작 6개월 전에는 조정이라는 관념 자체를 생각조차 할 수 없었을 것이다. 저우언라이는 마오쩌둥의 구미에 더 맞도록 〈강화〉라는 표현을 조심스레 덧붙였다.[1] 리푸춘은 새로운 주문(呪文)이 변덕스러운 주석을 무사히 통과할 수 있도록 신중하게 헤쳐 나가야 할 것이었다.

그다음 1960년 10월 21일 감찰부에서 보낸 보고서가 리푸춘의 책상에 올라왔다. 우즈푸의 모범 성 허난의 한 지역인 신양에서 일어난 대량 아사에 관한 것이었다. 이전 조사에서는 정양 현 한 곳에만 1만 8,000명의 사망을 언급한 반면 이제 숫자는 네 배로 뛰어 8만 명에 달했다. 거룩한 차야산 인민공사의 소재지인 수이핑에서는 마을 주민 열 명 가운데 한 명꼴로 아사자가 나왔다.[2]

사흘 뒤 리푸춘이 마오쩌둥에 보고서를 건넸을 때 주석은 눈에 띄게 동요했다. 여기 지역 전체를 장악하고 적성 계급을 상대로 무시무시한 복수를 실행하고 있는 반혁명 분자들이 있었다. 류사오치, 저우언라이와 긴급 회동 이후 리샨녠의 지휘 아래 한 팀이 파견되었고 타오주와 왕런중도 도중에 팀에 합류했다.

신양에서 그들은 악몽 같은 상황을 발견했다. 기근의 그라운드 제로인 광산 현에서 그들은 모진 추위 속에 파괴된 집 돌무더기 사이에 모여 앉아 있는 굶주린 생존자들의 절망에 찬 말없는 흐느낌을 접했다. 그들 주변으로 군데군데 무덤이 자리한 황량한 들판에 펼쳐져 있었다. 문짝, 창문, 상인방부터 이엉지붕까지 모든 것을 이미 연료로 쓰기 위해 떼어 갔기 때문에 화덕은 차디찼다. 식량도 떨어졌다. 루산 총회 이후 공포 정치로 현지 의용군은 감춰둔 곡물을 찾아 마을을 미친 듯이 휘젓고 다니며 생산량 부족분을 채울 수 있는 것은 모두 몰수해 갔다. 한때 부산하게 움직이는 사람들로 북적거리던 촌락에서는 할머니의 시신 곁에 누워 있는 앙상한 팔다리와 해골 같은 몰골의 두 아이만이 유일한 생존자였다.[3] 광산에서는 인구 50만 명 가운데 넷 중 한 명꼴로 사망자가 발생했다.[4] 집단 무덤이 파였다. 청관에서는 여전히 숨을 쉬고 있는 유아 열 명이 얼어붙은 땅에 내던져졌다.[5] 1960년 신양 지역에서는 다해서 100만 명 이상이 사망했다. 이 희생자 중 6만 7,000명은 몽둥이에 맞아 죽은 것이었다.[6] 리샨녠은 울부짖었다. 〈서로군의 패배는 너무 참혹했지만 그때 나는 눈물 한 방울 흘리지 않았다. 하지만 광산에서 그런 참상을 목격하니 나도 도저히 자제할 수가 없다.〉[7]

〈나쁜 사람들이 구타와 죽음, 곡물 부족, 굶주림을 유발하며 권력을 장악했다. 사회주의에 대한 증오로 가득 찬 봉건 세력이 말썽을 조장하고, 사회주의 생산력을 사보타주하고 있으니 민주 혁명은 아직 완수되지 않았다.〉 마오쩌둥은 재난이 얼마나 심각한지 더 이상 부정할 수 없었지만 세계를 책략과 음모로 이해하는 편집증에 사로잡힌 지도자답게 문제의 원인을 적성 계급에게 돌렸다.[8] 부농과 반혁명 분자들이 반우파 운동을 이용하여 슬그머니 권좌로 기어들어와 계급 복수 행위를 실행에 옮겼다는 것이다. 주석은 자신이 꼭대기에서 만들어 낸 테러 정권이 당의 위계질서를 따라 모든 층위에서 반영되고 있다는 사실을 단 한 번도 인정하지 않았다.

마오쩌둥은 권력을 재탈환하라고 명령했다. 나라 전역에서 〈적성 계급〉을 뿌리 뽑기 위한 운동이 대부분 베이징에서 파견한 강력한 대표단의 뒷받침을 받으며 벌어졌다. 리샨녠과 왕런중은 허난의 숙청을 관장했다. 현장들이 쫓겨나고 수천 명의 간부들이 조사를 받고 일부는 즉석에서 체포되었다.[9] 의용군을 정화하기 위해 장군이 지휘하는 40명으로 구성된 팀이 베이징에서 파견되었다.[10] 간쑤 성에서는 첸잉(錢瑛)이 이끄는 조사부에서 파견한 대표단이 대규모 숙청을 관장하여 장중량이 성의 당위원회의 제3서기로 강등되는 결과를 가져왔다. 인민공사 내 〈부패한 간부들〉을 타도하라고 강요하는 긴급 명령이 끊임없이 내려오면서 다른 지역들도 뒤를 따랐다. 1960년 11월 3일 마침내 주민들이 사유 텃밭을 보유하고 부업에 종사하며 하루 여덟 시간 휴식을 취하는 것을 허용하고, 현지 시장을 부활시키는 등 주민들에 대한 인민공사의

권력을 약화하기 위한 조치로서 비상 지시가 내려졌다.[11]

대량 아사의 끝이 보이기 시작했다. 시류의 변화를 감지한 리푸춘은 1961년도 경제 조정 정책을 밀고 나갔다.[12] 그는 대약진 운동이 개시될 때 마오쩌둥을 처음 지지한 기획가였다. 이제 그는 주석을 지나쳐서 경제 회복 정책을 신중하게 조종해 가며 대약진 운동 이전으로 되돌아가는 첫 인물이 되었다.

이 단계에서 류사오치는 여전히 방관적 입장에서 지켜보는 중이었다. 그는 농촌이 반혁명의 온상이 되었다는 주석의 시각을 공유했다. 다른 지도자들처럼 그도 루산에서 충돌 이후 기층에서 일어나는 일을 무시하는 쪽을 선호했고 그 대신 소련이 취하는 수정주의 노선을 집요하게 규탄하는 데 정력을 쏟았다. 그는 기근을 전혀 모르지는 않았다. 영양실조는 베이징에서 당 본부 역할을 하는 복합 건물인 중난하이의 주홍색 벽 안쪽에서도 분명히 눈에 보였다. 육류, 달걀, 요리용 기름은 귀했고 기근 수종과 간염이 고질적이었다.[13] 그러나 아사의 징후를 자연재해의 결과로 해석하는 것이 정치적으로 더 안전했다. 1961년 1월 20일 류사오치는 간쑤 성에서 온 청중들을 향해 신양에서 목격된 재앙을 낳은 봉건주의의 위험성에 관해 열변을 토했다. 〈이것은 혁명이다. 핵심은 대중 동원에 있다. 우리는 대중을 동원하여 그들이 스스로 굴레에서 벗어나게 해야 한다.〉[14]

그보다 고작 며칠 전에 마오쩌둥은 농촌에서 부르주아 반동의 규모에 놀라움을 표시했다. 〈농촌에 그렇게 많은 반혁명 분자들이 숨어 있을지 누가 생각이나 했겠는가? 우리는 반혁명이 마을 수준에서 권력을 찬탈하고 계급 보복 행위를 하리라고는 예상치 못했다.〉[15] 시골 기층에서 올라온 보고를 신뢰하는 대신 마오쩌둥은 그러한 보고들이 지도부를 명백히 오도해 왔다고 주장하며, 농촌을 조사하기 위해 영향력이 막강한 여러 팀을 파견하기로 결정했다. 덩샤오핑, 저우언라이, 펑전은 모두 베이징 주변의 인민공사를 방문하도록 파견되었다. 마오쩌둥 자신은 후난 성에서 여러 주를 보냈다. 농민들이 자신에게 거리낌 없이 이야기할 것이라 희망하며 류사오치는 고향인 후난 성 화밍러우로 향했다. 그것은 멀리까지 반향을 낳는 깨달음의 경험이 될 것이었다.

최고위급 인사의 방문 때마다 어김없이 따라오는 경호원과 현지 관리들로 이루어진 대규모 수행원을 피하려고 결심한 류사오치는 1961년 4월 2일 창사에서 출발하여 아내와 몇몇 가까운 조수들과 함께 지프차 두 대를 나눠 타고 이동했다. 그릇과 젓가락을 챙겨 넣은 가벼운 짐만 꾸린 그들은 시골에서 검박한 식단에 대비했다. 두 대의 트럭은 곧 거대한 돼지 농장을 알리는 표지판을 만나게 되었다. 가까이 가서 살펴보니 농장은 가죽만 남은 돼지 십여 마리가 진흙 속에서 먹이를 찾고 있는 곳에 불과했다. 류사오치는 사료 저장소에서 밤을 보내기로 했고 수행인들은 널빤지 침상을 푹신하게 해줄 볏짚을 찾아 주변을 샅샅이 훑었지만 헛수고였다. 류사오치는 심지어 비료로 쓰기 위해 쌓아 놓은 마른 인분에도 거친 섬유질밖에 없는 것을 보았다. 광범위한 결핍을 가리키는 또 다른 명백한 표시였다. 근처에서는 몇몇 아이들이 들풀을 캐고 있었다.[16]

경계하는 농민들로부터 진실을 끄집어내는 것이 아무리 어렵긴 해도 류사오치의 우려는 이후 몇 주에 걸쳐 확인되었다. 돌아가는 길에 들른

한 마을에서 그는 사망자 숫자가 현지 지도자들에 의해 은폐된 한편, 공식 보고서는 자신이 현지에서 본 궁핍과는 아무런 상관이 없는 일상의 모습을 그려 보이는 것을 발견했다. 그는 조사 팀이 주민들과 이야기를 나누지 못하게 떼어 놓으려는 현지 수장들과 충돌했다. 그는 1959년 우파로 몰려 해고된 한 간부를 찾아갔다. 돤수청은 생산 대대가 대약진 운동 때 어떻게 홍색 기를 얻었는지를 설명하며 실상을 숨김없이 밝혔다. 그는 자신들의 특권적 지위를 보호하기 위해 현지 지도자들이 감히 이견을 표시하는 사람은 모조리 체계적으로 탄압했다고 설명했다. 1960년 360톤의 빈약한 수확량은 600톤까지 부풀려졌다. 징발이 끝난 뒤 주민들한테는 쥐꼬리만 한 180킬로그램만 남겨졌고 거기서 종자와 사료용을 제외하고 나면 하루에 쌀 한 줌밖에 되지 않았다.[17]

고향 마을인 탄쯔충에서는 류사오치의 친구와 친척들이 좀 더 스스럼없이 자유롭게 이야기했다. 그들은 전년도에 가뭄이 들었다는 것을 부정하고 대신에 식량 부족에 대해 간부를 탓했다. 〈천재지변이 아니라 인재가 주요 이유다.〉 공동 식당에는 조리 기구와 더러운 그릇, 젓가락이 바닥에 버려진 채 쌓여 있었다. 약간의 아스파라거스 잎사귀가 구할 수 있는 유일한 채소로, 식용유 없이 조리되는 것이었다. 류사오치는 자신이 목격한 것에 충격을 받았다. 며칠 뒤 그는 집단 모임에서 고향 주민들에게 사과했다. 〈저는 거의 40년 동안 고향에 오지 못했습니다. 그래서 정말로 고향을 방문하고 싶었습니다. 이제 저는 여러분의 삶이 얼마나 참혹한지 보았습니다. 우리가 일을 잘하지 못한 탓입니다. 여러분의 용서를 구합니다.〉 바로 그날 저녁 류사오치의 명령으로 공동 식당은 해체되었다.[18]

헌신적인 당 사람인 류사오치는 고향 마을에서 본 처참한 상황에 진심으로 충격을 받았다. 그는 깨어나서 눈을 뜨고 있는 순간을 모조리 당에 헌신해 왔지만 그가 봉사하겠다고 한 인민에게 당이 광범위한 혹사와 궁핍, 기아를 가져왔음을 발견하게 되었다. 그가 발견한 또 한 가지는 인민과 당 사이 완전한 연결의 부재였다. 그한테 고의적으로 실상이 비밀로 부쳐졌다 — 아니 그는 그렇게 주장했다.

그의 농촌 시찰에 대한 세부 사항들은 잘 알려져 있지만 현지 관리들과 충돌한 일은 잘 알려져 있지 않았다. 류사오치는 처음에 저우샤오저우가 몰락한 뒤 후난 성을 책임진 당의 유력자 장핑화에게 책임을 돌렸다. 〈내 고향 마을이 그렇게 엉망인데도 아무도 내게 보고서는커녕 단 한 통의 편지나 항의도 보내지 않았다. 과거에는 사람들이 내게 편지를 보내곤 했는데 그러다 편지가 모두 끊겼다. 그들이 편지를 쓰기 싫었거나 쓰지 않으려고 해서가 아닌 것 같다. 편지를 쓰는 것이 허용되지 않았거나 그들이 편지를 쓰더라도 편지가 검사되고 몰수되어서인 것 같다.〉 성의 공안부에 대해서도 그는 단도직입적으로 공안 기구가 〈완전히 썩었다〉고 비난했다. 공안부가 개인 편지를 검사하고 또 갖고 있는 일이 어떻게 가능하단 말인가? 그들이 현지의 부정행위에 관해 자신의 주의를 끌려고 한 사람들을 조사하고 구타하고도 어떻게 무사할 수 있단 말인가? 나중에 류사오치는 막강한 공안부장이자 마오쩌둥의 가까운 동지인 셰푸즈에게 왜 자신의 고향 마을에서 각종 권력 오남용 사례가 제지받지 않고 방조되었는지 따져 물었다. 여기, 자신의 신념이 흔들린, 고향 마을 주민들을 위해서 공개적으로 발언할 것을 약속한 사람이 있었다.[19]

베이징으로 돌아온 류사오치는 계속해서 자신의 생각을 말했다. 1961년 5월 31일 지도자 모임에서 그는 기근의 책임을 직설적으로 당에게 지우는 감명 깊은 연설을 했다. 〈지난 몇 년간 나타난 문제들은 실제로 자연재해 탓인가 아니면 우리가 일을 하면서 저지른 부족한 점이나 오류 탓인가? 후난 성에서 농민들은 《30퍼센트는 천재요, 70퍼센트는 인재》라고 말한다.〉 류사오치는 당의 전반적 정책은 대성공이라고 교조적으로 주장하면서 재앙의 규모를 어물쩍 넘어가려는 시도를 일축함과 동시에 마오쩌둥이 애호하는 경구가 틀렸음을 밝힘으로써 민감한 부위를 건드렸다. 〈일부 동무들은 이러한 문제들은 열 손가락 가운데 하나일 뿐이라고 말한다. 하지만 유감스럽지만 이것은 지금 더 이상 열 손가락 가운데 하나의 문제가 아니다. 우리는 언제나 아홉 손가락 대 손가락 하나라고 말한다. 비율은 절대 변하지 않는다. 하지만 이것은 실제 현실에 잘 들어맞지 않는다. 우리는 현실적이 되어야 하며 현상에 대해 있는 그대로 말해야 한다.〉 당 노선에 관해서도 그는 돌려 말하지 않았다. 〈당 노선을 실천하면서, 인민공사를 조직하면서, 대약진 운동을 위해 일을 조직하면서 많은 결점과 오류가, 심지어 매우 심각한 결점과 오류가 존재했다.〉 그리고 그는 그 책임이 어디에 있는지에 관해 의심의 여지가 없었다. 〈중앙이 주요 장본인이고 우리 지도자들 모두에게 책임이 있다. 한 부서나 한 사람만 탓하지 말자.〉[20]

류사오치는 마오쩌둥과 멀어지고 있었다. 이쯤 되자 참상이 어디서나 너무 명백하여 더 이상 무시할 수 없었기 때문에 그는 신랄한 비판에도 무사할 수 있었다. 그는 문화 대혁명 동안 도전에 대한 대가를 톡

톡히 치르게 되지만 당분간은 다른 지도자들이 조심스럽게 국무원장 쪽으로 기울면서 마오쩌둥으로부터 권력의 균형추를 아주 조금 가져왔다. 언제나 신중한 저우언라이는 루산 총회에 뒤이어 발생한 일부 오류를 인정한 다음 주석의 체면을 세워 주기 위해 잘못된 모든 일에 대한 책임을 공개적으로 수용했다.[21]

류사오치는 비판적 토론의 한계를 밀어붙이며 기회를 잡았지만 권력 이동을 이용해 대약진 운동으로부터 전략적 후퇴를 꾀한 사람은 리푸춘이었다. 표면에 나서지 않고 학구파인 그는 이견을 제시하는 것을 조심스러워했지만 그 역시도 어조를 바꿔서 1961년 7월 베이다이허 당 기획가 모임에서 경제 상황에 관해 통렬한 평가를 내놓았다. 고작 몇 달 전만 해도 그는 주석의 기분을 살피며, 사회주의 경제는 결코 단선적으로 발전하지 않고, 심지어 소련도 곡물 생산량 감소 시기를 겪었다고 주장하면서 광범위한 부족 사태를 적당히 덮었었다.[22] 그러나 류사오치의 공격의 여파로 그는 더 이상 쟁점을 피해가지 않았다. 산둥과 허난, 간쑤 성에서 수천 만 명의 농민들이 하루에 한 줌의 곡물로 살아남기 위해 몸부림치고 있으며, 기근은 자연재해와는 별로 상관이 없다고 말했다. 인민은 당이 저지른 잘못 때문에 굶어 죽어 가고 있다. 그는 대약진 운동을 묘사하기 위해 일곱 가지 형용사를 구사했다. 너무 높고, 너무 크고, 너무 균등하고(모든 인센티브가 제거되었다는 뜻이었다), 너무 분산되어 있고, 너무 혼란스럽고, 너무 빠르고, 자원을 이전하는 경향이 너무 강하다. 장문의 분석과 더불어 모든 생산 목표치를 낮추고 경제를 원궤도에 올려놓기 위한 구체적 제안이 뒤따랐다. 마오쩌둥의 충실한 추종자로서 그는 모든 책임에서 그를 면제시켜 줄 만큼 영악했다. 〈마오 주석의 지시들은 전적으로 옳지만 중앙 기구를 비롯해

우리가 그 지시들을 시행하는 데 잘못을 저질렀다.〉[23]

리푸춘은 주석의 공개적인 지지를 받았다. 다음 달 그는 루산의 최고위 당 모임에서 유사한 보고를 하며 다시금 주석을 모든 책임에서 면제시켰다. 그것은 기근에서 전환점이었다. 리푸춘은 조용조용하게 말하고 마오쩌둥에 대한 충성심을 도저히 의심할 수 없는, 겸손한 사람이었고, 펑더화이와 달리 주석의 진노를 사지 않으면서 사실을 제시하는 방법을 아는 사람이었다. 조그만 반대 뒤에도 음모가 있다고 의심하는 편집증적 지도자인 마오쩌둥은 의심 대신 보고서를 칭찬했다.

리푸춘의 연설에 뒤이어 일련의 신랄한 평가들이 나왔다. 고위 당 서기인 리이칭은 1958년에 14만 톤 이상의 농기구가 모범 성인 허난 성의 토법고로 안으로 사라졌다고 보고했다. 철도부 부부장 우징톈(武競天)은 엔진 손상으로 기관차 다섯 대 가운데 한 대꼴로 운행되지 않는 상황을 설명했다. 교통부 부부장 펑더는 자기 관할 하의 차량 세 대 가운데 두 대 미만만이 실제로 작동한다고 밝혔다. 야금부의 부부장 쉬츠(徐馳)는 안강의 제철소가 석탄 부족 때문에 여름 동안 몇 주씩 가동을 중단할 수밖에 없다고 말했다.[24]

마오쩌둥은 회의에 좀처럼 참석하지 않고 대신 매일 저녁 취합된 보고서로 회의 내용을 따라갔다. 그는 전략적으로 판단을 유보하고 동료들이 어떤 입장에 있는지를 파악하며 후퇴 중이었다. 그러나 주석은 기분이 좋지 않았다. 의사인 리즈쑤이에게 울분을 토해 내며 그는 말했다. 〈훌륭한 당원은 모두 죽었어. 남아 있는 자들은 산 시체 무리야.〉[25] 그러나 그는 아무런 행동도 취하지 않았다. 마침내 당 지도자들은 자신들끼리 3년간의 강요된 집산화가 남긴 피해의 규모에 관해 논의하기 시작했다. 그들이 발견한 것은 그 누구도 상상하지 못했던 규모의 파괴였다.

3부

파괴

17장
농업

〈계획 경제〉라는 말은 독일어 〈베펠스비르트샤프트Befehlswirtschaft〉에서 왔다. 이 말은 원래 나치 경제에 적용되었으나 나중에는 소련을 묘사하는 데 사용되었다. 다양한 구매자와 판매자가 수요와 공급 법칙에 따라 자신들의 경제 활동을 정하도록 허용하는 대신 더 상위의 권위가 종합 기본 계획에 따라 경제의 전반적 방향을 결정하는 명령을 내린다. 국가가 무엇이 생산되어야 하고 얼마나 생산되어야 하고 누가 무엇을 어디에서 생산해야 하고, 자원이 어떻게 배분되어야 하고, 자재와 상품, 서비스에 얼마의 가격을 매겨야 하는지를 결정하면서 명령 원리는 모든 경제적 결정이 공공선을 위해 중앙 집중화되는 것을 요구했다. 중앙의 계획이 시장을 대체했다.

중국이 계획 경제에 의해 돌아가면서 농민들은 수확물을 마음대로 처분할 수 있는 권리를 잃었다. 1953년 농민들은 잉여 곡물을 전부 국가가 정한 가격에 국가에 팔아야 한다며 법령으로 곡물에 대한 독점이 도입되었다. 독점의 목적은 중국 전역에 곡물 가격을 안정시키고, 투기를 없애고, 도시 인구를 먹여 살리고 산업 성장을 촉진할 곡물을 확보하는 것이었다. 그러나 많은 농민들이 농사를 지어 간신히 생계를 이어 갈까 말까 한 나라에서 〈잉여 곡물〉이란 무엇일까? 그것은 종자, 사료, 매달 어림잡아 1인당 13~15킬로그램으로 정해진 기본 곡물 배급량으로 규정되었다. 그러나 국제 원조 기구들이 생존의 최소 열량으로 간주하는 1일 1,700~1,900칼로리를 제공하기 위해서는 껍질을 벗기지 않았을 때 곡물 23~26킬로그램이 요구되었다.[1] 달리 말해 잉여라는 개념은 농촌에서 곡물 징발에 합법성을 부여하기 위한 정치적 구성물이었다. 농촌 주민들이 자신의 최저생활에 필요를 충족시키기 전에 곡물을 팔게 강제함으로써 국가는 또한 그들을 공사에 더 의존하게 만들었다. 기본 배급량 이상의 추가적 곡물은 주민들이 노동 점수를 가지고 국가한테서 되사야 했고, 노동 점수는 집단 노동에서 성과를 바탕으로 배분되었다. 농민들은 그들의 땅과 수확물에 대한 통제권뿐 아니라 작업 스케줄도 상실했다. 현지 간부들은 두엄을 모으는 것부터 들판의 물소를 돌보는 것까지 누가 무슨 일을 몇 점의 노동점수 받아 해야 하는지를 결정했다. 시장이 제거되고 돈이 구매력을 잃으면서 곡물이 교환 화폐가 되었고 그 대부분은 국가의 수중에 있었다.

그러나 곡물 잉여라는 관념 뒤에는 더 교묘한 문제, 즉 갈수록 커지는 곡물 판매량을 약속하도록 현지 지도자들에게 가해지는 어마어마한 압력이 도사리고 있었다. 국가에 판매되는 양은 마을 단위에서 시작하여 위로 올라가는 일련의 회의에서 결정되었다. 생산대의 대장이 할당량을 생산 대대에 전달하고 생산 대대에서 얼마를 내놓겠다는 약속들이 조정되고 합쳐져서 인민공사에 전달되고 그러면 공사는 얼마나 많은 양을 현에 조달할 것인지를 협상했다. 조달 약속이 지구와 성 단위에 이르면 동료 집단의 사회적 압력의 결과 할당량은 이미 여러 배로 늘어난 상태였다. 결국에 현실에서 매우 동떨어진 숫자가 경제 기획과 국가 생산 목표량을 정하는 책임을 맡은 리푸춘의 책상 앞에 도달했다. 그러면 그는 그대로 지도부가 합의한 최신의 정책 변화에 따라 목표치를 부풀렸다. 그렇게 정해진 새로운 숫자가 당의 명령이었다.

세상을 떠들썩하게 할 곡물 생산량 달성을 과시하고자 하는 압력은 대약진 운동 기간 동안 절정에 달했다. 경쟁적으로 더 높은 목표량을 약속하는 광풍 속에서 마을 단위부터 성에 이르기까지 당 관리들은 서로를 능가하고자 갖은 애를 썼고 선전 기구는 하루가 멀다 하고 새로운 기록을 발표하면서 더 조심스러운 간부들까지 숫자를 부풀렸다. 1959년 초에 당이 일부 터무니없는 주장들을 억제하려고 한 뒤에도 생산량에서 상당한 약진을 보여 주지 못하는 것은 〈우경 보수주의〉로 해석되었고 루산 총회 이후 숙청 기간 동안에는 특히 심했다. 공포의 분위기 속에서 마을 지도자들은 할당량을 깎으려고 노력하기보다는 명령을 따랐다. 대개 당 서기나 공사에서 온 대리가 그저 일정한 땅뙈기를 차를 타고 와서 둘러본 다음 아무렇게나 목표 수확량을 결정했다. 한 조장은 과정을 다음과 같이 설명했다. 「1960년에 우리는 260톤의 할당량을 배정받았다. 며칠 뒤 5.5톤이 늘어났다. 그다음 인민공사가 회의를 열더니 25톤을 더 추가했다. 이틀 뒤에 인민공사는 우리에게 전화를 걸어 할당량이 315톤까지 올라갔다고 말했다. 이 모든 일이 어떻게 일어났는지 우리는 전혀 모른다.」[2]

직위가 높을수록 할당량을 늘릴 권한이 커졌고 이는 이하의 모든 단위에 파급 효과를 낳아 저마다 명령에 따르기 위해 숫자를 조작해야 했다. 윈난 성의 성장 셰푸즈가 베이징으로부터 곡물 생산 전국 목표량이 3억 톤으로 상향 조정되었다는 말을 들었을 때 그는 즉시 전화 협의회를 열어 현장들에게 이것은 실제로는 3억 5000만~4억 톤이란 뜻이라고 설명했다. 그가 재빨리 계산해 본 결과 윈난 성은 전체 인구의 약 13분의 1을 차지하므로 약 1000만 톤을 할당받은 셈이었다. 윈난 성이 다른 지역들에 뒤처져서는 안 되므로 셰푸즈는 이 숫자를 멋지게 반올림하여 총 250억 근, 즉 1250만 톤으로 올렸다.[3] 지구부터 아래로 현, 인민공사, 생산 대대, 마을까지 모두가 그에 따라서 허둥지둥 현지 할당량을 조정해야 했다.

수확량이 부풀려지면서 과도한 조달 할당량이 내려왔고, 이는 부족 사태와 대대적인 기근으로 이어졌다. 하지만 수치가 조작되었다면 실제 수확량은 얼마이고, 국가가 어느 비율만큼 가져갔는지 알 수 있을까? 런던 대학교의 농업 경제학 전문가 케네스 워커는 현지 신문과 발표된 통계, 정책 지침의 전 범위에 걸쳐 10년 동안 통계 데이터를 힘들게 수집했다. 그는 국가가 1인당 평균 산출량이 실제로는 가장 낮았던 1959~1962년 시기에 가장 높은 할당량을 부과했다는 것을 보여 주었다.[4]

1984년 그의 연구가 세상에 막 나왔을 때 중국의 국가 통계청에서 기근 시기를 아우르는 일단의 통계 데이터와 더불어 통계연감을 발표했다. 대부분의 관찰자들은 이 공식 수치에 의존해 왔다. 그러나 자신의 과거를 보호하려 들기로 악명이 높은 당이 발표한 통계를 우리가 왜 믿어야 할까? 공식 통계의 문제들은 양지성(楊繼繩)이라는 은퇴한 언론인이 당 기록 보관소를 바탕으로 기근에 관한 책을 출간했을 때 드러났다. 그는 곡물청에서 1962년에 엮어 낸 일단의 숫자들에 의존했다. 그러나 이것은 문제를 한 숫자 집합에서 다른 숫자 집합으로 옮긴 것에 불과했다. 한 문서가 기록 보관소에서 나왔다는 사실이 그 자료를 자동적으로 올바른 자료로 만들지는 않는다. 모든 기록 보관소에는 상이한 시기에 상이한 주체들이 상이한 방법으로 합산한 일련의 서로 상충하는 숫자들이 있다. 정치적 압력의 결과 1958년부터 1962년까지 곡물청의 통계 작업이 와해되어 국가 자체가 더 이상 곡물 생산의 현실적 수준을 가늠할 수 없을 지경이 되었다. 그리고 허위 보고와 부풀린 숫자들이 당의 위계질서를 거쳐 상부로 올라가는 동안 누적되면서 왜곡은 최상위 수준에서 가장 컸다. 지도자 자신들이 통계상으로 만들어 낸 숫자들의 수렁에서 길을 잃으면서 우리가 당 기록 보관소의 한 가지 문서에서 마법처럼 수치상의 진실을 추출해 낼 수는 없을 것 같다. 마오쩌둥, 류사오치, 덩샤오핑과 여타 지도자들은 자신들이 겹겹이 왜곡된 필터를 통해 세상을 바라보고 있다는 것을 너무도 잘 알았고 그들의 해법은 농촌 현장 시찰을 통해 현장에서 실제로 무슨 일이 벌어지고 있는지 조사하는 데 더 많은 시간을 보내는 것이었다.

다른 한편으로 1962년과 1965년 사이에 현지의 통계부서들은 신뢰

표 5: 후난 성의 상이한 곡물 생산량과 조달량 추산치

	총 수확량 추정치		총 조달량 추정치	
	곡물청	통계 부서	곡물청	통계 부서
1956	–	10.36	–	2.39(23.1%)
1957	11.3	11.32	2.29(20.2%)	2.74(24.2%)
1958	12.27	12.25	2.66(21.7%)	3.50(28.5%)
1959	11.09	11.09	2.99(26.9%)	3.89(35.1%)
1960	8	8.02	1.75(21.9%)	2.50(31.2%)
1961	8	8	1.55(19.4%)	2.21(27.6%)

출처: 후난 성, 1965년 5월, 187–1–1432, 3~8쪽. 수확량 수치는 후난 성, 1961년 6월 30일, 194–1–701, 3~4쪽에서 가져왔는데 여기 수치들은 1965년 추정치와 다소 다르다. 곡물청 수치들은 Yang, Mubei, 540쪽에서 가져옴.

도를 다시 구축하려고 애썼고 과거의 실상을 파악하고자 종종 기근 시절로 거슬러 올라갔다. 그들의 내놓은 수치들은 곡물청에서 제공한 수치들보다 훨씬 높은 비율로 조달이 이루어졌음을 가리킨다. 표 5는 1962년에 통계청에서 펴낸 수치들과 농민들이 실제로 국가에 얼마나 바쳐야 했는지 알아내려는 시도에서 후난 성의 통계부서가 1965년에 추산한 현지 숫자들을 비교한다. 곡물 생산량 추정치 차이는 미미하지만 국가 징발량 규모의 경우에 후난 성 통계부서가 제공한 수치들이 총수확량의 28퍼센트부터 35퍼센트에 이르기까지 훨씬 크다. 왜 4퍼센트에서 10퍼센트까지 차이가 나는 걸까? 한 가지 이유는 통계 증거의 성격에서 찾을 수 있다. 좀 더 면밀히 검토해 보면 곡물청이 제공한 수치들은 기근의 여파로 인해 세심하게 재구성된 것들이라기보다는 전년도에 곡물청이 내놓았던 계획안들로부터 기계적으로 합산한 것이다. 각 계획안에는 두 쌍의 숫자가 있는데 하나는 해당 연도에 〈실제로 실현된〉 조달량을 가리키며 다른 하나는 내년도에 설정된 목표량이다. 예를 들어 1958년도 조달량은 1959년도 계획안에서 나왔고 다시 말해 개략적 수치라는 뜻이다.[5] 여기에 우리는 베이징의 곡물청이 1962년에 농촌에서 곡물이 모조리 유출될 만큼 과도한 징발을 허용하지 않았음을 보여 주라는 크나큰 압력을 받고 있었고 따라서 적은 수치들을 채택했으리라는 사실을 덧붙여야 한다. 그러나 불일치에는 또 다른 이유가 있다. 마을부터 인민공사, 성에 이르기까지 사회의 모든 층위마다 곡물을 감추고 있었다. 1965년 후난 성 통계 부서가 합산한 수치들은 기근 이후 세심한 조사를 바탕으로 했다. 후난 성이 공식적으로 중앙에 제출한 숫자들과 대조적으로 통계부서는 실제로 얼마가 조달되었는지를 알아내기 위해 인민공사와 현의 통계 수치들 전체로 되돌아갈 수 있었다. 다시 말해 두 통계 수치상의 차이는 국가의 눈길을 벗어나 징발된 곡물량과 일치한다.

다른 사례들도 조달 비율이 곡물청이 제시한 숫자들보다 훨씬 높았다는 사실을 확인해 준다. 예를 들어 저장에서 성의 최고위 관리인 쩡사오원(曾紹文)은 1958년에 290만 톤 정도, 다시 말해 수확량의 40.9퍼센트가 조달되었고, 이듬해에는 심지어 그보다 더 큰 비율인 43.2퍼센트가 조달되었다고 1961년에 인정했다.[6] 유사한 이야기가 구이저우에서도 나온다. 양지성이 접근할 수 없었던 지방 기록 보관소에서 성의 당위원회에서 나온 한 문서는 1958년부터 1960년까지 매년 평균 180만 톤, 즉 평균 44.4퍼센트가 조달되었음을 보여 주며, 1959년에는 조달량이 무려 234만 톤임을 보여 주는데 이는 수확량의 56.5퍼센트라는 어마어마한 비율에 해당한다. 같은 3년 동안 곡물청이 제공하는 수치는 평균 140만 톤, 즉 대략 25퍼센트에 못 미친다.[7]

이러한 계산들 가운데 일부는 추상적인 문제로 보일 수도 있지만 대단히 중요하다. 곡물은 계획 경제에서 교환 화폐이기만 한 게 아니다. 그것은 기근 시기에 생존 원천이 된다. 후난이나 저장 성이 조달량을 8퍼센트에서 10퍼센트를 늘려서 기근이 한창일 때 농촌에서 추가로 75만 톤의 곡물을 더 가져가자 아사에 내몰린 사람의 비율은 그만큼 증가했다. 우리는 이미 1킬로그램의 곡물이 1인당 하루에 얼마나 충분한 열량을 제공하는지를 살펴보았는데 이는 3인 가구가 1년에 곡물 1톤으로 살 수 있다는 뜻이다. 그러나 진짜 요점은 일일 칼로리가 400칼로리나 500칼로리 정도만 늘어났어도, 다시 말해 저녁에 커다란 밥 한공기만 더 먹었어도 많은 농민들이 기근에서 살아남을 수 있었으리라는 것이다. 한마디로 사람들이 어떻게 엄청난 규모로 죽어 갔는지

표 6: 상이한 곡물 조달 추산치 (100만 톤)

	총 생산량	총 조달량		
		공식 통계	곡물청	통계청
1958	200	51	56.27	66.32
1959	170	67.49	60.71	72.23
1960	143.50	51.09	39.04	50.35
1961	147.47	54.52	33.96	–

출처: Walker, Food Grain Procurement, 162쪽. Yang, Mubei, 539쪽. Yunnan, 1962, 81–786, 13쪽. 생산량 수치는 도정하지 않은 곡물인 반면 조달량 수치는 도정된 곡물로 전체 무게에서 대략 5분의 1의 감소를 감추고 있다.

를 이해하기 위해서는 수확량이 감소하던 시기에 증가한 국가 조달량이 어떤 역할을 했는지를 반드시 알아야 한다.

전체적으로 얼마나 많은 곡물이 조달되었을까? 표 6은 세 종류의 통계 수치를 보여 준다. 처음 두 가지는 발표된 통계 자료들을 조사해 케네스 워커가 1983년에 도달한 수치들과 곡물청에서 나온 자료를 바탕으로 양지성이 제공한 숫자들을 보여 준다. 그러나 앞서 본 대로 곡물청은 실제 수치들을 수집할 만한 정치적 성향이나 실질적 능력이 없었으므로 곡물청 숫자들은 그대로 받아들여서는 안 된다. 세 번째 통계 수치들은 1962년 윈난 성 통계부서의 직원들이 베이징 통계청이 정기적으로 주최한 전국 협의회에 참석했을 때 작성한 기록들을 바탕으로 한 통계 수치들이다. 모든 수치는 전문성보다는 정치와 편의에 얽매인 진술이었기 때문에 기록 보관소에서 단 하나의 진정한 통계 수치는 결코 발견되지 않을 것이다. 그러나 곡물청의 경우, 외국 관찰자들이 발표된 지역별 통계들을 바탕으로 계산해 낸 것과 중국의 통계청이

1962년에 수집한 것보다 훨씬 낮은 수치들을 수집한 것으로 보인다. 한마디로 상이한 원천에서 나온 증거들은 조달 수준이 1958년까지의 더 일반적인 징발 비율인 20~25퍼센트보다 훨씬 높게, 전국적으로 30퍼센트에서 37퍼센트까지 다양했다는 것을 보여 준다. 마오쩌둥이 1959년 3월 25일 당 지도자들의 비밀 모임에서 지시했던 대로 〈3분의 1 이상만 넘지 않는다면 인민은 반발하지 않을 것〉이다. 그러나 수확량 숫자가 부풀려졌다는 것이 잘 알려져 있던 시기에 그 자신이 평소보다 훨씬 많은 조달을 독려했다.[8] 달리 말해 국가가 실제보다 수확량을 훨씬 많게 잡았기 때문에 잘 모르고서 농촌에서 너무 많은 곡물을 가져갔다는 생각은 대체로 신화이며, 기껏해야 1958년 가을에나 부분적으로 진실일 뿐이다.

징발된 곡물의 일부는 농민들에게 되팔렸지만 — 할증금이 붙어서 — 긴 대기 목록의 맨 끝에 있었다. 10장과 15장에서 본 대로 당은 농촌의 필요를 무시하는 일단의 정치적 우선순위를 발전시켰다. 지도부는 외국과의 계약 사항을 준수하고 국제적 평판을 유지하기 위해 곡물 수출을 늘리기로 결정했고 1960년에는 〈수출 제일〉 정책이 채택될 정도였다. 우방국들에 대한 해외 원조를 늘리기로 해서 알바니아 같은 나라들에게 무상으로 곡물을 보냈다. 우선순위는 또한 베이징, 톈진, 상하이 같은 인구 성장 도시들과 랴오닝 성 — 중공업의 심장부 — 에 주어졌고 일반적인 도시 주민들의 필요가 그 뒤를 이었다. 이러한 정치적 결정의 결과는 조달 비율의 증대뿐 아니라 이러한 조달 물량 가운데 국가에 넘겨지는 전체적 곡물량의 증가였다. 일례로 저장 성의 경우, 1955년부터 1957년까지 성을 나간 연평균 곡물량이 120만 톤이었던 것과 대조적으로 1958년부터 1961년까지 성에서 나간 연평균 곡물량은 168만 톤이었다. 1958년 한 해에만 징발된 곡물의 절반 이상이, 저장 성이 성의 도시 주민들을 먹이기도 전에 먼저 베이징에 넘겨졌다는 뜻이다.[9] 전체적으로 조달 곡물 가운데 베이징과 상하이, 톈진, 랴오닝 성을 먹여 살리고 수출 시장을 유지하기 위해 국가가 가져간 양은 매 분기마다 증가하여, 1956년의 4분의 3분기에 160만 톤에서 1957년 같은 시기에는 180만 톤, 1958년에는 230만 톤, 1년 뒤에는 250만 톤으로 증가했고, 1960년에는 석 달 간 300만 톤이라는 최고 수준을 기록했다.[10]

이런 정책 우선순위의 순수 효과는 많은 농촌 주민들의 목숨을 빼앗는 결과를 가져왔다. 왕런중이 1961년 8월에 중국 남부 성장들의 전체 모임에서 곡물은 오로지 도시에만 공급될 수밖에 없고 따라서 기근에 시달리는 농촌 마을들은 알아서 건사해야 할 것이라고 설명하면서 표현한 대로 〈이례적으로 힘든 사정은 이례적인 조치들을 필요로 한다〉. 그가 본 대로 전체를 유지하기 위해 일정 부분들은 희생되어야 했다.[11]

그만 그런 게 아니었다. 저우언라이로 말하자면 그는 갈수록 더 많이 징발하도록 사정없이 밀어붙였다. 그는 농촌에서 충분한 곡물을 공출하여 도시를 먹이고 외화를 벌어야 할 책임을 진 사람이었다. 그는 직접 만나서나 전화로, 때로는 대리로 보낸 보좌관들과 쉴 새 없이 발송한 〈긴급〉이라고 찍힌 전보를 통해 지방 성장들을 닦달했다. 그 역시 국가 — 그 자신이 대표하는 — 의 이해관계들 앞에서 농촌의 필요는 양보해야 한다는 예민한 위계질서 의식을 가지고 있었다. 그는 마오쩌둥의 과격한 추종자인 리징취안이 그에게 넘겨준 막대한 양의 곡물은 쓰촨에서 대규모 기근 상황을 낳을 수밖에 없다는 사실을 아주 잘 알고 있었다. 그러나 다른 이들도 인민의 아사는 국가의 요구들보다 덜 중요하다는 시각을 완고하게 고수했다. 덩샤오핑은 계획 경제에서는 징발이 〈마치 전시에서처럼〉 가차 없이 강제되어야 한다고 생각했다. 성 지도자들이 자기 근거지를 지키기 위해 아무리 발버둥 치든 간에 당 노선은 고수되어야 하고 그렇지 않다면 나라는 망하고 말 것이다. 기근이 지도부 사이에서 잘 알려져 있던 1961년 말에 연설을 하면서 덩샤오핑은 막대한 징발로 수백 만 명이 아사했던 쓰촨에 관해서 이렇게 말해야 했다. 〈과거에 일부 지역들에서는 징발이 너무 과중했고, 예를 들어 쓰촨은 올해를 비롯해 몇 년 동안 징발이 심했다. 하지만 다른 대안이 없었다. 나는 쓰촨 방식에 찬성한다. 그들은 결코 고초에 대해 불평하지 않으며 우리 모두는 쓰촨한테서 배워야 한다. 내 자신이 쓰촨 출신이라고 이렇게 말하는 게 아니다.〉[12] 앞서 본 대로 마오쩌둥은 그 생각을 다른 식으로 표현했다. 〈먹을 게 충분하지 않을 때 사람들은 굶어 죽는다. 인민의 절반을 죽게 내버려 두어 나머지 절반이 그들 몫을 먹을 수 있게 하는 게 낫다.〉[13]

국가가 조달 곡물에 지불한 가격은 성마다 달랐다. 예를 들어 옥수수의 경우, 광시 성에서는 톤당 124위안부터 바로 너머 광둥 성에서는 1961년 초에 152위안까지 가격이 제각각이었다. 쌀 가격은 예를 들어 광시 성에서는 톤당 124위안인데 반하여 같은 양이 상하이에서는 180위안으로, 그 차이가 50퍼센트에 달하기도 했다.[14] 국가는 쌀을 톤당 400위안에 수출하여 상당한 이익을 얻었다.[15] 이러한 가격들은 시시때때로 조정되었으나 조달 가격은 줄곧 너무 낮아서 농민들은 흔히 손해를 보며 곡식을 생산하는 셈이었다. 최근인 1976년까지지도 그저 그

이유 때문에 밀이나 보리, 옥수수, 수수 농사는 이익이 남질 않았다. 쌀로 얻는 소득도 미미했다.[16] 그러나 계획 경제에서 농민은 더 이상 어떤 작물을 재배할지 자신이 결정할 수 없고 대신 현지 간부의 명령에 따라야 했다. 그리고 간부들은 그들대로 당의 명령을 따라야 했다. 곡물 생산량에 매어 있는 계획가들은 전체 경제에 해를 끼쳐 가면서 갈수록 더 높은 비율의 농민들이 곡물 농사에 집중하도록 강제했다. 이러한 비전은 많은 성들에서 곡물 재배 면적이 10퍼센트 정도 확대되는 식으로, 다른 무엇보다도 곡물 생산을 장려하는 정책으로 이어졌다.[17] 더 수지가 맞는 작물을 포기하고 옥수수나 쌀, 밀을 재배하라는 요구를 받은 농민들은 손해를 보았다. 예를 들어 저장에서는 일부 마을들이 늘 재배해 오던 멜론과 사탕수수, 담배 대신 곡물을 재배하라는 명령을 받은 뒤에 소득이 급락했다.[18]

계획 경제에서 또 다른 문제는 현장의 관리들이 자신들이 무슨 일을 하고 있는지 언제나 잘 알고 있지는 않고 따라서 나중에 가서 참사로 드러나게 되는 결정들을 강제한다는 것이었다. 우리는 이미 대약진 운동 절정기에 배게 심기와 깊이 갈기 농법이 정권에 의해 어떻게 강요되었는지를 살펴봤다. 이것은 농사에 대한 지식이 일천한 현지 간부들의 변덕스러운 개입으로 더 악화되었다. 1959년 뤄강 인민공사에서 한 현지 지도자는 경지 절반의 기존 작물을 고구마로 대체하기로 결정했다가 나중에 다시 마음을 바꿔서 고구마를 땅콩으로 대체했다. 그 뒤 땅콩은 다시 쌀에 자리를 내주기 위해 파헤쳐졌다. 전년도에 인민공사는 깊은 이랑을 파기 위해 자그마한 땅뙈기에 막대한 인력을 집중하여 깊이 갈기 농법을 시도했는데 상당 부분은 손으로 판 것이었다. 일부 경우에는 헥타르당 30톤에 이르기까지 엄청난 양의 비료가 투입되었다.

그러나 이 모든 노력은 수포로 돌아갔다.[19] 광둥 성 카이핑 현에서는 수천 명의 주민들이 혹한의 날씨에도 불구하고 1959년 이른 봄에 파종하도록 거듭 강요를 받았다. 종자는 세 차례 얼어 버렸고 결국에 밭에서는 헥타르당 450킬로그램이라는 미미한 수확량이 나왔다.[20]

그러나 그보다 더 재앙이었던 것은 덜 재배하라는 명령이었다. 마오쩌둥은 농촌이 엄청난 곡물 무게에 짓눌려 허덕이고 있다고 확신하여 농지의 3분의 1을 휴경할 것을 제안했다. 〈중국의 인민은 평균 3무를 경작하지만 내 생각에는 2무면 충분하다.〉[21] 도시로 향하는 농민들의 대이동과 결합하여 경작 중인 농지 전체 면적은 급감했다. 후난 성에서는 1958년 약 578만 헥타르에서 곡물이 경작되었으나 1962년에 이르자 15퍼센트 감소하여 492만 헥타르에 머물렀다.[22] 저장 성에서는 6만 5,000헥타르의 경지가 매년 사라져서 1961년에 이르러서는 전체 농지 면적의 총 10분의 1이 감소했다.[23] 이러한 평균 감소 면적은 깊은 지역적 차이를 가린다. 예를 들어 우한 지역에서는 3만 7,000헥타르의 농지 가운데 절반이 조금 넘는 면적만이 경작되었다.[24] 농업 부문을 관장한 탄전린은 1959년에 대략 730만 헥타르가 휴한지였다고 언급했다.[25] 펑전은 1961년 초에 발언하면서 경작 중인 면적은 총 1억 700만 헥타르에 이른다고 추정했다. 사실이라면 1958년 이래로 2300만 헥타르가 버려졌을 것이라는 뜻이다.[26]

이러한 경지 손실에 재배 곡물 비율의 변화를 더해야 한다. 비록 북부에서는 거친 잡곡 — 수수, 옥수수, 기장 — 도 상당량 소비되었지만 도시 주민은 낟알이 고운 미곡 — 쌀, 밀, 콩 — 을 선호했다. 그러나 고구마는 농민 식량으로 여겨졌고 일반적으로 많이 소비되지는 않았다.[27] 게다가 고구마는 썩는 상품이라 국가는 고구마에는 그다지 관심이 없었다. 국가에 조달되는 대부분의 곡물은 미곡이었다. 그러나 수확량을 늘리라는 압력에 간부들이 재배하기 쉬운 덩이줄기 식물로 전환하는 방식으로 대응하면서 기근 시기 동안 고구마 재배 비율이 증가했다. 농민들은 흔히 고구마밖에 먹을 게 없었다.

곡물 판매에 독점을 부과함으로써 국가는 매머드급 규모의 임무를 떠맡았다. 공무원들은 곡물을 구입해, 저장하고, 나라 전역에 걸쳐 여러 목적지로 운송하고, 다시 저장하고, 배급표에 따라 배분해야 했다. 이 모든 것을 시장에 의해 창출되는 인센티브가 아니라 종합 기본 계획에 따라서 말이다. 부유한 나라도 임무의 막중함에 주춤했을지도 모르지만 중국은 빈국이며 그것도 매우 거대한 빈국이었다. 국가 저장 — 사적, 공적 생산자와 소매업자, 소비자 등 다양한 범위에 걸쳐 분포된 소규모 저장 대신 — 은 곡물 손상의 적잖은 원인이 되었다. 벌레가 흔했고 쥐가 넘쳐났다. 광둥 성 인민 대표 회의의 상세한 조사는 난숭 현에서 전체 2,832개의 현지 곡창 가운데 2,533개라는 놀라운 숫자의 곡창들에 쥐가 있다는 사실을 보여 주었다. 123개의 전체 국가 곡창 가운데 3분의 1에 벌레가 들끓었고 차오안 현에서 728개의 공사 곡창 중에서는 그 비율이 더 높았다.[28] 윈난 성에서는 1961년 전반기에 약 24만 톤이 충해를 입었다.[29] 산둥 성 주청 현에서는 곡물 1킬로그램당 수백 마리의 벌레가 기어 다니고 있었다.[30]

그다음 썩는 문제가 있었다. 형편없는 저장 상태와 더불어 물로 곡물 부피를 늘리는 관행이 원인이었는데 곡물 감독관들도 이런 관행을 항상 적발해 낼 수는 없었다. 광둥에서는 국가 곡물 150만 톤 가운데 거의 3분의 1이 물을 너무 많이 먹어서 곡창들에서 곡물이 줄줄이 썩어 나갔다.[31] 후난 성에서는 국가 곡창에 저장된 전체 곡물의 5분의 1이 벌레가 먹거나 물을 많이 함유해 썩어 버렸다. 후난 성 성도 창사에서는 저장된 전체 곡물이 절반 넘게 오염되었다.[32] 국가 곡창의 기온은 흔히 너무 높아서 충해를 악화시켰고 이는 다시 고온다습한 환경에서 잘 서식하는 곤충에 유리했다. 윈난 성에서 일부 곡창들의 기온은 섭씨 39~43도에 달했다.[33] 아열대 중국의 습윤한 지방에서 멀리 떨어진 북부 평원의 추운 겨울에도 부패 문제는 흔했다. 수도 바로 바깥 기근이 가장 극심한 해에 50톤이 족히 넘는 고구마가 양칭 현의 십여 군데 마을에서 썩어 나갔다. 추가로 6톤의 고구마가 베이징 하이뎬 지구 곳곳에 위치한 저장소에서 부패했다.[34]

상당한 손실은 방화나 실화로 인한 화재로도 야기되었다. 윈난 성에서만 70톤의 식량이 1961년 매달 연기로 날아갔다. 1960년과 1961년에는 매달 300톤 이상이 병충해와 화재로 손실되었다. 공안부는 윈난 성에서 1960년에만 화재로 사라진 곡물이 150만 명을 한 달 동안 적절히 먹이기에 충분했을 것이라고 추산했다.[35] 윈난 성이 최악의 문제 지역은 아니었다. 랴오닝 성 안산 지역에서는 1960년에 매달 400톤이 파괴되었다. 하긴 이 수치는 절도와 부정행위로 인한 것으로 추정될 수 있는 손실만을 포함한 것이다. 이 주제는 나중에 다룰 것이다.[36]

운송 체계는 대약진 운동 정책들의 영향으로 처참한 상태가 되었다. 철도 체계는 대약진 운동 계획들이 중국의 한쪽 끝에서 반대편 끝으로 보내도록 지시한 막대한 화물 물량을 감당하지 못하고 1959년 초에 마비되었다. 대형 트럭들은 연료가 급속히 바닥났다. 나라 전역에서 곡물이 철도 측선에서 썩어 가고 있었다. 작은 성도 쿤밍 시에서는 약 15톤이 매달 철도나 화물 트럭 수송 와중에 손실되었다.[37] 그러나 이것도 수확이 끝난 뒤 시골에서 벌어진 일들에 비하면 아무것도 아니었다. 후난 성에서는 매일 필요한 수백 대의 화차가 부족한 탓에 시스템 전체가 1959년 여름에 멈춰 섰다. 트럭도 부족하기는 마찬가지여서 곡물의 절반만이 시골에서 주요 철도역으로 운송될 수 있었다. 매달 6만 톤만 실어 나를 수 있는데도 곡물 20만 톤가량이 길가에 쌓여 있었다.[38]

결국에 농민들한테는 작물을 심을 종자도 충분히 남지 않게 되었다. 1962년 초봄에 베이징에서 상하이까지 기차로 이동하던 외국인 방문객들은 철로를 따라 펼쳐진 농지에 기껏해야 작물이 간간이 심어져 있을 뿐, 많은 논밭들이 휴한지로 버려져 있는 것을 보았다.[39] 나라 전역에서 한때 세심하게 가꿔진 논밭은 이제 덜 자란 밀 다발이나 비료가 부족해 시들어 가는 벼만이 자리를 지킨 채 황폐해 보였다. 넓은 경지들이 심을 게 없어서 버려졌다. 보통은 다음 파종기를 위해 따로 떼어 두는 막대한 양의 종자를 절박한 농민들이 먹어 치워 버리는 일이 어디서나 비일비재했다. 상대적으로 최악의 기근은 피한 저장 성에서도 다섯 마을 가운데 한 군데 꼴로 밭에 심을 종자가 부족했다.[40] 보통은 봄에 온갖 초록빛으로 푸르른 아열대 지역인 광둥 성에서는 종자가 약하고 영양이 결핍되고, 토양에서 양분이 모조리 빠져나온 탓에 돋아난 싹 가운데 10퍼센트는 늘 썩어 버렸다. 중산 현의 일부 인민공사들에서는 잎사귀가 돋아나던 작물들이 누렇게 변색되다가 서서히 썩어 가며 갈색 곤죽이 되면서 밭의 절반이 시들어 죽었다.[41]

계획가들이 갈수록 더 많은 비율의 농지에 곡물을 재배하라고 지시하면서 상업적 작물과 식용유의 생산량이 곤두박질쳤다. 그러나 곡물과 달리 여기에는 어느 기준 이하로는 국가가 개입하지 말아야 한다는 자급용 한계 개념이 없어서 그 결과 징발량이 치솟았다.

면화가 좋은 사례다. 중국이 경제적 비용 이하의 가격으로 상품을 수출하는 방식으로 무역 공세를 선언하면서 1958년에 중국산 직물이 어떻게 국제 시장에 쏟아져 나왔는지는 이미 살펴보았다. 전략은 역효과를 낳았지만 그럼에도 불구하고 외국 무역 파트너와 맺은 무역 협정을 준수하기 위해 직물 수출은 증가했다. 중국은 1957년에 100만 미터의 면직물을 소련에 보냈고 그다음 1959년에는 200만 미터를, 1960년에는 149만 미터라는 막대한 양을 인도했다.[42] 직물 산업에 원료를 공급하기 위한 생면 10만 톤 수입 비용은 미화 800만 달러였다. 수학은 간단했다. 1961년 농촌에서 추가로 조달되었던 면화 5만 톤에 해당하는

표 7: 후난 성 면 생산량과 면 조달량(톤)

	생산량	조달량
1957	21,557	17,235(80%)
1958	23,681	15,330(64.7%)
1959	32,500	28,410(87.4%)
1960	21,000	19,950(95%)
1961	15,130	15,530(102.6%)

출처: 후난, 1962, 187-1-1021, 33쪽. 1964년 3월, 187-1154, 80, 97쪽.

수입 비용을 계산하면서 재정부장 리샨녠이 같은 해 11월에 〈4000만 달러는 정말 대단하다!〉[43]고 외친 대로였다.

달러의 유혹은 뿌리치기 힘들었다. 조달량은 1957년 164만 톤에서 이듬해 210만 톤으로 늘어났다. 면화 수확량이 폭락하면서 비록 1960년에는 그 양의 절반만이 징발되었지만 여전히 전체 면화 생산량의 82~90퍼센트가 결국에는 국가의 수중에 들어간 셈이었다.[44] 후난 성의 예를 보자(표 7). 실제 생산량이 1959년에 정점을 찍은 뒤 곤두박질치면서 국가가 가져간 비율은 80퍼센트에서 1960년에 95퍼센트로 뛰어올랐다. 1961년 후난 성 관리들은 성 전역으로 퍼져 나가, 생산대와 인민공사들이 전년도 수확분에서 따로 떼어 둔 비축 물량을 비롯해 면화 자루란 자루는 모조리 쓸어 가면서 그해 전체 면화 생산량보다 더 많이 조달하는 데 성공했다. 이런 전략은 1959년 허베이 성에서 이미 채택되어 지도부의 칭찬을 한 몸에 받았다. 국무원이 1959년 설명한 대로 집단 저장 시설에서 발견된 비축분을 징발함으로써 그리고 〈여전히 대중의 수중에 있는 면화를 가져옴〉으로써 허베이 성은 조달량을 3분의 1만큼 증가시킬 수 있었다.[45]

대중은 입을 옷이 별로 없게 되었다. 곡물이 수출 시장을 국내 수요보다 중시하는 정치적 우선순위에 따라 분배된 것처럼 높은 비율의 면화가 직물 산업에 공급되어 국제 시장에서 팔려 나갔다. 남은 분량은 잘 확립된 순서에 따라 아주 조금씩 배급되고 분배되었다. 이 위계질서에서는 당과 군대가 맨 꼭대기를 차지했고 그다음 도시 주민이 뒤따랐으며, 이러한 범주들 각각은 내부적으로 더 미세 조정되어 정교한 위계서열을 이루었지만 모두가 한 가지 공통점이 있었다. 면화 생산자, 즉 농촌의 인민은 일반적으로 이 순서에서 배제되었다는 것이다. 1961년에 생산된 면화 350만 건(件) 가운데 대략 절반을 당과 군복에 배정하고 100만 건은 수출 시장을 위해 떼어 놓고 나니 6억 인구에는 80만 건만 남았을 뿐이다.[46] 광저우에서는 타월과 양말, 셔츠, 조끼, 우비를 구하려면 배급 쿠폰이 필요했다. 면포는 1년에 1미터 배급되었고 도시 근교에 사는 사람들은 도시 거주민들보다도 3분의 1만큼 덜 받았다. 반대로 대약진 운동 전에는 누구나 1년에 7미터 이상 구입할 수 있었다.[47]

1960년이 되자 농촌에서의 상황은 너무 절박해져서 농민들은 목화씨도 먹을 수밖에 없었다. 저장 성 츠시 현에서는 한 달 만에 2,000명 정도의 주민들이 목화씨로 만든 떡을 먹고 중독되었는데 중국에서 곤경이 덜했던 성 가운데 하나에서도 상황이 얼마나 절망적이었는지를 보여 주는 지표인 셈이었다. 허난 성에서는 신샹 인근 지역에서만 목화씨로 10만 명 넘는 사람들이 중독되었고 150명 이상이 사망했다.[48] 중국 곳곳에서 극도로 굶주린 주민들은 가죽 허리띠와 볏짚 이엉부터 누비솜에 이르기까지 손에 잡히는 것은 무엇이든 먹었다. 1961년 9월 한 달 동안 화이 강을 따라 극도로 황폐해진 지역들을 돌며 여행한 당의 고위 간부이자, 몇 십 년 뒤 정통 마르크스주의에서 벗어나 나라를 새로운 방향으로 이끌면서 최고의 자리까지 오르게 될 덩샤오핑의 동료인 후야오방은 실오라기 하나 걸치지 않은 여성과 아이들을 목격했다고 보고했다. 대여섯 명으로 이루어진 많은 가족들이 담요 한 장을 같이 덮었다. 〈직접 눈으로 보지 않으면 어떤 모습인지 상상하기 어렵다. 사람들이 얼어 죽지 않도록 이 문제를 화급하게 다루어야 할 곳이 여러 곳이다.〉[49] 중국 전역에서 아사한 사람들은 흔히 한겨울에도 벌거벗은 채 죽음을 맞이했다.

비록 1958년 대약진 기간 동안 상당량이 도살되었지만 시간이 흐르면서 가금과 돼지, 소는 주로 방치와 굶주림, 추위와 질병으로 폐사했다. 숫자를 보면 참사의 규모를 어느 정도 짐작할 수 있다. 후난 성에서는 1958년에 돼지 대략 1270만 마리가 사육되고 있었던 반면 1961년에는 고작 340만 마리만이 살아 있었다(표 8). 허베이 성에는 1961년에 돼지가 380만 마리 있었는데 5년 전에 성이 자랑했던 마릿수의 절반에 불과했다. 소 100만 마리도 사라졌다.[50] 산둥 성에서는 기근 동안 소 50퍼센트를 잃었다.[51]

일단 모든 가축이 인민공사에 넘겨지면서 가축을 돌볼 유인 동기가 싹 사라지자 방치가 만연했다. 광저우 바로 바깥 화 현에서 돼지들은 분뇨 더미 옆에 있었다. 일부 마을들에서는 비료를 얻기 위해 돼지우리를 헐어 버려 동물들이 비바람에 고스란히 노출되었다.[52] 수의(獸醫) 관련 서비스가 혼란에 빠지면서 일상적인 방역 체계가 무너졌다. 우질과 돼지 콜레라가 퍼졌다. 조류 독감도 흔했다.[53] 겨울에 폐사 가축수가 가장 많았다. 저장 성 츠시 현에서 겨울 동안 단 한 달 만에 돼지 수만 마리가 굶어 죽었다.[54] 허난 성에서는 1960년 12월에만 돼지 60만 마리가 폐사했다.[55]

표 8: 후난 성 돼지 (100만 마리)

1957	1958	1959	1960	1961
10.9	12.7	7.95	4.4	3.4

출처: 후난, 1962, 187-1-1021, 59쪽.

그보다 더 사태를 잘 보여 주는 것은 급격히 치솟은 질병률이다. 광둥 성 둥관 현에서는 돼지 사망률은 1956년에 9퍼센트를 조금 넘겼다. 3년 뒤 전체 돼지의 4분의 1이 죽었고 1960년에 이르자 절반이 훌쩍 넘는 돼지가 죽었다. 몇 년 전만 해도 420만 마리가 있었던 둥관 현에는 돼지가 100만 마리만 남아 있었다.[56] 저장 성 일부 현에서 사망률은 600퍼센트였는데 새끼 한 마리가 태어날 때마다 여섯 마리가 죽었다는 뜻이다. 돼지 떼 전체가 곧 사라졌다.[57] 허난 성 전역에서 가축 상황은 일본과의 전쟁이 한창이던 1940년이 1961년보다 나았다. 다름 아닌 저우언라이의 말에 따르면 그랬다.[58]

돼지들은 굶어 죽기 전에 먼저 서로에게 달려들었다. 흔히 가축은 무게별로 격리되지 않고 모두 같은 공간에 몰아넣어져서 작은 놈들은 이리저리 밀리고 짓밟히고 다쳐서 결국 먹혔다. 일례로 장인 현 여기저기에서는 많은 돼지들이 얼어 죽었지만 상당수는 더 큰 수퇘지들한테 먹혔다.[59] 많은 돼지들이 혹독한 환경에 다 함께 내던져져서 서열이 생겨나는 것 같지 않으면 돼지들은 서로를 적으로 간주하게 된다. 가축 사망률이 45퍼센트였던 베이징의 홍성 인민공사에서 주민들은 돼지들이 한 공간 안에 무차별적으로 수용되어서 수퇘지가 새끼를 잡아먹는 것을 목격했다.[60]

가축 폐사의 일부는 축산 방식의 혁신으로 야기되었다. 배게 심기와 깊이 갈기 농법처럼 이런 축산 기법은 중국이 경쟁 국가들을 앞지를 수 있게 해주리라 여겨졌다. 돼지의 체중을 늘리기 위해 온갖 실험이 이루어졌는데 그 가운데 일부는 트로핌 리센코Trofim Lysenko의 사이비 이론들에 영감을 받은 것이었다. 스탈린의 후견을 받은 리센코는 유전학을 거부하고 유전적 성질이 환경에 의해 형성된다고 믿었다(참고로 덧붙이자면 리센코는 1958년에 대약진 운동에 대한 경멸을 공공연하게 드러내 베이징의 지도부의 심기를 크게 해쳤다).[61] 교잡 품종 종자가 저항력이 더 뛰어난 것처럼 고위 지도자들은 가축의 잡종 교배를 구상했다. 저장 성 당 서기인 장화는 따라서 현장들에게 〈적극적으로 자연을 형성〉하는 조치를 취하라고 요청했다. 그는 암퇘지와 수소의 이종 교배가 더 무거운 새끼 돼지를 낳는다고 주장했다.[62] 불가능한 육류 인도 할당량을 채우려고 열심인 현지 간부들도 15킬로그램에 불과한 것들을 비롯해 심지어 아직 다 자라지 않은 가축도 인공 수정시켰다(건강한 다 자란 돼지는 100~120킬로그램 나가야 한다). 그 결과 많은 가축들이 불구가 되었다.[63]

가축 수의 가파른 하락에도 불구하고 국가 조달은 거침없었다. 허베이와 산둥 성에서는 1959년 초 석 달 동안 농촌에서 가축 도살이 금지되었다. 앞서 본 대로 마오쩌둥은 도살 금지령을 칭찬했고 아무도 고기를 먹어서는 안 된다는 결의안을 통과시켜야 한다고 주장할 정도였다. 모든 육류는 외국과 맺은 약속을 지키기 위해 수출되어야 한다.[64] 마오쩌둥은 뜻을 이룰 수 없었다. 그래도 도시 인구의 육류 배급량은 여러 차례 깎였다. 1953년에 연간 육류를 1인당 평균 20킬로그램 정도 소비한 도시인 상하이에서도 1960년에는 배급 계획에 따라 할당된 1인당 육류 배급량이 4.5킬로그램에 불과했고 실제로는 그보다 적은 양만 구할 수 있었다.[65] 그러나 당원들은 계속해서 정기적으로 육류를 배급받았다. 그리하여 광둥 성은 1961년에 수도로 돼지 2,500마리를 인도하라는 명령을 받았는데 전부 국빈 만찬과 외빈용으로 배정된 것이다. 그뿐이랴, 더 정기적인 국가 조달 할당량도 추가되었다.[66]

어구를 징발당하거나 장비의 유지 수선이 잘 이뤄지지 않아 수산업도 집산화로 심한 피해를 입었다. 타이 호 남부에 자리한 번창하는 비단 도시 후저우 시 우싱 구에서는 벌어진 이음매를 수선할 동유(桐油)가 부족해서 배 다섯 척 가운데 한 척은 더 이상 바다에 나갈 수 없었다. 선박용 못이 더 이상 단철로 만들어지지 않아서 누수 건수는 꾸준히 증가했다.[67] 전체적 어획량이 폭락했다. 안후이 성 차오후 호에서는 1958년에 어부들 한 무리가 일상적으로 약 215톤을 잡았다. 배와 그물이 손질되지 않은 채 썩어 가면서 2년 뒤에는 고작 9톤만이 끌어올려졌다. 많은 어부들이 유인 동기가 부족해서 어로를 그만두었다.[68]

쟁기, 써레, 낫, 괭이, 삽, 들통, 바구니, 거적, 손수레, 온갖 도구들이 집산화되었지만 과연 어떤 집단이 실제로 그것들을 소유했을까? 생산대와 생산 대대, 인민공사 사이에 상호 비난과 제멋대로 회수가 난무하며 주도권 다툼이 시작되지만 그 결과 결국에는 아무도 신경 쓰지 않게 되었다. 일부 주민들은 하루가 끝나면 쟁기와 써레를 그냥 밭 옆에 내버려 두었다. 과거에 좋은 농기구는 10년씩 쓸 수 있었지만 — 일부 쟁기들은 세심하게 수선하면 60년을 버티기도 했다 — 이제는 1, 2년 이상을 가지 않았다. 기장을 말리기 위해 쓰는 거적은 잘 유지하기만 하면 10년 뒤에나 수선하면 되었겠지만 인민공사의 도래와 함께 대부분은 한 철만 쓰고 나면 닳아 버렸다. 상하이에서 온 일단의 조사관들은 어떤 써레들은 하루가 지난 뒤에 수리를 해야 했다고 보고했다.[69]

그리고 그 농기구들은 1958년 철강 증산 운동의 광풍이 몰아쳤을 때 토법고로 속으로 들어가지 않고 남은 도구였다. 1961년 여름에 개최된 루산 총회에서 중남부 지역 서기 리이칭은 당 지도자들에게 모범 성 허난에서 농기구 14만 톤이 불길 속에 던져졌다고 보고했다.[70] 이러한 손실과 방치로 파괴된 것을 합산하면 총계는 전체 농기구의 3분의 1에서 절반까지 다양하다. 산둥에서는 대약진 운동 1년 만에 전체 농기구의 3분의 1이 쓸모없어졌다.[71] 광둥 성 샤오관 지역에서는 1961년에 이르자 전체 필수 장비 가운데 40퍼센트가 사라졌는데 장비 340만 개가 손실되었다는 뜻이다. 남은 것 중 3분의 1은 부서진 것이었다.[72] 허베이 성에서 물레방아 숫자가 절반으로 주는 동안 손수레도 50퍼센트 감소했다.[73] 저장 성에서는 전체 수도 펌프의 절반, 전체 파종기의 절반 이상, 그리고 전체 탈곡기의 3분의 1이 이상이 복구할 수 없을 만큼 파손되었다.[74]

모두의 것이며 딱히 누구의 것도 아닌 도구를 수리할 유인 동기가 거의 없었다는 사실 외에도 다른 이유들도 복구에 방해가 되었다. 특히 목재를 비롯해 천연 자원의 부족 현상이 만연해서 계획 경제의 가격 고정에도 불구하고 원자재 가격이 폭등했다. 예를 들어 저장 성에서는 대나무가 대약진 운동 전보다 40퍼센트 이상 비쌌고 농기구 생산을 위해 농촌에 배정된 철은 품질이 조악했다.[75] 토법고로에 집어넣기 위해 이미 집안의 조리 도구와 농기구를 빼앗긴 농민들한테는 잘 부서지는 쓸모없는 괴철이 건네졌다. 1961년 광둥의 농촌에 할당된 금속의 절반이 결함이 있었다.[76] 앞으로 살펴보겠지만 국영 기업의 도구 생산도 그보다 더 나을 게 없었다.

18장
공업

중국 전역의 공장과 주조소, 작업장, 광산, 발전소에 부과되는 생산 목표량이 갈수록 증가했다. 한 생산 단위가 어떻게 보상을 받는지는 할당을 채운 비율에 따라 결정되었다. 전체 생산량은 어느 한 공장의 흥망을 좌우하는 마법의 숫자였다. 그리고 인민공사의 간부들이 갈수록 늘어나는 곡물량을 약속한 것처럼 나라 전역에서 공장들은 계획 달성에서 서로를 능가하려고 했다. 생산량 수치 목록들이 선전 기구에 의해 매일같이 방송되었고 모두가 볼 수 있도록 칠판과 벽보에 적혔다. 성장 예상 수치가 적힌 차트와 도표가 공장 직영 매장에 내걸렸다. 모범 노동자의 사진은 〈영예의 게시판〉 유리판 아래 모셔졌고 포스터와 별, 리본, 슬로건이 모든 작업장 벽을 장식했다. 공장 모임에서는 저성과자들이 누구인지 가려진 반면 목표를 초과 달성한 사람들은 인정을 받고 그 중 일부는 주석이 둘러보는 베이징의 대중 집회에 참석하기도 했다. 쇠가 녹으며 나는 쉿쉿거리는 소리와 도가니가 댕그랑거리는 소리, 증기가 뿜어 나오는 소리 너머로 확성기는 노동자들이 생산을 증대하도록 독려하는 선전과 라디오 프로그램을 흘려 내보내며 시끄러운 소음을

끊임없이 토해 냈다.[1]

붉은 공장의 최고 목표가 생산량이 되면서 투입 비용은 흔히 무시되었다. 중앙 경제 부처부터 공장 내 다양한 행정 부서에 이르기까지 공업을 담당한 방만한 관료제 안에서 누구도 해외로 주문한 어마어마한 양의 장비를 제대로 파악하지 못했다. 농촌에서 식량 징발을 그토록 무자비하게 추진한 저우언라이도 기계류 수입은 효과적으로 억제하지 못했던 것 같다. 기업체들은 또한 지속적으로 규모를 확장하고 위신이 서는 건물을 세우고 더 많은 장비를 구입하기 위해 돈을 빌렸다. 뤄양 채굴 기계 공장의 경우 은행에 내야할 월 이자가 공장의 전체 임금 패키지에 맞먹었다.[2]

그러나 새로운 장비는 일단 설치되고 나면 유지 보수가 형편없었고 잘못된 조작이나 운용이 비일비재했다. 1961년 상하이의 부두를 방문했을 때 중국의 상황에 대체로 공감하고 있던 동독의 대표단은 수입 기계류의 상태를 보고 경악했다. 판금과 튜브, 특정한 형태로 만들어진 철재 같은 신자재들은 옥외에서 녹슬어 가고 있었다.[3] 1958년 9월 대약진 운동의 절정기에 대대적인 축하 행사와 함께 마오쩌둥이 개소한 우한제철소도 1962년에 이르자 지멘스-마르틴 고로 여섯 기 가운데 단 두 기만이 완전 가동되고 있어서 기계류를 극도로 방치한다는 유사한 인상을 주었다.[4] 조사 팀의 더 상세한 보고서는 자재, 도구, 기계가 방치되거나 심지어 고의적으로 훼손된다는 사실을 확인해 주었다. 스좌장 제철회사에서는 일례로 전체 엔진 가운데 절반이 수시로 고장이 났다.[5] 낭비 문화가 발전했다. 뤄양에서는 공장 세 곳에서만 아무런 쓸모없는 고철이 2,500톤 이상 쌓였다.[6] 선양에서는 엉성하게 관리한 용융 구리와 니켈 용액이 고철 사이로 흘러 다녔다.[7]

낭비는 원자재와 물자가 효율적으로 배치되지 못한 탓이기도 하지만 공장장들이 생산량을 늘리기 위해 고의적으로 규정을 악용한 탓도 있다. 일단의 회계 감사원들에 따르면 지난에서 막 문을 연 제철소는 수백 톤의 망간 원석에 모래를 섞었다가 결국 다 버려야 하는 쓸모없는 혼합물을 만들어 냄으로써 처음 두 해 사이에 국가 투자금의 5분의 1, 즉 124만 위안을 낭비했다.[8]

더 높은 생산 수준을 향하여 모두가 정신없이 일하면서 수준 이하의 상품이 산더미처럼 쌓였다. 많은 공장들이 쉴 새 없이 더 많은 생산량을 추구하면서 날림으로 제조한 저질 상품을 토해 냈다. 금방이라도 무너질 것 같은 집과 부서질 것 같은 버스, 흔들거리는 가구, 결함 있는 전기 배선부터 엉성한 창문에 이르기까지 물질문화의 기본 구조 자체가 허접한 제품들로 가득했다. 국가 기획 위원회는 베이징에서 생산된 전체 철강 중 5분의 1만이 1등급 품질이라는 것을 발견했다. 대부분은 품질이 2등급이나 3등급이었고 20퍼센트 이상은 불량품으로 분류되었다. 허난 성에서는 공장에서 제조된 모든 철강이 3등급이나 그보다 더 나빴다. 철강 생산 거대 기업들이 대량으로 내놓은 질 낮은 자재들은 관련 산업 전범위에 연쇄 효과를 일으켰다. 안산에 있는 거대 철강 복합 기업체 안강에서 1957년에 생산된 레일은 일반적으로 1등급이었지만 1960년이 되자 3분의 1만이 요구 수준에 부합했다. 레일의 품질이 떨어지자 철도망의 여러 부문이 많은 교통량을 감당하기에는 위험해져서 폐쇄되어야 했다. 몇몇 구간은 완전히 붕괴했다.[9]

조악한 상품의 양이 증가했을 뿐 아니라 그중 상당한 비율이 시중으로 나갔다. 1957년에는 허난 성에서 생산 기준에 못 미치는 시멘트의 0.25퍼센트만이 실제로 공장에서 나갔다. 이 비율은 1960년에 5퍼센트

넘게 커졌고 다량의 수준 이하 자재가 공사 현장에서 사용되었다. 허난성 카이펑에서 일련의 산업 조사는 그보다 더 놀라운 결론에 도달했다. 전체 생산량 가운데 70퍼센트 이상이 반품이었던 것이다.[10]

그리고 불량 레일과 마찬가지로 휜 철재와 가짜 시멘트는 일상의 물질 구조를 위험천만하게 약화시켰고 질 낮은 소비재는 사회주의 문화의 표상이 되었다. 상하이에서는 시계가 아무 때나 알람 소리를 울렸고 법랑 대야는 표면에 기포와 균열이 있는 채 팔렸으며 편물과 면제품 전체의 절반이 불량이었다.[11] 우한에서는 지퍼가 걸리고 칼이 휘고 농기구의 날은 자루 부위에서 부러져 버렸다.[12] 때로 공장은 아무런 식별 상표도 부착하지 않고 제품을 내놓음으로써 비용을 줄였다. 베이징에서 팔리는 육류 통조림의 5분의 1이 그런 경우였다. 때로는 상표가 잘못되기도 했는데 일례로 돼지고기 대신 과일 상표가 붙어서 대량의 상품이 썩는 사태를 낳았다.[13]

그보다 더 우려스러운 것은 가공 식품에 화학 성분을 첨가하여 발생하는 문제였다. 베이징의 어느 염색 공장은 한 해 동안 유해한 염료 120톤을 특정하게 식품 첨가물 용도로 팔았다. 이 가운데 많은 것이 금지된 품목이었는데 일례로 수단 옐로 염료는 잉크에 사용되는 염료였다. 허술한 품질 관리 과정은 또한 오염된 식품과 의약품이 공장을 떠나 시중에 유통되는 것을 의미했는데 페니실린 7800만 병이 상해 버린 것이 일례였다. 이 중 3분의 1이 문제가 발견되기도 전에 실제로 상하이 공장 밖으로 유출되었다.[14] 마오쩌둥은 불량품이라는 개념 자체를 비웃었다. 〈반품 같은 것은 없다. 누군가가 거부한 것이 또 다른 사람에게는 이득이다.〉[15]

마오쩌둥은 품질에 대한 우려를 무시했을지 모르지만 반품 문화는 국제 시장에서 중국의 평판을 해쳤다. 앞서 본 대로 1959년에만 누수 배터리와 오염된 달걀, 오염된 육류, 가짜 석탄, 여타 오염된 상품을 보상하는 비용이 2억~3억 위안에 달했다. 그러나 반품 문화는 군수 산업의 내부 작동도 부패시켰다. 허룽 원수의 보고서가 보여 주듯이 돌격용 소총이 발사가 되지 않았을 뿐 아니라 선양에서 생산된 제트 전투기 19대도 수준 이하였다. 908호 공장에서는 10만 개가 족히 넘는 방독면이 사용 불가능했다. 핵무기 개발 프로그램을 운영한 녜룽전은 무선 기기와 계측기의 형편없는 품질에 대해 불평했는데 이것들은 종종 기기 안쪽에 들어간 먼지 입자 때문에 신뢰할 수 없었다. 심지어 극비 공장에서도 폐기물이 어디서나 발견되었고 바람이 조금만 불어도 벽에 걸린 선전 현수막 위에 쌓인 먼지가 민감한 장비들에 날렸다. 〈미국인들은 중국인들이 너무 더럽기 때문에 우리가 유도 미사일을 만들 수 있을지 의심한다.〉[16]

노동자들의 생활 여건은 끔찍했다. 막대한 양의 기계류를 수입하면서 제철소와 시멘트 가마부터 정유소에 이르기까지 반짝반짝 빛나는 새 공장들을 소련과 동유럽에서 사들인 것은 중국을 약진시키기 위함이었다. 그러나 수백만 명이 농촌에서 도시로 오면서 노동력이 폭발적으로 급증했음에도 불구하고 일반 노동자와 그들의 가족에게 식량과 주택을 공급하는 데는 투자가 거의 이루어지지 않았다.

산둥 성 성도 지난의 제철소를 보자. 1958년 대약진 운동 절정기에 최첨단 기술 장비를 갖춰 설립된 이곳은 갓 입사한 직원들에게 천국이

어야 했을 것이다. 그러나 작업 환경은 급속히 악화되었다. 화장실 설비가 부족하여 직원들은 공장 바닥에 그대로 대소변을 눴다. 악취가 진동하고 오물이 넘쳐 났으며 이와 옴벌레가 흔했다. 그야말로 아수라장이 펼쳐졌다. 싸움질이 흔했으며 유리창이 깨지고 문은 때려 부서졌다. 서열이 생겨나서 가장 힘센 직원들이 기숙사에서 가장 좋은 침대를 차지했다. 공포가 만연했다. 특히 여자들은 흔히 현지 간부들의 사무실이나 기숙사 때로는 공장의 다른 직원들이 모두 보는 앞에서 지분거림이나 창피, 성추행을 당했고 누구도 혼자서 밖에 나가거나 잠을 잘 엄두를 내지 못했다.[17]

유사한 광경은 난징에서도 볼 수 있었다. 노동조합 연맹이 1960년 금속, 철강, 석탄 노동자의 생활을 조사했을 때 벌레와 쥐로 들끓는 불결한 공동 식당들이 발견되었다. 줄은 끝없이 이어졌다. 링산 탄광에서는 단 하나의 식당 창구 앞에 직원이 1,000명까지 길게 늘어섰다. 식당은 한 시간 동안만 열렸기 때문에 사람들은 자리를 차지하려고 어깨로 밀치고 몸싸움을 벌였고 때로는 주먹다짐이 일기도 했다. 관탕 탄광에서는 늦게 온 광부들은 식사를 할 수 없어서 주린 배를 움켜쥔 채 다시 갱도로 내려가 열 시간 동안 교대 근무를 해야 했다. 기숙사는 미어터졌다. 직원 한 명당 평균 1~1.5제곱미터의 공간이 있었다. 일부는 침대 사이나 기둥 사이에 끼운 널빤지 위에서 잠을 자야 했다. 많은 사람들이 침대를 같이 써야 해서 교대로 쉬었다. 이엉지붕은 물이 새서 일부 노동자들은 물이 뚝뚝 떨어지는 웅덩이를 피해 여기저기로 2단 침대를 옮겨야 했다. 어떤 이들은 우산 아래서 잤다. 보호 장비는 없거나 매우 부적합했다. 많은 광부들이 신발이 없어서 도리 없이 갱도에 맨발로 내려가야 했다. 노천광에서 석탄을 캐는 광부들은 비가 오면 물에 흠뻑

젖었다. 기숙사에는 담요가 없었고 습도가 너무 높아 옷이 제대로 마르지 않았다. 용광로 앞에서 작업해야 하는 일부 철강 노동자들은 신발이 없어서 발을 데였다.[18]

더 남쪽의 아열대 지역 광저우에서는 기숙사가 너무 미어터져서 2단 침대가 제공하는 공간이 1인당 반 제곱미터에 불과했다. 날림 공사 탓에 건물은 우기에는 덥고 습해서 테두리 몰딩이 발진처럼 펴져 나가 옷과 침구를 오염시켰다. 습도가 너무 높아서 아예 〈연못〉이라고 묘사되는 일부 시설들은 벽에서 물이 흘러내려 바닥에 작은 웅덩이를 이뤘다.[19] 사오관(韶關) 근처에 위치한 취런(曲仁) 탄광에서는 광부들이 가구를 만들거나 땔감을 얻기 위해 갱목이나 탄광의 목재를 뜯어다 썼다. 일곱 명 중 한 명꼴로 옹기장이 병이라고도 하는 규폐증을 앓았는데 보호 마스크가 없어 미세 먼지를 많이 들이마시면 걸리는 병이었다.[20]

상황은 북부라고 더 나을 게 없었다. 노동조합 연맹이 수도 베이징에 있는 공장 네 군데를 조사한 결과 대약진 운동 이전보다 노동자 수가 네 배 늘었지만 기숙사 공간은 그만큼의 인구 급증을 따라가지 못했음이 드러났다. 펑다이(豊臺) 지구 창신뎬(長辛店)에서 어느 철도 공장은 직원 1인당 0.5제곱미터가 조금 넘는 공간을 할당했다. 베이징 전역에서 노동자들은 저장실, 도서관, 심지어 방공호에서 종종 3층으로 배치된 이단 침대에서 잤다. 통조림 속 정어리처럼 사람들이 다닥다닥 붙어 있어서 밤에 자다가 몸을 돌릴 수도 없었다. 문으로 나가려면 줄을 서야 했다. 화장실에는 항상 사람이 있었고 변기는 대개 막혀 있었다. 많은 사람들이 배설물을 신문지에 싸서 창밖으로 던졌다.

충분한 난방을 제공하는 공장은 거의 없었다. 조사한 공장 네 곳 가운데 한 곳은 1958~1959년 혹한의 겨울에 아예 난방이란 게 없었다.

노동자들은 작은 난로에 탄구(炭球)를 태우는 방식에 의지했는데 석탄 가스 중독으로 여러 명이 목숨을 잃는 결과를 낳았다. 독감이 흔했다. 쓰레기가 어디나 쌓여 있었고 절도가 횡행했다. 행패가 만연했고, 특히 신입들의 경우 괴롭힘이 잦았다. 1959년 3월 노동조합 연맹이 따로 조사한 류리허(琉璃河) 시멘트 공장에서는 최대 1,000명을 수용하도록 설계된 공동 식당 세 곳이 5,700명이 넘는 직원들에게 식사를 제공해야 했다. 줄을 새치기하려는 젊은이들은 더 나이든 직원들을 그냥 밀쳐 냈고 많은 이들이 오로지 차갑게 식은 음식만 먹을 수 있었다.[21] 1년 뒤 유사한 조사는 몇 가지 변화를 지적하며 기숙사에서 〈난폭 행위〉 — 상스러운 말, 재물 파손, 불법적 성행위 같은 광범위한 행위를 아우르는 소련 형법에서 가져온 형사 범죄 — 가 흔하다고 덧붙였다. 직원들은 인원 과밀에도 불구하고 친구와 가족에게 공간을 얻어 주고 더 좋은 침대로 옮겨 가기 위해 힘과 영향력을 썼다.[22]

1961년에 이르자 베이징 노동력의 최대 절반까지 기근 수종에 시달렸다.[23] 4만 명 정도의 노동자들이 실리콘 먼지에 노출되어서 직업병이 흔했다. 베이징 시의 인민 대표 회의가 작성한 보고서는 노동자 열 명 가운데 한 명은 만성 질환에 시달린다고 추정했다.[24] 실제 상황은 그보다 훨씬 더 나빴을 것이다.

대약진 운동 기간에 문을 연 많은 신설 공장들은 〈국가에 의해 운영〉된다기보다는 〈인민에 의해 운영〉된다고 묘사되었다. 그것들도 형편은 더 나을 게 없었다. 대부분은 날림으로 이루어진 일이라, 대중한테서 몰수하여 흔히 산업 생산 용도에 부적합한 건물에 서둘러 들어선 공장들이었다. 주거지에 들어선 난징의 한 화학 공장은 지붕을 대나무로 만들었고 흙벽에서는 페인트가 떨어져 나왔다. 여기에는 약 275명이 고용되어 있었다. 방사능 폐기물이 구석과 틈에 스며들었고 휴게실 바닥에 그대로 쌓여 있거나 뚜껑이 없는 통에 그대로 방치되어 비와 바람에 널리 확산되었다. 직원들은 보호 장비를 제대로 착용하지 않아서 목과 코의 염증으로 고생했다. 마스크와 장갑은 흔히 뒤집어서도 사용되었고 철저히 세척되지 않고 기숙사로 유입되었다. 검진을 받은 77명의 여성 노동자 가운데 여덟 명이 하루에 몇 시간씩 방사능 물질과 접촉함에도 불구하고 임신 중이거나 모유 수유 중이었다. 겨울에는 샤워를 전혀 하지 못했다.[25]

이것은 단발적인 사례가 아니었다. 야경꾼이 북을 두드리며 돌아다니는 구도심 구러우 지구의 〈인민 운영〉 공장 스물여덟 곳에서는 쓰레기가 어디서나 발견되었다. 더 작은 사업체들에서 환기는 전무했다. 노동자들 다수가 대약진 기간 동안 합류한 여성들이었다. 대부분은 직업 경험이 전혀 없었고 보호 장비를 거의 받지 못했으며 일부는 밀짚모자만 쓰고 있었다. 화학성분과 실리콘 분진에 노출되면 흔히 눈이 충혈되고 두통과 가려움, 발진을 겪었다. 일부 여성들은 지속적인 화학 성분 흡입으로 콧구멍을 분리하는 연골이 부식되었다. 한겨울에도 고로 근처 온도가 섭씨 38도에서 46도에 달해서 열사병이 빈번했다.[26] 난징의 어느 전자관 생산 공장 여성 노동자 4,540명을 상대로 이뤄진 건강 검진에서는 3분의 1 이상이 영양실조의 한 증상인 생리 불순을 겪었다. 난징 화학 공장에서는 직원의 4분의 1이 결핵에 걸렸고 둘 중 한 명꼴로 저혈압이었다. 절반은 기생충이 있었다.[27]

생활 여건이 아무리 암울하다고 해도 노동자들은 그들이 먹는 식량을 생산하는 농민들보다는 사정이 나았다. 그러나 가족을 부양하거나 떠나온 고향 마을에 송금을 할 여력이 있는 사람은 거의 없었다. 그들의 봉급은 인플레이션으로 깎여 나갔고, 공동 식당에서 받는 빈약한 배급 식량을 보충하는 데 필요한 식품 구입으로 줄어들었다. 스좌장 철강 회사에서 직원들은 월급의 4분의 3을 식품 구입에 썼다.[28] 난징에서는 많은 노동자들이 30위안에서 200위안까지 빚을 져가며 돈을 꾸어야 했다. 대부분의 노동자들이 버는 쥐꼬리만 한 월급을 고려할 때 이 정도면 주체하기 힘든 빚이었다. 5인 가족의 식품비만 46위안이 들어갔음에도 3급 노동자는 한 달에 43위안을 벌었다. 구내식당의 식사는 종종 형편없고 비싸서 절약이 불가능했다.[29] 그러나 3급 노동자로 승진하는 데 성공하는 사람도 별로 없었다. 대다수의 월급은 12.7위안에서 22위안이었다.[30] 〈인민이 운영하는〉 더 가난한 공장에서는 노동력의 3분의 1 이상이 한 달에 10위안 미만을 받았다. 많은 이들이 돈을 꾸거나 여름에 여분의 옷가지를 팔았다가 겨울 내내 벌벌 떠는 식으로 얼마 안 남은 개인 소지품을 전당포에 잡혀야 했다.[31]

그다음으로 노동자들이 종종 지불해야 하는 의료비가 있었다. 1960년 베이징의 어느 화학 공장을 자세히 살펴보면 수백 명의 직원들이 치료를 받느라 빚을 졌다. 충칭톈은 병든 아내를 돌봐야 했고 아내가 죽었을 때 빚이 1,700위안가량 됐다. 그는 법정으로 불려가 매달 20위안을 갚으라는 판결을 받았는데 그에 따라 그가 먹고 살도록 남은 돈은 40위안이 조금 넘을 뿐이었다. 그는 훌륭한 노동자였지만, 많은 이들이 안타까운 처지에 있어서, 끔찍한 작업 환경으로 야기된 병을 치료하는 데 들어간 의료비로 파산하기에 이르렀다.[32]

계획 경제에 내재한 모든 문제 — 규제받지 않는 자본 지출, 어마어마한 낭비, 불량품, 운송 병목 현상, 한심한 노동 규율 — 들을 고려할 때 대부분의 공장들의 성과는 암울했다. 중앙 계획이 야기한 재정적 난국으로 실제 비용을 계산하기는 어려웠다. 회계원들은 장부를 조작했을 뿐 아니라 때로는 총계를 어떻게 다뤄야 할지도 몰랐다. 난징에서는 대략 40곳의 대형 생산 단위에 다해서 회계원이 열네 명뿐이었고 그중 여섯 명만이 자금을 파악할 줄 알았다. 많은 공장들이 심지어 수입과 지출 내역도 기록하지 않았고 아무도 초래된 비용에 대해 조금도 몰랐다.[33]

그러나 기본적으로 탄소와 경화 금속으로 강화된 철인 강철의 사례가 보여 주듯이, 얼마간의 근사치는 피해가 어느 정도였는지를 알려준다. 후난에서는 강철 1톤을 생산하는 데 철 2.2톤이 사용되었는데 어마어마하게 낭비한 셈이었다. 강철 1톤을 만드는 비용은 1,226위안이었지만 국가 지정 가격인 250위안에 팔려야 했으니 1톤당 대략 1,000위안이 손해였다. 1959년에 후난 성은 강철로 매달 약 400만 위안의 손실을 보았다.[34] 비용 효율적 방식으로 강철을 생산하기에 더 알맞은 곳은 선진 기술을 갖춘 스자좡의 고로와 제철소였다. 1957년에 설립된 스좌좡 제철소는 대약진 운동 이전에는 수익을 냈으나 곧 치솟는 비용으로 적자에 빠져들었다. 1959년에 톤당 비용은 154위안으로 올라 제철소를 2300만 위안 적자에 빠트렸고 1960년에는 톤당 비용이 172위안에 달해 4000만 위안을 초과하는 손해를 봤다. 그때가 되자 제철소는 멀리 하이난 섬의 탄광에서까지 오는 다양한 저질 철광석에 의지하고 있었다.[35]

손실액이 쌓이기 시작하자 산출량이 붕괴했다. 몇 년간의 급속한 성장 이후 경제는 1961년 깊은 불황에 빠졌다. 석탄 공급 — 현대 산업의 연료 — 이 바닥났다. 탄광에서는 대약진 운동 기간 동안 장비를 하도 마구 다뤄서 거의 다 불량이 되었다. 신형 기계류는 생산에 이용되는 잘 부서지는 저급한 강철 탓에 흔히 여섯 달 이상을 넘기지 못했다. 광부들도 치솟는 식품 구입비와 주거 비용, 비누와 제복, 고무신 같은 기본 물품의 부족에 질려서 무더기로 떠나고 있었다.[36] 그리고 석탄이 탄광에서 끌어올려지더라도 연료 부족 탓에 상당량이 사용되지 못하고 그냥 쌓여 있었다. 1959년에 광둥 성의 커다란 탄광 네 곳에서 석탄 170만 톤이 채굴되었으나 운송된 것은 100만 톤이 채 못 됐다.[37] 간쑤 성에서는 장중량의 과격한 지도 아래 상당한 인명 손실과 함께 석탄 생산량이 1958년 150만 톤에서 1960년 730만 톤으로 치솟았으나 휘발유가 바닥난 뒤 200만 톤가량이 탄광에 버려졌다.[38]

석탄 생산량이 급감하면서 중국 곳곳의 공장들도 멈춰 서게 되었다. 1960년 12월 상하이에서 중국 기계 제작소는 전기 부족으로 공장의 3분의 1만 가동되었다. 제일 방적 공장은 직원 2,000명이 온종일 할 일 없이 빈둥거렸다.[39] 1961년 전반기에 상하이에 인도되도록 지정된 물량은 15퍼센트 감소했지만 그렇게 감소한 양의 3분의 1은 실제로 인도되지 않았다. 도시의 중공업에 필요한 철과 목재의 절반 가까운 양도 인

표 9: 후난 성 공업 생산량(100만 위안)

1957	1958	1959	1960	1961	1962
1,819	2,959	4,023	4,542	2,426	2,068

출처: 후난, 1964, 187-1-1260.

도되지 않았다.[40]

상하이는 전략적 중요성을 띤 공업 중심지였기 때문에 경제 기획가들에게 최우선 대상이었다. 경제의 부족 현상이 걷잡을 수 없이 악화되면서 다른 곳에서는 상황이 더 나빴다. 광둥 성의 중공업 도시 사오관에서는 1961년 여름 서른두 군데 국영 기업을 조사해 본 결과 생산량이 곤두박질쳐서, 비누는 전년보다 52퍼센트, 벽돌은 53퍼센트, 선철은 80퍼센트, 성냥은 36퍼센트, 가죽 신발은 56퍼센트 감소했다. 신발 공장의 경우 대약진 운동 이전에는 직원 1인당 하루에 세 켤레를 만든 반면 1961년에는 한 켤레를 만들었다.[41] 표 9는 후난 성 전체에서 무슨 일이 일어났는지를 보여 준다. 이 수치들은 생산량만을 가리키는데, 1957년부터 1960년까지 두 배 이상 뛰었다가 다음 두 해 사이에 다시금 반 토막이 났다. 만약 이 같은 질보다 양에 대한 집착이 초래한 비용이 계산되었다면 종합 기본 계획의 야심에 역으로 상응하는, 상상하기 힘든 규모의 참사를 가리켰을 것이다. 그러나 어느 공장도 파산하지 않았다. 파산은 계획 경제가 피하고자 했던 호황과 불경기의 순환과 연계된 자본주의 현상이었으니까.

19장 상업

많은 상품이 상점까지 도달하지 않았다. 중국은행은 가짜 영수증이나 유통 도중에 증발한 상품, 무허가 신용 판매 혹은 단순한 횡령 등으로 1960년 후난 성에서 약 3억 위안이 사라졌다고 추산했다. 단 한 성에서의 상황이 그랬다. 국무원은 전국적 차원에서 그해에 자금 가운데 약 70억 위안이 상품 유통에 기여하는 대신 국영 공장에 묶여 있다고 추산했다.[1] 분배 네트워크의 층위마다 부패와 관리 부실이 한몫씩 끼어들어 중앙 계획이 인민들에게 할당한 공급 물량을 야금야금 떼어 갔다.

상품이 실제로 공장을 떠나는 데 성공하면 처음 들르는 곳은 보관 창고로 그곳에서 국가가 인가한 특별 물류 회사들이 최종 목적지에 따라 분류했다. 상하이 저장 운송 회사에서는 10만 위안어치가 족히 넘는 수백 점의 상품 — 전화기, 냉장고, 의료 장비, 크레인 — 이 엉성한 서류 작업과 부정확한 회계, 읽기 힘든 재고 목록 탓에 상자에 담겨 쌓여 있었다. 서류가 없어지고 회사가 그에 관해 까맣게 잊어버린 탓에 새우 어묵 100통이 비를 맞으며 한 달간 밖에서 썩어 갔다. 그러나 상품들이 사라진 것은 무엇보다도 이윤 동기가 완전히 사라지지 않았기 때문이

었다. 〈사라진〉 것들은 암시장에서 은밀히 거래될 수 있었다.[2]

보관 창고 다음에는 열차나 화물 트럭을 기다리는 일이 있었다. 중국은 상품과 물자를 나라의 한쪽 끝에서 반대편 끝으로 보낼 능력을 갖추지 못한 가난한 농업 국가였고, 운송 체계가 무너지면서 물류는 급속히 혼란에 빠졌다. 일찍이 1958년 말에 경제가 서서히 멈춰서면서 어디서나 산더미 같은 상품이 역과 항구 주변에 쌓여 있었다. 계획에 따르면 매일 3만 8,000대의 화물 차량이 요구되었지만 실제로는 2만 8,000대만 구할 수 있었다. 상하이 북부 해안을 따라 있는 화물 적재 지역들만 점검했을 때도 계획가들은 물자 100만 톤이 운송을 기다리고 있는 것을 발견했다.[3]

장비와 예비 부품, 연료 부족은 다음 3년간 상황을 더욱 악화시킬 뿐이었다. 1960년에 이르자 톈진, 베이징, 한커우, 광저우와 다른 도시들에서 철도역에 들어오는 상품 물량은 역을 떠나는 물량을 매일 10만 톤 초과했다. 이 가운데 상당량은 임시 저장 시설에 그냥 쌓여 있어서 10월 중반이 되자 25만 톤에 이르렀다. 다롄에서는 집하되지 않은 화물 7만 톤이 역에서 잠자고 있었고 수백 톤의 값비싼 수입 고무는 친황다오 항구 주변에서 6개월 간 놓여 있었다. 운송 중추인 정저우에서는 시멘트 부대부터 기계류에 이르기까지 물건을 쌓아 두기 위해 6미터 깊이 도랑을 팠다. 그 상당 부분은 파손되어서 버려진 꾸러미와 자루, 상자, 통으로 산을 이루었다.[4] 상하이에서는 1961년 여름에 이르자 2억 8000만 위안어치로 추산되는 상품이 공동 식당과 기숙사, 심지어 거리에 쌓여 있었는데 이 가운데는 절실한 면포 1억 2000만 미터도 포함되어 있었다. 재고품 대부분은 그냥 썩어 가거나 녹슬어 버렸다.[5]

운송 체계가 워낙 심하게 망가져서 역에 진입하는 열차도 차례를 기다려야 할 정도였다. 화물을 옮길 도구와 인력 둘 다 부족했다. 갓 들여온 하역 장비는 알고 보니 불량이었고, 월급을 절약하기 위해 운반인과 짐꾼 10만 명이 이미 해고된 상태라 문제는 더 악화되었다. 물류와 조정 작업은 계획 경제의 강점 가운데 하나가 아니었다.[6] 여기에 유인 동기의 결여와 순전한 굶주림을 추가해야 한다. 보통은 정권이 대접을 잘 해주는 열차 기관사들은 과거에는 일반적으로 한 달에 곡물 25킬로그램을 받을 수 있었으나 이 배급량은 15킬로그램으로 줄어들었다. 랴오닝 성 다후산에서는 곡물이 수수나 기장으로 대체되었고 허베이 성 스좌장에서는 월 배급량의 절반이 고구마로 나왔다. 직원들은 빈한한 식단으로 몸이 약해진데다가 최소한의 일만 간신히 했다.[7] 운송 난맥상은 국제적 해운에도 영향을 미쳤다. 중국의 주요 항구에서 전세 선박들이 며칠씩 기다려야 하는 결과로 발생한 이익 손실만 30만 파운드에 달했다.[8]

국지적 네트워크도 붕괴했다. 1958년 이전 윈난 성에서는 20만 마리가 넘는 노새와 당나귀가 산속 깊숙이 자리 잡은 많은 마을들로 식량과 옷, 물자를 날랐다. 노새와 당나귀는 말이 끄는 짐마차로 대체되어 짐마차가 고작 3,000대에서 3만 대 넘게 증가했다. 그러나 말은 사료 비용이 훨씬 많이 들었고 국영 기업이 형편없이 관리해 대기근 동안 많은 말이 죽었다. 게다가 짐마차는 가파른 산길과 남부 지방의 험준한 지형을 넘나드는 데 적합하지 않아서 많은 소규모 촌락들이 고립되고 말았다.[9]

화물 트럭들은 멈춰 섰다. 윈난 성은 1960년에 필요한 휘발유의 절반만 받을 수 있었고 9월이 되자 1,500대 정도는 목탄과 갈탄부터 사탕수수와 에탄올에 이르기까지 온갖 대체 연료로 운용되고 있었다.[10] 후난 성에서는 엔진에 기계유 대신 식물성 기름을 넣어서 파손이 만연했다.[11] 심지어 상하이에서도 엔진을 단 삼륜차가 거리에서 쫓겨난 한편 많은 버스들이 연료를 가스로 교체했는데 그중 일부는 실린더가 아니라 임시변통으로 만든 거대한 마대에 실렸다.[12] 관리 부실도 운송 상황을 악화시켰다. 예를 들어 광저우 차량 운송 회사는 40대의 차량을 보유하고 있었는데 대부분은 대약진 운동 이후로 얻은 것이었다. 이 가운데 3대는 1961년이 되자 이미 망가져 있었고 평균 25대는 항상 수리 중이라 10여 대 정도만이 이용되고 있었다.[13] 휘청거리는 계획을 달성하기 위한 경쟁으로 차량을 혹사시키다 보니 실제 유지비는 증가했다. 한 추정에 따르면 1957년에 차 한 대는 100킬로미터 당 예비 부품과 부품 교체로 2.2위안밖에 안 들었지만 1961년이 되자 이 비용은 9.7위안으로 뛰었다. 주요 이유는 지속적인 사용과 부실한 유지 관리였다.[14]

혁명 이전 중국에서는 온갖 상품들이 어깨에 걸친 장대 바구니나 손수레, 또는 당나귀 짐바구니에 실려 문 앞까지 전달되었다. 옷감과 그릇, 바구니, 석탄, 장난감, 사탕, 견과, 담배, 비누, 로션을 등에 진 떠돌이 행상들이 내륙의 가장 외딴 마을까지 도달했다. 거리에서는 노점상들이 양말과 손수건, 수건, 비누부터 여성용 속옷까지 온갖 품목을 판매하며 거리를 메웠다.

상인과 행상꾼들이 농촌에서 약속한 장소에 정기적 간격으로 모이면서 정기 시장이 들어섰다. 수많은 농민과 장인, 상인들이 저마다 상품을 등에 지거나 수레에 담아 밀려들면 조용한 촌락은 북적거리는 시장으로 변모했다. 집기들이 길가에서 팔리거나 임시 가판대에 전시되었다. 읍과 도시에서는 수백 군데의 양품점과 가게, 상점가와 백화점이 너도나도 행인들의 주목을 끌었고 모자 장수와 신발 장수, 포목상부터 사진사, 점쟁이와 마술사, 곡예사, 역사까지 모두가 어우러져 상업과 오락을 제공했다.

위층으로는 주거지가 있는 전통 상점들은 낮고 개방되어 있는 형태였지만 새로운 백화점들은 상업의 탑, 주변 건물들 위로 우뚝 솟아오른 교역의 기념비였다. 밤이면 줄줄이 달린 전등으로 환하게 밝혀진 채 대도시마다 찾아볼 수 있는 백화점은 미국산 정어리 통조림부터 손바닥만 한 소형 자동차에 이르기까지 다양한 수입품과 현지 상품을 제공했다. 복잡한 백화점과 종종 바로 옆에 자리한 전통적인 한 층짜리 상점이 자아내는 현저한 대비는 공화제 시대 중국의 일상생활의 전 구조에 흐르는 다양성의 전형적 모습이었다.[15]

이 부산하고 북적거리는 세계 대부분은 1949년 이후 사라졌다. 자유교역은 계획 경제로 대체되었다. 시장은 폐쇄되었다. 상인들이 자발적으로 모여드는 일은 금지되었다. 행상인과 노점상은 거리에서 쫓겨나 종종 국가가 관리하는 집단 사업체에 억지로 들어가야 했다. 행상인과 한때는 도처에 있었던 대장장이는 과거의 유물이 되었다. 백화점은 국영화되었고 전 세계에서 꾸준히 들어오던 그곳의 공급 물자는 고갈되어 국유 업체에서 생산한 국가 지정 상품들로 대체되어 국가 지정 가격에 팔렸다. 작은 상점의 주인들은 정부에 고용된 직원이 되도록 강요받았다. 미하일 클로치코는 상품이 거의 없던 베이징의 어느 구석진 작은 상점에 갔던 일을 기억했다. 그는 파리한 상점 주인과 병약해 보이는 그의 두 아이들에 대한 동정심에서 필통을 구입했다.[16] 유일하게 번창하는 가게는 베이징과 상하이 같은 도시들이 있는, 관광객들이 묵는 호텔 근처 상점들이었다. 모피와 법랑 그릇, 시계, 보석류, 비단에 수를 놓은 풍경화, 마르크스와 엥겔스, 레닌과 마오쩌둥의 초상화를 팔며, 선린 상점이라고 불리는 이 상점들은 외국인 방문객과 엘리트 당원들만 출입할 수 있는 곳이었다.

보통 사람들에게 선택지는 비참했다. 양쯔 강 남안에 자리한, 공화국의 수도로 기능하며 한때 번영한 도시 난징의 예를 보자. 비록 정부는 자유 시장을 단속했지만 대약진 운동 직전에 일반 소비자에게 직접 상품을 판매하는 상점이 여전히 700곳 넘게 있었다. 1961년이 되자 고작 130군데만 살아남았다. 과거에는 제조업자와 중개상, 소매상으로 이루어진 정교한 네트워크가 난징 시와 중국 전역의 대략 70군데 현과 40곳이 넘는 도시를 이었던 반면 경직된 집산화의 도래는 내부 지향으로 이어져, 이제는 고작 6군데 현과 3군데 도시가 난징 시의 수공예품 산업에 기여했다. 계획이 시장을 대체하면서 수공예품의 범위도 절반인 대략 1,200가지로 줄어들었다. 금계 머리핀부터 양쯔 강 용수철 자물쇠에 이르기까지 심지어 잘 알려진 브랜드의 전통 상품도 국가의 무게 아래 휘청거렸다. 디자인의 다양성이 피해를 입었다. 1958년 전에는 120종의 자물쇠를 구할 수 있었지만 1961년이 되자 12종 정도만이 남아 있었다. 대부분이 너무 비슷해서 열쇠 하나로 여러 가지 자물쇠를 열 수 있을 정도였다. 그러나 모든 제품의 가격은 더 높아져서 일반적으로는 3분의 1, 어떤 경우는 두 배 상승했다.[17] 식품의 경우도 마찬가지였다. 대약진 운동의 개시 이후 난징에서는 약 2,000명의 식품 행상인이 직업을 바꾸어야 했다. 전에는 개별 행상인들이 복잡한 시장 상황을 속속들이 파악해 도시의 핵심 인도 지점으로 채소를 효율적으로 운송했지만 이제 서투르고 경직된 계획 경제는 농촌의 기근에 의해 야기

된 문제를 악화시킬 뿐이었다.[18]

1949년 이전에 번창한 잉여 상품과 폐기물 거래도 와해되었다. 다이어 벨Dyer Bell은 생각할 수 있는 모든 물건을 재활용하는 널리 퍼진 관행을 칭찬하면서 제국이 망하기 전에는 가난 때문에 아주 변변찮고 하찮은 것에도 관심을 기울이며, 모두가 상인으로 변신했다고 생각했다.[19] 그러나 기근 동안에는 정반대의 일이 일어났다. 종합 기본 계획에 대한 집착은 현장에서 산더미 같은 쓰레기를 낳았는데 사람들에게 재활용을 할 유인 동기가 거의 없었기 때문이다. 광저우에서는 1959년 여름에 약 170톤의 폐기물 — 산화철부터 흑연 가루에 이르기까지 — 이 도시 주위에 쌓여 있었다. 대약진 운동 이전에는 넝마, 캔, 플라스틱, 종이, 타이어가 잠재적 구매자에 도달할 수 있게 개별적으로 활동하는 행상인 무리 덕분에 고철이나 옷감 한 조각까지 재활용되었을 것이다. 많은 이들이 반응이 느린 대형 공사에 들어가도록 강요받은 뒤 이 일을 그만두었다.[20]

쓰레기는 쌓여 가는 반면, 아주 기초적인 필수품 부족은 고질적이 되었다. 난징에서는 1959년 여름에 이르자 심지어 신발이나 냄비 같은 평범한 물건까지 모든 것이 귀해졌다.[21] 줄서기 — 사회주의 전형적 특징 — 는 일상생활의 일부였다. 기근이 들면서 줄은 더 길어졌다. 지난에서는 일부 공장 노동자들이 곡물을 구입할 줄을 서기 위해 이틀 휴가를 냈다. 리수준은 사흘 동안 줄을 섰지만 배급표를 얻는 것마저 실패했다. 표는 번호로 바꾸고 번호는 다시 곡물로 교환되었는데 이 모두가 각각 다른 줄을 서야 했다.[22] 상하이에서도 남녀 노동자들은 상점까지 도달한 얼마 안 되는 물품을 얻기 위해 줄을 서야 했다. 오후쯤이면 상점에 물건이 동날 것을 모두가 알고 있었기 때문에 줄서기는 동트기 전부터 시작되었다.[23] 인내심이 바닥나기도 했다. 일부 사람들이 줄에 자리를 표시하기 위해 벽돌을 가져다 두었다가 다른 이들이 발로 차버리자 싸움이 벌어졌다.[24] 1960년이 저물어 갈 무렵, 쌀을 사기 위해 200명까지 밤새도록 줄을 서야 했던 우한에서는 사람들이 격앙되면서 난투극이 벌어졌다.[25]

시장이 아니라 국가가 상품 가격을 결정했다. 이것은 가격을 안정시키고 인민의 구매력을 증대하리라 기대되었다. 그러나 농민들은 곡물과 여타 식품을 국가에 최저 가격으로 팔도록 강요받은 대신 — 종종 너무 낮아서 앞서 살펴본 대로 손해를 봤다 — 공산품은 부풀려진 가격으로 구매했다. 농촌에서 도시로 막대한 부의 이동이 일어났다. 그 규모가 어느 정도인지는 칭다오의 조사관 란링으로부터 알 수 있다. 1949년 이후로 식품과 상품에 지불된 가격을 수집하고 조정함으로써 그는 석탄 가격은 18.5퍼센트, 비누는 21.4퍼센트, 신발은 53퍼센트, 밧줄은 55퍼센트, 가내 집기는 157퍼센트까지, 일반적 공구는 225퍼센트까지 상승했음을 발견했다. 반대로 국가가 곡물에 지불한 가격은 밀의 경우 4.5퍼센트부터 옥수수의 경우 10.5퍼센트에 이르기까지 실제로 감소했다.[26]

국가가 고정한 가격은 좀처럼 준수되지 않았는데 다른 것은 차치하고라도 각종 추가 요금이 붙을 수 있기 때문이었다. 광저우 인민 대표회의의 상세한 조사는 정확히 동일한 유형의 쇠막대에 최대 40가지의 상이한 양도 가격이 존재할 수 있다는 것을 보여 주었다. 철강 산업에서는 실제로 부과되는 가격들 다수가 국가가 지정한 가격보다 50퍼센트 높았다. 일부 경우에 가격은 10배만큼 뛰어 산업 생산량 급락에 기여했고 회사 운영자들은 경직된 예산을 널을 뛰는 공급 비용에 조정하느라 애를 먹었다. 석탄 가격 역시 고정되었지만 업체들 간의 사적 거래는 끊임없는 가격 상승 압력으로 이어졌다. 따라서 실제 생산 비용 역시 치솟았고, 완제품 가격을 계속 낮게 유지하려고 애쓰다 보니 국가가 업체들을 더 보조해 줄 수밖에 없었다. 그러나 유리병과 좀약부터 머리핀과 나막신에 이르기까지 갈수록 모든 것이 비싸지면서도 품질은 조잡해지니 완제품 가격 유지 정책 역시 실패했다.[27] 다른 곳들과 마찬가지로 우한에서 물통이나 쇠 주전자, 작은 과일칼의 가격은 대약진 운동 개시 이후 대략 1년 안으로 두 배로 뛰었다. 새로운 중국의 제련 수도에서 무쇠 솥단지는 1957년에는 5위안이면 충분했겠지만 이제는 22위안이 들었다.[28] 리푸춘이 1961년 여름에 인정했듯이 연간 물가 상승률은 식품과 상품부터 서비스까지 모든 것이 적어도 10퍼센트였지만 일부 지역에서는 40~50퍼센트에 달했다. 70억 위안어치의 상품에 125억 위안 정도가 낭비되었다.[29]

계획 경제의 다른 부작용도 나타났다. 문서상의 계획 아래로는 인민의 필요에 대한 이타적인 헌신보다는 이윤 동기가 언제나 도사리고 있었기 때문이다. 인류 역사상 최대의 기근 와중에도 채소부터 영화표, 찻잎부터 간단한 들통까지 온갖 고급품이 할증금이 붙어 팔려 나갔다. 국유 업체는 만연한 부족 현상을 이용해 일부 상품의 등급을 올리고 이윤을 증대했다.[30] 베이징 인민 대표 회의가 왕푸징에 있는 스탈린주의 본점 베이징 백화점을 자세히 조사하기로 결정했을 때 어떻게 업체들이 소비자 수요보다는 인플레이션 압력에 반응했는지를 알게 되었다.

1958년에 백화점의 모든 속옷의 대략 10퍼센트가 고가의 가격대였다. 60퍼센트를 차지하는 대부분의 상품은 도시 거주민이 접근할 수 있는 중간 가격대 상품이었다. 1961년에는 3분의 1만이 중간 가격대 가격표가 붙어 있었고 절반 이상이 사치 품목이었다. 이러한 가격 구조 변화에 매달 2.7퍼센트로 추정되는 인플레이션까지 추가되었다.[31]

거대 국영 업체들이 작은 상점들을 대체하면서 불량품에 대한 책임은 현장에서, 꽉 막히고 멀리 떨어진 관료제로 옮겨갔다.[32] 물론 계획 경제는 인민 대중을 위한 〈서비스 지점〉들을 세워 이러한 문제에 답변을 내놓았다. 그러나 지점들이 드물어서 저급품의 홍수에 제대로 대처할 수 없었고 무엇보다도 이 기관들은 인민에게 봉사하는 데 전혀 관심이 없었다. 그래서 가난한 나라에서 물건을 고치는 비용이 종종 교체하는 비용보다 더 들었다. 서비스 지점들이 수선 작업에서 사실상 독점을 누렸기 때문에 우한에서는 구두창을 갈거나 냄비를 수선하거나 열쇠를 깎는 비용이 국가 지정 가격보다 두 배였다. 후난 성 상탄에서는 화덕을 수선하는 데 8위안이 들었지만 새것을 구입하는 비용은 9위안이었고 많은 지역에서 양말을 꿰매는 비용은 새것을 사는 것과 맞먹었다.[33] 1960년에서 1961년으로 넘어가는 겨울 동안 모두가 연료와 적절한 의복이 부족해 벌벌 떨고 있는 가운데 수리 센터는 불량품 무더기에 파묻혀 있었다. 무관심한 직원들은 일을 처리할 유인 동기와 연장, 물자가 부족해서 물건을 이리저리 떠밀 뿐이었다. 심지어 구두창을 갈 단순한 못마저 구할 수 없었다. 수도의 심장부 칭먼 인민공사에서는 약 60대의

난로가 망가져 갔다. 또 톱과 끌, 대패가 부족하여 부서진 가구가 여기저기 널려 있었다.[34]

서비스 지점들이 옷을 세탁하는 과제에 착수할 때도 비교적 단순해야 할 문제가 대책 없는 수렁에 빠지고 말았다. 거추장스러운 관료제가 세탁물을 등록하고 영수증을 발부하는 일부터 세탁된 옷을 나눠 주는 일까지 일련의 개별 단계마다 개입했고, 이 모든 작업들이 상이한 사람들에 의해 수행되어 전체 인력의 3분의 1을 차지했다. 실제로 세탁을 하는 사람들은 하루에 열 벌 이상은 좀처럼 세탁하지 못했다. 높은 가격에도 불구하고 모든 것이 손해를 보며 운영되어 국가에 청구되었다. 상하이 산터우 로(路)의 작은 세탁소는 한 달에 고작 100위안을 벌면서 월급으로 140위안을 지불했고 여기다 무수한 분실 세탁물에 대한 보상도 해야 했다.[35] 물론 대부분의 평범한 사람들은 옷이나 신발, 가구를 직접 수선하는 편을 원했겠지만 철강 증산 운동 기간 동안 공구를 모두 빼앗겨 버렸다. 라오톈은 쉬수이 — 나라의 모범 공사 가운데 하나 — 에서 인근에서 징발되지 않은 유일한 바늘을 빌리기 위해 여러 해 동안 어머니가 줄을 서야 했던 것을 기억했다.[36]

20장
주거

모든 독재자는 광장을 필요로 한다. 열병식은 공산주의 정권에서 국가 의례의 핵심이다. 머리 위로는 제트 전투기가 요란한 소리를 내며 날아가며, 연단 위에 모인 지도자들은 박자에 맞춰 행진하는 수천 명의 병사들과 모범 노동자들에게 인사를 보내는 가운데 권력은 군사적 위력의 과시로 표현된다. 스탈린은 무거운 탱크가 레닌 무덤 옆으로 지나갈 수 있는 공간을 만들기 위해 붉은 광장의 부활의 문과 카잔 대성당을 밀어 버렸다. 마오쩌둥은 10월 혁명의 50주년 기념식에 흐루쇼프가 초대한 귀빈이었지만 라이벌에게 뒤쳐질 생각이 전혀 없었다. 톈안먼 광장은 더 커야 한다고 그는 생각했다. 중국은 지구 상에서 인구가 가장 많은 나라가 아니던가?[1] 광장은 1959년 40만 명을 수용할 수 있도록 확장되었고 그 과정에서 축구장 60개 크기의 광대한 콘크리트 지대를 만들기 위해 미로처럼 얽혀 있던 중세 성벽과 문, 거리들은 모조리 가루가 되었다.[2]

톈안먼 광장의 확장은 수백 명의 외빈이 참석한 가운데 1959년 10월에 거행될 중국 혁명 10주년 기념식에서 흐루쇼프의 기를 죽이기 위해 계획된 열 가지 거대한 성취 가운데 하나였다. 인민 해방 1년에 건축물 하나씩 쳐서 10가지 건축물이었다. 하루 20만 명의 승객을 처리할 수 있는 철도역이 몇 달 만에 건설되었다. 톈안먼 광장 서쪽에는 인민 대회당이, 동쪽에서 중국 역사박물관이 들어섰다. 당국은 광장 한복판에 약 37미터 높이의 화강암 탑인 인민 영웅 기념비를 세울 공간을 만들기 위해 중화문도 밀어 버렸다.

지도부는 기념식을 고대하고 있는 외신 기자들에게 충분한 신축 건물들이 들어서서 수도에 총 37제곱킬로미터의 새로운 건물 면적이 생겨났다고 — 제2차 세계 대전 이후 맨해튼에 들어선 사무실 빌딩의 건물 면적을 모두 합친 것보다 14배 넓은 — 자랑을 늘어놓았다.[3] 베이징이 외국인 방문객을 속이기 위한 거대한 포템킨 마을로 탈바꿈하면서 그것은 공허한 자랑이 되었다. 그러나 중국 공산당이, 하늘 높이 치솟은 유리와 콘크리트 마천루가 좁은 골목을 따라 늘어서 있던 부끄러운 움막과 벽돌집들을 망각 속으로 밀어내면서 하룻밤 사이에 베이징을 변신시키리라는 비전에 사로잡혀 있었다는 것은 부인할 수 없다. 10년 안으로 도시 전체를 체계적으로 철거할 계획안이 마련되었다. 어느 시점에서는 자금성도 철거용 쇠공의 제물이 될 뻔했다.[4] 수만 채의 집과 사무실, 공장이 철거되면서 수도는 먼지로 영구히 뒤덮인 거대한 건물 부지가 되었다. 가루가 된 건물 가운데 일부는 최근에야 완공되었기에 외국 대사관 직원들은 철거 속도에 깜짝 놀랐다. 한 관찰자는 〈전체적 그림은 아수라장이다〉라고 논평했다. 모든 공사는 톈안먼 광장에 집중된 한편 오래전에 정해진 다른 곳들의 건축 부지들은 버려졌다.[5] 흔히 1층과 2층까지 기둥과 들보가 올라갔다가 자재 부족으로 공사가 중단되면서 앙상한 뼈대만이 망상에 대한 무수한 기념비처럼 쓸쓸하게 서

있게 되었다.[6]

위세를 과시하는 대부분의 건물들은 1959년 10월 기념식에 맞춰 준비가 되었지만 여기에는 상당한 희생이 따랐다. 설계자들은 도면상에서 질서라는 환상을 만들어 내는 데는 유능했지만 실제 현장에서는 대혼란이 지배했다. 대약진 운동의 어리석음에 딱 어울리는 헌사인 양 당의 새로운 신경 중추가 되는 건물에 불량 강철이 들어갔다. 인민 대회당에 사용된 1,700톤 가까운 강철 들보는 모양이 휘거나 충분히 굵지 않았다. 톈진에서 생산된 나삿니가 있는 강철은 강도가 약해서 폐기 처분해야 했다. 광장에는 시멘트 수천 포대가 낭비되었고 건물 부지에 사용된 장비의 3분의 1은 툭하면 고장이 났다. 그리고 심지어 권력의 심장부에서도 노동력의 4분의 3 이상은 아침 정시에 도착하지 않았다. 그들이 마침내 각자 일터에 도착하더라도 많은 이들이 게으름을 피우고 날림으로 작업했다. 원저우에서 불려온 스무 명의 목수들은 여닫이창 열다섯 개를 설치하는 데 사흘이 걸렸다. 그중 한 개만 실제로 맞았다.[7]

나라 곳곳에서 위신 과시용 건물들에 막대한 금액이 아낌없이 투입되었다. 경기장, 박물관, 호텔, 대강당이 구체적으로 1959년 해방 10주년을 기념하기 위해 지어졌다. 하얼빈에서는 국경절 호텔에 베이징 호텔 건설 총비용보다 더 많은 500만 위안이 쓰였다. 추가적으로 700만 위안이 국경절 경기장에 투입되었다. 톈진에서도 8만 관중을 수용할 수 있는 국경절 경기장이 설계되었다. 타이위안과 션양 등의 도시에도 경기장이 올라갔다. 장쑤 성은 국경절 프로젝트에 2000만 위안을 배정하기로 결정했다.[8]

지방 독재자들도 하나같이 수도를 그대로 모방하여 자신만의 자랑거리가 될 열 가지 프로젝트를 추진하고 싶어 하는 것 같았다. 많은 지도자들이 마오쩌둥의 소형 판본이 되기를 열망하면서 베이징에서 권력의 치장물들은 낮은 수준에서도 널리 모방되었다. 또 다른 이유는 관리들이 아래의 인민이 아니라 베이징의 상관들에게 책임을 지고 있었다는 것이다. 실체가 있는 커다란 건물과 호화로운 프로젝트는 효과적인 통치라는 환영을 만들어 내는 확실한 길이었다. 가난한 간쑤 성의 성도 란저우에서는 성장 장중량이 열 가지 대형 건물 건축을 추진했는데 이것은 톈안먼 광장에 있는 인민 대회당의 정확히 절반 크기로 설계된 인민회당을 비롯해 순식간에 열여섯 가지 프로젝트로 늘어났다. 인민 광장, 동부철도역, 노동자 문화궁전, 소수 민족 문화궁전, 경기장, 도서관, 호화 호텔과 더불어 성 위원회 건물 신축과 성 인민대표회의 건물, 텔레비전 타워, 중앙 공원 건설이 추진되었다. 비용은 1억 6000만 위안으로 책정되었다. 수천 채의 집이 파괴되어 한겨울에 무수한 주민들이 집을 잃고 거리에 나앉았다. 그러나 계획이 달성된 것은 거의 없었다. 1960년 12월 장중량의 몰락의 여파로 공사가 중단된 뒤 도시 중심에는 돌무더기만 남았다.[9] 다른 위신 과시용 건물들 수십 개도 아무런 승인된 계획 없이 시작되었다. 일례는 외국 전문가들을 위한 새로운 선린 호텔이었다. 외빈 투숙객의 수를 세 배 오판하여 결국 170명의 외국인들에게 평균 60제곱미터의 호사스러운 숙소가 제공되는 동안 주민들은 란저우 바로 바깥에서 추위와 굶주림으로 죽어 가고 있었다. 소련 전문가들이 본국으로 소환된 뒤 호텔은 으스스한 적막에 휩싸였다.[10]

권력의 사다리에서 한 계단 더 아래에는 인민공사가 있었고 거기에도 공사를 공산주의 유토피아의 본보기로 탈바꿈시키길 원하는 급진 지도자들이 차고 넘쳤다. 류사오치가 태어난 화밍러우에서 당 서기 후런친(胡仁欽)은 자신만의 열 가지 공사 프로젝트를 발족했다. 여기에는 대로를 따라 10킬로미터 뻗어 있는 거대 양돈장인 〈돼지 도시〉도 포함되었다. 거리에서 멀찍이 떨어진 수백 채의 가옥이 이 프로젝트에 공간을 내주기 위해 철거되었다. 앞서 본 대로 1961년 4월에 시찰 차 이곳에 들렀던 류사오치는 가죽만 남은 몇 십 마리 동물 외에는 아무것도 발견하지 못했다. 방문 관리들을 수용할 커다란 영빈관과 더불어 호수에는 수상 정자가 건설되었다. 그 사이 50만 톤의 곡물은 들판에서 썩어 갔다. 일부 생산대에서 사망률은 1960년에 9퍼센트에 달했다.[11] 중국 전역에서 당의 사치를 가리키는 유사한 기념비들이 들어섰다. 수천 명이 아사한 광둥 성 댜오팡 인민공사에서는 목재와 벽돌을 얻기 위해 가옥 80채 정도가 헐렸고 그 모두는 1,500명 참석 모임을 주최할 만큼 널찍한 인민회당 건설에 배정되었다.[12]

1961년 9월까지 3년 사이에 총 996억 위안이 주요 건축에 쓰였고 여기에 표면상으로는 보통 사람들을 위해 책정된 주거 프로젝트에 들어간 92억 위안을 더해야 한다. 결국 대부분의 돈은 당원들을 제외하고는 아무에게도 유형의 혜택이 돌아가지 않는 위신 과시용 건물들과 관공서에 투입되었다.[13] 그러나 그것은 더 많은 공사에 자금을 대기 위해 동원된 온갖 회계 수법들을 고려하지 않은 것이다. 구이저우 성 쭌이 시는 신축 건물과 무도관, 사진관, 전용 화장실, 승강기로 주요 도시를 단장하는, 흥청망청 공사에 돈을 대기 위해 빈곤층을 위한 재정 기금을 비롯해 국가 기금 가운데 400만 위안을 유용했다. 퉁쯔 현에서는 여섯 곳의 중학교에 배정된 자금이 최신 극장을 짓기 위해 횡령되었다.[14] 특급 공사 프로젝트에 쓰인 수십 억 위안을 검토하면서 리푸춘은 그야말로 절망감을 느꼈다. 〈인민은 배불리 먹지 못하는데 우리는 여전히 마천루나 짓고 있다니! 우리 공산주의자들이 어찌 감히 그럴 수가 있단 말인가? 이것이 아직도 공산주의처럼 보이는가? 우리가 대중의 이익에 관해 온종일 이야기할 때 이야말로 탁상공론이 아닌가?〉[15]

사유 재산이 과거의 것이 되면서 한때 돈 많은 엘리트 계층의 자부심과 기쁨이었던 대저택으로 각종 단위들이 이주해 왔다. 소유 의식이 증발하고, 어느 재산에 어느 개인도 책임을 지지 않게 되면서 대형 망치의 둔탁한 소음보다 더 음험한 일종의 파괴가 나타났다. 한때 상하이에서 가장 화려한 단지 가운데 하나였던 화이하이 중앙로 1154~1170번지 일대는 1958년 11월 한 전기 기계 사업체가 차지했다. 1년이 채 못 되어 유리창이 깨지고 대리석과 세라믹 타일이 박살나고 건물에서는 값비싼 수입 주방 기구들과 난방 시스템, 냉장고, 모든 변기가 싹 뜯겨 나갔다. 악취가 진동하고 쓰레기가 주택가 곳곳에 널려 있었다. 군대도 그만큼 조심성이 없었다. 군대는 한때 펀양로에 있는 가든 빌라를 차지했으나 그곳은 곧 무너지게 방치되었다. 계단이 허물어지고 난간이 부서졌으며 굴뚝이 무너지고 떼어 갈 수 있는 재산은 모두 훔쳐 가고 없었으며, 정원의 나무들은 죽고 연꽃 연못은 냄새나는 수렁이 되었다. 홍차오로의 대저택도 공군이 차지한 다음에 바닥의 마룻널이 부서지고 수도꼭지와 전기 스위치가 분해되었으며 변기는 배설물로 흘러넘쳤다. 주거 당국의 한 보고서에 따르면 이런 사례들은 〈너무 많아서 열거할 수도 없을〉 만큼 많았다.[16]

수리 유지의 부재는 개별 주택을 넘어 확산되었다. 우한에서는 흰개미들이 많은 오래된 건물들을 말 그대로 먹어 치워 나갔다. 철도역 거리에서는 건물 1,000채 가운데 절반에 흰개미가 들끓었다. 런허 14번가는 그야말로 주민들 위로 무너져 내렸다. 한커우의 홍콩상하이은행 같은 랜드마크 건물들은 유해 동물과 해충에 점령당할 위기에 처했다.[17]

경배의 장소도 예외는 아니었다. 종교는 인민공사에서 있을 자리가 없었다. 교회, 절, 모스크는 작업장, 공동 식당, 기숙사로 전환되었다. 정저우에서는 천주교와 개신교, 불교도, 무슬림의 예배 장소 27곳 가운데 18곳이 점거되었고, 더 나아가 종교 신도들이 사적으로 임대해 온 방 680개가 몰수되었다. 도시는 1960년에 이르자 기독교도와 무슬림의 숫자가 5,500명에서 377명으로 줄었다고 자랑스레 발표했다. 이제 종교 지도자 18명은 전부 〈생산적 노동〉에 참여했다. 이미 죽은 세 명을 빼고는.[18]

파괴는 역사적 기념비로도 확대되었다. 광둥 성 취장에서는 당(唐)대의 유명한 재상인 장중링의 묘가 인민공사가 보물을 찾기 위해 파헤치면서 훼손된 한편 사오관에 위치한 명대의 절은 건축 자재를 얻기 위해 철거되었다. 광둥 성 더 남쪽에서는 아편 전쟁 때 린쩌쉬가 영국군과 싸우기 위해 세웠던 포대를 폭파시켜 고철로 사용했다.[19] 쓰촨 성, 서기 3세기로 거슬러 올라가는 관개 시스템인 두장옌에서는 주변에 위치한 일련의 고대 사당들이 연료를 얻기 위해 해체되고 불에 탔다.[20] 문화유산이 가득하고 오래된 나무들로 둘러싸인 이왕묘(二王廟)는 1957년 역사 기념물로 지정되었다가 몇 년 뒤에 폭약으로 부분적으로 날아갔다.[21] 북쪽에서는 만리장성이 건축 자재를 얻기 위해 약탈되었고 명대 황릉에서 나온 벽돌은 현지 당 서기들의 승인 아래 수레에 실려 갔다. 영락제가 묻혀 있는 정릉(定陵)에 있는 길이 40미터, 높이 9미터의 벽은 완전히 가루가 되었고 바오청(寶城) 능에서는 수백 세제곱미터의 흙이

파헤쳐졌다. 〈벽돌은 인민 대중의 것〉이라는 말이 모든 논쟁을 매듭지어 버렸다.[22]

성벽도 역시 관계 기관의 진노를 피해갈 수 없었다. 옛날에는 웅장한 제국의 상징이었던 성곽 흉벽은 관목과 덩굴로 뒤덮인 채 이제 후진성의 기념비로 비쳤다. 마오쩌둥은 1958년 1월 난징 회의에서 베이징 둘레의 성벽들이 파괴되어야 한다고 지적하면서 기조를 세웠다. 다음 몇 년 사이에 홍문과 성벽들로 이루어진 넓은 구역들이 철거된다. 다른 도시들도 뒤를 따랐다. 난징 구시가를 에워쌌던 성벽 일부는 건축 자재를 찾는 업체들에 의해 해체되었다.[23]

그러나 대부분의 황폐화는 농촌에서 벌어졌다. 파괴의 물결이 들이닥쳤다. 앞서 본 대로 1958년 비료 증산 운동 동안 토양에 양분을 제공하기 위해 건물들이 철거되었다. 지속적 혁명이 확립되도록 건물들은 연료의 원천으로도 쓰였다. 농민들이 밤새도록 깊은 밭고랑을 가는 동안 모닥불이 반짝이며 타올랐다. 그다음 인민공사들이 수립되면서 사유 재산들이 관공서나 공동 식당, 탁아소, 유치원이 되었다. 일부는 건축 자재를 얻기 위해 뜯겨 나갔고 일부는 서류상에서 실제 마을로 옮겨 가는 데 결코 성공하지 못한 근대화의 비전에 길을 내주기 위해 헐렸다. 더 많은 철강을 생산하기 위한 조직적 운동이 전개되면서 금속 창틀과 문손잡이가 뜯겨 나갔고 그다음은 마룻널이 연료로 쓰기 위해 뜯겨 나갔다. 대약진 운동이 1959년 여름 이후 제2의 생명을 얻었을 때 의용군은 집집마다 돌아다니며 감춰 둔 곡물을 찾았다. 그들은 마치 숨겨 둔

곡물이 반란의 무기라도 된 듯 벽을 뚫고, 숨은 구멍을 찾아 방바닥을 찔러 보고, 지하 저장소를 파헤치고, 종종 보상이랍시고 건물의 일부나 전부를 무너트렸다. 기근이 들면서 마을 주민들도 자기 집을 뜯어내 벽돌과 식량을 바꾸거나 나무를 땔감으로 썼다. 지붕 이엉이 아직 불쏘시개가 되지 않았다면 필사적인 주민들은 그것도 뜯어내어 먹었고 벽에 바른 회반죽도 먹었다.

각 집마다 새 학교를 짓기 위해 벽돌 30개를 내놓으라고 요구한 광둥 성 신후이의 어느 마을에서처럼 잘해 봐야 주민들은 〈자발적으로〉 기부를 하도록 강요받았다. 현지 간부들이 갈수록 더 많은 건축 자재를 〈빌리면서〉 결국에는 아무 집도 남질 않았다.[24] 때로 주민들은 기부에 대한 보상을 받았다. 쓰촨의 어느 주민은 초가집 절반을 내놓는 대가로 감히 찻잔과 수건을 요구했다. 그는 찻잔을 받았다. 한 이웃은 방 네 개를 내놓은 대가로 작은 세숫대야를 하나 받았다.[25]

그러나 대부분의 경우 강압이 마을을 지배했다. 자오쯔양이 1959년 초에 반(反)은닉 운동을 선도한 광둥 성에서는 의용군이 땅콩 한 알부터 전체 저택까지 모든 것을 몰수했다.[26] 사오관 룽구이 인민공사에서는 당 서기 린젠화가 사유 재산을 철폐하고 마을 곳곳을 이 잡듯이 뒤지도록 의용군을 보냈다. 85가구로 이루어진 전형적인 한 생산대에서는 56개의 방과 옥외 변소가 몰수되었다. 농민들이 명령을 따르기를 거부하면 줄에 묶이고 두들겨 맞았다.[27]

얼마나 많이 파괴되었는지 추정하기는 어렵다. 상황의 편차는 지역마다 대단히 컸지만 전체적으로 대약진 운동은 인류 역사상 단연코 가장 커다란 규모의 재산 파괴다. 전체 가옥 가운데 어림잡아 30~40퍼센트가 돌무더기가 되었다. 국무원장 류사오치가 고향 지역을 한 달간 시찰한 뒤 1959년 5월 11일에 마오쩌둥에 쓴 글을 보자. 〈성의 당위원회의 동무들에 따르면 후난 성의 전체 가옥 중 40퍼센트가 파괴되었다. 여기에 덧붙여 국가 기관과 국영 기업체, 인민공사, 생산 대대가 몰수한 집들도 있다.〉[28] 전 가족이 옷장 크기만 한 방에 몰아넣어지면서 후난 성에서 방 하나당 사람 숫자는 대약진 운동 기간 동안 두 배가 되었다. 수백 만 명이 아사하면서 생겨난 공간에도 불구하고 말이다.[29] 쓰촨에서는 상황이 더 나빠서 가족들은 변소에서 살거나 심지어 다른 사람의 처마 밑에서 살아야 했다. 산악 지대에 흩어져 사는 소수 민족인 이족이 지배적인 옌위안(鹽源)에서는 집 수천 채가 국가에 넘어가면서 상황이 절박해졌다. 〈통계에 따르면 1,147가구가 다른 가구와 한 방을 공유하며 627가구는 서너 가구와 한 방을 공유하고 100가구는 다섯 이상 가구와 한 방을 공유한다.〉[30] 전체적으로 쓰촨 성에서 파괴 비율은 45퍼센트부터 가장 피해를 많이 본 일부 현의 경우 70퍼센트에 이르기까지 다양했다.[31]

많은 이들이 새집을 찾지 못했고 건물 잔해를 그러모아 만든 허름한 판잣집에서 임시 거처를 찾거나 돼지우리에서 살면서, 사회 주변부에서 최대한 생존을 이어갔다. 기온이 영하로까지 떨어지는 후베이 성 황강 지역에서는 약 10만 가구가 1960~1961년 겨울에 집이 없었다. 인구의 절반은 난방을 위한 땔감이 전혀 없었고 주민들은 형편없는 누더기를 걸친 채 살을 에는 추위를 나야 했다.[32]

대약진 운동 기간 동안 전개된 관개와 저수 사업으로 인해 터전에서

쫓겨난 특별한 희생자 집단이 있다. 그들의 숫자는 수백만에 달했다. 후난 성에서만 50만 명이 훌쩍 넘는 사람들이 소개되었다.[33] 허난 성 싼먼샤와 저장 성 신안장, 후베이 성 단장커우에서 각각 거대한 프로젝트가 개시되면서 적어도 30만 명가량이 퇴거당했다.[34] 광둥 성 잔장 지역에서는 1961년 말에 이르자 퇴거당한 가구를 위해 30만 채의 집이 필요했다.[35]

대부분은 특별한 계획 없이, 일반적으로 보상을 받지 못하고 이주되었다. 후난 성 웨양 현에서는 약 2만 2,000명이 톄산 저수지 축조 동안 집을 잃었다. 저수지에 수몰될 벽돌, 가구, 연장, 마을의 가축은 징발되어 산지에 집단 농장을 세우는 데 이용되었고 쫓겨난 주민들은 당국에 의해 그곳으로 보내졌다. 산악 지대에 고립되어, 먹고살 경지도 없고 고향 마을과의 모든 끈이 단절된 그들의 삶은 비참했고 많은 이들이 무리 지어 평지로 돌아오기 시작했다. 그 뒤 저수지 프로젝트는 포기되었다. 강제 퇴거당한 이들 대부분은 집으로 돌아가기로 했으나 들고 갈 수 있는 모든 자산을 모두 떼어 가버린 유령 마을에서 오도 가도 못하게 되었다. 그들은 임시변통으로 만든 오두막과 옥외 변소, 돼지우리, 심지어 동굴에서 피난처를 찾았고 그 가운데 일부는 시시때때로 무너져 거주자들이 매몰되었다. 많은 이들이 얼마 안 되는 조리 도구를 공유하고 한 달에 10킬로그램이라는 변변찮은 배급에 의지해 살아가면서, 목숨을 연명하기 위해 구걸을 하거나 훔쳐야 했다. 겨울을 날 누비옷이나 담요가 있는 사람은 거의 없었다.[36]

쫓겨난 주민들 다수는 시골을 떠돌았지만 일부는 자신들이 나고 자란 곳에 이끌려 결국에 집으로 돌아왔다. 베이징 북동쪽으로 약 100킬로미터 거리, 숲이 무성한 산을 배경으로, 야생 능금과 밤나무, 배나무

과수원이 있는 그림 같은 계곡에 자리 잡은 약 65개 마을의 주민들은 1958년 9월과 1959년 6월 사이에 건설된 미윈 저수지에 공간을 내주기 위해 터전에서 쫓겨났다. 5만 7,000명의 주민들이 집을 잃었다. 그것만으로 충분치 않다는 듯 현지 간부들은 연장을 모조리 징발하고 가구를 훔쳐 갔다. 저항한 농민들은 투옥되었다. 주민들의 4분의 1만이 재정착되었지만 임시 수용소는 너무 좁아서 거주자들은 수용소를 〈돼지우리〉라고 불렀다.

2년 뒤에도 여전히 많은 이들이 집을 구하지 못하고 시골을 정처 없이 떠돌았다. 1961년 3월 1,500가구가 고향으로 돌아왔다. 남녀노소 가릴 것 없이 주민들은 가까스로 건질 수 있었던 소지품과 옷가지가 담긴 허름한 배낭과 너덜너덜한 보퉁이를 지고서 흙길을 따라 터덜터덜 걸어왔다. 몇몇은 원래 마을로 돌아가 — 저수지에는 여전히 물이 없었다 — 움막을 짓거나 밖에서 잤다.[37] 그러한 난민 수백만 명이 중국 전역에 걸쳐 비슷하게 누추한 환경에서 살았다.

죽은 자들도 쫓겨났다. 이것은 복잡한 추도 관행과 장례 의식, 조상 숭배 의례에서 드러나는 내세에 대한 뿌리 깊은 관심에 정통으로 위배되는 것이었다. 신체는 조상 대대로 내려오는 마을 근처 땅 아래 온전히 묻혀야 하는 소중한 선물로 여겨졌기에 매장이 시신을 처리하는 가장 선호되는 방법이었다. 조상의 혼과 후손 사이에는 상호 의무 관계가 존재한다고 여겨졌다. 죽은 자는 존중받아야 할 구체적인 필요 사항이 있었다. 장례식에서 고인이 내세에 잘 자리 잡을 수 있도록 노잣돈과

더불어 가구부터 집 전체까지 종이로 만든 온갖 물품을 태웠다. 관은 공기가 통하지 않아야 했다. 후손들은 묘를 깨끗이 단장하고 조상께 정기적으로 음식과 선물을 바쳐야 했다.[38]

이러한 관행 중 일부는 대약진 운동 기간 중에 준수되었다. 당이 민간 종교를 미신이라고 매도하는 만큼이나 일부 현지 간부들은 화려한 장례에 돈을 마음껏 썼다. 조모를 안장하기 위해 허베이 성의 한 간부는 장례식에 30명의 악사를 불렀다. 장례를 치르기 위해 공동 식당 하나가 징발되어 기근의 와중에도 120명의 손님이 술과 담배를 대접받았다. 이것만으로는 비탄한 마음을 달랠 수 없다는 듯 리잔잔은 5년 전쯤에 묻힌 부모님의 유해를 파내서 새로운 관에 옮긴 뒤 다시 묻었다. 베이징 방직 공장의 당 부서기 리융푸는 장례식 악단을 맞기 위해 전등이 달린 막사를 세웠을 뿐 아니라 모친이 저세상으로 편히 갈 수 있도록 종이 차, 종이 소, 종이 의용군을 태웠다. 승려 다섯 명이 염불을 외웠다.[39]

그러나 석재와 목재, 심지어 비료를 얻기 위해 많은 매장지들이 파괴되었다. 예를 들어 후난 성에서는 댐을 건설하기 위해 비석이 뽑혀 나갔고 당 활동가들은 자기 조상들의 안식처를 파괴함으로써 본보기를 세웠다. 웨양에서는 훼손된 무덤 수백 기에서 유골이 관 밖으로 삐져나왔다.[40] 웨이수는 한 인터뷰에서 자신이 쓰촨 시골의 무덤을 밀어 버리라는 지시를 받았던 것을 기억했다. 〈죽은 자들을 위한 무덤은 보통 작은 언덕처럼 보이잖아요. 우리는 그 언덕들을 평평하게 만들어야 했습니다. 1958년에 우리가 해야 했던 일 가운데 하나지요. 밤이면 우리는 돌아다니며 묘지를 파괴하고, 그것들을 경지로 바꾸라는 명령을 받았습니다.〉[41] 중국 여러 지역에서 묏자리로 쓰이던 농경지들이 체계적으로 다시 농경지로 개간되었다. 베이징에서는 대약진 운동 기간 동안 화장 시설이 완전 가동되었다. 1957년, 7000구가 넘는 시신이 화장되었는데 1956년보다 거의 세 배나 많은 수치이자 1952년보다 20배가 많은 수치였다. 이러한 시신의 3분의 1은 농경지를 만들기 위해 다시 파낸 것이었다.[42]

그러나 농촌에서는 관계 당국이 미친 듯이 목재를 찾는 와중에 파낸 시신을 항상 신경 써서 화장해 주지는 않았다. 국무원의 비서국이 편집한 제한된 발행물에서 지적했듯이 산둥 성 머우핑에서는 현지 간부들이 땅에 비료를 주는 데 시신을 이용했다. 〈그들이 완전히 분해되지 않은 시신 몇 구를 농작물에 집어 던졌다.〉 고작 며칠 전에 묻힌 연로한 부인의 시신은 옷이 다 발가벗겨진 채 길가에 버려졌다.[43]

이것은 결코 예외적인 경우가 아니었다. 자신이 복무하는 산시 성 군사단의 정치 위원에게 보내는 보고서에서 당원 허우시샹은 후난 성 평현의 고향 마을에 돌아갔을 때 많은 관들이 파헤쳐져 집 앞 들판에 여기저기 널려 있었다고 설명했다. 관 뚜껑이 비스듬히 열려 있었고 유해는 사라지고 없었다. 며칠 뒤 비 내리는 오후에 그는 현지 부서기 집의 굴뚝에서 연기가 솟아오르는 것을 보았다. 집 안에 들어가 보니 커다란 네 개의 솥단지에서 비료로 사용될 시신들이 삶기고 있었다. 밭에 추출물이 골고루 뿌려지도록 하기 위해서였다.[44]

21장
자연

1870년대 청 제국 전역을 널리 여행한 리히트호펜 남작은 중국의 북쪽 지방 전체가 헐벗었다고, 척박한 산과 언덕으로 이루어진 황량한 풍경이 펼쳐진다고 썼다.[1] 중국 제국에서는 길고 추운 겨울을 날 연료를 확보하는 것이 언제나 문제였다. 농민들은 옥수수와 수수를 대량으로 재배했다. 씨앗은 식량으로 쓰였고 줄기는 온돌 침대 캉(炕)을 데우는 연료 역할을 했다. 가족들은 밤에는 이 침대에서 잤고 겨울에는 침대에 내장된 송풍관을 데워 그 위에 앉아서 지냈다.[2] 숲이 없는 고장에서 연료 부족은 널리 실감되었다. 나무가 귀해서 아이들이나 노파들은 땅에 떨어진 나뭇조각, 가지, 뿌리, 부스러기 하나하나를 깨끗하게 긁어모았다.

삼림 파괴 — 개간과 연료 및 목재 공급을 위한 — 는 자연 환경에 대한 무분별한 개입으로 인해 1949년 이후로 악화되었다. 마오쩌둥은 자연을 극복해야 할 적, 굴복시켜야 할 적대자, 대중 동원을 통해 개조되고 활용되어야 할, 인간과 근본적으로 분리된 실체로 보았다. 환경에 맞선 인민은 생존을 위한 끊임없는 투쟁 속에서 자연과의 전쟁을 치러야 했다. 의지주의적 철학은 인간 의지와 혁명 대중의 무한한 에너지가 물질 조건들을 급진적으로 변형시키고 공산주의 미래로 가는 길에 놓인 어떤 어려움도 극복할 수 있다고 주장했다. 물리 세계 자체는 개조될 수 있고 언덕은 밀리고, 산은 평평해지고, 강의 물길은 들어 올려질 수 있다. 필요하다면 양동이로 퍼올려서라도.[3] 대약진 운동을 전개하면서 마오쩌둥은 〈새로운 전쟁이 벌어지고 있다. 우리는 자연에 공격을 개시해야 한다〉고 선언했다.[4]

대약진 운동은 숲을 대량으로 제거했다. 철강 증산 운동이 조직적으로 전개되는 가운데, 곳곳에 우후죽순처럼 생겨난 토법고로에는 계속 불을 때야 했고 농민들은 산으로 흩어져 연료로 쓸 나무를 벴다. 후난 성 이장 현의 산지는 푸르른 원시림으로 덮여 있었다. 엄청난 벌목이 뒤따라서 일부 생산 단위들은 토법고로에 불을 때기 위해 숲의 나무 3분의 2를 쓰러트렸다. 1959년에 이르자 민둥산만이 남았다.[5] 창사 서쪽 안화에서는 숲 전체가 광활한 진흙 벌판이 되었다.[6] 윈난부터 쓰촨 성까지 도로를 따라 오래된 울창한 숲을 자동차로 통과하면서 소련의 토양 보존 전문가들과 임학자들은 나무들을 마구잡이로 베어 산사태가 유발된다는 것을 알게 되었다.[7] 모든 숲이 짓밟혔고 때로는 회복 불가능할 정도였다.

그러나 무차별적 벌목은 철강 증산 캠페인이 종결되었음에도 끝나지 않았다. 기근은 굶주림의 문제일 뿐 아니라 모든 필수품, 특히 연료 부족의 문제였다. 땔감과 목재가 절실해지자 농민들은 철강 증산 캠페인 동안 들인 습관, 즉 숲으로 돌아가 마구 자르고 베는 일을 되풀이했다. 집산화와 더불어 삼림 관리에 관한 책임의 경계선이 흐려지면서 절도는 어느 때보다 쉬워졌다. 숲은 인민의 것이었다.[8] 메마른 간쑤 성 우두 현에서는 대약진 운동 이전에 760명 정도가 삼림 관리를 담당하고 있었다. 1962년에 이르자 이 가운데 대략 100명 정도만 남아 있었다. 상황은 중국 전역에서 똑같았다. 1957년 지린 성은 247곳의 삼림 관리소가 관리하는 울창한 숲과 아름다운 삼림 지대로 덮여 있었다. 이 가운데 여덟 군데만이 집산화에서 살아남았다.[9]

현지 생산 대대들은 자연 자원의 약탈을 멈추게 하는 데 무력했을 뿐 아니라 종종 거기에 공모했다. 1961년 3월 한 방문객은 베이징 바로 바깥 산악 지대, 양칭 현의 시하이 인민공사의 문을 통과해 걷다가 약 18만 그루의 나무 — 보리수와 뽕나무 — 가 몇 센티미터 높이 그루터기만 남기고 다 잘려 나가 있는 것을 목격했다. 이것은 고작 두 생산 단위가 한 일이었다.[10] 농민들은 난방이 너무 절실했기 때문에 한겨울에 심지어 과실수를 베기도 했다. 베이징의 삼림청이 보고한 대로 창핑에서는 한 마을에서 5만 그루의 사과나무와 살구나무, 호두나무가 잘려 나갔고 한 생산 대대는 연료로 쓰고자 트랙터를 이용해 89만 그루의 묘목과 초목을 뽑아냈다.[11] 인민공사는 흔히 생산대를 파견해 이웃한 지역에서 몰래 나무를 베어 오게 했다. 화이러우 현에서는 100여 명의 농민들이 현 경계를 넘어 양칭으로 파견되었다. 그들은 그곳에서 3주가 채 못 되어 18만 그루의 나무를 베어 냈다.[12] 수도에 더 가까운 곳에서는 철도를 따라서 나무를 베어 넘어뜨려서, 다싱 현에서는 철도 노선을 따라 나무 10만 그루가 자취를 감췄다.[13] 더 남쪽에서는 연료로 쓰기 위해 전봇대마저 쓰러트렸다.[14] 내륙 깊숙이 간쑤 성에서는 한 생산 대대가 니스를 채취하는 옻나무 12만 그루 가운데 3분의 2를 벌채하여 지역 경제를 망가뜨렸고 또 다른 생산대는 현지 마을들이 생계를 의지해 온 유차나무의 40퍼센트를 베어 넘겼다.[15]

사람들은 불쏘시개가 절실했다. 나무를 다 베어 버린 뒤에 일부 주민들은 가구뿐만 아니라 심지어 자기 집까지 불태웠다. 〈냄비 아래 있는 것[땔감]이 심지어 냄비 안에 있는 것[음식]보다 귀하다〉고 농민들은 한탄했다.[16] 심지어 아열대 식생으로 둘러싸인 광둥 성 판유에서는 모든 가구의 3분의 2가 처음에 불을 붙일 연료가 전혀 없었고 일부는 성냥도 없을 정도였다. 불은 이웃에서 빌려 와야 했다. 마을 전체가 원시적 물물 교환 경제로 전락한 가운데 일단 불이 붙으면 그것은 소중한 물건처럼 보호되었다.[17]

도시에서도 나무들이 베어 넘겨졌으나 이유는 달랐다. 앞서 본 대로 많은 회사들이 대약진 운동을 회사 시설을 확장하는 데 이용했고 종종 실제로 필요한 것을 넘어 확장했다. 난징 상업청의 한 부서는 벚나무와 배나무, 석류나무 6,000그루가 있는 과수원을 파괴했다. 결국 나무를 싹 베어버린 동산에는 아무것도 들어서지 않았다. 그러한 파괴는 난징에서 흔했다. 1958년 말에 실시한 한 조사가 보여 주듯이 몇십 개 단체가 7만 5,000그루 나무의 불법적 벌채에 책임이 있었다. 대부분은 목재가 필요한 공장이었지만 일부는 절실한 소득을 올리기 위해 암시장에 나무를 내다 팔았다.[18]

비록 벌거벗은 시골 풍광을 푸르게 바꾸려는 캠페인 — 불모의 사막이 울창한 숲으로 변신할 것이다 — 이 시시때때로 펼쳐졌지만 광범위한 기근과 부실한 계획, 더 일반적인 권위의 붕괴가 합쳐져 녹화 시도는 좌절되었다. 막 심은 나무들은 곧장 사라졌다. 일례로 1959년에 베이징은 사람들을 보내 십삼릉수고에 2만 6,000헥타르의 보호수를 심게 했다. 그러나 현지 인민공사는 반년 만에 보호수의 절반 이상을 파괴했다. 베이징 바깥에서는 재녹화 사업과 묘목 심기 프로젝트의 3분의 1에서 5분의 4가 실패했다. 권좌에서 훨씬 멀리 떨어진 지역들에서 피해는 틀림없이 훨씬 더 컸을 것이다.[19] 인간의 손길이 닿은 적 없는 낙엽송과 자줏빛 보리수(피나무), 들메나무가 자라는 울창한 숲으로 덮인 산이 많은 헤이룽장 성에서는 새롭게 방풍림으로 심어진 전체 묘목의 3분의 1이 관리가 부실해서 죽었다.[20] 후베이 성에서는 어청에 있는 댐 제방을 안정시키기 위해 심은 나무 약 1만 5,000그루가 땅에 심어지자마자 불법적으로 벌채되었다. 결국 나무를 다시 심었지만 작업을 너무 건성으로 해서 대부분은 옆으로 쓰러지거나 말라 죽었다.[21]

삼림 황폐화의 여러 원인 가운데에는 화재도 추가해야 하는데, 산불은 숲에서 인간 활동이 크게 증가하고 효과적인 삼림 관리가 붕괴하면서 급증했다. 대약진 운동 첫 2년 동안 후난 성에서는 수천 건의 산불로 5만 6,000헥타르 정도가 파괴되었다.[22] 안 그래도 숲이 드문 산시 성과 간쑤 성의 건조한 북부 평원에서는 1962년 봄에 2,400건의 산불이 발생하여 1만 5,000헥타르 이상의 숲이 파괴되었다.[23] 산불은 우발적일 수도 있지만 숲은 종종 비료를 만들기 위해서나 야생 동물을 사냥하기 위해 의도적으로 불태워지기도 했다. 불길은 전진하고 숲은 물러나면서 동물들이 학살되었다. 심지어 희귀종도 사냥꾼들에게는 만만한 사냥감이었고 그중 일부는 거의 — 들창코원숭이, 야생 코끼리, 흑담비 — 멸종 지경에 이르게 된다.[24]

불은 또한 곡물을 재배할 땅을 개간하기 위해서도 이용되었지만 그러한 개간 작업 대부분은 목초 지대에서 이루어졌다. 집산화가 생산성의 엄청난 비약을 가져와서 모든 논밭의 3분의 1은 버려도 될 수 있을 것이라고 여겨졌으므로 다른 곳에서는 경지가 실제로 줄어들었다. 예를 들어 간쑤 회랑 지대와 닝샤 평원에서는 겨울 밀이 스텝 지역을 침범하여 사막화를 재촉했다. 얀치 현 — 닝샤에서 예를 하나만 꼽자면 —

은 대약진 운동 기간 동안 고원의 풀을 베어 내고 양 떼를 더 위쪽으로 몰아 풀을 뜯게 함으로써 농지를 두 배 늘려, 농지 면적이 5만 헥타르에 달했다. 얀치 현은 이제 사막을 마주하게 되었다. 서쪽으로 더 가면 군데군데 소금 늪지가 자리하고 산맥으로 둘러싸인 황량하고 광활한 땅인 건조한 차이다무 분지가 있는데 너무 추워서 거의 아무것도 자랄 수 없었다. 인민공사는 이곳에서 곡물 경작지를 마련하기 위해 10만 헥타르 면적의 사막 식생과 관목을 파괴했다. 그 후 바람에 날리는 모래에 파묻힐 위험 때문에 여러 집단 농장들은 결국 이주해야 했다.[25]

대기근 동안 사라진 삼림 면적이 어느 정도인지는 추산하기 어렵다.[26] 랴오닝 성의 일부 현들에서 방풍림의 최대 70퍼센트까지 파괴되었다. 허난 성 동부에서는 방풍림의 80퍼센트가 사라졌다. 카이펑에서는 방풍림이 모조리 없어졌고 2만 7,000헥타르 정도는 사막에 자리를 내주었다.[27] 북서부의 광활한 평원 전역에 걸쳐 — 신장 자치구부터 산시 성까지 — 전체 수목의 5분의 1이 베어졌다.[28] 후난 성에서는 숲의 절반이 벌채되었다.[29] 광둥 성에서는 3분의 1이 약간 못 미치는 수치의 나무가 사라졌다.[30] 비록 과도한 추정치일지도 모르지만 대기근의 전문가인 위시광은 삼림 면적의 80퍼센트가 연기로 사라졌다고 주장한다.[31] 피해 양상은 지역마다 달랐고 심지어 기록 보관소에 보관된 통계들도 현실에 대한 객관적 반영이라기보다는 정치적 가공물이다. 확실한 것은 남부의 대나무 숲부터 북쪽의 고산 목초지와 아한대 전나무, 소나무 숲에 이르기까지 그토록 다양한 숲들이 그 어느 때보다 장기간에 걸쳐 집중적으로 훼손되었다는 것이다.

1959년 초여름 허베이 성, 하늘에 먹구름이 낀 뒤 천둥과 함께 비가 퍼붓기 시작했다. 폭우가 조금도 잦아들지 않고 계속 이어지자 배수 시스템은 진흙과 배설물, 잎사귀로 막히고, 관개 운하는 무너지고, 거리는 강으로 탈바꿈했으며, 수도 북쪽 지역은 홍수가 났다. 장맛비로 진흙으로 지은 집은 흘러내리고, 논밭은 침수되거나 표토가 쓸려 가면서 망가졌다. 거리는 토사로 뒤덮이고 떠내려 온 잔해가 쌓였다. 퉁저우의 농민들 3분의 1이 집이 무너지거나 농사를 망치거나 가축이 익사하면서 피해를 입었다.[32] 그해 여름 동안 다른 재난도 중국을 괴롭혔다. 호우는 광둥을 할퀴었다. 태풍이 더 북쪽의 해안 지대를 강타했다. 극단적인 기상 이변들은 예상치 못한 결과를 가져오면 수십 년 사이에 후베이 성에서 최악의 가뭄을 야기했다.[33] 지도부가 경제 침체를 이러한 재해 탓으로 돌림으로써 정치에 대한 주의를 다른 곳으로 돌리는 가운데 경제에 미친 자연의 충격이 크게 강조되었다. 자연에 책임을 정확히 얼마나 돌려야 하는지는 쟁점이 되었고 류사오치는 〈생산에서 어려움〉의 30퍼센트는 자연재해로 야기되었고 나머지 70퍼센트는 인위적 요인 탓이라고 공공연하게 주장했다가 나중에 곤경에 처하게 된다.

그러나 류사오치의 설명은 무척 흔한 것이지만, 당시 중국에서 환경 훼손의 근간에 자리한 관념에 도전하기보다는 그러한 관념을 되풀이할 뿐이다. 다름 아닌 인간은 자연과 완전히 별개의 존재라는 생각 말이다.[34] 그러나 당시에 수행된 〈자연재해〉에 대한 상세한 연구가 보여 주듯이 양자는 서로 엮여 있었다. 조사 팀이 이듬해 여름 퉁저우를 다시 방문했을 때 그들은 국가가 주민들을 버리다시피 하여, 주민들이 적절한 의식주가 없이 간신히 목숨을 부지한 채 극빈에 시달리고 있음을 발견했다.[35] 재난 시기에 전통적인 대처 메커니즘 — 민간의 자선, 국가 지원, 상호 부조, 가족의 저축, 이민 — 은 효력을 발휘하지 못했고 홍수는 집산화의 결과로 훨씬 더 심대하고 장기적인 효과를 미쳤다. 그러나 이 가운데 어느 것도 왜 퉁저우가 그렇게 심한 타격을 받았는지 설명하지 못했다. 비가 그 지역에 더 많이 내렸을까? 답은 1년 뒤, 류사오치가 수천 명의 고위 간부들 앞에서 한 연설에서 자연재해가 주변적 역할만 했음을 지적한 뒤에 나왔다. 1962년 정치적으로 더 열린 분위기에서 치수청은 대약진 운동이 관개 시스템에 어떻게 영향을 미쳤는지 점검하기 시작했다. 치수청은 퉁저우를 특별히 주목할 곳으로 지목했다. 결론은 명백했다. 잘못 구상된 관개 공사는 1957~1958년 치수 운동 기간 동안 성급하게 실시되어 조심스럽게 균형을 이룬 자연적인 수로를 흐트러뜨렸다. 농업이 엄청나게 확대되면서 더 많은 물이 어느 때보다도 지하로 흘러가게 되었다. 1959년 퉁저우에 드리운 먹구름에서 비가 쏟아졌을 때 빗물이 흘러갈 곳이 없어서 논밭과 마을이 침수되었다.[36]

같은 현상이 나라 전역에서 일어났다. 허베이 성, 창저우 지역은 1961년 7월에 들이닥친 태풍에 쑥대밭이 되어서 24명으로 이루어진 조사 팀이 허베이 성 당위원회에서 즉시 파견되었다. 그들은 절반 가까운 논밭이 물 아래 잠긴 현지에서 열흘을 지냈다. 조사 팀은 자연적 배수 시스템이 대약진 운동 이후 실행된 관개 공사로 파괴되었음을 재빨리 깨달았다. 부실하게 설계된 저수지와 운하, 도랑은 재해에 일조했지만 경작의 확대도 상황을 악화시켰다. 크고 넓은 논밭이 전통적으로 원래의 지형지세를 따라 구획된 작고 구불구불한 땅뙈기를 대체했기 때문이다. 심지어 예전에는 홍수로 피해를 입지 않았던 마을들도 이제는 물에 잠겼다. 무거운 돌 지붕을 얹은 흙집은 사람들 머리 위로 무너져 내렸다. 조사 팀이 지적한 대로 자연과 사람은 과거 정책에 대한 대가를 치르고 있었다. 모든 것이 〈야위었다〉. 〈사람들은 야위고, 땅은 척박하고, 동물은 비쩍 말랐고, 집들은 얄팍하다.〉[37]

퉁저우와 창저우는 기록이 잘 남은 두 사례이지만 화이 강과 황허 강 평원들을 따라 그보다 더 큰 아사 지대가 펼쳐졌다. 허난 성 상추부터 산둥 성 지닝까지, 안후이 성 푸양부터 장쑤 성 쑤저우까지, 1961년 9월에 후야오방은 한 달 동안 1,800킬로미터 가량을 여행하며 호우가 야기한 피해를 점검했다. 앞으로 보겠지만 사망률이 최소 10퍼센트에 달하는 많은 참상의 현장은 저 두 지역에 있었다. 이 지명들 가운데 일부는 — 평양, 푸양, 지닝 — 이후로 대량 아사의 상징이 되었다. 후야오방이 처음 관찰한 것은 그해 가을에 내린 강우량이 도저히 이례적이지 않았다는 사실이다. 평양처럼 피해가 막심했던 일부 지역들에서는 강우량이 기본적으로 정상이었다. 더 조사해 보니 이들 지역이 겨우 700밀리미터에 불과한 침수에 철저히 파괴된 주요 이유는 1957년 가을 이후로 엄청난 규모의 치수 공사가 실시되어서라는 것이 드러났다. 이 방대한 관개 시설 네트워크는 물을 가둔 다음 토사로 막혔다가 〈땅을 바다로 바꾸는 용〉이 되었다. 상황이 너무 나빠서 300밀리미터가 넘는 강우만으로도 재난을 야기할 수 있었다. 현지 주민들은 지난 몇 년 사이에 지어진 운하와 수로를 홍수의 주요 원인으로 보면서 깊이 분개했다. 후야오방은 〈일부 간부들은 정직하고 교훈을 배워 가고 있으나 일부는 어찌할 바를 모르고 심지어 일부는 자연재해라고만 주장한다〉고 썼다.[38]

중국 전역에서 엄청난 인적, 경제적 비용을 들여 수억 명의 농민들에 의해 지어진 관개 시설들은 대체로 쓸모가 없거나 위험하기까지 했다. 많은 시설들이 자연법칙을 위배하여, 토양 침식, 산사태, 하천의 토사 축적을 야기했다. 비옥한 토양과 계곡들, 계단식 논밭을 갖춘 지역인 후난 성에서 원시림으로 뒤덮인 푸르른 산들이 철강 증산 운동 기간 동안 현지 인민공사들에 의해 어떻게 헐벗게 되었는지는 이미 살펴보았다. 민둥산들은 빗물을 중간에 막아 줄 숲 지붕이 더 이상 없기 때문에 급류로 씻겨 나갔다. 숲이 물을 저장할 능력이 줄어들면서 자연재해는 대참사로 확대되었다. 홍수를 막는 제방과 지하 배수로, 저수지, 관개 수로로 물의 자연적 흐름을 교란했던 거대한 관개 프로젝트는 문제를 악화시킬 뿐이었다. 쌓인 퇴적물은 후난 성의 여러 강바닥을 80센티미터까지 높여서 흘러넘친 강물이 주변 마을을 잠기게 할 위험이 커졌다.[39]

현지의 개간 사업도 상황을 더 나쁘게 했다. 국가와 현지 인민공사들이 식량 부족에 대응하여 추진한 개간 사업은 자연 관리에 대한 이해가 거의 없음을 보여 주었다. 후난 성에서는 20만 헥타르가 넘는 면적이 개간되었고 그 상당 부분은 가파른 산 경사면이었다. 그다음 비가 내려 토양이 씻겨 내려가 새로 지은 저수지에 쌓였고 결국 저수지는 침전물로 막히게 되었다. 룽후이의 어느 생산대는 산 경사면에 위치한 10헥타르의 땅을 개간했다. 1962년 5월에 내린 폭우로 인해 땅 위를 흐르는 빗물은 서른 군데 댐과 도로 다섯 곳을 토사로 틀어막았다.[40]

다양한 물품의 부족도 결핍의 악순환을 강화하는 경향이 있었다. 일단 온갖 비료가 1958년 대약진 운동에서 마구 뿌려지고 나자 논밭은 척박해졌다. 농민들이 농토에 대한 통제권을 잃고 작물이 아무렇게나 심어지고 자주 바뀌자 논두렁이 부실하게 관리되었다. 배게 심기와 깊이 갈기 농법은 토양을 밖으로 파헤치면서 농토를 더 깎아 냈다. 과거에는 정성들여 댄 관개용수를 논밭이 네댓새 동안 머금을 수 있었지만 1962년이 되자 물은 72시간이 못 되어 흙 사이로 다 빠져나가고 말았다. 이는 관개 시스템이 토사로 막히는 만큼이나 관개용수는 두 배 더 필요하다는 뜻이었다.[41] 후난 성의 치수·수력 발전과는 양쯔 강 유역 대부분과, 상 강, 쯔 강, 위안 강 유역 — 후난 성에서 가장 큰 강 넷 가운데 셋 — 의 4분의 1에서 3분의 1을 비롯해 약 5만 7,000헥타르의 면적이 토양 침식을 겪었다고 결론 내렸다. 물과 토양 보존을 위한 모든 설비의 절반까지 토사로 막히고 쓸려 나갔다. 관개 사업의 여파로 토양 침식량은 50퍼센트 증가했다.[42]

철저한 계획 없이 종종 전문가 의견을 무시한 채 굶주린 농민들에 의해 이루어진 허술한 작업도 새로운 관개 시스템을 망쳐 놓았다. 후난 성에서는 기근이 끝날 무렵에 펌프의 절반 이하만이 실제로 작동했다. 많은 펌프들이 망가졌고 어떤 것들은 어떠한 관리도 부재한 채 그냥 작동을 멈췄다.[43] 헌양 지역에서는 중형 저수지 가운데 3분의 2 그리고 작은 제방 가운데 3분의 1이 물이 새거나 스며 나오면서 제구실을 못했다.[44] 후난 성 전체를 봤을 때 중형 저수지의 10분의 1이 완전히 낭비된 프로젝트로 묘사되었고, 중도에 포기되었다. 대형 저수지 10개도 넓은 경지를 물에 잠기게 했지만 실제로는 관개용수를 별로 대지 못해서 그다지 효과를 보여 주지 못한 채 이주를 해야만 했던 현지 주민들 사이에 커다란 원성만 자아냈다.[45] 많은 경우에 건축 자재가 너무 잘 부스러져서 저수지 안쪽 물결의 움직임이 댐 안쪽에 50~70센티미터 깊이의 홈을 만들어 냈다.[46] 굶주린 농민들이 물고기를 잡기 위해 댐과 수문 근처에서 다이너마이트를 이용한 것도 상황을 악화시켰다.[47]

후난 성도 예외가 아니었다. 이웃 후베이 성에서는 당 지도부가 중국을 유린한 참사 가운데 하나라고 한 1959년 가뭄 동안 거대한 양쯔 강의 물을 논밭으로 돌릴 수 없었는데 새로 지은 전체 수문의 4분의 3이 너무 높았기 때문이었다. 사람과 가축의 목이 타들어 가는 사이 강물은 건조한 들판을 지나갔다.[48] 가뭄이 한창일 때 젠리부터 징저우까지 100킬로미터를 따라 농민들은 논밭에 물을 대기 위해 제방에 구멍을 팠지만 나중에 이곳들은 호우가 내려 침수되고 말았다.[49] 1961년에 이르자 대략 40만 개의 소형 저수지가 파손된 상태였다. 대충 셋 중 하나 꼴로 붕괴하거나 토사에 막히거나 물이 새나가 말라 버렸다.[50]

그러나 거대주의에 사로잡힌 나라의 다른 지역들에서처럼 대규모 프로젝트 또한 우후죽순처럼 모습을 드러냈다. 후베이 성에서는 공사 프로젝트가 1957년 이전 몇 십 개에서 500개 넘게 불어났다. 일단 이 공사들은 완료되면 종종 현지 인민공사에 그냥 떠넘겨졌고 그중 다수는 적절한 관리나 감독을 전혀 받지 못했다. 사람들은 제방에 쌓은 돌을 실어 가버렸고, 송수로는 토사에 막히도록 방치되었으며 옹벽에는 구멍이 뚫리고 댐 꼭대기에는 외양간과 돼지우리, 심지어 집이 들어서기까지 했다. 수문에 물이 새지 않도록 사용된 고무가 잘려 나간 한편 아무도 돌보지 않는 초소의 원격 통신 장비도 도둑맞았다.[51] 후베이 성 전역의 수백만 명 농민을 강제 동원하여 관개 시스템에 투입한 엄청난 노력에도 불구하고 1961년에 이르자 1957년의 200만 헥타르와 대조적으로 100만 헥타르 미만의 경지만이 관개용수를 공급받고 있다는 결론을 피할 수 없었다.[52] 후난 성의 처지는 조금 더 나을 뿐이었다. 치수 사업에 막대한 자금과 인력을 투자한 뒤 후난 성에서 관개되는 전체 경지는 1957년에 266만 헥타르에서 1962년 약 268만 헥타르로, 다시 말

해 1퍼센트 미만 증가했다.[53]

나라 전역의 댐들은 방수로가 부족하고 허접한 자재를 사용하고 현지 지질에 대한 고려 없이 건설되었다. 많은 댐이 붕괴했다. 1960년 광둥 성에서는 차오안 현, 펀황에 위치한 댐이 터졌고 둥싱 현, 황단의 또 다른 댐이 뒤따라 터졌다. 이 댐들은 대형 저수지였지만 중형과 소형 저수지들도 붕괴했는데 링산, 후이양, 라오핑의 댐들이 실례다.[54] 전국적으로 115개의 대형 저수지, 즉 38퍼센트의 저수지가 우기 동안 홍수로 불어난 물을 막을 수 없었다.[55] 중앙 지도부에서 나온 한 보고서에 따르면 잘못 건설된 탓에 저수지나 댐 가운데 대형 3개, 중형 9개, 소형 223개가 1960년 한 해 동안 붕괴했다.[56]

흙으로 세운 것들 다수는 즉시 붕괴한 반면 일부는 몇 십 년 동안 위험한 시한폭탄이나 다름없었다. 앞 장에서 본대로 1957~1959년 〈화이강을 다스리자〉 캠페인의 일환으로 지어진 허난 성, 주마뎬 시에 있는 반차오(板橋) 댐과 스만탄(石漫灘) 댐에서 그런 일이 일어났다. 1975년 8월 태풍이 그 지역을 강타했을 때 이 댐들이 무너지면서 엄청난 물결이 들이닥쳐 23만 명이 익사한 것으로 추정된다.[57] 1980년에 이르자 허난 성에서는 약 2,976개의 댐이 무너졌다. 허난 성 수자원 부서의 부장이 대약진 운동을 가리켜 다음과 같이 말했다. 〈그 시대에 생긴 쓰레기는 아직 완전히 치워지지 않았다.〉[58]

자연에 대한 개입은 농지의 알칼리화 — 염류화 또는 염도 증가로도 알려져 있다 — 를 증대시켰다. 물론 이것은 북부의 반건조 평원과 더

흔하게 관련된 현상이기는 하다. 알칼리화는 종종 건조한 지역에서 관개 사업의 문제점으로 여겨진다. 건조 지대에서는 비가 적게 내려 물속에 녹아 있는 염분이 토양에 그대로 축적되어 토양의 비옥도가 심각하게 감소한다. 새로운 관개 사업은 북중국 평원의 알칼리화에 끔찍한 효과를 초래했다. 허난 성에서는 100만 헥타르의 토양 가운데 3분의 2 정도가 알칼리성 토양으로 변했다.[59] 베이징과 주변 근교는 치수청이 발견한 대로 대약진 운동 기간 동안 알칼리화로 상실한 토양의 양이 10퍼센트로 두 배 증가했다.[60] 그러나 연안 지방도 해수의 침입을 통해서 염류화가 증가했는데 상관들의 주목을 끌어 보려는 현지 간부들의 섣부른 사업 계획의 결과였다. 바다에서 20킬로미터 떨어진 허베이 성의 한 인민공사에서는 대칭의 비전을 추구하려고 전통을 무시했다. 전통적으로 땅의 윤곽을 고스란히 따르는 구불구불한 논을 사각형 논으로 다시 구획하고 논을 십자로 가로지르는 거대한 운하를 팠다. 그 결과 알칼리성 토양의 비율이 두 배로 늘어나면서 수확량이 급감했다.[61] 허베이 성 전역에서 알칼리성 토양은 150만 헥타르로 급증했다.[62]

허베이 성은 도저히 예외라고 할 수 없었다. 염류화에 관한 보고서에서 류젠쉰(劉建勛)은 허난 성 북부의 많은 현들에서 염류화가 두 배 증가해 28퍼센트에 달한다고 지적했다.[63] 황허 강을 따라 있는 현들을 시찰하던 후야오방은 산둥 성의 일부 현들에서 거대 관개 사업이 알칼리성 토양의 전체적 비율을 8퍼센트에서 많게는 24퍼센트까지 증가시켰음을 발견했다.[64] 이러한 현실은 산둥 성의 북부와 서부 지역에 관한 더 상세한 보고서에서도 확인되었는데 이 지역들의 평균 염류화는 대약진 운동 이후 두 배 증가하여 1962년에 이르자 20퍼센트가 넘었다. 후이민 현에서는 전체 경지의 절반에 가까웠다. 이러한 현상의 원인에 관해서는 의심의 여지가 거의 없었다. 〈지난 몇 년에 걸쳐서 관개 개발 사업은 자연 배수 시스템을 교란했다.〉[65] 대기근 동안 몇 백만 헥타르의 토지가 염분으로 상실되었는지는 분명하지 않지만 전체 관개 경지 가운데 10~15퍼센트에 이를 가능성이 크다.

전국적인 수치나 심지어 성 차원의 수치는 존재하지 않지만 질적인 증거는 수질 오염과 대기 오염도 환경 위기에 상당히 일조했음을 암시한다. 중국에서는 하수 처리장이 없어서 도시의 생활 하수와 산업 폐기물이 고스란히 현지의 강으로 배출되었다. 압도적인 농업 사회에서 사회주의 진영의 세계 정복을 선도할 수 있는 산업 강국으로 변모하려는 조직적 운동이 전개되는 가운데 강물로 배출되는 페놀, 시안화물, 비소, 불소, 질산염, 황산염 같은 오염 물질 양이 치솟았다. 페놀은 가장 흔한 오염원이었다. 마실 물에는 1리터 당 0.001밀리그램이, 양식장에는 1리터당 0.01밀리그램이 바람직한 수준이다. 북부의 황량한 산업 심장부를 가로질러 흐르는 쑹화 강과 무단 강에 유출된 것 가운데 페놀 양은 리터당 2~24밀리그램에 달했다. 한때 잉어와 메기, 철갑상어가 우글거렸던 곳에는 이제 역겨운 독성 물질만 흘렀다. 쑹화 강의 주요 지류로 150킬로미터만큼 길게 뻗은 눈 강에서는 1959년 봄에 어부들이 600톤 가량의 죽은 물고기를 하루도 채 못 걸려 건져 냈다. 랴오닝 성에서는 푸순과 선양 같은 산업 도시 인근 강에서 물고기가 싹 자취를 감췄다. 다롄 근처 해안을 따라 매년 약 20톤의 해삼을 채취하는 것은 드문 일이 아니었지만 대약진 운동 기간 동안 이 진미도 사라졌다.[66] 더 남쪽 베

이징에서는 국무원이 환경 오염에 관해 불만을 제기했다. 강력한 안산 종합 제철소가 엄청난 양의 폐기물을 배출하여 강에 휘발유 냄새가 풍기고 끈적끈적한 수면 위로 죽은 물고기가 배를 드러낸 채 떠올랐다.[67]

자무쓰 시 제지 공장에서는 알칼리성 폐기물을 하도 대량으로 배출하여 심지어 뱃바닥도 부식될 정도였다. 정작 제지 공장은 자신들이 아주 심각하게 오염시킨 강물에 의존했기 때문에 더 이상 고급 종이를 생산할 수 없었다. 이런 현실은 상하이부터 항저우까지 뻗어 있는 공업 지대의 모든 공장들에서도 마찬가지였다. 석유 회사도 환경 오염의 주범이었는데 마오밍의 한 공장에서만 매년 강에 2만 4,000톤의 등유를 방류했다. 대기근 와중에 다른 희소 자원들도 강물로 버려졌다. 국무원은 더럽고 먼지 가득한 선양의 제련소에서 매년 구리 240톤과 황산 590톤을 절약할 수 있었을 것이라고 추산했다. 단지 제련소에서 사용하는 물을 단지 재활용함으로써 말이다.[68] 1957년 이후로 환경 오염 증가 정도를 측정한 비교 연구는 당시 별로 이루어지지 않았지만 한 사례 연구는 대약진 운동의 충격을 잘 예시한다. 북서부 공업 중심지 란저우의 가죽, 방직, 제지, 화학 공장은 1957년에 1일 1,680톤의 폐수를 방류했다. 이 수치는 1959년에 이르자 일일 1만 2,750톤으로 치솟았다. 란저우는 황허 강을 따라 들어선 최초의 대도시로, 황허 강에는 보건부가 허용한 기준보다 여덟 배 많은 오염 물질이 담겨 있었다. 강은 내몽골의 사막과 초지를 관통해 구불구불 느리게 흘러가다 북중국 평원에 진입한 뒤 관개를 위해 무수한 도랑과 지하 배수로를 통해 물길이 이리저리 돌려졌으므로, 오염 물질은 경지의 토양에 깊이 스며들게 되었다.[69]

종종 강이 유일한 식수원이었으므로 사람들도 독성에 중독되었다. 북부의 제철소 근처에 거주하는 노동자들은 만성 중독에 시달렸다. 산둥 성 쯔보에서는 농부 100명이 상류의 제약 공장에서 나온 오염 물질에 오염된 물을 마신 뒤 병을 앓았다.[70] 난징에서는 고용 직원이 275명에 불과한 공장 한 곳에서 매일 방사능 물질이 포함된 폐수가 80~90톤 방류되었다. 폐기물 처리에 관한 아무런 대책도 존재하지 않았기 때문에 폐기물은 몽땅 배수구에 곧장 버려진 뒤 결국 친화이 강으로 흘러갔고 강은 시궁창으로 변모했다. 심지어 지하수도 오염되었다. 현지 주민들이 쌀을 씻을 때 이용하는 공장 근처 우물물은 붉거나 녹색으로 변했다.[71] 상하이 바오산에서는 제철소에서 나오는 폐수가 직원들의 기숙사로 스며들었다. 밖에는 골함석 쓰레기가 무더기로 쌓여서 직원들이 숙소로 가려면 쓰레기 산을 넘어가야 했다.[72] 바쁘게 돌아가는 상하이에서는 매일 25만 톤의 폐기물이 쌓여 갔으니 폐기물로 인한 오염에 비하면 광석을 제련하고 남은 찌꺼기는 그다지 걱정거리도 아니었다.[73]

물이 대기보다 더 귀중한 자원이었고 따라서 더 자세하게 추적 관찰되었으므로 구체적 사례는 더 적지만 대기 역시 오염되었다. 한 연구는 상하이에서 인산염 비료 생산에서 발생하는 옅은 황산 안개 20톤과 동일한 양이 매일 다수의 공장에서 뿜어져 나왔음을 보여 준다.[74]

이런 공장들 일부는 동물과 인간, 토양과 대기를 오염시키는 살충제도 생산했다. 예를 들어 상하이에서는 디프테렉스와 DDT 수천 톤과 더불어 666이라는 꼬리표가 붙은 독성이 강한 농약으로 토양을 서서히 오염시키는 육염화벤젠BHC도 생산되었다.[75] 가축과 농지, 수산물에 대한 살충제, 살균제의 효과는 잘 알려져 있지만 기근 시기에 화학 물

질에 의한 산업 중독은 농장을 뛰어넘어 널리 퍼져 나가면서 새로운 곳에 적용되기도 했다. 식량이 절실한 일부 인민공사들은 물고기와 새, 동물을 잡기 위해 농약을 사용했다. 후베이 성에서는 흔히 1605와 1059 가루로 불리는 시스톡스와 데메톤 같은 살충제와 더불어 3911로 알려진 고독성 농약을 오리를 잡기 위해 일부러 흩뿌렸고 그렇게 잡은 오리는 도시에 내다 팔렸다. 사커우(沙口)에서만 수십 명의 소비자들이 중독되었고 여러 명이 오염된 오리를 먹고 사망했다. 굶주린 농민들은 또한 자체적으로 식량을 구하러 다니면서 야생 동물을 잡기 위해 연못과 호수에 화학 물질을 풀었다. 일부 지역들에서는 물이 초록색으로 변하면서 모두를 죽였다.[76]

그러나 가장 대중적인 형태의 병충해 방제는 대중 동원이었다. 자연을 정복하는 인민 대중의 힘에 사로잡힌 마오쩌둥은 1958년 쥐, 파리, 모기, 참새를 박멸할 것을 부르짖었다. 참새는 곡식의 종자를 먹어서 인민들의 노고의 결실을 앗아 가기 때문에 목표물이 되었다. 대약진 운동 가운데 가장 기괴하고 생태학적으로 가장 피해가 컸던 사건들 중 하나에서 중국 전역은 참새에 대한 전면전에 동원되었다. 참새들이 계속 날아다니도록 북을 두드리고 냄비나 징을 쳐서 엄청난 소음을 만들어 내면 참새들은 결국 너무 지쳐서 하늘에서 그냥 툭툭 떨어졌다. 사람들은 새알을 깨트리고 둥지를 파괴했다. 하늘을 나는 참새들을 쏘아 맞히기도 했다. 참새가 아무 데도 도망갈 곳이 없도록 나라 전체가 참새라는 적에 맞선 전투에서 발 맞춰 행진하게 되면서 타이밍이 절대적으로 중요했다. 완전한 승리를 거두기 위해 모두가 같은 시각에, 도시에서는 사람들이 지붕에 올라간 한편 시골에서는 농민들이 흩어져서 산으로 가 숲속 나무에 올랐다.

소련 전문가 미하일 클로치코는 베이징에서 참새 박멸 캠페인이 어떻게 시작되는지를 목격했다. 그는 자신이 머무는 호텔 옆 건물의 지붕 위에서 왔다 갔다 하는 어느 여인이 내지르는 오싹한 비명 소리에 아침 일찍 잠에서 깼다. 여인이 대나무 장대에 묶은 넓은 천을 미친 듯이 펄럭이자 북소리가 울리기 시작했다. 급사와 하녀부터 공식 통역관까지, 사흘 동안 호텔 전체가 참새를 쫓아내기 위한 캠페인에 동원되었다. 아이들은 새총을 들고 나와 날개 달린 것이면 뭐든 쏴댔다.[77]

사람들이 지붕이나 장대, 사다리에 떨어지는 사고가 일어났다. 난징에서는 리하오둥이 참새 둥지에 접근하기 위해 학교 건물 지붕에 올랐다가 넘어져서 3층 아래로 굴러떨어졌다. 새를 쫓아내기 위해 정신없이 천을 펄럭거리던 현지 간부 허더린은 지붕 꼭대기에서 발을 헛디뎌 추락하여 등이 부러졌다. 새를 잡기 위해 이용된 총도 사고를 불러왔다. 난징에서는 화약이 고작 이틀 사이에 330킬로그램 사용되어 캠페인의 강도를 짐작케 했다. 깃털 달린 생물이라면 종류를 가리지 않고 총이 겨눠졌으므로 진짜 희생자는 환경이었다. 피해 정도는 무차별적인 농약 사용으로 악화되었다. 난징에서는 미끼가 늑대, 토끼, 뱀, 양, 닭, 오리, 개, 비둘기를 죽였고 일부는 대량으로 살상되었다.[78]

주요 피해자는 물론 보잘것없는 참새였다. 숫자들이 캠페인의 일부인 만큼 믿을 만한 수치는 없다. 수사적인 과장이 그럴싸한 정확성과 결합하여 캠페인 자체만큼이나 초현실적인 숫자를 낳았다. 따라서 상하이는 주기적으로 수행되는 유해 동물과의 한 차례 전쟁에서 파리 4만 8,695.49킬로그램과 쥐 93만 486마리, 바퀴벌레 1,213.05킬로그램, 참새 136만 7,440마리를 제거했다고 의기양양하게 보고했다(영예의 메달을 얻기 위해 얼마나 많은 사람들이 몰래 파리나 바퀴벌레를 길렸을까 궁금해진다).[79] 참새는 아마도 멸종 직전에 몰렸을 테고 이후로 수년 동안 좀처럼 모습을 보기 힘들었다. 1960년 4월에 이르러 지도부가 참새가 곤충도 먹는다는 것을 깨닫자 참새는 유해 동물 목록에서 빠지고 대신 빈대가 그 자리를 차지했다.[80]

그러나 반전은 너무 늦게 찾아왔다. 1958년 이후 충해가 확산되어 상당 비율의 작물을 망쳤다. 메뚜기 떼가 우글거리는 담요처럼 하늘을 가리고 시골을 뒤덮으며 작물을 먹어 치우면서 피해는 수확 전에 가장 컸다. 메뚜기 떼는 1961년 여름 후베이 성의 가뭄을 놓치지 않고 들이닥쳐 샤오간 지역에서만 약 1만 3,000헥타르의 농지를 망쳤다. 징저우 지역에서는 5만 헥타르 이상이 쑥대밭이 되었다. 후베이 성은 전체적으로 벼 수확량의 15퍼센트를 게걸스러운 메뚜기 떼한테 잃었다. 모든 것이 남김없이 먹어 치워지면서 이창 지역에서는 절반이 넘는 면화를 잃었다.[81] 참새와의 격렬한 전쟁을 치른 난징 주변에서는 모든 논밭의 약 60퍼센트가 1960년 가을 충해를 입어 심각한 채소 부족을 겪었다.[82] 각종 유해종들이 창궐했다. 저장 성은 50만 톤에서 75만 톤에 이르는 곡물, 즉 총수확량의 대략 10퍼센트를 1960년에 솔나방, 풀멸구, 솜벌레, 잎진드기 등에게 잃었다. 방제 조치는 살충제의 부족으로 방해를 받았다. 농약은 처음에 1958~1959년 자연에 대한 공격에서 허비되었으나 1960년에 이르자 어느 때보다 농약이 필요한 시점임에도 각종 물품 품귀 현상이 농약으로까지 확대되었다.[83]

따라서 자연에 대한 전쟁에서는 다양한 요인들이 결합하여 지도자가 〈자연재해〉라고 묘사한 것을 급격히 증폭시켰다. 철강 증산 캠페인은 삼림 파괴를 야기했고 이는 다시 토양 침식과 물 손실로 이어졌다. 거창한 관개 사업은 생태학적 균형을 더욱 교란해 메뚜기 떼를 몰고 오는 홍수와 가뭄의 충격을 악화시켰다. 가뭄은 다른 경쟁 상대를 모조리 제거해 버리는 반면 가뭄에 뒤 이은 홍수는 메뚜기가 다른 곤충보다 더 빨리 알을 까고 황폐해진 풍경을 점령하는 것을 가능케 했다. 참새는 사라지고 살충제는 오용되었기 때문에 곤충들이 아무런 방해도 받지 않고 농부가 가까스로 재배한 얼마 안 되는 작물마다 몰려왔다.

마오쩌둥은 자연에 맞선 전쟁에서 졌다. 캠페인은 인간과 환경 사이 미묘한 균형을 무너뜨림으로써 그 결과 인간의 생명을 무더기로 앗아 가며 역효과를 가져왔다.

4부

생존

22장
포식하며 기근을 나다

평등은 공산주의 이데올로기의 지주였을지 몰라도 모든 공산주의 국가는 현실에 정교한 위계질서를 수립했다. 그에 대한 한 가지 이유는 이들 정권 대부분이 실제나 가상의 적에 대한 지속적인 공포 속에서 살면서 사회를 군사적 노선에 따라 엄격하게 조직하는 것을 정당화했기 때문이다. 이 사회는 각각의 하부 단위가 상부에서 내려온 명령에 의문을 제기하기 않고 명령을 무조건적으로 실행해야 하는 사회였다. 〈관리는 저마다 그의 상관의 모루이자 그의 부하의 망치다.〉[1] 또 다른 이유는 계획 경제가 재화와 용역을 수요보다는 필요에 따라 분배했기 때문이다. 그리고 상이한 집단들의 필요에는, 나라가 제국주의 세력에 맞서 영토를 수호하고 있든지 아니면 공산주의 미래를 바쁘게 건설하고 있든지 간에 당에 의해 상이한 우선권이 부여되었다. 중화 인민 공화국에서 식량과 재화, 용역에 대한 접근권은 대체로 가구 등록 시스템 — 1932년 12월 소련에서 제도화된, 국내 여권에 상응하는 제도 — 에 의해 결정되었다. 가구 등록 시스템은 1951년 도시에 도입된 뒤 1955년 농촌으로 확대되었고 농민들이 인민공사로 억지로 밀어 넣어지던 바로 그 시점인 1958년 법이 되었다. 등록 시스템은 인민을 〈도시 주민〉이나 〈농민〉으로 분류함으로써 두 개의 분리된 세계로 나눴다.[2] 등록 시스템이 부여한 지위는 어머니를 통해 상속되는데 다시 말해 만약 농촌 아가씨가 도시 주민과 결혼하면 그녀와 그녀의 자식들은 계속 농민이라는 뜻이다.

가구 등록 시스템은 계획 경제의 핵심이었다. 국가가 재화 분배를 책임지면서 여러 경제 부문들의 필요를 개략적으로 파악할 필요가 있었다. 만약 많은 사람들이 국내를 완전히 자유롭게 이동할 수 있다면 중앙의 계획가들이 아주 꼼꼼하게 준비한 생산 할당량과 분배 도표를 망가트릴 것이다. 그러나 등록 시스템의 또 다른 기능은 집단 농장이 값싼 노동력을 언제든 구할 수 있게 하면서 경작인을 땅에 묶어 두는 것이었고, 국가는 집단 농장에서 나온 잉여 생산물을 산업화를 위한 자본으로 가져갔다. 농민들은 주택 보조금과 식량 배급, 보건, 교육, 장애인 혜택 등 도시 주민들에게 주어진 특권을 박탈당한 세습 계급처럼 취급되었다. 기근 동안 국가는 농민들이 각자도생하게 방치했다.

도시와 농촌 사이에는 장벽이 세워졌고, 똑같은 단층선이 보통 사람과 당원 사이에도 그어졌다. 그리고 더 나아가 당내에서도 — 군대 내에서처럼 — 복잡한 내부 위계질서가 곡물, 설탕, 식용유, 고기, 가금, 물고기, 과일 배급량부터 내구재의 품질과 주거, 의료 혜택과 정보 접근권까지 당원들에게 부여된 특권을 결정했다. 심지어 담배의 품질까지 등급에 따라 달랐다. 1962년 광저우에서 8등급과 9등급 간부들은 한 달에 담배를 두 보루 받았고 4등급에서 7등급까지 간부는 더 품질이 좋은 담배를 두 보루 받았으며 최고 지식인과 예술가, 과학자, 당 지도자에게 배정된 1등급부터 3등급까지 간부는 최상의 품질의 담배 세 보

루를 받았다.[3]

당 위계질서의 꼭대기에는 높은 벽으로 둘러싸인 특별 거주지와 24시간 경호, 운전수가 딸린 전용차를 누리는 지도부가 있었다. 할인된 가격으로 희귀품을 갖춘 특별 상점도 그들과 그들의 가족을 위한 것이었다. 전용 농장에서는 고품질 채소와 고기, 닭과 달걀을 생산했고 이들 농산품은 신선도 분석과 독성 검사를 거친 뒤에 감식가가 맛을 보았다. 그런 다음에야 음식들은 수도와 지방의 지도자들의 식탁에 올랐다.[4] 그들 위에는 한때 황제들이 기거했던 자금성 인근에서 풍족하게 살고 있는 마오쩌둥이 있었다. 그의 침실 크기는 무도장만 했다. 요리사와 직원들이 1년 내내 관리하며 언제든 대기 중인 호화로운 그의 전용 별장이 성이나 주요 도시마다 있었다.[5] 이 사다리의 밑바닥에는 혹한의 만주 평원부터 간쑤 성의 건조한 사막 지대까지 중국에서 가장 혹독한 환경에 위치한 노동 수용소에 끌려가 갇힌 수백만 명이 있었다. 그들은 법적 구제 수단을 전혀 누리지 못한 채 몇 년씩 돌을 깨고, 석탄을 캐내고, 벽돌을 나르거나 사막을 일구어야 했다.

기근이 진행되면서 특권 계층의 수가 불어났다. 지속적인 숙청에도 불구하고 당원 수는 1958년 1245만 명에서 1961년 1738만 명으로 절반 가까이 증가했다.[6] 당원들은 어떻게 자신을 챙겨야 할지 잘 알고 있었다. 기근 와중에도 실컷 먹는 한 가지 방법은 모든 것을 국가가 제공하는 잦은 당 모임에 참석하는 것이었다. 1958년 상하이에는 5만 명의 관료가 찾아왔는데 이 숫자는 1960년에 이르면 두 배가 되어 10만 명

이 이르렀다. 그들은 국영 호텔에 묵고 국가가 돈을 대는 연회에 참석했다. 관료들이 가장 즐겨 찾는 곳은 과거 유명한 폭력배인 두웨성(杜月笙)의 숙소였던 둥허호텔이었다. 그곳은 화려한 메뉴의 요리든 화장실에서 제공되는 다양한 향수든 간에 무엇에도 돈을 받지 않는 몇 안 되는 장소였다. 이런 회의들 가운데 일부는 한 달에 걸쳐 계속되었다. 1960년에는 고위 간부 회의가 상하이 시에 엄청난 비용을 안기며 매일 열리다시피 했다.[7]

하급 간부들도 지역 모임에서 실컷 먹었다. 기근이 할퀴고 간 귀주성 나융 현에서는 260명의 간부가 나흘 동안 쇠고기 210킬로그램과 돼지고기 500킬로그램, 닭 680마리, 햄 40킬로그램, 술 130리터, 담배 79보루와 더불어 산더미 같은 각종 빵과 과자, 설탕을 먹어 치웠다. 여기에 고급 담요와 베개, 향수 비누, 구체적으로 이번 협의회를 위해서 구입한 여타 물품을 추가해야 한다. 베이징에서는 한 자동차 공장이 1960년 말에 방문객들을 접대하기 위한 여덟 차례 최고급 호텔 체류에 6,000위안 이상을 썼다.[8] 또 다른 수법은 〈농산물 시식회〉를 조직하는 것이었다. 랴오닝 성 잉커우에서는 1960년 3월 어느 날 아침 스무 명이 넘는 간부가 모여 담배로 시작해 고기 통조림으로 넘어간 다음 과일과 전병에 이르기까지 다양한 현지 농산물을 체계적으로 시식했다. 물론 그 사이에 청주를 다량으로 시음하는 것도 빠트리지 않았다. 하루가 끝날 무렵 배부르게 먹고 술에 취한 시식자들 가운데 세 명은 먹은 것을 토해 냈다.[9]

유람 여행도 조직되었다. 1960년 2월 약 250명의 간부가 양쯔 강을 느긋하게 항행하는 호화 유람선에 올라 석회암 절벽과 카르스트 지형, 작은 협곡들을 감상하는 동안 각종 진미들을 맛봤고 이따금 편안한 선실을 떠나 중간중간 중요 문화유산들을 방문하기도 했다. 그들은 사진을 찍는 데 필름 100통을 썼다. 배 곳곳에 친절히 비치된 향유와 향이 타면서 나는 냄새가 공기 중으로 은은히 퍼져 나갔다. 새 제복을 입고 하이힐을 신은 여급들이 꾸준히 오가며 진미들이 담긴 접시를 끊임없이 대령했다. 뒤에서는 악단이 음악을 연주했다. 그들은 비용을 조금도 아끼지 않았다. 25일 간의 유람 여행에 연료와 직원 인건비에만 3만 6,000위안이 들어갔고 여기에 5톤의 고기와 생선은 물론이거니와 다량의 담배와 술도 추가해야 한다. 유람선이 달밤의 어둠속에서 오색 불빛으로 무지개처럼 눈부시게 밝혀지는 모습은 틀림없이 눈을 뗄 수 없는 광경이었을 것이다. 웃음소리와 대화 소리, 유리잔이 부딪히는 소리가 대량 아사에 시달리는, 숨 막히도록 아름다운 풍경으로 둘러싸인 양쯔강의 강물 위로 울려 퍼졌다.[10]

기근 동안 농촌과 도시의 당 모임에서 실컷 먹고 마시는 관행은 원성을 사는 흔한 원인이었다. 게걸스러운 관리들은 종종, 명대의 유명한 소설 『서유기』의 캐릭터를 본떠서 〈저팔계 간부〉로 통했다.[11] 반은 인간 반은 돼지인 저팔계는 게으름과 탐식, 육욕으로 전설적인 캐릭터다. 그러나 당 밖에서도 일부 사람들은 실컷 먹을 기회가 있었다. 공동 식당의 직원들은 흔히 직위를 남용해 물자를 슬쩍 훔쳤다. 굶주린 허난 성의 성도 정저우의 한 면화 공장에서는 식당 관리를 맡은 사람들이 마치 전용 식품 저장실이기라도 하는 양 수시로 저장고를 약탈해 갔다. 한번은 요리사가 단 하루 동안 절인 오리알 스무 개를 꿀꺽했고 또 어떤 이

들은 수 킬로그램의 고기 통조림을 먹어 치웠다. 밤에는 국수와 튀김 경단을 먹는 한편 낮에는 공동 식당용으로 배정된 고기와 생선, 채소를 서로 나누어 가졌다. 일반 노동자들은 하루에 쌀죽 세 그릇으로 살아야 했고 여기로 때로 마른 쌀이나 찐빵이 보충되었다. 많은 이들이 너무 허약해서 일을 할 수 없었다.[12]

농촌 주민들의 경우 강탈 행위를 항상 가만히 보고만 있지는 않았다. 풍요의 도래를 축하하기 위해 열린 연회에서 간부들이 전체 돼지의 3분의 2를 먹어 치운 광둥 성의 어느 인민공사에서는 농민들이 이렇게 경고했다. 〈너희 간부들은 대놓고 훔치지만 공사의 일원인 우리들은 몰래 털어 간다.〉[13] 1958년 농민들이 인민공사에 대한 반항의 형태로 가금과 가축을 죽였을 때 농촌에서는 도살의 향연이 펼쳐졌다. 두려움과 소문, 본보기에 자극 받은 그들은 소유물을 공사에 넘겨주기보다는 자신들의 노고의 결실을 먹어 치우거나 고기를 저장해 두거나 암시장에 내다 팔아 현금을 얼마간 버는 쪽을 택했다. 앞서 본 대로 광둥 성 북동부 산지 마을에 사는 후융밍은 닭 네 마리, 오리 세 마리, 개와 강아지들은 물론 고양이까지 연달아 잡아서 자기 가축을 체계적으로 먹어 치웠다. 그의 가족은 고기를 실컷 포식했다.[14]

그러나 1958년 아찔하게 잘 먹던 시절 이후로도 주민들은 이따금씩 크게 한턱 먹을 길을 계속 찾아냈고 때로는 현지 지도자들도 이를 묵인했다. 폭력적인 지도부에 의해 피를 본 현인 뤄딩 현에서 한 생산 대대는 가족당 오리 네 마리를 먹어 치울 수 있는 구실을 만들기 위해 1959년 7월 1일에 여전히 〈공산당 창당일을 기념〉했다.[15] 1961년 춘절, 잔장 지역에서는 음력설을 축하하기 위해 전통적으로 빚는 극히 중요한 교자 만두에 들어갈 돼지를 구할 수 없었기 때문에 불만에 찬 농민들이 수천

마리의 소를 도살했고 광둥 성 여러 지역에서도 이러한 형태의 항의가 관찰되었다.[16]

이따금씩 잔치가 벌어진 또 다른 이유는 징발과 인플레이션이 개인의 비축물을 급속히 잠식하여 대다수의 사람들이 저축을 해야 할 이유를 찾지 못했기 때문이다. 판위에 사는 검약한 할머니 천류구는 300위안을 모았으나 1959년 초여름에 식당에서 열 사람을 대접하며 돈을 펑펑 썼고 초대된 사람들은 생선탕을 게걸스럽게 먹어 치웠다. 〈지금 저금을 해봐야 소용이 없고 내게는 관을 짤 돈 100위안만 있다.〉[17] 도시 인민공사가 도래한다는 소문이 돌아 주민들은 앞 다퉈 국영 상점에 가구를 파는 가운데, 베이징에 거주하는 외국인들은 보통은 한적한 일부 식당들이 1959년에 한창 성업 중인 것을 보았다. 가구를 팔아 얻은 수익은 식당에서 별미를 사먹는 데 쓰였다.[18]

때때로 보통 사람들은 운 좋게도 간부들이 돌봐 주었기 때문에 풍족히 먹을 수 있었다. 그런 간부들은 자신의 소속 집단이 아사의 와중에도 풍요의 보루가 될 수 있도록 모든 정치적 능력을 동원했다. 상하이 쉬후이에서 일부 공동 식당들은 유리문과 형광등을 갖춰 상대적 사치를 누렸다. 어떤 공동 식당들을 라디오를 설치한 한편 푸톈의 한 공동 식당은 금붕어가 담긴 어항을 설치했다.[19] 다른 한편으로 일부 도시 공사들에서는 식량 공급 사슬이 제대로 감독되지 않아서 이따금씩 직원들이 먹을 게 많았다. 허베이 성에서 한 조사 결과는 직원들이 때때로 한 공동 식당에서 다음 공동 식당으로 이동하며 여러 차례 식사를 했음을 보여 주었다. 한 대형 식당에서는 식탁마다 일상적으로 농산품이 바닥으로 넘쳐 났다. 식사 시간이 끝날 때마다 남는 것을 치우면 5킬로그램이 나가는 대야 서너 개가 가득 채워졌다. 과유불급의 또 다른 사례로서 일부 직원들은 기숙사로 음식을 가져갔지만 그 상당 부분은 소비되지 않았다. 사람들이 내버려진 찐빵을 밟아서 식당 바닥은 누런 곤죽으로 덮였다.[20] 베이징 바로 바깥 시징산에서는 직원들이 대추 찐빵의 겉은 버리고 속만 골라 먹을 수 있을 만큼 많은 음식이 제공되었다.[21] 거대한 상하이 기계 공구 공장의 구내식당에서는 쌀을 아무렇게나 씻어서 주중 어느 날이나 하수구에서 쌀을 수 킬로그램씩 건어 내야 했다. 이 쌀들은 돼지 먹이가 되었다. 야근 동안 감독이 허술하여 직원들은 양껏 먹을 수 있었고 일부는 심지어 먹기 시합을 벌이기도 했다. 진정한 챔피언이라면 한자리에서 쌀 2킬로그램 정도를 먹을 수 있었다.[22]

23장

수단 방법 가리지 않기

사회적 위계에서 어떤 위치를 차지하든 간에 꼭대기부터 밑바닥까지 사실상 모두가 공산당이 열심히 없애려고 한 그 이윤 동기를 십분 발휘하며 분배 시스템을 전복했다. 기근이 지속되면서 보통 사람의 생존은 점점 더 거짓말을 하고, 아첨을 하고, 감추고, 훔치고, 속이고, 좀도둑질을 하고, 열심히 뒤지고, 몰래 빼돌리고, 게으름을 피우고, 잔꾀를 부리고 조작하거나 다른 식으로 국가의 허점을 찌르는 능력에 달리게 되었다.

그러나 누구도 홀로 경제를 헤쳐 나갈 수는 없었다. 문지기들의 국가에서 장애물은 어디에서나 있었다. 아파트의 성미 고약한 관리인부터 철도역 창구의 무뚝뚝한 매표원에 이르기까지 누구나 서로를 방해할 수 있었다. 시스템을 가로지르는 규제와 규칙이 워낙 많고 복잡해서 심지어 최하급의 공무원한테도 재량권이 많은 잠재적 전제 권력이 부여되었다. 가장 단순한 거래와 업무마저 — 표를 구입하고, 쿠폰을 교환하고, 건물에 들어가는 것 — 깐깐하게 규칙을 따지는 사람과 만나면 악몽과도 같은 경험이 될 수 있었다. 하찮은 권력은 하찮은 사람들을 타락시켰고, 그들은 자신들이 관리하게 된, 공급이 딸리는 재화와 용역에 관해 자의적으로 변덕스러운 결정을 내리며 계획 경제의 하층부에서 급증했다. 그리고 명령 계통의 더 위쪽에서는 권력이 더 클수록 그 오남용도 더 위험스러워졌다.

가장 단순한 일을 처리하기 위해서도 개인적 인맥과 사회적 연줄이 필요했다. 힘 있는 친구한테 도움을 요청하는 것이 행정 절차의 세부 사항을 철저히 준수하여, 낯선 사람에게 딱히 혜택을 줘야 할 이유를 알지 못할 수도 있는 일면식 없는 관료에게 접근하는 것보다 언제나 더 쉬웠다. 예전 이웃이나 동료, 학교 친구, 심지어 친구의 친구가 요구를 들어주거나 잘못을 눈감아 주거나, 법을 우회하거나 규정을 적당히 바꿔 줄 가능성이 더 있으므로 어떤 연줄이든 없는 것보다는 나았다. 권력의 더 상층부에서는 유력한 동료가 국가의 돈을 타내거나, 납세를 회피하거나, 희소 자원에 접근하는 것을 도와줄 수 있었다. 지위 고하를 막론하고 모든 사람들이 서로 호의를 봐주고 선물을 교환하고 뇌물을 바치면서 사회적 연줄을 넓혔다. 그들은 자신들을 챙겼다. 상하이의 어느 저장 업체의 장이었던 무싱우는 자기 밑으로 친척 열아홉 명을 채용했다. 직원의 절반이 그와 관련이 있었다. 그가 안전하게 지켜야 할 물품을 가지고 부정하게 이익을 챙길 수 있는 튼튼한 기반이 있는 셈이었다.[1] 어디서나 사람들은 자신의 이익을 보호하고 도모하기 위해 아랫사람들을 압박했다. 공공선에 헌신하는 계획 경제는 개인과 개인적 연줄이 만연한 시스템을 낳았다.

그러나 당에 속한 사람들은 바깥에 있는 사람들보다 개인적 이익을 위해 시스템을 이용하기 더 좋은 위치에 있었다. 그리고 그들은 국가를 속이는 방법을 생각해 내는 데 사업가적 지략을 끝없이 발휘했다. 흔한 〈사업〉 관행은 국가계획을 우회하여 자기들끼지 직접 거래하는 것이었다. 우한에서는 우한 성 고속 운송국이 식량에 대한 대가로 장한 제2지구 상무부의 화물을 운송해 주기로 동의했다. 이 사업은 1960년 초에 설탕 1톤, 술 1톤과 담배 1,000보루와 더불어 고기 통조림 350킬로그램이 족히 넘는 값어치가 있었다. 다른 한편, 우한 석유 구입소는 그곳의 간부들을 위한 화려한 연회에 음식을 마련하기 위해 수백 톤의 석유와 가스, 석탄을 거래했다.[2] 북쪽에서는 칭허 삼림청이 수백 세제곱미터의 목재를 자무쓰의 한 공장에서 생산한 비스킷, 레모네이드와 물물 교환했다. 다른 부서들은 돼지와 시멘트를 교환한다든가 철강을 목재와 교환했다.[3]

경직된 공급 시스템을 우회하기 위해 파견되어 출장을 다니는 대표들이, 계획 경제와 나란히 가는 병행 경제를 만들어 내면서 이러한 관행들은 나라 곳곳에 팽배해 있었다. 구매 대리인들은 현지 관료들과 술을 마시고 식사를 하면서 사회적 연줄을 구축하고, 거래를 통해 그들이 일하고 있는 사업의 쇼핑 리스트를 채워 나갔다. 뇌물은 흔했다. 상하이의 재화물자국의 부장은 윤기 흐르는 녹용부터 백설탕과 비스킷, 양고기에 이르기까지 정기적으로 선물을 받았다. 그의 비호 아래 1년도 채 못 되어 600만 위안 이상의 물자가 〈파손〉되거나 〈분실〉되었다.[4] 광저우에서는 교통국이 대약진 운동 이후 3년 사이에 500만 위안을 〈낭비〉했다고 비난을 받았다.[5] 한 조사에 따르면 헤이룽장 성에서만 1960년 말에 약 2,000명의 간부가 시계와 담배, 비누나 통조림 식품을 대가로 제공하면서 자신의 소속 단체를 대신해 목재를 구입하고 있는 것으로 추정되었다.[6] 광둥 성의 공장 수십 곳은 물자 구입을 위해 대리인을 상하이로 출장 보내서 사업 거래에서 국가를 배제했다.[7] 인민공사도 예외는 아니었다. 광둥 성의 갈매기 농장은 약 27톤의 시트로넬라 기름을 국가에 인도하는 대신 상하이의 어느 향수 공장에 팔았다.[8] 이런 그림자 경제에서 얼마나 많은 거래가 이루어지고 있는지는 아무도 몰랐지만 한 조사 팀은 1959년 4월 한 달 동안에만 공식 허가 없이 난징에서 다른 국영 기업체들로 실려 나가는 화물량이 850톤에 달한다고 추산했다. 수백 개의 조직들이 연루되어 있었고 일부는 실제로 선적 허가를 위조하고, 가짜 이름을 쓰고, 위조 증명서를 뽑고, 심지어 이익을 보기 위해 군대의 이름으로 물건을 발송했다.[9]

때로는 매우 원시적 교역 형태로 여겨지는 물물 교환은 필요한 곳으로 재화를 분배하는 가장 효율적인 방법 가운데 하나가 되었다. 그리고 물물 교환은 전국적인 네트워크를 따라 움직이고, 국가 구조를 잠식하고, 계획 경제를 그늘지게 하면서도, 분식 회계 덕분에 계속 비가시적으로 남는 데 성공하면서 매우 복잡한 작업이 되기도 했다. 재화는 통화가 되었다. 선양의 유명한 만두 가게에 대한 상세한 연구에서 조사자들은 그 식품이 철제 파이프부터 시멘트와 벽돌까지 선양 시의 서른 곳 넘는 건설 업체들에서 나온 다른 물건들과 수시로 교환됨을 보여 주었다. 요리 재료의 꾸준하고 저렴한 공급은 만두를 국가 기관과 직접 교환함으로써도 확보되었다. 기근 와중에 다른 배급 기관들과 마찬가지로 심각한 물자 부족으로 고생하는 시영 수산 회사는 보통은 도시 근교의 소비자들에게 배정된 새우 공급 물량 전량을, 만두 제공을 약속받고 만두 가게에 넘겼다. 수산 회사 간부들은 만두 쿠폰을 지불하며 선양의 가장 좋은 백화점들에서 쇼핑했다. 그들은 직원들도 챙겨서 직원들은 만두를 실컷 먹었다. 교통경찰과 소방대가 매수된 한편 석탄 배달, 물 공급, 화장실 청소, 위생 검사 같은 서비스마저 가게의 전문 메뉴인 만두의 합의된 양에 따라 이루어졌다.[10]

분식 회계는 자금 도용을 감출 수도 있었다. 회계원들은 존재하지 않은 경비를 지어냈고 일부는 100만 위안에 달하는 자금을 빼내갔다. 또 다른 수법은 국영 기업들이 자신들을 위해 건물, 무도장, 전용 화장실과 엘리베이터 등을 신축하며 국가 투자를 산업 부문에서 고정 자본으로 돌리는 것이었다. 이런 일은 불시 단속으로 대약진 운동 이후 500만 위안이 횡령되었다는 사실이 밝혀진 쭈니 지역에서 일어났다.[11] 헤이룽장 성에서 한 채석장은 사무실과 공동 식당, 심지어 유치원에 대한 모든 자본 지출을 생산 비용이라고 기입하여 청구서를 국가에 떠넘겼다. 다른 많은 회사들에서도 행정 경비와 운영 경비가 생산 비용에 추가되었다. 베이징에서만 약 700개의 행정 조직들이 월급과 경비를 일체 포함하여 〈생산〉이라는 블랙홀 안으로 사라졌다.[12] 다른 비용들도 위장되거나 국가에 전가될 수 있었다. 허난 성 뤄양에서 한 볼베어링 공장은 1,250세제곱미터의 수영장을 지으면서 청구서에 〈열 저감 장치〉라고 써서 보냈다.[13]

국유 은행으로부터 끝없이 돈을 꾸는 것도 흔한 수법이었다. 1961년 여름에 리푸춘이 30억 위안의 적자에 주목하며 지적한 대로 많은 단체들이 흥청망청 먹고 마시려고 은행으로부터 돈을 꿨다.[14] 그리고 도시나 현이 적자 상태가 되면 그들은 더 이상 세금을 납부하려 들지 않았다. 이런 관행은 1960년에 여러 성들이 모든 수익을 성 안에서 보유해야 한다고 명시한 규정을 통과시키면서 시작되었다. 따라서 랴오닝 성의 재무부와 통상부는 자신들이 관리하는 업체들에서 나온 수익은 예산에서 빼고 대신에 현지에서 분배하도록 지시했다. 산둥 성에서 가오양 현은 수익은 예산에 포함시키지 않고 현지에서 보유해야 한다고 만장일치로 결정했다. 반면에 손실은 예산에 포함되어 국가에 청구되었다. 집단 사업체들과 도시 공사들은 수시로 세금을 걷는 데 실패했을 뿐 아니라 도시 전체가 아예 징세를 포기하기로 결정했다.[15]

그다음으로는 교묘한 회계 수법을 모조리 발휘해 국가로부터 그냥 훔치는 사람들이 있었다. 상하이-난징 철도 노선을 따라 있는 현지 공장들은 1년도 채 안 돼 300톤이 훌쩍 넘는 철강과 시멘트 600톤, 목재 200제곱미터를 빼돌리거나 횡령하거나 은닉했다. 쑤저우의 신중국열쇠공장은 예를 들어 필요한 모든 물자를 철도 창고에서 조직적으로 훔치기 위해 대형 트럭을 전세 냈다. 이러한 행위 대부분은 고위 간부들이 지시했다. 역장 두청량의 지시 아래 건물 전체가 훔친 자재로 건설된, 난징동철도역의 대형 회관은 조직적 절도의 기념비였다.[16]

국가를 속이는 또 다른 길은 배급 명단을 부풀리는 것이었다. 섬뜩하기 짝이 없는 죽은 사람 장사가 나라 전역에서 성행했다. 식량을 더 많이 배급받기 위해 가족의 죽음을 감추는 것처럼 간부들은 수시로 농민들의 숫자를 부풀려서 잉여분을 전용했다. 이런 관행은 국가가 주민들을 먹이는 데 헌신한 도시에서도 흔했다. 허베이 성 어느 현의 회계 장부를 들여다본 한 조사 팀은 국가가 2만 6,000명의 노동자들에게 정해진 배급량을 초과하여 한 달에 곡물을 평균 9킬로그램을 내주었다는 것을 발견했다. 모두가 숫자를 손보는 가운데 한 소규모 벽돌 제조장은 실제로는 306명밖에 없는데도 대담하게도 직원이 600명 이상이라고 신고했다. 일부 공장들은 직원들이 실제로는 대부분 가벼운 업무를 하고 있음에도 그들이 전부 무거운 업무를 맡고 있는 것으로 분류했는

데 그러면 배급량을 더 많이 받을 수 있기 때문이었다.[17] 베이징 건설 업계에서는 사망하거나 시골로 돌아간 노동자들이 최대 5,000명까지 장부에 이름이 계속 올라 있었다. 심지어 저잣거리와 멀리 떨어진 중국 사회과학원의 더 고고한 분위기 속 지질 물리학 연구소에서도 일일 배급을 받는 459명의 직원 가운데 3분의 1이 훌쩍 넘는 사람들이 식량 배급을 받을 자격이 있는 정회원이 아니었다.[18]

이런 관행의 반대편에는 승인된 계획 바깥의 사람들을 고용한 관행이 있었다. 수요와 공급이 월급을 결정하는 곳에서 노동 암시장이 생겨났다. 우수한 직원들과 전도유망한 견습생들은 부가 혜택이나 금전적 인센티브로 유인해 왔다. 1960년 여름에 한 보고서에 따르면 그해 전반기 난징에서는 수천 명의 직원들이 스카우트되어 갔다.[19] 경쟁이 하도 치열해서 우수한 직원들이 다른 데서 더 좋은 기회를 찾는 것을 공장장들이 허락해 주지 않자 직원들은 〈취업 자유〉 부족에 관해 투덜거리며 해고당하려고 애쓰기도 했다. 소수는 자신의 앞길을 가로막는 간부들에게 격렬한 분노를 터트리기도 했다. 바이샤 지구의 상업 지구의 견습생 500명 가운데 180명이 무단이탈했다. 노동 암시장의 핵심은 난징을 비롯해 모든 도시마다 들어선 〈지하 공장들〉이었다. 일부는 자신의 정규직에 추가로 야간 교대 근무를 했고 일부는 수입과 지출을 맞추기 위해 2교대 근무를 했다. 이것은 도심 근처 한 건설 업체의 전체 노동자 가운데 3분의 2에 해당되었다. 학생들과 의사들, 심지어 간부들도 암시장에서 돈을 벌기 위해 원래 자리를 버리고 부두에서 일하거나 평상형 삼륜 자전거로 물건을 날랐다.[20]

계획 경제의 많은 역설 가운데 하나는 모두가 장사를 했다는 것이다. 사람들은 품귀와 인플레이션이 가격을 밀어 올릴 것이라는 쪽에 돈을 걸고 무더기로 구입함으로서 투기를 했다. 후베이 대학은 대리인들에게 암시장의 유동적 수요에 따라 특정 물품을 사거나 팔라고 지시하는 전보를 보내 가며 투기사업을 통째로 운영했다. 상하이의 중국 사회 과학원에 있는 한 연구 기관은 다른 단체들과 희소 상품으로 교환되는 물품을 구입하기 위해 화둥 사범 대학에서 스무 명의 학생을 고용했다.[21]

당원들은 투기사업에 뛰어들기에 좋은 입장이었고, 일부에게는 그것이 상시적인 활동이었다. 베이징 동쪽 젠궈먼 공사의 간부인 리기는 자신한테 아홉 달짜리 병가 증명서를 발부한 다음 재봉틀, 자전거, 라디오를 거래해 그 수익을 전구와 전선의 대량 구입에 투자했다. 그는 전선과 전구를 톈진에서 판 다음 그 돈으로 다시 가구를 구매하여 시장이 위축되는 딱 그 시점에 가구들을 도시 근교에서 내놨다. 따라서 그는 상업적으로 매우 영악하게 행동하면서 그동안 내내 나라에서 주는 월급도 받았다. 다른 많은 이들도 똑같이 행동했다.[22]

그러나 대부분의 간부들은 더 큰 일감이 있었고 소소한 장사는 보통 사람들 몫이었다. 한때 자유분방한 무역항이었던 상하이에서 장사 습관은 쉽게 사라지지 않았다. 돈이 조금 있는 여성 사업가 자오젠궈는 전구 같은 작은 상품을 주로 거래했지만 유명한 봉황 자전거로도 큰 이득을 남겼다. 역시 소규모 거래상 리추안잉은 상하이에서 물건을 산 다음 안후이 성에 가서 팔았다. 후위메이는 밀짚모자, 깔개, 건어물을 거래하기 위해 저장 성 황얀까지 갔고 종종 돈을 두 배로 불렸다. 마구

이여우는 시내의 부유한 집안들한테서 귀금속과 시계를 사들이고 농촌에서는 배급표를 거래하여 한 달에 약 100위안을 벌었다. 〈나는 반혁명 분자가 아니다! 나는 훔치거나 강도질을 한 것도 아니고 직업도 없는데 내가 장사를 좀 한다고 무슨 상관이냐?〉 1961년 8월 이웃 위원들의 도움을 받아 보고서를 작성한 관료는 시장에 나와 있는 상품들의 폭넓은 범위뿐 아니라 시장 상황에 관한 정보의 질에도 깜짝 놀랐다. 중앙 계획가들이 각종 기관을 통해 모은 모든 경제 정보에도 불구하고 소규모 거래상들이 당보다 대중의 수요를 더 잘 꿰고 있었다. 근근이 먹고 살기 위해 시골에서 온 과일을 파는 늙은 인력거꾼 천장우부터 내몽골과 만주 같은 먼 지역으로 떠나는 공식 출장을 개인적 거래를 위한 위장으로 이용하는 유력한 경영자에 이르기까지 온갖 사회적 배경의 참여자들에게 의지하는 이런 현상은 널리 퍼져 있었다.[23]

공장 노동자도 물품을 거래했다. 노동조합 연맹은 계획 경제의 원리들을 내팽개치고 희소 상품에 투기하고, 여러 상점에서 제시하는 가격들을 신중하게 비교하고, 이익을 남기기 위해 물건을 구입함으로써 〈자본주의 생활 양식〉을 추구하는 데 열심인 노동자들한테 경악했다. 일부는 줄이 눈에 들어오기만 하면 무엇을 팔고 있든지 상관하지 않고 무조건 줄에 합류하곤 했다. 소수는 교대로 줄을 서기 위해 가족들을 데려오기도 했다. 여성 공장 노동자 리란잉은 나중에 다시 팔 생각에 5위안을 주고 당근 잼을 구입했다. 한 동료는 감을 자루 째 구입했다. 이런 관행은 예외적 행위라기보다는 보고서가 표현한 대로 〈생활 방식〉이었는데 노동자들이 〈저금을 하는 것은 물자를 모으는 것만큼 효과적이지 않다〉고 널리 믿었기 때문이다. 저금은 매달 몇 퍼센트씩 깎여 나갔다.[24] 상하이에서는 물자 부족에 대한 두려움으로 사람들이 아

직 가게에서 구할 수 있는 상품은 무엇이든 전부 줄을 서서 구입해 쟁여 놓았다.[25]

투기를 위한 자본이 부족하면 노동자들은 다후이라고 부르는, 1949년 이전에 흔했던 관행을 되살려 냈다. 옛날에 가난한 사람들은 믿을 수 있는 친구들 한 무리한테서 서로서로 돈을 빌리곤 했다. 각자 한 달에 5~10위안을 다른 일원에게 매달 빌려주고 그러면 저마다 1년에 한 번씩 은행 역할을 하는 셈이었다. 베이징 둥청 지구에서는 그런 거래가 공장 노동자들 사이에 매달 약 70차례 이루어졌다. 일부는 사치품에 돈을 펑펑 썼다. 우체국 직원인 자오원화는 큰맘 먹고 손목시계, 자전거, 털 코트, 결혼 선물을 구입했는데 모두가 가치가 계속 유지될 내구 자산으로 여겨지는 것이었다. 이런 관행은 모든 게 부족한 시기에는 물건이 돈보다 더 안전한 것이라는 생각에서 널리 확산되었다.[26] 심지어 아이들도 거래를 했다. 지린 성의 초등학교 어린이 대략 열 명 가운데 한 명꼴로 고기나 떡, 달걀, 채소, 비누로 투기를 했다.[27]

일부는 운을 시험하기도 했다. 광둥 성 란탕 인민공사에서는 두 간부가 마을 소유인 곡식 1,000킬로그램과 채소 수백 킬로그램을 도박으로 날렸다. 몇 킬로미터 떨어진 곳에서는 도박으로 50위안을 잃은 한 여인이 빚을 갚기 위해 몸을 팔았다.[28] 도박은, 공장 노동자들이 돈보다는 음식을 따내기 위해 카드놀이를 하던 광저우에서 당국이 근절하지 못한 뿌리 깊은 습관이었다. 일부는 최대 3,500위안까지 어마어마한 액수를 판돈으로 걸기도 했다.[29] 난징 바로 밖 류허에서는 최대 20명까지 모인 도박판이 어디서나 벌어졌다.[30] 사람들이 완전히 자포자기 심정으로 가진 전부를 내걸면서 도박은 기근 시기에도 고질적이었다. 1960~1961년 파국적인 그 겨울에 후난 성에서도 도박이 만연하여 일대기근 시기에 선전 목적으로 찍힌 것 이외의 사진은 알려져 있지 않다.

1952년 마오쩌둥이 생각에 잠긴 채 황허 강을 응시하는 모습. 〈중국의 슬픔〉이라고 알려진 강을 다스리기 위해 1958년부터 1960년까지 커다란 댐이 건설되었지만 대약진 운동 기간 동안 중국 전역에 건설된 많은 댐과 제방 들처럼 매우 허술하게 설계되어 막대한 비용을 들여 다시 지어야 했다.

1957년 11월 크렘린에서 마오쩌둥과 흐루쇼프. 마오쩌둥은 자신이 사회주의 진영의 지도자라고 생각했고 대약진 운동을 통해 중국이 장족의 발전을 이루어 소련에 훨씬 앞서고 사회주의에서 공산주의로 이행할 수 있으리라고 믿었다.

1958년 5월 25일 마오 주석은 십삼릉수고에 나타나 흙을 퍼 나름으로써 나라에 일대 활력을 불어넣었다. 원래 사진에는 베이징 시장 펑전의 모습도 보이지만 나중에 사진에서 지워졌다.

1958년 12월 황허 강의 물길을 돌리기 위해 간쑤 성 칭퉁 협곡에서 짚과 진흙으로 임시 물막이를 축조하는 모습. 굶주림으로 이미 약해지고 기력이 고갈된 주민 수만 명이 중국 전역의 치수 사업에 강제 동원됨으로써 목숨을 잃었다.

1958년 7월 베이징 주민들이 고철을 수집하고 있다. 더 많은 강철을 생산하려는 광풍 속에서 토법고로에 자재를 공급하기 위해 솥단지, 냄비, 각종 집기, 심지어 문고리와 창틀까지 내놓아야 했지만 토법고로는 대부분 쓸모없는 선철 덩어리만 만들어 냈다.

1958년 10월 허난 성 바오펑 현에서 토법고로에 쓸 돌을 깨고 있는 사람들. 토법고로 연료를 때기 위해 숲에서 나무가 사라졌고 농촌의 많은 가옥에서 목재가 뜯겨 나갔다.

1959년 4월 허난 성, 화 현. 경쟁심을 고취하는 분위기 속에서 사람들이 비료를 져 나르고 있다. 새로운 농업 수확량 기록을 세우려는 시도에서 동물의 분뇨부터 인간의 머리카락까지 생각할 수 있는 온갖 종류의 양분이 밭에 뿌려지는 등 비료를 둘러싼 각축전이 펼쳐졌다. 토양에 비료를 공급하기 위해 어디서나 진흙과 짚으로 지어진 건물이 헐려서 많은 주민들이 집을 잃었다.

1958년 8월 톈진 교외에서 배게 심은 실험 경지를 시찰하고 있는 마오 주석. 보통보다 씨를 더 조밀하게 뿌리는 배게 심기 농법은 혁신적 경작의 시금석으로 여겨졌지만 이 실험은 유례없는 규모의 기근을 야기했을 뿐이다.

1959년 11월 광시 성 사탕수수 농장의 풍작 대약진 운동 기간 동안 나라 전역에서 면화나 쌀, 밀, 땅콩 등 수확량 신기록이 수립되었다는 보고가 들어왔지만 수확량 대부분은 서류상으로만 존재했다.

1958년 3월 쓰촨 성, 피 현. 대기근 동안 1000만 명 이상이 조기 사망한 쓰촨 성의 성장 리징취안(사진 오른쪽 인물)이 모범 농장을 자랑하고 있다.

1958년 4월 후베이 성장 왕런중(사진 오른쪽 인물)과 함께 우한을 방문 중인 마오쩌둥. 가운데 서 있는 마르크스주의 철학자 리다 뒤로는 역시 대약진 운동의 굳건한 지지자인 상하이 시장 커칭스도 보인다.

1958년 12월 당 활동가들과 자리를 함께한 펑더화이. 그는 1959년 루산 총회에서 대약진 운동을 공개적으로 비판하는 발언을 하게 된다.

농업 부문을 관장한 마오쩌둥의 충실한 추종자 탄전린이 1958년 10월 당 협의회에서 연설하고 있다.

1958년 가을, 경제 계획을 담당한 최고위 관료 리푸춘이 톈진 근교에서 간부들을 만나고 있다.

1961년 4월 고향인 후난 성을 시찰하며 기근이 어느 정도인지 파악하고 있는 류사오치.

1962년 1월 당 협의회. 왼쪽부터 저우언라이, 천윈, 류사오치, 마오쩌둥, 덩샤오핑. 〈7,000 간부 회의〉라는 이름이 붙은 이 모임에서 류사오치는 공개적으로 파국을 천재가 아닌 〈인재〉로 규정했다.

부 도박꾼들이 문자 그대로 자기 바지를 잃기도 했다.[31]

현금이 구매력을 잃으면서 배급 쿠폰이 일종의 대용 화폐가 되었다. 배급 쿠폰은 기름, 곡물, 돼지고기, 옷감부터 보온병과 가구, 심지어 건물 자재에 이르기까지 가장 필수적인 물품에 요구되었다. 기본 상품을 공정하게 분배하기 위한 고안된 배급 쿠폰은 주민들을 가구 등록 시스템에 묶어 두는 역할도 했는데 쿠폰이 가구별로 분배되었기 때문이다. 각 가구는 가족 구성원이 모두 기록된 증명서나 배급 수첩을 발부받았고 이 증서가 한 가구에 매달 배급 쿠폰을 받을 자격을 부여했다. 쿠폰은 종종 오직 한 달간만 유효했다. 쿠폰을 사용할 수 있는 곳은 때때로 발행처에 제한되기도 하는데, 현지 공동 식당이나, 인민공사, 현, 도시일 수도 있고 이따금은 성 전체를 포괄하기도 했다. 한 현에서 발행한 쌀 배급 쿠폰은 다른 현에서는 유효하지 않아 사람들은 어쩔 수 없이 거주 지역에 머물러야 했다.[32]

물자들이 물물 교환되었듯이 쿠폰도 거래되었다. 일부 인민공사들, 예를 들어 허베이 성 징하이 현에서는 돈이 단계적으로 폐지되다시피 하면서 쿠폰이 월급의 대체물이 되었다. 화폐 지불을 대신하여, 호박씨부터 이발까지 각종 재화와 서비스에 대해 1펀(分)*부터 5위안 가치에 이르는 엄청나게 다양한 쿠폰이 발행되었다.[33]

쿠폰의 목적 가운데 하나는 은밀한 비축을 방지하는 것이었다. 그러러

* 100분의 1위안.

나 1961년 2월 광둥 성 인민 대표 회의가 발견한 대로 1959년 9월 이후 배포된 전체 쿠폰의 3분의 1 이상이 아직까지 현물로 교환되지 않았는데 약 2만 톤의 곡물에 해당하는 종이 표 딱지가 대용 화폐로 돌아다니고 있다는 소리였다.[34]

종종 저질 종이에 급하게 찍혀 나온 쿠폰을 위조하는 것은 돈을 위조하기보다 훨씬 쉬웠다. 동중국 수력 연구소에서는 10여 장의 위조 쿠폰이 공동 식당에서 유통되었다.[35] 쿠폰 위조는 틀림없이 흔한 현상이었을 것이다. 산터우에서 경찰이 급습한 결과 위조 쿠폰과 연관된 약 200건의 범죄가 드러났다. 성의 인민 대표 회의에 보내는 보고서가 가리키듯이 사회적 위반 행위의 3분의 1 이상이 배급 쿠폰과 관련이 있었다. 보안 기관은 심지어 1960년 가을 칭위안에서 위조 쿠폰이 봇물처럼 쏟아져 나온 데에 〈적성 투기자들〉을 탓하기도 했다.[36]

구매자와 판매자가 만나는 곳에서 암시장이 생겨났다. 거래가 상점에서 거리로 이동하면서 시장이 거리 구석구석 백화점 밖에, 철도역 옆에, 공장 대문 근처에서 생겨났다. 암시장은 단속 때마다 줄어드는 듯하다가 압력이 완화되면 곧장 다시 나타나면서 법적 회색 지대에서 성쇠를 거듭했다. 판매자들은 슬그머니 구매자에게 다가가 봉지나 호주머니 안에서 물건을 꺼냈고 어떤 이들은 보도의 연석 위에 앉아 식품과 중고 잡동사니부터 훔친 물건에 이르기까지 길바닥에 다양한 물건을 펼쳐 놓았다. 공안부는 정기적으로 일제 단속에 나서서 암시장 장꾼들을 쫓아냈지만 상인들은 계속 되돌아왔다. 그리고 현지 당국이 눈감아

주면 사람들이 약속한 시각에 물건을 교환하려고 모이면서 임시 거리 시장이 나타났고, 결국에는 구매자와 판매자가 인근 마을에서까지 몰려오면서 더 영구적인 시장으로 발전했다.

베이징에서는 암시장이 톈차오, 시즈먼와이, 둥지먼와이에 생겨나 수백 명의 상인들이 그곳에서 국가가 정한 가격보다 최대 열다섯 배까지 높은 가격을 받아 낼 수 있는 물건들을 내놓았다. 높은 가격도 주부와 노동자들, 심지어 간부들이 열심히 몰려들어 물건을 둘러보는 것을 막을 수 없었다. 당황한 공안부 요원들이 주목한 대로 사람들은 실제로 암시장을 좋아했다.[37] 수도에서 암시장은 묵인되기는 했지만 전역에서 구매자들이 찾아온 광저우에서와 달리 번창하도록 허락되지는 않았다. 1961년 여름에 그 남부 도시에서는 허난 성에서 온 구매자만 수백 명을 목격할 수 있었는데 그들 다수는 고향의 단체에서 직접 파견하여 구체적으로 고구마를 구입하러 온 것이었다.[38] 거래는 공공연하게 이루어졌고 판매자들 다수는 아이들로, 일부는 고작 예닐곱 살밖에 되지 않았다. 더 나이를 먹은 아이들은 담배를 피우고 잠재적 구매자와 가격을 흥정했다.[39]

톈진에서 현지 관리들은 1961년 1월 초순에 암거래 행위를 약 8,000건을 적발했다. 일부 경우에는 한 군데의 시장에서만 800명 이상의 사람들이 물건을 팔고 있었고 그들을 둘러싼 수천 명의 고객들은 물건을 살펴보면서 대체로 교통을 방해하고 있었다. 한 조사관에 따르면 〈암시장에는 없는 것이 없다〉.[40] 거리를 순찰하는 경찰은 이길 수 없는 싸움을 하고 있었고 1962년 7월에 당국은 결코 근절에 성공하지 못한 수십 군데의 시장을 마침내 합법화하기로 결정했다. 그해 말에 이르러 톈진에서 팔리는 과일의 절반과 돼지고기의 4분의 1이 7,000명 이상의 거리 행상인들이 판매한 것이었다. 그들은 국영 기업 노동자가 버는 것보다 두 배 가까운 돈을 벌었다.[41] 시장의 명성이 워낙 자자해서 수천 명의 사람들이 매일 베이징에서 톈진으로 건너왔다.[42]

기근이 심해지고 굶주림이 일상생활의 사회적 구조를 점차 잠식해 가면서 사람들은 내부로 고개를 돌렸다. 모든 것이 판매 중이었다. 벽돌, 옷, 연료가 식량으로 교환되면서 어느 것도 거래의 영역을 벗어날 수 없었다. 후베이 성에서는 큰 공장의 노동자들 3분의 1이 빚에 의지해 살았다. 일부는 너무나 빚더미에 허덕여서 생존을 위해 피를 팔기도 했다.[43] 쓰촨 성 충칭의 한 업체는 직원 20명 가운데 한 명꼴로 피를 팔았다. 매혈 비율은 남녀 노동자들이 가족에게 줄 근소한 먹을거리와 피를 교환하는 청두에서 더 높았다. 건설 노동자 왕위틴은 7개월에 걸쳐 수 리터의 피를 팔아서 모든 병원에 얼굴이 익히 알려져 있었다.[44]

그러나 상황은 농촌에서 훨씬 더 나빴다. 후베이 성 황피의 한 지구에서만 3,000가구가 여분의 옷가지를 우창으로 가져가 팔고 또 먹을 것을 구걸했다.[45] 창 현에서는 주민의 3분의 1이 가구를 팔았고 일부는 심지어 머리 위를 가려 줄 지붕까지도 팔았다.[46] 쓰촨 성 창서우 현 사람들은 걸치고 있는 옷까지 포함해 가진 모든 것을 교환했다.[47]

죽기 전에 그들은 자식들도 팔았는데 흔히 자식을 낳지 못한 부부들에게 팔았다. 산둥 성의 얀시즈는 딸 세 명을 내주고, 인근 마을의 한 남자에게 다섯 살배기 아들을 15위안에 팔았다. 태어난 지 열 달 된 가장 어린 아들은 턱없이 적은 돈에 한 간부에게 팔렸다. 우징시는 낯선 사람한테 아홉 살짜리 아들을 팔고 5위안을 받았는데 쌀 한 그릇과 땅콩 2킬로그램을 얻을 수 있는 액수였다. 나중에 조사관이 알아보니 비탄에 빠진 그의 아내는 너무 울어서 눈이 퉁퉁 붓다 못해 시력을 잃어 가고 있었다. 두 아들의 어머니인 왕웨이퉁은 아들 한 명을 팔아서 1.5위안과 찐빵 네 개를 받았다. 물론 많은 이들은 자식들의 구매자를 찾지도 못했다.[48]

24장
은밀히

집산화의 외피 아래로, 당 관리들은 의용군의 적나라한 힘으로 뒷받침을 받아 사람들한테서 생각할 수 있는 모든 소유물을 빼앗아 나갔다 — 농민들이 탐욕스러운 간부 앞에서 흔히 무방비 상태인 농촌에서 특히 그랬다. 그것은 매번 새롭게 들이닥치는 약탈의 물결이 정말로 뭔가를 사적으로 소유할 수 있겠다는 희미한 희망의 싹조차 꺾어 버리는, 인민을 상대로 한 소모전이었다. 후난 성 샹탄에서 현지 주민들은 마을로 불어닥친 여섯 차례 〈공산주의의 바람〉을 기억했다. 첫 번째 바람은 돈과 도자기, 은, 여타 귀중품을 〈자본 축적〉을 위해 넘겨주어야 했던 1957~1958년 겨울에 불어닥쳤다. 두 번째 바람은 인민공사의 도래와 함께 1958년 여름에 불어왔다. 철강 증산 캠페인이 현을 휘어잡으면서 세 번째 〈바람〉은 냄비와 프라이팬, 철제 집기를 채갔다. 그다음 1959년 3월 국유 은행의 모든 예금이 동결되었다. 그해 가을에 이르자 대형 관개 공사들이 다시금 개시되었고 연장과 목재가 징발되었다. 마지막으로 1960년 봄에 현지 지도자가 거대 양돈장 건설 프로젝트를 도모해 돼지와 건설 자재를 몰수했다.[1]

대부분의 사람들은 공공연한 약탈에 맞설 수단이 거의 없었다. 그러나 그들은 수동적 희생자가 아니었고 많은 이들이 온갖 생존 전략을 고안해 냈다. 가장 흔한 전략은 자연스러운 타성이 자리 잡게 하여 일터에서 태만한 것이었다. 확성기에서는 열심히 일하라는 구호가 터져 나오고, 선전 포스터는 계획을 초과 달성한 모범 노동자를 칭송할지도 모르지만 흔히 무관심이 공장의 현장을 지배했다. 직원이 40명인 전형적인 베이징의 한 작업장에서는 겨울이면 예닐곱 명이 습관적으로 난로 주변에 모여 앉아 있었고, 다른 이들은 근무 시간에 공장에서 나와 물건을 구할 줄을 서거나 영화를 보곤 했다. 간부들은 노동자 하나하나를 통제하고 규율 위반마다 처벌할 수단이 없었다.[2] 선전부의 더 포괄적인 연구는 상하이에서 전체 노동자의 최대 절반까지 작업 규율에 주의를 기울이지 않았다는 것을 보여 준다. 일부는 몇 시간씩 늦게 출근하고 일부는 다른 사람과 잡담하며 시간을 보냈다. 몇몇 게으름뱅이들은 아예 일을 전혀 하지 않고 다음 식사 시간만 기다렸다. 많은 직원들이 하루가 끝나기 훨씬 전에 사라졌다.[3]

나라가 기근에 더 깊이 빠져들수록 작업 회피는 더 심해졌다. 더 많은 노동자들이 더 적은 상품을 생산하면서 1961년에 이르자 상하이의 노동자들은 1959년보다 40퍼센트 더 적은 가치를 기여하고 있었다. 물론 업무 태만은 우리가 18장에서 본 것처럼 생산성 급감의 여러 이유 가운데 하나일 뿐이지만 1961년에 이르자 공장 노동자들은 업무 시간 도둑의 달인이 되었다.[4]

농촌에서는 1959년에 이르자 많은 주민들이 먹지도 못하고 하루 종일 일해야 했다. 작업에 대한 무관심은 영양실조의 결과임과 동시에 생존을 위해서는 절대적이었는데, 하루를 버텨 내려면 조그만 에너지조차도 아껴야 하기 때문이었다. 농부들은 지나가는 간부의 감시의 눈길 아래서 밭을 갈았지만 그가 시야에서 사라지면 연장을 내던지고 길가에 앉아 교대 시간이 다가오기만 기다렸다. 농촌 곳곳에서 사람들은 논밭을 따라 핵심 교차로에 자체 경비를 세워 두고 오후 내내 잠을 잤다.[5] 간부들이 너그러운 곳에서는 주민의 절반까지도 작업을 회피할 수 있었다.[6] 일부 마을에서는 관용적인 지도부 아래 마을의 가구 전체가 둘러 모여 며칠씩 잠을 자면서 문자 그대로 동면을 하며 겨울을 나기도 했다.[7]

일부 역사가들은 〈국가〉에 〈농민〉을 대적시키면서 암시장과 방해 행위, 태만, 절도를 〈저항〉 행위나 〈약자의 무기〉로 해석해 왔다. 그러한 생존 기술들은 사회 스펙트럼 전체에, 다시 말해 만약 이것들이 〈저항〉 행위라면 당은 진즉에 붕괴했을 만큼 널리 만연해 있었다. 정권에 의해 조성된 아사 상황 속에서 많은 사람들은 관습적인 도덕적 규준을 무시하고 최대한 훔치는 것 말고는 선택의 여지가 별로 없었다.

절도는 고질적이었고 그 빈도는 필요와 기회에 의해 결정되었다. 운송 노동자들은 수백만 톤의 화물이 자신들의 손을 거쳐 가므로 국가 재산을 슬쩍 빼돌리기에 가장 좋은 위치였다. 우한에서는 항구의 제6호 부두에서 1,200명의 직원 가운데 280명 이상이 유지나 수리 업무를 하는 척하면서 조직적으로 화물 열차를 털었다.[8] 내몽골 후허하오터에서는 철도역의 짐꾼 846명 가운데 절반이 화물을 훔쳤다.[9] 우편 절도도 흔했고 종종 당원들에 의해 조직적으로 이루어졌다. 광저우 우체국에서는 네 명의 작업반이 10만 점 이상의 해외 소포를 열어서, 손목시계, 펜, 인삼, 분유, 말린 전복과 여타 선물을 훔치는 범죄를 저질렀다. 장물의 다수는 우체국 직원들에게 경매로 팔렸다. 우체국의 지도층 전체, 즉 100명이 넘는 간부들도 이 절도 행각에 관여했다.[10]

학생들은 공동 식당에서 물건을 훔쳐서 1960년 난징 대학교에서는 한 달에 50건씩 적발되었다.[11] 난징 바로 바깥 장닝 현 후수 중학교에서는 학생들 사이에서 좀도둑질이 일반적인 일, 주방에서 간단히 당근을 하나 훔치는 것에서 시작되는 일종의 생활 방식이었다.[12] 국영 상점과 백화점에서는 계산대의 직원들이 교묘히 영수증을 변조하거나 심지어 위조 영수증을 만들어 낸 한편, 뒤편에서는 판매 보조원들이 저장실을 뒤적거렸다. 상하이 선린 상점의 판매 보조원인 쉬지수는 영수증을 조작했고 그가 조금씩 영수증에 집어넣은 소액은 시간이 흘러 300위안에 이르렀다. 약국에 근무한 리산디는 여러 해에 걸쳐 영수증에 매일 1위안을 추가하여 월급을 거의 두 배로 불렸음을 실토했다.[13]

훔칠 기회는 도시에서 가장 컸지만 훔쳐야 할 필요는 많은 농민들이 기지에 의지함으로써 기근에서 살아남아야 했던 농촌을 지배했다. 생산 사이클의 모든 단계마다 주민들은 국가의 요구로부터 곡물 일부를 지키고자 애썼다. 이것은 밭에서부터, 심지어 밀이나 옥수수가 완전히 여물기도 전에 시작되었다. 〈파랄 때 먹기〉란 뜻의 츠칭이라는 전통적 관행을 연상시키듯 주민들은 의용군이 보지 않을 때 조용히 밭에서 이삭을 곧장 잘라 내, 손수 겉겨를 벗겨 내고 빻은 다음 푸른 낟알을 생으로 먹었다. 작물이 다 여물기 전에 먹는 것은 빽빽히 자란 옥수숫대 사이나 무성한 밀밭에 숨기가 논에서 숨는 것보다 더 편한 북부에서 흔했다. 옥수수는 더 오래 가는 작물, 즉 더 오랜 기간 밭에서 버티기 때문에 더 여러 차례 절도를 할 수 있는 기회를 허락했다.[14]

작물을 몰래 먹어 치운 결과 일부 인민공사들에서는 1960년 가을에 수확할 게 거의 없었다. 산둥 성 광라오 현에서는 여러 생산 대대들이 옥수수가 다 익기 전에 전체 수확량의 80퍼센트까지 가져갔고 기장과 완두콩은 전부 사라졌다. 역시 산둥 성 자오 현에서는 전체 곡물의 90퍼센트까지 사라졌다. 밭에서 작물을 먹다가 들킨 사람들 다수가 현지 의용군에게 맞아 죽는 가운데 유사한 사건 수천 건이 산둥 성을 뒤흔들었다.[15] 안후이 성 쉬안청에서는 마치 메뚜기 떼가 휩쓸고 가기라도 한 듯 밭들이 통째로 깨끗하게 먹어 치워졌다.[16] 굶주림의 시기를 회고하면서 정무라는 농민은 절도의 중요성을 이렇게 포착했다. 〈훔치지 못하는 사람은 죽었다. 식량을 얼마간 훔칠 수 있었던 사람은 죽지 않았다.〉[17]

일단 탈곡을 하여 자루에 넣으면 곡식은 — 현지 조사관의 공모 아래 또는 공모 없이 — 물을 부어 부피를 늘린 뒤 국가에 판매되었다. 앞서 본 대로 광둥 성에서만 150만 톤의 국유 곡물 가운데 거의 3분의 1이 물 함유량이 너무 많았고, 물론 형편없는 저장 상태도 아열대 기후의 남부에서 곡식이 썩는 데 일조했다.[18] 일단 국가에 팔리면 곡물을 중간에 훔쳐 가려는 손은 널렸다. 광둥 성 신싱 현에서는 1960년에 900건에 가까운 절도가 보고되었다. 신허 출신 뱃사공 린시는 수십 차례에 걸쳐 약 0.5톤의 곡물을 훔쳤다. 다른 이들은 더 신중해서 훔친 식량을 모래와 돌로 바꿔치기했다. 광저우에서는 선적인들이 대나무관으로 곡물을 빼낸 뒤 자루에 모래를 부어 넣었다.[19] 장쑤 성 가오야오 구에서는 거의 모든 뱃사공들이 곡물을 훔쳐서 각자 1년에 평균 300킬로그램을 꿀꺽했다.[20]

국가 곡창을 책임진 경비들도 훔쳤다. 허베이 성과 내몽골의 경계 지역에 위치한 장자커우에서는 전체 경비원의 5분의 1이 부패했고 때로는 당원들과 공모하여 곡물을 훔치기도 했다. 추 현에서는 곡물 집하지점을 담당하고 있는 간부들 가운데 절반이 부패했다.[21] 결국 가는 길에 그렇게 많은 탐욕스러운 손아귀를 거치다 보면 실제로 얼마나 많은 양이 공동 식당의 식탁에 도달했는지 궁금해진다. 쑤저우에서 현지 조사관들은 쌀 1킬로그램 가운데 절반만이 최종 목적지에 도달한다고 추산했다. 쌀은 곡창에서 빼돌려지고 수송 중에 절취되고 회계원들이 착복하고, 간부들이 몰수해 가고, 밥 한 공기가 공동 식당에 오르기 전에 마지막으로 요리사가 슬쩍 훔쳐갔다.[22]

현지 간부들이 농민들과 짜면 주민들을 기근의 최악의 결과로부터 보호하면서, 강력한 형태의 집단 절도와 속임수, 기만을 저지를 수 있었다. 일부 간부들은 장부를 두 권으로 나눠 기록했는데 하나는 마을의 실제 곡물 생산량을 적어둔 것이었고 하나는 곡물 조사관에게 보여 주기 위해 가짜 숫자를 적어둔 것이었다. 이런 관행은 광둥 성의 여러 현에 널리 퍼져 있었다.[23] 후베이 성 쉬안언 현에서는 장부 기입 계원 세 명 가운데 한 명꼴로 회계 장부를 조작했다. 충양 현에서는 어느 당 서기가 인민공사의 상부에는 250톤 정도를 신고하고 현지 회계 장부에는 315톤이라고 적어 넣는 일을 주도했다.[24] 1959년 6월에 허베이 성 위원회는 실제 저장된 곡물의 양과 공식 재고 목록 사이 차이로부터, 16만 톤이 빠져 있으며 그 상당량은 틀린 보고와 분식 회계의 결과라고 결론 내렸다.[25]

곡물을 빼돌린 다음에는 숨겨야 했는데 농민들로부터 곡물을 가져가려는 격렬하고 종종 피비린내 나는 운동이 전개되는 와중에 이는 결코 쉬운 일이 아니었다. 후베이 성 샤오간에서 조사반들이 발견한 가장 커다란 은닉 장소에는 곡물 60톤 정도가 있었다. 이탕 인민공사에서는 110톤이 가짜 벽 뒤나 관 속, 옷장 안에 감춰져 있었다. 우뤄 지역에서는 수색 결과 열다섯 가구한테서 26톤이 나왔다. 일부 경우에는 현지 지도자들이 수확 직후 곡물을 분배하며 농민들에게 의용군이 발견할 수 있기 전에 최대한 먹으라고 촉구했다.[26]

나라 곳곳에서 현지 지도자들이 농민들에게 조용히 곡물을 분배하여 많은 이들이 기근에서 생존하도록 도운 경우가 존재했다. 허베이 성 이현에서는 헥타르당 수확된 곡물 150~200킬로그램이 한 인민공사 안에서 나누어졌다. 여타 지역에서 조사 팀들은 흔히 〈암(暗)곡창〉을 발견했다. 자오허 현에서는 사실상 모든 생산대가 750킬로그램 가량의 〈지하 곡물〉을 갖고 있었다.[27] 톈진 근처 순시 인민공사의 지도자는 200톤의 종자를 숨긴 것을 간단히 이렇게 표현했다. 〈국가의 곡물은 또한 인민의 곡물이며, 인민에게 속한 것은 또한 국가에게 속한 것이다.〉[28] 후난 성에서는 약 23개 현이 신고한 양보다 5퍼센트에서 10퍼센트 이상 갖고 있는 것으로 드러나 그 양이 총 3만 6,000톤에 달했다. 가장 극단적인 경우는 3,000군데의 곡창을 고생스레 점검한 끝에 7,500톤이 드러난 류양의 경우였다.[29] 그러나 대부분의 경우 그 정반대가 사실이었다. 많은 마을들에서 현지 지도자들은 더 높은 수확량을 달성하기 위해 열심히 일하기보다는 부탁하려드는 태만자로 비칠까 봐 두려워 상부에 도움을 요청하기보다는 곡물 소비를 낮추는 쪽을 택했다.[30]

현지 간부들이 동원한 또 다른 전략은 국가 곡창으로부터 곡물을 〈빌리는〉 것이었다. 허베이 성에서는 따라서 1959년 4월까지, 종종 고위 당원들의 압력 아래 35만 7,000톤 정도를 〈빌렸다〉. 따라서 톈진 근처 쑨구 인민공사의 당 서기 리젠중은 곡창에 〈대출〉을 요청하는 전화를 걸었다가 그곳 직원들에게 일언지하에 거절당했지만 이내 현지의 장이 곡창을 방문하여 영향력을 발휘했다. 〈자네들은 대부 요청을 받으면 빌려줘야 하네. 요청을 받지 않았을 때도 빌려줘야 해. 이제부터 뭔가 문제가 있으면 내가 와서 처리해 주지.〉 즉석에서 35톤의 곡물을 빌려주기로 합의가 되었다. 도시의 공사들과 기관들 역시 되갚지 않고 빌리는 데 열심이었다. 한 중학교는 학생들을 먹이기 위해 곡물을 빌려서 3만 5,000위안의 빚을 졌다.[31]

그러나 결국에는 식량이 바닥났을 때 사람들은 서로에게 몸을 돌려서, 다른 마을 주민이나, 이웃, 심지어 친척한테서 훔쳤다. 사람들이 서로 훔치고, 일부는 주먹싸움으로까지 이어지면서 난징에서는 이웃 간의 갈등의 절반이 식량과 관련한 것이었다.[32] 아이들과 노인들이 가장 큰 고통을 겪었는데 예를 들어 앞을 못 보는 한 할머니는 단양 시에서 구호 쿠폰으로 구입할 수 있었던 쌀을 도둑맞았다.[33] 농촌에서는 격렬한 생존 경쟁이 일체의 사회적 단합 의식을 점차 무너뜨렸다. 창사 바로 밖 랴오자 마을에서는 절도가 너무 심해서 자포자기한 간부들은 주민들에게 차라리 다른 마을에서 훔치면 처벌받지 않을 것이라고 말할 수밖에 없었다.[34] 그리고 일단 농촌에서 공동체 유대감이 와해되자 가족이 분쟁과 시샘, 갈등의 장이 되었다. 한 여성은 시어머니가 목에 건 주머니에 식량 쿠폰을 넣고 잠을 잤다고 기억했다. 어느 추운 겨울 밤 한 조카가 끈을 자르고 쿠폰을 훔쳐서 사탕과 맞바꿨다. 시어머니는 며칠 뒤 죽었다.[35]

갈수록 기근이 원래는 이웃이고 친구, 친지였던 사람들을 서로 맞서게 몰아가면서 인민공사, 마을, 가족 그 모두가 긴장과 원한으로 들끓었다. 한 당 관료는 후베이 성에서 여름 수확량 배분 시기에 〈국가와 집단공사 간에, 생산 대대들 간에, 개인들 간에, 상하좌우, 중심, 한마디로 모든 층위에서 분쟁이 있다〉고 말했다.[36] 수확물을 둘러싼 싸움이 조직이나 생산대를 찢어 놓으면서 폭력이 불거졌다. 식량을 둘러싼 싸움에서 주민들이 서로 대결하면서 막대기와 칼이 등장했다.[37] 후베이 성 잉산 현에서는 불쌍한 두 남자가 기장을 훔친 것이 드러난 뒤 나무에 매달렸다.[38] 기근 시기에는 한 사람이 뭔가를 얻으면 누군가는 잃었다. 심지어 좀도둑질이 얼굴 없는 국가를 상대로 한 것처럼 보일 때도 분배 체계 저 아래 누군가가 대가를 치러야 했다. 윈난 성 쉬안웨이 현에서는 1958년 12월에 다수의 마을 지도자들이 곡물을 인도하면서 숫자를 부풀렸다. 그 곡물은 8만 명의 철도 노동자들한테 배정된 것이었다. 서류상의 계획은 노동자마다 충분한 열량이 제공될 것이라고 표시해 두었지만 인근 마을들에서 인도한 양이 계획된 요구량에 못 미친다는 것을 내다보지 못했다. 철도 노동자들 — 시골에서 징발되어 온 평범한 농민들 — 은 여러 날 동안 굶주렸고 그 달이 끝나기 전에 70명 정도가 굶어 죽었다.[39] 나라 전역에서 과격한 집산화는 한 사람의 생존을 다른 사람의 아사에 의존하는 극단적 부족 사태를 낳았다. 결국 위에서부터 추진된 파괴적 정책들과 아래로부터 추구된 은밀한 형태의 자구책이 결합하여 나라는 안에서 붕괴되고 말았다. 그러나 굶주린 농촌에서는 자기 방어와 자기 파괴를 종종 구분하기 어려운 반면, 가장 크게 고통받은 이들은 힘없고, 취약하고, 가난한 자들이었다.

25장
〈친애하는 마오 주석〉

진실은 루산에서 최후를 맞았다. 비록 자기 의견을 용감하게 표명하는 것은 일당 국가에서 결코 바람직하지 못하지만 1959년 지도자들 간의 충돌은 당 노선에서 벗어나는 의견을 제시하는 위험성에 관해 누구에게도 일말의 의심을 남기지 않았다. 그리고 마오쩌둥이 공개적인 발언에서 종종 아리송한 말을 던지니 오른쪽으로 벗어나기보다는 왼쪽으로 방향을 트는 것이 현명했다. 대량 아사의 와중에도 지도자들은 〈자연재해〉나 〈일시적 곤경〉 같은 완곡어법을 써가며 누구도 실제로 기근을 언급하지 않았다. 사다리 더 아래쪽에서는 기근이 하도 금기시되어서 현지 간부들은 조사 팀들의 눈길로부터 병자와 아사자를 감추기에 급급했다. 허베이 성 룽화 현 당위원회가 농촌을 조사하도록 일단의 관리들을 파견했을 때 일부 마을들은 병자들을 한곳으로 모은 다음 산속에 숨겼다.[1]

줄지어 찾아온 외국인 방문객들은 마오주의 옹호에 기꺼이 나서 줄 용의가 있었다.[2] 나중에 프랑스 대통령이 되는 좌파 정치인 프랑수아 미테랑은 주석의 지혜로운 말씀을 서구에 전달하게 되어 영광스러워했다. 1961년에 항저우의 호화로운 저택에서 〈다채로운 천재성으로 전 세계에 잘 알려진 위대한 학자〉 마오쩌둥은 미테랑에게 기근은 없고 〈부족한 시기〉가 있을 뿐이라고 말했다.[3] 정치적 스펙트럼의 반대편 끝에는 체스터 지역구 보수당 하원 의원인 영국인 존 템플이 1960년 후반에 중국을 순방하고는 공산주의가 굴러가고 있으며 중국은 〈커다란 진전〉을 보이고 있다고 공언했다.[4]

그러나 모두가 그렇게 기꺼이 속아 준 것은 아니다. 중국적 배경이 있는 외국인 학생들은 쉽사리 속아 넘어가지 않았다. 난징에 있는 1,500명의 외국인 학생 중 다수는 — 대부분은 인도네시아에서 왔고 일부는 태국과 말레이시아, 베트남에서 왔다 — 인민공사의 생존 능력과 집산화라는 생각 전체에 관해 공공연하게 의문을 표시하며 대약진 운동에 관해 의심을 품었다. 일찍이 1959년 3월에 적잖은 학생들은 농촌에서 굶주림의 결과를 예리하게 인식하고 있었다.[5]

일부 외국인 학생들이 현지 학생들보다 더 거리낌이 없긴 했지만 비판적 시각은 중국 곳곳의 학교에서 널리 퍼져 있었다. 〈우파 보수주의〉에 반대하는 거듭된 캠페인에도 불구하고 말이다. 공산주의 청년 동맹이 파견한 한 조사 팀이 발견한 대로 대약진 운동과, 공산당, 사회주의 일반에 대한 의구심은 흔했다. 대학생들은 인민공사가 그렇게 우월한 조직 형태라면 어째서 식량이 부족하고 농민들은 마을을 버리고 떠나고 있는지를 공공연하게 물었다. 사회주의 체제에서 재화 공급은 왜 그렇게 형편없는가? 중국의 발전 속도가 자본주의 국가들보다 더 높다면 생활 수준은 왜 그렇게 낮은가? 한 학생은 〈인도네시아는 식민지일지 몰라도 거기 사람들은 좋은 삶을 살고 있다〉고 천명했다.[6]

도시에서 기근에 관한 말은 요란한 프로파간다 소리에 덮였지만 당의 많은 첩보원들의 귀에 분명하게 들릴 만했다. 한 거리 위원회를 위해 일하는 정보원들이 상하이 푸퉈 지구에서 알아차린 대로 천루항 같은 평범한 공장 노동자들은 기근으로 야기된 사망자 수가 얼마일지 공공연하게 추측했다. 1961년 굶주린 농촌에서 손님들이 찾아오면서 대량 아사는 그의 집안에서 주요 화제였다.[7] 후베이 성에서는 — 노동조합 연맹이 발견한 대로 — 1962년 말이 되자 전체 노동자의 절반이 기근에 관해 비판적으로 이야기하고 있었다. 일부는 자기 지도자들한테 공공연하게 반항했다. 작업을 회피한다고 질책을 받은 한 남자는 자기 배를 두드린 다음 간부를 똑바로 쳐다보며 〈텅 비었어!〉라고 말했다.[8]

홍콩과 마카오에 더 가까운 남부에서는 1962년에 이르자 국경선 바로 너머에서 손짓하는 자유세계에 관한 이야기가 흔했다. 중산 현에서는 밭을 가는 젊은이들이 홍콩에 관한 이야기를 교환했고 수백 명은 매년 실제로 그 영국 식민지로 도항을 시도했다. 많은 이들이 붙잡혀 마을로 돌려보내졌고 돌아온 이들은 자신들의 모험담으로 친구들을 즐겁게 해주었다.[9] 광저우에서 젊은 노동자들은 음식은 넘쳐 나고 일은 힘들지 않다는 신화적인 장소로 상상의 날개를 타고 떠나 공공연하게 홍콩을 찬탄했다.[10] 소학교 담벼락에는 누군가가 〈홍콩은 좋은 세상!〉이라고 휘갈겨 써놓기도 했다.[11]

다른 낙서꾼들은 자신들의 불만을 더 영구적인 흔적으로 남길 작정이었던 것 같다. 체제 반대 메시지들이 화장실 벽에 휘갈겨졌다. 싱닝 시에서는 분노에 찬 어느 손이 공중 화장실에 마오쩌둥을 모욕하는 구호를 새겼다.[12] 난징 자동차 공장에 화장실 벽에서는 식량 수출을 통렬하게 비난하는 장문의 글이 발견되었다.[13]

더 대담한 이들은 밤에 나와서 당을 비판하는 대자보와 전단지를 붙이는 사람들이었다. 상하이에서는 누군가가 반란을 선동하는 2미터짜리 포스터를 붙였다.[14] 때때로 수백 장의 유인물이 뿌려지기도 했다. 가오양에서는 분홍색이나 붉은색 종이에 구호가 손글씨로 적힌 전단지 100장이 밤사이에 나타났는데 도시 곳곳의 벽에 눈에 잘 띄도록 붙어 있거나 나무에 부착되어 있었다. 〈우리나라의 인민은 왜 굶어 죽어 가고 있는가? 모든 곡물이 소련으로 선적되고 있기 때문이다!〉 또 다른 전단지는 경고를 던졌다. 〈수확기가 곧 다가온다. 우리는 밀을 훔치기 위해 행동에 나서야 한다. 합류하고 싶은 자는 부디 준비하고 있으라!〉[15] 1962년 5월에 란저우에서는 2,700장이 넘는 전단지가 총파업을 호소했다.[16] 광둥 앞바다의 커다란 섬 하이난에서는 약 4만 장의 반당 유인물이 뿌려진 것으로 알려졌는데, 그중 일부는 장제스가 보낸 비행기에서 뿌린 듯했다.[17] 체제 반대의 흔적은 틀림없이 발견 즉시 지워져야 했을 것이므로 이러한 전복 행위들의 규모가 어느 정도였는지는 짐작하기 어렵다. 그러나 난징에서는 단 석 달 만에 기근에 관해 약 40가지 개별적 구호와 전단지가 경찰에 의해 보고되었다.[18]

농민들 역시 부당함을 바로잡거나 분노를 쏟아 내거나 간부를 규탄하기 위해 대자보를 이용했다. 허베이 성 닝진 현에서 장시룽은 용감하게도 현지 공동 식당의 상태에 대해 항의하는 대자보를 붙였다. 이러나 저러나 그의 호소는 현이 공안 분위기를 고조시키기 위한 캠페인에서 동원한 170만 장의 유인물과 포스터, 구호의 물결 속에 묻힌 외로운 외침이었다.[19] 왕위탕도 그만큼 완강했다. 수백만 장의 공식 선전 포스터와 끊임없는 라디오 방송으로 이루어진 반우파 운동에 대한 그의 대응은 스서우 현에 대자보를 붙이는 것이었다. 대자보는 〈1958년 대약진 운동은 다 허풍이고, 노동자는 크게 고통받고 있으며 우리 배는 굶주려

간다〉라고 대담하게 선언했다.[20] 권력 균형추가 자그마한 불만의 목소리도 파묻어 버리기 위해 엄청난 선전을 동원한 당 쪽으로 크게 기울어 있었다고 할지라도 대자보는 때때로 목표를 이룰 수 있었다. 쓰촨 성 다주 현에서 주민들은 당의 선전 무기 일부를 현지 지도자를 향해 돌려서 20장이 넘는 대자보로 그가 6위안을 횡령했다고 규탄했다. 규탄의 대상이 된 사람은 공개적 망신이 너무 심해서 수확을 감독하지 않고 대신 낚시를 하러 떠났다. 수확한 작물은 온전히 농민들의 것이었다.[21]

그러나 더 대중적인 것은 운문이었다. 모두가 병사가 되어야 한다고 한 것처럼 마오쩌둥은 모든 남녀는 시인이 될 것을 선언했다. 축제가 조직되고 풍년이나 제철소, 치수 조치를 노래한 최고의 노래에 상이 주어지는 가운데 중국인들은 1958년 가을에 수백만 수의 시를 지어야 했다. 사회주의 미래에 대한 열광적 비전이 100만 편씩 쏟아져 나온, 운율을 맞춘 절구(絶句)로 그려졌다. 상하이에서만 고작 20만 명의 노동자가 500만 수의 시를 지었다고 한다.[22] 공식적으로 후원된 시 다수는 다소 진부했지만, 집산화에 대한 반응으로 마을 주민들이 즉석에서 읊은 단가에는 진정으로 창조적인 정신이 드러나기도 했다. 여기에 기근의 와중에도 사람들이 비참한 시기를 견뎌 내도록 도와준 장난기 넘치는 재치가 있었다. 상하이에서 사람들이 흔히 하는 말은 〈마오 주석 아래 만사형통, 아무도 배불리 먹지 못하니 아쉽네〉였다.[23] 광둥 성 장먼 현에서 농민들은 이런 노래를 불렀다.

집산화, 집산화
아무도 안 벌고, 누군가는 쓰니,
생산대원들이 벌지만 생산대가 쓰고,

생산대가 벌지만, 생산 대대가 쓰고,
생산 대대가 벌지만, 인민공사가 쓰고,
바보들만 당 활동가가 된다네![24]

문맹인 어느 마을 주민은 공동 식당에 내놓은 묽은 죽을 묘사한 시를 지어 냈다.

공동 식당에 들어가니
커다란 죽 솥이 보이네
솥 가장자리로 물결이 올라오니
가운데에는 사람들이 빠져죽네.[25]

현지 간부들은 그들의 탐욕이나 나쁜 성미, 식탐을 조롱하는 풍자적 별명을 얻었다. 광둥 성 카이핑 현에서 농민들은 특히나 통통한 어느 간부를 〈조리된 개고기〉라고 불렀다. 〈금파리〉와 〈도마 아줌마〉라는 표현도 쓰였다. 〈배불뚝이〉가 흔한 한편 모든 인민공사마다 지하 세계에서 온 악귀가 있는 듯했다. 많은 간부들이 지옥의 왕인 〈염라왕〉으로 불렸다.[26] 아이러니도 드물지 않았다. 쓰촨 — 우리가 본 대로 성장 리징취안이 집산화가 가져온 풍요 덕분에 사람들이 심지어 마오쩌둥보다 더 비대해졌다고 언급한 곳 — 에서 일부 주민들은 기근 수종으로 인한 부기를 가리켜 〈공동 식당의 이점은 우리 모두 더 뚱뚱해진 것〉이라고 말하면서 공동 식당을 조롱했다.[27]

공식 선전 표면 바로 아래로는 풍문으로 무성한 그림자 세계가 있었다. 풍문은 국가에서 흘러나오는 검열된 정보를 전복하는 대안적 형태의 진실, 다른 진실을 제시하면서 세계를 뒤집었다.[28] 모두가 집산화의 어리석음이 끝나기를 기다리며 더 넓은 세상을 이해하려고 애쓰면서 풍문에 귀를 기울였다. 풍문은 당의 합법성을 의문시하고 인민공사의 권위를 실추시켰다. 우한에서는 아내들까지도 공유될지 모른다고 두려워했다.[29]

풍문은 국가에 대한 반대 행위를 부추겼다. 자기 땅을 빼앗기지 않고 지켰다거나 국가 곡창에서 곡물을 집어 왔다는 농민들에 관한 비공식적인 뉴스가 흔했다. 광둥 성 차오양에서는 한 예언적인 여인이 굶주림의 시기에 식량을 가져가는 것은 당이 용서해 줄 것이라고 공언했다.[30] 후베이 성 쑹쯔에서는 7개 정도의 생산 대대가 1959년에서 1960년으로 넘어가는 겨울에 집단 농장을 해체하고 땅을 나누기로 결정했다.[31] 토지 분배에 관한 풍문은 안루, 충양, 퉁산에서도 무성했다.[32] 〈마오쩌둥이 죽었고 땅은 인민들에게 반환될 것이다!〉라는 메시지가 쓰촨 성, 장안에서 기근 와중에 주민들의 입에서 입으로 전달되었다.[33]

귀가 먹먹해지도록 들려오는 각종 부족 사태에 관한 소리도 현장에서 항구적인 혼돈 상태에 일조했고 여기에 놀란 선전 기구는 다시금 더 큰 소리로 구호들을 쏟아 냈다. 모든 정설이 풍문에서는 정반대의 이설을 낳으면서 인민과 당은 말의 전쟁에 갇혀 있었다. 예를 들어, 특정 물품에 대한 배급 쿠폰이 단계적으로 폐지될 것이라는 말이 돌면서 공황 상태가 촉발되었다. 1960년 6월에 안양 제철소의 일부 노동자들은 모든 면제품을 비축해 두려는 긴 줄이 난데없이 생겨나자 양말을 서른다섯 켤레까지 구입했다.[34] 유사하게 광둥 성 창러의 한 인민공사에서는 1961년 1월에 소금이 시중에서 사라질 것이라는 소문이 돌아 사람들이 닷새 사이에 평소보다 40배 많은 35톤 정도를 비축하려고 기를 쓰면서 소동이 벌어졌다.[35]

전쟁과 임박한 침공에 관한 풍문이 당의 선전 내용을 완전히 뒤집어 놓으며 공포를 퍼뜨리고 공동체 전체를 휘감았다. 그리고 묵시록적 이미지가 불만에 찬 농촌을 단합시키면서 공포는 단결 의식을 북돋았다. 광둥 성에서 농민들은 장제스가 중국을 침공하여 광저우가 무기를 들고 일어섰고 산터우는 점령되었다는 말을 들었다. 국민당 만세를 외치는 현수막들이 길가에 내걸렸다. 정보는 명확했다. 〈국민당이 14일 둥시 마을에 도달했다!〉라거나 〈8월에 장제스가 돌아올 것!〉 등등.[36] 시골 마을에 고립되어 살아가는 농민들의 편협한 삶에 대한 일반적인 가정을 거부하는 이런 풍문들은 현에서 현으로 성을 가로질러 퍼져 나가며 며칠 만에 후난 성에 도달하는 등 들불처럼 번져 나갔다.[37] 타이완 맞은편 푸젠 성 푸톈에서는 비밀 결사가 공산당의 몰락 이후 눈에 잘 띄게 내걸도록 노란 기를 나눠 주었다. 그 노란 기는 방사능의 효과로부터 사람들을 지켜 준 모양이다.[38]

억울한 일을 당한 일부 마을 주민들은 법에 호소할 만큼 신뢰를 품고 있었다. 난징 근처 류허에서는 한 간부가 노파가 팔려고 한 닭을 빼앗아 가 먹었다. 분개한 그녀는 곧장 법원에 고발했다.[39] 그러나 송사는

흔히 무의미했는데 사법 체계가 정치적 압력 아래 굴복한 이후 더욱 그랬다. 정치적 압력에 대한 굴복은 1959년 법무부의 폐지로까지 이어졌다. 공식적 사법과 더불어 공식적 구제 수단을 축소시키면서 정치가 모든 것을 마음대로 했다. 예를 들어 닝진 현에서 치안 조직을 담당하는 간부와 조사관, 법원의 수는 1958년 절반으로 줄었다. 현지 법원은 보통 사람들이 가져온 민사 사건을 감당할 수 없었다.[40]

이에 대한 대응으로 많은 이들이 법적 호소 대신 탄원서와 편지 형태의 전통적인 고발에 의지했다. 당 관료제 안에서 잘못된 정보가 판을 치고, 모든 단계마다 허위 내용과 부풀려진 통계 수치를 상부에 보고하면서 공안부는 공식적 기구를 건너뛰고 현장 일선에 곧장 도달하고자 했다. 그들은 여론에 세심한 주의를 기울였고 익명의 투서를 장려했다.[41] 첩자와 방해 공작원들이 대중 사이에서 암약하는 가운데 결국에 계급의 적들이 당원들 사이로 교묘히 침투할 수도 있었기 때문이다. 그들을 적발해 내기 위해서는 대중 차원의 경계가 필요했다. 가장 보잘것없는 사람도 편지를 써서 막강한 간부나 태만한 현지 관리, 권력을 남용하는 관료를 파멸시킬 힘을 갖고 있었다. 임의적인 고발이 어느 때고 권력의 사다리를 걸어 넘어뜨릴 수 있었다. 그리고 사람들은 달마다 우편 행낭이 넘치도록 때로는 소심하게 자세를 낮춰 가며 때로는 떠들썩한 목소리로 애원하거나 항의하거나 규탄하거나 불평하는 편지를 미친 듯이 써 보냈다. 일부는 사소한 일로 이웃을 고발했고 일부는 그저 일자리를 바꾸거나 이사를 하는 데 도움을 구했고 소수는 반공산주의 구호를 섞어 가며 체제 전체를 신랄하게 비판하는 장광설을 펼쳤다. 그들은 신문과 경찰, 법정과 당에 편지를 썼다. 일부는 국무원에 편지를 써 보냈고 적잖은 이들이 마오쩌둥 앞으로 편지를 썼다.

창사에서 당국은 한 달에 1,500건의 편지나 방문객을 받았다. 많은 이들이 부당하다고 생각하는 일을 바로잡기 위해서 편지를 썼고 일부는 심지어 〈반동적〉이라고 여겨질 만큼 비판적인 편지를 감히 쓰기도 했다. 명확한 요구 사항이 있는 구체적 사건을 제시한 이들은 답장을 받을 가능성이 있었다. 결국에 당 관료제의 거대한 모니터링 시스템 안에서 현지 당국은 그들이 〈대중의 요구〉에 따라 행동하고 있다는 것을 보여 줘야 했기 때문이다.[42] 난징에서는 1961년 3월이 되자 대약진 운동 개시 이후 약 13만 통의 편지가 쏟아져 들어왔다. 불만 사항의 다수는 작업, 식량, 재화와 서비스에 관한 것이었지만 〈대중이 보낸〉 400통의 편지에 대해 상세히 분석해 보니 열 통 가운데 한 통 꼴로 누군가를 직접 고발하거나 소송을 걸겠다고 위협하는 것이었다.[43] 상하이에서 공중 민원 편지를 다루는 부서는 1959년에 4만 건이 넘는 민원을 접수했다. 사람들은 식량 부족과 형편없는 주거와 작업 환경에 관해 불만을 제기했고 소수는 당과 그 대표자들을 공격했다.[44] 규탄의 핵심은 조사를 촉발하는 것이었고 일부 편지들은 당국이 행동에 나서게 할 만큼 설득력이 있었다. 민족 연구소가 곡물 배당량을 늘리기 위해 명단에 가상의 학생들을 수십 명 올려놓았다고 주장하는 고발 내용이 광둥 성장에게 보내진 뒤 현지 공안 팀이 파견되었고, 연구소의 지도급 인사들로부터 실토와 사과를 받아냈다.[45]

일부 독자들은 『인민일보』에 편지를 보냈다. 이 가운데 신문에 게재된 것은 거의 없지만 편지 내용들은 요약되어 지도부 사이에서 회람되었다. 예를 들어 광시 성 광부들은 작업 시간이 늘어났음에도 불구하고 배급량이 현저히 줄어들어 일부는 일터에서 쓰러졌다는 불만 내용을 써 보냈다.[46] 국무원은 매달 수백 통의 편지를 받았다. 몇몇 편지의 주인은 대약진 정책을 비판하고 굶주림의 와중에 곡물이 수출되는 상황에 통탄할 만큼 대담했다.[47] 일부는 최고 지도자들 앞으로 직접 편지를 보냈다. 그들은 황제 앞에 직접 탄원하는 중국 제국의 유서 깊은 전통을 재연하고 있는 셈이었지만 또한 권력의 오남용은 마오쩌둥이 시작한 집산화 운동의 결과가 아니라 국지적 현상이라는 믿음을 드러내는 셈이기도 했다. 〈마오 주석이 알기만 한다면〉 정의는 수도에서 분명히 살아남았으리라. 편지들은 그러한 희망을 제시했다. 후난 성 출신 가난한 소녀 샹샨즈는 주석 앞으로 쓴 편지를 1년 동안 코트 안쪽에 꿰매어 넣고 다니다가 마침내 성 당위원회가 파견한 조사 팀에게 건넸다.[48] 예를 들어, 하이난 섬의 아사와 부패에 관하여 예리좡이 쓴 편지의 경우처럼 〈친애하는 마오 주석〉은 편지를 여는 전형적인 인사말이었다. 그의 호소는 통했다. 그것은 영향력이 큰 조사 팀의 장기간에 걸친 조사로 이어져 현지 당원들의 〈인민 탄압〉을 세상에 드러냈다.[49]

그러나 많은 편지들이 결코 목적지에 도달하지 못했다. 류사오치가 공안부장 셰푸즈에게 고향 마을 주민들이 자기한테 보낸 편지를 현지 경찰이 열어 봤다고 개인적으로 불만을 제기한 뒤에(16장을 보라) 권력 오남용이 어느 정도였는지가 모두 드러났다. 구이저우에서는 우체국과 공안부가 수시로 편지를 열어 봤고 〈반당〉이나 〈반혁명〉 활동이라는 이유로 규탄 편지의 작성자들을 체포하는 일이 뒤따랐다. 한 간부는 쭌니 지역에서 대량 아사에 관해 편지를 썼다가 여러 달 동안 심문을 받은 뒤 가마 공장에서 일하도록 보내졌다.[50] 간쑤 성 가오타이 현에서는 매달 경찰이 2,000통 이상의 편지를 열어 봤다. 익명성은 아무래도 별반 보호를 제공하지 못한 것 같다. 일례로, 허징팡은 이름을 밝히지 않은 편지를 여덟 통 보냈지만 현지 경찰은 그래도 그를 추적하여 실토를 받아 낸 뒤 노동 수용소로 보내 버릴 수 있었다.[51] 쓰촨에서 당서기 쑹유위를 고발하는 두싱민의 편지는 생산 대대 내 필적을 대조해 보는 정신없는 색출로 이어졌다. 두싱민은 정체가 폭로되어 방해 공작자로 비난을 받았다. 그러나 공안부에 넘겨지기 전에 두싱민은 격노한 쑹유위에 의해 두 눈알이 도려내졌다. 그는 며칠 뒤 감옥에서 죽었다.[52] 일부 사람들이 탄원 대신 폭력에 의존한 것도 무리는 아니다.

26장
도적과 반란자들

필사적인 농민들이 곡창을 습격하고, 열차나 인민공사를 약탈했던 것처럼 폭력은 최후의 수단이었다. 1961년 태풍이 허베이 성 창저우를 때리고 간 뒤 일부 주민들은 낫으로 무장하고 밭에서 곡식을 훔쳤다. 한 당 서기는 생산 대대 하나를 지휘하여 이웃 마을들을 상대로 습격을 저질러 수십 마리의 양과 수 톤의 채소를 약탈했다.[1] 이러한 습격 가운데 일부는 무장을 한 채였다. 산시 성의 한 사건에서는 어느 지도자가 100명의 주민들에게 소총을 지급했고 무장한 주민들은 인접 인민공사를 약탈해 5톤의 곡물을 실어 갔다. 또 다른 현지 지도자는 무장한 남성 260명을 이끌고, 낮에는 한뎃잠을 자고 밤이면 약탈을 했다.[2] 농촌 곳곳에서 커다란 무리들이 현과 성 경계를 따라 모인 다음 경계선을 넘어 습격을 했고 그들이 왔던 자리에는 파괴의 흔적만이 남았다.[3]

그러나 농민 폭력의 대상은 흔히 국가 곡창이었다. 공격의 규모는 입이 벌어질 정도다. 후난 성의 한 현에서만 두 달 사이에 500개의 국가 곡창 가운데 서른 군데가 습격을 받았다.[4] 같은 성의 샹탄 지역에서는 1960년에서 1961년으로 넘어가는 겨울에 곡물 절도가 800건 넘게 확

인되었다. 화이화에서는 농민들이 여러 헛간들을 줄줄이 강제로 열어서 수 톤의 기장을 가져갔다.[5]

열차 습격도 흔했다. 농민들은 철도를 따라 모인 다음 순전히 수로 경비원들을 압도하여 화물 차량을 털었다. 이것은 정권이 대량 아사의 규모를 깨닫기 시작하고, 가장 부패한 당원들을 일부 숙청하기 시작한 가운데 1960년 말부터 갈수록 줄곧 흔해졌다. 간쑤 성에서는 성장 장중량이 좌천된 뒤에 1961년 1월에만 현지 경찰이 보고한 열차 강도가 약 500건에 달했다. 총손실은 대략 곡물 500톤, 석탄 2,300톤으로 추정되었다. 그리고 습격이 벌어질 때마다 군중은 갈수록 대담해졌다. 1월 초에 우웨이 철도역에서는 몇 십 명만이 문제를 일으켰으나, 다른 이들이 싸움에 가담하면서 군중은 수백 명으로 불어났다. 그 뒤 1월 말에 이르자 4,000명의 마을 주민들이 난동을 부리며 열차를 멈춰 세운 뒤 떼어 갈 수 있는 부분은 모두 가져갔다. 다른 곳의 경우, 장예 근처 한 곡창은 2,000명의 성난 농민들에게 해 질 녘부터 새벽까지 약탈을 당했고 그 과정에서 경비 한 명이 농민에게 살해당했다. 또 다른 경우는 짐마차에 실려 있던 군복이 도둑맞았다. 며칠 뒤 기회를 노리고 있던 마을 주민들은 창고를 맡고 있던 경비들에게 특수 부대로 오인받아 아무런 제지도 받지 않고 곡물에 접근할 수 있었다.[6]

모든 철도 노선을 따라 곡창들이 습격을 받고 가축이 도둑을 맞았으며, 무기가 탈취되고 회계 장부가 불탔다. 무장 병력과 특수 의용군이 질서를 세우기 위해 파견되어야 했다.[7] 일부 열차 강도는 예를 들어, 화물 열차 공격자들이 북한에서 몽골로 운반되던 전시품을 불태웠을 때처럼 외교적 반향을 낳기도 했다.[8] 여기서는 공안부를 칭찬해야 하는데, 누구도 군중을 향해 발포해서는 안 된다는 명령이 내려지고 경찰은

그 대신 〈주모자들〉한테만 초점을 맞추라는 지시를 받았다.[9]

폭력이 폭력을 낳았다. 외부자들이 수동성과 순종으로 오인하는 외부 자극에 대한 보호막이 때로 무너지면 주민들의 맹목적인 분노가 폭발했다. 더 많은 할당량이 도입된 열띤 집회에서 농민들은 지도자들이 자신들을 아사로 몰아넣고 있다고 비난하고 더 불만에 찬 일부는 현지 간부들을 갈퀴로 살해하기까지 했다.[10] 어떤 이들은 막대기로 무장하고 공공 자금을 빼돌린 것으로 의심되는 간부들을 쫓았다. 쓰촨 성 원양 현에서는 주민들이 현지 지도자에게 집단적 분노를 토해 냈고 결국 그는 아내와 함께 우물에 몸을 던져 죽었다.[11] 산악 지대에 자리한 퉁장 현에서 현지 생산대 대장 류푸녠은 돌 위에 무릎을 꿇린 뒤 깃대로 두들겨 맞아 죽었다.[12] 그러나 그러한 사례는 드문 경우였다. 보통 사람들은 좀도둑질을 하고 훔치고 거짓말을 하고 때로 불을 지르고 약탈을 했을지 모르지만 폭력을 행사하는 경우는 좀처럼 드물었다. 그들은 비통함을 삼키고 고통을 받아들이고 충격적인 규모의 손실과 함께 살아가면서 〈쓴 것을 먹는〉 — 고난을 견딘다는 뜻의 중국식 표현 치쿠(吃苦) — 길을 찾아야 하는 자들이었다.

폭력보다는 덜 노골적이지만 똑같이 파괴적인 것은 방화였는데, 이를테면 가난한 주민들이 겨울 동안 따뜻하게 지내려고 하다가 우연히 시작된 화재와 항의의 형태로 고의적으로 붙인 불을 구분하는 게 물론 언제나 가능하지는 않았다. 비록 그 가운데 어느 정도를 고의적인 방화로 돌릴 수 있을지는 알 수 없지만 공안부는 1958년에 적어도 7,000건의 화재가 1억 위안 상당의 손해를 초래했다고 추정했다.[13] 허베이 성에서는 공안 기관에 의해 매년 수십 건의 방화가 보고되었다.[14] 1959년 말에 이르렀을 때 난징에서는 지난해보다 세 배나 더 많은 화재가 발생했다. 많은 화재가 부주의로 야기되었지만 적지 않은 수는 방화범 탓이었다. 일례로 짜오지하이는 항의의 형태로 자기 공장 기숙사에 불을 냈다.[15] 쉬밍훙은 낟가리 네 개에 불을 지르고 현지 의용군의 총에 맞아 죽었다.[16] 후베이 성 쑹쯔에서는 누군가가 당 서기의 집에 불을 질렀다.[17] 후베이 성 다른 지역에서는 성난 농민들이 마오쩌둥의 조각상에 석유를 끼얹은 뒤 불을 붙였다.[18] 쓰촨에서 리화이원은 한때 자신의 집이었던 현지 공동 식당에 불을 지르고 이렇게 외쳤다. 「썩 여기서 나와, 이 식당은 내 거야!」[19]

1961년에 이르자 방화벽이 농촌을 사로잡았다. 춘절 다음 몇 주 동안 광저우 주변에서는 밤에 수백 차례 불길이 치솟았는데 많은 경우 자기 소유의 땅 반환을 요구하는 농민들이 놓은 불이었다.[20] 웡위안 현에서 주민들은 자기들이 막 불을 지른 곡창 근처 벽에 더 이상 자기들 것이 아닌 곡식은 차라리 불을 지르는 게 낫다는 메시지를 남겼다.[21]

아사 사태가 벌어지면서 굶주린 사람들은 종종 너무 허약하고 자신의 생존에만 집중해서 반란을 생각할 수 없었다. 그러나 당 기록 보관소 깊숙한 곳에는 기근의 마지막 2년 동안 여기저기서 출현한 지하 조직에 대한 증거들이 충분하다. 그것들은 결코 진정한 위협을 제기하지 못했고 쉽게 제압되었지만 실제로 대중의 불만의 바로미터로 기능했다. 이런 조직들 중 다수는 시작도 하지 못했다. 예를 들어 1960년에서 1961년으로 넘어가는 겨울 후난에서는 현 경계선을 따라 150명의 사람들이 반란을 위해 무장을 했지만 현지 보안 부대에 즉시 소탕되었다.

후난 성 성도 근처에서는 몇몇 불만에 찬 농민들에 의해 경작할 자유와 농산품을 거래할 자유를 지지하는 애민당이 세워졌다. 그들 역시 활동을 할 기회는 없었다.[22]

그러나 더 그럴 듯한 도전은 1959년 3월 무장 봉기가 집중 포격으로 진압되어 달라이 라마가 망명을 떠나게 된 티베트 근처 성들에서 나왔다. 1958년 칭하이 성에서는 동쪽으로 간쑤 성 경계와 가까운 유간닝(허난)부터 티베트 고원의 게구(위수)와 낭첸(낭취안)에 이르기까지 여러 곳에서 전면적인 반란이 몇 달 간 지속되었다. 반란자들 일부는 라싸로부터 영감을 받았지만 일부는 이슬람으로 부채질되었다. 칭하이 성의 군사력은 봉기를 막기에 불충분했고 군대는 처음에 핵심적 도로들을 재장악하는 데 집중했다.[23]

그 지역은 주기적으로 일어나는 국지적 봉기로 계속해서 흔들렸다. 1960년 가을에 윈난 성 쉬안웨이 현에서는 마을 주민들이 반란을 일으켰고, 이 전복 행위는 여러 인민공사로 급속히 퍼져 나갔다. 반란 운동은 권력 상층부의 당 서기들을 비롯해 현지 간부들의 지지를 받았다. 불만에 차서 무기를 집어든 수백 명의 주민들은 인민공사의 폐지와 자유 시장, 농민들에게 토지 반환을 약속하는 구호 아래 집결했다. 군대가 신속히 개입하여 한 명을 제외하고 모든 주모자를 잡아들여 제거했다. 공안부장 셰푸즈는 저우언라이에게 보내는 보고서에서 그해 남서부에서 일어난 십여 건의 유사한 소요 사태를 언급했다.[24] 여기에 공안기관이 적발한 3,000개가 넘는 〈반혁명 집단〉을 추가해야 한다. 윈난에서만 자신들을 〈당〉이라고 부르는 집단이 100개 숨어 있었다.[25]

비밀 결사는 1949년 이후 무자비하게 진압되었지만 그들은 국가 탄압의 오랜 역사를 통해 온갖 역경에도 불구하고 살아남도록 단련되어 있었다. 북부 지방의 한 성에 대한 조사 결과는 비밀 결사의 계속되는 영향력이 어느 정도였는지를 가리킨다. 물론 숫자들은 반혁명과 맞서 싸울 자원을 더 많이 얻으려고 열심인 지나치게 열성적인 간부들에 의해 부풀려졌을지도 모른다. 허베이 성에서는 1959년 첫 몇 달 안에 〈반혁명〉으로 지목된 약 40개 집단이 적발되었다. 이 가운데 절반은 공산당이 근절하려고 애썼던 비밀 결사였다. 환싱다오, 성샨다오(圣仙道), 바과다오(八卦道), 샨톈다오(先天道), 주궁다오(九宫道) 등, 약 10여 개의 민간 종파와 비밀 결사가 활동하고 있었다. 닝진 현에서만 현지 인구의 4퍼센트 정도가 이런저런 종파에 속하는 것으로 추정되었고 그들 중 다수는 이관다오(一貫道)에 충성을 맹세한 자들이었다.[26] 이런 집단 중 일부는 성의 경계를 넘어 영향력을 뻗어 나갔다. 농촌에서 인구 이동에 대한 제한에도 불구하고 추종자들은 천지교회라는 종파를 이끌었던 지도자의 무덤에 기도하러 허베이에서 산둥까지 가곤 했다.[27] 〈미신〉에 대한 공산당의 제약에도 불구하고 어디서나 사람들은 민간 종교에 기댔다. 룽무(龍母) 탄신일을 기리는 의례가 여전히 인기가 있었던 광둥 성에서는 1960년 탄신제에 약 3,000명의 참배객들이 모였다. 심지어 학생들과 간부들도 참가했다.[28]

그러나 무엇도, 심지어 가장 힘든 시기에도 정권을 흔들 수는 없었다. 벵골과 아일랜드, 우크라이나에 이르기까지 역사상 다른 기근들에서처럼 아사 사태가 지속될 것이 분명해질 즈음이면 대부분의 주민들은 이미 너무 허약해져 무기를 찾아 봉기를 조직하는 것은 고사하고 옆 마을로 걸어갈 기운조차 없었다. 어쨌거나 온건한 형태의 반대조차도 무자비하게 진압당하고 가혹하게 처리되었다. 봉기나 반란의 지도자들은 처형되었고 다른 이들은 노동 수용소에 무기한 갇혔다. 수천만 명이 죽어 가는 동안에도 중국이 붕괴되지 않았던 또 한 가지 이유는 공산당 이외의 가능한 대안이 없었기 때문이다. 산재한 비밀 종파든 제대로 조직되지 못한 지하당이든 간에 기존 정권을 제외한 무엇도 이 광대한 땅덩어리를 통제할 수 없었다. 그리고 군 내부의 쿠데타 가능성은 1959년 루산 총회 뒤 린뱌오가 실시한 광범위한 숙청으로 미연에 방지되었다.

그러나 단순한 지정학 이상의 더 공고한 무언가가 공산당 지배에 대한 신빙성 있는 위협의 출현을 막았다. 대량 아사의 시기에 가장 흔한 자구책은 희망이라는 단순한 장치였다. 그리고 희망은 농촌 마을에서 상황이 아무리 나쁘더라도, 마오쩌둥은 진심으로 인민의 최상의 이익을 생각한다고 가르쳤다. 제국 시대에 흔한 확신은 황제는 자애로우나 그 신하들은 부패할 수 있다는 것이었다. 중화 인민 공화국에서는 그런 확신이 더욱 깊었으니 인민은 대중 매체에서 떠들썩하게 선전해 대는 유토피아에 대한 비전과 파국적인 일상의 현실을 조화시켜야 했기 때문이다. 부패한 간부가 자애로운 주석의 명령을 수행하지 못했다는 믿음이 널리 퍼져 있었다. 〈정부〉라는 멀리 떨어진 존재와 〈마오쩌둥〉이라는 반신은 착한 편이었다. 그가 알기만 하면 모든 것이 달라질 텐데…….

27장
대탈출

기근 시기에 가장 효과적인 생존 전략은 마을을 떠나는 것이었다. 아이러니하게도 수백만 농민들에게 대약진 운동은 인민공사로 들어가는 대신 도시로 떠남을 의미했다. 산업 생산량 목표가 끊임없이 상향 조정되면서 도시의 사업체들은 물밀듯한 이주를 야기하며 농촌에서 값싼 노동력을 채용하기 시작했다. 1958년에만 1500만 명 이상의 농민이 더 나은 삶에 대한 전망을 믿고 도시로 향했다.[1] 창춘, 베이징, 톈진, 상하이부터 광저우까지 도시가 폭발적으로 성장해 공식 인구 조사에 따르면 총도시 인구는 1957년 9900만 명에서 1960년 1억 3000만 명으로 급증했다.[2]

농촌에서 대규모 인구 유출은 인구 이동에 대한 공식적 제한에 아랑곳없이 이루어졌다. 22장에서 설명한 가구 등록 제도는 급박한 산업화 속에 무시되었다. 그러나 거주지를 농촌에서 도시로 공식적으로 전환하는 데 성공한 이주민은 거의 없었다. 도시의 주변부로 생겨난 대규모 하층 계급은 더럽고 힘들고 때로는 위험한 일을 떠맡는 대신 일터에서 동화를 막는 차별적인 장벽을 직면했다. 이주 노동자들은 주택 보조,

식량 배급, 의료, 교육, 장애인 혜택에 접근할 수 있는 권리 같은 도시 거주민들에게 부여된 자격을 박탈당했다. 무엇보다도 그들은 합법성의 중간 지대에 있으면서 언제든 농촌으로 쫓겨날 위험을 무릅쓰고 있다는 점에서 어떠한 안정적인 지위도 가질 수 없었다.

도시에서 농민 추방은 비축 식량이 바닥나고 나라가 기근의 첫 겨울을 나던 1959년 초에 일어났다. 앞서 본 대로 모든 주요 도시에서 곡물 비축량은 역사적인 최저치로 떨어지고, 우한 같은 산업 중심지에서는 사태가 너무 심각해 몇 주 안으로 식량이 바닥날 지경에 처했다.[3] 커져 가는 위기에 놀란 지도부는 도시와 농촌 사이에 거대한 장벽을 세우며 가구 등록 시스템을 강화했다. 가구 등록 시스템은 식량과 주거, 고용을 도시 거주민에게만 제공하는 것이므로 농민들은 제 살 길을 찾아야 했다. 부담을 한층 덜기 위해 국가는 도시 인구 성장 상한을 정했다. 국무원은 1959년 2월 4일과 다시금 3월 11일에 노동 부문의 자유 시장은 더 이상 허용될 수 없으며 농촌 주민들을 농촌으로 되돌려 보내야 한다고 규정하며 인구 이동에 대한 엄격한 제한을 부과했다.[4] 경찰이 상하이에서 가구 등록 시스템을 강제하기 시작하자 일부 지구에서는 전체 가구의 최대 5분의 1까지 한시적 거주 허가만 받은 것으로 드러났는데 그들 대다수는 장쑤 성에서 온 농민들이었다.[5] 약 6만 명으로 추정되는 농촌 주민들이 주로 화물업과 건설업에 종사하며 도시에서 불법 거주 중이었다. 국무원의 반복적인 지시의 여파로 25만 명의 농민들이 검거되어 농촌으로 되돌려 보내졌다.[6] 기근의 와중에 두 세계 사이에서 표류하는 나라 전역의 이주민들은 억지로 고향으로 돌려보내지고 있었다. 한편으로 농촌에서 현지 당국은 그들대로 사람들을 기근에 가둬 두면서 누구도 도시로 떠나지 못하게 막기 위해 최선을 다했다.

도시 주변으로 방역선을 치려는 시도는 무수한 요인들로 좌절되었다. 1958년 거대한 유출은 도시로 돌아가기 위해 농촌 주민들이 이용하는 연락 네트워크와 이주 패턴을 생성했다. 1959년 초에 허베이 성에서는 농업 노동자 스물다섯 명 가운데 한 명 꼴로 일자리를 찾아 농촌을 배회하고 있었다. 춘절에 고향 마을로 돌아간 사람들은 다른 이들도 뒤따르라고 부추겼고, 좋은 인맥이 이미 만들어져 있고, 별로 캐묻지 않는 사업체들로 무리를 지어 향했다. 도시에서는 돈과 더불어 대이동의 물결에 어떻게 합류해야 하는지 상세한 지시 사항을 담은 편지가 보내졌다. 허난 성에서 기근으로 가장 황폐해진 지역 가운데 하나인 신양에는 칭하이, 간쑤, 베이징으로부터 편지들이 편지를 열어본 현지 관리들의 말에 따르면 〈쉴 새 없이〉 들어왔다. 리밍이는 130위안을 동봉한 편지 세 통을 그의 형제에게 보내며 그와 다른 친척 네 명도 시닝의 철도청에서 같이 일하자고 간곡히 권했다.[7]

시골 마을에는 도시 생활에 관한 이야기들이 들려왔다. 그곳은 쌀이 풍부하고 일자리가 넘쳐 나는 천국으로 비춰졌다. 일부 인민공사들은 아이들과 노인들을 돌봐 주겠다고 약속함으로써 실제로 일종의 연쇄 이주를 지원했는데 도시의 노동자들이 보내오는 송금액이 마을 전체의 생존에 기여하기 때문이었다. 주요 교통 중추인 장자커우에서 철도를 따라서 베이징 서쪽까지 100만 명 인구 가운데 3분의 1이 1958년에서 1959년으로 넘어가는 겨울 동안 자취를 감췄는데 이는 전체 노동력의 약 7퍼센트에 달했다.[8]

심지어 저장 성같이 상대적으로 피해가 덜한 지역에서도 농촌 주민들은 1958년에서 1959년으로 넘어가는 겨울에 길을 떠났다. 14만 5,000명 정도가 이동 중인 것으로 알려졌지만 틀림없이 더 많은 사람들이 그들을 체포하는 임무를 맡은 현지 당국의 눈길을 피했을 것이다. 그리고 다른 곳에서와 마찬가지로 대부분은 일자리를 찾아 도시로 향했다. 그들은 야심이 있었고 대다수는 기근이 덜한 저 먼 칭하이와 신장, 닝샤까지 갈 뜻이 있었다. 그러나 농촌 주민들을 도망치도록 부추기는 핵심 요인은 역시 도시와의 인접성이었다. 예를 들어 룽취안에서는 신체 건강한 주민 열 명 가운데 한 명꼴로 40킬로미터밖에 떨어져 있지 않는 푸젠 성으로 건너갔고 어떤 이들은 먼 길을 걸어 샤오산, 펑화, 진화 같은 도시들로 갔다. 대부분은 젊은 남성 노동자들이었다. 여성들은 뒤에 남아 가족과 마을을 돌봤다. 샤오산에서 남쪽으로 40킬로미터 떨어진 부샤 마을에서는 현지 간부와 청년 동맹 회원들을 포함해 230명의 노동자가 여러 무리로 마을을 떠났다. 대약진 운동 기간 동안 공장들이 주변 농촌 마을에서 열심히 일손을 모집했기 때문에 이 가운데 상당 비율은 이미 도시를 경험한 바 있었다. 많은 이들이 한밤중에 몰래 도망친 반면 일부는 도시에 몸이 아픈 친척을 보러 간다는 핑계로 대낮에 떳떳이 걸어 나갔다. 몇몇 경우에는 다름 아닌 간부들이 추천장을 써주고 여행 허가증을 제공하며 주민들이 정든 고향을 떠나 도시에서 기회를 잡도록 장려했다. 일부는 공식 도장이 찍힌 가짜 허가증을 팔아 이익을 취하기도 했다.[9] 다른 곳, 예를 들어 광둥 성 더 남쪽에서는 현지 간부들이 사람들이 더 많이 이동하면 기근을 완화할 수 있음을 깨닫고 관대한 태도를 취했다. 란탕 인민공사 한 생산 대대에서는 전체 노동자 가운데 일곱 명 중 한 명꼴로만 집단 노동에 참여했다. 다른 이들은 개인 작업을 하거나 이웃 현들과 거래를 했고 일부는 해안선을 따라 100킬로미터 넘게 떨어진 하이펑까지 갔다.[10]

많은 이들이 무리를 지어 떠나, 도시로 향하는 화물 열차에 올라탔다. 1959년 3월 어느 날 약 100명의 농민 무리는 한 장의 기차표도 사지 않고 허베이 성 쿵자좡(孔家莊) 역에서 기차에 오르는 데 성공했다. 며칠 뒤에는 유사한 수의 사람들이 화이안의 자그마한 마을 저우자허 역에서 기차에 올랐다.[11] 허베이 성에서는 샤오간부터 서커우까지 쭉 뻗은 지역에서 수백 명의 농민들이 매일 역에 모여 집단으로 열차에 올랐다. 일부는 마을에서 도망칠 생각이었지만 많은 이들이 그저 나무를 팔거나 친구를 방문하기 위해 도시로 갔다. 표를 요구하는 검표원들은 욕설을 듣고 신체적 위해를 당했다. 기차에 오르려는 아수라장 속에서 힘없는 무임 승차자들이 검표를 피하려다가 기차에서 떨어지는 일이 발생했다. 그 과정에서 다섯 살짜리 아이의 다리가 잘리는 사고도 일어났다.[12]

이러한 무리들은 모두 이동 중인 많은 사람들을 이루었다. 예를 들어 1960년 첫 넉 달 사이에 베이징 한 곳에서만 농촌에서 도망쳐 나온 17만 명이 넘는 농민들이 기차표를 소지하지 않은 채 발견되었는데 대부분은 산둥과 허베이, 후난 성에서 온 이들이었다. 일단 열차에 오르면 살아남기 위한 과정에서 구할 수 있는 모든 것이 이용되었다. 한 관리가 질색하며 주목한 대로 그들은 〈화물을 멋대로 망치고 훼손했다. 일부는 그 위에 오줌과 똥을 누고, 몇몇은 고급 스타킹을 화장지로 쓰기도 했다〉.[13]

목적지에 도착한 뒤에는 많은 이주자들이 역에서 마중 나온 친구나 노동력을 채용하기 위해 접근하는 이들과 만났다.[14] 어떤 이들은 암시장에서 일자리를 찾았다. 잠재적 고용자가 나타나는 대로 실직자 무리가 서로를 떠밀고 밀치락달치락하는 가운데 〈인간 시장(렌시, 人市)〉이라고 하는 이 암시장은 베이징에서 아침 일찍 열렸다. 대부분은 임시 거처에서 살았고 소수는 친구나 가족과 머물렀다. 비록 목수들은 2.5위안까지도 받을 수 있고, 숙련 노동자의 가장 높은 일당은 4위안에 달하기도 했지만 그들은 1.3위안 같이 적은 일당에도 일하곤 했다. 어떤 이들은 국영 기업에 의해 지하 노동 시장에서 모집되었고 어떤 이들은 하찮은 일이나 가사를 맡기려는 민간의 개인들에 의해 고용되었다.[15]

도시 인구를 농촌의 기근으로부터 차단하기 위해 둘러 친 방역선에도 불구하고 도시는 이러한 인구 유출의 누적적 효과를 주체하지 못할 수도 있었다. 수천 명이 매달 난징으로 찾아왔고 1959년 봄에 이르자 6만~7만 명의 난민이 도시에 도착하거나 도시를 거쳐 가면서 시 당국이 황급히 세운 임시 거처는 포화 상태가 되었다. 1959년 2월 단 하루 동안 약 1,500명의 난민이 난징에 내렸다. 이 가운데 3분의 2는 젊은이들이었고 비록 많은 이들이 기근으로 가장 큰 피해를 입은 세 성인 안후이, 허난, 산둥 성에서 왔지만 대부분은 난징 주변 현에서 온 사람들이었다. 몇몇은 친구나 가족을 방문하고 싶었지만 대다수는 돈이 전혀 없었고 모두가 일자리를 구하고 있었다. 공장과 광산은 거주 허가증이 있는 노동자들보다 적게, 성과급 방식으로 월급을 주며 몰래 그들을 채용했다. 일부 회사들은 그들을 현지에 등록하기 위해 필요한 서류를 실제로 조작했지만 절대 다수는 — 전체 공장의 90퍼센트 — 불법 노동자를 먹일 충분한 식량을 확보하기 위해 그냥 공식 채용 숫자를 부풀렸다.[16]

모든 이주자들이 암시장에서 일자리를 구한 것은 아니며, 일부는 생존을 위해서 도둑질을 하고 구걸하고 쓰레기더미를 뒤지고, 몸을 팔아가며 도시의 음지에서 주변적 존재로 살아가야 했다. 28세의 남성 쿵판순은 밤에 옷가지와 돈을 훔치기 위해 담을 오르는 부랑자로 묘사되었다. 쑤위유는 상점에 들어가 커다란 납작빵을 집어 들고 입안에 한가득 우겨 넣은 채 달아나다 붙잡혔다. 젊은 여성들이 도심에서 호객 행위를 하는 것이 발견되기도 했다. 그들은 10~20센트 가치의 배급 쿠폰이나 쌀 반 킬로그램에 공원의 으슥한 구석에서 성 접대를 했다. 아무것도 못하는 이들은 아사에 직면했다. 혹한의 겨울 동안 매달 스무 구 정도의 시신이 발견되었다.[17] 이 모두가 농촌 사람들과 연관된 부정적 이미지를 강화하면서 현지 당국에 의해 사회 질서에 대한 위협으로 묘사되었다. 붙잡히면 그들은 고향으로 돌려보내졌지만 몇 주 뒤 다시 도시로 돌아올 뿐이었다.[18] 일부 난민들은 관리들의 심문을 받으면 자신들의 사연을 털어놓았다. 1959년 5월 인터뷰를 한 위이밍은 안 현의 고향 마을에 하루에 죽 두 그릇으로 연명해 왔다. 간부들이 모든 곡물을 국가에 갖다 바친 뒤 양배추밖에 남지 않았다. 그다음에는 느릅나무 껍질과 마름 덩이줄기까지 전부 사라지자 마을에는 아무것도 남지 않았다. 같은 마을 주민 왕슏란은 울음을 터트리며 외쳤다. 「거짓말이 아니다. 우리는 여러 달 동안 식량이 전혀 없어서 모든 것을 먹었다. 우리더러 어쩌란 말인가?」 다른 피난민들은 어떻게 야반도주를 했는지를 설명했다. 리수이 현에서 온 타오민탕은 헤이룽장에서는 젊은 노동자가 한 달에 70위안까지 벌 수 있다는 소문에 이끌려 그들 열한 명이 어느 저녁에 다 함께 도망친 사정을 들려주었다.[19]

모든 이주자들이 탐욕스러운 공장장들의 처분에 내맡겨진 채 비참한 삶을 연명해 가며 도시의 어두운 이면에서 살아가지는 않았다. 대약진 운동 기간에 중국이 서둘러 산업화에 돌입하면서 농촌에서 모집된 가장 유능한 사람들 일부는 도시에 계속 붙잡아 두려는 유인 동기로서 넉넉한 봉급을 받았다.[20] 난징의 분주한 푸커우 항구 부두에서 일하는 일단의 선적 노동자들은 도시 거주민에게 배당된 식량 배급을 받을 권리가 없었지만 한 달에 약 100위안, 즉 난징 최고의 식당에서 먹기에 충분한 액수를 벌었다. 일부 노동자들은 두 가지 일을 하며 현지 공장에 등록된 노동자들 대다수보다 더 좋은 생활을 누렸다.[21] 소수는 심지어 암시장에서 배급 쿠폰을 거래하는 데 도가 트기도 했다. 한 여성은 쌀 180킬로그램 어치의 쿠폰을 갖고 있다가 붙잡혔는데 그녀는 동일한 기본 상품이 나라 전역에서 크게 차이나는 가격에 팔리게 되는 계획 경제의 무수한 허점을 활용하여 상하이에서 쌀을 구입한 뒤 난징에서 팔아 돈을 두 배로 불렸다. 공장과 건설 현장에서 일하는 대부분의 이주자들은 남성이었지만 장사를 하기 위해 농촌 지역을 떠난 주민 대다수는 여성이었다.[22]

다른 한편으로 기근이 지속되자 노동력이 몹시 부족한 암시장에서 일부 젊은 이주자들이 갖고 있었을지도 모를 일체의 협상력은 싹 사라지고 음식 한 조각을 얻기 위한 필사적 상황으로 대체되었다. 1960년이 되자 란저우에서는 약 21만 명의 이주자들이 오로지 숙소만 제공받은 채 아무런 보수도 받지 못하고 공장에서 일하고 있었다. 간쑤 성의 지나치게 열성적인 성장 장중량은 개인적으로 그런 방식을 지지했다. 그러나 성도 밖에서 지도부의 공모는 노예 노동 상황을 야기했다. 퉁웨이에서 한 철강 공장은 이주자들을 가둬 놓고 음식도 주지 않은 채 죽을 때까지 일을 시켰다. 공장장들이 일자리를 찾는 부랑자와 떠돌이를 마음 놓고 꾸준한 공급받을 수 있는 가운데 그해에 1,000명이 사망했다.[23] 얼마나 많은 공장들이 유사한 조건에서 돌아가고 있었는지 누가 알겠는가?

기근의 시기가 이어지면서 이주의 동기도 바뀌었다. 한마디로 취업의 유혹은 기근의 강요로 대체되었다. 절망감이 점차 커지면서 일부는 산딸기와 곤충, 어쩌면 작은 동물을 먹으며 생존할 수 있을 거라는 희망을 품고 산속으로 숨어들었다. 그러나 실제로 성공한 사람은 거의 없었고 일부는 옷은 다 찢어지고 부스스한 몰골로 숲에서 나와 마을로 되돌아올 수밖에 없었다. 때로는 넋이 나간 듯 눈을 부릅뜨고 완전히 벌거벗은 모습으로 너무도 변해 있어서 더 이상 알아볼 수 없을 지경이었다.[24] 다른 한편으로 재앙이 들이닥쳤을 때 사람들은 대거 마을을 떠났다. 변변찮은 소지품을 등에 진 그들 뒤로는 아이들이 뒤따랐다. 현지 당국은 대탈출을 잠자코 지켜보는 수밖에 없었다. 1961년 허베이 성 창저우 지역에 태풍이 강타했을 때 힘없는 무리들이 대거 길을 떠났고 철저한 침묵으로 둘러싸인 느릿느릿한 행렬 속에 들리는 소리라고는 터덜터덜 걸어가는 그들의 발소리뿐이었다. 생산 대대 전체가 집단적으로 마을을 떠났다 — 간부들, 남녀 어른들, 어린이들은 길을 가다 옷가지와 토란을 맞바꾸었고 많은 성인 남성들과 대부분의 어린이들은 결국 완전히 벌거벗게 되었다.[25] 나라 전역에서 사람들은 길가에서 죽어 갔다.

대탈출은 농촌 마을에 어떤 효과를 낳았을까? 도시에서 보내오는 송금으로 살아 나갈 수 있기를 바랐기 때문에 많은 경우 주민들과 심지어 현지 간부들도 대량 이주를 지지했다. 일은 쉽고 보수는 후하고, 음식은 넘쳐난다는 도시에서의 삶에 대한 무수한 이야기들도 틀림없이 사회의 무질서에 대한 전체적인 인상에 기여했을 것이다. 결국에 혁명은

농민들을 위해 쟁취되었지만 농촌에서의 삶이 도시에서의 삶보다 열악하다는 것은 너무도 빤히 보였다. 도시를 농촌으로부터 차단하는 저지선의 설정은 자신들이 무가치하다는 느낌만 더욱 팽배하게 만들 수밖에 없었을 것이다. 농촌은 마치 문둥병자들이 사는 곳처럼 사실상 격리되었다. 가장 뛰어난 일꾼들을 도시의 모집인들이 채가면서 농촌 마을은 때때로 분열되기도 했다. 시기심에 찬 농민들은 도시에 이주민을 둔 가족들을 때리거나 식량을 빼앗는 등 그들에게 등을 돌렸다.[26] 그리고 일부 지역사회들은 이주를 환영했을지 몰라도 그들은 곧 노동력 부족으로 고생하게 되었다. 마을을 떠난 이들이 압도적으로 신체 건강하고 진취적인 젊은이들이었기 때문이다. 다른 한편으로 조직적인 도주는 일부 마을의 경우 성인 노동력을 완전히 바닥나게 할 수도 있는 도미노 효과를 가져왔다. 베이징 바오터우 철도 옆 입지 좋은 곳에 자리한 화이안 현의 한 마을은 50명 정도의 성인 노동력이 존재했지만 1959년 봄에 이르자 고작 7명만 남아 있었다. 심지어 촌장과 당 서기도 도시에서 일자리를 찾는 유랑자가 되었다.[27] 사람들이 기근으로 고향을 떠난 곳에는 유령 마을만이 남아 있었다. 너무 약해서 걸을 수 없는 이들만 뒤에 남았던 것이다.

대약진 운동이 맹렬하게 전개되던 초창기 많은 일자리들이 일손이 채워지길 간절히 기다리고 있는 가운데 일부 농촌 마을의 관리들은 이주자들을 뒤쫓아 가 농번기에 고향으로 돌아오라고 설득했다. 많은 사람들이 1957년 심각한 부족 사태가 벌어진 동안 확립된 초기 이주 패턴을 따라 경계선을 넘어 후난 성에서 후베이 성으로 갔다.[28] 한 무리의 간부들이 마을 주민들을 찾으러 파견되었으나 그들을 맞은 것은 욕설뿐이었다. 이주자들은 식량이 배급되어 나오는 마을로 돌아가지 않으려고 했다. 그러자 간부들은 저수지를 짓기 위해 자기네 사람들을 채간다고 비난하며 현지 당국과 맞섰다. 그러나 구금된 이들은 이주자들이 아니라 그들이었고 풀려난 뒤에는 고개를 들지 못한 채 후난 성으로 되돌아와야 했다.[29] 다른 곳에서는 더 미묘한 접근법이 시도되어서, 예를 들어 허베이 성 헝수이 지역에서는 칭량뎬(清涼店) 인민공사 출신 전체 5만 명의 이주자 가운데 절반이 잘 구슬려져 1960년 고향으로 돌아왔다. 당국은 친지들로 하여금 귀향을 간청하는 편지를 쓰게 했다. 때로 이런 편지들은 목적지에 반드시 도착하게 하려는 현지 간부들의 손에 의해 직접 배달되기도 했다.[30]

그러나 주민들이 마을을 떠나지 못하게 하는 데는 대부분의 경우 무력이 사용되었다. 다음 장에서 더 자세히 보게 되듯이 현지 간부들은 도망치려고 한 자들을 때리고 굶기고 고문하거나 가족들을 처벌했다. 농촌 전역, 입지가 좋은 교차로에 도망치는 사람을 체포하고 그들을 고향 마을로 호송하는 일을 맡은 〈만류소(勸阻站)〉나 〈수용과 강제 송환소(收容遣送站)〉가 의용대에 의해 세워졌다. 이런 구치소들은 임시 거주 허가증을 갖고 있다고 해도 사법상의 감독이나 법적 소추 없이 사람들을 자의적으로 구금할 수 있었다. 그것들은 구체적으로 거지와 이주 노동자를 겨냥하여 오늘날까지도 남아 있다. 기근이 절정일 때 중국 전역에서는 이런 구치소가 600개 넘게 활동하고 있었다. 1961년 봄에 이르자 여덟 곳의 도시에서만 — 광저우부터 하얼빈까지 — 5만 명 이상이 그러한 구치소에 구금되어 있었다.[31] 쓰촨에서는 1960년에 약 38만 명이 억류되어 송환되었다.[32]

얼마간의 보호를 제공할 수 있는 사회적 네트워크로부터 차단되어, 아주 기본적인 것만 갖춘 채 길 위를 떠도는 도망자들이 이상적인 먹잇감이었다. 내무부장이 1960년 5월에 보고한 대로 산둥 성에서는 이런 구치소들은 식량 쿠폰과 배급표, 기차표를 몰수했을 뿐 아니라 이주자와 유랑자들을 꽁꽁 묶고 멍이 들게 두들겨 팼다. 여성들은 성폭행을 당했다.[33] 간쑤 성 톈수이에서는 경비병 여덟 명 가운데 한 명꼴로 여성을 강간한 한편 그들 전부는 유치장에 가둔 주민들을 수시로 두들겨 팼다. 심지어 도망자들을 교정하기 위한 특별 〈학교〉가 세워지기도 했다. 그곳에서 그들은 욕설을 듣고, 침을 맞고, 손발이 묶이고, 몇 시간씩 무릎을 꿇고 있거나 서 있어야 했다. 작은 칼, 달걀, 국수, 술, 밧줄부터 양말과 바지에 이르기까지 얼마 안 되는 소지품은 빼앗겼다. 여성들이 몸을 바치도록 위협하거나 때리거나 굶기는 일도 자행되었다. 많은 이들이 요리를 하고, 세탁을 하고 화장실을 청소하고, 경비병들의 발을 씻기는 일을 떠맡았다. 어느 수감자 세 명은 경비병 리궈창의 국수를 제대로 준비하지 않았다고 〈학교〉로 보내져 하루 종일 얻어맞았다.[34]

그러나 난민들에게 아무리 가혹한 처벌이 가해졌을지라도 그들은 좀처럼 포기하지 않았고 종종 체제의 족쇄를 부수고 나가는 데 성공했다. 75명의 주민들이 상하이에서 우후로 되돌려 보내졌을 때 60명이 도망치는 데 성공했다.[35] 한 달 뒤에는 톈진에서 선양으로 호송되던 250명의 난민 가운데 150명이 야반도주에 성공했다. 많은 이들이 당 관리들이 〈습관적〉 난민(관류)이라고 부르던 사람들, 즉 마을에서 거듭하여 도망쳐 나오는 사람들이었다.[36] 유랑의 삶은 쓰라렸을지 모르지만 마을에서 죽음을 기다리는 것보다는 나았다.

1961년 추세가 바뀌었다. 기근과 유랑민에 시달리고, 성장하는 도시 인구를 더 이상 먹일 수 없게 되자 베이징의 지도부는 2000만 명을 도시에서 시골로 돌려보내기로 했다. 그해 말까지 1000만 명을 줄여, 곡물 200만 톤을 아끼는 것을 목표로 삼는 명령은 1961년 6월 18일 내려왔다. 추후 조치는 1962년에 뒤따를 것이며, 부랑자들은 1963년까지 소탕될 것이다.[37]

당국은 발 빠르게 움직였다. 1957년 도시 인구가 180만 명에서 1961년에 이르자 250만 명까지 불어난 윈난 성에서는 다수가 실직자인 약 30만 명의 사람들이 할당량을 채우기 위해 선별되었다.[38] 쿤밍에서 온 수감자 3만 명을 비롯해 송환된 사람들은 농촌의 노동 수용소로 이송되었다.[39] 광둥 성의 도시들에서는 300만 명에 가까운 사람들이 실직자였다. 1961년 말에 이르자 약 60만 명이 시골로 이송되었다.[40] 1957년 이후 310만 명의 도시 인구에 160만 명이 추가된 안후이 성에서는 약 60만 명이 강제 이주되었다.[41] 그해 말이 되자 국가 계획가 리푸춘은 지금까지 1230만 명이 이주되었으며 1962년에는 780만 명 이전을 목표로 한다고 밝혔다.[42] 결국에 국가는 이후 여러 해 동안 도시 인구를 역사상 최저 수준으로 유지하는 새로운 강압 방법들을 구사하며 농촌 주민들보다 더 끈질긴 것으로 드러났다.

운 좋은 사람들은 경계를 넘는 데 성공했지만 여기에는 희생이 따랐

다. 베트남, 라오스, 버마 근처에 사는 소수 민족들이 대약진 운동이 시작되자마자 대거 이주함으로써 이미 불만을 표명한 윈난 성에서 처벌은 잔혹했다. 1958년 국경선 근처에 있는 마을들에서 약 11만 5,000명이 자유 교역의 부재와 이동의 자유에 대한 제한, 강제적인 집산화와 관개 사업에서 노역에 항의하며 나라를 떠났다. 도망치다 붙잡힌 사람들은 수시로 두들겨 맞았다. 진훙에서는 딸아이를 안고 있던 젊은 여인이 총검에 찔려 죽었고 어떤 이들은 집안에 갇힌 다음 폭약을 폭파시켜 집과 함께 날아갔다. 자진해서 고향 마을로 돌아온 이들도 고문을 받고 처형되었으며 그들의 시신은 길가에 버려졌다. 썩어 가는 시체의 악취가 진동했다.[43] 숫자를 파악하기는 어렵지만 영국 외무부에 따르면 1958년에 약 2만 명의 난민이 버마에 도착했는데 그들 대부분은 국경선 너머 중국으로 되돌려 보내졌다.[44] 소수 민족민들 다수가 국경선 양편에 친지들이 있었던 사실을 감안하며 전체 숫자는 그보다 훨씬 높았을 가능성이 크다. 남부 지방 국경 지대 사람들은 베트남으로 도망쳤다. 많은 이들이 밀수업자였지만 기근이 심화되자 그들은 그 지방의 지세에 대한 지식을 활용하여 국경선을 넘은 뒤 결코 돌아오지 않았다.[45]

대탈출은 길게 뻗은 중국의 모든 국경선을 따라 일어났는데 1962년에 정책 시행이 잠시 잠잠한 시기 동안 특히 그랬다. 신장에서 출발하여 가늘게 이어진 난민의 행렬은 이내 봇물처럼 불어나 5월이 되자 약 6만 4,000명이 국경을 넘었다. 아이들을 이끌고 변변찮은 소지품을 챙긴 가족들이 종종 대규모 무리를 이룬 피난민들은 비틀거리는 발을 이끌고 소련으로 넘어왔다.[46] 간부들부터 간신히 걷기 시작한 아이까지 초차크(타청, 塔城)의 주민 절반은 황무지를 남겨둔 채 고대 비단길을 따라 긴 행렬을 이뤄 국경선까지 왔다.[47] 중국과 카자흐스탄 국경선에 위치한 박타Bakhta와 코르고스Khorgos 국경 검문소에서는 매일 수천 명이 국경 순찰대를 수로 압도하며 국경을 넘었다. 많은 이들이 허약하고 병들어 소련 당국에 도움을 구했다.[48] 피난민들에게 일자리와 임시 거처를 제공하기 위해 수백 만 루블이 마련되었다.[49] 쿨자(이닝, 伊寧)에서는 소수 민족의 국적과 관련한 서류를 가져가려고 혈안이 된 무장한 군중이 소련 영사관에 침입하여 대혼란이 벌어졌는데 소련 사람으로 등록된 사람만 국경을 넘을 수 있었기 때문이다. 곡창이 털리고 의용군을 향해 총알이 발사되었다.[50] 소련 쪽 정보에 따르면 현지 당국이 실제로 국경선으로 가는 버스 차표를 판다는 풍문이 돌면서 난리법석이 벌어졌다. 군중이 당 사무실 주변으로 몰려들어 이송을 요구하자 군중을 상대로 총이 발포되어 일부가 죽었다.[51]

탈출을 위한 유사한 각축전은 1962년 5월 홍콩 국경선에서도 벌어졌다. 기근 시기 내내 사람들은 영국령 식민지로 건너가는 데 성공했다. 1959년 불법 이민자는 3만 명 정도로 추정되었다.[52] 여기에 합법 이민도 고려해야 하는데 중국 당국은 매달 본토에서 더 이상 원치 않는 사람들 약 1,500명에게 비자를 발급해 왔다.[53] 그러나 1962년 5월 중국 본토에서 일시적으로 국경 통제를 완화하면서 꾸준한 이주 흐름은 봇물 터지듯 불어나 매일 5,000명 이상이라는 최고치를 기록했다. 하룻밤새 홍콩은 동양의 자유 베를린이 되었다. 대탈출은 잘 기획된 일로, 탈출에 착수한 사람들은 공장이 문을 닫아 최근에 시골로 돌려보내진 젊은 도시 거주민인 경우가 많았다. 심각한 식량 부족에 직면하고, 체제에 버림받은 사람들 중 일부는 도망치기로 결심했다. 많은 이들이 돈과 비스킷, 통조림 음식, 지도를 챙겨 갔다. 광저우의 암거래 상인들은 심지어 〈낙원 지침〉이라는 급조 나침반을 팔았다.[54] 비록 6월 초에 군중과 경찰 간에 일어난 충돌이 병력에 의해 진압되었지만 국경 지대로 가는 차표가 철도역에서 판매되었다.[55] 차표를 구한 운 좋은 이들은 열차에 몸을 실었지만 다른 이들은 해안을 따라 먼 길을 걸어가거나 산길을 통과해 여러 날을 걸어갔다. 국경선 근처에 경비병을 압도할 만큼 대규모 군중이 모이면 난민들은 홍콩과 본토를 분리하는 강을 헤엄쳐 건너고, 가시철조망 틈새를 앞 다투어 통과하고, 국경선 철망 아래로 기어서 필사적인 월경을 시도했다. 사고가 빈발했다. 어떤 난민들은 국경선 근처 저수지를 강으로 착각해 밤에 그곳을 헤엄쳐 건너려고 했다. 나중에 물 위로 떠오르거나 교각으로 휩쓸려 온 시신 약 200구가 발견되었다.[56] 또 어떤 이들은 밀수업자에 요금을 내고 삼판*에 몸을 실었는데 일부는 앞바다의 섬에 닿았고 불운한 이들은 거친 바다에서 배가 뒤집어져 익사했다.[57]

일단 홍콩에 도착하면 난민들은 영국 국경 순찰대를 피해야 했다. 대부분은 그 자리에서 체포되었지만 소수는 야산으로 숨어들었다. 몸에 지닌 것은 하나도 없고 누더기만 걸친 채 대부분은 맨발이었고 일부는 발목이 부러진 상태였다. 홍콩 사람들은 직할 식민지가 본토 사람들로 넘쳐 날까 봐 두려워했기 때문에 베를린에서와 달리 탈출 난민들은 환영받지 못했다. 미국과 캐나다는 할당 정원을 엄격하게 고수하고 심지어 타이완도 극소수만 받아주는 가운데 어느 나라도 그들을 받아주겠다고 제의하지 않았다.[58] 다른 한편으로 유엔 난민 기구는 중화 인민 공화국을 인정하지 않았다. 〈중국 출신 난민〉은 정치 용어로는 존재하지 않았고 따라서 유엔 난민 기구 시스템 아래서 원조를 받을 수 없었다.[59]

* 동남아에서 흔히 보이는 목조 평저선.

홍콩 식민지 서기 클로드 버지스Claude Burgess가 표현한 대로 난민 문제는 〈세계 어느 나라도 실제로는 우리와 기꺼이 공유하려 하지 않는〉 문제였다.[60] 홍콩에서 친지들이 보증을 설 수 있는 사람들만이 체류가 허락되었고 절대 다수는 결국 본국으로 송환되었다. 군중은 난민들의 곤경을 동정하며 음식과 거처를 제공하거나 뤄후(羅湖)에 있는 국경 검문소로 그들을 데려가는 차량을 막기도 했다. 6월이 되자 중국은 다시금 국경을 폐쇄했고 난민 유입은 시작되었을 때와 마찬가지로 갑작스레 중단되었다.

5부

취약 계층

28장
아동

여성이 집에서 나와 대약진 운동에 참여할 수 있도록 1958년 여름에 공동 탁아소와 유아원이 곳곳에 세워졌다. 아이들이 온종일, 일부 경우에는 몇 주씩 부모와 떨어져 있으면서 곧장 문제가 나타났다. 농촌에서는 은퇴한 여성과 미혼 처녀들이 속성 육아 강습을 받았지만 부모들이 국가에 맡기고 싶어 하는 유아들의 수가 너무 많아 곧 감당할 수 없게 되었다. 그리고 급격한 산업화 추진으로 노동 부족이 심각해지면서 심지어 그들도 들과 공장에서 일을 해야 했으므로 아이들은 최소한의 보살핌만 받게 되었다. 보육원은 종종 다 쓰러져 가는 건물이었고 일부의 경우에는 아예 정해진 거처가 없이 흙집이나 버려진 헛간으로 때우며 아이들이 제멋대로 자라도록 방치했다.[1] 수도 바깥 다싱 현에서는 475개의 기숙 유아원 가운데 고작 십여 군데만이 기본적인 설비를 갖추고 있었을 뿐 아이들은 흔히 마룻바닥에서 밥을 먹고 잠을 자야 했다. 건물들 다수에서 지붕에 물이 샜고 일부 건물은 문과 창유리가 아예 없었다. 보육인이 아주 기초적인 교육만 받았기 때문에 아이들이 물이 끓는 주전자와 부딪혀 화상을 입는 등 사고가 빈번했다. 방치가 너무 심해서 한 시설에서는 3~4세의 아동이 걷지 못하는 사례도 여럿 있었다. 베이징 주변에 모여 있는 교외 지구에서는 전체 유아원의 3분의 1이 여성 연맹에 의해 〈후진적〉이라고 묘사되었다.[2] 심지어 수도에서도 보육은 극도로 기초적이었다. 탁아소에서 모두들 울고 있다고 한 보고서는 기록했다. 가족한테서 억지로 떼어져 탁아소에 온 아이들이 먼저 울음을 터트리면 곧 경험 없는 젊은 보육인도 과중한 압박감에 어찌할 바를 몰라 뒤따라 울었고 마지막으로 자식을 국가에 맡기는 게 내키지 않은 엄마들도 울기 시작했다.[3]

자격 있는 직원이 부족한 현실은 과밀한 유아원에서 조금이나마 질서를 유지하기 위해 체벌도 야기했다. 체벌은 심지어 도시에서도 흔해서 가장 악랄한 사례는 한 여성 교사가 말을 듣지 않는 아이들을 훈육하기 위해 뜨거운 다리미를 사용해 세 살짜리 아이의 팔에 화상을 입힌 사건이었다.[4] 형편없는 보육 수준과 허름한 설비는 질병도 야기했다. 식기가 공유되는 한편, 병에 감염된 아이들이 격리되지 않아 병균이 유아원 전체에 퍼졌다. 심지어 상대적인 오아시스인 상하이에서도 유아들이 바지에 똥을 싼 채 온종일 지내고 다닐 위험이 있었다.[5] 베이징에서는 감염률이 높았다. 제2호 면직 공장의 보육 시설에서 아이들의 90퍼센트가 아팠는데 흔히 홍역과 수두로 고생했다. 옴과 기생충도 만연했다. 사망률은 높았다.[6] 교외에서는 파리가 들끓었고 유아원은 오줌 냄새가 진동했다. 식중독도 흔해서 많은 아이들이 죽었다. 아이 다섯 명 가운데 네 명꼴로 설사병에 걸렸고, 그중 일부는 구루병으로도 고생했다.[7] 기근이 시작되면서 관절에 물이 차 부풀어 오르는 수종이 널리 퍼졌다. 난징에서는 한 유아원을 검사해 본 결과 원아 세 명 가운데 두 명은 수종을 앓았다. 많은 아이들이 트라코마(전염성 안질환)와 간염

도 앓았다.[8]

학대가 만연했다. 무정한 어른들이 힘없는 아이들한테 할당된 배급 식량을 훔쳐 가는 등 유아원에서는 식량 절취가 흔했다. 노골적인 절도나 회계 부정 같은 더 교묘한 수단을 통해서 광저우의 전체 유아원 가운데 4분의 3에서 식량 절취가 자행되었다.[9] 난징의 어느 유아원의 경우 아이들에게 배급된 고기 전부를 원장인 리다라오가 집으로 가져갔고 원장은 배급된 비누도 모조리 유용했다. 난징 시 다른 유아원에서는 배급된 고기와 설탕을 직원들이 똑같이 나누어 가졌다.[10] 1960년 11월 허베이 성 치춘 현에서는 매일 영아 한두 명이 죽었다. 그곳 탁아소를 담당하고 있던 직원들이 대부분의 식량을 먹어 버린 것이다.[11] 결국에 혼란의 와중에 국가가 뒤로 물러나면서 유아원들은 그냥 문을 닫았고 주민들은 알아서 아이들을 돌봐야 했다. 한 예만 들자면, 1961년 한 해에만 광둥 성에서는 보육 시설 숫자가 3만 5,000개에서 5,400개로 감소했다.[12]

학교에 다닐 만큼 자란 아이들은 일을 해야 했다. 1957년 가을 중앙 정부가 시작한 일-학업 프로그램은 모든 학생들이 생산적 노동에 참여할 것을 요구했는데 실제로는 생산적 노동이 차지하는 비용이 학교에서 보내는 시간의 절반에 달했다. 이것은 심지어 대약진 운동이 시작되기도 전의 일이었다.[13] 1958년 가을 온 나라가 철강 생산 캠페인에 동원되면서 아이들은 고철과 낡은 벽돌을 수집했을 뿐 아니라 실제로 고로도 작동시켰는데 일부 학생들은 뜨거운 열기 속에서 오랫동안 일하고

난 뒤 실신할 정도로 고된 일이었다. 우한의 초등학교 수백 곳은 맹렬한 산업화에 돌입하여 여러 공장을 열었다. 아이들은 학교에서 하루 종일 지내면서 물이 새는 건물 안 한 침대에서 때로는 세 명씩 잠을 자며 원시적인 환경에서 생활했다. 집단 노동의 세계가 개인 계발의 중심으로 여겨지면서 학업은 몇 주씩 중단되었다. 근심에 찬 부모들은 밤에 몰래 학교 건물로 들어와 아이들이 잘 있는지 확인하는 것 말고는 방도가 없었다.[14] 그다음 수동적 저항이 효력을 발휘하여 1959년 초가 되자 일부 학생들은 작업 체험 활동을 건너뛰고 공식 수업에만 참여했으며 소수는 아예 학교를 뜨기도 했다.[15] 난징에서는 무단결석 학생 다수는 그냥 집에 있었지만 4분의 1 정도는 공장에서 일거리를 찾았다. 여러 학생들은 경찰 밑에서 일했다.[16]

학생들은 생산적 노동에 참여해야 했지만 종종 적절한 보호 조치 없이 일에 투입되었다. 사고가 흔했고 수백 명이 대약진 운동 기간 동안 사망했다. 간쑤 성에서는 학생 7명이 운하를 파다가 제방이 붕괴해 죽었다. 산둥에서는 학생 8명이 버려진 가마에서 일하다가 벽이 무너져 내려 죽었다.[17]

시골에서 대부분의 어린이들은 학교를 다니는 사치를 누리지 못했다. 그들은 들에서 일하고 거름을 나르고, 가축을 돌보거나 공동 식당에서 쓸 땔감을 구해야 했다. 가난한 집 아이들은 집안일을 거드는 게 언제나 당연했기에 이런 활동의 상당 부분은 전통적 관행을 그대로 따른 것이었다. 그러나 집산화는 노동이 개인이나 가족의 소유가 아니라 집단 농장 소유인 훨씬 더 엄혹한 체제를 가져왔다. 아이들은 더 이상 부모가 일을 시키는 게 아니라 그 대신 현지 간부들이 부려 먹었다. 많은 이들이 아이들을 성인처럼 취급했다. 열세 살 소녀 탕쉬친은 41킬로그램이 나가는 겨풀을 져 날라야 했다. 그리 멀지 않은 곳에서는 열네 살 소년이 50킬로그램이 나가는 거름을 끌고 가야 했다.[18]

나라 전역에서 엄혹한 논리가 지배자와 피지배자 사이의 관계를 지배했다. 식량이 충분하지 않았기 때문에 가장 유능한 노동자들은 우대를 받은 반면 게으른 자들로 여겨지는 사람들 — 아이들, 병자, 노인 — 은 학대를 받았다. 당 기록 보관소는 길고도 고통스러운 사례 목록을 제시한다. 광둥에서 오리를 치던 열세 살 소년 아일룽은 먹을 것을 찾아 풀뿌리를 캐다가 붙잡혔다. 그는 비행기 자세*를 취하고, 배설물을 뒤집어쓰고, 대나무로 손톱 밑을 찔렸다. 그는 너무 심하게 맞아서 일평생 불구로 지내야 했다.[19] 광둥 성 뤄딩 현에서는 현지 간부 취번디가 쌀 한 줌을 훔친 열여덟 살 소년을 때려 죽였다.[20] 후난에서는 열두 살 아이 탄원칭이 공동 식당에서 음식을 훔쳤다가 강아지처럼 우물에 빠트려져 죽임을 당했다.[21] 때로는 부모들이 아이들을 처벌하도록 강요받았다. 탄원칭을 물에 빠트려 죽인 같은 마을에서 한 소년이 곡식을 조금 훔쳤을 때 마을 지도자 슝창밍은 아버지를 시켜 소년을 산 채로 땅에 파묻게 했다. 며칠 뒤 비탄에 빠진 아버지도 죽었다.[22]

아이들한테도 집단적 처벌의 형태로 보복이 이루어졌다. 세 아이와 함께 혼자 사는 여인 귀환성은 다섯 살 난 아들을 병원에 데려가기 위한 휴가를 거부당했다. 그녀는 굴하지 않고 허락 없이 광저우까지 혼자서 갔지만 결국 병원에서 아이를 병마에 잃었다. 그녀가 열흘간 떠나 있다 집으로 돌아와 보니 다른 두 아이가 마을 전체에 의해 완전히 방치되어 있었다. 배설물을 뒤집어쓴 아이들의 겨드랑이와 항문에는 벌

* 고개를 최대한 아래로 숙이고 팔은 위로 치켜드는 고문 자세.

레가 기어 다니고 있었다. 둘 다 곧 죽었다. 그다음 현지 간부 허리밍이 그녀의 집 앞에 나타나 문을 두들기며 그녀를 게으름뱅이라고 비난하기 시작했다. 여인은 정신이 나가 버렸다.[23] 창사 근처 라오자 마을에서는 어느 부모가 두 아이를 놔두고 도시로 도망을 쳤다. 현지 간부들은 아이들을 집 안에 가두었고 며칠 뒤 두 아이는 굶어 죽었다.[24]

말을 듣지 않는 아이들도 갇혔다. 아열대 지역 광둥에서는 아이들이 집회 동안에 그저 말을 했다는 이유로 돼지우리에 갇히기도 했다.[25] 구이저우 성, 수이청 현에서는 경찰이 식량을 조금 훔쳤다고 7~10세 아이들을 감옥에 가두어 처벌을 도왔다. 한 열한 살짜리 아이는 곡식 1킬로그램을 훔쳐서 8개월간 갇혀 있었다.[26] 현 단위에서는 구제불능으로 여겨지는 아이들만을 대상으로 한 더 큰 규모의 교정 시설이 들어섰다. 상하이 사법 권역에 속하는 펑 현에서는 6세부터 10세까지 약 200명의 어린이들이 공안부 관할 아래 재교육 수용소에서 갇혔다. 이곳의 체벌로는 발로 걷어차이기, 서 있기, 무릎 꿇기, 손바닥을 바늘로 찔리기 등이 있었다. 일부는 수갑이 채워졌다.[27]

압력은 가족 내부에서도 왔다. 부모들이 일하느라 너무 바쁘거나 앓아 누워 있을 때는 아이들이 몇 킬로미터씩 떨어져 있기도 한 공동 식당에서 배급 식량을 받아 오는 일을 떠맡았다. 아이들은 — 때로는 네 살밖에 안 될 정도로 어렸다 — 공동 식당에서 어른들과 부대낀 다음 식량을 들고 가족에게 돌아와야 했다. 중압감은 엄청났고 현재 인터뷰한 이들 다수가 식량을 기대하고 있던 가족들을 어쩌다 낙담에 빠트렸던 일을 지금도 생생하게 기억했다. 딩차오얼은 가족 전체를 보살펴야 했을 때 여덟 살 어린 소녀였다. 아버지는 병에 걸렸고 신장 결석을 앓는 어머니는 전족으로 자라지 못한 발을 갖고 있었는데 어머니가 인민공사에서 일하며 가족을 부양할 수 없다는 뜻이었다. 소녀는 배고픈 어른들에게 이리저리 밀리고 치이며 매일 한 시간씩 공동 식당에서 줄을 서야 했다. 여섯 가족 전체가 그녀가 건네주는 묽은 죽 한 그릇에 의지했는데 어느 날 폭우가 내린 뒤 깡마른 소녀는 돌아오는 길에 미끄러져서 들고 오던 죽을 모조리 쏟고 말았다. 「나는 엉엉 울다가 내가 음식을 가져오길 여전히 기다리고 있을 부모와 우리 가족 전부를 떠올렸습니다. 그래서 벌떡 일어나 땅에 떨어진 음식을 긁어모았어요. 음식에는 모래가 가득했지요.」 그녀의 가족들은 그들이 의지하고 있는 배급 음식을 길바닥에 쏟아 버렸다고 그녀를 비난하며 화를 냈다. 「하지만 결국에는 다들 음식을 먹었어요. 천천히. 안에 모래가 많았으니까. 만약 그걸 먹지 않았다면 다들 너무 배가 고파서 미쳐 버렸을지도 모릅니다.」[28]

아이들은 음식을 두고 서로 싸웠다. 딩차오얼이 가족의 배급 식량을 집으로 가져오는 자식이었지만 그녀의 부모들은 때로 그녀와 그녀의 여동생 몫을 빼앗아 다른 형제들에게 음식을 더 많이 주곤 했다. 그들은 말다툼을 하고 울기도 했으며 때로는 배급 식량을 두고 서로 싸우기까지 했다. 쓰촨 성 런서우 현에서 자란 류수도 남동생이 자기 그릇에 먼저 음식을 가득 퍼서 다음 사람들에게 아무것도 남겨주지 않았던 것을 기억한다. 「식사 때마다 동생은 시끄럽게 소리를 질렀습니다. 모든 식사가 그런 식이었지요. 소리를 질렀기 때문에 동생은 종종 맞았어요.」[29] 세 아이의 어머니였던 리얼제는 두 아들이 매일 음식을 두고 싸웠다고 회상했다. 「둘은 사납게 싸웠어요. 막내딸은 언제나 가장 많이 달라고 떼를 쓰며 울었지만 가장 적은 양을 받았고요. 그 애는 제 뜻대로 하려고 아주 시끄럽게 울어 댔지요. 오빠들은 운다고 그 애를 욕했고 지금까지 그 일을 기억한답니다.」[30]

부족한 식량 앞에서 가족 구성원이 경쟁자가 되면서 가족 내 아동을 상대로 한 폭력은 그보다 더 심각할 수 있었다.[31] 가족 내 아동 폭력에 대한 정보는 구하기 어렵지만 때로 경찰 보고서는 기근 시기에 발전한 가족 내 복잡한 역학 관계에 가까이 다가가기도 한다. 난징에서는 기근이 한창일 때 가족 내 살인 사건이 매달 두 건씩 보고되었다. 대부분의 폭력은 남성이 여성과 아이들을 상대로 저지른 것이었지만 다섯 건 가운데 한 건 꼴로 노인이 희생자였다. 대부분의 사건에서 희생자들은 짐이 되었기 때문에 살해당했다. 리우허에서는 마비된 소녀를 부모가 연못에 내던졌다. 장푸에서는 말을 못하고 아마도 정신 지체아일 여덟 살 아이가 부모와 이웃 사람들한테서 거듭해서 물건을 훔쳐서 가족을 위험에 빠트렸다. 그는 밤중에 목이 졸려 죽었다. 가족 중에 더 허약한 이를 고의적으로 굶겨 죽인 경우도 있었다. 예를 들어 왕주창은 여덟 살 딸아이 몫의 배급 식량을 수시로 자기가 먹었다. 그는 한겨울에 딸의 솜옷과 바지도 가져가 버렸다. 결국 그의 딸은 추위와 굶주림에 죽고 말았다.[32]

시골에서는 공산주의도 어찌할 수 없었던 오랜 전통에 따라, 더 이상 가족이 부양할 수 없을 때면 아이들을 팔거나 남에게 주었다. 허베이 성 네이추 현에서 천전위안은 여섯 가족을 부양하는 데 한계에 달해 결국 네 살배기 아들을 마을 주민에게 넘겼다.[33] 청두에 사는 리얼지에는 세 딸 중 한 명을 자매에게 주었다. 그러나 자매의 가족들은 데려온 아이를 좋아하지 않았고 시어머니는 대놓고 손자들을 편애하는 사나운 여인이었다. 시어머니는 〈우리 먹을 것도 없는데 왜 또 다른 계집애를 길러야 하느냐〉고 불평했다. 시어머니는 입양된 아이 몫의 배급 식량을 모조리 가져가 버렸다. 네 살밖에 안 된 아이는 매일 공동 식당으로 채소를 가지러 보내져, 줄에서 이리저리 밀치는 어른들을 상대해야 했다. 그녀는 종종 굶주려서 기절하기도 했다. 입양된 가족한테서 방치된 그녀는 몇 달 뒤 어머니가 그녀를 다시 데려 가려고 왔을 때 온 몸에 이가 들끓고 있었다.[34]

기근에 시달리는 농촌에서 짐을 더 떠맡으려는 가족은 거의 없어서 어떤 이들은 아이들을 내다 버렸다. 일부 가족들은 농촌을 차단하는 저지선을 뚫으려고 갖은 애를 썼고, 운 좋은 아이들은 도시에 버려졌다. 난징에서는 1959년에 2,000명이 넘는 아이들이 버려졌는데 공산주의 정권 수립 이후 대약진 운동 때까지 지난 10년 기간보다 네 배나 많은 숫자였다. 열 명 가운데 여섯 명 꼴로 여자아이였고, 약 3분의 1은 3세 이상이었다. 대부분은 아픈 아이들이었고 몇몇은 앞을 못 보거나 장애가 있었다. 말을 할 수 있는 아이들의 억양으로 보건대 다수가 안후이성 출신이었고 일부는 난징 인근 마을들에서 왔다. 아동 유기의 가장 흔한 이유는 일부 주민들이 〈아이들은 국가에 속한다〉고 주장하며 공식 프로파간다를 비튼 것처럼 바로 그 집산화의 논리였다. 시골 마을 너머 풍요로운 유토피아, 도시의 장벽 뒤에 아늑히 자리 잡은 부와 행복의 세계 이미지도 중요했다. 시골 사람들 사이의 흔한 생각 가운데 하나는 도시에서는 유복하게 자라게 될 테니까 아이가 〈도시로 들어가면 행복한 삶을 누릴〉 수 있다는 것이었다.

그러나 그러한 합리화 뒤에는 일례로 열세 살 소년 스류훙의 경우처럼 더 비극적 이야기도 숨어 있었다. 그는 후장의 고향 마을에서 산을 넘어 가족을 따라 먼 길을 떠났다. 지치고 배고픈 아이가 길가에 쓰러져 잠이 들었다가 깨어 보니 엄마는 그를 버리고 떠나 버렸다. 이것은 아이를 〈잃어버리는〉 가장 흔한 방법이었다. 〈잃다(丢)〉라는 동사는 종종 유기의 완곡어법으로 쓰였다. 한 열세 살 소녀가 들려준 대로 그녀의 아버지는 3년 전에 죽고 마을에는 식량이 없었다. 어머니는 먼저 앞을 못 보는 그녀의 열네 살 오빠를 〈잃어버렸다〉. 그다음 어머니는 그녀의 남동생과 여동생을 산에서 〈잃어버렸고〉 그다음 그녀도 산에 두고 가버렸다.[35]

마지막 사례가 보여 주는 대로 어떤 아이들은 나란히 버려지기도 했는데 아마도 부모들이 그렇게 하면 아이들이 같이 지내게 될지도 모른다고 기대해서였을 것이다. 그래서 난징 거리에서 엄마를 찾으며 울고 있을 때 발견된 여섯 살 아이는 양손에 더 어린 두 아이의 손을 잡고 있었다. 그러나 형제자매를 같이 내버리는 것을 설명해 주는 다른 이유들도 있었다. 일부는 시골에서 온 여성들 — 식량과 거처가 절실한 — 이 도시에서 〈재혼〉을 했지만 남자가 아이들을 반기지 않아 거리에 버려진 경우였다.[36] 어떤 아이들은 생년월일이 적힌 종이를 옷에 붙이고 있거나 주머니에 쪽지가 들어 있었다. 극히 일부 경우에는 절박한 어머니들이 아이들을 곧장 경찰서 앞으로 데려가기도 했다.[37]

유기 아동 숫자에 대한 신뢰할 만한 통계는 없지만 난징 같은 도시에서는 한 해에만 수천 명의 버려진 아이들이 발견되었다. 후난 성의 성도 우한에서는 1959년 여름에 이르면 매일 너덧 명의 아이들이 거리에서 발견되었다.[38] 후난 성 전체로는 1961년 여름까지 약 2만 1,000명의 아이들이 국영 고아원에 있었는데 물론 더 많은 아이들이 당국의 통계에 잡히지 않았다.[39]

그러나 대부분의 경우에 아이들은 마지막까지 부모들 곁에 있었다. 중국 전역의 무수한 마을들에서는 앙상한 팔다리와 퉁퉁 부어오른 배, 무거운 머리를 가누지 못할 만큼 작고 가는 목의 굶어 죽어 가는 아이들이 농가나 텅 빈 들판 옆 또는 흙먼지 이는 길가에 쓰러져 죽어 갔다. 허베이 성 징하이 현의 몇몇 마을들에서는 4~5세 아이들이 걷지를 못했다. 걷을 수 있는 아이들은 누비지 않은 얇은 옷가지만 걸친 채 한겨울에 눈길을 맨발로 어기적어기적 걸었다.[40] 스좌장 같은 도시들에서도 영아의 절반이 어머니가 모유가 나오지 않아 죽었다.[41] 일부 경우에는 아이들이 거의 유일하게 죽는 사람들이었다. 광둥 성 충하이 현의 어느 작은 마을에서는 1958년에서 1959년으로 넘어가는 겨울에 47명, 다시 말해 주민 열 명 중 한 명꼴로 사망했는데 이 가운데 41명이 영유아와 아동이었고 여섯 명은 노인이었다.[42]

그러나 때로는 온갖 역경에도 불구하고 아이들이 생존하는 쪽일 때도 있었다. 쓰촨에서는 농촌 인구의 0.3~0.5퍼센트가 고아로 추정되었는데 대략 18만~20만 명의 아이들이 부모가 없다는 뜻이었다. 많은 아이들이 누더기를 걸친 채 씻지도 않고 지저분한 모습으로 무리를 지어 마을을 배회하며 잔재주에 의지해 생존을 이어갔는데 잔재주란 대부분의 경우 절도를 뜻했다. 기댈 곳 없는 아이들은 손쉬운 먹잇감이어서 얼마 안 되는 소지품 — 컵, 신발, 담요, 옷가지 — 마저 보호자들이나 이웃들에게 빼앗겼다. 갖고 있는 모든 것을 빼앗긴 뒤 지인들에게 버려진 열한 살 소녀 가오위화는 짚단 위에서 잠을 잤고 몸을 덮는 것이라고는 아랫도리 가리개밖에 없었다. 그녀는 기장을 빻아 생으로 먹으며 생존했고 그녀를 발견한 조사 팀은 석기 시대 〈원시인〉 같다고 묘사했다.[43] 열두 살 소년 샹칭핑은 푸링의 가난한 농부에게 입양되었으나 이웃에게 농부가 자신을 학대하고 흙을 먹으라고 주었다고 불평한 뒤 머리가 박살난 채 발견되었다. 푸링 현의 다른 곳에서는 한 고아가 들판에서 작물을 훔치다 붙잡혀 성난 마을 주민들에 의해 척추가 부러졌다.[44] 형제자매가 살아남았을 때는 서로에게 달려드는 일이 드물지 않았다. 보고된 여러 사건 가운데는 일곱 살 소년 장라오산이 고아가 되고 몇 달 뒤에 열여섯 살 형에게 두들겨 맞고 소지품을 모두 빼앗긴 뒤 죽은 사건도 있었다.[45]

고아들 가운데 일부는 슬픈 눈으로 조곤조곤 말하는 여성 자오샤오바이의 이야기가 보여 주는 대로 놀라운 생명력을 보여 주었다. 대약진 운동 몇 년 전에 그녀의 가족은 허난 성의 고향 마을을 떠나, 농민들의 간쑤 성 정착을 장려하는 이주 프로그램에 합류했다. 그녀의 아버지는 산에서 얼음을 깨는 일을 했지만 1959년에 굶어 죽었다. 그녀의 어머니는 너무 아파서 일을 할 수 없었다. 현지 간부들 중 한 명이 집으로 찾아와 문을 두드리며 작업 태만자는 식량 배급을 받지 못할 것이라고 알렸다. 또 다른 현지 협박꾼도 밤에 찾아와 성적 요구를 하며 어머니를 괴롭혔다. 결국에 기진한 어머니는 모든 것을 포기했던 것 같다. 1960년 1월 몹시 추운 어느 한밤중에 어머니는 일어나 변소에 갔다. 딸 자오샤오바이는 잠에서 깨어 어머니에게 어디 가느냐고 물었다. 그다음 그녀는 다시 잠이 들었으나 두 시간 뒤에도 어머니는 여전히 변소에 있었다. 「어머니를 불렀지만 어머니는 대답하지 않았습니다. 어머니는 머리를 한쪽에 기대고 거기 그냥 앉아 있었지만 아무 말도 하지 않았어요.」

생소한 지방 말로 이야기하는 낯선 사람들에게 둘러싸인 자오샤오바이와 그녀의 여섯 살 여동생은 역시 간쑤 성으로 이주한 친척 아저씨와 살게 되었다. 「내가 밖에 나가서 일을 할 만큼 나이를 먹었기 때문에 아저씨는 나는 그럭저럭 괜찮게 대했어요. 하지만 내 동생은 좋게 대하지 않았지요. 간쑤 성은 몹시 춥잖아요? 영하 20도까지도 떨어질 정도로요. 아저씨는 그렇게 추운 날씨에 동생한테 밖에 나가 땔감을 찾아오라고 시켰어요. 애가 무슨 땔감을 찾을 수 있겠어요? 하루는 그렇게 추운 날에 동생이 빈손으로 돌아왔어요. 그래서 아저씨가 동생의 머리를 때려서 동생이 피를 심하게 흘렸어요.」 아저씨의 학대로부터 동생을 보호하기 위해 자오샤오바이는 운하를 파고 밭을 갈면서 어른과 똑같이 일하는 자신의 일터로 여섯 살배기 동생을 데려갔다. 하지만 거기서도 동생은 안전하지 않았다. 「한번은 내가 일을 하고 있는데 동생이 울고 있는 소리가 들려서 보니 누군가가 그 애한테 해코지를 하고 있었어요. 누군가 모래 뭉치를 던져서 동생을 맞히고 있었고 동생은 모래더미에 둘러싸여 눈에 모래를 뒤집어 쓴 채 한없이 울고 있었지요.」 자오샤오바이는 허난 성으로 돌아갈 계획인 한 부부를 만났다. 그녀는 갖고 있는 전부를 팔아서 10위안에 차표 두 장을 구입했다. 마침내 허난으로 돌아온 자매는 할머니를 만났고 할머니는 두 자매를 보살폈다. 그녀가 어떻게 지금과 같은 모습의 여성이 되었냐고 물었을 때 자오샤오바이는 망설임 없이 대답했다. 「고초를 통해서.」[46]

어떤 아이들은 그들을 돌봐 줄 사람을 결코 찾지 못해 고아원에 머물게 되었고, 고아원의 환경은 — 예상 가능하겠지만 — 끔찍했다. 체벌이 흔해서 일례로, 쓰촨 성, 톈장 현의 한 인민공사에서는 고아원 보호자들 손에 원아 10여 명이 사망했다.[47] 후베이에서 고아들은 지붕에 물이 새는 낡아 빠진 건물에서 지내며 솜옷이나 담요 없이 겨울을 나야 했다. 의료는 전무했다. 수천 명이 병사했다.[48]

비록 영아들이 높은 비율로 많이 사망했지만 기근 동안 실제로 태어

난 영아 숫자는 더 적었다. 인구학 전문가들은 기근 동안 출생률 감소를 짜 맞춰 보기 위해 1953년과 1964년, 1982년에 발표된 인구 조사 수치에 의지해 왔지만 계획 경제에서는 현지 당국들이 인구 현황을 파악해야 했기 때문에 기록 보관소에서 더 믿을 만한 숫자를 얻을 수 있다. 1958년 기근이 발생했던 윈난 성 취징 지역에서는 출생 인구수가 1957년 10만 6,000명에서 이듬해 5만 9,000명으로 감소했다. 윈난 성 전체로는 1957년 67만 8,000명에서 1958년 45만 명으로 급감했다.[49]

출생률을 파악하는 또 다른 방법은 기근 이후 수집된 인구 관련 통계를 찾아보는 것이다. 기근이 가장 심각한 지역에 속하지 않았던 후난 성에서는 1964년 3세 아동, 즉 1961년에 출생한 아동들한테는 매우 뚜렷한 공백이 보인다. 1964년에 6세 아동들도 틀림없이 기근으로 고통을 받았겠지만 3세 아동은 6세 아동보다 60만 명 정도 적었던 것이다. 다른 한편으로, 1세 아동 숫자는 3세 아동보다 네 배 더 많았고 1세 미만 아동 숫자 역시 네 배 더 많았다.[50] 그러나 이러한 통계 수치 어느 것도 태어난 지 몇 주 만에 죽은, 보고되지 않았지만 틀림없이 무수히 많았을 영아 사망 사례는 기록하지 않았다. 사람들이 아사해 가는 와중에 태어나서 애초에 출생이 기록되지도 않은 그 신생아들의 사망 숫자를 집계할 유인 동기가 과연 누구한테 있었겠는가?

29장
여성

부분적으로나마 여성을 가부장제의 족쇄에서 해방시키려는 의도가 있었던 집산화는 실제로는 상황을 더 악화시켰다. 비록 노동 패턴은 지역에 따라 크게 달랐지만 북부 대부분의 지역에서 여성은 대약진 운동 이전에는 좀처럼 들에서 일하지 않았다. 심지어 남부에서도 야외에서 남자들과 함께 일했던 여자들은 빈곤층뿐이었다. 가사를 돌보는 것 말고도 여성과 심지어 아이들은 가족의 수입을 보충하기 위해 남는 시간에는 수공예품을 제작하는 것과 같이 보통은 다른 일에 종사했다. 종이 우산과 천 신발, 비단 모자부터 등나무 의자와 고리버들 통발, 잔가지 바구니에 이르기까지, 때로는 한 마을 전체가 현지 시장에 내다 팔 한정된 범위의 상품을 안전하게 집안에서 전문적으로 생산했다.[1] 심지어 더 고립된 마을에서조차 여성은 가족을 위해서, 또 현금을 벌기 위해서 실을 잣고 천을 짜고 자수를 하며 집에서 일하는 게 관례였다.

들에 나가 일한 적이 없던 여성들이 급속한 근대화 추진에 동원되면서 그들은 매일 나팔 소리에 집을 나와 팀을 짜서 일터로 행진하여 밭을 갈고, 씨를 뿌리고, 잡초를 뽑고, 갈퀴질과 키질을 해야 했다. 그러나 인민공사에 고용되어 전업으로 일했음에도 불구하고 여성은 아무리 열심히 일한다고 해도 남성보다 보수를 적게 받았다. 인민공사가 고안한 노동 점수 시스템에서는 힘센 남성만이 최고 점수에 도달할 수 있었기 때문에 여성의 기여는 체계적으로 가치 절하되었다. 그리고 여성들이 집단적 노동력에 합류했음에도 옷 수선부터 육아에 이르기까지 여전히 해야 할 가내 노동은 아주 많았지만 국가는 집안에서 부담을 덜어 주려는 노력을 별로 하지 않았다. 예를 들어 유아원은 육아를 도와줘야 했지만 앞서 본대로 많은 보육 시설이 부적당해서 여성들은 종종 육아와 전업 두 가지를 동시에 해내야 했다.[2] 가족생활이 지속적인 캠페인으로 뒤흔들리면서 동원의 긴박한 요구 사항들은 여성들에게 무거운 짐을 안겨서 심지어 기근의 효과가 나타나기 전에도 많은 여성들이 지쳐 나가떨어졌다. 도시로의 대탈출에 합류하여 신체 건강한 남성이 빠져나간 농촌 마을에서는 여성이 친지와 딸린 식구들을 돌봐야 했다.

그러나 다른 무엇보다도, 노동이 식량으로 가차 없이 치환되는 정권에서 신체적 허약함은 굶주림을 의미했기 때문에 여성은 취약할 수밖에 없었다. 토법고로에서, 또 들이나 공장에서, 더 높은 목표량 달성을 끊임없이 추구하는 과정에서 생리는 결함으로 여겨졌다. 생리 중인 여성이 주변을 더럽힐 수 있다며 두려워했던, 생리에 대한 민간 종교상 터부는 하룻밤 새 사라진 듯했다. 이제는 들에 일하러 나오지 않으면 처벌을 받았고 가장 흔한 보복 형태는 하루 작업을 빠질 때마다 노동 점수를 깎는 것이었다. 일부 남성 간부들은 병가를 요청한 여성들에게 창피를 주며 지위를 악용했다. 후난 성 청둥 인민공사의 당 서기인 쉬잉제는 생리를 이유로 휴식을 요청한 여성들한테 바지를 내리게 하는 피상적인 검사를 강요했다. 그런 수치를 당하려는 여성은 별로 없었기 때문에 그 결과 많은 이들이 몸이 아프게 되었고, 여러 명은 심각한 생리통이나 부인과적 문제를 겪으면서 과로에 시달리다 사망했다.[3] 임신 여성들도 작업을 강요받았고, 종종 임신 말기까지 일해야 했는데도 흔히 벌점을 받았다. 쓰촨의 한 지구에서만 스물네 명의 여성이 들에서 일하도록 강요를 받아 유산을 했다. 작업을 거부한 천위안밍은 담당 간부에게 사타구니를 걷어차여 불구가 되었다.[4]

부패한 간부가 전횡을 휘두르는 곳에서 처벌은 훨씬 더 심할 수도 있었다. 위에서 언급한 후난 성의 같은 인민공사는 일터에 나오지 않은 임신 여성들을 한겨울에 옷을 벗긴 뒤 얼음을 깨게 했다.[5] 광둥 성 칭위안에서는 수백 명의 마을 주민들이 솜옷도 없이 한겨울에 다 같이 작업을 해야 했다. 임신한 여성이나 어린 자식이 딸린 사람한테도 예외는 없었고 항의한 사람들은 배급 식량을 빼앗겼다.[6] 광저우 바로 바깥 판위 현에서는 한 간부가 열심히 일하지 않는다는 이유로 임신 7개월의 여성 두진하오의 머리채를 잡고 땅바닥에 내동댕이쳤다. 그는 두진하오가 의식을 잃을 때까지 그녀의 머리를 땅바닥에 처박은 채 계속 욕설을 퍼부었다. 그녀의 남편은 겁에 질려 울었지만 아무것도 할 수 없었다. 그녀는 정신을 차리고 나서 멍한 상태로 간신히 집까지 간 뒤 털썩 주저앉은 다음 쓰러져 죽었다.[7] 임신을 했지만 겨울에 작업을 해야 했던 량샨뉘는 차가운 강물에 몸을 던져 목숨을 끊었다.[8]

기진맥진하고, 굶주린 여성들은 몸이 너무 약해져 아예 생리가 끊겼다. 이런 현상은 어디서나, 심지어 여성들이 얼마간 의료 혜택을 누릴 수 있는 도시에서도 흔했다. 베이징 남쪽, 톈차오 지구에서 한 야금 공장에 다니는 여성 노동자의 절반이 생리 불순이나 질 감염, 자궁 탈출증을 겪었다. 유일하게 이용 가능한 욕실은 언제나 사용 중이어서 일부 여성들은 심지어 몇 달간 씻지 못한 채 지내야 했다. 환기가 제대로 되지 않은 환경에서 몇 시간씩 일해야 해서 심지어 위안비안화 같은 정치 활동가들도 피를 토하고 때로는 혼자 서 있을 기운도 없었다.[9] 여성 연맹이 수행한 다른 연구들도 유사한 관찰 내용을 보여 준다. 예를 들어 베이징 전자관 공장 여성 노동자 6,600명 가운데 절반은 이런저런 부인과 질환을 앓았다. 25세의 우위팡은 1956년에 입사했을 때만 해도 튼튼한 아가씨였지만 1961년이 되자 두통과 생리 불순, 불면증, 짜증, 기력 감퇴 같은 증상을 호소했다. 결혼한 지 5년이 되었지만 여전히 아이가 없었다. 검진 결과, 다른 다수의 직원들과 마찬가지로 그녀도 수은에 중독되어 있었다.[10]

농촌 여성들 사이에서 신체적 감퇴는 너무 심각해서 많은 이들이 자궁 탈출증, 즉 근육과 인대로 지지되어 골반 안에 자리한 자궁이 안에서 내려앉는 증상을 겪었다. 과로나 영양 부족이 아니더라도 몸이 허약하면 자궁이 정상 위치에서 처지거나 빠져나올 수 있다. 이런 증상은 여성이 힘들게 아이를 낳았거나 에스트로겐 부족일 때 생긴다. 그러나 자궁 탈출증이라는 용어는 처진 자궁 경관부터 자궁이 질 밖으로 완전히 빠져나오는 상태에 이르기까지 다양한 단계를 가리킨다. 후자의 경우가 의료 당국에 의해 거듭 관찰된 증상이었다. 의료 당국이 제공한 통계 — 비록 기밀로 분류되었지만 — 는 도저히 현실을 반영한다고 볼 수 없으며 상하이 바로 바깥 농촌 여성들의 경우 3~4퍼센트, 후난 성에서 일하는 여성들의 경우 다섯 명 중 한 명꼴에 이른다는 등 그 수치가 다양했다.[11] 실제 발생률은 틀림없이 훨씬 더 높았을 것이다. 많은 여성들이 너무 수치심을 느껴 상태를 보고하지 않았으리란 점과 많은 간부들이 아사와 관련된 질병을 보고하기를 꺼렸으리라는 점, 그리고 무슨 일이 벌어지고 있는지 어렴풋하게나마 짐작할 만한 제대로 교육을 받은 의사가 농촌에는 실제로 너무 적었다는 사실을 고려해야만 한다.

자궁 탈출증은 치료가 어려웠다. 기근 시기에는 근본적 원인 — 영양실조와 휴식 부족 — 을 치유하기 어렵기 때문이었다. 심지어 진료비를 낼 돈이 있다고 해도 많은 여성들이 아이와 일을 놔두고 병원에 갈 시간이 없었고, 농촌에는 병원도 드물었다. 많은 마을 주민들이 또한 병원을 겁내서 현대 의학 대신 현지 치료에 의존했다. 후베이 성에서 여성 치료사는 대대로 내려오는 전통 요법을 비롯해 부인과 문제로 고통받는 여성들을 돕기 위해 다양한 처방을 이용했다. 그들은 다양한 성분들을 달이고 갈아서 가루로 만든 뒤 질벽에 스며들게 하거나 다양한 약재를 섞어서 생리 불순을 치료했다. 중샹 현의 어느 마을에서 왕 아주머니로 알려진 치료사는 수백 명의 여성을 도왔다. 남편이 숲에서 약재로 쓸 잎과 뿌리를 찾아다니는 동안 그녀의 집에서는 종종 너덧 명의 환자가 간호를 받고 있었다.[12] 그러나 그러한 전통 요법들은 강제 집산화 아래서는 좀처럼 허용되지 않았고 효과적인 의료가 부재한 상황에서 대부분의 여성들은 그저 상태를 견디며 계속 일해야 했다.

여성들은 다른 방식으로도 취약했다. 결국에는 여전히 거칠고 남성 중심의 사회에서 사회적으로 주변화된 그들은 성적 학대를 당하기 쉬웠다. 현지 간부들한테는 엄청난 권력이 쥐어진 한편 기근은 사회의 도덕 구조를 점차 잠식했다. 그리고 마치 이 두 가지 상황의 결합만으로

도 충분치 않았다는 듯 남정네들이 대탈출에 합류하거나 군대에 입대하거나 먼 곳의 관개 사업에서 일을 하게 되면서 많은 가족이 갈라지거나 헤어지게 되었다. 여성을 둘러싼 사회적 보호막이 점차 무너지면서 여성들은 현지 불한당의 적나라한 권력 앞에 완전히 무방비 상태로 노출되었다.

곤경에 처한 도덕적 풍경 사이로 강간이 전염병처럼 번져 나갔다. 몇 가지 사례만으로 충분할 것이다. 광저우 북쪽 원청의 한 인민공사에서는 당 서기 두 명이 1960년에 서른네명의 여성을 강간하거나 강압적으로 성관계를 맺었다.[13] 허베이 성 헝수이 현에서는 당 서기 세 명과 부(副)현장이 수시로 여성들을 성추행한 것으로 알려졌으며 그중 한 명은 수십 명과 성관계를 맺었다.[14] 더 북쪽으로 가면 구자잉(顧家營) 마을의 한 서기는 스물일곱 명의 여성을 강간했고, 조사 결과 그가 마을의 미혼 여성 거의 전부를 〈건드렸음〉이 드러났다.[15] 쿠모의 당 서기 리덩민은 미성년자 두 명을 포함해 약 20명의 여성을 강간했다.[16] 후난 성 레이양에서는 열한 살이나 열두 살에 불과한 어린 소녀들이 성적으로 학대를 당했다.[17] 샹탄에서는 한 간부가 소녀 열 명으로 이루어진 〈전업대〉를 만들어 내킬 때마다 성적으로 학대했다.[18]

집산화가 성적 제약과 신체적 예의범절에 대한 관습적인 도덕 규준을 완전히 밀어내면서 여성은 강간을 당하지는 않더라도 성적 모욕에 노출되었다. 중국은 대대로 내려오던 행동의 도덕적 규범이 뒤집어지면서 혁명을 겪는 중이었고 이는 1949년 이전에는 생각할 수 없었을 변태적 왜곡으로 이어졌다. 후난 성 우강 현 한 공장에서 공장장들은 여성들이 벌거벗고 일하게 시켰다. 1958년 11월 어느 하루에는 300명 이상이 나신으로 작업을 했다. 옷 벗기를 거부한 사람들은 줄에 묶였다. 심지어 가장 열성적으로 옷을 벗는 여성에게는 보상이 주어지는 경쟁 체제가 고안되었는데 1등 상금은 현금 50위안으로 한 달 월급에 맞먹었다. 일부 여성들은 출세할 수 있는 기회를 반겼을지도 모르지만 많은 이들이 당연히 몸서리를 쳤고 물론 누구도 감히 자기 생각을 말할 수는 없었다. 그러나 소수는 편지를 썼다. 일부 여성들이 아파서 쓰러지자 — 후난 성은 겨울 동안 굉장히 춥기도 하다 — 마오쩌둥 앞으로 일련의 투서가 보내졌다. 그가 실제로 이 편지를 읽었는지는 알 수 없지만 베이징 고위층의 누군가가 창사의 후난 성 위원회에 전화를 걸어 조사를 요구했다. 조사 결과는 공장장들이 〈봉건적 금기들을 깨기〉 위한 〈경쟁 분위기〉 속에서 여성들이 옷을 벗도록 〈장려한〉 모양이라는 것이다.[19] 해방이라는 이름으로 무엇이든 정당화될 수 있는 것 같았다.

그만큼 천박하고 모욕적인 것은 중국 전역에서 벌어진 나체 행진이었다. 여성들, 때로는 남성들도 홀딱 벗고 마을을 행진해야 했다. 저장 성 쑤이창 현은 도둑질을 한 남녀의 옷을 벗기고 거리를 행진시켰다. 60세의 노파 저우모잉은 강제로 옷을 벗은 다음 징을 치며 행렬을 이끌어야 했다. 당국은 용서를 구하는 마을 주민들의 탄원에도 아랑곳하지 않았다.[20] 이런 치욕을 당한 여성들 일부는 너무 수치스러워서 집으로 돌아가지 못했다. 좀도둑질을 했다고 옷을 벗은 채 거리를 행진해야 했던 스물네 살 주런자오는 〈너무 수치스러워서 사람들을 볼 낯이 없었고〉 다른 마을로 옮겨 가게 해달라고 요청했다.[21] 광둥 성의 또 다른 작은 마을에서는 의용군이 두 여성의 옷을 벗기고 나무에 묶은 뒤 한 여성의 은밀한 부위를 자세히 보기 위해 손전등을 비췄고 다른 여성의 몸에는 남자 성기를 상징하는 커다란 거북을 그렸다. 두 여성 모두 자살했다.[22]

기록 보관소의 자료들이나 인터뷰에서는 잘 언급되지 않지만 어느 기근에서든 뚜렷한 사회적 경향으로서 일어나는 현상은 성매매였다. 약간의 음식과 더 좋은 일거리부터 얼마간의 안전을 제공할 수 있는 남성과의 지속적인 불륜 관계에 이르기까지 거의 어느 것에나 몸을 허락하는 여성들이 존재했다. 이런 거래 대부분은 적발되지 않고 지나갔으나 당국이 추적하려고 노력한 암흑가의 매춘도 있었다. 청두의 한 교정 시설은 100명이 넘는 매춘부와 비행 소녀들을 데리고 있었다. 십여 명 이상이 1949년 공산당의 승리 이후 〈재교화〉되었지만 개심하기를 거부한 성매매 종사자였다. 〈노모〉라는 별명으로 통한 왕칭즈는 이제는 다른 여성들을 성매매에 소개했다. 일부 새로운 성매매 종사자들은 남자 도둑들과 무리를 지어 시안과 베이징, 톈진 등으로 이동하며 생계를 유지하기 위해 중국을 돌아다녔다. 소수는 독자적으로 활동했고 심지어 한두 명은 정기적으로 부모에게 돈을 건넸고 부모들은 수입의 원천은 못 본 체했다.[23]

농촌 여성들도 이미 앞에서 본 대로 도시로 도망친 뒤 음식을 얻기 위해 몸을 바쳤다. 시골 여자들이 도시에서 남편을 얻기 위해 나이나 혼인 관계를 속이면서 이런 성매매의 자연스러운 확장은 중혼이었다. 일부는 법적으로 혼인할 수 있는 나이보다 한참 아래인 열다섯이나 열여섯 살에 불과했다. 어떤 이들은 이미 결혼을 했지만 생존을 위해 중혼을 저질렀다. 소수는 이전 결혼에서 얻은 자식들도 버릴 각오였지만 모두가 가족을 버린 것은 아니다. 일부는 결혼을 하고 단 며칠 뒤에 집으로 돌아왔다.[24]

결혼이라는 허울로 얄팍하게 위장된 성매매는 심지어 농촌에서 더 흔했다. 면밀한 조사가 이루어진 허베이의 한 마을에서는 기근이 가장 극심한 해인 1960년에 혼인 건수가 7배 증가했다. 여성들이 사정이 힘든 지역에서 그곳 마을로 쏟아져 들어오면서 친척들에게 식량이나 물건, 옷가지를 얻어 주기 위해 결혼을 한 것이다. 일부 여성은 열여섯 살밖에 되지 않았고 일부는 결혼을 하자마자 마을을 떠났다. 소수의 여성들은 신랑에게 다른 가족들을 소개했고, 그 결과는 여섯 건의 중혼으로 이어졌다.[25]

그다음으로 인신매매가 있었다. 일례로 내몽골에서 온 인신매매단이 중국 전역으로 흩어져 나가 매달 수백 명의 여성을 끌고 갔다. 대부분의 여성들은 기근에 시달리는 간쑤 출신이었고 소수는 산둥 출신이었다. 일부는 어린이에 불과했고 어떤 이들은 과부였지만 유부녀도 인신매매의 대상이었다. 희생자들은 학생과 교사, 심지어 간부를 비롯해 온갖 사회적 범주에 걸쳐 있었다. 자진해서 온 사람들은 거의 없었고 일부는 여러 차례 사고 팔렸다. 45명의 여성이 반년 안으로 고작 여섯 마을에 팔렸다.[26]

언제나 주변화되고, 때로는 모욕을 당하고, 어김없이 고단하고, 종종 남성들에게 버려진 여성들은 급기야는 가장 가슴 찢어지는 결정을, 다시 말해 빈약한 배급 식량을 어떻게 나눠야 하는지 결정을 내려야 하는 사람이었다. 보통은 남성이 집안일을 관장하고 자신이 먼저 먹을 것을 요구했던 기근 초기에는 이런 결정이 필요 없었다. 집산화 아래서 여성이 체계적으로 남성보다 더 적은 노동 점수를 받은 것과 같은 방식으로 가부장 사회는 가족 내 남자 구성원들을 먹이는 일이 우선시되길 기대했다. 심지어 정상적인 시기에도 여성은 더 적은 양을 먹어야 한다는

문화적 억압이 존재했고, 여성들은 남자들이 규정하는 대로 따랐다. 그리고 기근이 시작되자 남자들의 생존을 위해 여자들은 의도적으로 도외시되었고 이러한 선택은 가족 전체가 밖에 나가 식량을 구해 오는 남자들의 능력에 의존한다는 이유로 정당화되었다. 그러나 일단 남자가 밖으로 나가면, 아사해 가는 자식들의 고통을 속수무책으로 지켜보아야 하는 것은 여자의 몫이었다. 아이들이 음식을 달라고 끊임없이 울어대고 조르는 현실을 모두가 감내할 수는 없었고 이러한 상황은 희소한 자원의 분배를 두고 내려야 하는 엄혹한 선택으로 더욱 견딜 수 없게 되었다. 너무 아파서 일을 할 수 없었기 때문에 처벌로 6일치 배급 식량을 빼앗긴 류시류는 결국에 굶주림의 고통을 참지 못하고 그녀의 아이 몫으로 배정된 식량을 다 먹어 버렸고, 이내 아이가 비참하게 울기 시작했다. 괴로움을 견딜 수 없었던 그녀는 가성소다액을 마시고 목숨을 끊었다.[27]

정서적 고충과 신체적 고통 — 많은 이들이 견뎌야 했던 자기 비하와 굴욕은 말할 것도 없고 — 이 엄청났으며, 이 가운데 상당 부분이 성차별의 직접적 결과라는 것은 의심의 여지가 없다. 그러나 역사가들은 사망률 기록이 아무리 문제가 있다고 할지라도 다른 많은 가난한 가부장 사회에서 여성이 남성보다 훨씬 더 많이 죽지는 않았음을 보여 준다. 벵골 지방 기근에서는 심지어 남성 사망률이 여성 사망률을 능가해서 역사가 미셸 매컬핀은 〈여성이 남성보다 기근 시기의 시련을 더 잘 견뎌내는 것 같다〉고 썼다.[28] 앞에서 본 대로 여성은 숲에서 먹을 것을 찾아내고 대체 식량을 마련하는 일부터 암시장에서 거래에 이르기까지 일상의 생존 전략을 짜내는 데 뛰어났다. 결국에 기근의 가장 큰 희생자는 연소자와 노인이었다.

30장
노인

중국 농촌에서의 삶은 언제나 힘들었고 공산 정권의 수립 이전에 전통적인 효도 개념의 엄격한 준수는 최고 부유층을 제외하고는 그야말로 불가능한 일이었다. 옛 속담들은 전통 사회에서 노인에 대한 공경의 한계를 암시했다. 〈아들이 아홉, 손주가 스물세 명이 있어도 사람은 자기 무덤을 자기가 파야 할 수도 있다.〉[1] 비록 자식이 가족 연금이라 하더라도 노인은 계속해서 대체로 자신의 노동에 의지해야만 근근이 살아 나갈 수 있었다. 그리고 나이가 많다는 사실에 얼마간 위신이 부여되었을지도 모르지만 생계 부양 능력을 크게 강조하는 사회에서 많은 사람들은 노년에 접어들면서 틀림없이 자신에 대한 공경심이 줄어드는 것을 느꼈을 것이다. 다른 곳에서와 마찬가지로 노인들은 고독과 빈곤, 버림받는 것을 두려워했고 다른 이들보다 더 취약한 노인들, 즉 가족이 없는 노인들은 특히 그랬다. 그러나 대부분의 경우에서 1949년 이전에 그들은 어느 정도 보살핌과 위엄을 기대할 수 있었다. 그들의 생존 자체가 공경을 이끌어 냈다.

그러나 문화 대혁명 시기에 이르자 젊은 학생들이 선생들을 고문하고 홍위병이 연장자를 공격하는 가운데 완전히 다른 가치 체계가 세상을 지배하는 듯했다. 옛날의 도덕적 우주는 언제 뒤집어진 것일까? 수십 년에 걸친 무자비한 전쟁과 끊임없는 숙청으로 당이 폭력의 문화에 깊이 물들어 있긴 했지만 진짜 분수령은 대약진 운동이었다. 마청 주민들이 불평한 대로 인민공사는 아이들에게서 어머니를, 여자들한테서 남편을, 노인들한테서 친지를 앗아 갔다.[2] 이 세 가지 가족적 유대는 국가가 가족을 대체하면서 파괴되었다. 그리고 이것만으로도 모자라다는 듯 집산화에 기근의 고통이 뒤따랐다. 이미 곤궁한 사회적 풍경 사이로 굶주림이 만연하면서 가족의 결합은 더 와해되었다. 아사는 모든 유대 관계를 극한까지 시험했다.

자식이 없는 노인의 앞날은 특히 암울한 만큼 많은 사람들이 전통적으로 승려나 비구니가 되려고 했고 어떤 이들은 양자를 들여 가상적인 혈연관계를 맺었다. 이러한 유구한 관습은 집산화와 함께 일소되었다. 1958년 여름 자식이 없는 노인을 위한 양로원이 중국 농촌 마을 전역에 들어섰다. 대약진 운동 절정기에 10만 곳이 넘는 양로원이 설립되었다고 한다.[3]

학대가 만연했다. 일부 노인들은 두들겨 맞고 심지어 얼마 안 되는 소유물을 강탈당했으며, 양로원은 그들이 서서히 아사하도록 음식을 조금만 줬다. 베이징 바로 바깥 퉁저우에서는 양로원의 원장이 노인들 몫의 식량과 옷가지를 조직적으로 훔치고 난방이나 솜옷 없이 겨울을 나게 했다. 서리가 내리자마자 대부분의 내원자들은 죽었지만 그들의 시신은 일주일 동안 매장되지 않고 방치되었다.[4] 더 남쪽의 광둥 성 충하이(瓊海) 현에서는 신체 건장한 남성들이 멀리 떨어진 곳의 관개 사업에 모조리 징발되어서 일할 남자들이 부재한 가운데 마을 전체가 작업에 동원되었다. 70세 노인이 잠도 자지 못하고 열흘씩 일할 만큼 노인들은 밤낮으로 노역에 시달렸다. 1958년에서 1959년으로 이어지는 겨울에 마을 주민 열 명 가운데 한 명꼴로 죽었는데 대다수는 아이들과 양로원에 머물던 노인들이었다.[5] 쓰촨 성 충칭 현에서 한 양로원의 원장은 내원자들이 하루에 아홉 시간 일한 뒤 저녁에는 두 시간 동안 공부를 하도록 시켰다. 또 다른 경우에는 노인들이 〈군사화〉의 요구 사항들에 따라 밤새도록 작업을 해야 했다. 게으름을 피운 자들은 꽁꽁 묶이거나 두들겨 맞거나 식량을 빼앗겼다. 후난에서도 노인들은 수시로 묶이고 구타를 당했다.[6] 청두에서는 겨울에 한 양로원의 내원자들이 흙바닥에서 잠을 자야 했다. 그들에겐 담요나 솜옷, 솜을 댄 모자, 신발도 없었다.[7] 후난 성 헝양에서는 노인들 몫의 의약품, 달걀, 고기가 양로원을 맡고 있는 간부들의 손으로 들어갔다. 조리사가 간명하게 표현한 대로였다. 〈당신들을 먹이는 게 무슨 소용이야? 돼지를 먹이면 고기라도 나오지!〉 기근이 끝났을 때 후난 성에 남아 있던 일곱 곳의 양로원에서 고작 1,058명만 살아남았다.[8]

많은 양로원들이 유아원들을 괴롭힌 것과 동일한 자금 마련의 전체적 문제와 부패에 시달려 들어서자마자 망했다. 단체의 보살핌에 내맡겨진 자식이 없는 노인들은 1958년에서 1959년으로 이어지는 겨울에 이르자 생존을 위한 각축을 벌어야 했다. 그러나 양로원 바깥의 삶도 나을 게 없었다. 아이들이 어른처럼 취급되었듯이 공동 식당에서 노동 점수에 따라 식사를 담아 주면서 노인들도 집단 농장에 자신의 밥값을 증명해야 했다. 굶주림은 그저 자원 부족의 문제라기보다는 자원의 배분 문제였다. 노동과 식량 둘 다의 부족에 직면하여 현지 간부들은 안타깝게도 흔히 하나를 다른 하나와 교환하기로 하여, 전력을 다해 일할 수 없는 사람들은 사실상 서서히 아사해 가는 체제를 만들어 냈다. 한 마디로 노인들은 없어도 됐다. 그리고 아이들이 자그마한 잘못에도 가혹하게 처벌을 받은 것처럼 노인들도 엄한 규율과 처벌 체제에 시달렸고 종종 그 가족들도 처벌을 공유했다. 후난 성 류양 현에서는 산에서 작업에 대해 불만을 호소한 한 78세 노인이 억류되었고, 그의 며느리는 그를 때리라는 명령을 받았다. 명령을 거부하자 며느리는 피투성이가 되게 맞았다. 그다음 그녀는 곤죽이 되도록 맞은 노인에게 침을 뱉으라는 명령을 받았다. 노인은 그 뒤 얼마 안 있어 죽었다.[9]

가족 안에서 노인들의 운명은 자식들의 호의에 달려 있었다. 기근 시기에는 온갖 종류의 다툼이 발생했지만 새로운 유대 관계도 생겨났다. 장귀화는 모친이 앞을 못 보는 할머니와 잘 지내지 못했다고 기억했다. 할아버지는 불구였다. 할머니와 할아버지는 식량을 다른 사람들에게 의존했을 뿐 아니라 옷을 입거나 변소에 갈 때도 도움이 필요했다. 어머니가 종종 화를 내며 조부모의 배급을 끊어 버리려 했기에 장귀화가 조부모를 돕는 사람이었다. 그러나 그녀가 할 수 있는 것은 거의 없었고 얼마 뒤에 그녀의 조부모는 흙을 먹고 죽었다. 두 사람은 관 없이, 짚에 싸여 얕은 구덩이에 묻혔다.[10]

결국에 모두가 필사적으로 식량을 찾아 마을을 떠났을 때 흔히 걷지 못하는 노인과 장애인들만 뒤에 남겨졌다. 후베이 성 당양에서, 한때 활기차고 떠들썩했던 마을에 남은 사람은 단 일곱 명에 불과했는데 네 사람은 노인, 두 사람은 맹인, 한 사람은 장애인이었다. 그들은 나뭇잎을 먹었다.[11]

6부

죽음의 방식들

31장
사고

상세한 노동 입법과 산업 작업의 모든 측면에 대한 꼼꼼한 규정에도 불구하고 방호복 제공부터 조명 기준에 이르기까지 계획 경제에서 부실한 안전 대책은 고질적이었다. 광범위한 노동 조사관 네트워크 — 노동조합 연맹과 여성 연맹, 공산 청년 동맹부터 보건부와 노동부의 조사관들에 이르기까지 — 가 주기적으로 작업장을 시찰하고 건강 위해 요소를 모니터하고, 노동자들의 생활 수준을 살폈다. 그들은 거대한 정치적 압력 아래 활동하고 있었고 종종 광범위한 혹사 행위에 눈을 감는 편을 택했지만 가차 없는 보고서를 남기기도 했다. 이 광대한 노동 감독 기구에도 불구하고 공장 관리자들과 생산대 대장들은 직원들에 대한 개인적 동정과 상관없이 줄곧 생산량 증대에 사로잡혀 있었다.

현장에서는 열성분자와 게으름뱅이들이 기조를 세웠다. 당 활동가들은 더 높은 생산 목표치를 끊임없이 추구하면서 작업 공정을 건너뛰고, 기준을 줄이고, 안전 규정을 무시하고 노동력과 장비를 혹사시켰다. 공장과 들판에서 보통 사람들은 새로운 증산 운동이 추진될 때마다 집단적 무기력으로 운동의 타격에 맞서려고 했다. 그러나 널리 퍼진 무관심과 태만은 상부로부터 가해지는 압력을 덜어 주기도 했지만 사람들이 자신과 직접 연관되지 않은 일은 무엇이든 책임을 회피하게 되면서 작업장에서의 안전 의식을 좀먹는 효과를 낳기도 했다. 그리고 집산화로 인해 식량과 의복, 연료 부족이 점점 더 심각해지자 초가집 안에서 난로를 때는 것부터 안전 장비를 훔치는 것에 이르기까지 훨씬 위험천만한 자구책들이 등장하여 더 많은 사고가 발생하게 되었다. 공장의 바퀴 옆이나 고로 옆에서 깜빡 잠이 드는 것처럼 노동자들의 피로는 상황을 더욱 악화시킬 뿐이었다.

여기에 소름끼치지만 간단한 계산을 추가해야 한다. 목표를 달성하지 못하면 관리자는 경력이 끝장날 수도 있지만 노동 안전 기준 위반은 그저 손목을 찰싹 때리는 처벌에 그쳤다. 목숨은 안전 장비를 설치하거나 노동 입법을 시행하는 것보다 훨씬 비용이 덜 들고 쌌다. 따지고 보면 더 나은 미래를 위한 전투에서 사람 한두 명 죽는 게 뭐 어떻단 말인가? 앞서 본 대로 외교부장 천이는 대약진 운동을 전장에 비교하면서 몇몇 산업 재해가 혁명의 발목을 붙잡지는 않을 것이라고 역설했다. 〈그건 별 거 아니다〉라고 그는 어깨를 으쓱하며 말했다.[1]

화재의 경우를 보자. 앞서 공안부는 대약진 운동의 해인 1958년에 7,000건 정도의 화재로 1억 위안의 재산 손실을 봤다고 추정했다. 피해 규모가 컸던 이유 중 하나는 화재 진압 장비가 부재했기 때문이다. 대부분의 소방 호스와 펌프, 소화기, 스프링클러, 여타 장비는 수입되어 왔지만 현지 자급자족 정책을 추진하면서 해외 구매는 중지되었다. 그러나 1958년 말이 되자 소화 장비를 제조하는 80군데 국영 공장 가운데 7군데를 제외하고는 모두 문을 닫은 상태였다. 일부 경우에 소방관들은 불길이 번지는 것을 막지 못한 채 빈손으로 그저 바라보아야만 했다.[2]

상황은 다음 몇 년에 걸쳐서도 나아지지 않았다. 흙과 대나무, 짚으로 대충 꿰맞춘 판잣집에 과밀 수용된 노동자들은 임시변통으로 피운 불 주변으로 모여 앉았고 그런 불은 걷잡을 수 없이 다른 곳으로 옮겨 붙기도 했다. 1959년 한 달에만 난징 전역에서 수백 건의 화재가 발생했다.[3] 사람들이 공동 식당에서 빠져나와 몰래 조리를 하려다가 사고가 벌어지기도 했다. 한 소녀가 건조한 날씨에 불을 피우다가 바람이 불씨를 실어 갔고, 결국 그녀의 오두막에 불이 붙어 거대한 불길이 치솟으며 인명과 재산을 파괴했다.[4] 후베이 성 징먼에서는 토목 공사 중에 누군가의 발에 걸려 등유 램프가 쓰러지면서 온통 불바다가 되어 60명이 목숨을 잃었다.[5] 대규모 관개 사업에 모집된 마을 주민들은 공사 현장에 급조된 초가집에 살았는데 이런 집들은 기진맥진한 현장 노동자들이 램프를 쓰러뜨리거나 몰래 담배에 불을 붙이다가 수시로 화염에 휩싸였다.[6] 실제 사망률에 관해 믿을 만한 통계는 거의 없지만 장시에서는 한 달 동안에만 스물네 건의 화재로 139명이 불에 타거나 질식해 죽었다.[7] 후난에서는 약 50명이 매달 사망했다. 공안부는 1959년 전반기에 매일 열 건 정도 화재가 발생한다고 기록했다.[8]

안전이 〈우파 보수주의적〉 걱정으로 여겨지면서 산업 재해 발생 건수가 치솟았다. 구이저우 성 당위원회는 1959년 초에 사고사 숫자가 1년 전보다 17배 증가했다고 추정했다.[9] 사망자 숫자를 거론해서 대약진 운동에 찬물을 끼얹고 싶은 조사관은 거의 없었고, 또 회사들도 수시로 사고를 감췄기 때문에 정확한 사상자 숫자는 알려지지 않았다. 루산 총회의 여파로 숙청된 마오쩌둥의 비서 중 한 명인 리루이는 나중에 1958년 산업 재해 사망 건수를 5만 건으로 추정했다.[10] 노동부에 따르면 1960년 첫 여덟 달 동안 약 1만 3,000명의 노동자가 사망했는데 매일 50명 넘게 사망한 셈이었다. 이것은 실제 사고의 극히 일부에 불과하겠지만 노동부 보고서는 광업과 공업 부문을 괴롭히던 몇몇 문제들을 뚜렷하게 보여 준다. 탕샨 제철소에서는 1제곱킬로미터 안에 40기가 넘는 강력한 고로들이 몰려 있었지만 냉각 수반 주변으로 방호 펜스는 전혀 둘러쳐져 있지 않았다. 노동자들은 발을 헛디뎌 부글부글 끓는 슬러지*에 빠졌다. 중국 전역의 탄광에서는 환기가 불충분해 질식성 가스와 인화성이 강한 가스가 누적되었다. 때로는 결함이 있는 전기 장비에서 불꽃이 튀어 점화된 탄전 가스 폭발 사고가 곳곳의 탄광을 뒤흔들었다. 침수는 무수한 목숨을 앗아 가는 또 다른 탄광 사고인 한편 보수 점검이 형편없는 막장이 무너지며 광부들이 산 채로 매몰되었다.[11] 1962년 3월 지린 성 퉁화 현 바다오장 탄광에 대폭발이 일어나 77명의 목숨을 앗아 갔다. 그러나 최악의 사고는 677명의 광부들이 사망한 1960년 5월 9일 다퉁의 라오바이퉁 탄광 사고일 것이다.[12]

그러나 노동부가 수집하는 통계에서는 물론 배제되었으나 폭발은 더 작은 사업장에서도 수시로 발생했다. 후난에서 한 비판적 보고서는 대약진 운동 개시 이후 탄광 사고가 분기마다 어떻게 증가해 왔는지를 지적했다. 1959년 초에 이르자 후난 성 어디선가 광부들이 매일 평균 두 명씩 사고로 사망했다.[13] 난징 관탕 탄광 — 대약진 운동 기간 동안 개장한 — 에서 2주 사이에 세 차례 대형 폭발이 발생했는데 〈피할 수 있었을〉이라고 묘사된 여러 사고들 가운데 대표적 사례였다. 램프가 갱도 바닥에 떨어지고, 안전벨트는 무시되고, 경험 없는 노동자들이 적절한 교육도 없이 때로는 맨발인 상태로 탄광으로 내려 보내졌다. 현지

* 기름 찌꺼기 등 물탱크나 보일러 바닥에 괴어 있는 각종 침전물.

의 지질을 완전히 무시한 채 파인 수직 갱도와 터널은 몇 년 뒤에 〈아수라장〉이라고 묘사될 정도였다.[14]

탄광은 다른 어느 산업보다 많은 목숨을 앗아 갔지만 어디서든 사망은 증가 추세였다. 작업장에는 쌓인 먼지와 잡동사니가 거치적거렸고, 통로에는 수거하지 않은 쓰레기와 내버린 부품들이 흩어져 있었으며, 조명과 난방, 환기의 만성적 부족은 공장을 본질적으로 위험천만한 환경으로 만들었다. 대부분의 노동자들은 방호복은 고사하고 일정한 작업복도 없었다. 더 높은 목표량 달성을 추구하는 과정에서 노동자들의 안전에 대한 관심이 무시되면서 난징에서는 1958년부터 매달 치명적인 폭발 사고가 줄곧 발생했다.[15] 많은 공장들이 대약진 운동 기간 동안 제대로 된 계획 없이 서둘러 세워진 바람에 지붕 전체가 노동자들 위로 무너지는 사고가 여러 차례 있었다.[16]

상황은 대중교통에서도 딱히 나을 게 없었다. 미숙한 운전자들이 확대되는 운송 업계에 합류했다. 중량 제한과 속도 제한은 우파적이라고 규탄받지 않는다 해도 깡그리 무시되었다. 트럭, 기차, 배는 보수 점검이 제대로 이루어지지 않은 채 내구 한도 이상으로 운용되다가 흔히 망가지면 조악한 장비와 폐부품으로 적당히 때워졌다. 믿을 만한 수치는 여기서도 존재하지 않지만, 문제가 어느 정도였는지는 후난 성의 요약 보고서에서 짐작할 수 있다. 후난 성을 가로지르는 도로와 강에서 1958년 4,000건 이상의 사고가 보고되었고 사망자 수는 572명에 달했다. 이 가운데 맹인 사공과 역시 장애가 있는 그의 동료가 함께 나룻배를 몰고 있던 사건도 있었다.[17] 이웃 후베이 성에서는 배들이 램프와 조명 없이 어둠 속에서 항행하는 일이 흔했다. 우한의 마창 호에서는 1960년 8월에 아무런 안전 장비 없이 승선 인원을 초과해 태운 여객선에 불이 나 승객 20명이 익사했다. 유사한 사고가 후베이 성 전역에서 발생했다.[18] 간쑤 성 톈수이에서는 1961년에서 1962년으로 넘어가는 겨울 한 달도 채 못 된 기간 동안 두 차례 사고가 발생해 100명 넘게 사망했는데 사망자 대부분은 학생이었다. 웨이 강을 왕래하는 연락선들은 승선 인원을 세 배 넘게 초과했다.[19] 버스도 혼잡하기는 마찬가지였다. 광저우에서는 버스 승객들이 〈돼지처럼〉 쑤셔 넣어졌고 고장이 너무 잦아서 승객들이 정류장 밖에서 며칠씩 잠을 자며 기다려야 했다. 사망 사고가 흔했다.[20]

열차 사고는 덜 빈번했지만 기근이 악화되면서 화물 차량 역시 죽음의 운반자가 되었다. 1961년 1월 간쑤 성에서는 열차의 기관이 고장나거나 연료가 떨어져 승객들이 얼어붙은 허허벌판에서 고립무원의 처지가 되어 최대 30시간까지 지연 사태를 겪어야 했다. 승객들에게 물이나 음식은 제공되지 않았고, 대소변이 차량 곳곳에 퍼져 나갔으며 아사한 승객들의 시신이 급속히 쌓여 갔다. 철도 시스템이 정체되면서 다루기 힘든 군중 역시 오도 가도 못한 채 철도역에 발이 묶였다. 란저우에서는 어마어마한 연착 탓에 1만 명의 승객이 임시 거처에 머물러야 했다. 란저우 역 자체는 수천 명의 대기 승객들로 미어터졌지만 음식물은 전혀 제공되지 않았다. 매일 여러 명이 사망했다.[21]

사고사가 한 번씩 발생할 때마다 여러 명의 사람들이 가까스로 죽음을 모면했다. 그러나 기근의 와중에는 경미한 부상도 죽음을 불러올 수 있었다. 노동자들은 산업 재해에 대한 보상을 거의 받지 못했고, 의료비 때문에 파산하거나 일자리에서 쫓겨났다. 심지어 건강상 이유로 결근을 해도 배급 식량이 줄어들었다. 감염, 영양실조, 부분적인 거동 불가는 서로 상승 작용을 일으키며 아픈 사람들을 생존 경쟁에서 불리한 처지에 빠트렸고, 안타깝게도 흔히 그들을 결핍의 악순환으로 몰아넣었다.

32장
질병

기근 시기에 죽은 사람들이 모두 아사한 것은 아니다. 우선 설사, 이질, 열병, 티푸스 같은 평범한 질병이 많은 목숨을 앗아 갔다. 이 시기에 중국에서 이러한 각각의 질병이 미친 충격을 확인하기는 극히 어렵다. 중국이 워낙 넓고 현장의 조건들이 다양한 탓이기도 하지만 무엇보다 기록 보관소에서 가장 문제적인 자료들이 보건 관련 자료들이기 때문이다. 수백만 명의 당원들이 숙청되거나 우파로 낙인찍히는 공포의 분위기 속에서 질병과 사망만큼 민감한 주제도 별로 없다. 영양실조가 중난하이의 권력 심장부에 도달하고 리즈쑤이가 주석에게 간염과 수종이 만연하다고 이야기하자 마오쩌둥은 빈정거렸다. 「당신네 의사들은 질병에 관해 이야기하면서 사람들 심기를 불편하게 만들고 있을 뿐이야. 모두를 힘들게 하게 있어. 자네 말을 믿을 수 없네.」[1]

물론 당 관리들은 대약진 운동 기간 내내 종종 커다란 개인적 위험을 감수하며 온갖 주제에 관해 비판적인 보고서를 계속해서 생산해 냈지만 의학적 상황에 대한 믿을 만한 조사들은 찾기 힘들다. 의료 체계는 우선 집산화로 망가졌고 그다음 넘쳐 나는 기근 희생자들을 주체하지 못하다가 급기야는 붕괴하고 말았다. 심지어 대도시의 병원들도 자원이 바닥났고 1960년에 이르자 의사와 간호사들은 자신들의 생존을 위해 싸우고 있었다. 난징에서는 예를 들어 모든 간호사와 의사의 3분의 2가 병을 앓고 있었다. 병원이 질병과 사망 확산의 촉매가 되었기 때문이었다. 한 보고서에 의하면 음식에서 파리와 여타 벌레들이 〈빈번히〉 발견되어 환자와 직원들한테 설사를 야기했다. 심지어 당원 전용의 최고급 병원에서도 난방 시스템이 망가진 한편 직원들은 여기저기를 기운 더러운 누더기를 걸쳤다. 세탁을 한 적이 있는 제복은 거의 없었다.[2] 우한에서는 심각한 부족 사태가 범죄에 가까운 태만으로 악화되었다. 인민 병원에 근무하는 대부분의 의사와 간호사들에게서는 한 보고서가 〈책임감〉이라고 부른 것이 결여된 듯했다. 그들은 약품을 물로 희석해 이윤을 냈다. 또 환자들한테서 물건을 훔쳤다. 병자를 구타했다. 남성 의사들은 여성 환자들을 성추행했다. 병원 재정은 난장판이었다.[3]

이런 상황에서 메스와 시험관으로 무장한 채 기근에 시달리는 마을에서 시간을 보내며 사망 요인을 찾아내고 싶어 하는 의료 전문가들이 얼마 없었다는 것은 놀랍지 않다. 대부분의 사람들이 죽은 농촌 지역은 바깥세상과 단절되었다. 1960년에서 1961년으로 넘어가는 겨울, 기근이 얼마나 심한지 마침내 인식되었을 때 굶어 죽어 가는 사람들을 돕기 위해 응급 센터들이 버려진 농장이나 외양간에 들어섰다. 쓰촨 성, 룽샨 현에서는 응급 센터로 실려 온 사람들이 바닥에 얇게 깐 지푸라기 위에 내버려졌다. 혹한에도 불구하고 담요는 없었다. 악취가 진동했다. 가련한 고통의 신음 소리가 울려 퍼졌다. 음식이나 의약품은 말할 것도 없고 어떤 이들은 며칠 동안 물 한 모금 얻어 마시지 못했다. 퉁량에서는 산 자들이 시체와 침대를 공유했다. 아무도 신경 쓰지 않는 듯했다.[4]

관 현에서는 사태가 때때로 반대로 돌아갔다. 담당자들이 일부 환자가 죽는 것을 기다리지 않고 산 자들을 시체와 함께 가뒀다. 간질로 고생하던 기계공 얀시샨은 줄에 묶여 시체 안치소에 내버려졌다. 쥐들이 안치소 안에 있던 시신 여섯 구의 눈과 코를 이미 파먹은 상태였다.[5]

기근에서 눈에 띄는 특징 가운데 하나는 낮은 전염병 발병률이다. 감옥열이나 병원열, 기근열이라고도 부르는 티푸스가 언급되기는 하나 사람을 대량으로 죽이지는 않았던 것 같다. 이나 벼룩의 배설물로 옮는 티푸스는 과밀하고 비위생적인 환경에서 발생하고, 기근과 전쟁, 추운 날씨와 관련이 있었다. 농촌에서 도망친 이주민들을 가두는 억류소, 그리고 심지어 베이징이나 상하이 같은 도시들에서도 흔했다.[6] 보통 기근 시기에는 희생자들의 10~15퍼센트 정도가 티푸스와 장티푸스, 회귀열에 사망할 수도 있지만 중국에서는 그렇지 않았을지도 모른다. 혹시 해충 구제에 효과적인 DDT의 광범위한 사용이 도움이 되었을까? 자연에 맞선 전쟁에서 다른 곤충들이 살아남을 것을 생각하면 그랬을 것 같지는 않다. 게다가 앞서 본 대로 기근으로 황폐한 지역에서 실제로 메뚜기가 창궐했고 다른 해충들도 마찬가지였다. 벼룩을 옮기는 쥐는 대약진 운동이 시작될 때 전개된 대대적 박멸 운동으로 그 수가 많이 줄었다. 그러나 쥐는 무서운 속도로 번식하고 먹는 것을 이것저것 가리지 않는다.

발진과 고열이 결국 혼수상태로 이어지는 티푸스가 왜 널리 퍼지지 않을 수도 있었는지에 대한 더 설득력 있는 이유는 유행병이 급속히 고립되었기 때문이라는 것이다. 기근의 존재를 공공연히 부인하지만 전염병의 창궐이 의심되면 곧장 달려드는 군사적 체제가 있었다. 예를 들어, 1961년 여름에 관둥에서 발생한 콜레라의 경우가 그랬다. 전염병은 6월 초 여러 어부들이 오염된 해산물을 먹고 앓아누우면서 시작되었다. 몇 주 만에 수천 명이 더 감염되었고 곧 100여 명 넘게 죽어 가고 있었다. 현지 당국은 군대를 이용해 콜레라 영향권에 방역 저지선을 쳤다. 검역은 콜레라가 멀리 장먼과 중샨까지 확산되는 것을 막지 못했지만 — 공황 상태는 심지어 양장에서도 터져 나왔다 — 전체 희생자 수는 적었다.[7] 1960년 3월에는 역병 역시 성만한 면적의 지역에 퍼졌지만 더 이상의 확산은 저지되었던 것 같다.[8]

그러나 역사가들이 기근과 연관 짓게 된 다른 주요 유행병에 대한 언급도 기록 보관소에서 부재하다는 것은 주목할 만하다. 천연두와 이질, 콜레라가 더 높은 발병률을 보이긴 했어도 수백만 명이 주요 유행병으로 목숨을 잃었다는 문서상 증거는 아직까지 별로 없다. 그리고 기근이 끝나고 수십 년 뒤에 현지 당위원회들이 발행한 공식 지리지도 주요 유행병을 자주 언급하지 않는다. 반대로 질병이 언급되는 대목은 어김없이 〈영양실조로 야기된 수종에 의한 사망률이 높았다〉라는 틀에 박힌 문장으로 묘사된다.[9]

이런 기록들에서 그려지는 그림은 역사적으로 기근하고만 연관된 두세 가지 주요 유행병의 충격에 시달리기보다는 다종다양한 질병에 시달리고 있던 나라였다. 그리고 이 광범위한 질병의 증가는 만연한 기아 그 자체의 결과인 만큼이나, 만원 유아원과 불결한 공동 식당, 위험한 작업장부터 장비는 부족하고, 환자는 넘쳐 나고, 직원은 부족한 병원에 이르기까지 일상생활의 사실상 모든 측면에 끼친 집산화의 파괴적 영향에서 기인했다. 후난에서는 1958년 홍역으로 전년도보다 두 배나 많은 수치인 약 7,500명의 아동이 사망했는데 가족들이 과밀한 유아원에 아이들을 맡겨야 했기 때문이었다. 소아마비 발병률의 경우 1958년보다 1959년에 15배 높았다. 뇌막염 발병률도 두 배 늘었는데 역시나 기숙형 유아원의 끔찍한 환경 때문이었다.[10] 다른 지역들의 단편적인 정보들도 이러한 경향을 확인해 준다. 예를 들어 난징에서 1958년에서 1959년으로 넘어가는 겨울에 수천 건의 뇌막염이 발생해 140명의 목숨을 앗아 갔다.[11] 1959년 난징에서는 디프테리아 발병률도 엄청나게 증가하여 전년도보다 사망 건수가 7배 증가했다.[12]

간염 발병률도 치솟았으나 농촌의 곤궁한 대중보다는 특권적인 도시 거주민들에게 더 영향을 미치는 경향이 있었다. 후베이 성의 도시들에서는 1961년에 다섯 명 가운데 한 명꼴로 간염에 걸렸다. 우한에서만 검사를 받은 90만 명 가운데 27만 명 정도가 양성 반응이 나왔다.[13] 상하이에서도 감염자 수는 몇몇 회사들로 하여금 감염을 치료하기 위한 특수 의료 시설을 요청하게 할 정도로 많았다.[14]

말라리아도 고질적이었다. 1960년 여름 우시 곳곳의 주민들 가운데 4분의 1이 말라리아에 걸렸다.[15] 혈액과 간을 공격하는 기생충으로 감염되며, 달팽이열이라고도 하는 주혈흡충증도 만연했다. 사람들이 맨발로 무논을 걸어 다니거나 물고기를 잡으러 갔다가 민물 달팽이와 접촉하게 되면서 허후이 성의 여러 현에서 주혈흡충증이 수천 건 발생했다. 한양에서는 1961년 여름에 굶주린 공장 노동자들이 보리를 베기 위해 도시 인근의 여러 호수들로 몰려갔다. 3,000명이 주혈흡충증에 감염되어 10여 명이 사망했다.[16] 피를 하도 열심히 빨아먹어 숙주에 빈혈을 일으키는 유구조충도 흔했다. 비록 믿을 만한 통계는 여전히 찾기 어렵지만 1960년에 후난 성 의료 당국이 감염자 300만 명 치료를 목표로 삼을 만큼 유구조충 문제는 심각했다. 그나마 이 목표치도 고작 8개 현에 국한된 것이었다.[17]

어디서나 집산화의 영향은 더 높은 발병률로 이어졌다. 1958년 철강 증산 캠페인 동안 토법고로에서 나온 열기로 사람들이 어떻게 죽어 갔는지는 이미 살펴보았지만 다음 몇 년 동안도 열사병은 계속해서 사람들의 목숨을 앗아 갔다. 영양실조에 걸리고 기진맥진한 노동자들은 온종일 고온에 노출되었고 난징에서는 1959년 여름 단 이틀 동안에만 수십 건의 열사병이 발생하여 여러 명이 사망했다.[18] 후베이 성에서는 간단한 밀짚모자마저도 부족했지만 경작자들은 한낮의 이글거리는 태양 아래서 작업을 강요당했다. 수천 명이 열사병으로 고생했고 약 30명 정도는 사망에 이를 정도였다.[19]

심지어 나병도 증가 추세였다. 피부와 신경, 사지와 눈을 영구적으로 손상시키는 박테리아로 감염되는 이 질병은 부적절한 보살핌과 오염된 물, 불충분한 음식으로 확산되었다. 과중한 업무로 허덕이는 병원들은 나병 환자들을 내쫓았다. 난징에서는 약 250명 정도가 입원했지만 자원이 부족한 탓에 다른 환자들과 격리될 수 없었다.[20] 우한에서는 나병 환자가 2,000명 넘게 있다고 알려졌지만 병원 침상 부족 현상이 심각하여 환자들은 먹을 것을 찾아 도시를 배회해야 했다.[21] 농촌의 나병 환자들은 더 불운할 수도 있었다. 광둥 성 치궁 현에서는 나병에 걸린 열여섯 살 소년과 성인을 산으로 데려간 다음 머리 뒤쪽에 대고 총을 쏘았다.[22]

정의하기가 어렵긴 해도 정신병도 확산되었는데 물론 널리 퍼진 상실과 고통, 비탄이 국가의 끊임없는 약탈 행위와 결합하여 굶주린 사람들을 광증으로 몰아갔기 때문이었다. 정신병에 관한 의미 있는 연구는 거의 나오지 않았지만 광둥 성, 화저우란 현에서는 1959년에 500명 이상의 주민들이 정신병에 걸렸다.[23] 집단 히스테리의 한 흥미로운 사례로, 1960년 5월 저장 성 루이안 현의 중학교 재학생 600명 정도 가운데 3분의 1이 뚜렷한 이유 없이 갑자기 울고 웃기 시작했다.[24] 유사한 보고가 쓰촨에서도 들어왔다. 그곳 여러 현의 주민들 수백 명은 이상한 말을 지껄이고 발작적인 웃음을 터트리며 미쳐 날뛰었다.[25] 한 추정치는 정신병의 전국적 발병률을 1,000명당 한 명이라고 잡았지만 화저우의 경우가 보여 주듯 더 많은 사람들이 집산화의 무지막지한 폭력과 기근의 공포(이것만큼은 다음 장에서 살펴볼 매우 높은 자살률로 분명해진다)를 감당하지 못했을지도 모른다. 어쨌거나 의료 당국은 다른 우선 사항이 많았기 때문에 간호를 받은 정신 질환자는 거의 없었다. 예를 들어 우한에서는 도시 전체를 통틀어 정신 질환자가 이용 가능한 침상이 30개에 불과하여 알려진 2,000명의 환자들은 전문가의 보살핌을 받을 수 없었다.[26]

함부로 취급될지언정 미친 사람들은 한 가지 이점이 있었다. 궁정의 어릿광대처럼 그들은 진실을 말해도 처벌을 피해 갔다. 신양 지역의 한 생존자가 기억하는 대로 그의 마을에서 오직 한 사람만이 감히 기근을 언급할 수 있었다. 그는 온종일 미쳐서 마을을 돌아다니며 모든 사람들에게 항간에 떠도는 말을 되풀이했다. 〈사람이 사람을 먹고 개가 개를 먹고 심지어 쥐도 너무 배가 고파서 돌을 갉아 먹는다.〉 아무도 신경 쓰지 않았다.[27]

보통은 기아와 관련된 주요 유행병은 중국의 농촌 지역을 괴롭히지 않았다. 그 대신 집산화의 파괴적 영향들은 사람들이 기근 식량을 먹음으로써 걸리는 중독을 비롯해 전반적인 질병을 증가시켰다. 어떤 식량들은 — 1846년~1848년 아일랜드 감자 기근 동안 섭취된 식용 해조류나 1944년~1945년 굶주린 겨울 동안 네덜란드에서 섭취된 튤립 구근 — 꽤 영양가가 있기도 했지만 많은 것들이 소화기 계통 질병을 야기했다.

사람들이 먹을 수 있는 풀뿌리와 야생초를 찾아다니기 전에도 심각한 식단 불균형으로 야기되는 소화기 질환이 나타날 수 있었다. 도시 거주민들은 때때로 신선한 녹색 채소 대용으로 피클과 소금에 절인 채소, 발효 두부를 배급받는 비율이 훨씬 높았다. 예를 들어 난징에서는 많은 공장 노동자들이 일일 소금을 30~40그램 섭취했는데 오늘날 권장되는 양보다 거의 열 배가 많은 양이다. 그들은 식단의 단조로움을 깨기 위해 뜨거운 물에 간장을 추가했다. 한 남자는 한 달이 못 되는 기간 동안 간장을 약 5리터 섭취했음이 밝혀졌다.[28] 그러나 충분한 탄수화물이 없는 잎이 많은 다량의 채소도 건강 악화를 초래했다. 월말에 배급 곡물이 바닥나면 배고픈 사람들은 곡물 대신 청과물에만 의지하다가 피부가 때로 보라색으로 변하면서 아인산염 중독으로 죽었다. 1961년 상하이 인근 농촌 지역에서는 수십 건의 사망이 보고되었다.[29]

식품 산업의 비위생성은 허약하고 취약한 계층의 목숨을 앗아 가는 설사를 창궐시켰다. 국가가 생산, 저장, 가공, 분배, 음식 조달을 모두 관장하면서 집산화로 야기된 혼란은 식품 공급 사슬의 모든 단계에서 감지되었다. 식품은 공장장들이 적당히 손질하고 왜곡하고 조작해야 할 또 다른 생산량 수치로 전락하고 말았고 직원들 사이에서는 무관심과 태만, 사보타주가 흔했다. 1959년 여름 우한에서는 식중독이 빈발해 며칠마다 수백 건이 보고되었다. 여름 무더위의 고온이 일조했겠지만 식품 공장 여섯 군데에 대한 상세한 조사 결과 만연한 태만이 주범으로 지목되었다. 어디나 파리가 들끓었다. 한 열성적 조사관은 1제곱미터당 곤충 약 20마리가 있다고 계산했다. 시장으로 가야 할 통과 단지는 밀봉 부분이 뜯겨 있어 안에 벌레들이 꿈틀거리고 있었다. 한 공장에서는 40톤의 잼과 맥아당에 구더기가 발견되었다. 썩은 달걀이 고스란히 케이크와 캔디에 들어갔다. 많은 생산 현장에 물이 없어서 작업자들은 손을 씻지 않았다. 일부는 바닥에 그대로 오줌을 눴다. 일단 식품이 시장에 도달하면 습한 날씨 속에서 썩어 갔다.[30]

많은 음식 재료들이 더 이상 근교에서 오지 않고 그 대신 먼 거리를 실려 오면서 더 많은 문제들이 나타났다. 예를 들어 저장 성에서 온 당근은 우한으로 운송되는 동안 썩어 버렸다. 그다음 식품을 처리하는 인적, 물적 자원이 대단히 부적절했다. 전에는 청과물을 시장 구석구석으로 배달한 행상인들이 육중한 공사로 흡수된 한편, 그저 채소를 담아 나를 대나무 바구니가 충분하지 않아서 전체 채소의 6분의 1이 거리에서 썩어 갔다.[31]

공동 식당의 상황도 나을 게 없었다. 음식에서 파리가 발견되는가 하면 기본적인 식기도 없었다. 한번은 직원 300명이 더러운 물이 가득한 대야에 대충 헹군 젓가락 서른 벌로 다 같이 아침 식사를 해야 했다. 식당도 태만의 사이클에서 벗어날 수 없었다. 주방은 사람보다는 파리가 지배하는 아수라장이었다. 파리를 때려잡으면 음식으로 떨어졌다. 한

식당에서는 먼지에 쌓인 채소가 나왔다. 식초와 간장 그릇에서는 곤충이 발견되었다.[32]

이런 사례들은 전부 도시에서, 농촌의 암울한 환경과 비교해 사람들이 상대적으로 특권을 누리는 곳에서 나왔다. 모든 식품이 대형 공동 식당에 집중되어 있었기 때문에 설사나 식중독이 창궐하면 마을 전체가 영향을 받았다. 쓰촨 성 진탕 현에서는 한 공동 식당에서 농민 200명에게 내놓은 묽은 죽에 수십 마리의 구더기가 있었다. 공동 식당에서 이용하는 우물이 변소 옆에 있었고, 특히 큰 비가 내린 뒤에는 변소의 배수구와 우물이 잘 분리되지 않는 탓이었다. 죽을 먹기 거부한 사람들은 사흘 동안 아무런 음식도 받지 못했다. 그 액체를 가까스로 삼킨 사람들은 심각한 복통을 앓았다. 수십 명이 앓았고 열 명이 죽었다.[33] 펑 현에서는 인분과 소변이 담긴 통 네 개가 주방에서 발견되었고 바닥에는 내용물이 흘러넘쳐 있었다. 재료와 식기를 씻는 데 쓰는 물은 문 옆 고인 연못에서 퍼왔다. 마을 주민들 4분의 1이 앓았다. 파리들이 마을을 지배했다.[34] 역시 쓰촨 성의 진양에서는 〈닭똥이 어디나 있고, 인분이 쌓여 있으며, 도랑이 막히고, 악취가 지독〉했다. 현지 주민들은 공동 식당을 〈똥 골목〉이라고 불렀다.[35] 심지어 식량이 있을 때에도 공동 식당은 연료나 물이 떨어질 수 있었다. 양쯔 강의 여러 지류가 합류하는 청두에서 일부 조리사들은 물을 구하러 1킬로미터 가까이 가야 했고, 곡식은 때로 익히지 않고 나왔다.[36] 그러나 물론 많은 경우에 공동 식당은 전혀 운영되지 않았다. 식량과 연료가 떨어지자 식당 문은 닫혔고 마을 주민들은 알아서 먹고 살아야 했다.

바로 앞 장에서 본 대로 집산화는 여러 사고들로 얼룩졌다. 사람들은 오염된 생산물이나 부패한 식량을 받았을 뿐 아니라 중독 사고의 희생자가 되기도 했다. 1960년에는 한 달이 채 못 되는 기간 동안 위생부에 치명적 중독 사고가 134건이 보고되었지만 그나마도 현실의 미미한 반영일 뿐이었다. 살충제는 때때로 공동 식당이나 곡창 안에 보관된 한편, 음식을 준비하거나 화학제품을 다루는 데 쓰이는 도구가 언제나 분리되어 있지는 않았다. 허베이 성 바오디 현에서는 살충제에 오염된 굴림대를 곡식을 가는 데 써서 100명이 넘는 주민들이 중독되었다. 아무런 조치도 취해지지 않은 채 며칠 뒤 곡물 가루는 그대로 팔려 나가 150명이 다시금 중독으로 쓰러졌다. 산시 성 원수이에서는 독극물을 담았던 단지가 유아원 주방으로 흘러들어 30명이 넘는 원아들이 심한 복통을 겪어야 했다. 후베이 성에서는 비료 덩어리를 콩깻묵으로 착각하기도 했다. 1,000명이 병이 났고, 38명이 사망했다.[37]

식량이 바닥나자 정부는 새로운 식량 기술과 대체 식품을 장려하기 시작했다. 이들 대부분은 무해했다. 〈조리 기술의 위대한 혁명〉으로 널리 선전된 〈이중 스팀 방법〉에 따라 조리사들은 쌀을 두 번 찌면서 음식의 부피를 늘리기 위해 찔 때마다 물을 더 넣어야 했다.[38] 일부 대체 식품들은 갈린 옥수수 속대나 보릿짚, 콩이나 여타 곡식에서 나온 왕겨였다. 그러나 정부는 새로운 대체 식품도 도입했다. 클로렐라는 1950년대 초에 전 세계의 식품 전문가들에 의해 다른 식물보다 태양 에너지를 20배 많이 단백질로 전환할 수 있는 기적의 조류로 널리 선전되었다. 그러나 수백만 명을 기아에서 구제해 줄 것이라고 약속한 이 플랑크톤 수프는 알고 보니 만들어 내는 것이 불가능한 것으로 드러났고 맛이 너

무 고약해서 클로렐라 열풍은 결국 잦아들었다. 중국에서는 이 물기 많은 점액질이 기근 동안 기적의 식품으로 치켜세워졌다. 클로렐라는 습지 연못에 길러서 건져 낼 수 있었지만 흔히 사람 소변이 담긴 통에서 길러진 다음 떠내서 물에 씻은 뒤 쌀과 함께 조리되었다.[39] 그 초록색 음식물은 영양적 관점에서 별로 기여한 게 없었을 것이다. 과학자들은 1960년대에 클로렐라의 영양분이 거친 세포벽 안에 싸여 있어서 사람이 소화시킬 수 없다는 것을 발견했다.[40]

죄수들은 실험용 쥐로 이용되었다. 재소자들은 진저리 나는 녹색 플랑크톤 외에도 톱밥과 목재 펄프를 먹어야 했다. 바오뤄왕 — 장 파스칼리니Jean Pasqualini로도 알려진 중국 노동 수용소 생활을 다룬 회상록의 저자 — 은 갈색 천이 제지용 펄프처럼 갈린 뒤 곡식 가루와 섞였던 것을 기억했다. 대대적인 변비가 뒤따라 몸이 더 허약한 재소자들을 죽였다.[41] 그러나 심지어 도시에서도 대체 식품의 확산은 장폐색이나 괄약근 파열을 야기했다. 베이징 량마 공장의 직원들은 손으로 변을 잡아 빼내야 했다.[42]

농촌의 주민들은 산딸기와 열매, 풀을 찾아 숲을 샅샅이 헤집었다. 그들은 먹을 수 있는 뿌리와 야생 풀을 찾아 언덕을 뒤졌다. 필사적으로 썩은 고기를 찾고 쓰레기를 뒤지고 나무껍질을 벗겨 냈다가 급기야는 배를 채우기 위해 진흙으로 눈길을 돌렸다. 심지어 베이징에서도 외국인들은 사람들이 아카시아 나무 잎사귀를 막대기로 쳐서 떨어뜨리는 것을 목격했는데, 사람들은 아카시아 잎사귀를 자루에 모아서 가져가 수프로 끓여 먹였다.[43] 말랐지만 강단 있는 몸에 함박웃음을 짓는 얀시푸는 쓰촨 성에서 대약진 운동이 벌어질 때 열 살의 어린 소년이었다. 현재 요리사로 일하는 그는 음식을 잘 기억한다. 그는 어떻게 모싯잎이 잘게 썰려서 전병으로 구워지고, 유채 줄기가 걸쭉한 국으로 조리되었는지를 기억하는 한편, 겨잣잎을 삶아 먹은 것도 회고한다. 콩 줄기는 잘게 갈아서 체에 친 다음 작은 전병으로 만들었다. 바나나 줄기도 마치 사탕수수처럼 껍질을 벗긴 다음 생으로 먹었다. 무는 절여졌고 특식으로 여겨질 만큼 드물었다. 곤충은 산 채로 입속으로 들어갔지만 벌레와 두꺼비는 불에 구워 먹었다. 그의 가족의 창의적인 재간에도 불구하고 얀시푸의 아버지와 여동생은 아사했다.[44]

주민들이 찾아 먹은 풀과 버섯, 뿌리 일부는 독성이 있었다. 밤에 빠져나가 먹을 만한 들풀을 찾는 일은 종종 아이들의 몫이었으므로 자기들이 뭘 먹고 있는지 실제로 알고 있는 사람은 거의 없었다. 한 생존자는 이렇게 회고했다. 〈그 시절에는 밖에 나가 이미 알려진 약초를 찾는다는 게 불가능했다. 우리는 뭐든 먹었다. 푸른색이면 아무 풀이나 먹었다. 풀이 독이 없다는 것을 알기만 하면 신경 쓰지 않았다. 거의 아무거나 먹었다.〉[45] 그러나 사고가 흔했다. 허베이에서는 오염된 식품과 병든 동물, 독성이 있는 풀과 뿌리를 먹어 사망하는 사고가 매달 100건 보고되었다.[46] 갈아서 타피오카로 만들 수 있는 녹말질 덩이줄기 카사바는 훌륭한 탄수화물 원천이지만 잎사귀는 독성이 있어 날것으로 먹을 수 없다. 광시 성에서는 단 한 달 사이에 174명이 카사바를 물에 담가 제대로 조리하지 않고 그냥 먹은 뒤 사망했다. 푸젠 성에서도 수천 건의 식중독 사고 가운데 비슷한 수가 카사바로 인한 마비성 신경 질병으로 사망했다.[47] 잡초인 도꼬마리도 또 다른 위험 식물이었다. 씨앗의 독성이 매우 강해 마음대로 먹을 것을 찾아다니는 돼지들이 도꼬마리 씨앗에 죽기도 했다. 사람의 경우에는 구역질과 구토, 목 근육의 뒤틀림을 유발하다가 맥박이 빨라지고 호흡 곤란이 이어진 뒤 결국 사망에

이른다. 베이징에서는 이 독성 잡초로 열흘 사이에 160명의 희생자가 발생했다.[48]

이상한 운명의 반전으로, 때때로 정치적으로 가장 주변화된 사람들이 살아남기에 더 좋은 처지에 있었는데 대약진 운동 전 여러 해 동안 기아에 맞서 대처 메커니즘을 발전시켜 왔기 때문이다. 1949년 공산 정권 수립 직후 〈사악한 지주〉의 자식들로서 멍샤오리와 그의 형제는 후베이 성 치안장의 조상 대대로 살아오던 집에서 쫓겨났다. 그는 아무런 소지품도 챙길 시간이 없었다. 그는 어린 소년에 불과했지만 누군가 그의 윗도리도 벗겨 갔다. 모든 사람들에게 배척된 그들은 어머니와 함께 마을을 배회하다 결국에 야생풀을 캐며 호숫가에 머물게 되었다. 첫날 밤에는 마을의 개들과 함께 말린 지푸라기 위에서 잤고 나중에는 허름한 흙집에 머물렀다. 처음에 그들은 구걸을 하려고 했지만 아무도 그들에게 감히 먹을 것을 줄 수 없었다. 〈그래서 우리는 호수에서 물고기를 잡으려고 했지만 마땅한 도구가 없어서 먹을 만큼 많이 잡지 못했다. 그래도 연뿌리를 캐고 씨앗을 주워서 살아갈 수 있었다. 몇 달 뒤 우리 형제는 호수에서 물고기 잡는 법을 터득했다. 비록 쌀은 전혀 없었지만 사실, 우리는 꽤 잘 먹을 수 있었다.〉 몇 년 뒤 기근이 마을을 덮쳤을 때 멍샤오리의 가족만이 생존에 대비가 된 사람들이었다.[49]

짚과 줄기는 지붕에서 가져와 먹었다. 어린 여동생을 돌보기 위해 어른처럼 일해야 했던 열한 살 고아 소녀 자오샤오바이는 하루는 배고픔을 견디지 못해 사다리를 타고 지붕에 올라간 일을 기억했다. 〈그때는 아직 꽤 어렸을 때였다. 나는 너무 배가 고파서 [지붕을 덮는 데 쓰는] 옥수숫대 한 조각을 잘라서 씹기 시작했다. 맛이 좋았다! 나는 잇따라 옥수숫대 조각을 계속 씹어 먹었다. 너무 배가 고파서 옥수숫대도 맛이 있을 지경이었다.〉[50] 가죽은 부드럽게 한 다음 먹었다. 쓰촨에서 마을 주민 절반이 아사하는 것을 지켜봤지만 어머니가 공동 식당 조리사였기 때문에 살아남을 수 있었던 주얼거는 이렇게 설명했다. 〈우리는 사람들이 앉았던 가죽 의자를 물에 담갔다. 물에 담근 다음 조리를 해서 작게 잘라 먹었다.〉[51]

감염된 동물은 굶주린 사람들에게 먹혔고, 심지어 이런 일은 수도 외곽에서도 비일비재했다. 화이뤄 현에서는 굶주린 마을 주민들이 탄저균에 감염된 양을 수시로 먹어 치웠다.[52] 수백 명이 청두의 어느 가죽 공장에서 가죽을 벗기고 남은, 털 뭉치와 섞인 고약한 냄새가 나는 지방 조각을 먹은 뒤에 중독되었는데 공동 식당의 채소와 물물 교환된 것이었다. 관 현의 도살장에서는 심지어 병들어 죽은 가축의 감염된 사체도 현지 인민공사로 조용히 팔려 나갔다.[53] 사람들이 쥐에게 먹히지 않을 때는 쥐가 사람들에게 먹혔는데, 때로 죽은 쥐를 정화조에서 건져내 먹기도 했다.[54]

달리 아무것도 남지 않았을 때 사람들은 관인 흙이라고 부르는 — 자비의 여신의 이름을 딴 것이다 — 부드러운 진흙으로 눈길을 돌렸다. 리징취안이 보낸 어느 작업 팀은 쓰촨 성 량 현에서 자신들이 목격한 것에 경악했다. 유령 같은 마을 주민들이 깊은 구덩이 앞에 빽빽하게 늘어서 있었다. 이글거리는 태양 아래 쭈글쭈글한 몸에서는 땀이 비 오듯 흘러내리는 가운데 그들은 구덩이 아래로 내려가 흰 고령토를 몇 주먹씩 파낼 차례를 기다리고 있었다. 그것은 지옥의 광경이었다. 살가죽으로 뼈가 튀어나오기 시작한 아이들이 기진맥진하여 쓰러지면서, 흙으로 빚은 조각 같은 더러운 몸뚱이가 땅에 어두운 그림자를 드리웠다. 누더기를 걸친 노파들은 부적을 태운 뒤, 양손을 포갠 채 절을 하며 이상한 주문을 중얼거렸다. 10만 명이 넘는 사람들이 25만 톤의 흙을 파냈다. 한 마을에서만 전체 262가구 가운데 214가구가 흙을 먹었고, 그 양이 한 사람당 수 킬로그램이었다. 일부 마을 주민들은 구덩이에서 흙을 파면서 진흙을 바로 입에 넣었다. 그러나 대부분은 흙에 왕겨, 꽃, 잡초를 섞은 다음 물을 붓고 잘 이겨서 진흙 빵으로 구워 먹었다. 생명을 유지시켜 줄 양분은 별로 없었지만 포만감은 들었다. 일단 몸 안으로 들어가면 흙은 시멘트처럼 작용해 배 속을 바짝 말리고 장관(腸管) 안의 수분을 모조리 흡수해 버렸다. 배변이 불가능했다. 모든 마을마다 여러 사람이 결장이 흙으로 막힌 채 고통스럽게 죽었다.[55] 허광화가 회고한 대로 허난에서는 너무 많은 사람들이 양리스라고 하는 돌을 갈아서 자꾸 빵으로 구워 먹는 바람에 어른들은 나뭇가지로 서로 변을 빼내는 것을 도와주곤 했다.[56] 쓰촨과 간쑤, 안후이부터 허난까지 중국 전역에서 참을 수 없는 굶주림에 시달리는 사람들은 진흙에 의지했다.

사람들은 실제로 기아로 죽었다. 죽음의 시야에서 질병의 가능성이 크게 제기되는 다른 많은 기근들과 대조적으로 말이다. 엄밀하게 임상적인 의미에서 아사는 신체의 단백질과 지방 축적분이 소모되어 근육이 쇠약해지고, 결국에는 심장을 비롯해 근육의 기능이 완전히 멈추는 것을 뜻한다. 성인은 물만 마실 수 있다면 음식이 없어도 몇 주를 버틸 수 있다. 신체에 축적된 지방이 주요 에너지 공급원이고 가장 먼저 분해된다. 소량의 열량은 간에서도 글리코겐으로 쌓이는데 일반적으로 글리코겐은 하루 안으로 다시 열량으로 전환된다. 그러나 지방 축적분이

고갈되자마자 뇌 — 신체에서 최우선적인 기관 — 에 필요한 당을 생산하기 위해 단백질이 근육과 다른 조직에서 분해되어 간에서 소비된다. 생존하기 위해 필요한 포도당을 만들어 내기 위해 뇌는 여기저기 조직을 조금씩 가져다 소비하며 말 그대로 신체를 조각조각 먹어 치우기 시작한다. 혈압이 낮아지고 그러면 심장이 더 열심히 일해야 한다. 몸이 약해지고 점차 비쩍 말라 간다. 단백질이 고갈되면 혈관과 분해되는 조직에서 체액이 새어나오기 시작해 피부와 신체 곳곳의 구멍에 쌓여 수종을 야기한다. 처음에는 얼굴과 발, 다리가 부풀어 오르지만 체액은 배와 가슴 주변으로 내려갈 수도 있다. 무릎이 부어서 걷기가 고통스러워진다. 목숨을 더 오래 부지하기 위해 소금을 더 먹거나 음식에 물을 타는 것은 상황을 악화시킬 뿐이다. 그러나 일부 아사자들은 수종 대신 탈수 증상을 겪어 피부가 바짝 마르고, 쭈글쭈글해지고, 비늘처럼 변하며 때로는 갈색 점으로 뒤덮이기도 한다. 목 근육이 약해지고 후두가 바싹 마르면서 목소리가 갈라지다 아무런 소리도 나오지 않게 된다. 사람들은 에너지를 아끼기 위해 웅크리는 경향이 있다. 폐가 약해진다. 얼굴이 움푹 패고, 광대뼈가 불거지며, 툭 튀어나온 눈알은 아무런 감정도 없는 듯 앞만 멍하니 응시한 채 섬뜩한 흰자위만 보인다. 갈비뼈가 주름이 잡혀 축 처진 살갗으로 튀어나온다. 팔과 다리는 앙상한 나뭇가지 같다. 머리카락이 빠지고 검은 머리칼은 색깔도 빠진다. 줄어드는 몸무게에 비해 혈액 부피는 실제로 증가하므로 심장은 더 열심히 일해야 한다. 결국에는 장기가 너무 망가져 작동하지 않게 된다.[57]

기아는 금기시되는 주제였을지도 모르지만 기록 보관소는 〈수종병〉과 〈아사〉에 관한 보고로 넘쳐난다. 영문학 교수 우닝쿤은 굶주림을 겪으면서 무슨 일이 일어났는지를 다음과 같이 묘사했다. 〈나는 심각한 수종에 걸린 첫 케이스였다. 수척해지고, 발목이 부풀어 올랐으며, 다리에 힘에 없어서 강제 노동을 하러 들판으로 가는 동안 종종 넘어졌다. 주변에 거울이 없어서 내가 어떤 모습이었는지는 모르겠지만 송장 같은 다른 수용소 사람들의 모습에서 내 꼬락서니도 퍽 볼 만했을 거란 걸 알 수 있다.〉[58] 그만큼 유려하게 묘사하는 희생자는 별로 없었지만 증상은 어디서나 관찰되었다. 칭위안 — 한때 광둥의 곡창 지대로 여겨진 — 의 한 인민공사에서는 1960년 마을 주민의 40퍼센트가 수종을 앓았다.[59] 심지어 도시에서도 흔했다. 베이징에서 노동력의 절반이 수종을 앓았음은 이미 살펴보았다. 1960~1961년에는 상하이의 고등학생들 사이에 수종이 퍼졌다.[60] 톈진의 최고의 고등 교육 기관인 난카이 대학교에서는 다섯 명 중 한 명꼴로 수종을 앓았다.[61] 수종이 너무 흔해서 기근에 시달리는 사람들이 수종 증세를 보이지 않으면 설명이 필요했다. 1959년 장자커우의 제1서기에 임명된, 거침없는 관료 후카이밍은 1960에서 1961년으로 넘어가는 겨울에 굶어 죽어 가던 마을 주민들이 일반적인 수종 증세를 보이지 않고 저혈당의 결과로 갑자기 쓰러져 죽곤 했다고 설명했다.[62]

왜 훨씬 더 많은 수의 주민들이 최종적인 아사 단계가 시작되기 전에 유행병으로 쓰러지지 않았을까? 한 가지 이유는 위에서 제시한 대로 당이 전염병들을 면밀하게 모니터했다는 것이다. 그러나 집산화 역시 조직상의 혼란상과 농촌 의료의 붕괴를 야기했고, 농촌 의료는 최상의 경우에도 아주 기초적인 수준이었다. 더 개연성 있는 설명은 농촌의 사람들이 다른 어느 곳에서보다 훨씬 더 빠르게 아사하여, 병균이 약해진 면역 체계에 기생할 수 있는 기회를 축소해 버렸다는 것이다. 유일하게 구할 수 있는 식량은 집단 농장의 공동 식당에 있었고 거기에 접근할 길은 현지 간부들에 의해 좌우됐다. 손에 잡히는 결과를 내놓으라는 엄청난 압박 아래 많은 현지 관리들이 식량을 무기로 사용했다. 폭력에 관한 다음 장에서 보게 되듯이 일하지 않은 주민은 아무런 식량도 받지 못했다. 그리고 더 이상 일을 할 수 없는 사람들은 흔히 기운이 다한 사람들이었다. 죽음은 금방 찾아왔다.

33장

노동 수용소

상하이의 집단 농장에서 일하는 54세의 남성 선산칭은 1958년 어느 여름날 치명적 실수를 저질렀다. 고형물을 줄이기 위해 거름에 물을 붓는 대신 그는 그 희석하지 않은 비료를 곧장 당근밭에 부어 버렸다. 잎사귀가 시들시들해졌다. 선산칭은 농업 부문에서 대약진 운동에 사심 없이 헌신하는 것보다는 노동 점수를 모으는 데 명백히 관심이 더 많았다. 그리고 그는 뻔뻔하기도 했다. 체포된 뒤 뉘우치기보다는 당당하게 어차피 식량은 귀하고, 감옥은 적어도 자신에게 숙식을 제공할 것이라고 주장했다. 더 자세히 조사해 보니 그가 2년 전 당 간부를 비방했다는 사실도 드러났다. 그는 곧장 상하이에서 북서쪽으로 2,000킬로미터 떨어진 바람이 휘몰아치는 칭하이 평원의 한 노동 수용소에서 10년 동안 복역하도록 보내졌다. 그의 서류철은 그가 10년 전의 〈의도적인 사보타주〉부터 10년간의 강제 노동 생활 동안 저지른 가장 커다란 위반 행위로 보이는 일, 즉 유리창 한 장이라는 〈정부의 기물〉을 우연히 깨뜨린 일에 이르기까지 그 어떤 비하적인 자술서도 기꺼이 쓰는 병들고 망가진 사람이 되어 1968년 9월 출소했음을 보여 준다.[1]

그가 받은 형은 가혹했지만 많은 보통 사람들이 아주 사소한 경범죄에도 수용소에서 1~5년을 보내야 했다. 대부분의 증거는 공안부 소속의 비공개 기록 보관소에 안전하게 감춰져 있지만 범죄와 처벌에 관한 보고서들은 복사되어 이따금씩 다른 당 기관으로 건네졌는데 일례로 이런 보고서 가운데 하나는 1959년 여름 난징에서는 좀도둑질도 5~10년에 이르는 형을 선고받았다는 것을 상세히 설명하고 있다.[2] 베이징에서는 남성 재소자 400명에 관한 세부 사항을 담고 있는 감옥 내부 등기소 기록이 경범죄에 5~10년 형을 선고하는 것이 결코 특별한 경우가 아니었음을 보여 준다. 1945년에 인민 해방군에 입대했다가 10년 뒤 제대한 농민인 딩바오전은 총 17위안에 달하는 바지 두 벌을 훔쳤다. 그는 12년 형을 선고받고 1958년 2월 11일에 수감되었다. 수도의 톈안먼 버스 정류장에서 여행객들한테서 물건을 훔친 문맹의 시골 주민 천지원은 15년 형을 받았다. 소를 치는 일로 연명하다 1957년 수도로 흘러들어온 또 다른 빈민은 베이징 백화점 앞에서 도둑질을 하다 들켰다. 그 역시 15년 형을 받고 갇혔다.[3]

그러나 지난 몇 년보다 총살을 당하는 사람은 더 적었다. 적어도 1958년 이후에는 그랬다. 〈더 적게 체포하고, 더 적게 죽이고, 더 적게 단속한다〉는 것이 정책이라고 공안부장 셰푸즈는 1960년 4월에 부서의 직원들에게 설명했다. 처형에 의한 죽음은 계획 경제의 다른 모든 것과 마찬가지로 수치, 달성해야 할 목표, 숫자를 합산해야 하는 통계표였다. 그는 1960년에는 4,000명을 죽여야 한다고 발표했다. 이것은 전년도보다 낮은 수치였다. 1959년에는 4,500명이 죽은 한편(공산주의 정권은 사형, 즉 법적으로 사람을 죽이는 것을 〈극형〉이나 〈최고형〉 같은 완곡어법으로 위장할 필요를 좀처럼 느끼지 않기 때문에 표현은 언제나 〈죽이다〉였다), 21만 3,000명이 체포되었고, 추가로 67만 7,000명이 공개적으로 수모를 당했다.[4]

이러한 민감한 자료들은 구하기 쉽지 않지만 허베이에서 나온 공안부 문서는 성 수준에서 이것이 어떤 식으로 이루어졌는지를 보여 준다. 수도를 둘러싼 허베이 성에서는 1958년에 지난 2년보다 세 배 많은 수치인 약 1만 6,000명의 〈반혁명 분자〉와 더불어 2만 명의 일반 범죄자가 체포되었는데 이 수치는 1955년을 제외하고 1949년 이후로 가장 높은 수치였다. 이 숫자는 1959년 급감하여 그해 당국은 〈반혁명 분자〉 1,900명과 일반 범죄자 5,000명을 체포했다. 일반 범죄자의 숫자가 1,000명을 약간 상회하는 수준으로 떨어진 것을 제외하고는 1960년과 1961년에 별다른 변화는 없었다.[5] 1959년에는 약 800명이 총살되었다.[6]

사형을 당한 사람은 별로 없었을지 몰라도 노동 수용소에서 잠깐 지내는 것만으로도 질병과 죽음을 맞이할 수 있었다. 노동 수용소는 〈북대황(北大荒)〉이라고 불리던 헤이룽장 성의 광대한 습지대부터 북서부의 칭하이와 간쑤 성의 건조한 산악 지대와 사막 지대에 이르기까지 중국에서 가장 험난한 지역 곳곳에 배치되어 있었다. 노동 수용소 시스템 바깥에서 삶은 쉽게 끊어지지는 않는다 해도 비참했다. 그러나 소금 광산과 우라늄 광산, 벽돌 공장, 국영 농장과 노동 수용소 안의 잔혹한 체제는 만연한 기아와 결합하여 네다섯 명 가운데 한 명꼴로 재소자를 땅에 묻었다. 쓰촨 성 황수이에서는 재소자의 3분의 1이상이 아사했다.[7] 1957년 12월, 간쑤 성 고비 사막 근처 사구 지대 자볜거우(夾邊溝) 노동 수용소에 2,300명의 첫 재소자 무리가 도착했다. 1960년 9월 재소자들이 또 다른 농장으로 옮겨 갈 무렵이 되자 이미 1,000명이 처참한 환경 속에서 사망한 상태였다. 1960년 11월과 12월에 640명이 더 죽었고, 그 무렵 장중량 실각의 여파로 수용소는 마침내 폐쇄되었다.[8] 간쑤 성 전체적으로는 1960년 6월에 약 8만 2,000명의 재소자들이 100군데의 노동 교화 수용소에서 일하고 있었다.[9] 1960년 12월에 이르자 그 달에만 4,000명 가까이 사망하여 7만 2,000명만이 남아 있었다.[10] 이 책을 위해 참고한 기록 보관소 자료에 기록된 노동 수용소 최저 연간 사망률은 1959년부터 1961년까지 연간 4~8퍼센트에 그친 허베이 성의 사망률로, 허베이 성 소재 노동 수용소 재소자는 몇 천 명에 불과했다.[11]

라오가이(勞改), 즉 노동 교화 수용소에는 얼마나 많은 사람들이 수용되어 있었을까? 셰푸즈는 1960년에 — 티베트를 제외하고 — 총 180만 명이 수용되어 있다고 추산했다. 재소자들은 1,077군데의 공장과 광산, 채석장과 더불어 440군데의 농장에서 일했다.[12] 1958년과 1962년 5퍼센트, 1959년부터 1961년까지 연간 10퍼센트라는 대략적인 사망률에 따르면 질병과 아사로 사망한 사람은 70만 명에 달할 것이다. 일부 재소자들이 탈출하고 싶어 했던 것도 당연하다. 그러나 전체적으로 감시는 엄했다. 다른 이유는 차치하고 노동 수용소가 국가 경제에 중대한 기여를 하고 있었기 때문이다. 셰푸즈의 추정에 따르면 1960년 노동 수용소는 수용소 농장에서 생산되는 농산물 75만 톤을 제외하고도 중국 경제에 연간 30억 위안을 기여하고 있었다.[13]

노동 교화 수용소는 훨씬 더 큰 노동 수용소 시스템의 일부에 불과했다. 비투회(批鬥會)*에 나가야 하거나 공식적 감시를 받는 사람들은 안타깝게도 너무도 흔히 감옥으로 보내졌다.[14] 그리고 그보다 더 중요하

게도 1957년부터 1962년까지 공식 사법은 축소되었다. 이것은 늘 그렇듯 꼭대기에서 마오쩌둥으로부터 시작되었다. 1958년 8월 그는 다음과 같이 선언했다. 〈우리 당의 결의안 하나하나가 모두 법이다. 우리가 협의회를 열면 그것이 법이 된다. (……) 법령과 규정 절대 다수(90퍼센트)가 사법부에 의해 기안된다. 우리는 이것들에 의존하지 말아야 한다. 우리는 주로 결의안과 협의회에 의존해야 하며, 질서를 유지하기 위해서는 관습법과 형법에 기대는 대신 1년에 네 차례 협의회를 열면 된다.〉[15]

주석의 말은 과연 법이라 당위원회들이 — 〈인민대중의 도움을 받아〉 — 사법적 사안을 담당했다. 이러한 정치적 압력이 바로 1959년 법무부의 폐지를 가져왔다. 농촌에서 이는 사법 당국으로부터 의용군으로의 권력 이동을 의미했다. 인구 83만 명의 허베이 성 닝지 현 전체를 통틀어 고작 80명의 간부가 경찰, 조사관, 법원 업무를 담당했다. 이것은 인민공사 도래 이전 시절의 절반에 해당하는 숫자였다.[16]

현지 의용군은 1957년 8월부터 도입된 새로운 차원의 구금 체계 즉, 라오자오(勞教)라는 〈노동을 통한 재교육〉 수용소에 의존했다. 선산칭 같은 일반 범죄자는 인민 법정에서 형을 선고받았지만 재교육 수용소의 재소자들은 아무런 사법적 절차를 거치지 않고 무기한 — 완전히 〈재교육〉될 때까지 — 수용될 수 있었다. 공안부 관할의 노동 교화 수용소와 대조적으로 재교육 수용소는 성, 시, 현, 인민공사, 심지어 마을 차원에서 조직되었다. 좀도둑질이나 부랑 행각, 당에 대한 비방, 벽에 반동적 낙서하기, 노동 방해 행위나 대약진 운동의 정신에 반하는 것으

* 대중 앞에서 공개적으로 자신의 범죄를 시인하고 수모를 당하는 일. 흔히 지주 같은 계급의 적이나 정적을 숙청하는 수단으로 이용되었다.

로 간주되는 행위를 저질렀다고 혐의를 받은 사람은 누구든 재교육 수용소에 갇힐 수 있었다. 공식적 노동 수용소만큼 가혹한 재교육 수용소는 1957년 이후 어디서나 우후죽순처럼 들어섰다. 셰푸즈는 1960년에 재교육 수용소에 44만 명의 재소자가 있다고 언급했으나 그가 멀리 떨어진 베이징의 집무실에서 본 것은 빙산의 일각에 불과했다.[17]

1960년대 후반부터 현지 간부 숙청을 감독하기 위해 작업 팀들을 파견한 다음에야 현지의 감금 시설의 실상이 마침내 드러나게 되었다. 1958년 여름에 창설된 강력한 의용군의 지원을 받아 사립 노동 수용소를 운영하지 않는 공사는 거의 없었다. 줄줄이 들어오는 보고서들은 이런저런 단체들 — 현지 경찰서, 마을 생산대, 인민공사 — 이 어떻게 〈사립 처벌 수용소(私立刑場)〉를 설립했는지를 언급한다. 선산칭 같은 범죄자 한 명이 공식적으로 법정으로 넘겨질 때마다 여러 명의 범죄자들이 사법 체계를 건너뛰고 그냥 현지 교도소에 갇히게 되었다. 이 그림자 세계의 규모는 앞으로도 정확히 밝혀지지 않을 것이다. 앞서 본 대로 쉬수이 현의 모범 인민공사에서 장궈중은 현 단위부터 생산 대대까지 뻗어 있는 정교한 노동 수용소 시스템을 수립했다. 전체 주민의 1.5퍼센트가 이런 수용소에 갇혀 있었다.[18] 상하이 인근 펑 현에서는 마을 주민들이 수시로 특별 노동 수용소로 끌려갔는데 그중 하나는 말을 듣지 않는 아동을 대상으로 한 수용소였다.[19] 카이핑 현에서는 어느 생산 대대 하나에만 무려 네 개의 노동 수용소가 있어서 수백 명의 사람들이 며칠이나 최대 150일까지 오랜 기간을 갇혀 있었다. 일단 수용소 안으로 들어가면 많은 사람들이 두들겨 맞고 고문을 당했다. 일부는 그 후유증으로 평생 불구가 되었다.[20] 때로 사람들은 공식적 감옥에 갇히지도 않았다. 본보기를 보이기 위해 카이핑의 한 간부는 4.5킬로그램의 족쇄를 이용해 절도 혐의를 받은 어느 노파를 공동 식당에 열흘간 묶어 두었다. 의용군 소속 한 젊은이가 불붙은 성냥으로 그녀의 발을 그슬렸다.[21]

현지마다 사법 체계가 제멋대로 굴러가게 되면서 특별 수용소와 특별 제재가 나라 전역에서 고안되었다. 구이저우 성 인장 현 어느 수용소 재소자들의 이마에는 붉은 물감으로 〈도둑〉이라는 글자가 적혀 있었다. 구이저우 성 전역에서 인민공사마다 〈훈련 센터(合宿隊)〉가 들어서서 비판적 시각을 표명하거나 집회에 참가하길 거부한 사람들이 〈재교육〉을 받도록 보내져 중노동을 해야 했다.[22] 집산화에 반대하는 체제 전복 분자들을 처리하기 위해 여러 〈훈련 센터〉들이 공안부에 의해 1959년 류저우에도 세워졌다.[23] 베이징 북쪽 얀칭 현에서는 게으름을 피웠다는 의심을 조금만 받아도 곧장 감금되었다. 한 62세의 남성은 참새를 충분히 잡지 않았다는 이유로 한 달간 감금되었다.[24]

범죄자 한 명이 공식 사법 체계에 넘겨질 때마다 너덧 명의 사람들이 현지의 재교육 수용소에 갇혔다고 한다면 대약진 운동 기간 어느 해에나 총재소자 수는 800만~900만 명에 달했을 것이다(180만~200만 명은 노동 수용소, 600만~800만 명은 재교육 수용소). 그렇다면 앞서 공식 노동 수용소에서 적게 잡아 약 100만 명으로 추정된 질병과 아사로 인한 총사망자 수는 서너 배로 뛰어야 할 것이고, 이는 기근 시기에 적어도 300만 명이 노동 수용소 시스템에서 사망했다는 말이다.[25] 사망률은 높았지만 1930년대 소련과 비교하면 수감률은 상대적으로 낮았다. 상대적으로 적은 수의 사람들이 실제로 범죄로 형을 살았기 때문이다. 사람들은 형을 사는 대신 두들겨 맞고 아사했다.

34장
폭력

테러와 폭력은 정권의 토대였다. 테러가 효과적이기 위해서는 자의적이고 가차 없어야 했다. 그것은 모두에게 도달할 만큼 널리 퍼져야 하지만 그렇다고 반드시 많은 사람의 목숨을 앗아 갈 필요는 없었다. 이러한 원리는 잘 이해되었다. 〈원숭이를 겁주기 위해 닭을 죽여라〉라는 전통 속담이 있었다. 퉁저우 — 수도 바로 바깥 — 에서 주민들을 때리기 전에 먼저 무릎을 꿇게 한 간부들은 그것을 〈일벌백계〉라고 불렀다.[1]

그러나 대약진 운동 동안 완전히 다른 성격의 무언가가 농촌에 생겨났다. 폭력은 일상적인 통제의 도구가 되었다. 그것은 다수의 마음속에 공포를 주입하기 위해 소수에게 이따금씩 행사되는 것이라기보다는 물건을 슬쩍하거나 훔치는 것은 말할 것도 없고 꾸물거리거나 방해하거나 항의하는 것으로 보이는 누구에게나, 한마디로 주민 다수에게 체계적이고 상습적으로 가해지는 것이었다. 농민들이 일을 할 만한 유의미한 유인 동기는 모두 사라졌다. 땅은 국가 소유였고, 그들이 생산한 곡물은 종종 생산 비용보다 더 낮은 가격에 수매되었으며, 가축과 연장,

농기구는 더 이상 그의 것이 아닌 데다 종종 집마저도 몰수당했다. 반면에 현지 간부들은 계획을 달성하고 초과 달성하라는 갈수록 커지는 압력에 직면하여 끊임없는 증산 운동을 벌이는 가운데 노동 인구에 사정없이 채찍질을 해야 했다.

지속적인 선전과 주입은 대약진 운동 초기에는 도움이 되었을지도 모르지만 주민들이 참석해야 했던 매일 같은 모임은 만연한 수면 결핍에 기여했다. 쓰촨에서 기근에 관한 인터뷰를 했을 때 리포포는 〈날마다 모임, 어디서나 확성기〉라고 기억했다.[2] 어떤 것들은 며칠씩 이어지기도 하는 모임은 과연 집산화의 핵심이었지만 농민 대중이 공개적으로 의사를 표명하는 사회 민주주의의 포럼이라기보다는 간부들이 설교하고 으름장을 놓고 협박하고 목이 쉬도록 몇 시간씩 외쳐 대는 겁박의 현장이었다. 저녁에 마을 모임에 참석한 뒤 한밤중에 잠에서 깨어나 들에 일을 하러 나가야 하는 경우가 너무 잦아서 농민들은 밭갈이 시기에 하루에 서너 시간밖에 자지 못했다.[3]

어쨌거나 유토피아에 대한 약속에는 등골이 휘는 또 다른 고역의 시기가 뒤따랐기에 노역을 공허한 약속과 맞바꾸려는 열의는 점차 약해졌다. 녹초가 된 노동 인구로부터 명령 준수를 이끌어 내는 유일한 길은 곧 폭력을 통한 위협뿐이었다. 굶주림이나 고통, 죽음의 공포와 다름없는 것만이 그들을 자극하여 행동에 나설 수 있게 하는 듯했다. 일부 지역에서는 주민들과 간부들 모두 너무도 비인간화되어, 커져 가는 폭력의 악순환을 초래하며 강압의 범위와 정도가 지속적으로 확대되어야 했다. 제공할 당근이 훨씬 줄어든 가운데 당은 막대기에 더 심하게 의존했다.

막대기는 농촌에서 선호되는 무기였다. 그것은 값이 싼 데다 쓸모도 많았다. 곤봉을 한 번 휘두르면 뒤처진 사람을 벌할 수 있는 한편 연달아 가격하면 더 말을 안 듣는 불순분자들의 살갗을 찢을 수도 있었다. 더 심각한 경우에는 희생자들은 줄에 꽁꽁 묶여 온몸이 시퍼렇게 멍이 들도록 두들겨 맞기도 했다. 사람들은 깨진 조개껍데기 위에 무릎을 꿇린 뒤 두들겨 맞았다. 일례로, 집에서 멀리 떨어진 관개 사업 공사에서 일하라는 명령을 거부한 천우슝도 이런 일을 당했다. 그는 현지 간부 천룽샹한테 막대기로 두들겨 맞는 내내 무릎을 꿇고 머리 위로는 무거운 통나무를 들고 있어야 했다.[4] 굶주린 주민들은 흔히 수종을 앓았기 때문에 한 대씩 맞을 때마다 몸의 구멍으로 물기가 스며 나왔다. 예를 들어 일단의 폭력배들에게 쫓긴 농민 루징푸의 경우에서처럼 누군가가 〈모든 물이 빠져나올 때까지 맞았다〉는 말은 흔한 표현이었다. 폭력배의 리더인 친 현 나평 인민공사의 제1당서기 런중광은 하도 격분하여 루징푸를 20분 동안이나 두들겨 팼다.[5]

당 관리들이 자주 앞장섰다. 칭위안의 어느 인민공사에서 학대 행위를 조사한 현지 당위원회에 의해 작성된 보고서는 제1당서기 덩중싱이 할당량을 채우려는 과정에서 200명이 넘는 농민을 직접 때리고 열네 명을 죽였다고 설명했다.[6] 후난 성 화밍러우의 저수지에서 너무 아파서 일을 할 수 없었던 류성마오가 생산 대대 서기한테 맞았다. 그의 뇌수가 여기저기 튀었고, 걷잡을 수 없는 분노심에 사로잡힌 서기는 이미 죽어 버린 류성마오의 시신을 계속 내려쳤다.[7] 후난 성 한 인민공사의 당서기 워더성은 혼자서 50명을 두들겨 팼고 그중 네 명은 사망했다. 그는 〈당원이 되고 싶다면 사람을 어떻게 때리는지를 알아야 한다〉고 신입 당원들에게 충고했다.[8] 다오 현 — 〈어디나 고문 현장〉이라고 한 조사 팀은 썼다 — 에서 농민들은 주기적으로 곤봉에 두들겨 맞았다. 한 생산 대대 대장은 열세 명을 때려 죽였다(추가로 아홉 명이 나중에 상처로 죽었다).[9] 이러한 간부들 중 일부는 말 그대로 폭력배로서, 그들이 나타나는 것만으로 마을에 공포가 일었다. 난하이 현에서 생산 대대 대장 량얀룽은 커다란 가죽 코트를 걸치고 총 세 자루를 휴대한 채 마을을 활보했다.[10] 허베이 성의 생산 대대 대장 리샨춘은 매일 모르핀 주사를 맞고, 새빨간 색 바지를 입은 채 으스대며 마을을 활보하다 그의 눈에 띄는 불운한 사람은 누구든 두들겨 팼다.[11]

전체적으로 나라 전역에서 — 무수한 보고서들이 입증하듯이 — 어쩌면 전체 간부의 절반 정도가 그들이 봉사해야 할 사람들을 주기적으로 매질하거나 두들겨 팼다. 1959년에서 1960년으로 넘어가는 겨울에 후난 성 황차이 저수지에서 작업하던 마을 주민 1만 6,000명 중 4,000명이 걷어차이고 두들겨 맞아 그 결과 400명이 죽었다.[12] 광둥 성 뤄딩 인민공사에서는 간부들의 절반 이상이 주민들을 때려, 100명 가까운 주민이 맞아 죽었다.[13] 허난 성 신양에 대한 더 포괄적인 조사는 1960년에 100만 명 이상의 주민이 사망했음을 보여 준다. 대부분은 아사했으나 6만 7,000명 정도는 의용군에 맞아 죽었다.[14]

막대기가 흔했지만 그것은 작업을 따라가지 못하는 이들을 고문하고 비하하기 위해 현지 간부들이 고안한 공포의 무기고 가운데 하나에 불과했다. 농촌 지역이 점차 아사 상태로 빠져들면서 굶주린 사람들을 들판에 나가게 하려면 갈수록 더 많은 폭력이 동원되어야 했다. 소수가 다수에게 고통을 가하기 위해 발휘하는 재간은 무한한 듯했다. 사람들은 때로 줄에 묶인 채, 또 때로는 벌거벗겨진 채 연못에 내던져졌다. 뤄딩에서는 열 살짜리 소년이 밀 몇 줄기를 훔쳤다고 줄에 묶여 수렁에 던져졌다. 그는 며칠 뒤 죽었다.[15]

사람들은 벌거벗겨져 추운 곳에 방치되었다. 콩 1킬로그램을 훔친 죄로 농민 주위파는 120위안의 벌금형을 받았다. 그는 옷가지와 담요, 바닥 깔개를 몰수당한 뒤 벌거벗은 채 비투회에 나가야 했다.[16] 수천 명의 농민들이 강제 노동을 해야 했던 광둥의 한 인민공사에서는 작업이 뒤처진 사람들이 한겨울에 벌거벗고 있어야 했다.[17] 다른 곳에서는 저수지를 서둘러 완공하기 위해 마을 주민들이 한번에 400명까지 영하의 기온에서 솜옷도 없이 작업해야 했다. 임신부에게도 예외는 없었다. 추우면 주민들이 더 열심히 일할 수밖에 없을 것이라고 생각되었다.[18] 허난 성 류양에서는 300명의 남녀가 한겨울에 웃통을 벗고 일해야 했다. 일곱 명 중 한 명꼴로 사망했다.[19]

그다음으로 여름에 사람들은 양팔을 옆으로 쭉 뻗고 이글거리는 태양 아래 서 있어야 했다(어떤 이들은 돌이나 깨진 유리 위에 무릎을 꿇고 있어야 했다). 이런 고문은 남쪽 쓰촨부터 북쪽의 랴오닝까지 자행되었다.[20] 사람들은 벌겋게 단 도구로 그슬려지기도 했다. 배꼽을 그슬리는 데는 불에 달군 바늘이 이용되었다.[21] 링베이 인민공사에서 저수지 축조 작업에 동원된 농민들이 괴로움을 호소하자 의용대는 그들의 몸을 불에 구웠다.[22] 허베이에서는 뜨거운 인두로 살을 지졌다.[23] 쓰촨에서는 석유를 부은 뒤 불을 붙여, 몇몇은 불에 타 죽었다.[24]

사람들한테 끓는 물을 끼얹는 수법도 있었다. 연료가 귀해지자 똥오줌을 뒤집어씌우는 수법이 더 흔했다.[25] 무모하게도 생산대 대장에게 쌀을 훔쳤다고 실토한 한 80세 할머니는 오줌을 뒤집어써서 대가를 치렀다.[26] 산터우 근처 룽구이 인민공사에서 작업을 따르지 못한 사람들은 분뇨 더미로 떠밀려져 억지로 오줌을 마시거나 손을 불에 그슬렸다.[27]

다른 곳에서는 물을 섞어 묽게 만든 배설물을 희생자의 목구멍에 들이부었다. 기아로 몸이 약해진 마을 주민 황빙인은 닭 한 마리를 훔쳤다가 촌장한테 붙잡혀 억지로 소똥을 삼켜야 했다.[28] 고구마를 몰래 캐낸 죄를 저지른 류더성은 오줌을 뒤집어썼다. 아내와 아들도 그와 함께 분뇨 더미에 처박혔다. 그가 분뇨를 삼키려 하지 않자 그의 입을 억지로 열게 하려고 부젓가락이 사용되었다. 그는 3주 뒤에 죽었다.[29]

신체 절단도 어디서나 자행되었다. 머리카락이 뜯겨 나갔다.[30] 귀와 코를 베어 냈다. 광둥의 어느 농민 천디는 식량을 조금 훔쳤다가 붙잡혀 꽁꽁 묶인 다음 의용군인 천추에 의해 한쪽 귀가 잘려나갔다.[31] 왕쯔유의 경우는 중앙의 지도부에 보고되었다. 그는 한쪽 귀가 잘리고, 다리는 철사에 묶이고, 등에는 10킬로그램이 나가는 돌덩어리를 얹은 다음 인두로 지져졌다. 감자를 한 알 파낸 벌이었다.[32] 후난 성 위안링 현에서는 고환을 때리고, 발끝을 불로 지지고, 콧구멍에 고춧가루를 부었다. 귀를 못으로 박아 벽에 고정시키는 벌도 있었다.[33] 후난 성 류양 지역에서는 농민들을 묶기 위해 철사를 이용했다.[34] 쓰촨 성 잔양에서는 절도범들의 귀에 구멍을 뚫어 철사를 꿴 다음 〈상습 절도범〉이라고 적힌 판지를 걸었다.[35] 손톱 밑을 바늘로 찌르는 벌도 있었다.[36] 광둥 성 곳곳에서는 간부들이 보통은 소한테 쓰는 주삿바늘로 사람들한테 소금물을 주입했다.[37]

때때로 남편과 아내가 서로를 때리게 시켰고, 몇몇은 죽을 때까지 때리게 했다.[38] 이 책을 위해 2006년에 인터뷰한 한 노인은 어린 시절 자신과 마을 주민들이 숲에서 나무를 해왔다고 어느 절에 묶여 있던 한 할머니를 때려야 했던 일을 이야기하며 조용히 흐느꼈다.[39]

사람들은 모의 처형과 모의 매장에 겁을 먹었다.[40] 그들은 산 채로 파묻히기도 했다. 생매장은 후난 성에 관한 보고서에서 종종 언급된다.

지하 저장고에 가둬진 사람들은 한동안 미친 듯이 소리를 지르고 천장의 쪽문을 열심히 긁어 대다가 섬뜩한 침묵 속에 죽어 갔다.[41] 이 생매장 관행은 1958년 11월에 후난 성장 저우샤오저우가 평링 현을 방문했을 당시 진위를 물어볼 만큼 널리 퍼져 있었다.[42]

굴욕은 고통에 뒤따라오는 믿음직한 동반자였다. 어디서나 사람들은 조리돌림을 당했다. 때로는 고깔모자를 쓰고서, 때로는 가슴에 플래카드를 걸고, 때로는 벌거벗겨진 채였다.[43] 얼굴에는 먹칠을 당했다.[44] 사람들은 한쪽은 싹 깎고 한쪽은 놔두는 형태로, 〈음양〉 모양으로 머리를 깎였다.[45] 폭언과 욕설도 만연했다. 10년 뒤 문화 대혁명 동안 홍위병은 새로 발명한 게 별로 없다고 말할 정도였다.

처벌은 저승으로까지 확대되기도 했다. 맞아 죽은 시신들이 그냥 썩어 가도록 때때로 길가에 방치되었다. 민간 신앙에 따르면 제대로 장사를 지내지 못해 안식을 취하지 못하고 구천을 떠도는 그들의 혼령은 저승에서도 버림받을 운명이었다. 일부 무덤들에는 표지판이 세워지기도 했다. 1959년에 다섯 명 중 한 명꼴 죽은 광둥 성 룽구이 인민공사에서는 시신들을 길가에 서둘러 묻은 다음 〈굼벵이들〉이라고 적힌 표지판을 세워 묻은 자리를 표시했다.[46] 후난 성 시먼에서는 마오빙샹의 가족 전체가 아사했으나 생산 대대 대장은 그들을 제대로 묻어 주려고 하지 않았다. 일주일이 지나자 쥐들이 시신의 눈을 갉아먹었다. 현지 주민들은 나중에 조사 팀에게 〈우리는 심지어 개만도 못하다. 우리가 죽어도 아무도 묻어 주지 않는다〉고 말했다.[47]

현지의 사법과 충돌하여 죽은 친지를 묻어 주려고 한 가족들은 처벌을 받을 수도 있었다. 어느 70세 노파가 굶주림에서 벗어나려고 목을 매자 그녀의 자식이 들에서 허둥지둥 집으로 달려왔다. 그러나 현지 간부는 규율 위반에 격노했다. 그는 딸을 쫓아가 머리를 친 다음 그녀가 쓰러지자 상체를 걷어찼다. 그녀는 평생 불구가 되었다. 간부는 어머니의 시신을 두고 딸에게 〈먹어도 상관없다〉라고 말했고, 시신은 부패하도록 며칠 동안 방치되었다.[48] 최악의 형태의 시신 모독은 시신을 조각조각 내 비료로 쓰는 것이었다. 그의 아이가 누에콩을 얼마 훔쳤다고 맞아 죽은 덩다밍이 그런 일을 당했다. 당서기 단니밍은 그의 시신을 호박밭에 뿌리도록 비료 속에 넣고 삶으라고 지시했다.[49]

당시 폭력이 어느 정도였는지를 과소평가하기는 어렵다. 전체적인 사상자 측면에서 최악으로 분류되지는 않는 후난 같은 성에서도 당시 중앙 조사위원회가 저우언라이 앞으로 보낸 보고서는 전체 86곳의 현과 도시 가운데 82곳에서 사람들이 맞아 죽는다고 지적했다.[50] 그러나 믿을 만한 수치를 제시하기는 더 어렵고, 중국 전체를 대상으로 한 믿을 만한 수치는 앞으로도 나올 것 같지 않다. 당시 조사자들은 죽음의 원인을 확인하는 것은 고사하고 기근 동안 얼마나 많은 사람들이 죽었는지 알아내는 것만도 어려웠다. 그러나 농촌으로 파견된 일부 조사 팀은 더 열심히 파고들었고 현장에서 대체 어떤 일이 벌어졌는지 대강이나마 파악할 수 있었다. 후난 성 다오 현에서는 1960년 수천 명이 죽었지만 전체 사망의 90퍼센트만이 질병과 아사에 의한 것이라고 확인되었다. 모든 증거를 검토한 뒤 조사 팀은 나머지 10퍼센트는 생매장되거나 맞아 죽거나 당원들과 의용군에 의해 다른 방식으로 죽임을 당했다고 결론 내렸다.[51] 후난 성 시먼 현에서는 1960년에 약 1만 3,500명이 죽었는

데 그 가운데 12퍼센트는 〈맞아 죽거나 죽음으로 내몰렸다.〉[52] 리샨녠 같은 고위 지도자를 앞세워 조사가 이루어진 신양에서는 1960년에 100만 명이 죽었다. 공식적 조사 위원회는 6~7퍼센트가 맞아 죽은 것으로 추정했다.[53] 쓰촨에서 그 비율은 훨씬 높았다. 카이 현의 경우, 당시 쓰촨 성 당위원회가 파견한 조사 팀은 면밀한 조사 끝에 1년이 채 못 되는 사이에 인구의 17퍼센트가 사망한 펑러 인민공사에서 희생자의 최대 65퍼센트가 맞거나 처벌로 식량을 박탈당하거나 자살을 강요당해 죽었다고 결론 내렸다.[54]

사람들이 어떻게 고문을 받았는지 상세히 설명하는 보고서는 끝없이 쌓여 갔고, 이 대량의 증거에서 떠오르는 그림은 전체 기근 희생자 가운데 최소 6~8퍼센트는 직접 살해되거나 간부들과 의용군이 입힌 부상의 결과로 죽었다는 것이다. 35장에서 살펴보겠지만 1958년부터 1962년까지 기근 시기 동안 적어도 4500만 명이 정상적인 인구 사망률 이상으로 사망했다. 당 기록 보관소에 그토록 풍성하게 증거가 기록된 폭력의 정도와 규모를 고려할 때 적어도 250만 명은 맞아 죽거나 고문을 당해 죽었을 것이다.

단기간에 진행된 집산화를 떠받치는 폭력에 대한 간단한 설명은 없다. 누군가는 중국에서 폭력의 전통은 여러 세기를 거슬러 간다고 지적할 수도 있겠지만 과거 중국의 폭력이 나머지 세계와 얼마나 달랐겠는가? 유럽은 피에 젖어 있었고, 대량 학살은 20세기 전반기에서 전례 없이 많은 수의 목숨을 앗아 갔다. 현대 독재 정권은 일당 체제로 구현되는 권력의 신기술과 기관총부터 가스실에 이르기까지 죽음의 신기술을 결합시켜 특히나 살인적일 수 있다. 강력한 국가들이 이러한 자원들을 다함께 활용하여 특정 집단 전체를 말살하려고 하면 전체적 결과는 파괴적일 수 있다. 인종 학살은 결국 현대 국가의 도래와 더불어서만 가능하다.

마오쩌둥 체제하의 일당 국가는 특정 인간 집단들을 말살하는 데 모든 자원을 쏟아붓지 않았다. 물론 반혁명 분자와 사보타주 분자, 스파이, 그리고 모호한 정치적 범주라 잠재적으로는 어느 누구든 포괄할 수 있는 여타 〈인민의 적〉은 말살의 대상이긴 했다. 그러나 마오쩌둥은 당의 군사 구조를 모든 사회로 확대하면서 나라를 대약진 운동으로 몰아넣었다. 급여나 일주일에 하루 휴무, 혹은 노동자의 일일 노동 시간 제한 규정 같은 세세한 사항에 연연하는 것을 부르주아적이라고 일축하며 마오쩌둥은 운동의 절정기에 〈모두가 병사〉라고 선언했다.[55] 계획경제 내의 거대한 인민의 군대는 장군들이 부르고 명령하기만 하면 언제든 달려가야 한다. 사회의 모든 측면이 군사적 노선을 따라 — 공동식당, 기숙사형 유아원, 집단 기숙사, 돌격대와 일반 보병으로 해석되는 마을 주민들 등등 — 지속적 혁명을 추구하며 조직되었다. 이것들은 집단의 단결력을 강화하기 위해 수사적으로 동원된 군사 용어에 그치지 않았다. 모든 지도자들은 고된 전시 상황에 적응된 군부 인사들이었다. 그들은 극단적으로 곤궁한 여건 속에서 게릴라전을 수행하며 20년을 보낸 사람들이었다. 그들은 끊임없이 이어지는 장제스 국민당 정권의 말살 정책에 대응해야 했고, 그다음에는 제2차 세계 대전에서 일본군의 공격에서 살아남는 데 성공했다. 그들은 당 자체를 뒤흔들며 주기적으로 벌어진 지독한 숙청과 한바탕 자행되는 고문의 시기를 견뎌 냈다. 그들은 폭력을 찬미했고, 대량 인명 손실에 익숙해졌다. 그리고 그들 모두는 목적이 수단을 정당화한다는 이데올로기를 공유했다. 1962년 자기 성의 주민 수백만 명을 잃은 리징취안은 대약진 운동을 열 명 중 한 명만이 살아남아 완수할 수 있었던 대장정에 비유했다. 〈우리는 약하지 않으며 더 강해졌다. 우리는 근간을 유지했다.〉[56]

일선에서 당 관리들은 장제스에 맞선 피비린내 나는 공세에 동원된 수백만 인민들에게 그랬던 것처럼 똑같이 사람 목숨을 냉담하게 무시했다. 나라를 정복했던 무지막지한 완력은 이제 경제를 상대로 발휘될 것이었다. 사상자 수치를 신경 쓰지 않았다. 그리고 순전한 인간의 의지력만으로 거의 어떤 위업도 이뤄 낼 것이라고 간주되면서 — 산을 옮길 수도 있다는 옛말처럼 — 어떤 실패도 사보타주라는 의혹을 받기 쉬웠다. 〈참새와의 전쟁〉에서 태만한 자는 대약진 운동의 군사적인 전략 전체를 망가트릴 수 있는 〈불순분자〉였다. 공동 식당에서 음식을 슬쩍 훔친 사람은 탈선한 병사로, 소대 전체가 군사 반란의 위협에 직면하기 전에 제거되어야 할 요소였다. 누구든 잠재적으로 탈영병, 스파이, 반역자였고, 따라서 자그마한 위반도 엄격한 전시법에 따라 취급되었다. 나라는 거대한 신병 훈련소가 되어 갔고, 그 속에서 보통 사람은 국가가 사회주의적 민주주의를 내세움에도 불구하고 자신이 명령받은 임무에 더 이상 아무런 발언도 할 수 없었다. 그들은 명령을 따라야 했고, 실패하면 처벌의 위험을 무릅써야 했다. 존재하던 어떤 폭력 견제 장치든 — 종교, 법, 공동체, 가족 — 깡그리 일소되었다.

대약진 운동 동안 당 자체에서 여러 차례 숙청이 벌어지면서 새로운 당원들이 충원되었고, 그들 중 다수는 임무를 완수하기 위해 폭력을 사용하는 데 별반 거리낌이 없는 고약한 인물들이었다. 홍색 기를 가장 많이 얻은 마을이나 인민공사, 현은 일반적으로 희생자가 가장 많은 곳이기도 했다. 그러나 홍색 기는 언제든 위에서 가져가 버리고 다른 경쟁 상대에게 넘겨질 수 있으므로 노동 인구가 갈수록 지쳐 감에도 불구하고 간부들은 끊임없이 주민들을 압박했다. 굶어 죽어 가는 사람들이 그들에게 맡겨진 어떤 임무든 수행하게 만들려면 갈수록 더 가차 없는 매질을 가해야 하는 압제의 악순환이 발생했다. 폭력은 단계적으로 증대되면서 처벌의 위협과 아사의 위협이 서로를 상쇄하는 순간 한계에 도달했다. 추운 겨울에 산 위에서 오랫동안 교대 작업을 강요받은 한 마을 주민들이 간명하게 표현한 대로였다. 「우리는 너무 지쳤소. 때린다 해도 일은 못하겠소.」[57]

당시 폭력이 단계적으로 증대되는 방식은 〈간부들은 왜, 그리고 어떻게 인민을 구타하는가?〉라는 제목의 대단히 흥미로운 문서에 분석되어 있다. 후난 성 농촌 지역에 파견된 조사 팀이 작성한 보고서는 권력 남용을 저지른 간부들의 유죄를 입증할 증거를 수집했을 뿐 아니라 도대체 무엇이 잘못되었는지 알아내기 위한 드문 시도로서 그런 간부들을 인터뷰하기도 했다. 그들은 보상 원칙을 발견해 냈다. 마을 주민들을 구타한 간부들은 상관들로부터 칭찬을 들었다. 일선의 상황이 얼마나 혼란스러웠든 간에 폭력은 한 가지 노선을, 즉 꼭대기에서 밑바닥으로 향한다는 노선을 따랐다. 자오장성은 한 가지 실례다. 하급 당원인 그는 1959년 루산 총회에 따른 숙청이 벌어졌을 때 〈우파〉로 의심받은 사람들을 때리는 것을 거부했다. 그는 상관들의 책망을 들었고, 심지어 본인도 〈보수 우파〉로 규탄받을 위험에 처했지만 당의 적에 대하여 폭력을 사용하는 것에 계속 주저함을 드러냈다. 그래서 그는 경고로 5위안의 벌금을 받았다. 그러다 마침내 그는 압력에 굴복했다. 압력에 더 철저하게 반응하듯 그는 어린 아이를 피투성이가 될 때까지 후려쳤다.[58]

동료 집단의 압력은 현지 간부들을 모두 똑같은 수준으로 끌어내리면서 공유된 폭력의 동지 의식으로 그들을 하나로 묶었다. 레이양 현에서 현장 장둥하이와 그의 부하들은 폭력이 〈계속적 혁명〉에 내재된 〈의무〉라고 간주했다. 〈운동을 벌이는 것은 자수를 놓는 일이 아니다. 사람들을 두들겨 패 죽이지 않을 수 없다.〉 태만자들을 구타하길 거부한 현지 간부들은 본인들이 비투회에 끌려 나와 손발이 묶인 채 구타를 당했다. 260명가량이 해직되었다. 30명은 맞아 죽었다.[59] 쓰촨 성 허촨 현에서 간부들은 〈일하고 있는 사람은 아주 많으니까 한두 명쯤 패 죽인다고 해도 문제될 것 없다〉는 말을 들었다.[60]

1961년 당 조사관들이 수집한 인터뷰 자료 중 일부는 폭력을 자행한 사람들과 그 희생자들을 대질시킨 것이었다. 사오커난은 후난 성 출신 젊은이로, 집산화의 광기가 절정에 달한 1958년 여름에 처음으로 구타를 당했다. 한겨울에 화궈 산의 관개 공사 현장에서 하루에 열두 시간씩 작업하도록 보내진 그는 수차례 구타를 당했다. 그를 괴롭힌 사람 가운데 한 명은 이사오화라는 간부였다. 사오커난은 이사오화를 어린 시절부터 알았고 그가 대약진 운동 이전에는 한 번도 폭력을 쓴 적이 없다고 기억했다. 새로운 정치 캠페인들이 전개되면서 그는 조금만 기분이 나빠도 사람들을 때리고 욕을 퍼붓는 사람으로 변해 갔다. 그는 세게 때렸고, 희생자들이 멍이 들고 피를 흘리며 만신창이가 된 채로 내버려 두었다.[61] 한편 이사오화는 왜 그렇게 폭력적으로 행동했느냐는 질문을 받았는데 상관으로부터 압력이 내려왔기 때문이라고 설명했다. 그는 우파로 낙인찍힐까 봐 두려웠다. 그의 상관은 그에게 〈그들을 때리지 않으면 작업이 끝나지 않을 것〉이라고 말했다. 압력은 명령 체계를 따라 전달되어야 했다. 〈위에 있는 사람들이 우리를 쥐어짜니 우리도 아래에 있는 사람들은 쥐어짠다.〉[62] 달리 말해 다름 아닌 당원들이 공포에 질려 있었고 그래서 그들은 그들이 지배하는 주민들을 공포에 떨게 했다.

간부들은 선택권이 있었다. 마을 주민들의 생활 조건을 향상시키거나 — 모든 난관에도 불구하고 — 당이 부과한 목표치를 달성하기 위해 애쓰거나 둘 중 하나였다. 하나를 하자면 다른 하나를 희생해야 했다. 대부분은 저항이 가장 적은 경로를 택했다. 일단 선택을 하고 나면, 폭력이 자체 논리를 띠었다. 궁핍이 만연한 환경 속에서 모두의 생존을 유지하는 것은 불가능했다. 마을에는 믿음직한 농민들에게 적절한 끼니를 제공할 만한 식량도 충분치 않았고 1959년 루산 총회에 뒤이은 대중 탄압의 분위기 속에서 물자 부족 문제가 신속히 해결될 것 같지도 않았다. 가용한 식량을 늘리는 편리한 방책은 약자와 병자를 제거하는 것이었다. 계획 경제는 이미 사람들을 대차대조표 위의 숫자들로, 석탄이나 곡물처럼 공공선을 위해 이용될 수 있는 자원으로 환원했다. 국가가 전부이고, 개인은 아무것도 아니었다. 개인의 가치는 노동 점수에 의해 끊임없이 평가되고, 흙을 나르거나 벼를 심을 수 있는 능력으로 결정되었다. 농촌에서 농민들은 가축처럼 취급되었다. 그들은 먹이고, 입히고, 재워야 할 존재였고 그 모든 것은 공사에 대가가 따랐다. 이 음울한 계산의 논리적 귀결은 살 가치가 없다고 판단되는 이들을 도태시키는 것이었다. 굼뜬 사람, 비실비실한 사람, 여타 비생산적 분자들의 무차별적 살해는 노동을 통해 정권에 기여하는 사람들에 대한 전체적 식량 공급을 증가시켰다. 폭력은 식량 부족을 다루는 한 가지 방식이었다.

식량은 흔히 무기로 이용되었다. 굶주림은 심지어 구타보다 더 먼저 동원되는 처벌 수단이었다. 추슝 현 인민공사의 부 당서기 리웬밍은 농민 여섯 명을 때려 죽였지만 규율을 유지하는 그의 주요 수단은 굶기는 것이었다. 고분고분하지 않은 두 형제는 일주일 동안 식량 배급을 전혀 받지 못했고 두 사람은 숲에서 필사적으로 풀뿌리를 찾다가 결국 굶어 죽었다. 형제의 아내 중 한 명은 병들어 집에 누워 있었다. 그녀도 공동 식당에 접근이 금지되었다. 76명의 생산 대대 대원 전체가 열이틀 동안 굶는 벌을 받았다. 많은 이들이 아사했다.[63] 광둥 룽구이 인민공사에서는 공사의 당서기가 일하지 않는 자는 먹지 말라고 명령했다.[64] 쓰촨의 여러 현에서 벌어진 사태를 묘사하면서 한 조사관은 〈너무 아파서 일을 할 수 없는 인민공사 사원은 식량을 빼앗긴다. 이것이 그들의 죽음을 재촉한다〉고 썼다. 첫 달에는 배급량이 일일 곡물 150그램으로 줄어든 뒤 그다음 달에는 100그램으로 줄었다. 결국에 곧 죽을 사람들한테는 식량이 전혀 배급되지 않았다. 장베이와 융촨에서는 〈사실상 모든 인민공사가 식량을 내주지 않는다〉. 67명을 먹이는 한 공동 식당에서는 아프다는 이유로 식당 출입이 금지된 지 3개월 사이에 18명이 죽었다.[65] 믿을 만한 수치는 거의 없지만 루이장 현의 여러 생산 대대를 면밀히 살펴본 일단의 조사관들은 굶어 죽은 사람의 80퍼센트가 처벌의 형태로 식량을 받지 못해 죽은 것이라고 생각했다.[66] 그리고 공동 식당에서 식량을 받은 사람조차도 종종 공식적으로 받아야 하는 양보다 더 적은 양을 받았다. 한 농민이 설명했듯이 〈솥에서 죽을 퍼내는 국자는 사람들 얼굴을 읽을〉 수 있었다. 이것은 많은 인터뷰 대상자들이 기억한 현상, 즉 공동 식당에서 음식을 퍼주는 사람이 〈불순분자〉라고 간주하는 사람들을 고의적으로 차별했던 현상을 가리키는 말이었다. 훌륭한 노동자들한테 퍼줄 때는 국자가 솥 안쪽으로 깊숙이 들어간 반면 〈불순분자〉들한테 퍼줄 때는 표면을 살짝 떠낼 뿐이라 그들은 묽은 혼합물을 받았다. 〈그 물 같은 죽은 푸르스름했고 먹을 수 없는 것이었다.〉[67]

무수한 보고서들은 병자도 들에 나와 일을 하라는 강요를 받았다고 주장한다. 수종에 시달림에도 불구하고 간부인 자오쉐둥이 억지로 일을 하도록 강요한 24명의 주민 가운데 네 명을 빼고는 전부 죽었다. 진창 인민공사에서는 운 좋게도 치료를 받을 수 있었던 사람들이 의료 혜택을 받고 나오자마자 현지 당서기에 의해 일터로 끌려와 중노동을 해야 했다.[68] 나라 전역에서 너무 아파서 일을 할 수 없는 사람들은 수시로 배급이 끊겼다. 배급을 끊는 것은 몸이 아픈 것을 정권에 대한 반대로 해석하는 간부들이 쉽게 도달하는 결정이었다. 기근이 최악인 지역에서는 일일 임무를 달성한 사람들조차도 묽은 죽 한 그릇만 받았다.

〈각자의 필요에 따라 각각에게〉는 쉬수이 현 같은 모범 현에서 널리 선전한 슬로건이었지만 안타깝게도 현실은 흔히 〈일하지 않는 자는 먹지도 말라〉는 레닌의 금언에 훨씬 가까웠다. 일부 인민공사들은 심지어 현지 주민들을 작업 성과에 따라 몇몇 집단으로 분류하고, 배급량을 다르게 주었다. 열량은 근력에 따라 분배되었다. 저성과자의 배급 식량을 깎고 그만큼을 더 훌륭한 노동자들을 격려하는 보너스로 이용한다는 생각이었다. 그것은 약자를 희생시켜 강자에게 보상하며 희소성을 관리하는 단순하고 효과적인 시스템이었다. 이미 그와 유사한 상황에서 유사한 시스템이 고안된 적이 있는데 나치가 그러한 식량 부족에 직면하여 더 이상 그들의 예속 노동력을 먹일 수 없게 되었을 때였

다. 이게파르벤IG Farben 화학 복합 단지에 물자를 공급하던 한 광산의 책임자 귄터 팔켄한은 오스트아르바이터Ostarbeiter*를 세 부류로 나눈 다음 칼로리 단위당 가장 좋은 수익률을 낸 노동자들에게 가용 식량을 집중했다. 밑바닥 집단에 속한 노동자들은 영양실조와 저성과의 치명적인 악순환으로 빠져들었다. 1943년이 되자 그는 전국적으로 인정을 받았고 라이스퉁스에어네룽Leistungsernährung, 즉 〈성과 급식〉이라는 아이디어는 오스트아르바이터의 고용에서 표준적인 관행으로 널리 선전되었다.[69]

적절한 급식은 평균 이상 노동자들한테만 한정하라고 당원들에게 지시하는 어떤 명령도 위에서 내려오지 않았지만 최소 비용으로 최대 산출량을 얻으려는 데 열심인 일부 간부들에게 그것은 충분히 효과적인 전략인 듯했다. 광둥 복숭아 마을에서 간부들은 농민들을 성과에 따라 열두 집단으로 분류했다. 최고 등급의 작업자들은 하루에 500그램이 약간 못 되는 곡물을 받았다. 바닥에 머무는 사람들은 하루에 고작 150그램을 받았는데, 가장 취약한 계층을 솎아 내는 아사 식단인 셈이었다. 그들은 걷잡을 수 없이 등급이 내려가면서 조금씩 종말에 가까워지는 사람들로 대체되었다. 1960년에 열 명 중 한 명꼴로 아사했다.[70] 사실, 앞서 본 대로 중국 전역에서 각 단위들은 여러 등급으로 나뉘어 있어서 선진, 보통, 후진 단위는 각각 홍색 기, 회색 기, 백색 기를 받았다. 조금만 조치를 취하면 그 시스템을 더 정교하게 변형해 열량 소득을 등급에 의존하게 만드는 것은 어렵지 않았다. 예를 들어 진탕 현에서 한 마을은 주민들을 〈우수〉, 〈중간〉, 〈열등〉 집단으로 나누고 그들

* 동유럽에서 데려온 징용 노동자.

의 이름을 각각 빨간 종이와 초록색 종이, 흰 종이 위에 적었다. 등급이 다른 사람들은 서로 섞이면 안 됐다. 빨간 종이에 적힌 이름은 칭찬을 받았지만 흰 종이에 적힌 이름은 쉴 새 없이 핍박을 받으면서, 많은 이들이 결국 〈재교육〉을 위한 임시 노동 수용소에 가게 되었다.[71]

자살률도 유행병 수준에 이르렀다. 한 명이 살해될 때마다 무수한 사람들이 이런저런 방식으로 고통을 받았고 그들 중 일부는 목숨을 끊는 길을 택했다. 종종 사람을 벼랑 끝으로 몰아간 것은 고통이라기보다는 다른 마을 사람들 앞에서 당한 수치와 굴욕이었다. 틀에 박힌 표현은 아무개가 잘못된 길로 빠져든 뒤 〈처벌이 두려워 자살을 했다〉는 것이었다. 〈죽음으로 내몰렸다〉나 〈막다른 벽에 몰렸다〉도 자기 살해를 묘사하는 데 흔히 쓰이는 표현이었다. 상하이 펑 현에서는 1958년 여름 몇 달 사이에 죽은 사람들 960명 가운데 95명은 〈막다른 길에 내몰려 자살〉한 한편, 다른 이들은 병을 치료받지 못하거나 고문을 당하거나 기진하여 죽은 것이었다.[72] 매우 어림잡아 말한다면(다시금 수치는 지독히도 불확실하다) 피할 수 있었던 죽음의 약 3~6퍼센트는 자살에 기인하는데, 대약진 운동 동안 100만 명에서 300만 명이 스스로 목숨을 끊었다는 소리다.

광둥 성 푸닝에서는 자살이 〈끊임없다〉고 묘사되었다. 어떤 이들은 같은 마을 사람들한테서 물건을 훔친 다음 수치스러워 목숨을 끊었다.[73] 집단적 처벌이 내려질 때 다른 사람들을 위험에 빠트린 것에 죄책감을 느낀 이들도 자살했다. 카이핑 현에서 56세의 노부인이 곡물을 두

줌쯤 훔쳤다. 그녀의 가족들 전체가 5일 간 공동 식당 출입이 금지되고 노동 수용소로 보내졌다. 그녀는 자살했다.[74] 때로 여자들은 자식들이 혼자서는 살아남지 못하리라는 것을 알고 자식도 함께 데려갔다. 산터우에서 절도죄로 고발된 한 여인은 두 아이를 자기 몸에 묶은 뒤 강물에 몸을 던졌다.[75]

비록 믿을 만한 수치는 거의 없긴 하지만 도시에서 자살률은 치솟았다. 예를 들어 난징의 공안부는 1959년 전반기에 약 200명이 자살을 하려고 강물에 뛰어들었다는 보고를 받고 놀랐다. 대다수는 여성이었다.[76] 많은 이들이 집산화로 가족이 갈가리 찢긴 이후 목숨을 끊었다. 예를 들어 탕귀잉은 병으로 아들을 잃었다. 그다음 관개 사업을 위해 그녀의 집이 철거되었다. 그녀는 난징 공장에서 일하는 남편에게 합류했다. 당국이 농촌 주민들을 시골로 돌려보내는 캠페인을 개시했을 때 남편은 그녀를 보호하기 위해 아무런 조치도 하지 않았다. 그녀는 목을 맸다.[77]

35장
참상의 현장들

당 지도부가 대량 파괴의 참상을 처음 맞닥뜨린 곳은 신양이었다. 신양의 참상 앞에서는 산전수전 다 겪은 홍군의 노장 리셴녠도 눈물을 흘릴 수밖에 없었다. 즉각적인 반응은 반혁명 분자 탓으로 돌리는 것이었다. 반동 세력으로부터 권력을 되찾아 오기 위한 운동이, 종종 중앙으로부터 군사적 지원을 받아 중국 전역에서 벌어졌다. 그러나 신양을 예외로 그리려는 영리한 움직임으로서 당 내부에서 〈신양 사태〉와 관련한 보고서들이 나왔다. 여기에 안후이 성 화이 강 옆 평야 지대에 자리한 먼지투성이 현의 이름을 딴 〈펑양 사태〉가 추가되었다. 이곳에서도 공포 정치가 횡행하여 33만 5,000명의 주민 가운데 4분의 1의 목숨을 앗아 갔다. 두 지역에 관한 당 보고서들을 모은 문서들이 1980년대에 유포되기 시작했고 1989년에는 톈안먼 학살의 여파로 600쪽짜리 문서가 중국 밖으로 흘러 나가기도 했다. 이 문서들이 이후 이 시기를 다룬 대부분의 연구의 토대가 되었다. 신양은 기근의 대명사가 되었다.

그러나 1961년 신양 보고서를 논의하기 위해 중국 전역에서 회의를 주최한 현지 간부들은 그리 충격을 받지 않았다. 후난 성 샹탄, 수만 명이 사망한 현에서 일부 간부들은 신양 사태는 자신들의 뒷마당에서 벌어질 일과 비교하면 아무것도 아니라고 생각했다. 왜 이것을 〈사태〉라고 불러야 한단 말인가?[1]

아닌 게 아니라 단 한 해 사이에 주민의 30퍼센트 이상이 목숨을 잃은 농촌 마을의 숫자는 어마어마했다. 일부 경우에는 촌락 전체가 싹 사라졌다. 그러나 현은 정치적으로 훨씬 더 큰 단위로, 인구는 보통 12만~35만 명에 이른다. 일부는 다닥다닥 붙어 있고, 일부는 강이나 언덕, 숲으로 서로 떨어져 있는 수백 개의 마을로 이루어진 현 전체에 걸쳐 한 해에 10퍼센트 사망률은 엄청난 정치적 압박 아래서만 가능했을 것이다. 기만과 공포가 결합하여 대량 살상을 낳은 이러한 참상의 현장들은 나라 전역에 존재했다. 정치적 열성분자의 지도 아래 모든 성마다 그런 현장들이 여러 곳, 때로는 심지어 십여 곳이 있었다. 당 기록 보관소의 많은 자료들이 깊숙이 감춰져 있는 사실을 고려할 때 그런 사례 지역들을 빠짐없이 담은 완전한 목록이 조만간 나올 것 같지는 않지만 아래에 56개 현으로 이루어진 잠정적 목록을 제시한다. 이 목록은 물론 더 좋은 정보 원천을 구할 수 있게 되면 더 늘어날 것이다. 이것은 베이징 공안부에서 일한 인구학자 왕웨이지가 취합해 펴낸 40개 현에 대한 보고서를 바탕으로 한다.[2] 그러나 그의 정보는 현지에서 찾아낸 결과에 바탕을 둔 것이라기보다는 수도로 보내진 공식 수치들에서 나온 것이라 불완전하다. 이 책을 위해 참고한 기록 보관소 자료들을 바탕으로 여러 현들이 목록에 추가되었다(추가된 현은 별표를 붙임). 이 장에서는 이 사례 지역 가운데 여러 곳을 살펴볼 것이다.

쓰촨 성: 스주, 잉징, 푸링*, 룽 현, 다쭈*, 쯔양, 슈산, 유양, 난시, 톈장, 러산, 젠웨이, 무촨, 핑산*, 피 현*, 야안*, 루산*, 써다*

안후이 성: 차오 현, 타이허, 딩위안, 우웨이, 쉬안청, 하오 현, 쑤 현, 펑양, 푸양, 페이둥, 우허

허난 성: 광산, 상청, 신차이, 루난, 탕허, 시 현, 구스, 정양, 상차이, 쑤이핑,

간쑤 성: 퉁웨이*, 룽시*, 우웨이*

구이저우 성: 메이탄, 츠수이, 진사, 퉁쯔

칭하이 성: 황중, 짜둬, 정허

산둥 성: 쥐예*, 지닝*, 치허*, 핑위안*

후난 성: 구장*

광시 성: 환장

간쑤 성 북서부에 위치한 퉁웨이는 중국에서 가장 가난한 지역이다. 곳곳에 협곡이 뻗은 건조한 황토 고원 위 완만한 언덕들 사이에 자리 잡은 이곳은 한때 고대 비단길의 주요 기착지였다. 무게 중심이 초목이 무성한 남쪽으로 옮겨 가기 이전 이 지역은 비옥한 황토가 잘 이용되면서 사람들의 활동으로 붐비던 곳이었다. 흙을 파내기 쉽기 때문에 과거의 흔적은 도처에 널려 있다. 황토로 지어진 담과 가옥, 봉분은 마치 풍경을 곧장 깎아 만들어 낸 것 같았다. 부서지기 쉬운 토질의 언덕들에

는 동굴이 생겨났는데 어떤 것들은 아치 모양 입구와 먼지투성이 안마당도 있다. 오랜 세월에 걸쳐 비바람이 산을 깎아 냈고, 이 동굴 거처들만 홀로 서 있게 되었다. 언덕 꼭대기의 계단식 대지와 깊은 협곡을 관통하는 길들은 오랜 세월에 걸쳐 부지런한 손놀림으로 빚어진 흙먼지 풍경 속에서 하나로 합쳐졌다. 1935년 9월 홍군은 퉁웨이를 점령했고, 여기서 마오쩌둥은 대장정에 바치는 찬가를 지었다.

퉁웨이 현의 현장 시다오룽은 1958년 5월 베이징에서 열리는 공산당의 유명한 집회 가운데 하나에 참석하라고 성에서 발탁될 만큼 모범 당원이었다. 몇 달 뒤 마오쩌둥이 과격한 집산화를 부르짖었을 때 시다오룽은 모든 협동조합을 열네 개의 거대한 인민공사로 통합하면서 열성적으로 응답했다. 의용군의 감시 아래 모든 것이 집산화되어, 토지, 가축, 집, 연장, 심지어 솥과 단지, 깡통까지 몰수되었다. 농민들은 당 지도자들이 내리는 모든 명령에 따라야 했다. 건조한 고원을 푸른 정원으로 탈바꿈시킬 물길을 만들어 내기 위해 황허의 지류 하나를 산 위로 돌리려는 간쑤 성의 계획에서 퉁웨이가 핵심 연결 고리였기에 농민 다섯 명 중 한 명꼴로 저수지 축조 공사에 파견되었다. 관개 사업에 박차를 가하기 위해 찾아온 시찰 팀을 기쁘게 하고자 추수기 와중에 마을 주민들 절반이 멀리 공사장으로 끌려 나왔다. 작물은 들판에서 썩어 갈 때까지 방치되었다. 농민들이 가까스로 생계를 유지하는, 가난에 찌든 지역에서 대약진 운동 첫해에만 1만 3,000헥타르 이상이 버려졌다. 시간이 흐르며 수확량은 1957년 8만 2,000톤에서 1958년 5만 8,000톤으로, 1959년에는 4만 2,000톤으로, 그리고 급기야는 1960년 1만 8,000톤이라는 비참한 수준으로 급감했다. 그러나 징발량은 증가했다. 시다오룽은 1958년에 13만 톤의 풍작을 거두었다고 보고했다. 국가가 3분의

1을 가져갔다. 1959년 시다오룽은 다시금 두 배를 부풀려 보고했다. 국가가 이제 거의 절반을 가져갔기 때문에 곡식이 거의 남아나질 않았다.[3]

불만을 표시한 주민들은 우파, 사보타주 행위자, 반당 선동가로 낙인찍혔다. 톈부샤오라는 현장은 농촌에서 목격한 광경에 깊은 충격을 받았다. 그는 반당 분자로 규탄받고 〈작은 펑더화이〉로 불리며 수차례 비투회에 끌려 나왔다. 그는 1959년 10월 자살했다. 이런저런 식으로 이의를 표명한 1,000명이 넘는 간부들이 질책을 들었다. 어떤 이들은 자리에서 쫓겨나고 어떤 이들은 수감되었으나 고문 역시 만연했고, 특히 마을 주민들을 상대로 맹위로 떨쳤다. 사람들은 황토 언덕에 난 동굴 안에 생매장되었다. 겨울에는 눈 아래 파묻혔다. 대나무 바늘을 비롯해 다른 형태의 고문도 자행되었다. 간쑤 성 위원회로 보내진 최종 보고서를 담은 서류철에 첨부된 편집되지 않은 보고서의 한 문장은 〈사람들은 맞아 죽고 비료로 만들어졌다〉라고 적혀 있었다.[4] 1,300명 이상이 구타를 당하거나 고문을 당해 죽었다. 1959년에서 1960년으로 넘어가는 겨울에 이르자 사람들은 나무껍질과 뿌리, 겨를 먹고 있었다.[5]

기근이 끝나고 몇 년 뒤 퉁웨이의 현 위원회에서 펴낸 한 보고서에 따르면 1959년과 1960년에 약 6만 명이 사망했다(퉁웨이 현은 1957년에 인구가 21만 명이었다). 아사를 피한 가구는 거의 없었다. 거의 모두한테 굶어 죽은 친지가 여럿 있었고, 2,000가구 이상이 완전히 사라졌다.[6]

시다오룽은 결국 체포되었다. 그가 상부의 지원을 받지 않고 몇 년 동안이나 공포 정치를 펼칠 수는 없었을 것이다. 시다오룽보다 한 단계 위에는 퉁웨이가 속한 딩시 지역 당서기 둬밍하이가 있었다. 둬밍하이 본인은 간쑤 성 성장 장중량으로부터 지속적인 주시를 받고 있었다. 압력이 어찌나 심했는지 시다오룽은 그 지역에서 도망치려고 하는 주민들을 〈불순분자〉라고, 그들 모두가 〈반당〉 행위를 저질렀다고 간주했다. 그는 〈국가에 곡물을 요청하느니 차라리 주민들이 굶어 죽는 게 낫다〉고 말하며[7] 계속해서 더 높은 징발률을 압박했다. 그러나 결국에는 심지어 그의 상관들도 엄청난 아사 규모를 더는 무시할 수 없었고 1960년 2월 간쑤 성 수도 란저우에서 100명 인력의 조사 팀이 파견되었다. 시다오룽과 그의 부하들은 체포되었다.[8] 한 달 뒤 베이징에 보고서가 올라갔다. 중앙 지도부는 퉁웨이가 〈완전히 썩었다〉고 천명했다.[9]

간쑤 성과 달리 아열대숲과 수많은 강이 있는 쓰촨 성은 전통적으로 〈풍요의 땅〉으로 알려진 비옥하고 풍요로운 고장이다. 고대부터 사람들은 관개 목적으로 이 무수한 강물의 물길을 돌려 왔다. 그러나 프랑스 면적만 한 이 광대한 고장은 지역적 차이가 크다. 깊은 협곡과 험준한 산맥이 자리한 서부 쓰촨 고원에는 소수 민족이 드문드문 분포한 반면 청두 주변 분지의 낮은 언덕과 충적 평야는 수천만 농민의 삶을 떠받치고 있다. 다른 어느 곳에서보다 쓰촨 성에서 연간 10퍼센트가 넘는 사망률을 기록한 현들이 많았다. 대부분은 분지 주변 산악 지대에 있는 빈곤 지역이었지만 적잖은 지역들은 양쯔 강 옆 가파른 절벽에 난잡하게 자리한 도시 충칭 주변에 흩어져 있었다.

충칭 바깥 배후지에 양쯔 강을 따라 계단식 논밭을 경작하며, 비교적 번영을 누리던 푸링 현도 그런 곳 가운데 하나였다. 〈푸링의 곡창〉으로 알려진 인구 1만 5,000명의 인민공사 바오쯔는 수확량이 풍부해서 보통은 생산량의 절반을 조공으로 국가에 바쳤다. 언제든 주요 도로를 따라서 최대 400명에 달하는 사람들이 곡물과 채소, 돼지를 시장에 가져가는 모습을 볼 수 있었다. 그러나 1961년에 이르자 곡물 생산량은 약 87퍼센트 급감했다. 들은 무성하게 자란 잡초로 뒤덮였고, 인구의 절반이 사라졌다. 〈공산주의의 바람〉이 인민공사로 불어닥쳤고, 개인 소유라는 생각 자체가 〈우파 보수주의〉로 비치는 정신없는 집산화의 광풍 속에서 벽돌, 나무, 솥, 연장, 심지어 바늘과 아기들 귀저기까지 모조리 몰수되었다. 〈우리는 3년간 농사를 짓지 않고도 배불리 먹을 수 있다〉가 당시의 슬로건이었던 만큼 노동력의 70퍼센트가 대형 공동 식당과 양돈장, 시장 건물 건설로 돌려졌다. 여전히 들에서 일하는 사람들은 인민공사에서 내려온 명령을 따라야 했다. 여기에는 수 에이커의 옥수수 밭에서 잎사귀를 뜯어내는 것도 있었는데 어느 당 부서기가 잎사귀들이 잘못된 방향으로 나 있다고 생각한 탓이었다. 다른 한편 배게 심기는 가장 비옥한 논의 벼를 죽여 버렸다. 인민공사 곳곳에서 계단식 논의 80퍼센트가 건조한 채소 재배지로 전환되어 처참한 결과를 낳았다. 그다음 리징취안으로부터 선진 단위들은 산을 경사면이 밀로 뒤덮인 풍요로운 녹지대로 바꾸는 일을 도와야 한다는 명령이 내려오면서 농민들은 비옥한 계단식 논밭을 내버리고 몇 마일이나 떨어진 고지대로 가 돌투성이 땅을 골라야 했다.

농업 생산량의 급감을 감추기 위해 1959년 인민공사 지도자들은 3,500톤 대신 1만 1,000톤을 수확했다고 발표했다. 국가가 3,000톤을 가져갔다. 의용군이 돌아다니며 감춰 둔 곡물이 없는지 확인하고 손에 넣을 수 있는 것은 뭐든 가져가 버렸다. 비투회가 하루 일과를 장식했다. 몸무게는 가난한 자와 부자를 가르는 계급 구분선이었다. 뚱뚱하다는 것은 우파라는 것이고 우파는 끊임없이 — 종종 죽을 때까지 —

쫓겨 다녔다. 결국에는 풀뿌리와 진흙 말고는 먹을 게 없었다. 바오쯔 인민공사의 일부 마을들에서는 주민들이 최대 3분의 1까지 사망했다.[10]

바오쯔는 결코 예외가 아니었다. 푸링 현 전역에서 사망률은 높았고, 일부 마을의 경우 1960년 단 한 달 동안 주민의 9퍼센트를 잃었다.[11] 40~50퍼센트의 평균 사망률은 그 지역 전역의 생산 대대에서 드물지 않았다.[12]

충칭 지역의 다른 현들도 1960년 10퍼센트가 넘는 사망률을 기록했는데 스주, 슈산, 유양 같은 곳들이었다. 스주에서는 의용군이 주민들이 들풀이나 나무뿌리를 캐러 다니는 것을 금지하고, 공동 식당 밖에서 취사하는 것을 막기 위해 냄비와 솥이 있는지 집집마다 수색했다. 스주 현 곳곳에서 〈구타대〉가 규율을 담당하면서 폭력도 흔했다. 일부는 펜치와 대나무 침을 들고 다녔다. 이곳 인민공사 가운데 하나의 부서기였던 천지린은 수백 명을 구타하고 여덟 명을 죽였다. 스주 현 전체에서 — 공안부에 따르면 — 1959~1960년에만 약 6만 4,000명, 즉 전체 인구의 20퍼센트가 죽었다. 압도적인 죽음의 물결을 감당할 수 없던 당국은 결국 시신을 집단 매장지에 내던졌다. 수이톈 인민공사에서는 구덩이 하나에 시신 40구가 내던져졌다. 현의 수도로 가는 길가 근처에 또 다른 시신 60구가 얕은 참호에 묻혔지만 너무 건성으로 매장하여 시신 20구의 신체 부위들이 땅밖으로 튀어나와 곧 굶주린 개들의 먹이가 되었다. 관을 짤 나무가 귀하여 한 번에 여러 명의 영아들이 등나무 바구니에 담겨 땅에 묻혔다.[13]

양쯔 강을 따라 뻗은 푸르른 협곡에서 멀리 떨어진 곳에서는 격렬한 전투가 서쪽의 티베트 고원 위 초지를 붉게 물들였다. 반란이 라싸를 뒤흔들어 달라이 라마가 히말라야 산맥을 넘어 인도로 달아나야만 했던 뒤로 1959년 관쯔 자치구의 세르타르(써다) 현에서 티베트인들을 한곳에 집합시킨 뒤 모두 공사로 몰아넣었다. 1958년 말에 이르자 간쯔에서는 수십 건의 봉기가 일어나 수천 명이 체포되고 많은 이들이 처형당했다.[14] 세르타르에서는 집산화에 앞서 광범위한 도살이 벌어졌는데 양치기들이 양 떼를 국가에 넘기기보다는 죽이는 편을 선호했기 때문이다. 양 수만 마리가 도살되어 먹혔다. 곡물을 관리하던 간부들은 유목민에게 양식을 내주려 하지 않았고, 의용군을 이용해 적으로 간주하는 자들로부터 조금이라도 있을 만한 재산은 모조리 뽑아냈다. 임시변통으로 수립된 인민공사로 몰아넣어진 많은 사람들이 질병으로 죽었다. 과거에 유목민은 1년 내내 맑은 물을 사용할 수 있었으나 이제는 적절한 설비가 없는 조잡한 막사에 몰아넣어졌고, 야영지는 곧 배설물과 쓰레기로 가득 찼다. 1960년에만 약 1만 6,000명, 즉 인구의 15퍼센트가 사망했다. 그중 40퍼센트는 맞거나 고문으로 인해 죽은 사람들이었다.[15]

북쪽에 이웃한 쓰촨 성과 달리 구이저우 성은 전체 인구의 최소 3분의 1을 차지하는 소수 민족의 반란이 역사적으로 끊이지 않은 궁핍한 고장이다. 소수 민족 다수는 〈산의 왕국〉으로 알려진 땅에 솟아 있는 언덕과 고지대에 가난하게 살고 있다. 소금 운송에 입지가 좋은 고갯길에 자리하여 한때 번영한 치수이는 쓰촨과의 변경 지대에 위치한 쓸쓸한 벽지다. 붉은 사암 협곡을 관통하여 흐르는 강이 퇴적물을 실어 나르며 이 지역은 〈붉은 물〉이라는 뜻의 치수이로 불리게 되었다. 1935년

3월 홍군은 이 강을 여러 차례 건너며 치수이 현을 성지로 탈바꿈시켰고, 공산혁명 이후 현지 지도자들은 이 점을 열심히 선전해댔다. 선홍색 산 위에 자리한 작은 마을들은 거대한 나무고사리와 새파란 대나무 숲 사이에 숨어 있었지만 대부분의 사람들은 강과 그 지류를 따라서 벼와 사탕수수를 재배해 왔다. 1959년 10월부터 1960년 4월까지 약 2만 4,000명이 죽었다. 인구의 10퍼센트 이상이었다.[16]

35세의 비교적 젊은이인 왕린치가 현장이었다. 그는 1958년 모두가 탐내는 홍색 기를 얻었으며, 대약진 운동에 의해 널리 선전된 많은 혁신을 통해 후진 지역을 〈5,000킬로그램 현〉으로 탈바꿈시켰다고 중앙 지도부로부터 칭찬을 들었다. 왕린치의 지도 아래 치수이 현에서 깊이 갈기란 1미터에서 1.5미터까지 파는 것이었다. 깊을수록 더 좋았다. 대량의 종자가 뿌려졌다. 흔히 헥타르당 200~450킬로그램이었지만 때로는 1~2톤, 가끔은 심지어 3톤의 종자가 뿌려지기도 했다. 현의 지도부가 생각해 낸 다른 대형 계획들로는 관개 사업이 있었는데 현의 모든 논밭에 그물같이 촘촘한 대나무 수도관으로 물을 대는 사업이었다. 〈치수이 하늘 너머로 수도관〉이 슬로건이었지만 관개 사업은 수 에이커의 대나무 숲을 베어 내 주민들에게 절실한 자원을 앗아 간 뒤 처참한 실패로 끝났다.

치수이 현 대약진 운동이 가져온 결과는 급감한 곡물 생산량과 가축의 사실상 몰살이었다. 그러나 왕린치는 자신의 명성을 계속 유지할 작정이었다. 광둥 성에서 곡물 은닉에 관한 자오쯔양 보고서가 나오기 여러 달 전 일찍이 1958년 9월에 그는 사회주의 체제에 대한 지속적인 공격의 일환으로 〈부농〉과 〈불순분자〉 들이 수확물의 일부를 감추고 있다고 선언했다. 인민공사를 구하고 반혁명을 막기 위해 무장한 간부들을 동원한 무자비한 반격이 필요했다. 현장의 사람들은 벌벌 떨었다. 1년 뒤 루산 총회의 여파로 마을 사람들은 〈빈농〉과 〈부농〉으로 나뉘었다. 부농 뒤에는 지주와 사보타주 행위자, 반혁명 분자, 혁명을 파괴하려고 작정한 여타 분자들이 버티고 있었다. 〈빈농과 부농에게! 이것은 목숨을 건 투쟁이다!〉 수천 명의 간부가 나쁜 계급 출신이라는 이유로 당에서 축출된 한편, 계급의 적을 근절하기 위해 대중 집회와 비투회, 반은닉 캠페인이 조직되었다. 마오쩌둥처럼 왕린치도 시인이어서 노동 계급을 찬양하는 시를 짓고 전통 가극을 제작하여 수백 명의 내빈 앞에서 자신이 직접 주연으로 출연했다. 초대받은 내빈들에게 호화 연회를 베푸는 것도 물론 빠뜨릴 수 없었다. 그 사이 농사는 무시되었다. 비록 1960년 1월에 왕린치는 귀챵의 상관들에게 3만 3,500톤을 수확하는 풍작을 거두었다고 밝혔지만 이 수확량의 80퍼센트는 서류상으로만 존재할 뿐이었다.[17]

왕린치는 마오쩌둥의 철저한 추종자인 저우린이 이끄는 급진 지역 구이저우에서 도저히 특이한 사례라고 할 수 없다. 어디서나 저우린은 대약진 운동에 대한 과격한 접근을 말없이 고무하여 결국 구이저우 성에 중국에서 가장 높은 사망률을 초래했다. 차로 유명한 고장 메이탄에서는 6개월 사이에 4만 5,000명이 사망했다. 제1당서기 왕칭천은 5만 명의 노동력을 마음대로 부리며 메이탄을 국가적 모범으로 변신시킬 거대한 차밭과 과수원, 관개 시설, 공사 건물들을 조성했다. 〈1만 마리 돼지 도시〉 건설을 위해 4만 마리의 돼지가 징발되었다. 이러한 계획에 비판적인 사람은 누구든 〈사악한 수정주의 경향을 조장〉한다고 비난받고 〈우파 기회주의자〉라는 딱지가 붙었다. 1960년 경찰과 의용군은 〈많이 체포하고 많이 구금하라〉 캠페인을 벌여 그 지역을 휩쓸고 다니며 한 달에 3,000명에 가까운 사람을 가뒀다. 단순한 슬로건이 메이탄 정신을 포착하는 듯했다. 〈곡식을 생산할 수 없는 자는 아무 곡식도 받지 못할 것이다.〉[18]

4만 5,000명이라는 사망자 수치는 매우 높지만 그마저도 낮게 잡은 수치일 것이다. 구이저우 성 당위원회가 한 조사에 따르면 한 인민공사에서만 전체 인구의 22퍼센트에 달하는 1만 2,000명이 〈아사〉했다.[19] 한 마을에 초점을 맞춘 더 상세한 조사는 어떻게 마을 주민의 3분의 1이 사망했는지를 보여 준다. 능차는 한때 가구마다 오리와 닭을 몇 마리씩 키우는 상대적으로 번창한 마을이었지만 1961년에 이르자 수확량은 1957년 생산량의 3분의 1로 줄어들었다. 채소도 얻기 힘들었다. 현지 농민들이 다른 양식 및 물건과 교환하는 데 없어서는 안 될 사탕수수 농사도 사실상 사라졌다. 많은 논밭이 깊이 갈기와 토지 개간 실험 뒤에 파괴되어 방치되었다. 구멍이 숭숭 뚫린 지형이 더 이상 물을 머금지 못했기 때문에 어떤 밭들은 〈달나라 밭〉이라고 불렸다. 노동 점수는 기록되지 않았고, 주민들은 아수라장 같은 공동 식당에서 현지 간부들의 기분에 따라 먹을 것을 얻었다. 개인 소유물은 몰수되었고, 사적인 경지도 폐지되었다. 국가 징발률은 곡물 생산량 감소에도 불구하고 계속 높았다. 1959년 수확량의 4분의 3을 국가에서 가져가며 주민들을 아사로 내몰았다. 1961년에 이르자 마을 전체에서 돼지는 딱 한 마리 남아 있었다.[20]

1960년 4월 조사 팀이 메이탄을 방문하기로 일정이 잡히자 현지 지도자들은 길가의 집단 매장지에 밤낮으로 시신을 파묻느라 정신이 없었다. 아픈 주민들과 방치된 어린이들은 의용군이 집안에 가두고 지켰으며, 저간의 사정을 말해 주는 껍질이 벗겨진 나무들은 뿌리까지 모조리 뽑아냈다.[21] 1960년 3월 그 지역을 여행하던 녜룽전은 마오쩌둥에게 보내는 편지에서 구이저우에 관한 찬사를 열광적으로 늘어놓았다. 〈사실, 구이저우는 전혀 가난하지 않고, 아주 부유하다. 장래에 이곳은 남서부에서 우리의 산업 기지가 될 것이다!〉[22]

황허는 황토고원을 가로질러 긴 여정을 마무리할 때쯤 17세기에 완공된, 고대에 인간이 만든 강인 대운하와 만난다. 남쪽에서 보내오는 곡물 조공을 북부 제국의 수도까지 가져오기 위해 건설된 대운하를 유지하는 데는 4만 7,000명 이상의 인력이 필요했으며, 전성기인 15세기 중반에는 약 1만 1,000척의 곡물 바지선이 이곳을 오갔다고 한다. 지난 바로 북서쪽에 위치한 치허는 산둥 성에 있는 주요 하항(河港)으로, 황허 강가에 자리 잡은 좋은 입지 덕분에 번영했을 것이다. 대약진 운동 이전에 이곳은 대략 인구 50만에 풍년이 들면 20만 톤에 달하는 풍성한 수확량으로 〈곡창〉으로 알려졌다. 면화, 담배, 과일도 널리 재배되었다. 1961년에 이르자 치허 현은 10만 명이 넘는 주민을 이미 잃었는데 1957년과 비교할 때 인구의 5분의 1이 사라진 셈이었다. 생존하거나 뒤에 남은 인력의 절반은 병에 걸려 있었다. 경제는 만신창이가 되었다. 1956년 20만 톤이 수확된 곡물은 몇 년 뒤 고작 1만 6,000톤에 불과했다. 땅콩 생산의 붕괴는 그보다 더 급격했다. 1956년에는 7,780톤이 수확된 반면 1961년에 들에서 모을 수 있던 양은 10톤이라는 초라한 양에 그쳤다. 모든 것이 1958년 이전에는 사람들이 흔히 예상했을 수치의 10분의 1로 줄어든 듯했다. 심지어 경작지도 축소되었다. 경작

지의 5분의 1은 각종 도로와 급수시설 공사에 자리를 내줬으나 대부분은 완공되지 않았다. 북부 어디나 마찬가지로 알칼리성 토양의 양이 두 배로 증가해 경작지 표면적의 거의 3분의 1에 달했다. 치수 사업에 대한 막대한 투자에도 불구하고 — 그보다는 그 결과로 — 관개 용지는 전체적으로 70퍼센트 줄어들었다. 들에서 고개를 돌려 봐도 대대적 파괴는 똑똑히 눈에 들어왔다. 가축은 절반 넘게 줄어들었고 수레의 숫자도 줄어든 한편, 갈퀴와 괭이 같은 단순한 연장 수만 개가 사라졌다. 절반 이상의 나무가 베어 넘겨졌다. 현의 전체 가옥 중 38퍼센트가 파괴되었다. 남아 있는 가옥들 가운데, 4분의 1은 심하게 훼손되었고 당장의 조치가 필요했다. 심지어 방 한 칸도 남아 있지 않은 가구도 1만 3,000곳에 달했다.[23]

한좡은 치허 현의 많은 촌락 가운데 하나였다. 1957년에는 주민이 240명이었지만 1961년이 되자 141명만이 남아 있었다. 마을 주민의 4분의 1은 아사했고, 여섯 가구당 한 가구는 완전히 사라졌다. 이는 계급 전쟁에 관한 온갖 공식적 수사에도 불구하고 여전히 후손을 강조하던 문화에서 언제나 커다란 무게감을 지니는 사실이다. 1958년부터 1961년까지 마을에는 아이가 딱 네 명 태어났고, 그중 한 명은 아기 때 죽었다. 많은 주민들이 독신이었고, 대부분은 병들고 약한 현지 남자들과 기꺼이 결혼할 다른 마을 여자들은 거의 없었다. 마을은 토지의 40퍼센트 정도를 상실했고, 남은 토지의 절반 이상이 심각한 염류화로 불모지나 다름없었다. 멀리 눈길이 미치는 곳까지 소금이 땅을 하얗게 변화시키면서 현지에서 하는 말에 따르면 〈집을 나서기만 하면 드넓은 흰 땅이 펼쳐졌다〉. 이 양분이 고갈된 땅 한가운데 허름한 흙집들이 서 있었다.

마을에는 한때 방이 총 240칸 있었지만 이제는 80칸 정도만이 남아 있었고, 그 대부분은 지붕이 새거나 벽이 무너져 내린 상태였다. 한 조사 팀이 밝힌 바에 의하면 이 비참한 거처 안에는 아무것도 없었다. 〈모든 가구가 기근을 거치며 완전히 망했다. 기근의 영향을 가장 덜 받은 사람들은 옷가지와 가구를 팔았던 한편, 기근을 가장 심하게 겪은 이들은 솥과 그릇, 대야, 집에서 뜯어낸 나무를 팔아야 했다. 마을에서 27가구는 갖고 있던 모든 걸 팔았다.〉 일례로 양지마오는 1960년 마을을 떠났다. 아내와 자식은 오로지 갖고 있던 것을 모두 팔아서 연명할 수 있었다. 그들은 침대도, 솥단지도, 땅을 일굴 연장도 없었다. 두 사람은 너덜너덜한 담요 한 장과 다 낡아 해진 외투 한 벌을 공유했다. 다른 이들은 처지가 더 나빴다. 한좡에 남았던 소수의 사람들 가운데 33세의 류자이린은 곧 아사했다. 아내는 두 아이만 남긴 채 서까래에 목을 매 죽었고 아이들은 마을 주민들이 거두었다.

기근 동안 산둥에서 무슨 일이 벌어졌는지 조사하도록 파견된 조사팀은 간쑤나 광둥 성에 파견된 다른 동료들과 달리 권력을 남용한 간부들에게 비난의 손가락을 돌리기를 꺼렸다. 그러나 기근의 정치적 차원은 분명했다. 대약진 운동 이후 촌장은 열다섯 번이나 바뀌었다. 대부분이 위에서 부과되는 가혹한 국가 조달에 아무런 저항도 할 수 없었고, 1959년에 마을 주민들한테는 1인당 평균 25킬로그램의 곡물만 있었다. 그해 1년 동안에 말이다. 관개 사업에 광범위한 노동력 징발도 물론 도움이 되지 않았다. 1959에서 1960년으로 넘어가는 겨울에 한좡에서 가장 좋은 인력 46명이 징발되었다. 그들은 40일 밤낮으로 눈 속에서 일했지만 아무런 곡물도 받지 못해서 이미 국가 징발로 식량이 바닥난 마을에서 양식을 구해야 했다. 일부는 추운 바깥에서 땅을 파다

가 죽었고, 일부는 집으로 돌아오는 길에 그냥 길가에 쓰러져 죽었다.[24]

4년에 걸친 대량 학대로 망가져, 유사한 곤경에 처한 마을들이 산둥 농촌 지역 전역에 무수히 많았다. 경고 신호는 일찍이 1959년 4월에 나타났다. 산둥 성의 고위 지도자 탄치룽은 지닝 지역의 여러 현에서 나무들은 껍질이 싹 벗겨지고, 아이들은 버려져 있으며, 굶주림으로 얼굴이 흙빛인 농민들이 길가에 쓰러져 죽어 있는 광경을 직접 목격했다. 주에 지역에서는 사람들이 베개에서 짚을 꺼내 먹었다. 수천 명이 굶어 죽었다. 탄치룽은 이 상황을 산둥 성장 수퉁에게 보고했지만 마오쩌둥에게 보고서를 한 부 보내는 이례적인 조치를 취했다.[25] 몇 주 뒤에 깊이 뉘우치는 기색의 수퉁은 특별 열차를 타고 그 지역을 지나가고 있던 주석에게 〈지닝 사태〉를 설명해야 했다.[26]

그러나 수퉁은 기근을 덜기 위해 아무것도 하지 않았다. 스스로 인정한 대로 그는 나쁜 소식을 질색했고, 대약진 운동에 비판적인 사람들에게 〈우파 기회주의〉라는 딱지를 붙이겠다고 위협하며 산둥 지방의 식량 부족에 관해 〈손가락 하나만큼이라도〉 거론하길 거부했다.[27] 수퉁과 함께 일해야 했던 다른 사람들의 말에 따르면 그 지역의 차르는 무수한 인명을 앗아 갔음에도 그가 계속해서 고집하는 유토피아 비전에 대해 누구라도 반대하고 나서면 노발대발했다. 〈먼저 치는 사람은 이기고, 마지막에 치는 사람은 진다.〉 수퉁은 농민들이 먹을 수 있기 전에 곡물을 몰수하는 것에 관한 마오쩌둥의 조언을 종교처럼 따라서, 베이징의 요구를 충족시키기 위해 막대한 징발을 강요했다.[28]

간쑤, 쓰촨, 구이저우, 산둥 성은 모두 1960년에 사망률이 10퍼센트가 넘었던 현들이 있었던 곳이다. 그러나 어느 곳도 마오쩌둥의 가장 헌신적인 추종자 중 한 명인 정시성이 운영하던 안후이만큼 상황이 나쁘지는 않았다. 다른 성들과 마찬가지로, 안후이 성도 여러 지역으로 나뉘어 있었으며, 수십 개가 넘는 지역이 있었다. 이런 지역 가운데 하나가 푸양이었다. 푸양은 1958년 인구가 800만 명이었다. 3년 뒤 240만 명 이상이 사망했다.[29]

높은 사망률을 기록한 한 가지 이유는 지리 경관 그 자체였다. 평평하고 전반적으로 메마른 불모지인 그곳은 숨을 데가 거의 없었다. 그 지역에서 도망치고 싶었던 사람들 다수는 강을 따라 이웃한 허난 성 신양으로 갔지만 그곳의 기근은 더 심했다. 화이 강 자체가 죽음의 거미줄이었다. 1957년 화이 강은 전체 인력의 최대 80퍼센트까지 동원된 거대한 관개 사업의 초점이 되었다. 1헥타르마다 도관이, 10헥타르마다 운하가, 100헥타르마다 대형 수로가 들어서리라. 깊이 갈기는 토양을 밀가루 반죽처럼 말랑말랑하게 만들어 논밭을 거울처럼 매끄럽게 할 것이다. 푸양은 1~2년 만에 미래를 따라잡으리라.[30] 화이 강을 따라서 훌륭한 인력이 착취된 배경에는 〈비오는 날에 우리는 맑은 날을 보고 밤은 낮이 된다〉와 〈낮에는 태양과 싸우고 밤에는 별과 전투한다〉 같은 구호들이 있었다. 많은 이들이 질병과 과로로 쓰러지고 죽었다.[31]

춘절 동안 노동자들이 집으로 돌아가는 것을 막으려고 의용군은 그들의 집을 봉쇄해 버렸다. 댐과 둑길, 수로가 가차 없이 나아가며 앞을 가로막는 모든 것을 싹 밀어냈다. 나무, 무덤, 심지어 대형 다리까지 철거되어 농민들은 들에 나가 일을 하려면 몇 킬로미터를 걸어가야 했다.[32] 간부의 변덕에 마을 전체가 하룻밤 새 이사를 가야 하는 사태도 발생했다. 수백 군데의 마을이 지도상에서 사라졌다.[33]

다른 거대 계획들도 파종이나 추수가 마무리되기도 전에 들판에서 가장 뛰어난 일꾼들을 데려가 버렸다. 수확량이 워낙 풍족하니 — 당의 기본 방침에 따르면 — 곡식으로 술을 빚어야 했다. 〈5,000톤 현〉이 되려고 갖은 애를 쓴 하오 현은 1959년 1월에 3,200곳이 넘는 양조장을 세웠다. 그중 절반 미만의 양조장만 가동되었고, 수 톤의 곡물이 낭비되었다.[34]

농업을 기계화하려는 시도도 파멸적이긴 마찬가지였다. 약 10만 대의 수레에 무겁고 투박한 쇠바퀴를 달자 너무 무거워져 소가 더 이상 수레를 끌 수 없었다.[35] 설상가상으로 구형 수레는 도로에서 금지되어, 구형 수레를 이용하는 게 목격된 농민들은 우파로 규탄받았다.[36]

곡물 생산량은 급감했지만 열성 간부들은 서류에 두 배로 부풀려 적었다. 가혹한 징발이 뒤따랐다. 정례적인 폭력이 동반되어 이루어진 징발은 때로 실제 수확량의 90퍼센트 가까이를 가져갔다.[37] 부족한 곡물을 벌충하기 위해 간부들은 집안으로 난입하여 탁자와 의자, 침대를 가져갔다. 농민들은 심지어 일정한 양의 솜옷까지 내놔야 했는데, 가구당 수 킬로그램에 달했다. 할당량을 채우지 못하면 공동 식당에서 쫓겨났다. 자오화이런은 70세 노모와 자식의 솜옷을 넘겨야 했다. 그들은 얼어붙는 추위 속에서 몸을 따뜻하게 하려면 볏짚 아래 몸을 숨겨야 했다. 1960년에 이르자 집어 갈 게 거의 남지 않게 되었고, 한 인민공사가 건진 가장 커다란 수확은 관 100개였다.[38]

고문이 횡행했다. 〈불순분자〉의 귀를 뚫는 데 철사가 이용되는가 하면, 여자들은 옷이 벗겨지고 머리칼을 붙잡혀 대롱대롱 매달렸다. 제서우 현 현장의 표현대로 〈그들의 가슴은 액체가 스며 나올 때까지 비틀렸다〉.[39] 린취안에서 폭력 행사는 현지 당 지도자에 의해 다음과 같이 요약되었다. 〈사람들은 두들겨 맞고 목매달려 죽고, 식량을 빼앗기거나 생매장되어, 비극적 상황 속에서 죽었다. 일부는 귀가 잘리고, 코가 패여 나가고, 입이 찢어지는 등등 심하게 고문을 당하고 두들겨 맞았고, 종종 그로 인해 사망했다. 우리는 일단 조사를 시작하자 이 모든 상황이 얼마나 극도로 심각한지를 발견했다.〉[40] 살인은 흔했다. 린취안 현의 작은 마을 다황좡에서는 열아홉 명의 간부 가운데 아홉 명이 기근 동안 마을 주민을 적어도 한 명 죽였다. 생산 대대 대장 리펑잉은 다섯 명을 죽였다.[41]

일부 경우에 주민들은 의도적으로 파놓은 함정에 빠졌다. 기근이 최절정에 달했던 1959년 말, 푸난 현의 현지 곡물 부서 소속의 한 식품 가공 공장은 문을 활짝 열어 놓은 채 안마당에 콩깻묵을 놔두고 있었다. 굶어 죽어 가던 농민들이 음식을 훔치려고 하는 순간 그들 뒤에서 갑자기 문이 닫혔다. 〈붙잡힌 사람들을 한쪽 끝이 묶인 곡식 자루에 억지로 집어넣어져 쇠몽둥이로 두들겨 맞았다. 자루는 온통 피로 물들었다. 칼로 얼굴을 벤 뒤 상처에 기름을 바르기도 했다.〉[42]

기아에 시달리던 이들을 위한 원조는 막혀 버렸다. 어느 현 한 곳에서만 어려움에 처한 이들을 지원하기 위해 보내진 15톤의 곡물이 몰수되어, 수천 명의 죽음이 앞당겨졌다.[43] 현지 당국이 조사 팀에게 기근을 숨기려고 하면서 사람들은 죽음에 내몰리기도 했다. 예를 들어 의용군은 마을을 봉쇄하고, 기아의 기미가 있는 사람은 누구도 문밖에 나가지 못하게 하라는 지시를 받았다.[44] 1960년 내무부장이 방문하기로 한 한 인민공사에서는 현장이 수종에 걸린 3,000명 이상의 마을 주민들을 불러 모아 허둥지둥 숨겼다. 아무런 의료 지원도 받지 못한 채 갇혀 있게 되자 며칠 사이에 수백 명이 사망했다.[45] 조사 팀이 오고 있는 중에 한 현지 간부는 수종에 시달리고 있던 친쭝화이를 흘끗 본 뒤 〈곧 죽겠군. 빨리 묻어〉라고 명령했다. 현지 당서기의 판단에 의하면 〈땅에 파묻히는 동안 그는 여전히 숨을 쉬고 있었다〉.[46]

36장

식인

대기근 이전에 농촌은 떠들썩한 곳이었다. 도붓장수들이 손님을 끌어모으려고 외치는 소리로 가득했고, 어떤 이들은 쩔렁쩔렁 종을 울려 가며 상품을 홍보하기도 했다. 장례든 혼례든 민간의 행사에는 요란한 징, 심벌즈, 폭죽 소리가 전통적으로 함께했다. 길모퉁이와 마을 광장의 나무에 걸어 놓은 확성기에서는 선전 구호와 혁명가가 쩌렁쩌렁 울려 나왔다. 누런 흙먼지를 일으키며 지나가는 트럭과 버스도 쉴 새 없이 경적을 울려 댔을 것이다. 들녘에서는 고래고래 소리를 질러 가며 시끌벅적한 대화를 주고받았는데 고함 소리가 워낙 커서 외부인들은 심한 말다툼을 하고 있는 게 아닐까 착각할 정도였다.

그러나 수년 동안 기근이 이어진 뒤 으스스하고 부자연스러운 침묵이 농촌을 뒤덮었다. 몰수되지 않고 남은 몇 마리 안 되는 돼지는 굶주림과 질병으로 죽었다. 닭과 오리는 진작 도살되었다. 껍질이 다 벗겨져 나간 나뭇가지에는 더 이상 새들이 앉아 있지 않았고, 텅 빈 하늘을 배경으로 헐벗고 앙상한 나무줄기만이 선명하게 두드러졌다. 사람들은 종종 말을 할 수 없을 만큼 굶주려 있었다.

나무껍질과 풀뿌리까지, 생명을 유지시켜 줄 가능성이 있는 모든 것들이 하나씩 벗겨져 나간 세상에서 시신이 얕은 무덤이나 그냥 길가에 내던져지는 일도 종종 있었다. 몇몇 사람들은 인육을 먹었다. 이런 행위는 1958년 여름 기근이 시작된 윈난 성에서 나타났다. 처음에는 병에 걸려 죽은 가축의 사체가 파헤쳐졌지만 기근이 점차 심해지면서 일부 사람들은 결국 시신을 파내어 삶아 먹었다.[1] 곧 식인 관행은 기아로 사람들이 떼죽음 당하던 모든 지역에, 심지어 광둥처럼 상대적으로 윤택한 성에도 출현했다. 예를 들어, 뤄딩 시 탄빈, 1960년에 마을 주민 20명에 한 명꼴로 사망한 어느 인민공사에서는 여러 명의 아이들이 먹혔다.[2]

식인 행위에 관해 에두른 언급 이상을 제공하는 기록 보관소 자료들은 거의 없지만 일부 경찰 보고서는 퍽 상세하다. 간쑤 성 시리 현의 작은 마을에서 마을 주민들은 인근 오두막에서 고기 삶는 냄새가 풍겨 나오는 것을 알아차렸다. 그들은 오두막에 사는 남자를 마을 서기에게 보고했고, 그가 양을 훔쳤을지 모른다고 의심한 서기는 그곳을 수색했다. 그는 커다란 통 안에 담긴 살점과 더불어 통 바닥에서 머리핀, 장신구와 목도리를 발견했다. 유물들은 며칠 전 마을에서 사라진 소녀의 소지품이었다는 것이 곧 밝혀졌다. 남자는 살인을 자백했을 뿐 아니라 이전에도 두 차례 어린 아이의 시체를 파내 먹은 것을 실토했다. 마을 주민들이 시신 훼손을 막기 위해 무덤을 보호하는 조치를 취하자 살인으로 고개를 돌렸던 것이다.[3]

인육은 다른 모든 것과 마찬가지로 암시장에서 거래되었다. 장예 기차역에서 고기 1킬로그램에 신발 한 켤레를 맞바꾼 한 농민은 꾸러미에 사람의 코와 귀 여러 개가 담겨 있는 것을 발견했다. 그는 현지 공안부에 이를 보고하기로 했다.[4] 적발을 피하기 위해 인육은 암시장에 팔

릴 때 개고기와 섞이기도 했다.[5]

그러나 여태껏 체계적으로 수집된 보고는 거의 없다. 간부가 기근을 언급하는 것만으로 곤경에 처할 수 있는 정권에서 식인 사례들은 출현할 때마다 적당히 은폐되었다. 간쑤 성 성장 장중량은 퉁웨이와 위먼, 우산, 징닝, 우두에서 벌어진 일련의 식인 사례를 개인적으로 전해들었지만 〈불순분자〉 탓으로 돌리면서 증거를 일축했다.[6] 산둥 성 성장 수퉁도 부정적 뉴스가 자신의 명성을 해칠까 봐 식인 행위에 관한 증거를 숨겼다.[7] 앞장에서 다룬 참상의 현장 가운데 하나인 치수이 현의 현장 왕린치는 식인을 저지른 주민들을 체포한 현지 치안 당국을 질책했다.[8] 식인 관행은 도저히 입에 올릴 수 없는 주제라 당 지도부에 배포된 어느 보고서에서는 기근이 얼마나 심한지 알리기 위해 시신을 파헤치고 그 인육을 먹는 척해서 당의 명성을 더럽히려는 사보타주 행위자들을 만들어 내기도 했다.[9]

상당히 종합적인 증거 문서들이 조금 남아 있다. 이 가운데 하나는 란저우 남쪽 도시 린샤의 한 시립 단체가 1961년 3월에 작성한 보고서다. 린샤는 이슬람의 영향을 강하게 받은 지역으로, 인구는 후이 족이 우세한 가운데 티베트, 살라르, 바오안, 둥샹 족을 비롯해 십여 가지 소수 민족이 살아가는 지역의 수도였다. 이 지역은 대약진 운동 동안 소수 민족의 관례와 풍습을 함부로 취급하는 대대적 집산화를 겪었다. 대기근 직후에 그 지역에 대한 한 조사는 단 2년 사이에 5만 4,000명이 사망했음을 보여 준다.[10] 보고서는 약 50건의 식인 건 — 지역 전체가 아니라 린샤 시에서 발각된 — 을 나열하고 있다. 식인이라는 참상을 계획가들이 아주 좋아하는 사실 관계와 수치로 환원하여 빠짐없이 나열한 보고서를 통해 네 건의 세부 사례를 살펴보자.

날짜: 1960년 2월 25일.

장소: 야오허자 마을, 홍타이 인민공사.

범인 이름: 양중성.

지위: 빈농.

관련자 수: 1명.

희생자 이름: 양얼순.

범인과의 관계: 남동생.

관련자 수: 1명.

범행 방식: 살해한 후 먹음.

이유: 생계 문제.

날짜: [빈칸].

장소: [빈칸].

범인 이름: 마마나이.

지위: 빈농.

관련자 수: 4인 가족 전부.

희생자 이름: [빈칸].

범인과의 관계: [빈칸].

관련자 수: 13명.

범행 방식: 시신을 파헤쳐 먹음.

이유: 생계 문제.

날짜: 1960년 1월 9일.

장소: 장사마 마을, 마이지 인민공사.

범인 이름: 캉가마이.

지위: 빈농.

관련자 수: 1명.

희생자 이름: 마하마이지.

범인과의 관계: 동네 사람.

관련자 수: 1명.

범행 방식: 난자해서 죽인 뒤 요리해 먹음.

이유: 생계 문제.

날짜: 1960년 3월.

장소: 샤오궈 문, 훙타이 인민공사.

범인 이름: 주솽시.

지위: 빈농.

관련자 수: 2명.

희생자 이름: [빈칸].

범인과의 관계: 남편과 큰아들.

관련자 수: 2명.

범행 방식: 시신을 파헤친 뒤 먹음.

이유: 생계 문제.

목록에 거론된 범인들 대다수는 시체식, 다시 말해 이미 죽은 사람의 시체를 먹거나 땅에 묻힌 시신을 파내어 먹은 것이다. 76명의 희생자는 세 가지 범주, 즉 살해되어 먹힌 부류(12명), 사망한 뒤 먹힌 부류(16명), 시신이 파헤쳐져 먹힌 부류(48명)로 나뉜다. 살해된 부류

중 대략 절반은 같은 동네 사람이었고 절반은 우연히 마주친 낯선 사람이었다. 가족 내 살인은 단 한 건만 일어났다.[11]

린샤도 예외가 아니었다. 1961년 초, 쓰촨의 시주 현의 차오터우 인민공사의 상황을 살펴보기 위해 조사 팀이 파견되었을 때 그들은 식인 관행이 어느 정도인지 보고 깜짝 놀랐다. 식인 관행을 보여 주기 위해 평소처럼 몇 가지 사례를 기록하는 대신 조사 팀은 현지 공안부의 도움을 받아 한 생산 대대를 심도 있게 조사하고자 했다. 그들이 수집한 증거 목록은 열여섯 명의 희생자와 열여덟 명의 가해자에 관해 상세한 내용을 전한다. 시체식은 70세 노파 뤄웬슈가 두 명의 아이의 시신을 파내어 요리해 먹은 뒤 시작되었던 것 같다. 일부 경우에는 신체의 일부만 먹혔다. 예를 들어 마쩌민은 심장만 도려내졌다. 이러한 관행의 상당 부분은 대부분의 시신이 이미 상당히 부패가 진행된 사실과 관련이 있을지도 모른다. 일부 사람들은 인육에 고춧가루를 뿌려 먹었다.[12]

러시아어에는 문자 그대로 〈사람 먹기〉라는 뜻의 류도에드스트보людоедство와 〈시신 먹기〉라는 뜻의 트루포에드스트보трупоедство 간의 구분이 있다. 그것은 매우 유용한 구분, 즉 당에 의해서만이 아니라 식인 풍습을 체제 그 자체에 대한 은유로 조명하고 싶어 하는 그 적들에 의해서도 오명이 씌워진 주제에 절실한 미묘한 차이를 부여해 주는 구분이다. 그리고 다름 아닌 주민들이 시체 도둑과 핏발 선 눈의 인육 먹는 자들 혹은 아이들을 서로 바꿔서 먹었다는 가족들에 관해 거듭 이야기하는 과정에 그 내용이 조금씩 바뀌면서 식인 문제 전체가 선정적으로 다뤄지고 그 진위가 의심받는 지경에 이르렀다.[13]

그러나 린샤와 차오터우가 보여 주듯이, 아주 극소수만이 실제로 먹기 위해 사람을 살해한 식인자들이었다. 대부분은 생존 기술을 시신을 먹는 데로까지 확대한, 썩은 고기를 먹는 자들이었다. 어쩌다 인육을 먹을 결심을 하게 되었는지는 사람마다 분명 이유가 다를 것이다. 그러나 필사적인 생존자들로서 그들 모두는 신체 부위를 절단하거나 생매장에 이르기까지 살아 있는 인간에게 자행되는 무수한 참상을 목격했을 것이다. 국가 후원 폭력이 횡행하는 와중에 시체식은 인간의 존엄성을 비하하는 가장 흔한 방법이나 가장 널리 퍼진 방법은 분명 아니었다.

37장

최종 결산

얼마나 많은 사람이 죽었을까? 다른 이유는 차치하고라도 대기근의 와중에 믿을 만한 통계가 거의 없었기 때문에 이 질문에 대한 만족스러운 답변은 결코 나올 수 없을 것이다.

지금까지 제시된 주목할 만한 추정치는 모두 1984년에 국가 통계청에서 최초로 발간한 통계연감에 실린 인구 규모와 1950부터 1982까지의 출생률과 사망률에 관한 공식 수치를 바탕으로 하거나 1953년, 1964년, 1982년 인구 조사의 공식 수치를 바탕으로 한 것이었다. 통계연감이 발간되자마자 바실 애슈턴Basil Ashton은 공식 증거를 이용하여 1958년부터 1962년까지 중국 전체 인구가 대략 6억 5000만 명에 달한 그 시기에 3000만 명이 조기 사망했다고 주장했다.[1] 인구학 전문가 주디스 배니스터Judith Banister도 인구 통계를 살펴본 뒤 1958부터 1961년까지 약 3000만 명이 초과 사망했다고 결론 내렸다.[2] 내적 일관성 결여부터 출생과 사망 과소 신고, 통계에서 군대 병력이 배제된 것까지 통계 데이터가 온갖 문제들을 안고 있기 때문에 여러 저자들이 이런저런 변수를 만지작거리며 그 수치를 높이거나 낮춰 왔다. 인구 연구 전문가인 평시지는 1987년 2300만이라는 숫자를 제시한 반면, 정창은 마오쩌둥에 관한 책에서 3800만 명이라는 결론에 도달했다.[3] 더 근래에는 은퇴한 언론인 양지성이 약 3600만 명이라는 숫자를 제시했는데 역시 그간 발표된 통계에 바탕을 둔 것이다.[4]

2005년 상하이 출신 역사 인구학자 차오수지(曹樹基)가 1,000종 이상의 지리지 — 1979년 이후에 현이나 시 당위원회에서 발간한 공식 지역사 — 를 체계적으로 검토하면서 새로운 증거가 나왔다. 이 대단히 다종다양한 데이터 역시 궁극적으로는 당이 발표한 숫자에 의지한다는 점을 인정하면서도 새로운 증거는 지역적 차이에 대해 훨씬 더 미묘한 분석을 도입했다. 차오수지는 3250만 명이 조기 사망했다고 추정했다.[5]

공식 숫자들은 얼마나 믿을 만할까? 소련 중앙 통계청은 각각 내부용과 발표용으로 두 가지 인구 통계를 만들었다. 그러나 곡물 징발량의 경우에서 이미 보았듯이 중국의 당 기록 보관소는 인민공사, 현, 성부터 중앙에 이르기까지 모든 층위마다 대단히 상이한 통계 자료를 보유하고 있다. 어떤 통계는 집산화 광풍이 절정에 달했을 때 수집된 것으로 정치적 열의를 드러내려는 의도가 담겨 있다. 어떤 통계는 전횡을 휘두르는 당 관리들을 해임시키는 과정을 관장하도록 농촌에 파견된 조사팀이 수집한 것이다. 다시 말해 관련 수치들이 변조된 것인지 아닌지에 관해 논쟁하는 것은 매우 기본적인 요점을 놓치는 것이다. 어느 누구라도 숫자를 허위로 조작할 필요가 없으며, 그것은 정치적으로 가장 덜 해로울 것 같은 통계 수치를 수집하는 문제일 뿐이다. 또는 살짝 다르게 표현하자면 일당 국가에서 공식 데이터가 조작되지 않았다는 사실이 그 데이터를 반드시 신뢰할 만하게 만들지는 않는다.

기록 보관소에는 적어도 세 가지 미공개 데이터가 존재하는데, 각 성의 공안부에서 수집한 데이터, 현지 당위원회에서 수집한 데이터, 현지 통계청이 수집한 데이터가 그것이다. 여태껏 누구도 이 세 가지 데이터에 접근할 수 없었다. 그러나 1979년 이후, 새로운 지도부가 마오쩌둥의 시대에 관해 더 많은 것을 알아내고자 하면서 자오쯔양의 지시 아래 200명의 조사 팀이 각 성을 다니며 당 내부 문서를 검토했다. 1959년 반(反)은닉 캠페인을 선도했던 광둥 성 제1서기는 이제 총리였고 그는 조사 팀에게 중국 농촌의 전체적 양상을 그려 달라고 요청했다. 조사 팀의 보고서는 결코 발간되지 않았다. 하지만 조사 팀 중 한 명이었던 천이쯔라는 고위 당 관료가 1989년 톈안먼 사태의 여파로 미국으로 피신했다. 그는 미국에 망명해 있을 때 조사 팀이 대기근 시 사망자 수를 4300만~4600만 명으로 도출했었다고 주장했다.[6] 기근을 조사한 연구자 가운데 단 한 명만이 천이쯔의 주장을 진지하게 받아들였는데 바로 1996년에 나온 자신의 책 『굶주린 유령들*Hungry Ghosts*』을 위해 천이쯔를 인터뷰한 재스퍼 베커Jasper Becker다. 아래에 최초로 제시되는 기록 보관소의 증거들은 천이쯔의 주장이 옳았음을 밝혀 주며, 1958부터 1962년까지의 대기근 동안 줄잡아서 최소 4500만 명이 조기 사망했음을 보여 준다.

천이쯔와 그의 조사 팀조차도 조사 과정에서 어려움에 봉착했을 것이다. 일당 국가에서 기록 보관소는 비공개다. 기록 보관소는 당에 속하며 당의 통제를 받는다. 공안부 소관인 것들을 제외하고 대부분의 기록

보관소는 당 본부 내 건물에 있다. 노련한 기록 보관소 담당자들은 심지어 베이징에서 보낸 권한이 막강한 대표단의 요구 사항도 얼렁뚱땅 넘어가거나 그들을 고의로 오도할 수도 있었는데 모든 기록 컬렉션마다 목록이 존재하지는 않았을 테니 더욱 그랬다. 그러나 무엇보다도 일부 통계 자료들은 아예 빠져 있었다. 예를 들어 후베이 성의 경우, 모든 초과 사망자 숫자를 담고 있어야 할 당위원회에서 보내온 파일이 불완전하다. 갈색 서류철 안에는 기록 보관소 담당자의 1979년 6월자 자필 메모가 첨부되어 있는데 안타깝게도 그 문서가 〈빠져 있다〉는 내용이다.[7] 후베이 성 공안부 데이터의 경우, 1961년 사망률은 전년도보다 두 세 배 낮다고 추측하면서 애매한 추정치만을 제시했다. 결국 보고서는 총사망자 수에 관해 궁금해 하지만 아무런 대답도 내놓지 않는다.[8]

어쨌거나 세 조직 — 성 공안부, 성 당위원회, 성 통계청 — 모두는 저마다 통계 보고서를 작성하기 위해 더 하위 당 조직에 의존해야 했을 것이다. 그리고 아래로부터 제기되는 혼란 요인은 넘쳐 났다. 간쑤 성에서 성 당위원회는 1962년에 대기근 동안 초과 사망자 추정치를 요청하는 공문을 보냈다. 극소수의 현만이 답변을 보내왔기 때문에 이 통계 계획은 엎어지고 말았다.[9]

그러나 현 당국이 숫자를 보내오더라도 문제들이 존재했다. 우선 〈정상적〉 죽음과 〈비정상적〉 죽음을 구분하는 문제가 있다. 인구학자들은 얼마나 많은 사람들이 기근의 결과로 조기 사망했는지 대략적 추정치를 알아내기 위해 〈자연사〉와 〈비자연사〉를 구분한다. 그러나 중국에서는 이런 구분이 정치적이었다. 산업 재해, 자살, 치명적 유행병이나 아사는 모두 당국에 중대한 관심사였다. 그것들은 사회적, 정치적 건강을 가리키는 지표로 여겨졌으며, 당의 규제 기관에 의해 부지런히 모니터링되었다. 심지어 자살 한 건도 뭔가가 잘못되었다는 신호, 상부로부터 정치적 조사를 정당화하는 신호일 수 있었다. 일부 마을들의 경우 주민의 70퍼센트까지 몰살된, 안후이 성의 참상의 현장 가운데 하나인 푸양에서 사람들이 한창 대량으로 죽어 나갈 때 그 지역은 1961년 일사분기에 1만 890명의 사망을 보고했다. 그 가운데 〈신체 쇠잔〉과 〈수종〉에 의한 사망자 103명을 포함해 고작 524명의 사망만이 〈비정상적〉이라고 묘사되었다.[10] 쓰촨 성 룽 현의 현장 쉬원정은 공식 통계는 두 가지 규칙을 따라야 한다고 지시했다. 출생률은 사망률을 초과해야 한다. 그리고 사망률은 2퍼센트를 넘기면 안 된다. 역시 쓰촨 성의 푸링에서는 통계가 두 가지로 작성되었다. 1960년에 현지 간부들은 푸링의 총인구가 59만 4,324명이라고 계산했지만 무려 10만 명 이상 차이가 나게 69만 7,590명이라고 보고했다.[11]

간부들이 기근의 냉혹한 현실을 기꺼이 직시하고자 하더라도 과연 누가 대량의 눈사태 같은 죽음들을 지속적으로 파악할 수 있었을까? 쓰촨 성 장진과 장베이 현에서는 1960년 12월에 매일 최대 250명까지 사망자가 발생했다. 비록 상관들한테 구체적으로 지시를 받았다 하더라도 매일 마을을 돌며 사망자를 파악해 깔끔한 사망자 수 목록을 작성하는 일이 당시 현지 관리들의 주요 관심사는 결코 아니었을 것이다.[12] 현지 간부나 경찰이 사망 규모를 최대한 파악해 보고하려고 하면 우파라는 낙인이 찍혔다. 쓰촨 성 원장 현 공안부 부장 자오지안은 1959년도에 체계적인 통계를 내서 전년도와 비교할 때 인구가 2만 7,000명, 다시 말해 16퍼센트 줄어들었다는 것을 발견했다. 그는 쓰촨 성 상관들에게 질책을 들었지만 자신의 조사 결과를 수정하길 거부했고 이 일은 직접적으로 그의 정치적 죽음으로 이어졌다.[13]

상황을 더 복잡하게 만들 듯 혼란 요인들은 계속해서 높은 수준을 유지했다. 뤄즈허우 — 다른 많은 이들과 마찬가지로 — 는 1960년에 허베이 성 전체를 통틀어 〈비정상적 사망〉 건수가 4,700건이라고 충실하게 마오 주석에게 보고했지만 사실 허베이 성 조사 팀은 1958년 이후로 단 한 개 현에서만 1만 8,000명 정도가 굶주림으로 사망했다는 결론에 이르렀다.[14] 여기서 아이러니는 그가 기근의 규모를 은폐했다고 현장들을 나무라면서도 그 동안 내내 정작 베이징의 상관들한테는 자신에게 불리한 숫자를 감췄다는 것이다.[15] 지위 고하를 막론하고 당 관료들은 저마다 하급자들에게는 사실대로 보고하라고 닦달하면서도 자기 상관들은 기만함으로써, 얽히고설킨 자기기만의 혼란상을 만들어 내는 데 일조했다. 아는 것이 힘, 즉 권력이라는 말은 뻔한 소리이며, 절대 권력일수록 왜 진실을 찾아내지 못하는가를 설명하는 데 별로 도움이 되지 않는 말이다.

그러나 그러한 규모의 죽음이 줄곧 감춰진다는 것은 도저히 불가능했다. 때로 현지 지도자들은 한 단계 더 상부에 보고서를 보내는 식으로, 이따금 저우언라이나 마오쩌둥한테 직접 보내는 식으로 모험을 하기도 했다. 1960년 10월 이후 농촌 전역으로 파견된 조사 팀이 작성한 대단히 상세한 보고서는 대량 사망을 주재한 지도자들의 대거 해임으로 이어졌다. 그리고 당이 기근 동안 무슨 일이 벌어졌는지 이해하려고 애쓰면서 기근이 끝난 뒤 몇 년 사이에 사후 조사들이 때때로 이루어졌다. 그 결과는 몇 가지 명시적인 숫자들로 얼마간 절대적 진실을 드러내 주는 깔끔하게 정리된 일단의 통계 수치라기보다는 상이한 방식으로, 상이한 시기에, 상이한 이유로, 상이한 주체에 수집되어 상이한 신뢰도를 지닌, 고르지 못하고 때로는 엉망진창인 기록들의 집합이다. 그러므로 200명으로 이루어진 조사 팀에게 이 증거 기록을 가려내는 임무를 맡긴다는 것은 좋은 생각이었을 것이다.

이 기록 문서들 가운데 가장 좋은 것은 강력한 공안부에 의해 작성되고, 성 전체를 범위로 한 것이었다. 앞서 본대로 후베이 성에서는 이런 통계가 불가능했지만 쓰촨 성 — 중국 전체에서 기근 동안 가장 심하게 유린된 지역 — 에서는 가능했다. 쓰촨 성 공안부의 부장은 1954년부터 1961년까지 통계에 대한 조사를 승인했다. 조사 결과는 1960년도 한 해에만 총사망자 수를 몇 퍼센트 낮게 잡은, 보고된 총계들 다수의 신뢰도를 무너뜨렸다. 조사 결과에 따라 새롭게 수정된 1954년부터 1957년도까지의 사망률은 평균 1퍼센트였다. 이 수치는 1958년 2.5퍼센트로 증가했고, 1959년에는 4.7퍼센트, 1960년에는 5.4퍼센트, 그리고 1961년에는 2.9퍼센트였다. 이를 합하면 1958년부터 1961년까지 총 1060만 명이 사망했고, 그 가운데 790만 명이 평균 사망률 1퍼센트를 넘어서므로 〈초과 사망〉자로 간주될 수 있다.[16] 그러나 쓰촨에서는 중국의 다른 지역들과 달리 1962년에 기근이 사라지지 않았다. 1962년 말까지 여러 현에서 지속적인 아사에 관한 보고가 무수히 들어왔다. 공안부는 각종 수치를 수집하여 그해에 사망률이 1.5퍼센트라고 결론 내렸는데 이는 1962년에 추가로 30만 명이 때 이른 죽음을 맞이함으로써 대기근 당시 쓰촨 성의 초과 사망자는 총 820만 명에 달한다는 뜻이다.[17] 그러나 이 숫자도 물론 적어도 10~20퍼센트 낮게 잡은 게 틀림없는데, 다른 이유는 차지하고라도 쓰촨에서는 — 간쑤 성과 같은 다른 성들과 달리 — 쓰촨 성의 당 최고 지도자 리징취안이 수백만 명의 죽음에 책임이 있음에도 불구하고 여전히 확고히 권력을 유지하고 있었기 때문이다. 1962년에도 쓰촨에서 참사의 규모를 온전히 보고할

각오가 된 현 지도자들은 거의 없었을 것이다.

다른 유사한 기록 문서는 입수 불가능하다. 지금까지는 말이다. 그러나 지역 통계 부서가 수집한 데이터가 있다. 1958년에 기근이 시작된 윈난 성의 경우, 그해에 기록된 사망률은 2.2퍼센트로 1957년도 전국 평균 사망률의 두 배에 달한다. 이 수치만 놓고 봐도 초과 사망자 수는 43만 명에 달했을 테지만 공식 통계를 이용한 대부분의 역사가들은 1958년부터 1961년까지의 기간을 통틀어 윈난 성에서 약 80만 명만이 사망했다고 언급한다.[18]

구할 수 있는 가장 좋은 증거는 마을과 인민공사, 현 단위에서 세심하게 취합된 보고서들에서 나온다. 발간된 당 지리지를 활용하여 현 단위에서 조기 사망률을 추정한 역사 인구학자 차오수지의 작업은 총사망자수가 대략 3200만 명이라고 제시한 다른 인구 전문가들의 의견과 일치하며, 매우 유용한 기준선을 제공한다. 상식적으로 볼 때 현지 당위원회는 발표된 사망률을 낮게 잡을 유인 동기가 충분했고, 그런 의미에서 차오수지의 추정치는 낮게 잡힌 것으로 간주되어야 한다. 이하의 내용의 목적은 그의 수치를 검증해 보고, 그것이 어떻게 조정되어야 하는지 간략하게 설명하는 것이다. 현과 같은 더 작은 행정 단위에 초점을 맞출수록 전국적 수준의 더 큰 합산보다 더 정확할뿐더러 이런 접근을 통해, 국내 인구 이동부터 1958과 1962년 사이의 군대 규모에 이르기까지, 인구 조사를 가지고 작업하는 인구학자들을 혼란시켜 온 수많은 변수들을 제거할 수 있다.

그러나 〈초과〉 사망 숫자를 계산하려면 평균 사망률이 필요하다. 어느 정도가 합리적인 평균 사망률일까? 1961년 국무원장 류사오치가 매달 수백 명이 죽었던 그의 고향 도시 화밍러우의 기근에 관해 논의하면서 생각한 바는 다음과 같다. 〈정상적 죽음은 무엇이고, 비정상적 죽음은 무엇인가? 만약 어떤 사람이 다른 사람을 한 번 쳤는데 그가 그 상처로 죽는다든지 누군가가 강물에 몸을 던진다면 그것은 비정상적 사망이 된다. 지난 2년의 정상 사망률을 계산할 때 그렇게 죽은 숫자들은 빼야 한다. (……) 정상 사망률은 1퍼센트 이하, 일반적으로 0.8퍼센트이며, 정상 출생률은 2퍼센트이고, 0.8퍼센트를 상회하는 사망은 전부 비정상적 사망이다.〉[19] 중국 전역에 걸친 폭넓은 차이를 고려하여 신중을 기하기 위해서는 1퍼센트를 정상 사망률로 잡아야 한다.

허베이 성의 경우 허베이 성 성장 뤼즈허우가 비정상적 죽음에 관한 조사를 〈가장 아래인 가구 수준까지〉 해줄 것을 요청함으로써 긍정적 신호를 준 뒤 작성된 매우 상세한 보고서가 있다. 농민들에게 농산물 가격을 정할 수 있는 자유를 더 많이 주자고 제안했다가 나중에 마오쩌둥의 진노를 사게 된 장자커우 현의 당 관료 후카이밍은 1960년에 전체 인구의 1.9퍼센트가 사망했다고, 다시 말해 사망자 수가 5만 6,000명이라고 보고했다. 장자커우 이웃 현 웨이 현은 1만 8,000명이 사망하여 1960년 사망률이 3.4퍼센트였다.[20] 결국 한 해에만 초과 사망자가 약 4만 명에 이른다는 소리다. 공식 기록 문서를 활용하여 장자커우와 웨이 현에서 추산한 차오수지의 초과 사망자 수는 3년간의 기근 시기 전체를 통틀어 1만 5,000명이다.[21] 톈진과 주변 농촌 — 중국에서 가장 빈곤한 지역이라고는 도저히 볼 수 없는 — 에서는 1960년 말 3개월 사이에 3만 명이 사망했다. 정상적인 인구 손실 비율이라면 사망자 수는 그 절반도 못 미칠 것이다. 다시금 기록 보관소 문헌보다는 공식 통계에 의존한 차오수지가 제시한 숫자는 3년 동안 초과 사망자 3만 명이다.[22] 또 다른 예시는 약 15개 현을 아우르는 한 지역의 중심지

스좌장에서 나온다. 공식 데이터를 비판적으로 독해함으로써 차오수지는 3년에 걸쳐 그 지역 전역에서 1만 5,000명이 사망했다고 결론 내린다. 그러나 아사 희생자 수를 세는 것이 더 이상 정치적 금기가 아니던 1961년 1월에는 고작 열흘 사이에 스좌장 시 한 군데에서만 4,000명에 가까운 사람들이 사망했다.[23]

톈진, 장자커우, 스좌장은 명목상으로는 농촌의 아사로부터 차단된 도시였다. 1960년 11월 장중량의 실각 이후 여러 달에 걸친 조사로 기근의 규모가 밝혀진 간쑤 성에서는 매우 다른 사례들이 나온다. 룽시 현에서는 1959년에 1만 6,000명, 즉 인구의 7.5퍼센트가 죽었고, 1960년에는 2만 3,000명, 다시 말해 11퍼센트가 사망했다. 그러므로 단 2년 사이에만 초과 사망자가 3만 5,000명에 이른다. 그러나 기근 시기 3년을 통틀어 차오수지가 룽시 현에 제시한 초과 사망자 수는 2만 4,000명이다.[24] 당 기록 보관소의 자료에 따르면 1959년과 1960년 징닝 현의 사망자 수는 각각 3만 2,000명으로, 약 7퍼센트다. 이것은 차오수지가 도출한 숫자인 기근 3년 동안의 초과 사망자수 1만 9,000명과 대조적이다.[25] 인구가 대략 28만 명인 장예에서는 1960년 11월 약 5,000명이, 다음 달 12월에는 6,000명이 사망했다. 정상적인 인구 손실 비율을 두 배인 2퍼센트로 잡는다고 해도 석 달이 못 되는 기간 동안 여전히 1만 명의 초과 사망자가 발생한 셈이다. 차오수지는 1만 7,000명이라는 초과 사망자 수를 도출하는데, 두 달 동안 한 현에 해당하는 숫자가 아니라 3년에 걸쳐 네 현의 숫자를 합한 것이다.[26] 우웨이 현 한 군데서만 1960년 봄에 약 2만 명이 죽었다. 차오수지는 3년 동안 4개 현으로 구성된 지역에 조기 사망자 수가 5만 명이라고 제시한다.[27]

구이저우 성의 당위원회는 1961년에 이르자 1957년에 비해 노동력의 약 10퍼센트가 줄어들었다고 추정했는데 어린이와 노인을 제외하고도 인구 50만 명이 줄어들었다는 소리였다.[28] 많은 이들이 구이저우를 빠져나가 다른 곳으로 이주했으므로 물론 이들 전부가 죽은 것은 아니었지만 구이저우 성 전역에서 사망률은 높았고, 치수이와 메이탄 같은 지역은 특히 높았다. 치수이에서는 반년 사이에 약 2만 2,000명, 다시 말해 인구의 10퍼센트가 사망했다.[29] 차오수지는 치수이 현의 공식 기록을 활용하여 3년에 걸쳐 4만 6,000명이라는 숫자를 제시하는데 이 정도면 꽤 타당한 듯하다. 그러나 메이탄의 경우, 반년 사이에 4만 5,000명이 사망했다. 차오수지는 3년 동안 네 개 현에 10만 5,000명이라는 숫자를 제시하는데 이는 틀림없이 너무 낮다.[30] 더 흥미로운 것은 차오수지가 모든 현을 대상으로 극히 성실하게 공식 데이터를 수집했음에도 불구하고 일부 지역들은 그의 통계에서 빠져 있다는 것이다. 예를 들어 퉁런 지역의 일부인 얀허는 언급되지 않는다. 얀허 현 한 군데서만 4만~5만 명이 기아로 사망했음에도 말이다.[31]

역사가들이 접근할 수 있는 관련 기록 보관소가 별로 없기는 하지만 기록 보관소 자료와 공식 통계 간의 불일치는 산둥의 경우도 유사하게 크다. 산둥 성 북서부 지역을 일례로 들자면 핑위안 지역의 경우 고위 조사 팀은 1957년 인구 45만 2,000명 가운데 1961년까지 4만 6,000명 이상이 사망했음을 지적했다. 2만 4,000명이 출생했음에도 불구하고 수만 명이 기근을 피해 유랑의 길을 떠났으므로 인구는 37만 1,000명으로 급감했다. 길을 떠난 이들 다수는 다른 곳에서 죽었으므로 이 수치들에서 빠져 있다. 공식 통계연감을 검토한 뒤 차오수지가 핑위안 현에 제시한 초과 사망자 수는 1만 9,000명이다. 4년에 걸친 연간 정상 사망률이 1퍼센트임을 감안하더라도 당시 보고된 초과 사망자 수는 2만

8,000명, 다시 말해 차오수지의 숫자보다 50퍼센트 많았을 것이다.[32] 1957년과 1961년 사이에 인구의 5분의 1, 다시 말해 10만 명을 잃은 치허에서도 유사한 관찰이 가능하다. 4년 동안 정상 사망률 1퍼센트에 해당하는 사망자 수를 제외하고 사라진 인구의 대략 절반이 다른 지역으로 이주했다고 받아들이더라도(문서 자료는 이 문제에 대해 분명치 않다) 핑위안과 비슷한 초과 사망자 수, 즉 3만 명이 도출되는 반면 차오수지는 그보다 3분의 1 더 적은 1만 9,000명 이하를 제시할 뿐이다.[33] 칭다오와 13개 현을 포괄하는 라이저우 지역 전체에서 차오수지는 4년에 걸쳐 16만 4,000명이 초과 사망했다고 추정한다. 그러나 기록 보관소 자료를 살펴보면 불완전한 통계에도 불구하고 2년에 걸쳐 지모 현에서만 4만 7,000명이 사망했음을(길을 떠난 농민 5만 1,000명은 제외한 숫자다) 알 수 있다. 대략 75만 명 인구 가운데 1만 5,000명은 정상적 죽음을 맞았다고 제외하더라도 여전히 3만 2,000명은 초과 사망자라는 결론이 나온다. 차오수지의 추정치보다 훨씬 높은 숫자다.[34]

일부 지역에서는 기록 보관소 기록 자료와 발표된 데이터가 비슷하다. 광둥 성 신싱 현에서는 1958년 인구의 1.5퍼센트가 사망했고 이듬해 1960년에는 2.88퍼센트가 사망했다. 그렇다면 사망자 수는 2년 동안 대략 5,000명인 셈인데 차오수지는 3년 동안 대략 8,000명이라는 사망자 수를 도출한다.[35] 역시 광둥 성 소속으로, 7개 현을 아우르는 훨씬 더 넓은 지역인 장먼의 경우에, 성의 당위원회가 1960년에 추정한 사망률은 2퍼센트였다(다시 말해 12만 명이 사망했고, 그중 절반이 〈조기〉 사망인 셈이다). 이 숫자를 공식 데이터를 재구성한 차오수지의 추정치와 곧장 비교하기는 어려운데 그 지역의 행정 구역이 1961년 이후에 광범위하게 조정되었기 때문이다. 그러나 이 수치는 3년 동안

11만 2,000명이라는 차오수지의 초과 사망자 추정치와 대충 들어맞는 것 같다.[36] 쓰촨 성의 경우, 앞서 언급한 대로 리징취안의 정치적 압력 탓에 높은 사망률을 보고한 현은 거의 없었을 테고 현 단위의 어느 보고도 수십 년 뒤 발간되어 차오수지가 참고한 공식 자료들에서 발견된 수치와 일치하지 않는다.

지금까지의 통계 비교 어느 것도 차오수지의 작업을 비판하기 위한 것은 아니다. 오히려 그가 1,000개가 넘는 현지 지리지를 바탕으로 현 수준에서 무슨 일이 벌어졌는지 재구성한 내용은 더 추상적인 인구 통계표에서 인구학자들이 추출한 수치들과 대단히 일치하는 기준선을 세웠다. 이 수치들을 당시나 기근 직후에 작성된 기록 보관소 자료들과 체계적으로 비교하는 일은 그의 작업이 없다면 불가능할 것이다. 그리고 공식 데이터를 기록 보관소 증거들과 대조해 보면 때로는 30~50퍼센트에 이르는, 때로는 무려 서너 배에 이르는 과소 추정의 패턴이 발견된다.

어쩌면 일부 보고서들은 사망률을 과장했을 수도 있지만 그렇다고 보기엔 도저히 이유를 알 수 없었다. 초과 사망자 수를 밝힘으로써 얻을 정치적 이점은 없었다. 사망자 수는 1960년 이후 당원 숙청 과정에서 주요 고려 사항이 아니었다. 현지 간부들이 다양한 권력 오남용 등급에 따라 분류되었으므로 사망 방식은 문제가 되었다. 사실, 전체 인구를 부풀려 보고하는 게 이점이 있었다. 1964년에 후난 성의 통계를 조사하러 간 팀은 전체 인구가 1퍼센트 이상 체계적으로 부풀려졌으며, 일부 현의 경우, 최대 2~3퍼센트까지 부풀려졌음을 알게 되었다. 서류상에서만 존재하는 후난 성 인구와 실제 인구수 간 차이는 1963년도의 경우 50만 명이었다. 〈철저한 검증을 통해 우리는 과거의 인구수도 수시로 심각하게 부풀려졌음을 발견했다.〉[37] 공안부가 1963년에 인구 통계에 관해 더 광범위한 비교 대조를 실시했을 때 나라 전역에서 유사한 과장 패턴이 발견되어, 일례로 간쑤 성의 경우, 때로 2.2퍼센트나 높았다. 〈현재 6억 8100만 인구 가운데 약 1~1.5퍼센트는 조작된 수치라고 추정된다. 많은 현지 간부들이 옷감이나 여타 물품 배급량을 더 많이 할당받기 위해 의도적으로 인구수를 부풀린다.〉[38] 1년 뒤 1964년 인구 조사 기간 동안 중앙 인구 통계청은 세 성을 면밀히 조사한 결과 허난 성과 허베이 성에 적어도 각각 50만 명이 추가되어 있고, 산둥 성에는 무려 70만 명이 추가되어 있는 만큼 〈인구수를 부풀리는 문제는 우리가 생각한 것보다 훨씬 심각하다〉고 확인했다. 그 문제에 관해서 할 수 있는 일은 별로 없었다.[39]

기록 보관소 데이터와 공식 수치 간의 확연한 차이는 무시한다 하더라도 전체적 차이는 대략 50~100퍼센트에 달한다. 대안적인 사망자 수를 제시하기는 매우 어렵고, 무수한 핵심 통계 자료들이 진실을 캐려는 역사가들의 눈길을 벗어나 기록 보관소에 얌전히 감춰져 있기 때문에 더욱 그렇다. 그러나 1980년 무렵에 당 내부 문서들을 샅샅이 살펴본 대규모 조사 팀의 고위 일원이었던 천이쯔가 주장한 4300만~4600만 명에 달하는 초과 사망자 수가 대체로 믿음직한 추정치라는 것을 확인해 줄 기록 보관소 자료들은 대단히 다양한 당 조직들 차원에서 충분하다. 따라서 초과 사망자 수 합계는 최소 4500만 명에 달한다.

심지어 그보다 더 심각했을 수도 있다. 일부 역사가들은 진짜 사망자 숫자는 5000만~6000만 명에 달할 거라고 추측하기도 한다. 기록 보관소들이 완전히 개방되기 전까지 우리가 참사의 규모를 온전히 알기는 어려울 것이다. 그러나 5000만~6000만 명에 달하는 이 숫자들은 다수의 당 역사가들이 비공식적으로 논의하는 숫자들이다. 그리고 이 숫자들은 천이쯔에 따르면 자오쯔양이 주재하는 고위 당원 내부 모임에서 인용된 숫자이기도 하다.[40] 경험이 풍부하고 독자적으로 이 문제를 조사해 온 위시광은 초과 사망자 수를 5500만 명으로 잡는다.[41]

에필로그

전환점은 1962년 1월, 전국 각지에서 도착한 7,000명의 간부들이 베이징의 거대한 현대적 건물 인민대회당에서 열린 역대 최대 규모 공작회의에 참석했을 때 찾아왔다. 국무원장 류사오치는 꽉 들어찬 청중에게 세 시간 동안 쉬지 않고 발언하며 — 중간중간 발언이 끊기는 일이 없진 않았다 — 공식 보고서를 발표했다. 그는 대놓고 마오쩌둥과 맞서지는 않았지만 반년 전 비공개 회의석상에서 고위 지도자들에게 발언한 모든 내용을 공개적으로 되풀이했다. 그는 후난 성에서 농민들은 〈곤경〉의 30퍼센트는 천재 탓이고, 70퍼센트는 인재 탓이라 믿는다고 설명했다. 〈인재〉라는 표현 자체가 청중이 헉 소리를 내게 하는 폭탄선언이었다. 계속해서 류사오치가 마오쩌둥이 실패에 비하여 업적을 강조하기 위해 즐겨하는 표현인 〈아홉 손가락 대 한 손가락〉 표현을 일축하자 긴장감은 높아졌다. 〈전체적으로 주된 것은 우리가 성공한 것들이었고, 결점과 오류는 부차적이다. 그것들은 부차적 지위를 차지한다. 비록 지역마다 다르긴 하지만 대체적으로 업적 대 실패의 비율이 7대 3이라고 말할 수 있지 않을까 싶다. 아홉 손가락 대 한 손가락 비유가 모든 지역에 적용되지는 않는다. 잘못이 손가락 하나이고, 성공이 손가락 아홉 개인 지역은 소수에 불과하다.〉 눈에 띄게 심기가 불편해진 마오쩌둥은 류사오치의 발언을 끊었다. 〈전혀 소수가 아니다. 예를 들어 허베이 성에서는 20퍼센트 지역에서만 생산이 감소했고, 장쑤 성의 경우, 전체 지역 가운데 30퍼센트가 매년 생산량이 늘었다!〉 그러나 류사오치는 위축되지 않았고 말을 이었다. 〈대체적으로 볼 때, 실패가 손가락 한 개에 그친다고 말할 수는 없고 그보다는 손가락 세 개에 해당하며, 예를 들어 신양 지역[허난 성]이나 톈수이 지역[간쑤 성]처럼 일부 지역들은 그보다 더 많다.〉 그리고 이런 참사의 책임은 누구에게 있는가? 류사오치는 명확하게 중앙 지도부를 지목했다.[1]

류사오치는 인민공사에 대한 평가를 5년에서 10년 정도 뒤로 미루자고 하며 전반적인 당 노선을 옹호함으로써 주석의 심기를 누그러뜨리려고 애썼다. 그러나 마오쩌둥은 여전히 격노했다. 「인재 대 천재를 운운하더군. 이런 종류의 발언 자체가 참사야.」 그는 주치의에게 속내를 털어놨다.[2]

1959년 루산 총회에서 주석을 옹호하고 나섰던 장군인 린뱌오는 중국 역사의 다른 어느 시기와 비교하더라도 전례 없는 위업이라며 다시금 다음과 같이 대약진 운동을 상찬했다. 〈마오 주석의 생각은 언제나 옳다. (……) 마오 주석의 우월함은 한 가지 면에 그치지 않고 여러 면에 있다. 나는 경험으로 마오 주석의 가장 뛰어난 자질이 현실주의에 있음을 알고 있다. 그가 말하는 것은 다른 이들이 말하는 것보다 훨씬 더 현실적이다. 그는 언제나 실상을 거의 정확하게 맞힌다. 그는 결코 현실에서 유리되지 않는다. (……) 과거 우리 일이 잘 이루어졌을 때는 우리가 마오 주석의 생각을 간섭하지 않고, 정확히 그의 생각을 철저히 실행에 옮겼을 때라는 것을 통감한다. 마오 주석의 생각이 충분히 존중받지 못하거나 간섭을 겪었을 때마다 항상 문제가 생겼다. 지난 몇 십 년에 걸친 우리 당의 역사가 바로 그것을 보여 주고 있다.〉[3]

저우언라이는 그가 항상 가장 잘 하던 것을 했다. 그는 과도한 곡물 징발, 생산량 부풀리기, 각 성에서의 곡물 유출과 해외로의 식량 수출 증대에 관해 개인적 책임을 지는 식으로 지금까지 잘못되어 왔던 상황의 원인을 상당 부분 자신에게 돌림으로써 마오쩌둥에게 면죄부를 주려고 했다. 그는 계속해서 〈지난 몇 년 간의 오류와 부족한 점은 바로 우리가 전체 노선과 마오 주석의 귀중한 지시를 어겼을 때 나타났다〉고 주장하며 〈이것은 나의 잘못이다〉라고 선언했다.[4] 그는 마오쩌둥과 류사오치 사이의 벌어진 간극에 다리가 되고자 했지만 소용없었다.

우리는 마오쩌둥이 대약진 운동 기간 동안 그에게 반대했던 모든 이들의 삶을 망가뜨리게 될 문화 대혁명의 불을 댕기며, 류사오치를 제거하기로 결심한 시점이 언제인지 알 수 없을 것이다. 그러나 그가 자신의 유산 전체와 역사에서 자신의 위상이 걸려 있다는 것을 깨닫자마자 갈수록 위협적인 그의 적수를 제거할 음모를 꾸미기 시작했다고 보는 것이 좋을 것이다.

결정적 순간은 어쩌면 마오쩌둥이 전용 수영장에 둥둥 떠 있던 1962년 7월 여름 어느 오후였을지도 모른다. 주석은 류사오치에 의해 베이징으로 긴급히 호출된 터라 기분이 아주 저기압이었다. 류사오치의 아들은 아버지가 대체 무슨 일로 이렇게 자신을 서둘러 불러들였는지 설명하라는 요구를 받고 황급히 주석에게 달려갔다고 회고한다. 류사오치는 천윈과 톈자잉, 대약진 운동을 가장 거침없이 비판해 왔던 두 명이 토지 분배에 관해 공식적으로 의견을 밝히길 원한다고 보고함으로써 말문을 열었다. 곧장 폭발한 마오쩌둥의 입에서 폭언이 마구 쏟아져 나왔다. 그러나 류사오치는 꿈쩍도 하지 않았다. 그는 서둘러 대꾸했다. 「너무 많은 사람들이 굶어 죽었소!」 그다음 불쑥 내뱉었다. 「역사는 당신과 나를 심판할 거요. 심지어 식인 행위도 역사책에 남게 될 거요!」

마오쩌둥은 노발대발했다. 「삼면홍기는 이미 땅에 추락했고, 이제는 토지를 다시 분배하겠다는 거군. 자네는 대체 이를 막기 위해 뭘 했나? 내가 죽고 나면 이 나라가 어찌 될까?」

두 사람은 곧 진정했고 마오쩌둥은 경제 조정 정책을 지속해야 한다는 데 동의했다.[5] 그러나 주석은 이제 그 자신의 흐루쇼프, 다시 말해 주인 스탈린을 비난했던 하인을 찾아냈다고 확신하게 되었다. 그는 류사오치가 분명히 자신의 모든 범죄 행위를 규탄하는 비밀 연설을 할 사람이라고 결론 내렸다. 마오쩌둥은 때를 기다리고 있었으나 당과 나라를 산산조각 낼 문화 대혁명을 개시하기 위한 참을성 있는 기초 작업은 이미 시작되었다.

감사의 글

이 책에 필요한 조사를 수행할 수 있도록 쉬룽싱 연구 보조금을 수여해 준 홍콩 대학교 교양학부, 연구 보조금 HKU743308H를 수여해 준 홍콩 연구자조국(研究資助局), 연구 보조금 RG016-P-07을 수여해 준 타이완 장징궈 국제 학술 교류 기금회에 감사의 말을 드린다. 여러 사람들이 초고를 읽고 의견을 주었다. 특히 뵈르게 바켄, 재스퍼 베커, 존 번스, 게일 버로우스, 천젠, 토머스 듀보이스, 루이즈 에드워즈, 메이 홀즈워스, 크리스토퍼 허턴, 프랑수아즈 콜런, 캠 루이, 로더릭 맥파쿼, 베로니카 피어슨, 로버트 페컴, 아서 월드런, 펠릭스 벰호이어, 저우쉰에게 감사하다. 홍콩 중문 대학교의 중국 연구 복무 중심의 진훙도 도움을 아끼지 않았다. 마이클 셰어, 장프랑수아 파예, 엘레나 오소키나는 내가 모스크바의 기록 보관소에 접근할 때 도움을 주었다. 태미 호와 천이산은 2006년에 기근의 생존자들한테서 인터뷰 자료를 수집했다. 중국 본토를 수차례 방문하여 인터뷰의 범위를 엄청나게 넓혀 주었을 뿐 아니라 여러 장(章)에 걸쳐 추가 조사를 실시해 준 저우쉰에게 크나큰 빚을 졌다. 지면을 빌려 특별히 감사의 말을 전한다. 홍콩 대학교 교양학부, 특히 역사학과는 연구를 위해 훌륭한 환경을 제공해 주었으며 이 연구 프로젝트를 지지해 준 동료들, 특히 대니얼 추아, 피터 커니치, 모린 새바인, 캠 루이에게 고맙다.

이런 저런 식으로 연구를 도와준 이들이 중국 본토에도 많지만 자명한 이유로 이름을 거론하지는 않겠다. 언젠가는 상황이 달라지길 간절히 바란다. 출판사 사람들에게도 많은 신세를 졌다. 런던의 마이클 피시위크, 뉴욕의 조지 깁슨, 원고 편집자 피터 제임스와 애너 심슨, 알렉사 폰 허시버그를 비롯해 블룸스버리의 모든 직원들에게 고맙다. 처음부터 나와 이 프로젝트에 믿음을 보여 준 내 에이전트 길런 에이트킨에게도 감사의 말을 하고 싶다. 마지막으로 아내 게일 버로우스에게 감사와 애정의 마음을 전하고 싶다.

출전에 관한 소론

책에서 이용한 수많은 자료는 중국의 당 기록 보관소에서 나온 것인데 여기에 관해 몇 마디 설명을 해두는 것이 독자들이 이 책의 토대를 더 잘 이해하는 데 도움이 될 듯하다. 일당 국가에서 기록 보관소는 공중이 아니라 당에 속한다. 기록 보관소는 흔히 현지 당위원회 구내에 있는 특수한 건물에 있으며 나무들이 무성하게 잘 가꿔진 경내에 자리한 당위원회 건물은 일반적으로 군 관계자들이 엄중히 지키고 있다. 기록 보관소에 접근하는 것은 엄격하게 규제를 받으며, 십여 년 전에는 생각할 수도 없는 일이었겠지만 지난 몇 년 사이, 추천장을 받은 조사자들은 기록 보관소에서 30년 이상 된 문서들을 갈수록 더 많이 찾아볼 수 있게 되었다. 자료들의 범위와 질은 보관소마다 차이가 있지만 전반적으로 대부분의 컬렉션은 기밀 해제된 〈공개〉 문서와 규제를 받는 〈비공개〉 문서로 구분되며 아주 민감한 자료들은 최고위 당원들을 제외한 모든 이의 시야에서 벗어나 있다. 기록 자료들이 이렇게 구분됨으로써 다량의 결정적 정보들이 대부분 역사가들이 가진 면밀한 검토의 눈으로부터 벗어나 있다는 사실 자체가 이 책이 비교적 〈연성〉 자료들을 가지고 쓰였음을 가리킨다. 장래의 역사가들은 완전히 공개된 기록 자료들을 바탕으로 과거에 무슨 일이 일어났는지 진정한 전모를 밝혀 줄 수 있기를 바란다.

외교부를 제외하면 대부분의 중앙 기록 보관소 문건들은 접근이 극도로 어렵다는 사실에서 또 다른 골치 아픈 문제가 발생한다. 그래서 대부분의 역사가들은 중앙 기록 보관소 대신에 성과 현의 기록 보관소에 의존하는 경향이 있다. 이 책을 집필할 때 십여 군데가 훌쩍 넘는 도시와 현의 기록 보관소를 이용하기는 했지만 자료 대다수는 열 곳의 성 기록 보관소(선별 참고 문헌에 소개)에서 나온 것으로, 대체로 공개성을 이유로 선택된 곳들이다. 내가 아는 한, 지금까지 어느 역사가도 안후이 성 기록 보관소에서 마오쩌둥 시대에 관해 조사 작업을 할 수 없었고, 허난 성의 기록물 컬렉션도 접근이 허락된다 하더라도 아주 뻔한 문서들만을 흔히 괴로울 정도로 소량만 내어 주어서 조사가 의미가 없을 정도로 여전히 접근이 대단히 제한되어 있다. 반대로 다른 컬렉션들은 점진적으로 공개가 되어 왔고, 내가 선별한 지방의 기록 보관소들은 인구 밀도(산둥 성 대 간쑤 성)와 기근의 혹심함 정도(한 극단에 위치한 쓰촨 성과 정반대편의 저장 성), 지리 측면(북쪽의 허베이 성부터 남쪽의 광둥 성까지)에서 폭넓은 다양성을 대변한다.

각 성의 기록 보관소와 소장 자료들은 당 기구의 구조를 반영하며 흔히 그것들이 속한 기관에 따라 — 예를 들면 위생국과 삼림청 — 더 작은 그룹으로 나뉘어 있다. 그렇게 기관별로 분류된 컬렉션들에서 그 다음 역사가들이 발견하는 것은 〈기록물〉이라는 삭막한 용어가 실제로 암시하는 것을 훌쩍 뛰어넘을 만큼 극도로 다종다양하다. 보통 사람들이 쓴 편지와 전중 노동조합 연맹이 실시한 공장 노동 환경 실태 조사 보고서, 부패 사례 조사 자료, 공안부에서 작성한 절도, 살인, 방화, 곡창 습격 관련 보고서, 정화 운동 기간에 파견된 특별 조사 팀들이 수집한 현지 간부들의 권력 오남용에 관한 상세한 증거들, 집산화 운동 기간 동안 농민 저항에 관한 일반 보고서, 비밀 여론 조사 내용 등등 많은 자료들이 소장되어 있다.

그럼에도 불구하고 엄청나게 다양한 자료들은 공식적 출처에서 나온 것이다. 심지어 평범한 농부와 노동자들이 쓴 편지조차도 모종의 공식적 목적을 위해 선별되었을 것이며, 우리로서는 국가라는 프리즘을 통해 일상생활을 들여다보는 것 말고는 딱히 대안이 없다. 물론 이런 평가는 히틀러의 독일과 스탈린의 러시아의 기록 보관소를 비롯해 모든 국가 기록 보관소에 해당되는 말이다. 그렇다고 해서 우리가 소장 기록물의 성격을 감안하여 원래의 의도를 거슬러 독해할 수 없다는 뜻은 아니다. 마지막으로, 모름지기 제대로 된 역사가라면 공식 보고서의 작성자와 상정된 독자가 누구인지, 그것이 어떤 제도적 맥락에서 작성되고 어떤 상황에서 나왔는지 평가하는 법을 알 것이다. 역사가들은 〈사보타주〉, 〈해이〉, 〈반역〉, 〈인민의 적〉, 〈과도한 좌경화〉 같은 표현들이 실제 일어났던 일을 모호하게 만들면서, 공식적 수사가 사회적 현실을 왜곡하는 사태로부터 발생하는 복잡한 문제들을 잘 인지하고 있다. 그러나 저항과 관련한 보고서들의 엄청난 다양성과 풍성함은 농촌의 생존 전략의 지속성을 입증하는 한편, 국가 자체도 좀처럼 한목소리로 말하지 않는, 아니 한목소리로 보고하지 않는, 방대하고 무질서하게 뻗어 있는 복잡한 조직이었음을 보여 준다. 펑더화이와 마오쩌둥 같은 고위 지도자들이 대약진 운동에 관해 자신들이 알아낸 것들을 두고 충돌한 것처럼 상이한 개인들과 단위, 조직들은 자신들이 현장에서 발견한 것을 어떻게 보고할지를 둘러싸고 매우 다른 모습을 보였다.

성 차원의 기록 보관소는 현이나 도시, 심지어 마을 단위에서 찾을 수 있는 더 작은 컬렉션보다 자료가 훨씬 풍부할 뿐 아니라 상부, 즉 베이징에서 보내온 중요한 문건들과, 하부에서, 이를테면 곡물 부족이나 댐 붕괴 같은 중요 사안에 관해 현이 보고할 때 보내오는 문건들의 사본을 대체로 보관해 둔다. 공산주의 중국의 미로 같은 관료제 안에서 하나의 문건은 사본이 만들어져서 해당 사안에 관해 지분을 주장했을지도 모르는 많은 기관들에 배포되었다는 의미에서 도저히 〈유일무이〉한 것이라고 볼 수 없다. 예를 들어 작업 팀이 작성한 많은 보고서들은 수십 명의 당원들에게 보내졌을 것이다. 중앙에서 작성된 어떤 중요한 문건은 모든 성과 현마다 배포된 반면 더 민감한 자료들은 각 성의 제1서기한테만 사본이 갔을지도 모른다. 다시 말해 최고위급 모임의 회의록과 발언 내용을 비롯해 해당 지역과 무관한 자료들 다수가 성의 기록 보관소 컬렉션에서 발견될 수도 있다. 이러한 회의록은 상이한 사람들이 받아 적은 것이라 내용이 크게 차이가 날 수도 있고 때로는 심지어 같은 녹음테이프에서 나온 것인데도 내용이 다를 수 있다. 어떤 것들은 다른 것들보다 내용이 더 상세하다. 나는 관심 있는 독자들이 각 문서의 출처를 가급적 파악하기 쉽게 하고자 애썼다. 후주에 명시한 기록 보관소 소재 자료에서 첫 번째 숫자는 일반 컬렉션을 가리키며, 일반 컬렉션의 이름은 책 말미에 실린 기록 보관소 목록에 제공되어 있다. 예를 들어, 〈후난, 1962년 10월 6일, 207-1-750, 44~49쪽〉은 그 문서가 후난 성 기록 보관소 207 컬렉션의 파일에 보관되어 있다는 뜻이며, 207 컬렉션은 치수 사업과 수력 발전 부서를 나타낸다.

베이징에서 권력의 회랑 안쪽, 즉 최고위급에서는 무슨 일이 벌어졌을까? 마오쩌둥 치하의 궁정 정치를 이해하기 위해서 여태까지 대다수의 역사가들은 공식 출판물과 〈내부〉 문건, 문화 대혁명 기간 동안 공개된 홍위병 자료들에 의존해 왔다. 이와 대조적으로 나는 가능한 기록 보관소 자료들을 이용하는 편을 선호하는데, 세 가지 이유에서다. 첫째, 공개된 고위 지도자들의 발언문은 문장이나 문단을 통째로 들어낸 대목들이 있고 이러한 누락은 홍위병 자료에서 특히 심하지만 이들 자료에만 국한되지 않는다. 문체상의 소소한 수정이나 더 심대한 편집상의 삭제 사례는 셀 수 없이 많고 이러한 편집상의 개입은 많은 발언들의 전반적 의미를 변화시킨다. 둘째, 모임의 발언을 담은 회의록 전체가 중국 본토에서 공식적으로나 아니면 문화 대혁명 기간 동안 중국 밖으로 유출된 홍위병 자료에서 줄곧 검열을 당해 은폐되어 왔다. 셋째, 역사가들은 지도자들이 훗날 그에 관해 의견을 밝힌 모임들에 큰 비중을 두어 왔지만 결정적 사건과 결정들은 그냥 무시되거나 은폐되어 왔고, 베이징의 중앙 기록 보관소에 접근할 수 있는 당 역사가들이 출간한 중국 지도자들에 관한 매우 믿을 만한 공식 전기들에서도 이런 내용들은 빠져 있어 그 점에서는 전적으로 신뢰할 수 없다. 본문에서 살펴본 대로 1959년 3월 25일 상하이 진장 호텔에서 열린 모임의 회의록이 이런 경우인데, 이 모임에서 마오쩌둥은 외국과의 약속을 지키기 위해 전체 곡물의 3분의 1을 징발해야 한다고 주장했었다.

한마디로, 마오쩌둥 시대의 기록 전체가 공식 문건과 내부 문건 들에 반영된 대로 의도적으로 실상을 흐리는 행위의 산물이며, 그러므로 역사 연구를 위한 토대로는 부적합한 것이 사실이다. 다소 회의적인 이러한 시각은 가오원첸이 최근에 낸 저우언라이 전기로도 확인된다. 여러 해 동안 베이징의 중앙 기록 보관소에서 작업한 당 역사가인 가오원첸은 자신의 노트를 몰래 빼돌린 뒤 미국으로 도피했다. 가오원첸의 획기적인 전기에서 묘사된 총리는 우리 대부분에게 익숙한 아이콘과 같은 인물과는 상당히 다르다(Gao Wenqian, *Zhou Enlai: The Last Perfect Revolutionary*, New York: PublicAffairs, 2007). 그러나 이러한 결점들을 명심한다면 꼼꼼하게 전거를 밝힌 두툼한 지도자 전기들을 비롯해 중앙 문헌 연구소에서 펴낸 문헌들은 무엇이든 귀중한 자료들이다. 이러한 출판물에서 문제는 방대한 양의 결정적 정보가 의도적으로 배제되어 왔다는 것이며, 〈건국 이래 마오쩌둥 원고(建國以來毛澤東文稿)〉라는 제목으로 십여 권의 시리즈로 출간된 1949년 이후의 마오쩌둥 문서들에도 같은 이야기를 할 수 있다.

모든 공산주의 국가들과 마찬가지로 중국은 어처구니없는 지경에 이르기까지 — 심지어 결핍이 만연한 와중에도 — 극도로 자잘한 세부 사항에 강박적인 주의를 기울이기도 하는, 사방팔방으로 뻗어 있는 관료제를 유지하고 있지만 모든 종이 쪼가리 하나하나가 기록 보관소에 세심하게 보존되는 것은 아니다. 공장과 정부 단위들, 심지어 법원과 경찰도 이따금 서류들을 처분하는데, 예를 들어 새로운 공간으로 옮겨갈 때면 그렇다. 이러한 문서들 가운데 일부 — 자백서와 명령서, 각종 허가서와 증명서들 — 의 종착지는 광저우나 상하이, 베이징에 있는 기분 좋게 붐비는 벼룩시장이다. 나는 기록 보관소가 문을 닫는 주말이면 먼지 쌓인 문서들을 뒤적거리며 오랜 시간을 보냈다. 주인장은 오래된 신문 뭉치 위에 쭈그려 앉아 손님을 기다리는 가운데 어떤 문서들은 꾸러미로 묶여서 담요 위에 늘어 놓여 있었고, 어떤 문서들은 임시 가판대 위 각종 기념품과 엽서, 잡지, 우표들 사이에 전시되어 있었다. 나는 이를 바탕으로 자그마한 문서 컬렉션을 구축했지만(기근 시기를 살아남은 극소수의 관료제 유물 가운데 하나이기 때문에 빛바랜 색깔의 온갖 배급 쿠폰도 한 무더기 모았다) 거기서 인용은 거의 하지 않았고, 공식 당 기록 보관소 문헌 가운데 그에 상응하는 것이 존재하지 않을 때에만 인용했다.

약간의 증거들은 외국 기록 보관소에서 나온 것으로, 특히 당시 중국과 가장 밀접하게 연관되어 있던 두 나라, 즉 러시아와 동독의 기록물을 참고했다. 전체적으로 두 나라의 기록물은 대외 무역과 당대의 정책 측면들을 재구성하는 데 유용하지만 당연히 일상생활에 대한 관찰 측면에서는 대단히 제한적이다. 대부분의 고문관들은 도시 안에만 갇혀 있었고, 1960년이 되면 심지어 동독인들도 — 다른 동구권 사람들보다 여전히 훨씬 더 대약진 운동에 동조적이었던 — 무더기로 중국을 떠나고 있었다. 런던으로 발송된 보고서들에서도 몇몇 단편들을 얻을 수 있으나, 전반적으로 영국 대사관의 저명하다는 중국 학자들도 도통 감을 잡지 못하고 있었고 집산화와 그 결과에 관해 뚜렷한 지식이 없이 대체로 준비가 되어 있지 않았다. 소련에 대한 경험이 있는 하급 서기라면 일을 더 잘 해냈을 것이다. 장제스와 선택된 극소수의 장제스 부하들을 위해 대기근의 모든 측면에 관해 극히 꼼꼼하고 통찰력 있는 정기 정보 보고서를 작성한 타이완의 비밀 정보부 직원들에 대해서는 정반대의 평가가 가능하다. 이들의 보고서는 타이페이 시 외곽 신뎬(新店)에 있는 조사국에서 찾아볼 수 있다. 미국은 (CIA 보고서가 보여 주듯) 장제스의 말을 믿지 않으려 했는데 물론 총통이 본토 침공에 미국을 끌어들일까 두려워한 탓이다. 당 기록 보관소의 기록물들이 훨씬 더 믿음직하므로 나는 타이완의 자료들은 전혀 이용하지 않았다.

중국 관영 언론 신화 통신은 3~10쪽에 이르는 「내부 참고」라는 내부 보고서를 일주일에 여러 차례 발행했는데 이 내부 보고서는 장관급과 그 이상의 관료들에게 배포되었다. 이 문건들은 심한 검열을 거친 것이기에 기록 보관소의 자료들에 비하면 무색한 수준이지만 그럼에도 불구하고 흥미로운 정보들을 담고 있다. 마지막으로 당원들과 통역관, 비서, 외교관들의 몇몇 회상록과 개인적 회고담도 비록 자기 검열과 구체적 세부 사항의 결여라는 문제를 안고 있기는 하나 종종 유용하다. 이 가운데 최고의 자리는 마오쩌둥의 개인 주치의 리즈쑤이에게 돌려야 할 것이다. 너무 〈선정적〉이라고 일부 중국 학자들로부터 음해되어 왔지만 그는 매우 믿음직한 안내인이며 그의 회고담은 당 기록 보관소의 자료들을 통해 때로 거의 글자 하나 틀리지 않고 사실로 입증되기도 한다(이러한 평가는 소련 문헌을 가지고 광범위하게 작업한 로렌츠 뤼티로부터도 확인할 수 있다. Lorenz M. Lüthi, *The Sino-Soviet Split: Cold War in the Communist World*, Princeton: Princeton University Press, 2008, p. 354).

나는 이따금 보통 사람들의 목소리를 들려주기 위해 소수의 인터뷰 내용도 이용했다. 물론 보통 사람들은 여론 조사부터 경찰 보고서에 이르기까지 다수의 당 문서들에서 큰소리로 수다스럽게 이야기하고 있기는 하다. 약 100명의 사람들이 이 연구 프로젝트를 위해 내가 특별히 교육시킨 조사자들의 인터뷰에 응했다. 인터뷰는 종종 전문가들이 〈내부자 인터뷰〉라고 부르는 형식으로 진행되었는데, 외부인 조사자(외국인이나 도시 중국인)와 통역의 존재 둘 다를 배제한 채 인터뷰 조사자가 같은 사회적 배경의 사람들과 그들의 지방어로 이야기를 주고받았고 때로는 조사자와 대상자가 같은 마을 출신이거나 심지어 한 가족인 경우도 있었다는 뜻이다. 이러한 인터뷰 내용은 전부 글로 옮겨져서 홍콩 중문 대학교의 중국 연구 복무 중심에 보관되어 있다. 여전히 살아 있을지도 모르는 극소수의 사람들의 이름과 더불어 인터뷰 대상자들의 이름은 모두 익명 처리되었다.

마지막으로 2차 문헌에 관해 짤막하게 언급하겠다. 수십 년 동안 마오쩌둥 시대에 관한 최고의 전문가들은 유럽과 미국, 일본에서 찾을 수 있었지만 이제 무게 중심은 확실하게 중국으로 되돌아가고 있다. 다양한 기록 보관소에서 오랜 시간을 작업해 온 역사가들이 기근에 관해 출간한 저작은 아직은 그 수가 적지만 점차 늘어나는 추세에 있다. 그들의 저작은 중국에서 언제나 환영받지는 못하며, 대개는 홍콩 — 본토와 나머지 세계 사이의 핵심 경계면으로서 다시금 급부상하고 있는 도시 — 에서 나온다. 위시광은 그의 뛰어난 선집(余習廣, 『대약진 운동과 고생의 세월: 회상록 선집[大躍進: 苦日子上書集]』, 2005)에서 분명히 드러나듯 기록 보관소에서 결정적 정보들을 뽑아내는 데 가장 노련한 역사가다. 은퇴한 언론인으로, 각 성의 기록 보관소 자료들을 처음으로 이용한 연구자 가운데 한 명인 양지성도 특별히 언급해야 한다(楊繼繩, 『묘비: 1960년대 중국 대기근의 진정한 역사[墓碑: 中國六十年代大饑荒紀實]』, 2008). 그의 저작은 여전히 중요하며, 특히나 허난 성에서 기근에 관해 조사하고 출판할 수 있는 역사가들이 거의 없는 한 계속해서 귀중한 참고 문헌이다. 그러나 두 권짜리 그의 책은 여러 가지 심각한 결점이 있다. 사료에 친숙한 이들은 이 책이 주의 깊게 구성된 온전한 하나의 글이라기보다는 다양한 출전들에서 가져온 내용들을 한데 모아 놓은 것에 가깝다는 것을 알 수 있을 것이다. 일부는 웹에서 가져오고, 소수는 기존에 출판된 문헌들에서 가져오고, 또 일부는 기록 보관소 자료들에서 고스란히 옮겨 온 글 뭉텅이들이 단순히 이어진 형태인

이 책은 때때로 그냥 잡탕처럼 보이기도 한다. 귀중한 문헌들이 관계없는 일화들과 아무렇게나 섞여 있어서 독자가 나무만 보고 숲을 보기 어렵게 만든다. 몇몇 경우에는 저자가 기록 보관소에서 하루나 이틀만 시간을 보내서 공개적으로 구할 수 있는 가장 결정적인 문서들을 빠뜨리기도 한다. 대기근 전체를 통틀어 단 하나의 서류 자료에만 의존해 서술된 광둥 성에 관한 장이 이런 경우에 해당한다. 그러나 무엇보다도 이 책에는 연표가 없다. 의미 있는 역사적 서술을 생략해 버리고 곡물 부족 사태에만 크게 집중함으로써 저자는 이 재난의 중요한 차원을 놓치고 있다. 그보다 더 탄탄한 저작은 대약진 운동의 전개 과정을 추적하는 데 필수적인 린윈후이의 권위 있는 저작이다. 대부분의 내용을 기존에 출간된 문헌들에 의존하며 전적으로 궁정 정치에만 서술을 할애하고 있지만 분석의 폭과 범위 자체가 그 주제에 관한 정치학 분야의 다른 저작들을 능가한다(林蘊暉, 『유토피아 운동: 대약진 운동부터 대기근까지, 1958~1961[烏托邦運動: 從大躍進到大饑荒, 1958-1961]』, 2008). 마지막으로 언급할 중요한 저작은 대기근 시기 동안 농민들의 저항 형태를 다룬 가오왕링의 책이다. 독창성과 통찰력의 모범을 보여주는 그의 책은 이 책의 중요한 영감의 원천이었다(高王凌, 『인민공사 시기 중국에서 농민 저항 행위[人民公社时期中国农民 "反行为" 调查]』, 2006).

엘리트 정치에 관심이 있는 영어권 독자들은 Roderick MacFarquhar, *The Origins of the Cultural Revolution: The Great Leap Forward, 1958-1960*, New York: Columbia University Press, 1983을 즐겁게 읽을 수 있을 것이다. 더 최근의 저작으로는 앨프리드 챈을 들 수 있는데 마오쩌둥의 비전이 광둥에서 실제로 어떻게 실행되었는지에 관한 그의 분석

은 여전히 타의 추종을 불허한다(Alfred L. Chan, *Mao's Crusade: Politics and Policy Implementation in China's Great Leap Forward*, Oxford: Oxford University Press, 2001). 비록 생존자들의 발언에만 의지하며 죽은 자들에게는 목소리를 허락하지 않는 경향이 있긴 하지만, 인터뷰를 바탕으로 한 훌륭한 마을 연구 저작들도 몇몇 존재한다. 최근의 저작은 Ralph A. Thaxon, *Catastrophe and Contention in Rural China: Mao's Great Leap Forward, Famine and the Origins of Righteous Resistance in Da Fo Village*, New York: Cambridge University Press, 2008이다. 기근에 관한 재스퍼 베커의 설명은 여전히 읽기가 매우 좋다(Jasper Becker, *Hungry Ghosts: Mao's Secret Famine*, New York: Henry Holt, 1996). 기근을 다룬 다른 저작들로는 David Bachman, *Bureaucracy, Economy, and Leadership in China: The Institutional Origins of the Great Leap Forward*, Cambridge: Cambridge University Press, 1991; Thomas P. Bernstein, 'Mao Zedong and the Famine of 1959-1960: A Study in Wilfulness', *China Quarterly*, no. 186 (June 2006), pp. 421~445와 'Stalinism, Famine and Chinese Peasants: Grain Procurements during the Great Leap Forward', *Theory and Society*, vol. 13 (May, 1984), pp. 339~377; Edward Friedman, Paul G. Pickowicz and Mar Selden with Kay And Johnson, *Chinese Village, Socialist State*, New Haven: Yale University Press, 1991: Jean-Luc Domenach, *The Origins of the Great Leap Forward: The Case of One Chinese Province*, Boulder: Westview Press, 1995; Penny Kane, *Famine in China, 1959-61: Demographic and Social Implications*, Basingstoke: Macmillan, 1988; Roderick MacFarquhar, *The*

Origins of the Cultural Revolution, vol. 3: *The Coming of the Cataclysm, 1961-1966*, New York: Columbia University Press, 1999; Frederick C. Teiwes and Warren Sun, *China's Road to Disaster: Mao, Central Politicians, and Provincial Leaders in the Unfolding of the Great Leap Forward, 1955-1959*, Armonk, NY: M. E. Sharpe, 1999; Dali L. Yang, *Calamity and Reform in China: State, Rural Society, and Institutional Change Since the Great Leap Famine*, Stanford: Stanford University Press, 1996. 여타 유용한 연구서들은 선별 참고 문헌에 소개한다.

선별 참고 문헌

기록 보관소

중국 이외 지역들

AVPRF — 러시아 연방 외교 정책 기록 보관소(러시아, 모스크바)
BArch — 연방 기록 보관소(독일, 베를린)
ICRC — 국제 적십자 위원회(스위스, 제네바)
MfAA — 연방 외교부 정치 기록 보관소(독일, 베를린)
PRO — 국립 기록 보관소(영국, 런던)
PRO, Hong Kong — 공공 기록 보관소(홍콩)
RGAE — 러시아 경제 국가 기록 보관소(러시아, 모스크바)
RGANI — 러시아 현대사 국가 기록 보관소(러시아, 모스크바)

중앙 기록 보관소

Ministry of Foreign Affairs — 베이징 외교부 기록 보관소

성(省) 기록 보관소

Gansu — 간쑤 성 기록 보관소(란저우)
91 간쑤 성 당위원회
96 간쑤 성 당위원회 농촌 공작부

Guangdong — 광둥 성 기록 보관소(광저우)

216 광둥 성 당위원회 연합 전선 공작부

217 광둥 성 농촌부

218 광둥 성 공업부

231 광둥 성 노동조합 연맹

235 광둥 성 인민 대표 회의

253 광둥 성 계획 위원회

262 광둥 성 영림(營林)부

266 광둥 성 수전(水電)부

300 광둥 성 통계국

307 광둥 성 문화국

314 광둥 성 교육청

317 광둥 성 위생청

Guangxi — 광시 성 기록 보관소(난닝)

X1 광시 성 당위원회

Guizhou — 구이저우 성 기록 보관소(구이양)

90 구이저우 성 농업청

Hebei — 허베이 성 기록 보관소(스자좡)

855 허베이 성 당위원회

856 허베이 성 기율 검사 위원회

878 허베이 성 당위원회 판공실

879 허베이 성 당위원회 농촌 공작부

880 허베이 성 당위원회 농촌 정풍 판공실

884 허베이 성 당위원회 정치 법률 위원회

979 허베이 성 농업청

Hubei — 후베이 성 기록 보관소(우한)

SZ1 후베이 성 당위원회

SZ18 후베이 성 당위원회 농촌 정치부 위원회

SZ29 후베이 성 노동조합 연맹
SZ34 후베이 성 인민 대표 회의
SZ113 후베이 성 수리(水利)청
SZ115 후베이 성 위생청

Hunan — 후난 성 기록 보관소(창사)
141 후난 성 당위원회
146 후난 성 당위원회 농촌 공작부
151 후난 성 당위원회 정책 연구실
163 후난 성 인민 대표 회의
186 후난 성 계획 위원회
187 후난 성 통계국
207 후난 성 수리 수전청
265 후난 성 위생 방역청

Shandong — 산둥 성 기록 보관소(지난)
A1 산둥 성 당위원회

Sichuan — 쓰촨 성 기록 보관소(청두)
JC1 쓰촨 성 당위원회 판공청
JC12 쓰촨 성 당위원회 민족 사무 위원회
JC44 쓰촨 성 민정청
JC50 쓰촨 성 인민 대표 회의 종교 사무처
JC67 쓰촨 성 통계국
JC133 쓰촨 성 위생청

Yunnan — 윈난 성 기록 보관소(쿤밍)
2 윈난 성 당위원회
11 윈난 성 당위원회 농촌 공작부
81 윈난 성 통계국
105 윈난 성 수리 수전청
120 윈난 성 식량청

Zhejiang — 저장 성 기록 보관소(항저우)

J002 저장 성 당위원회

J007 저장 성 당위원회 농촌 공작부

J116 저장 성 농업청

J132 저장 성 양식청

J165 저장 성 위생청

현과 도시 기록 보관소

Beijing — 베이징 시 기록 보관소(베이징)

1 베이징 시 당위원회

2 베이징 시 인민 대표 회의

84 베이징 시 부녀 연합회

92 베이징 시 농림국

96 베이징 시 수리 기상국

101 베이징 시 노동조합 연맹

Chishui — 치수이 시 기록 보관소(구이저우 성, 츠수이)

1 츠수이 시 당위원회

Fuyang — 푸양 시 기록 보관소(안후이 성, 푸양)

J3 푸양 시 당위원회

Guangzhou — 광저우 시 기록 보관소(광둥 성, 광저우)

6 광저우 시 당위원회 선전부

13 광저우 시 농촌 공작부

16 광저우 시 당위원회 주민 업무부

69 광저우 시 당위원회 강철 생산 지휘부 판공실

92 광저우 시 노동조합 연맹

94 광저우 시 부녀 연합회

97 광저우 시 인민 대표 회의 판공청

176 광저우 시 위생국

Guiyang — 구이양 시 기록 보관소(구이저우 성, 구이양)

61 구이양 시 당위원회

Kaiping — 카이핑 시 기록 보관소(광둥 성, 카이핑)

3 카이핑 시 당위원회

Macheng — 마청 시 기록 보관소(후베이 성, 마청)

1 마청 현 당위원회

Nanjing — 난징 시 기록 보관소(장수 성, 난징)

4003 난징 시 당위원회
4053 난징 시 당위원회 성시 인민공사 영도 소조(小組) 판공실
5003 난징 시 인민 정부
5012 난징 시 민정국
5035 난징 시 중공업국
5040 난징 시 수공업국
5065 난징 시 위생국
6001 난징 시 노동조합 연맹

Shanghai — 상하이 시 기록 보관소(상하이)

A2 상하이 시 당위원회 판공청
A20 상하이 시 당위원회 공작 위원회
A23 상하이 시 당위원회 교육 위생부
A36 상하이 시 당위원회 공업 정치부
A70 상하이 시 당위원회 농촌 공작부
A72 상하이 시 당위원회 농촌 공작 위원회
B29 상하이 시 경제 계획 위원회
B31 상하이 시 통계국
B112 상하이 시 야금 공업국
B123 상하이 시 제1상업국
B242 상하이 시 위생국

Suiping — 쑤이핑 시 기록 보관소(허난 성, 쑤이핑)

1 쑤이핑 현 당위원회

Wuhan — 우한 시 기록 보관소(후베이 성, 우한)

13 우한 시 인민 정부

28 우한 시 장안구 위원회

30 우한 시 장한구 위원회

70 우한 시 교육청

71 우한 시 위생국

76 우한 시 상공 관리국

83 우한 시 민정국

Wujiang — 우장 현 기록 보관소(장쑤 성, 우장)

1001 우장 현 당위원회 판공실

Wuxi — 우시 시 기록 보관소(장쑤 성, 우시)

B1 우시 현 당위원회 판공실

Wuxian — 우 현 기록 보관소(장쑤 성, 우 현)

300 우 현 당위원회 판공실

Xinyang — 신양 현 기록 보관소(허난 성, 신양)

229 and 304 신양 현 당위원회

Xuancheng — 쉬안청 현 기록 보관소(안후이 성, 쉬안청)

3 쉬안청 현 당위원회 판공실

출간된 문헌

Arnold, David, *Famine: Social Crisis and Historical Change*, Oxford: Blackwell, 1988.

Ashton, Basil, Kenneth Hill, Alan Piazza and Robin Zeitz, 'Famine in China, 1958–61', *Population and Development Review*, vol. 10, no. Th(Dec. 1984), pp. 613–45.

Bachman, David, *Bureaucracy, Economy, and Leadership in China: The Institutional Origins of the Great Leap Forward*, Cambridge: Cambridge University Press, 1991.

Banister, Judith, 'An Analysis of Recent Data on the Population of China', *Population and Development Review*, vol. 10, no. 2 (June 1984), pp. 241–71.

Banister, Judith, *China's Changing Population*, Stanford: Stanford University Press, 1987.

Becker, Jasper, *Hungry Ghosts: Mao's Secret Famine*, New York: Henry Holt, 1996.

Belasco, Warren, 'Algae Burgers for a Hungry World? The Rise and Fall of Chlorella Cuisine', *Technology and Culture*, vol. 38, no. 3 (July 1997), pp. 608–34.

Berlin, Isaiah, *The Crooked Timber of Humanity: Chapters in the History of Ideas*, Vintage Books, 1992.

Bernstein, Thomas P., 'Mao Zedong and the Famine of 1959–1960: A Study in Wilfulness', *China Quarterly*, no. 186 (June 2006), pp. 421–45.

Bernstein, Thomas P., 'Stalinism, Famine and Chinese Peasants: Grain Procurements During the Great Leap Forward', *Theory and Society*, vol. 13 (May 1984), pp. 339–77.

Birch, Cyril, 'Literature under Communism', in Roderick MacFarquhar, John King Fairbank and Denis Twitchett (eds), *The Cambridge History of China*, vol. 15: *Revolutions within the Chinese Revolution, 1966–1982*, Cambridge: Cambridge University Press, 1991, pp. 743–812.

Bo Yibo, *Ruogan zhongda shijian yu juece de huigu* (Recollections of several important decisions and events), Beijing: Zhonggong zhongyang dangxiao chubanshe, 1991–3.

Boone, A., 'The Foreign Trade of China', *China Quarterly*, no. 11 (Sept. 1962), pp. 169-83.

Brown, Jeremy, 'Great Leap City: Surviving the Famine in Tianjin', in Kimberley E. Manning and Felix Wemheuer (eds), *New Perspectives on China's Great Leap Forward and Great Famine*, Vancouver: University of British Columbia Press, 2010.

Cao Shuji, *Da jihuang: 1959-1961 nian de Zhongguo renkou* (The Great Famine: China's population in 1959-1961), Hong Kong: Shidai guoji chuban youxian gongsi, 2005.

The Case of Peng Teh-huai, 1959-1968, Hong Kong: Union Research Institute, 1968.

Chan, Alfred L., *Mao's Crusade: Politics and Policy Implementation in China's Great Leap Forward*, Oxford: Oxford University Press, 2001.

Chang, G. H. and G. J. Wen, 'Communal Dining and the Chinese Famine of 1958-1961', *Economic Development and Cultural Change*, no. 46 (1997), pp. 1-34.

Chang, Jung, *Wild Swans: ' ree daughters of China*, Clearwater, FL: Touchstone, 2003.

Chang, Jung and Jon Halliday, *Mao: The Unknown Story*, London: Jonathan Cape, 2005.

Chao, Kang, *Agricultural Production in Communist China, 1949-1965*, Madison: University of Wisconsin Press, 1970.

Cheek, Timothy, *Propaganda and Culture in Mao's China: Deng Tuo and the Intelligentsia*, Oxford: Oxford University Press, 1997.

Chen Jian, *Mao's China and the Cold War*, Chapel Hill: University of North Carolina Press, 2001.

Cheng, Tiejun and Mark Selden, 'The Construction of Spatial Hierarchies: China' s *hukou* and *danwei* Systems', in Timothy Cheek and Tony Saich (eds), *New Perspectives on State Socialism in China*, Armonk, NY: M. E. Sharpe, 1997, pp. 23-50.

Chinn, Dennis L., 'Basic Commodity Distribution in the People's Republic of China', *China Quarterly*, no. 8Th(Dec. 1980), pp. 744-54.

Conquest, Robert, *The Harvest of Sorrow: Soviet Collectivization and the Terror-Famine*, New York: Oxford University Press, 1986.

Dai Qing (ed.), *The River Dragon has Come! The Three Gorges Dam and the Fate of China's Yangtze River and its People*, Armonk, NY: M. E. Sharpe, 1998.

Davis-Friedmann, Deborah, *Long Lives: Chinese Elderly and the Communist Revolution*, Stanford: Stanford University Press, 1991.

Dikötter, Frank, *China before Mao: The Age of Openness*, Berkeley: University of California Press, 2008.

Dikötter, Frank, 'Crime and Punishment in Post-Liberation China: The Prisoners of a Beijing Gaol in the 1950s', *China Quarterly*, no. 149 (March 1997), pp. 147-59.

Dikötter, Frank, *Exotic Commodities: Modern Objects and Everyday Life in China*, New York: Columbia University Press, 2006.

Ding Shu, *Renhuo: Dayuejin yu dajihuang* (A man-made catastrophe: The Great Leap Forward and the Great Famine), Hong Kong: Jiushi niandai zazhi, 1996.

Dirks, Robert, 'Social Responses during Severe Food Shortages and Famine', *Current Anthropology*, vol. 21, no. 1 (Feb. 1981), pp. 21-32.

Domenach, Jean-Luc, *L'Archipel oublie*, Paris: Fayard, 1992.

Domenach, Jean-Luc, *The Origins of the Great Leap Forward: The Case of One Chinese Province*, Boulder: Westview Press, 1995.

Domes, Jurgen, *Peng Te-huai: The Man and the Image*, Stanford: Stanford University Press, 1985.

Donnithorne, Audrey, *China's Economic System*, London: Allen & Unwin, 1967.

Fang Weizhong, Jin Chongji et al. (eds), *Li Fuchun zhuan* (A biography of Li Fuchun), Beijing: Zhongyang wenxian chubanshe, 2001.

Fitzpatrick, Sheila, *Everyday Stalinism: Ordinary Life in Extraordinary Times: Soviet Russia in the 1930s*, New York: Oxford University Press, 1999.

Fitzpatrick, Sheila, 'Signals from Below: Soviet Letters of Denunciation of the 1930s', *Journal of Modern History*, vol. 68, no. Th(Dec. 1996), pp. 831-66.

Friedman, Edward, Paul G. Pickowicz and Mark Selden with Kay Ann Johnson, *Chinese Village, Socialist State*, New Haven: Yale University Press, 1991.

Fu Zhengyuan, *Autocratic Tradition and Chinese Politics*, Cambridge: Cambridge University Press, 1993.

Fuyang shiwei dangshi yanjiushi (eds), *Zhengtu: Fuyang shehuizhuyi shiqi dangshi zhuanti huibian* (Compendium of special topics on the party history of Fuyang during the socialist era), Fuyang: Anhui jingshi wenhua chuanbo youxian zeren gongsi, 2007.

Gao Wangling, *Renmin gongshe shiqi Zhongguo nongmin 'fanxingwei' diaocha* (Acts of peasant resistance in China during the people's communes), Beijing: Zhonggong dangshi chubanshe, 2006.

Gao Wenqian, *Zhou Enlai: The Last Perfect Revolutionary*, New York: PublicAffairs, 2007.

Gao Xiaoxian, ' "The Silver Flower Contest": Rural Women in 1950s China and the Gendered Division of Labour', *Gender and History*, vol. 18, no. 3 (Nov. 2006), pp. 594–612.

Ginsburgs, George, 'Trade with the Soviet Union', in Victor H. Li, *Law and Politics in China's Foreign Trade*, Seattle: University of Washington Press, 1977, pp. 70–120.

Greenough, Paul R., *Prosperity and Misery in Modern Bengal: The Famine of 1943–44*, New York: Oxford University Press, 1983.

Gu Shiming, Li Qiangui and Sun Jianping, *Li Fuchun jingji sixiang yanjiu* (Research on Li Fuchun's economic thought), Xining: Qinghai renmin chubanshe, 1992.

Hayek, Friedrich A., *The Road to Serfdom: Text and Documents*, Chicago: University of Chicago Press, 2007.

Huang Kecheng, *Huang Kecheng zishu* (The autobiography of Huang Kecheng), Beijing: Renmin chubanshe, 1994.

Huang Zheng, *Liu Shaoqi yisheng* (Liu Shaoqi: A life), Beijing: Zhongyang wenxian chubanshe, 2003.

Huang Zheng, *Liu Shaoqi zhuan* (A biography of Liu Shaoqi), Beijing: Zhongyang wenxian chubanshe, 1998.

Huang Zheng, *Wang Guangmei fangtan lu* (A record of conversations with Wang Guangmei), Beijing: Zhongyang wenxian chubanshe, 2006.

Ji Fengyuan, *Linguistic Engineering: Language and Politics in Mao's China*, Honolulu: University of Hawai'i Press, 2004.

Jiang Weiqing, *Qishi nian zhengcheng: Jiang Weiqing huiyilu* (A seventy-year journey: The memoirs of Jiang Weiqing), Nanjing: Jiangsu renmin chubanshe, 1996.

Jin Chongji (ed.), *Zhou Enlai zhuan, 1898-1949* (A biography of Zhou Enlai, 1898-1949), Beijing: Zhongyang wenxian chubanshe, 1989.

Jin Chongji and Chen Qun (eds), *Chen Yun*, Beijing: Zhongyang wenxian chubanshe, 2005.

Jin Chongji and Huang Zheng (eds), *Liu Shaoqi zhuan* (A biography of Liu Shaoqi), Beijing: Zhongyang wenxian chubanshe, 1998.

Kane, Penny, *Famine in China, 1959-61: Demographic and Social Implications*, Basingstoke: Macmillan, 1988.

Kapitsa, Mikhael, *Na raznykh parallelakh: Zapiski diplomata*, Moscow: Kniga ibiznes, 1996.

Khrushchev, Nikita, *Vremia, liudi, vlast'*, Moscow: Moskovskiye Novosti, 1999.

Kiernan, Ben, *The Pol Pot Regime: Race, Power, and Genocide in Cambodia under the Khmer Rouge, 1975-79*, New Haven: Yale University Press, 1996.

King, Richard, *Heroes of China's Great Leap Forward: Two Stories*, Honolulu: University Press of Hawaii, 2010.

Kitchen, Martin, *A History of Modern Germany, 1800-2000*, New York: Wiley-Blackwell, 2006.

Klochko, M. A., *Soviet Scientist in China*, London: Hollis & Carter, 1964.

Krutikov, K. A., *Na Kitaiskom napravlenii: Iz vospominanii diplomata*, Moscow: Institut Dal'nego Vostoka, 2003.

Kueh, Y. Y., *Agricultural Instability in China, 1931-1991*, Oxford: Clarendon Press, 1995.

Kung, James Kai-sing and Justin Yifu Lin, 'The Causes of China's Great Leap Famine, 1959-1961', *Economic Development and Cultural Change*, vol. 52, no. 1 (2003), pp. 51-73.

Li Huaiyin, 'Everyday Strategies for Team Farming in Collective-Era China: Evidence from Qin Village', *China Journal*, no. 5Th(July 2005), pp. 79-98.

Li, Lilian M., *Fighting Famine in North China: State, Market, and Environmental Decline, 1690s–1990s*, Stanford: Stanford University Press, 2007.

Li Rui, *Dayuejin qin liji* (A witness account of the Great Leap Forward), Haikou: Nanfang chubanshe, 1999.

Li Rui, *Lushan huiyi shilu* (A true record of the Lushan plenum), Zhengzhou: Henan renmin chubanshe, 1999.

Li, Wei and Dennis Yang, 'The Great Leap Forward: Anatomy of a Central Planning Disaster', *Journal of Political Economy*, vol. 113, no. Th(2005), pp. 840–77.

Li Yueran, *Waijiao wutaishang de xin Zhongguo lingxiu* (The leaders of new China on the diplomatic scene), Beijing: Waiyu jiaoxue yu yanjiu chubanshe, 1994.

Li Zhisui, *The Private Life of Chairman Mao: The Memoirs of Mao's Personal Physician*, New York: Random House, 1994.

Lin, Justin Yifu, and Dennis Tao Yang, 'On the Causes of China's Agricultural Crisis and the Great Leap Famine', *China Economic Review*, vol. 9, no. 2 (1998), pp. 125–40.

Lin Yunhui, *Wutuobang yundong: Cong dayuejin dao dajihuang, 1958–1961* (Utopian movement: From the Great Leap Forward to the Great Famine, 1958–1961), Hong Kong: Xianggang zhongwen daxue dangdai Zhongguo wenhua yanjiu zhongxin, 2008.

Liu Chongwen, Chen Shaochou et al. (eds), *Liu Shaoqi nianpu, 1898–1969* (A chronicle of Liu Shaoqi's life), Beijing: Zhongyang wenxian chubanshe, 1996.

Lu Xiaobo, *Cadres and Corruption: The Organizational Involution of the Chinese Communist Party*, Stanford: Stanford University Press, 2000.

Lüthi, Lorenz M., *The Sino-Soviet Split: Cold War in the Communist World*, Princeton: Princeton University Press, 2008.

MacFarquhar, Roderick, *The Origins of the Cultural Revolution*, vol. 1: *Contradictions among the People, 1956–1957*, London: Oxford University Press, 1974.

MacFarquhar, Roderick, *The Origins of the Cultural Revolution*, vol. 2: *The Great Leap Forward, 1958–1960*, New York: Columbia University Press, 1983.

MacFarquhar, Roderick, *The Origins of the Cultural Revolution*, vol. 3: *The Coming of the Cataclysm, 1961–1966*, New York: Columbia University Press, 1999.

MacFarquhar, Roderick, Timothy Cheek and Eugene Wu (eds), *The Secret Speeches of Chairman Mao: From the Hundred Flowers to the Great Leap Forward*, Cambridge, MA: Harvard University Press, 1989.

Manning, Kimberley E., 'Marxist Maternalism, Memory, and the Mobilization of Women during the Great Leap Forward', *China Review*, vol. 5, no. 1 (Spring 2005), pp. 83–110.

Mao Zedong, *Jianguo yilai Mao Zedong wengao* (Mao Zedong's manuscripts since the founding of the People's Republic), Beijing: Zhongyang wenxian chubanshe, 1987–96.

Mao Zedong, *Mao Zedong waijiao wenxuan* (Selection of writings on foreign affairs by Mao Zedong), Beijing: Zhongyang wenxian chubanshe, 1994.

Mićunović, Veljko, *Moscow Diary*, New York: Doubleday, 1980.

Mueggler, Erik, *The Age of Wild Ghosts: Memory, Violence, and Place in Southwest China*, Berkeley: University of California Press, 2001.

Näth, Marie-Luise (ed.), *Communist China in Retrospect: East European Sinologists Remember the First Fifteen Years of the PRC*, Frankfurt: P. Lang, 1995.

Ó Gráda, Cormac, *The Great Irish Famine*, Basingstoke: Macmillan, 1989.

Oi, Jean C., *State and Peasant in Contemporary China: The Political Economy of Village Government*, Berkeley: University of California Press, 1989.

Osokina, Elena, *Our Daily Bread: Socialist Distribution and the Art of Survival in Stalin's Russia, 1927–1941*, Armonk, NY: M. E. Sharpe, 2001.

Pang Xianzhi, Guo Chaoren and Jin Chongji (eds), *Liu Shaoqi*, Beijing: Xinhua chubanshe, 1998.

Pang Xianzhi and Jin Chongji (eds), *Mao Zedong zhuan, 1949–1976* (A biography of Mao Zedong, 1949–1976), Beijing: Zhongyang wenxian chubanshe, 2003.

Pasqualini, Jean, *Prisoner of Mao*, Harmondsworth: Penguin, 1973.

Patenaude, Bertrand M., *The Big Show in Bololand: The American Relief Expedition to Soviet Russia in the Famine of 1921*, Stanford: Stanford University Press, 2002.

Peng Dehuai, *Peng Dehuai zishu* (The autobiography of Peng Dehuai), Beijing: Renmin chubanshe, 1981.

Peng Dehuai zhuan (A biography of Peng Dehuai), Beijing: Dangdai Zhongguo chubanshe, 1993.

Peng Xizhe, 'Demographic Consequences of the Great Leap Forward in China's Provinces', *Population and Development Review*, vol. 13, no. Th(Dec. 1987), pp. 639–70.

Pepper, Suzanne, *Radicalism and Education Reform in 20th-Century China: The Search for an Ideal Development Model*, Cambridge: Cambridge University Press, 1996.

Reardon, Lawrence C., *The Reluctant Dragon: Crisis Cycles in Chinese Foreign Economic Policy*, Hong Kong: Hong Kong University Press, 2002.

Russell, Sharman Apt, *Hunger: An Unnatural History*, New York: Basic Books, 2005.

Salisbury, Harrison E., *The New Emperors: China in the Era of Mao and Deng*, Boston: Little, Brown, 1992.

Service, Robert, *Comrades: A History of World Communism*, Cambridge, MA: Harvard University Press, 2007.

Shapiro, Judith, *Mao's War against Nature: Politics and the Environment in Revolutionary China*, New York: Cambridge University Press, 2001.

Shen Zhihua, *Sikao yu xuanze: Cong zhishifenzi huiyi dao fanyoupai yundong (1956–1957)* (Re9 ections and choices: The consciousness of intellectuals and the anti-rightist campaign, 1956–1957), Hong Kong: Xianggang zhongwen daxue dangdai Zhongguo wenhua yanjiu zhongxin, 2008.

Shevchenko, Arkady N., *Breaking with Moscow*, New York: Alfred Knopf, 1985.

Short, Philip, *Pol Pot: The History of a Nightmare*, London: John Murray, 2004.

Smil, Vaclav, *The Bad Earth: Environmental Degradation in China*, Armonk, NY: M. E. Sharpe, 1984.

Tao Lujia, *Mao zhuxi jiao women dang shengwei shuji* (Chairman Mao taught us how to be a provincial party secretary), Beijing: Zhongyang wenxian chubanshe, 1996.

Taubman, William, *Khrushchev: The Man and his Era*, London: The Free Press,

2003.

Teiwes, Frederick C., *Politics and Purges in China: RectiL cation and the Decline of Party Norms*, Armonk, NY: M. E. Sharpe, 1993.

Teiwes, Frederick C. and Warren Sun, *China's Road to Disaster: Mao, Central Politicians, and Provincial Leaders in the Unfolding of the Great Leap Forward, 1955–1959*, Armonk, NY: M. E. Sharpe, 1999.

Thaxton, Ralph A., *Catastrophe and Contention in Rural China: Mao's Great Leap Forward Famine and the Origins of Righteous Resistance in Da Fo Village*, New York: Cambridge University Press, 2008.

Tooze, Adam, *The Wages of Destruction: The Making and Breaking of the Nazi Economy*, New York: Allen Lane, 2006.

Townsend, James R. and Brantly Womack, *Politics in China*, Boston: Little, Brown, 1986.

Viola, Lynn, *Peasant Rebels under Stalin: Collectivization and the Culture of Peasant Resistance*, New York: Oxford University Press, 1996.

Walker, Kenneth R., *Food Grain Procurement and Consumption in China*, Cambridge: Cambridge University Press, 1984.

Wang Yan et al. (eds), *Peng Dehuai nianpu* (A chronicle of Peng Dehuai's life), Beijing: Renmin chubanshe, 1998.

Watson, James L. and Evelyn S. Rawski (eds), *Death Ritual in Late Imperial and Modern China*, Berkeley: University of California Press, 1988.

Wu Hung, *Remaking Beijing: Tiananmen Square and the Creation of a Political Space*, London: Reaktion Books, 2005.

Wu Lengxi, *Shinian lunzhan: 1956–1966 Zhong Su guanxi huiyilu* (Ten years of theoretical disputes: My recollection of Sino-Soviet relationships), Beijing: Zhongyang wenxian chubanshe, 1999.

Wu Lengxi, *Yi Mao zhuxi: Wo qinshen jingli de ruogan zhongda lishi shijian pianduan* (Remembering Chairman Mao: Fragments of my personal experience of certain important historical events), Beijing: Xinhua chubanshe, 1995.

Wu Ningkun and Li Yikai, *A Single Tear: A Family's Persecution, Love, and Endurance in Communist China*, New York: Back Bay Books, 1994.

Xiong Huayuan and Liao Xinwen, *Zhou Enlai zongli shengya* (The life of Zhou Enlai), Beijing: Renmin chubanshe, 1997.

Yan Mingfu, 'Huiyi liangci Mosike huiyi he Hu Qiaomu' (Recollecting Hu Qiaomu attending two Moscow conferences), *Dangdai Zhongguo shi yanjiu*, no. 19 (May 1997), pp. 6-21.

Yang, Dali L., *Calamity and Reform in China: State, Rural Society, and Institutional Change since the Great Leap Famine*, Stanford: Stanford University Press, 1996.

Yang Jisheng, *Mubei: Zhongguo liushi niandai dajihuang jishi* (Tombstone: A true history of the Great Famine in China in the 1960s), Hong Kong: Tiandi tushu youxian gongsi, 2008.

Yang Xianhui, *Jiabiangou jishi: Yang Xianhui zhongduan pian xiaoshuo jingxuan* (A record of Jiabian Valley: A selection of stories by Yang Xianhui), Tianjin: Tianjin guji chubanshe, 2002.

——, *Woman From Shanghai: Tales of Survival From a Chinese Labor Camp*, New York: Pantheon, 2009.

Yu Xiguang, *Dayuejin ku rizi: Shangshuji* (The Great Leap Forward and the years of bitterness: A collection of memorials), Hong Kong: Shidai chaoliu chubanshe, 2005.

Zazerskaya, T. G., *Sovetskie spetsialisty i formirovanie voenno-promyshlennogo kompleksa Kitaya (1949-1960 gg.)*, St Petersburg: Sankt Peterburg Gosudarstvennyi Universitet, 2000.

Zhang Letian, *Gaobie lixiang: Renmin gongshe zhidu yanjiu* (Farewell to idealism: Studies on the People's Communes), Shanghai: Shanghai renmin chubanshe, 2005.

Zhang Shu Guang, *Economic Cold War: America's Embargo against China and the Sino-Soviet Alliance, 1949-1963*, Stanford: Stanford University Press, 2001.

Zubok, Vladislav and Constantine Pleshakov, *Inside the Kremlin's Cold War: From Stalin to Khrushchev*, Cambridge, MA: Harvard University Press, 1996.

주

머리말

1 이 같은 사실은 Alfred L. Chan, *Mao's Crusade: Politics and Policy Implementation in China's Great Leap Forward*, Oxford: Oxford University Press, 2001 덕분에 얼마간 알려져 왔다. Frederick C. Teiwes and Warren Sun, *China's Road to Disaster: Mao, Central Politicians, and Provincial Leaders in the Unfolding of the Great Leap Forward, 1955–1959*, Armonk, NY: M. E. Sharpe, 1999도 보라.

2 가장 근래의 마을 연구는 Ralph A. Thaxton, *Catastrophe and Contention in Rural China: Mao's Great Leap Forward Famine and the Origins of Righteous Resistance in Da Fo Village*, New York: Cambridge University Press, 2008을 참조; 고전적 연구는 Edward Friedman, Paul G. Pickowicz and Mark Selden with Kay Ann Johnson, *Chinese Village, Socialist State*, New Haven: Yale University Press, 1991을 보라.

3 Robert Service, *Comrades: A History of World Communism*, Cambridge, MA: Harvard University Press, 2007, p. 6.

1장 두 라이벌

1 William Taubman, *Khrushchev: The Man and his Era*, London: The Free Press, 2003, p. 230.

2 Pang Xianzhi and Jin Chongji (eds), *Mao Zedong zhuan, 1949–1976* (A biography of Mao Zedong, 1949–1976), Beijing: Zhongyang wenxian chubanshe, 2003, p. 534.

3 Li Zhisui, *The Private Life of Chairman Mao: The Memoirs of Mao's Personal Physician*, New York: Random House, 1994, pp. 182~184.

4 사회주의 고조에 대한 유용한 개요는 Chan, *Mao's Crusade*, pp. 17~24 참조.

5 Wu Lengxi, *Yi Mao zhuxi: Wo qinshen jingli de ruogan zhongda lishi shijian pianduan* (Remembering Chairman Mao: Fragments of my personal experience of certain important historical events), Beijing: Xinhua chubanshe, 1995, p. 57.

6 Lorenz M. Lüthi, *The Sino-Soviet Split: Cold War in the Communist World*, Princeton: Princeton University Press, 2008, pp. 71~72.

7 Roderick MacFarquhar, *The Origins of the Cultural Revolution*, vol. 1: *Contradictions among the People, 1956–1957*, London: Oxford University Press, 1974, pp. 313~315.

2장 입찰 개시

1 Wu Lengxi, *Shinian lunzhan: 1956–1966 Zhong Su guanxi huiyilu* (Ten years of theoretical disputes: My recollection of Sino-Soviet relationships), Beijing: Zhongyang wenxian chubanshe, 1999, pp. 205~206; Lüthi, *Sino-Soviet Split*, p. 74도 보라.

2 Li, *Private Life of Chairman Mao*, pp. 220~221.

3 앞의 책, p. 221.

4 Mao Zedong, *Jianguo yilai Mao Zedong wengao* (Mao Zedong's manuscripts since the founding of the People's Republic), Beijing: Zhongyang wenxian chubanshe, 1987–96, vol. 6, pp. 625~626.

5 마오쩌둥의 통역관 중 한 명이었던 이의 회고는 Li Yueran, *Waijiao wutaishang de xin Zhongguo lingxiu* (The 'leaders of new China on the diplomatic scene'), Beijing: Waiyu jiaoxue yu yanjiu chubanshe, 1994, p. 137를 참조; Yan Mingfu, 'Huiyi liangci Mosike huiyi he Hu Qiaomu' (Recollecting Hu Qiaomu attending two Moscow conferences), *Dangdai Zhongguo shi yanjiu*, no. 19 (May 1997), pp. 6~21도 보라.

6 Nikita Khrushchev, *Vremia, liudi, vlast'*, Moscow: Moskovskiye Novosti, 1999, vol. 3, p. 55.

7 Veljko Mićunović, *Moscow Diary*, New York: Doubleday, 1980, p. 322.

8 Mao, *Jianguo yilai*, vol. 6, pp. 640~643.

9 Mikhael Kapitsa, *Na raznykh parallelakh: Zapiski diplomata*, Moscow: Kniga ibiznes, 1996, p. 60.

10 Mao, *Jianguo yilai*, vol. 6, p. 635.

11 '1957: Nikita Khrushchev', *Time*, 6 Jan. 1958.

12 'Bark on the wind', *Time*, 3 June 1957.

13 Taubman, *Khrushchev*, pp. 305 and 374~375.

14 'N. S. Khrushchov's report to anniversary session of USSR Supreme Soviet', Moscow: Soviet News, 7 Nov. 1957, p. 90.

15 Mao, *Jianguo yilai*, vol. 6, p. 635.

3장 계급 숙청

1 MacFarquhar, *Origins*, vol. 1, p. 312.

2 Huang Zheng, *Liu Shaoqi yisheng* (Liu Shaoqi: A life), Beijing: Zhongyang wenxian chubanshe, 2003, p. 322.

3 *Renmin ribao*, 1 Jan. 1958, p. 1; Wu, *Yi Mao zhuxi*, p. 47.

4 *Renmin ribao*, 8 Dec. 1957, p. 1.

5 *Renmin ribao*, 25 Jan. 1958, p. 2.

6 Jin Chongji (ed.), *Zhou Enlai zhuan*, 1898-1949 (A biography of Zhou Enlai, 1898-1949), Beijing: Zhongyang wenxian chubanshe, 1989, p. 1234.

7 1958년 1월 28일 난닝 회의록, Gansu, 28 Jan. 1958, 91-4-107, p. 1.

8 Li Rui, *Dayuejin qin liji* (A witness account of the Great Leap Forward), Haikou: Nanfang chubanshe, 1999, vol. 2, pp. 68~69.

9 당시 논설은 1956년 6월에 발표되었고, 『인민일보』의 편집장은 덩투오(邓拓)였다. 그는 1957년 7월 우령시로 교체되었고, 비록 여러 해 동안 대약진 운동을 지지하는 글을 계속 썼지만 1958년 11월에 해임되었다; Wu, Yi Mao zhuxi, pp. 47-9; 덩투오에 관해서는 Timothy Cheek, *Propaganda and Culture in Mao's China: Deng Tuo and the Intelligentsia*, Oxford: Oxford University Press, 1997를 보라.

10 Li, *Private Life of Chairman Mao*, p. 230.

11 Bo Yibo, *Ruogan zhongda shijian yu juece de huigu* (Recollections of several important decisions and events), Beijing: Zhonggong zhongyang dangxiao chubanshe, 1991-3, p. 639.

12 Xiong Huayuan and Liao Xinwen, *Zhou Enlai zongli shengya* (The life of Zhou Enlai), Beijing: Renmin chubanshe, 1997, p. 241.

13 1958년 1월 28일 난닝 회의 회의록, 91-4-107, pp. 9~10; Mao, *Jianguo yilai*, vol. 7, p. 59도 보라.

14 'Rubber communist', *Time*, 18 June 1951.

15 Gao Wenqian, *Zhou Enlai: The Last Perfect Revolutionary*, New York: PublicAffairs, 2007, p. 88.

16 1956년 11월 15일 마오쩌둥의 연설, Gansu, 91-18-480, p. 74.

17 1958년 3월 10일 청두에서 마오쩌둥의 연설, Gansu, 91-18-495, p. 211.

18 Li, *Dayuejin*, vol. 2, p. 288.

19 Roderick MacFarquhar, *The Origins of the Cultural Revolution*, vol. 2: *The Great Leap Forward, 1958-1960*, New York: Columbia University Press, 1983, p. 57도 보라.

20 Teiwes, *China's Road to Disaster*, p. 246, 류사오치 발언 기록에서 인용; Jin Chongji and Huang Zheng (eds), *Liu Shaoqi zhuan* (A biography of Liu Shaoqi), Beijing: Zhongyang wenxian chubanshe, 1998, pp. 828~829도 보라.

21 Memoirs of the secretary Fan Ruoyu as quoted in Jin, *Zhou Enlai zhuan*, pp. 1259~1260.

22 Nathan, 'Introduction', Gao, *Zhou Enlai*, p. xiii.

23 Teiwes, *China's Road to Disaster*, p. 85.

24 Tao Lujia, *Mao zhuxi jiao women dang shengwei shuji* (Chairman Mao taught us how to be a provincial party secretary), Beijing: Zhongyang wenxian chubanshe, 1996, pp. 77~78.

25 1958년 1월 28일 마오쩌둥의 연설, Gansu, 91-18-495, p. 200.

26 1958년 1월 15일 덩샤오핑의 연설, Gansu, 91-4-107, pp. 73과 94.

27 Gansu, 9 Feb. 1958, 91-4-104, pp. 1~10.

28 Gansu, 12 Jan. 1961, 91-4-735, pp. 75~76.

29 Gansu, 12 Jan. 1961, 91-18-200, p. 35.

30 Gansu, 3 Dec. 1962, 91-4-1028, p. 8.

31 Yunnan, 20 April 1958, 2-1-3059, pp. 57-62; *Renmin ribao*, 26 May 1958, p. 4도 보라.

32 Yunnan, 25 Sept. 1958, 2-1-3059, pp. 2~3.

33 1958년 3월 10일 청두에서 마오쩌둥의 연설, Gansu, 91-18-495, p. 211.

34 숙청에 관해서는 Frederick C. Teiwes, *Politics and Purges in China: Rectification and the Decline of Party Norms, Armonk*, NY: M. E. Sharpe, 1993를 보라.

35 앞의 책, p. 276; Zhang Linnan, 'Guanyu fan Pan, Yang, Wang shijian' (The anti-Pan, Yang and Wang incident), in Zhonggong Henan shengwei dangshi gongzuo weiyuanhui (eds), *Fengyu chunqiu: Pan Fusheng shiwen jinian wenji*, Zhengzhou: Henan renmin chubanshe, 1993도 보라.

36 Thaxton, *Catastrophe and Contention in Rural China*, p. 116.

37 Jiang Weiqing, *Qishi nian zhengcheng: Weiqing huiyilu* (A seventy-year journey: The memoirs of Jiang Weiqing), Nanjing: Jiangsu renmin chubanshe, 1996, pp. 415~416.

38 Yunnan, 22 May 1959, 2-1-3700, pp. 93~98.

39 1957년 12월 19일 베이징에서 천정런의 연설, Gansu, 91-8-79, p. 179.

4장 집합 나팔 소리

1 Judith Shapiro, *Mao's War against Nature: Politics and the Environment in Revolutionary China*, New York: Cambridge University Press, 2001, p. 49.

2 이 이야기는 Shang Wei, 'A Lamentation for the Yellow River: The Three Gate Gorge Dam (Sanmenxia)', in Dai Qing (ed.), *The River Dragon has Come! The Three Gorges Dam and the Fate of China's Yangtze River and its People*, Armonk, NY: M. E. Sharpe, 1998, pp. 143~159에 실려 있다.

3 Shapiro, *Mao's War against Nature*, pp. 53~54.

4 1961년 9월 19일 저우언라이의 연설, Gansu, 91-18-561, p. 31.

5 Ministry of Foreign Affairs, 23 July 1964, 117-1170-5, pp. 45~47.

6 *Renmin ribao*, 1 Feb. 1958, p. 11; Shui Fu, 'A Profile of Dams in China', in Dai, *The River Dragon has come!*, p. 22.

7 Yi Si, 'The World's Most Catastrophic Dam Failures: The August 1975 Collapse of the Banqiao and Shimantan Dams', in Dai, *The River Dragon has Come!*, p. 30.

8 Gansu, 29 Jan. 1958, 91-4-138, pp. 135~157.

9 Gansu, 20 Oct. 1958, 91-4-263, pp. 29~30.

10 Gansu, 9 Sept. 1958, 229-1-118.

11 Gansu, 26 April 1959, 91-4-348, pp. 30~35.

12 ' "Yin Tao shangshan" de huiyi' (Recollections of the 'Raising the Tao River up the Mountains' campaign), in Qiu Shi (ed.), *Gongheguo zhongda juece chutai qianhou* (How important decisions of the People's Republic were made), Beijing: Jingji ribao chubanshe, 1997-8, vol. 3, p. 226.

13 Gansu, 18 April 1962, 91-4-1091, pp. 1~8.

14 Shui, 'A Profile of Dams in China', p. 22.

15 Beijing, 1959, 96-1-14, pp. 38~44.

16 Jan Rowinski, 'China and the Crisis of Marxism-Leninism', in Marie-Luise Näth (ed.), *Communist China in Retrospect: East European Sinologists Remember the First Fifteen Years of the PRC*, Frankfurt: P. Lang, 1995, pp. 85~87.

17 M. A. Klochko, *Soviet Scientist in China*, London: Hollis & Carter, 1964, pp. 51~52.

18 Rowinski, 'China and the Crisis of Marxism-Leninism', pp. 85-7; Klochko, *Soviet Scientist*, pp. 51~52.

19 Li, *Private Life of Chairman Mao*, pp. 247~248.

20 앞의 책, pp. 249~251.

21 Yunnan, 9 Jan. 1958, 2-1-3227, p. 5.

22 *Renmin ribao*, 15 Jan. 1958, p. 1.

23 Yunnan, 5 Oct. 1958, 2-1-3227, pp. 109~123.

24 *Renmin ribao*, 19 Jan. 1958, p. 1.

25 *Renmin ribao*, 18 Feb. 1958, p. 2.

26 Yunnan, 21 April 1958, 2-1-3260, p. 117.

27 Li, Dayuejin, vol. 2, p. 363.

28 Yunnan, 23 June 1958, 2-1-3274, pp. 37~39.

29 Yunnan, 20 Nov. 1958, 2-1-3078, pp. 116-23; 22 Aug. 1958, 2-1-3078, pp. 1~16.

30 Jiang, *Qishi nian zhengcheng*, p. 421.

31 Gansu, 14 Feb. 1961, 91-18-205, p. 58.

5장 스푸트니크호 발사하기

1 Li, *Private Life of Chairman Mao*, pp. 226~227.

2 Hunan, July 1958, 186-1-190, pp. 1-2; also July 1958, 141-2-62, pp. 1~2.

3 William W. Whitson, *The Chinese High Command: A History of Communist Military Politics, 1927-71*, New York: Praeger, 1973, p. 204, MacFarquhar, *Origins*, vol. 2, p. 83에서 인용.

4 Hunan, 11 May 1959, 141-1-1066, pp. 80~83.

5 Hunan, Sept. 1959, 141-1-1117, pp. 1-4; 18 Sept. 1959, 141-1-1066, pp. 5~13.

6 그가 나중에 인정한 대로다. 루산 회의 회의록도 보라. Gansu, Aug. 1959, 91-18-96, p. 570.

7 Yunnan, 29 July 1958, 2-1-3102, p. 20.

8 Yunnan, 4 Sept. 1958, 2-1-3101, pp. 1~35.

9 Yunnan, Sept. 1958, 2-1-3101, pp. 36~39, 48~65, 66~84, 94~104, 105~123.

10 Guangdong, 20 Jan. 1961, 217-1-645, pp. 15~19.

11 Teiwes, *China's Road to Disaster*, p. 85.

12 Bo, *Ruogan zhongda shijian*, p. 682; 이 시스템은 MacFarquhar, *Origins*, vol. 2, p. 31에 묘사되었다.

13 난닝 회의 회의록, Gansu, 28 Jan. 1958, 91-4-107, p. 2.

14 Interview in Lu Xiaobo, *Cadres and Corruption: The Organizational Involution of the Chinese Communist Party*, Stanford: Stanford University Press, 2000, p. 84.

15 Suiping, 13 Feb. 1958, 1-201-7, pp. 8 and 32; 29 Oct. 1958, 1-221-8.

16 윈난 성 추슝 현의 예를 보려면 Erik Mueggler, *The Age of Wild Ghosts: Memory, Violence, and Place in Southwest China*, Berkeley: University of California Press, 2001, p. 176를 보라.

17 Guangdong, 1961, 217-1-618, p. 36.

18 *Renmin ribao*, 26 Nov. 1957, p. 2; 29 Dec. 1957, p. 2; 21 Jan. 1958, p. 4; 16 Aug. 1958, p. 8.

19 Macheng, 15 July 1958, 1-1-331; 13 April 1959, 1-1-370, p. 37.

20 Guangdong, 31 Dec. 1960, 217-1-576, pp. 54~68.

21 Jiang, *Qishi nian zhengcheng*, p. 431.

22 Bo, *Ruogan zhongda shijian*, p. 683; the practice came from a collective farm in Shandong.

23 중앙으로부터 온 보고, Yunnan, 3 Sept. 1958, 120-1-84, pp. 52-67.

24 Guangdong, 31 Dec. 1961, 217-1-642, pp. 11~12.

25 Guangdong, 7 Jan. 1961, 217-1-643, pp. 120~122.

26 Roderick MacFarquhar, Timothy Cheek and Eugene Wu (eds), *The Secret Speeches of Chairman Mao: From the Hundred Flowers to the Great Leap Forward*, Cambridge, MA: Harvard University Press, 1989, p. 450.

27 Macheng, 15 Jan. 1959, 1-1-443, p. 10.

28 쓰촨 성 런서우 현 류수(1946년 출생)와 2006년 4월 인터뷰.

29 쓰촨 성 훙야 현 뤄바이(1930년대 출생)와 2006년 4월 인터뷰.

30 Zhejiang, 4 May 1961, J007-13-48, pp. 1~8.

31 Macheng, 20 Jan. 1959, 1-1-378, p. 22.

32 Hebei, 16 April 1961, 884-1-202, pp. 35~47.

33 Guangdong, 5 Jan. 1961, 217-1-643, pp. 50~60.

34 Li, *Private Life of Chairman Mao*, p. 278.

35 Minutes of conversation, Hebei, 4–5 Aug. 1958, 855–4–1271, pp. 6~7과 13~14; *Renmin ribao*, 4 Aug. 1958, p. 1, 11 Aug. 1958, pp. 1과 4도 보라.

36 Hunan, 19 Oct. 1958, 141–2–64, pp. 78~82; Hunan, 18 Sept. 1958, 141–1–1066, pp. 7~8.

37 Hunan, 19 Oct. 1958, 141–2–64, pp. 78~82.

38 Hunan, 5 Nov. 1958, 141–1–1051, p. 124.

39 국무원 지시, Gansu, 7 Jan. 1959, 91–8–360, pp. 5~6.

6장 포격을 개시하라

1 Zhonggong zhongyang wenxian yanjiushi (eds), *Mao Zedong waijiao wenxuan* (Selection of writings on foreign affairs by Mao Zedong), Beijing: Zhongyang wenxian chubanshe, 1994, pp. 323~324.

2 Lüthi, *Sino-Soviet Split*, pp. 92~93.

3 Li, *Waijiao wutaishang*, p. 149.

4 Harrison E. Salisbury, *The New Emperors: China in the Era of Mao and Deng*, Boston: Little, Brown, 1992, pp. 155~156.

5 Li, *Waijiao wutaishang*, p. 151.

6 Russian minutes in 'Peregovory S. Khrushcheva s Mao Tszedunom 31 iiulia–3 avgusta 1958 g. i 2 oktiabria 1959 g.', *Novaia i Noveishaia Istoria*, no. 1 (2001), pp. 100~108; reference on page 117.

7 Khrushchev, *Vremia, liudi, vlast'*, vol. 3, pp. 76~77.

8 Li, *Private Life of Chairman Mao*, p. 261.

9 Li, *Waijiao wutaishang*, pp. 149~150.

10 몇 년 뒤에 그가 총회에서 연설하면서 회고한 내용이다. RGANI, Moscow, 18 Jan. 1961, 2–1–535, pp. 143~146을 보라. RGANI, Moscow, 14 Feb. 1964, 2–1–720, p. 137도 보라.

11 Vladislav Zubok and Constantine Pleshakov, *Inside the Kremlin's Cold War: From Stalin to Khrushchev*, Cambridge, MA: Harvard University Press, 1996, pp. 225~226.

12 Li, *Private Life of Chairman Mao*, p. 270.

13 Mao, *Mao Zedong waijiao wenxuan*, pp. 344와 347.

14 Roland Felber, 'China and the Claim for Democracy', in Näth, *Communist China in Retrospect*, p. 117. 더 근래에는 중소 관계 전문가인 로렌츠 뤼티도 어떻게 국내 정세만으로 진먼 섬 포격 시기가 결정되었는지를 강조했다. Lüthi, *Sino-Soviet Split*, p. 99.

7장 인민공사

1 Li, *Private Life of Chairman Mao*, p. 263.

2 Hebei, Sept. 1957, 855-4-1271, pp. 1~5.

3 Hebei, 13 Feb. and 30 April 1958, 855-18-541, pp. 13~20 and 67~81.

4 Mao, *Jianguo yilai*, vol. 7, p. 143.

5 *Renmin ribao*, 17 April 1958, p. 2.

6 Chen Boda, 'Zai Mao Zedong tongzhi de qizhi xia', *Hongqi*, 16 July 1958, no. 4, pp. 1~12.

7 1958년 8월 19일과 21일 연설, Gansu, 91-18-495, pp. 316 and 321.

8 Li, *Dayuejin*, vol. 2, p. 31.

9 *Renmin ribao*, 1 Sept. 1958, p. 3.

10 Jin and Huang, *Liu Shaoqi zhuan*, pp. 832~833.

11 *Renmin ribao*, 18 Sept. 1958, p. 2; 24 Sept. 1958, p. 1.

12 Mao, *Jianguo yilai*, vol. 7, p. 494.

13 Ji Fengyuan, *Linguistic Engineering: Language and Politics in Mao's China*, Honolulu: University of Hawai'i Press, 2004, p. 88.

14 1958년 8월 21일과 24일 연설. Hunan, 141-1-1036, pp. 24~25와 31.

15 *Renmin ribao*, 3 Oct. 1958, p. 2.

16 *Renmin ribao*, 6 Oct. 1958, p. 6; 13 Oct. 1958, p. 1.

17 Hunan, 18 Sept. 1958, 141-1-1066, p. 5.

18 John Gittings, 'China's Militia', *China Quarterly*, no. 18 (June 1964), p. 111.

19 Macheng, 15 Jan. 1959, 1-1-443, pp. 9와 24.

20 Nanjing, 10 April 1961, 4003-2-481, pp. 75~83.

21 Hunan, 4 Feb. 1961, 151-1-20, pp. 8~9.
22 Guangdong, 10 Dec. 1960, 217-1-643, p. 44.
23 쓰촨 성 란쭝 현 리여여(1935년 출생)와 2007년 4월 인터뷰.
24 쓰촨 성 란쭝 현 펑더바이(1930년대 출생)와 2006년 9월 인터뷰.
25 Sichuan, 26 Feb. 1960, JC1-1846, p. 22.
26 Guangdong, 10 Dec. 1960, 217-1-643, p. 45.
27 Guangdong, 12 Feb. 1959, 217-1-69, pp. 25~33.
28 Guangdong, 7 Jan. 1961, 217-1-643, p. 111.
29 Guangzhou, 27 Oct. 1958, 16-1-1, p. 76.
30 Wuhan, 3 Nov. 1958, 83-1-523, p. 126.
31 Wuhan, 19 Sept. and 3 Nov. 1958, 83-1-523, pp. 21~25와 126~132.
32 Guangzhou, 27 Oct. 1958, 16-1-1, p. 76.
33 Wuhan, 1958, 83-1-523, p. 87.
34 Macheng, 20 Jan. 1959, 1-1-378, p. 24; 11 Dec. 1960, 1-1-502, pp. 207과 213; 16 April 1959, 1-1-383, p. 1.
35 Sichuan, 1961, JC1-2606, pp. 18~19.
36 Gansu, 16 Jan. 1961, 91-18-200, p. 94.
37 Hunan, 2-4 Sept. 1959, 141-1-1116, p. 11.
38 Macheng, 13 May 1961, 1-1-556, pp. 2-3; also 20 Jan. 1959, 1-1-378, p. 23.
39 Macheng, 18 April 1959, 1-1-406, p. 1.
40 Macheng, 29 Jan. and 2 Feb. 1959, 1-1-416, pp. 36과 49; 26 April 1958, 1-1-431, p. 37.
41 Nanjing, 4003-1-150, 30 Dec. 1958, p. 89.

8장 철강 열풍

1 Yunnan, 8 Nov. 1958, 105-9-1, pp. 11-14; 11 March 1958, 105-9-6, pp. 71~74.
2 Mao, *Jianguo yilai*, vol. 7, p. 236.
3 연설 이후 마오쩌둥의 비공식 담화를 셰푸즈가 윈난과 구이저우 성 최고위급 인

사들에게 보고한 내용. Guiyang, 61-8-84, 28 May 1958, p. 2.

4 Lin Keng, 'Home-Grown Technical Revolution', *China Reconstructs*, Sept. 1958, p. 12.

5 Lin Yunhui, *Wutuobang yundong: Cong dayuejin dao dajihuang, 1958-1961* (Utopian movement: From the Great Leap Forward to the Great Famine, 1958-1961), Hong Kong: Xianggang zhongwen daxue dangdai Zhongguo wenhua yanjiu zhongxin, 2008, p. 132.

6 Guangdong, 31 Dec. 1960, 217-1-642, pp. 10~16.

7 이 세 가지 수치는 모두 MacFarquhar, *Origins*, vol. 2, pp. 88~90에서 논의되고 있다.

8 Gu Shiming, Li Qiangui and Sun Jianping, *Li Fuchun jingji sixiang yanjiu* (Research on Li Fuchun's economic thought), Xining: Qinghai renmin chubanshe, 1992, p. 115.

9 이 대화는 천원이 목격한 것이다. Pang and Jin, *Mao Zedong zhuan*, pp. 824~825를 보라. Yunnan, 23 June 1958, 2-1-3276, pp. 1~9; Mao, *Jianguo yilai*, vol. 7, pp. 281~282도 보라.

10 야금부 보고, Yunnan, 23 June 1958, 2-1-3276, pp. 1~9; Bo, *Ruogan zhongda shijian*, pp. 700~701도 보라.

11 Jin Chongji and Chen Qun (eds), *Chen Yun*, Beijing: Zhongyang wenxian chubanshe, 2005, p. 1143; Chan, *Mao's Crusade*, pp. 73~74도 보라.

12 Yunnan, 10 Sept. 1958, 2-1-3276, pp. 99~100.

13 Yunnan, 16 Sept. 1958, 2-1-3101, pp. 105~123.

14 Yunnan, 17 Sept. 1958, 2-1-3102, pp. 58~78.

15 Yunnan, 20 Sept. 1958 and 5 Jan. 1959, 2-1-3318, pp. 1~5와 10~19.

16 Yunnan, 23 Sept. 1958, 2-1-3102, pp. 147~149.

17 Yunnan, 25 Sept. 1958, 2-1-3101, p. 185.

18 Yunnan, 18 Oct. 1958, 2-1-3102, pp. 160 and 230; Oct. 1958, 2-1-3102, pp. 235~273.

19 Yunnan, 14 Dec. 1958, 2-1-3259, pp. 165~172.

20 Yunnan, 5 Jan. 1959, 2-1-3318, p. 18.

21 Macheng, 20 Jan. 1959, 1-1-378, p. 23.

22 Macheng, 15 Jan. 1959, 1-1-443, p. 10.

23 Interview with Zhang Aihua, born 1941, Dingyuan county, Anhui, Sept. 2006.

24 Nanjing, 1958, 4003-4-292, pp. 16과 48~52.

25 Gansu, 20 May 1959, 91-18-114, p. 209.

26 Guojia tongjiju guomin jingji zonghe tongjisi (eds), *Xin Zhongguo wushi nian tongji ziliao huibian* (Compendium of statistical material on the new China's first fifty years), Beijing: Zhongguo tongji chubanshe, 1999, p. 3, quoted in Lin, *Wutuobang yundong*, p. 205.

27 Klochko, *Soviet Scientist*, p. 82.

28 Shanghai, 12 March 1959, B98-1-439, pp. 9~13.

29 Yunnan, 16 May 1959, 81-4-25, p. 2.

30 Yunnan, 8 Nov. 1958, 105-9-1, p. 15; also 105-9-3, pp. 9~16.

31 Yunnan, 29 July 1958, 2-1-3102, p. 19.

32 Yunnan, 21 April 1958, 2-1-3260, p. 116.

33 이는 매우 대략적인 수치일 수밖에 없고 지역에 따라 천차만별이다. 후난 성에서는 농사에 참여하지 않는 사람 수가 1958년 이후 40퍼센트 증가했다. Hunan, 4 June 1959, 146-1-483, p. 116. 산둥 성에서는 전체 노동력의 50퍼센트만이 논밭에서 일했다. 탄전린의 발언, Gansu, 26 June 1959, 91-18-513, p. 16.

34 Yunnan, 29 July 1958, 2-1-3102, p. 21.

35 Guangdong, 5 Jan. 1961, 217-1-643, pp. 50~60.

36 1958년 10월 탄전린의 연설, Hunan, 141-2-62, p. 148.

9장 경고 신호들

1 Yunnan, 12 April 1958, zhongfa (58) 295, 120-1-75, pp. 2~4.

2 Hunan, 25 April 1958, 141-1-1055, pp. 66~67.

3 Yunnan, 20 Nov. 1958, 2-1-3078, pp. 116-23; 22 Aug. 1958, 2-1-3078, pp. 1~16.

4 Yunnan, 20 Nov. 1958, 2-1-3078, pp. 116~123.

5 Yunnan, 12 Sept. 1958, 2-1-3077, pp. 55-77; 12 Sept. 1958, 2-1-3076, pp. 97~105; Sept. 1958, 2-1-3075, pp. 104~122.

6 Yunnan, 28 Feb. 1959, 2-1-3700, pp. 93~98.

7 Yunnan, 16 May 1959, 81-4-25, p. 17; 1957년 평균 사망률은 *Zhongguo tongji nianjian, 1984*, Beijing: Zhongguo tongji chubanshe, 1984, p. 83을 보라.

8 Mao, *Jianguo yilai*, vol. 7, pp. 584-5; 원문은 Yunnan, 25 Nov. 1958, 120-1-84, p. 68 참조. 1958년 11월 25일 정저우 협의회 문서도 보라. Hunan, 141-2-76, pp. 99~103.

9 Hebei, 16 April 1961, 884-1-202, pp. 35~47.

10 Hebei, 19 Feb. 1961, 856-1-227, p. 3.

11 Hebei, 25 Dec. 1958, 855-4-1271, pp. 58~65.

12 Hebei, 18 Oct. 1958, 855-4-1270, pp. 1~7.

13 Hebei, 23 Oct. 1958, 855-4-1271, pp. 25~26.

14 Hebei, 24 Oct. 1958, 855-4-1271, pp. 42~43.

15 Hunan, 5 Nov. 1958, 141-1-1051, p. 123.

16 1959년 3월 17일 쓰촨 성 당위원회에서 리징취안의 발언, JC1-1533, pp. 154~155.

17 Gansu, 25 Jan. 1959, 91-18-114, p. 113.

18 예를 들어 추가분 60만 톤과 80만 톤이 각각 베이징과 상하이로 선적되었다. Shanghai, 12 March 1959, B98-1-439, pp. 9~13.

19 Yunnan, 18 Dec. 1958, 2-1-3101, pp. 301, 305~312.

10장 흥청망청 쇼핑

1 Ministry of Foreign Affairs, Beijing, 6 Sept. 1963, 109-3321-2, pp. 82-5.

2 K. A. Krutikov, *Na Kitaiskom napravlenii: Iz vospominanii diplomata*, Moscow: Institut Dal'nego Vostoka, 2003, p. 253; T. G. Zazerskaya, *Sovetskie spetsialisty i formirovanie voenno-promyshlennogo kompleksa Kitaya (1949-1960 gg.)*, St Petersburg: Sankt Peterburg Gosudarstvennyi Universitet, 2000도 보라.

3 AVPRF, Moscow, 9 March 1958, 0100-51-6, papka 432, p. 102.

4 Ministry of Foreign Affairs, Beijing, 10 June 1958, 109-828-30, pp. 176~177.

5 George Ginsburgs, 'Trade with the Soviet Union', in Victor H. Li, *Law and*

Politics in China's Foreign Trade, Seattle: University of Washington Press, 1977, p. 100.

6 BArch, Berlin, 2 Dec. 1958, DL2-4037, pp. 31~39.

7 Jahrbuch 1962, Berlin, 1962, p. 548, and MfAA, Berlin, 25 Nov. 1963, C572-77-2, p. 191.

8 BArch, Berlin, 7 Jan. 1961, DL2-4039, p. 7; 1959, DL2-VAN-172.

9 *Zhou Enlai nianpu*, vol. 2, pp. 149, 165, 231, 256을 보라. Zhang Shu Guang, Economic *Cold War: America's Embargo against China and the Sino-Soviet Alliance, 1949-1963*, Stanford: Stanford University Press, 2001, pp. 212~213에서 인용.

10 p. 105을 보라.

11 A. Boone, 'The Foreign Trade of China', *China Quarterly*, no. 11 (Sept. 1962), p. 176.

12 BArch, Berlin, 6 Oct. 1957, DL2-1932, pp. 331~332.

13 Lawrence C. Reardon, *The Reluctant Dragon: Crisis Cycles in Chinese Foreign Economic Policy*, Hong Kong: Hong Kong University Press, 2002, pp. 91-2.

14 Martin Kitchen, *A History of Modern Germany, 1800-2000*, New York: Wiley-Blackwell, 2006, p. 336.

15 MfAA, Berlin, 27 Sept. 1958, A6861, p. 145.

16 앞의 책, pp. 151~152.

17 BArch, Berlin, 24 June 1959, DL2-1937, p. 231.

18 'Russia's trade war', *Time*, 5 May 1958; Boone, 'Foreign Trade of China'도 보라.

19 'Squeeze from Peking', *Time*, 21 July 1958.

20 'Made well in Japan', *Time*, 1 Sept. 1958.

21 Ministry of Foreign Affairs, Beijing, 8 Nov. 1958, 109-1907-4, p. 49.

22 Ministry of Foreign Affairs, Beijing, Jan. 1959, 109-1907-3, pp. 24~25.

23 Ministry of Foreign Affairs, Beijing, 8 Nov. 1958, 109-1907-4, pp. 46~50.

24 Ministry of Foreign Affairs, Beijing, 23 Dec. 1958, 109-1907-2, pp. 12~13; for Germany see MfAA, Berlin, 21 Sept. 1959, A9960-2, pp. 183~184.

25 Ministry of Foreign Affairs, Beijing, 8 Nov. 1958, 109-1907-4, pp. 44~45.

26 Ministry of Foreign Affairs, Beijing, 23 Nov. 1958, 109-1907-5, p. 56.

27 Hunan, 22 Jan. 1959, 163-1-1052, p. 237.
28 Hunan, Jan. 1959, 141-2-104, pp. 10~12.
29 Gansu, 25 Jan. 1959, 91-18-114, p. 119; Ministry of Foreign Affairs, Beijing,
23 Dec. 1958, 109-1907-2, pp. 12~13.
30 Ministry of Foreign Trade, Shanghai, 31 Oct. 1958, B29-2-97, p. 23.
31 Guangdong, 10 Aug. 1961, 219-2-318, p. 14.
32 Hunan, 7 Feb. 1959, 163-1-1052, p. 11.
33 앞의 책, p. 12.
34 앞의 책, p. 11.
35 Ministry of Foreign Affairs, Beijing, 10 April 1959, 109-1907-8, p. 100; also speech on 25 March 1959, Gansu, 19-18-494, p. 46.
36 펑전과 저우언라이의 발언은 외교부 회의록 Ministry of Foreign Affairs, Beijing, 10 April 1959, 109-1907-8, p. 101을 보라.
37 이 명령은 전화로 내려온 것이다. Hunan, 26 May 1959, 141-1-1252, pp. 39~40.
38 Hunan, 20 Nov. 1959, 163-1-1052, pp. 25~29.
39 Hunan, 6 June 1959, 163-1-1052, pp. 119~124.
40 Gansu, zhongfa (60) 98, 6 Jan. 1960, 91-18-160, pp. 187~190.
41 Hunan, 6 Jan. 1960, 141-2-126, pp. 14-15.
42 Gansu, zhongfa (60) 98, 6 Jan. 1960, 91-18-160, pp. 187~190.
43 Hunan, 24 Nov. 1959, 163-1-1052, pp. 21~24.
44 Shanghai, 20 Feb. 1960, B29-2-112, pp. 2~5.
45 Shanghai, 1 Dec. 1959, B29-2-112, pp. 2~5.

11장 아찔한 성공

1 Lin, *Wutuobang yundong*, pp. 371-2; Wu, Yi Mao zhuxi, pp. 105~106.
2 Zhao Ziyang's report on Leinan county, Kaiping, 27 Jan. 1959, 3-A9-78, pp. 17~20.
3 *Neibu cankao*, 5 Feb. 1959, pp. 3~14.
4 Mao, *Jianguo yilai*, vol. 8, pp. 52~54.

5 앞의 책, pp. 80~81.

6 앞의 책, pp. 52~54.

7 1959년 3월 18일 정저우에서 마오쩌둥의 연설, Gansu, 91-18-494, pp. 19~20과 22.

8 1959년 3월 5일 마오쩌둥의 연설, Pang and Jin, *Mao Zedong zhuan*, p. 922에서 인용.

9 1959년 2월 2일 마오쩌둥의 연설, Gansu, 91-18-494, pp. 10~11.

10 마오쩌둥이 왕런중에게 내린 지시, Hunan, 13 April 1959, 141-1-1310, p. 75.

11 Bo, *Ruogan zhongda shijian*, p. 830.

12 1959년 4월 5일 아침 마오쩌둥의 16개조 연설, Hunan, 141-2-98, pp. 1~12; Lin, *Wutuobang yundong*, pp. 413~417도 보라.

13 Mao, *Jianguo yilai*, vol. 8, p. 33.

14 1959년 3월 18일 마오쩌둥의 발언 기록, Gansu, 91-18-494, p. 19.

15 1959년 2월 14일 광시 성 지역 당 서기 Wu Jinnan한테서 인용. Guangxi, X1-25-316, pp. 8~9의 의사록을 보라.

16 1959년 3월 25일 마오쩌둥 발언 기록, Gansu, 19-18-494, pp. 44~48.

17 1959년 6월 20일 전화 협의회, Gansu, 91-18-539, p. 41.

18 Li, *Dayuejin*, vol. 2, p. 393.

19 1959년 1월 20일 전화 협의회, Gansu, 91-18-513, p. 59.

20 1959년 4월 26일 마오쩌둥이 보낸 전보, Gansu, 91-8-276, pp. 90~92.

12정 진실의 끝

1 1959년 8월 11일 마오쩌둥 연설, Gansu, 91-18-494, p. 81.

2 Li, *Private Life of Chairman Mao*, pp. 310~311.

3 Wang Yan et al. (eds), *Peng Dehuai nianpu* (A chronicle of Peng Dehuai's life), Beijing: Renmin chubanshe, 1998, p. 738.

4 Jin, *Zhou Enlai zhuan*, p. 1326.

5 Hunan, 31 Aug. 1959, 141-1-1115, pp. 107~109과 111~113.

6 Peng Dehuai, *Peng Dehuai zishu* (The autobiography of Peng Dehuai), Beijing: Renmin chubanshe, 1981, p. 275.

7 Gansu, 13 Aug. 1959, 91-18-96, p. 518에서 펑더화이와 저우샤오저우 간의 대화를 보라.

8 이 묘사는 펑더화이의 초창기 전우인 Kung Chu, *The Case of Peng Teh-huai, 1959-1968*, Hong Kong: Union Research Institute, 1968, p. I에서 가져옴.

9 Gansu, 14 July 1959, 91-18-96, pp. 579~584.

10 Li, *Private Life of Chairman Mao*, p. 314.

11 Mao, *Jianguo yilai*, vol. 8, p. 356.

12 Li Rui, *Lushan huiyi shilu* (A true record of the Lushan plenum), Zhengzhou: Henan renmin chubanshe, 1999, pp. 111~115.

13 황커청의 고백, Gansu, Aug. 1959, 91-18-96, p. 491.

14 Huang Kecheng, *Huang Kecheng zishu* (The autobiography of Huang Kecheng), Beijing: Renmin chubanshe, 1994, p. 250.

15 1959년 8월 11일 마오쩌둥의 연설, Gansu, 91-18-494, p. 78.

16 Gansu, 21 July 1959, 91-18-96, pp. 532~547.

17 장원톈과의 연계에 관한 펑더화이의 고백, Gansu, Aug. 1959, 91-18-96, p. 568.

18 Gansu, 91-18-488, 15 July 1959, pp. 106~108.

19 저우샤오저우가 마오쩌둥에게 보낸 편지, Gansu, 13 Aug. 1959, 91-18-96, p. 518.

20 *Neibu cankao*, 26 July 1959, pp. 19~20.

21 Mao, *Jianguo yilai*, vol. 8, p. 367; the report is in Ministry of Foreign Affairs, Beijing, 2 July 1959, 109-870-8, pp. 81~83.

22 Pang and Jin, *Mao Zedong zhuan*, p. 983에 인용된 우렁시의 미출간 자서전.

23 Gansu, 11 Aug. 1959, 91-18-494, p. 84.

24 Gansu, 23 July 1959, 91-18-494, pp. 50~66.

25 Li, *Private Life of Chairman Mao*, p. 317.

26 Gansu, 2 Aug. 1959, 91-18-494, pp. 67~70.

27 Li, *Lushan huiyi*, pp. 206-7.

28 Huang Zheng, *Wang Guangmei fangtan lu* (A record of conversations with Wang Guangmei), Beijing: Zhongyang wenxian chubanshe, 2006, p. 199.

29 Li, *Lushan huiyi*, pp. 359~360.

30 황커청의 자아비판, Gansu, Aug. 1959, 91-18-96, p. 495.

31 Gansu, Aug. 1959, 91-18-96, p. 559.

32 Gansu, 11 Aug. 1959, 91-18-494, pp. 82~83.

33 Gansu, 16 Aug. 1959, 91-18-96, p. 485.

13장 탄압

1 Gao, *Zhou Enlai*, pp. 187~188.

2 Gansu, 19 Sept. 1959, 91-18-561, p. 28.

3 Gansu, zhongfa (60) 28, 8 Jan. 1960, 91-18-164, pp. 109~114.

4 Gansu, 3 Dec. 1962, 91-4-1028, pp. 8~9.

5 Mao, *Jianguo yilai*, vol. 8, p. 529.

6 Gansu, 1 July 1960, 91-4-705, pp. 1~5.

7 Yunnan, 28 Oct. 1959, 2-1-3639, pp. 23~31.

8 Hebei, 1960, 879-1-116, p. 43.

9 Hebei, 9 Nov. 1959, 855-5-1788, pp. 3~6.

10 Mao, *Jianguo yilai*, vol. 8, p. 431.

11 Hunan, 2-4 Sept. 1959, 141-1-1116, pp. 40~43, 49~50과 121.

12 Li, *Private Life of Chairman Mao*, pp. 299-300; 저우샤오저우가 왕런중의 스푸트니크 밭을 조롱하고 어디 창사로 와서 현지 곡물 공급 상황에 대해 한번 알아보라고 하면서 거의 동일한 대화가 앞서 전화로도 이루어졌다. Hunan, 1 Sept. 1959, 141-1-1115, pp. 235~237을 보라.

13 Roderick MacFarquhar, *The Origins of the Cultural Revolution*, vol. 3: *The Coming of the Cataclysm, 1961-1966*, New York: Columbia University Press, 1999, pp. 61, 179 and 206-7; Lu, *Cadres and Corruption*, p. 86, 당시 『인민일보』에 제공된 수치를 인용. 1959년 9월 발언에서 펑전은 당원 수를 1300만 9,000명으로 잡았고, 지난 2년 간 숙청된 간부 숫자를 70만 명으로 잡았다. Gansu, 19 Sept. 1959, 91-18-561, p. 28를 보라.

14장 중소 분쟁

1 국무원에서 온 지시 사항, Ministry of Foreign Affairs, Beijing, 1 Aug. 1960, 109-927-1, pp. 1~5.
2 Klochko, *Soviet Scientist*, p. 171.
3 여러 외교관들이 이것을 불화의 주요 이유로 본다. Kapitsa, *Na raznykh parallelakh*, pp. 61-3; Arkady N. Shevchenko, *Breaking with Moscow*, New York: Alfred Knopf, 1985, p. 122를 보라.
4 Zubok and Pleshakov, *Inside the Kremlin's Cold War*, p. 232.
5 러시아어와 중국어로 편지 원문은 the Ministry of Foreign Affairs, Beijing, 16 July 1960, 109-924-1, pp. 4~8에서 볼 수 있다.
6 Jung Chang and Jon Halliday, *Mao: The Unknown Story*, London: Jonathan Cape, 2005, p. 465.
7 Wu, Shinian lunzhan, p. 337.
8 Gansu, 5 Aug. 1960, 91-9-91, pp. 7~11.
9 Ministry of Foreign Affairs, Beijing, 1960-1, 109-2248-1, p. 38.
10 Ministry of Foreign Affairs, Beijing, 20 Aug. 1963, 109-2541-1, pp. 12~13.
11 Ministry of Foreign Affairs, Beijing, 28 March 1960, 109-2061-1, p. 3; Ministry of Foreign Affairs, Beijing, 1962, 109-3191-6, p. 5.
12 Ministry of Foreign Affairs, Beijing, 109-2541-1, pp. 12~13.
13 대외 무역 은행 보고서, RGANI, Moscow, 2 June 1961, 5-20-210, p. 34; 거래에 관해서는 *Sbornik osnovnykh deistvuiushchikh dogovorokh i sogloshenii mezhdu SSSR i KNR, 1949-1961*, Moscow: Ministerstvo Inostrannykh Del, no date, p. 198를 보라.
14 Ginsburgs, 'Trade with the Soviet Union', pp. 100과 106.
15 BArch, Berlin, 12 Nov. 1960, DL2-1870, p. 34.
16 RGANI, Moscow, 14 Feb. 1964, 2-1-720, p. 75.
17 2006년 7월 홍콩에서 챈(1946년 출생) 씨와의 인터뷰.
18 Taubman, *Khrushchev*, p. 471.
19 Li, *Private Life of Chairman Mao*, p. 339.

15장 자본주의 곡물

1 Jin, *Zhou Enlai zhuan*, p. 1398.

2 Ministry of Foreign Affairs, Beijing, 20 Aug. 1960, 118-1378-13, pp. 32~33.

3 Oleg Hoeffding, 'Sino-Soviet Economic Relations, 1959-1962', *Annals of the American Academy of Political and Social Science*, vol. 349 (Sept. 1963), p. 95.

4 Ministry of Foreign Affairs, Beijing, 31 Dec. 1960, 110-1316-11, pp. 1~5.

5 Ministry of Foreign Affairs, Beijing, 18 Jan. 1961, 109-3004-2, p. 8.

6 Ministry of Foreign Affairs, Beijing, 31 Dec. 1960, 110-1316-11, pp. 1~5.

7 BArch, Berlin, 12 Nov. 1960, DL2-1870, p. 34.

8 'Famine and bankruptcy', Time, 2 June 1961.

9 Jin, *Zhou Enlai zhuan*, pp. 1414~1415.

10 Colin Garratt, 'How to Pay for the Grain', *Far Eastern Economic Review*, vol. 33, no. 13 (28 Sept. 1961), p. 644.

11 Jin, *Zhou Enlai zhuan*, p. 1413.

12 Report by Zhou Enlai, Hunan, 4 Dec. 1961, 141-1-1931, p. 54.

13 MfAA, Berlin, 1962, A6792, p. 137.

14 Report by Zhou Enlai, Hunan, 4 Dec. 1961, 141-1-1931, p. 54.

15 Boone, 'Foreign Trade of China'.

16 Report by Zhou Enlai, Hunan, 4 Dec. 1961, 141-1-1931, pp. 52~53.

17 'Famine and bankruptcy', *Time*, 2 June 1961.

18 Ministry of Foreign Affairs, Beijing, 8 March 1961, 109-3746-1, pp. 17~18.

19 RGANI, Moscow, 14 Feb. 1964, 2-1-720, pp. 81~82; the contract for the delivery of sugar is in *Sbornik osnovnykh deistvuiushchikh dogovorokh i sogloshenii mezhdu SSSR i KNR, 1949-1961*, Moscow: Ministerstvo Inostrannykh Del, no date, pp. 196~197.

20 Ministry of Foreign Affairs, Beijing, 4 April 1961, 109-2264-1, pp. 1~8.

21 Ministry of Foreign Affairs, Beijing, 22 Aug. 1961, 109-2264-2, p. 38.

22 Ministry of Foreign Affairs, Beijing, 6 April 1962, 109-2410-3, p. 53.

23 앞의 책.

24 Ministry of Foreign Affairs, Beijing, 15 Aug. 1962, 109-2410-1, pp. 62~63.

25 BArch, Berlin, 1962, DL2-VAN-175, p. 15.

26 Chang and Halliday, *Mao*, p. 462.

27 MfAA, Berlin, 11 July 1962, A17334, p. 92.

28 Ministry of Foreign Affairs, Beijing, 1 July 1960, 102-15-1, pp. 26~39; MfAA, Berlin, 11 July 1962, A17334, pp. 89~94도 보라.

29 Shanghai, 1 Dec. 1959, B29-2-112, p. 3.

30 Report from the Ministry of Finance, Gansu, 1 July 1961, 91-18-211, p. 25.

31 MfAA, Berlin, 4 Jan. 1962, A6836, p. 33; 외국 원조 정책에 대한 동독인들의 분석도 보라. 그들은 외국 원조를 기근의 주요 이유 가운데 하나로 생각했다. MfAA, Berlin, 4 Jan. 1962, A6836, p. 16.

32 Report from the Ministry of Finance, Gansu, 1 July 1961, 91-18-211, pp. 22~25.

33 Hunan, 29 March 1960, 163-1-1083, pp. 119-22; 그해 말에 이르러 1960년 9월 베이다이허에서 결의에 따라 이 수치는 3억 1000만으로 낮춰졌고, 쌀은 약 14만 4000톤으로 절반으로 줄었다. Hunan, 22 Oct. 1960, 163-1-1083, pp. 130~134를 보라.

34 Guangdong, 29 Sept. 1960, 300-1-195, p. 158.

35 Guangzhou, 5 April 1961, 92-1-275, p. 105.

36 Gansu, 16 Jan. 1961, 91-18-200, p. 72.

37 Shanghai, 21 Oct. 1960, B29-2-112, pp. 2~5.

38 'Back to the farm', *Time*, 3 Feb. 1961.

39 ICRC, Geneva, telegrams of 18, 28 and 30 Jan. and 6 Feb. 1961, BAG 209-048-2.

40 ICRC, Geneva, discussions on 1 and 14 March 1961, BAG 209-048-2.

41 Ministry of Foreign Affairs, Beijing, 27 Jan. 1959, 109-1952-3, p. 13.

16장 타개책

1 Bo, *Ruogan zhongda shijian*, p. 892.

2 Mao, *Jianguo yilai*, vol. 9, p. 326; Lin, *Wutuobang yundong*, p. 607.

3 Zhang Zhong, 'Xinyang shijian jiemi' (Revealing the Xinyang incident),

Dangshi tiandi, 2004, no. 4, pp. 40~41.

4 Yang Zhengang, Zhang Jiansheng and Liu Shikai, 'Guanyu huaifenzi Ma Longshan da gao fanmanchan jiqi houguo deng youguan cailiao de diaocha baogao', 9 Nov. 1960, p. 7.

5 Li Zhenhai, Liu Zhengrong and Zhang Chunyuan, 'Guanyu Xinyang diqu Xincai qu dong jin chun fasheng zhongbing siren he ganbu yanzhong weifa luanji wenti de diaocha baogao', 30 Nov. 1960, p. 1.

6 Xinyang diwei zuzhi chuli bangongshi, 'Guanyu diwei changwu shuji Wang Dafu tongzhifan suo fan cuowu ji shishi cailiao', 5 Jan. 1962, pp. 1~2.

7 Zhang, 'Xinyang shijian jiemi', p. 42; Qiao Peihua, *Xinyang shijian* (The Xinyang incident), Hong Kong: Kaifang chubanshe, 2009도 보라.

8 Mao, *Jianguo yilai*, vol. 9, p. 349.

9 *Nongye jitihua zhongyao wenjian huibian* (1958-1981) (A compendium of important documents on agricultural collectivisation [1958-1981]), Beijing: Zhongyang dangxiao chubanshe, 1981, vol. 2, pp. 419~430.

10 Chester J. Cheng (ed.), *The Politics of the Chinese Red Army*, Stanford: Hoover Institution Publications, 1966, pp. 117~123.

11 Zhonggong zhongyang wenxian yanjiushi (eds), *Jianguo yilai zhongyao wenxian xuanbian*, Beijing: Zhongyang wenxian chubanshe, 1992, vol. 13, pp. 660~676.

12 Bo, *Ruogan zhongda shijian*, pp. 893~896.

13 Li, *Private Life of Chairman Mao*, p. 339.

14 류사오치의 연설, Gansu, 20 Jan. 1961, 91-6-79, pp. 46~51과 103~107.

15 마오쩌둥의 연설, Gansu, 18 Jan. 1961, 91-6-79, p. 4.

16 Huang, *Liu Shaoqi yisheng*, pp. 346-8; Huang, *Wang Guangmei fangtan lu*, pp. 225~226과 240.

17 1961년 4월, 25, 28, 30일에 류사오치의 대화, Hunan, 141-1-1873, pp. 106~150; Huang, *Wang Guangmei fangtan lu*, pp. 238~240; Jin and Huang, *Liu Shaoqi zhuan*, pp. 865~866도 보라.

18 Jin and Huang, *Liu Shaoqi zhuan*, p. 874.

19 류사오치의 편지, Gansu, April-May 1961, 91-4-889, pp. 2~4.

20 Liu Shaoqi, 31 May 1961, Gansu, 91-6-81, pp. 69~73.

21 Jin, *Zhou Enlai zhuan*, pp. 1441~1442.

22 제8차 전국 대표 대회 9차 총회에서 리푸춘의 연설, Hunan, 14 Jan. 1961, zhongfa (61) 52, 186-1-505, pp. 1~28.

23 리푸춘의 연설, Hunan, 17 July 1961, 186-1-584, pp. 7과 13.

24 베이다이허 협의회 문서, Hunan, 11 Aug. 1961, 186-1-584, pp. 38-48, 125, 134와 152.

25 Li, *Private Life of Chairman Mao*, p. 380.

17장 농업

1 Jean C. Oi, *State and Peasant in Contemporary China: The Political Economy of Village Government*, Berkeley: University of California Press, 1989, pp. 48~49.

2 Hebei, 11 April 1961, 878-1-14, pp. 56~58.

3 Yunnan, 29 July 1958, 2-1-3102, pp. 16~22.

4 Kenneth R. Walker, *Food Grain Procurement and Consumption in China*, Cambridge: Cambridge University Press, 1984.

5 성에서 각각 할당한 조달량 수치를 담은 1959-60년 계획안은 Gansu, 31 July 1959, zhongfa (59) 645, 91-18-117, p. 105.

6 Zhejiang, 16 July 1961, J132-13-7, pp. 22-8, Yang Jisheng, *Mubei: Zhongguo liushi niandai dajihuang jishi* (Tombstone: A true history of the great famine in China in the 1960s), Hong Kong에서 인용: Tiandi tushu youxian gongsi, 2008, p. 418; 이를 p. 417의 Yang의 통계와 비교해 보라.

7 Guizhou, 1962, 90-1-2706, printed page 3; 이 비율과 대략 일치하는 숫자는 현 단위의 더 자세한 추정치에서 발견된다. 예를 들어 쭈니 현을 보라(1957년 26.5퍼센트, 1958년 46.3퍼센트, 1959년 47퍼센트와 1960년 54.7퍼센트), Guizhou, 1962, 90-1-2708, printed page 7; 같은 문서는 다른 유사한 사례를 많이 담고 있으며 일부는 조달 비율이 80퍼센트에 달했다. 곡물청에 대해서는 Yang, *Mubei*, p. 540를 보라.

8 1959년 3월 25일 연설, Gansu, 19-18-494, pp. 44~46.

9 Zhejiang, 16 July 1961, J132-13-7, pp. 22-8; compare with Yang, Mubei, p.

540.

10 국무원에서 나온 보고, Gansu, 15 June 1960, zhongfa (60) 547, 91-18-160, pp. 208~212.

11 Guangdong, 10 Aug. 1961, 219-2-318, pp. 9~16.

12 1961년 12월 11일 덩샤오핑 연설 Hunan, 141-2-138, p. 43.

13 Speech on 25 March 1959, Gansu, 19-18-494, p. 48.

14 Shanghai, 4 April 1961, B6-2-392, pp. 20 ff.

15 Shanghai, 8 July 1958, B29-2-97, p. 17.

16 Oi, *State and Peasant in Contemporary China*, pp. 53~55.

17 정책 문서와 후난 성의 한 사례를 보려면 Hunan, 3 Nov. and 1 Dec. 1959, 146-1-483, pp. 9, 18~20과 86을 보라.

18 Zhejiang, Jan. 1961, J116-15-10, pp. 1~14.

19 Guangdong, 7 Jan. 1961, 217-1-643, pp. 120~122.

20 Guangdong, 2 Jan. 1961, 217-1-643, pp. 61~66.

21 1958년 8월 30일 연설, Hunan, 141-1-1036, p. 38. 1무는 0.0667헥타르다.

22 Hunan, 1964, 187-1-1355, p. 64.

23 Zhejiang, 1961, J116-15-139, p. 1; 29 Jan. 1961, J116-15-115, p. 29.

24 Hubei, 13 Jan. 1961, SZ18-2-200, p. 27.

25 Gansu, 20 June 1959, 91-18-539, p. 35.

26 Gansu, 12 Feb. 1961, 91-18-209, p. 246; Walker는 1958년에 파종 지역을 1억 3000만 헥타르로 추정했다. Walker, *Food Grain Procurement*, p. 147.

27 Walker, *Food Grain Procurement*, pp. 21~22.

28 Guangdong, 1 March 1961, 235-1-259, pp. 23~25.

29 Yunnan, 20 Sept. 1961, 120-1-193, pp. 85~92.

30 Gansu, 20 Feb. 1961, zhongfa (61) 145, 91-18-211, p. 91.

31 Guangdong, 1 March 1961, 235-1-259, pp. 23~25.

32 Hunan, 15 Nov. 1960, 163-1-1082, p. 106.

33 Yunnan, 6 Feb. 1961, 120-1-193, pp. 108~109.

34 Beijing, 29 Nov. and 10 Dec. 1960, 2-12-262, pp. 21~23.

35 Yunnan, 14 Dec. 1960 and 20 Sept. 1961, 120-1-193, pp. 85~92 와 112~115.

36 Gansu, 20 Feb. 1961, zhongfa (61) 145, 91-18-211, p. 92.

37 Yunnan, 14 Dec. 1960, 120-1-193, pp. 112~115.

38 Hunan, 20 Aug. 1959, 141-1-1259, pp. 51~52.

39 MfAA, Berlin, 1962, A6860, p. 100.

40 Zhejiang, 29 Jan. 1961, J116-15-115, p. 12.

41 Guangdong, 15 March 1961, 217-1-119, p. 78.

42 MfAA, Berlin, 1962, A6792, p. 136.

43 Hunan, 6 Nov. 1961, 141-1-1914, pp. 48~52.

44 Yunnan, 1962, 81-7-86, p. 13.

45 Hunan, 19 Feb. 1959, 163-1-1052, pp. 82~87.

46 직물업부 부장 첸지광의 보고, Hunan, 11 Aug. 1961, 186-1-584, p. 107.

47 Guangzhou, 28 Feb. 1961, 6-1-103, pp. 3~4.

48 Beijing, 8 Jan. 1962, 2-13-138, pp. 1~3.

49 Report by Hu Yaobang on 1 Oct. 1961, Hunan, 141-2-138, p. 197.

50 Hebei, 1962, 979-3-870, pp. 1~30.

51 Hunan, 15 March 1959, 141-1-1158, p. 140.

52 Guangdong, 3 July 1959, 217-1-69, pp. 74~75.

53 Guangdong, 12 Oct. 1961, 235-1-259, p. 13.

54 Zhejiang, 29 Jan. 1961, J116-15-115, pp. 16~21.

55 Hunan, 15 Jan. 1961, 146-1-580, p. 13.

56 Guangdong, 20 May 1961, 217-1-210, pp. 82~87.

57 Zhejiang, 29 Jan. 1961, J116-15-115, pp. 16~21.

58 1962년 4월 1일 총리 집무실에서 리징취안과 저우언라이 간의 대화, Sichuan, JC1-3198, p. 33.

59 Shanghai, 1961, B181-1-510, pp. 17~20.

60 Beijing, 31 July 1962, 1-9-439, pp. 1~4.

61 모스크바 대사관에서 온 보고, Ministry of Foreign Affairs, Beijing, 18 Sept. 1958, 109-1213-14, p. 142.

62 Zhejiang, 21 March 1960, J002-3-3, p. 34.

63 Shanghai, 1961, B181-1-510, p. 7.

64 Ministry of Foreign Affairs, Beijing, 10 April 1959, 109-1907-8, p. 100; also speech on 25 March 1959, Gansu, 19-18-494, p. 46.

65 Shanghai, 1961, B29-2-980, p. 143.

66 Guangdong, 16 Sept. 1961, 235-1-259, p. 71.

67 Zhejiang, 29 Jan. 1961, J116-15-115, pp. 5와 16.

68 Xuancheng, 17 May 1961, 3-1-257, pp. 127~131.

69 Shanghai, 1961, B181-1-511, p. 25.

70 Hunan, 11 Aug. 1961, 186-1-584, p. 134.

71 Hunan, 15 March 1959, 141-1-1158, p. 152.

72 Guangdong, 25 Feb. 1961, 217-1-119, p. 57.

73 Hebei, 1962, 979-3-870, pp. 1~30.

74 Zhejiang, 29 Jan. 1961, J116-15-115, pp. 15와 29.

75 앞의 책, p. 52.

76 Guangdong, 25 Feb. 1961, 217-1-119, p. 58.

18장 공업

1 Klochko, *Soviet Scientist*, pp. 85~86.

2 Guangdong, 1961, 218-2-320, pp. 26~31.

3 MfAA, Berlin, 7 June 1961, A6807, pp. 20~24.

4 MfAA, Berlin, 14 Nov. 1962, A6860, pp. 142~145.

5 Beijing, 31 July 1961, 1-5-371, pp. 5~10.

6 Guangdong, 1961, 218-2-320, pp. 26~31.

7 Klochko, *Soviet Scientist*, p. 91.

8 *Neibu cankao*, 25 Nov. 1960, p. 7.

9 Hunan, 21 Sept. 1961, 186-1-525, pp. 2~6.

10 앞의 책.

11 Shanghai, 28 March 1959, B29-1-34, pp. 16~21.

12 Hunan, 5 May 1961, 141-1-1939, pp. 33~34.

13 Beijing, 26 June 1961, 2-13-89, pp. 14~15.

14 Hunan, 26 Dec. 1959 and 16 Jan. 1960, 163-1-1087, pp. 70~72와 91~95.

15 1959년 3월 25일 연설, Gansu, 19-18-494, p. 46.

16 허룽과 녜룽전의 보고, Gansu, 13 Sept. 1960, 91-6-26, pp. 69~75.

17 *Neibu cankao*, 25 Nov. 1960, p. 9.

18 Nanjing, 2 Sept. 1960, 6001-1-73, pp. 12~15.

19 Guangzhou, 1960, 19-1-255, pp. 39-41; 11 Sept. 1961, 19-1-525, pp. 94~100.

20 Guangdong, 7 Aug. 1961, 219-2-319, pp. 17~31.

21 Beijing, 17 Jan. and 31 March 1959, 101-1-132, pp. 14~18과 26~40.

22 Beijing, 29 March 1960, 101-1-138, p. 3.

23 Beijing, 24 March 1961, 1-28-28, p. 6.

24 Beijing, 28 Sept. 1961, 2-13-138, pp. 25~29.

25 Nanjing, 13 July and 22 Nov. 1960, 5065-3-395, pp. 7~19와 35~52.

26 Nanjing, 13 July 1960, 5065-3-395, pp. 7~19.

27 Nanjing, 1961, 5065-3-443, pp. 51, 60과 66.

28 Beijing, 31 July 1961, 1-5-371, pp. 5~10.

29 Nanjing, 15 Sept. 1961, 6001-3-328, pp. 25~28.

30 Nanjing, 1960, 4053-2-4, p. 98. 이 급여는 보통 고정되었다. 1961년에서 1962년으로 넘어가는 겨울에만 고정 급여가 이익 공유나 성과급을 비롯한 다양한 보상 체계로 대체되었다. Nanjing, 4 Dec. 1961, 4053-2-5, p. 1을 보라.

31 Nanjing, 15 Sept. 1961, 6001-2-329, pp. 30~31.

32 Beijing, 29 March 1960, 101-1-138, p. 4.

33 Nanjing, 1960, 4053-2-4, p. 93.

34 Hunan, 3 Sept. 1959, 141-1-1259, pp. 69~70.

35 Beijing, 30 July 1961, 1-5-371, p. 8.

36 석탄부 보고, Gansu, 91-18-193, 11 Sept. 1961, p. 71.

37 이 탄광 네 곳은 추런, 난링, 뤄자두, 리안양이었다. Guangdong, June 1960, 253-1-99, pp. 17~20.

38 Gansu, Feb. 1961, 91-18-200, p. 245.

39 Shanghai, Jan. 1961, A36-1-246, pp. 2~3.

40 Shanghai, Aug. 1961, B29-2-655, p. 92.

41 Guangdong, Aug. 1961, 219-2-319, pp. 31~56.

19장 상업

1 Hunan, 13 Sept. and 7 Nov. 1960, 163-1-1083, pp. 83~85와 95~97.
2 Shanghai, 11 Aug. 1960, B123-4-782, pp. 26~29.
3 Yunnan, 23 Oct. 1958, zhongfa (58) 1060, 2-1-3276, pp. 131~135.
4 Yunnan, 15 Oct. 1960, zhongfa (60) 841, 2-1-4246, pp. 103~108.
5 Shanghai, Aug. 1961, B29-2-655, p. 160; 20 April 1961, B29-2-980, p. 248.
6 Yunnan, 15 Oct. 1960, zhongfa (60) 841, 2-1-4246, pp. 103~108.
7 Yunnan, 3 Dec. 1960, zhongfa (60) 1109, 2-1-4246, pp. 117~119.
8 Ministry of Foreign Affairs, Beijing, 1 Jan. 1960, 118-1378-13, p. 82.
9 Yunnan, 25 Oct. 1961, 2-1-4654, pp. 44~46.
10 Yunnan, 22 Sept. 1960, 2-1-4269, pp. 36~39.
11 Hunan, 3 Aug. 1959, 141-1-1259, p. 148.
12 MfAA, Berlin, 11 Dec. 1961, A6807, pp. 347~351.
13 Guangdong, Aug. 1961, 219-2-319, pp. 31~56.
14 Shanghai, May 1961, B29-2-940, p. 161.
15 혁명 이전 중국의 소매업과 물질 문화에 관해서는 Frank Dikötter, *Exotic Commodities: Modern Objects and Everyday Life in China*, New York: Columbia University Press, 2006를 보라.
16 Klochko, *Soviet Scientist*, p. 53.
17 Nanjing, Nov. 1961, 5040-1-18, pp. 14~19와 20~26.
18 Nanjing, 12 Jan. and 26 April 1959, 4003-1-167, pp. 22~24와 36~38.
19 J. Dyer Ball, *The Chinese at Home*, London: Religious Tract Society, 1911, p. 240, Dikötter, *Exotic Commodities*, p. 63에서 인용.
20 Guangzhou, 22 Aug. 1959, 16-1-13, pp. 56-7; Guangzhou, 20 July 1961, 97-8-173, p. 18.
21 Nanjing, 1 July 1959, 4003-1-167, pp. 39~46.
22 *Neibu cankao*, 2 Dec. 1960, p. 11.
23 Shanghai, 7 May 1961, A20-1-60, pp. 64~66.
24 Nanjing, 4 June 1959, 5003-3-722, pp. 77~81.
25 *Neibu cankao*, 23 Nov. 1960, pp. 15~16.

26 *Neibu cankao*, 5 May 1961, pp. 14~16.

27 Guangzhou, 27 March, 1 June and 6 July 1961, 97-8-173, pp. 45~46 and 52-3; 60-1-1, pp. 80과 105~111.

28 Wuhan, 29 July 1959, 76-1-1210, p. 68.

29 Speech at Beidaihe, Gansu, 11 Aug. 1961, 91-18-561, p. 51.

30 Beijing, 26 June 1961, 2-13-89, pp. 2~3.

31 Beijing, 31 July 1961, 2-13-100, pp. 1~6.

32 Nanjing, Nov. 1961, 5040-1-18, pp. 14~19와 20~26.

33 *Neibu cankao*, 10 Aug. 1960, pp. 13~15.

34 Beijing, 28 March 1961, 1-28-28, pp. 9~11.

35 Shanghai, 31 July 1961, A20-1-55, pp. 23~29.

36 Interview with Lao Tian, born 1930s, Xushui, Hebei, Sept. 2006.

20장 주거

1 Shen Bo, 'Huiyi Peng Zhen tongzhi guanyu renmin dahuitang deng "shida jianzhu" de sheji de jiaodao' (Remembering comrade Peng Zhen's directions concerning the design of the Great Hall of the People and the ten great edifices), *Chengjian dang'an*, no. 4 (2005), pp. 10~11.

2 Wu Hung, *Remaking Beijing: Tiananmen Square and the Creation of a Political Space*, London: Reaktion Books, 2005, p. 24.

3 'Ten red years', *Time*, 5 Oct. 1959.

4 Xie Yinming and Qu Wanlin, 'Shei baohule gugong' (Who protected the Imperial Palace), *Dang de wenxian*, no. 5 (2006), pp. 70~75.

5 PRO, London, 15 Nov. 1959, FO371-133462.

6 PRO, London, 23 July 1959, FO371-141276.

7 Beijing, 27 Dec. 1958 and 2 Feb. 1959, 2-11-128, pp. 1~3과 8~14.

8 Hunan, 21 Jan. 1959, 141-2-104.

9 Gansu, 9 Jan. 1961, 91-18-200, pp. 18~19.

10 Gansu, 22 Feb. 1961, 91-18-200, pp. 256~258.

11 Hunan, 3 and 14 April 1961, 151-1-24, pp. 1~13과 59~68.

12 Guangdong, 20 Jan. 1961, 217-1-645, pp. 15~19.

13 루산회의에서 보고, Gansu, Sept. 1961, 91-18-193, p. 82.

14 Gansu, 24 Oct. 1960, zhongfa (60) 865, 91-18-164, pp. 169~172.

15 리푸춘의 연설, Hunan, 20 Dec. 1961, 141-1-1931, pp. 154~155.

16 Shanghai, 28 July 1959, B258-1-431, pp. 4~5.

17 Wuhan, 15 May and 23 June 1959, 13-1-765, pp. 44~45와 56.

18 Hunan, April 1960, 141-2-164, p. 82.

19 Guangdong, 5 July 1961, 307-1-186, pp. 47~52.

20 Sichuan, 22 and 24 March 1960, JC50-315.

21 Sichuan, Dec. 1961, JC50-325.

22 Beijing, 4 March and 7 Aug. 1959, 2-11-146, pp. 1~23.

23 Nanjing, 16 April 1959, 4003-1-279, p. 153.

24 Guangdong, 7 Jan. 1961, 217-1-643, pp. 110~115.

25 Sichuan, Feb. 1961, JC1-2576, pp. 41~42.

26 Guangdong, 10 Dec. 1960, 217-1-643, pp. 44~49.

27 Guangdong, 12 Dec. 1960, 217-1-643, pp. 33~43.

28 Hunan, 11 May 1961, 141-2-139, p. 61.

29 Hunan, 17 May 1961, 146-1-584, p. 26.

30 Sichuan, Aug. 1961, JC1-2584, p. 14.

31 Sichuan, 1962, JC44-1440, pp. 127~128.

32 Hubei, 18 Nov. 1960, SZ18-2-198, pp. 69~71.

33 Hunan, 4 Aug. 1962, 207-1-744, p. 9.

34 Li Heming, Paul Waley and Phil Rees, 'Reservoir Resettlement in China: Past Experience and the Three Gorges Dam', *Geographical Journal*, vol. 167, no. 3 (Sept. 2001), p. 197.

35 Guangdong, Oct. 1961, 217-1-113, pp. 58~61.

36 Hunan, 15 Dec. 1961 and 21 March 1962, 207-1-753, pp. 103~105와 106~109.

37 Beijing, 25 April 1961, 2-13-39, pp. 1~14.

38 James L. Watson, 'The Structure of Chinese Funerary Rites', in James L. Watson and Evelyn S. Rawski (eds), *Death Ritual in Late Imperial and Modern China*, Berkeley: University of California Press, 1988.

39 *Neibu cankao*, 7 Dec. 1960, pp. 12~13.

40 Hunan, 14 Feb. 1958, 141-1-969, p. 19.

41 쓰촨 성 란쭝 현 웨이수(1920년대 출생)와 2006년 4월 인터뷰.

42 Beijing, 18 April 1959, 2-11-36, pp. 7~8과 17~18.

43 Beijing, 14 Nov. 1958, 2-11-33, p. 3.

44 보고서는 후난 성 당위원회로 보내졌다. Hunan, March 1959, 141-1-1322, pp. 108~110.

21장 자연

1 Ferdinand P. W. von Richthofen, *Baron Richthofen's Letters, 1870-1872*, Shanghai: North-China Herald Office, 1903, p. 55, Dikötter, *Exotic Commodities*, p. 177에서 인용.

2 I. T. Headland, Home Life in China, London: Methuen, 1914, p. 232, Dikötter, *Exotic Commodities*, p. 177에서 인용.

3 Shapiro, *Mao's War against Nature*, pp. 3~4.

4 1958년 1월 28일부터 30일까지 최고 국무회의에서 마오쩌둥의 연설, Gansu, 91-18-495, p. 202.

5 Hunan, 13 April 1962, 207-1-750, pp. 1~10.

6 Hunan, 6 Oct. 1962, 207-1-750, pp. 44~49.

7 RGAE, Moscow, 7 Aug. 1959, 9493-1-1098, p. 29.

8 Hunan, 13 April 1962, 207-1-750, pp. 1~10.

9 Gansu, 17 Aug. 1962, zhongfa (62) 430, 91-18-250, p. 66.

10 Beijing, 3 March 1961, 2-13-51, pp. 7~8.

11 Beijing, 26 May 1961, 92-1-143, pp. 11~14.

12 앞의 책.

13 Beijing, 3 March 1961, 2-13-51, pp. 7~8.

14 Hubei, SZ113-2-195, 12 Feb. and 1 Nov. 1961, pp. 8~10과 28~31.

15 Gansu, 23 Oct. 1962, 91-18-250, p. 72.

16 Gansu, 31 Oct. 1962, 91-18-250, p. 83.

17 Guangdong, 10 May 1961, 217-1-210, pp. 88~89.

18 Nanjing, 25 Dec. 1958, 4003-1-150, p. 73.

19 Beijing, 26 May 1961, 92-1-143, pp. 11~14.

20 Gansu, 17 Aug. 1962, zhongfa (62) 430, 91-18-250, p. 69.

21 Hubei, 10 March 1961, SZ113-2-195, pp. 2~3.

22 Hunan, 28 Nov. 1961, 163-1-1109, pp. 138~147.

23 Gansu, 31 Oct. 1962, 91-18-250, p. 83.

24 Hunan, 18 Nov. 1961, 163-1-1109, p. 60.

25 Gansu, 17 Aug. 1962, 91-18-250, p. 65.

26 출간된 문헌을 바탕으로 한 추정치는 Shapiro, *Mao's War against Nature*, p. 82를 보라.

27 Gansu, 17 Aug. 1962, 91-18-250, p. 68.

28 Gansu, 31 Oct. 1962, 91-18-250, p. 82.

29 Hunan, 6 Oct. 1962, 207-1-750, pp. 44~49.

30 삼림에 관한 광둥 보고서, 21 Sept. 1962, Hunan, 141-2-163, p. 50.

31 Yu Xiguang, *Dayuejin ku rizi: Shangshuji* (The Great Leap Forward and the years of bitterness: A collection of memorials), Hong Kong: Shidai chaoliu chubanshe, 2005, p. 8; 일부 추정치에 따르면 1949년 삼림 면적이 8300만 헥타르였다는 사실로부터 이 비율이 어느 정도인지 짐작할 수 있다. Vaclav Smil, *The Bad Earth: Environmental Degradation in China*, Armonk, NY: M. E. Sharpe, 1984, p. 23를 보라.

32 Beijing, 15 Sept. 1959, 2-11-63, pp. 31~36과 48~52.

33 가장 이른 시기 묘사 가운데 하나는 하계 수확량에 관한 전화 협의회에서 탄전린의 발언이다. Gansu, 26 June 1959, 92-28-513, pp. 14~15를 보라.

34 Y. Y. Kueh, *Agricultural Instability in China, 1931–1991*, Oxford: Clarendon Press, 1995은 기상학 자료를 검토한 뒤 악천후가 수확량 감소에 실제로 영향을 미쳤지만 과거 유사한 기상 조건에서는 동일한 결과를 낳지 않았다고 결론 내렸다.

35 Beijing, 7 May 1960, 2-12-25, pp. 3~6.

36 Beijing, 8 Sept. 1962, 96-2-22, pp. 15~18.

37 Hebei, 15 Aug. 1961, 878-1-6, pp. 31~44.

38 1961년 10월 1일 후야오방의 보고, Hunan, 141-2-138, pp. 186~189.

39 Hunan, 13 April 1962, 207-1-750, pp. 1~10.

40 Hunan, 6 Oct. 1962, 207-1-750, pp. 44~49.

41 Hunan, 4 Aug. 1962, 207-1-744, pp. 1~12.

42 Hunan, 6 Oct. 1962, 207-1-750, pp. 44~49.

43 Hunan, 13 and 15 May 1961, 146-1-584, pp. 13과 18.

44 Hunan, 24 April 1961, 146-1-583, p. 108; 베이징의 정의에 따르면 대형 저수지는 1억 세제곱미터 이상의 물을 담을 수 있고, 중형 저수지는 규모가 1000만~1억 세제곱미터에 걸쳐 있으며, 소형 저수지는 1000만 세제곱미터 미만이다.

45 Hunan, 4 Aug. 1962, 207-1-744, pp. 1~12.

46 Hunan, 7 Jan. 1962, 207-1-743, pp. 85~105.

47 Hunan, 1 Dec. 1961, 163-1-1109, p. 101.

48 Hubei, 12 Sept. 1959, SZ18-2-197, pp. 39~43.

49 Hubei, 1 Aug. 1959, SZ113-1-209, p. 3.

50 Hubei, 27 March 1961, SZ18-2-201.

51 Hubei, 18 March and 9 June 1961, SZ113-1-26, pp. 1~3과 12~14.

52 Hubei, 14 April 1962, SZ113-2-213, p. 25.

53 Hunan, 1964, 187-1-1355, p. 64.

54 Guangdong, Dec. 1960, 266-1-74, pp. 105~118.

55 1960년 7월 27일 수리 수전부 보고, Hunan, 141-1-1709, p. 277.

56 Guangdong, Dec. 1960, 266-1-74, p. 117.

57 Yi, 'World's Most Catastrophic Dam Failures', pp. 25~38.

58 Shui, 'Profile of Dams in China', p. 23.

59 Report by Li Yiqing; Hunan, 11 Aug. 1961, 186-1-584, p. 134.

60 Beijing, 17 April 1962, 96-2-22, p. 6.

61 Hebei, 1 July 1961, 979-3-864, pp. 4~5.

62 Hebei, 1962, 979-3-870, p. 7; 염기성 토양 증가에 대한 더 낮은 수치는 Hebei, 13 July 1962, 979-3-871, pp. 1~22도 보라.

63 Report by Liu Jianxun, 24 Dec. 1961, Hunan, 141-2-142, p. 225.

64 Report by Hu Yaobang, 1 Oct. 1961, Hunan, 141-2-138, pp. 186~187.

65 Report by Hua Shan, 9 May 1962, Shandong, A1-2-1125, pp. 5~7.

66 Gansu, 9 March 1960, zhongfa (60) 258, 91-18-154, pp. 254~255.

67 Beijing, 17 Sept. 1959, 2-11-145, pp. 3~6.

68 Gansu, 9 March 1960, zhongfa (60) 258, 91-18-154, pp. 254~255.

69 Gansu, 24 Feb. 1960, 91-18-177, pp. 14~17.

70 Gansu, 9 March 1960, zhongfa (60) 258, 91-18-154, pp. 254~255.

71 Nanjing, 22 Nov. 1960, 5065-3-395, pp. 35~52.

72 Report by Mao Qihua, Gansu, 4 Sept. 1960, zhongfa (60) 825, 91-18-154, p. 104.

73 Shanghai, Oct. 1961, B29-2-954, p. 57.

74 앞의 책.

75 앞의 책, p. 76.

76 Hubei, 10 Jan. 1961, SZ34-5-45, pp. 22-4; 23 Jan. 1961, SZ1-2-906, p. 17.

77 Klochko, *Soviet Scientist*, pp. 71~73.

78 Nanjing, 18 March 1959, 5065-3-367, pp. 20-2; 25 March 1959, 5003-3-721, pp. 8~9.

79 Shanghai, 1959, A70-1-82, p. 9.

80 Shapiro, *Mao's War on Nature*, p. 88.

81 Hubei, 8 and 25 July 1961, SZ18-2-202, pp. 78과 101.

82 Nanjing, 24 Oct. 1960, 4003-1-203, pp. 20~21.

83 Zhejiang, 29 Jan. 1961, J116-15-115, p. 11.

22장 포식하며 기근을 나다

1 James R. Townsend and Brantly Womack, *Politics in China*, Boston: Little, Brown, 1986, p. 86.

2 Tiejun Cheng and Mark Selden, 'The Construction of Spatial Hierarchies: China's *hukou* and *danwei* Systems', in Timothy Cheek and Tony Saich (eds), *New Perspectives on State Socialism in China*, Armonk, NY: M. E. Sharpe, 1997, pp. 23~50.

3 Guangdong, 15 March 1962, 300-1-215, pp. 205~207.

4 Li, *Private Life of Chairman Mao*, pp. 78~79.

5 Fu Zhengyuan, *Autocratic Tradition and Chinese Politics*, Cambridge: Cambridge University Press, 1993, p. 238.

6 Lu, *Cadres and Corruption*, p. 86.

7 Shanghai, 1961, B50-2-324, pp. 15~24.
8 *Neibu cankao*, 25 Nov. 1960, pp. 11~12.
9 *Neibu cankao*, 6 March 1961, p. 5.
10 *Neibu cankao*, 22 Feb. 1961, pp. 13~14.
11 Guangdong, 5 Sept. 1960, 231-1-242, pp. 72~77.
12 Guangdong, 18 June 1960, 231-1-242, pp. 63~65.
13 Guangdong, 10 Dec. 1960, 217-1-643, pp. 44~49.
14 앞의 책, p. 45.
15 Guangdong, 24 July 1959, 217-1-497, pp. 61~63.
16 Guangdong, 1961, 217-1-116, p. 48.
17 Guangdong, 26 June 1959, 217-1-69, pp. 33~38.
18 PRO, London, 15 Nov. 1959, FO371-133462.
19 Shanghai, 8 Oct. 1960, A20-1-10, pp. 19 ff.
20 Hebei, 8 May 1959, 855-5-1758, pp. 97~98.
21 Beijing, 14 Feb. 1959, 1-14-573, p. 65.
22 Shanghai, 27 Jan. 1961, A36-1-246, pp. 9~17.

23장 수단 방법 가리지 않기

1 Shanghai, 20 Dec. 1960, A36-2-447, pp. 64~65.
2 *Neibu cankao*, 2 June 1960, pp. 14~15.
3 *Neibu cankao*, 16 Nov. 1960, pp. 11~13.
4 Shanghai, Feb. 1961, A36-2-447, p. 22.
5 Guangdong, Nov. 1960, 288-1-115, p. 1.
6 *Neibu cankao*, 16 Nov. 1960, pp. 11~13.
7 Guangdong, 9 Feb. 1961, 235-1-255, pp. 39~40.
8 Guangdong, 5 Dec. 1961, 235-1-259, p. 75.
9 Nanjing, 27 May 1959, 4003-1-279, p. 242.
10 *Neibu cankao*, 25 Nov. 1960, pp. 13~15.
11 Gansu, 24 Oct. 1960, zhongfa (60) 865, 91-18-164, pp. 169~172.
12 Report from Ministry of Finance, Gansu, 5 Nov. 1960, zhongfa (60) 993, 91-

18-160, pp. 275~280.

13 *Neibu cankao*, 7 Dec. 1960, pp. 14~15.

14 Speech at Beidaihe, Gansu, 11 Aug. 1961, 91-18-561, pp. 51 and 55.

15 Report from Ministry of Finance, Gansu, 5 Nov. 1960, zhongfa (60) 993, 91-18-160, pp. 275~280.

16 *Neibu cankao*, 8 Aug. 1960, pp. 5~7.

17 Hebei, 19 April 1959, 855-5-1758, pp. 105~106.

18 Beijing, 23 June 1961, 1-5-376, pp. 4~10.

19 Nanjing, Aug. 1960, 4003-1-199, p. 19.

20 Nanjing, 14 Aug. 1960, 4003-1-199, pp. 1~4.

21 *Neibu cankao*, 25 Nov. 1960, pp. 12-13; 30 Dec. 1960, pp. 10~11.

22 Beijing, 27 April 1961, 1-28-30, pp. 1~4.

23 Shanghai, 7 Aug. 1961, A20-1-60, pp. 181~185.

24 Beijing, 28 Nov. 1960, 101-1-138, pp. 13~29.

25 Shanghai, 28 March 1959, B29-1-34, pp. 48~49.

26 *Neibu cankao*, 26 Dec. 1960, pp. 10~11.

27 *Neibu cankao*, 17 May 1961, p. 22.

28 Guangdong, 23 Jan. 1961, 217-1-644, pp. 10~12.

29 Guangzhou, 24 Feb. 1961, 92-1-275, p. 74.

30 Nanjing, 1 Sept. 1959, 5003-3-722, p. 89.

31 Hunan, 15 Jan. 1961, 146-1-580, p. 15.

32 묘사는 Dennis L. Chinn, 'Basic Commodity Distribution in the People's Republic of China', *China Quarterly*, no. 84 (Dec. 1980), pp. 744~754를 보라.

33 *Neibu cankao*, 18 Aug. 1960, p. 16.

34 Guangdong, 9 Feb. 1961, 235-1-259, pp. 39~40.

35 *Neibu cankao*, 7 Dec. 1960, p. 24.

36 Guangdong, 9 Feb. 1961, 235-1-259, pp. 39~40.

37 Beijing, 29 Dec. 1960, 2-12-262, pp. 18~20.

38 Hunan, 13 June 1961, 163-1-1109, pp. 21~22.

39 MfAA, Berlin, March-April 1961, A17009, pp. 3~4.

40 *Neibu cankao*, 23 Jan. 1961, pp. 10-11; 6 Feb. 1962, pp. 5~6.

41 Jeremy Brown, 'Great Leap City: Surviving the Famine in Tianjin', in Kimberley E. Manning and Felix Wemheuer (eds), *New Perspectives on China's Great Leap Forward and Great Famine*, Vancouver: University of British Columbia Press, 2010도 보라.
42 MfAA, Berlin, 6 Sept. 1962, A6862, p. 8.
43 Hubei, 7 Aug. 1961 and July 1962, SZ29-1-13, pp. 73~74와 76~77.
44 Sichuan, 16 Aug. and 12 Sept. 1962, JC44-3918, pp. 105~107과 117~119.
45 Hubei, 18 Sept. 1961, SZ18-2-199, pp. 6~7.
46 Hebei, 6 May 1959, 855-5-1744, pp. 101~103.
47 Sichuan, 1962, JC1-3047, pp. 1~2.
48 Shandong, 10 Aug. 1959, A1-2-776, p. 72.

24장 은밀히

1 Hunan, 12 Feb. 1961, 151-1-20, pp. 32~33.
2 Beijing, 24 March 1961, 1-28-28, pp. 2~6.
3 Shanghai, 25 Oct. 1961, B123-5-144, p. 176.
4 Shanghai, Aug. 1961, B29-2-655, p. 82.
5 Sichuan, 1959, JC9-249, p. 160.
6 Sichuan, 1959, JC9-250, pp. 14와 46.
7 산둥 성 황 현 덩차오얼(1951년 출생)과 2006년 12월 인터뷰.
8 *Neibu cankao*, 2 June 1960, pp. 14~15.
9 *Neibu cankao*, 19 Dec. 1960, p. 21.
10 앞의 책, pp. 23~24.
11 *Neibu cankao*, 7 Dec. 1960, pp. 21~24.
12 Nanjing, 26 Feb. 1959, 4003-1-171, p. 62.
13 Shanghai, 31 March 1960, B123-4-588, p. 3; 22 May 1961, B112-4-478, pp. 1~2.
14 Thaxton, *Catastrophe and Contention in Rural China*, p. 201.
15 *Neibu cankao*, 2 Sept. 1960, pp. 5~7.
16 Xuancheng, 3 May 1961, 3-1-259, pp. 75~76.

17 쓰촨 성 펑저우 정무(1931년 출생)와 2006년 5월 인터뷰.
18 Guangdong, 1 March 1961, 235-1-259, pp. 23~25.
19 Guangdong, 1 and 27 March 1961, 235-1-259, pp. 23~25와 32~34.
20 *Neibu cankao*, 26 April 1961, p. 20.
21 Hebei, 27 Sept. 1960, 855-5-1996, pp. 52~54.
22 Wuxian, 15 May 1961, 300-2-212, p. 243.
23 Guangdong, 21 Jan. 1961, 235-1-259, pp. 16~17.
24 Hubei, 22 Feb. 1959, SZ18-2-197, pp. 19~21.
25 Hebei, 2 June 1959, 855-5-1758, pp. 46~47.
26 Hubei, 22-23 Feb. 1959, SZ18-2-197, pp. 6~8과 12~14.
27 Hebei, 13 Dec. 1960, 855-18-777, pp. 40~41.
28 Hebei, 1 June 1959, 855-5-1758, pp. 126~127.
29 Hunan, 10 and 18 Dec. 1959, 146-1-507, pp. 81과 90~93.
30 Hunan, 31 Dec. 1959, 146-1-507, pp. 120~121.
31 Hebei, 1 June 1959, 855-5-1758, pp. 126~127.
32 Nanjing, 4 June 1959, 5003-3-722, pp. 77~81.
33 Nanjing, 26 Jan. 1960, 5012-3-556, p. 60.
34 Hunan, 13 Feb. 1961, 151-1-18, pp. 24~25.
35 쓰촨 성 청두 리얼지어(1922년 출생)와 2006년 4월 인터뷰.
36 Hubei, 11 May 1961, SZ18-2-202, pp. 25~26.
37 Guangdong, 1961, 235-1-256, p. 73.
38 Hubei, 18 Sept. 1961, SZ18-2-199, p. 7.
39 Yunnan, 30 Dec. 1958, 2-1-3442, pp. 11~16.

25장 〈친애하는 마오 주석〉

1 Hebei, 4 Jan. 1961, 880-1-11, p. 30.
2 나는 더 많은 사례를 제공하려는 유혹을 뿌리쳤지만 관심이 있는 독자는 Jasper Becker, *Hungry Ghosts: Mao's Secret Famine*, New York: Henry Holt, 1996, pp. 287~306에 실린 놀라운 장(章)을 참고하라.
3 Francois Mitterrand, *La Chine au défi*, Paris: Julliard, 1961, pp. 30과 123.

4 PRO, London, Nov. 1960, PREM11-3055.

5 Nanjing, 17 March 1959, 4003-1-279, pp. 101~102.

6 *Neibu cankao*, 7 Dec. 1960, pp. 21~24.

7 Shanghai, 7 May 1961, A20-1-60, pp. 60~62.

8 Hubei, 14 Oct. 1961, SZ29-2-89, pp. 1~8.

9 Guangdong, 1962, 217-1-123, pp. 123~127.

10 Guangzhou, 24 Feb. 1961, 92-1-275, p. 75.

11 Guangdong, 1962, 217-1-123, pp. 123~127.

12 Guangdong, 1961, 217-1-644, p. 20.

13 Nanjing, 16 July 1959, 5003-3-721, pp. 26~27.

14 Gansu, 5 Sept. 1962, 91-18-279, p. 7.

15 Hebei, June 1959, 884-1-183, p. 39.

16 Gansu, 5 Sept. 1962, 91-18-279, p. 7.

17 Ministry of Public Security report, Gansu, 8 Feb. 1961, 91-4-889, pp. 25~30.

18 Nanjing, 16 July 1959, 5003-3-721, pp. 26~27.

19 Hebei, 27 June 1959, 884-1-183, pp. 136과 140.

20 Hubei, 5 Sept. 1959, SZ18-2-197, p. 34.

21 Sichuan, 25 May 1959, JC1-1721, p. 3.

22 Cyril Birch, 'Literature under Communism', in Roderick MacFarquhar, John King Fairbank and Denis Twitchett (eds), *The Cambridge History of China*, vol. 15: *Revolutions within the Chinese Revolution, 1966-1982*, Cambridge: Cambridge University Press, 1991, p. 768.

23 Shanghai, 7 May 1961, A20-1-60, p. 62.

24 Guangdong, 3 Jan. 1961, 217-1-643, p. 102.

25 양화평(1946년 출생), 허베이 성 첸장 현, 2006년 4월 인터뷰.

26 Guangdong, 2 Jan. 1961, 217-1-643, pp. 61~66.

27 Sichuan, 1961, JC9-464, p. 70.

28 집산화 동안 떠돈 소문들에 대한 매우 흥미로운 이야기들은 Lynn Viola, *Peasant Rebels under Stalin: Collectivization and the Culture of Peasant Resistance*, New York: Oxford University Press, 1996, pp. 45~47에서 보라.

29 Wuhan, 3 Nov. 1958, 83-1-523, p. 134.

30 Guangdong, 23 Jan. 1961, 217-1-644, pp. 10~12.

31 Hubei, 4 Jan. 1961, SZ18-2-200, p. 11.

32 Hubei, 5 May 1961, SZ18-2-201, p. 95.

33 Sichuan, 1961, JC1-2614, p. 14.

34 Neibu cankao, 9 June 1960, pp. 7~8.

35 Guangdong, 5 Feb. 1961, 217-1-119, p. 45.

36 Guangdong, 23 Jan. 1961, 217-1-644, pp. 10~12와 20.

37 Hunan, 23 Jan. 1961, 146-1-580, p. 54.

38 Gansu, 5 Sept. 1962, 91-18-279, p. 7.

39 Nanjing, 19 March 1959, 5003-3-722, pp. 68~69.

40 Hebei, June 1959, 884-1-183, pp. 84~92와 128.

41 소련에서 투서에 관해서는 Sheila Fitzpatrick, 'Signals from Below: Soviet Letters of Denunciation of the 1930s', *Journal of Modern History*, vol. 68, no. 4 (Dec. 1996), pp. 831~866에서 흥미로운 내용을 만날 수 있다.

42 Hunan, 1959-61, 163-2-232, 전체 파일.

43 Nanjing, 7 March and 13 May 1961, 5003-3-843, pp. 1~4와 101.

44 Shanghai, 30 Nov. 1959, A2-2-16, p. 75.

45 Guangdong, 1961, 235-1-256, p. 90.

46 *Neibu cankao*, 31 May 1960, pp. 18~19.

47 *Neibu cankao*, 19 Dec. 1960, pp. 15~17.

48 Hunan, 31 Dec. 1961, 141-1-1941, p. 5.

49 Guangdong, 24 Feb. 1961, 235-1-256, pp. 40~42.

50 *Neibu cankao*, 12 June 1961, p. 23.

51 Gansu, 14 Jan. 1961, 91-18-200, p. 50.

52 Report by provincial party committee work team, Sichuan, 1961, JC1-2616, p. 111.

26장 도적과 반란자들

1 Hebei, 15 Aug. 1961, 878-1-6, p. 38.

2 *Neibu cankao*, 16 Dec. 1960, p. 9.

3 예를 들어 Hebei, 27 June 1959, 884-1-183, p. 135.

4 Hubei, 6 Jan. 1961, SZ18-2-200, p. 22.

5 Hunan, 17 Jan. 1961, 146-1-580, p. 29.

6 Gansu, 24 Jan. 1961, 91-9-215, pp. 117~120.

7 앞의 책.

8 *Neibu cankao*, 20 June 1960, pp. 11~12.

9 Report from the Ministry of Railways, Gansu, 20 Jan. 1961, 91-4-889, pp. 19~21.

10 Hunan, 22 Nov. 1959, 146-1-507, pp. 44~46.

11 Sichuan, 26 May 1959, JC1-1721, p. 37.

12 Sichuan, 8 June 1959, JC1-1721, p. 153.

13 Hunan, 9 March 1959, 163-1-1046, p. 24.

14 Hebei, June 1959, 884-1-183, p. 40; 25 April 1960, 884-1-184, p. 20.

15 Nanjing, 30 Jan. 1959, 4003-1-171, p. 35.

16 Nanjing, 19 March 1959, 5003-3-722, pp. 68~69.

17 Hubei, 4 Jan. 1961, SZ18-2-200, p. 11.

18 Hubei, 22 Feb. 1959, SZ18-2-197, pp. 6~8.

19 Sichuan, 2-4 Nov. 1959, JC1-1808, p. 137.

20 Guangdong, 3 Feb. 1961, 262-1-115, pp. 86~87.

21 Kaiping, 29 Dec. 1960, 3-A10-81, p. 2.

22 Hunan, 17 Jan. 1961, 146-1-580, p. 29.

23 Gansu, 18 June 1958, zhongfa (58) 496, 91-18-88, pp. 29~34.

24 Yunnan, 30 Nov. 1960, 2-1-4108, pp. 72-5; 2 Dec. 1960, 2-1-4108, pp. 1~2; 8 Nov. and 9 Dec. 1960, 2-1-4432, pp. 1~10과 50~57도 보라.

25 Ministry of Public Security report, Gansu, 8 Feb. 1961, 91-4-889, pp. 25~30.

26 Hebei, June 1959, 884-1-183, pp. 39~40과 132.

27 Hebei, 26 April 1960, 884-1-184, p. 36.

28 Guangdong, 1961, 216-1-257, pp. 64~65.

27장 대탈출

1 Shanghai, 12 March 1959, B98-1-439, pp. 9~13.

2 Zhang Qingwu, 'Kongzhi chengshi renkou de zengzhang', Renmin ribao, 21 Aug. 1979, p. 3, quoted in Judith Banister, *China's Changing Population*, Stanford: Stanford University Press, 1987, p. 330.

3 Yunnan, 18 Dec. 1958, 2-1-3101, p. 301.

4 Shanghai, 20 April 1959, A11-1-34, pp. 1~3.

5 Shanghai, 12 and 17 March 1959, B98-1-439, pp. 12와 25.

6 Shanghai, 20 April 1959, A11-1-34, pp. 4~14.

7 Xinyang, 4 Aug. 1960, 304-37-7, p. 68.

8 Hebei, 28 Feb., 11 March and 15 April 1959, 855-5-1750, pp. 74~75, 91~94와 132~134.

9 Zhejiang, 3 March 1959, J007-11-112, pp. 1~6.

10 Guangdong, 23 Jan. 1961, 217-1-644, pp. 10~12.

11 Hebei, 15 April 1959, 855-5-1750, pp. 132~134.

12 Wuhan, 14 April 1959, 76-1-1210, pp. 87~88.

13 *Neibu cankao*, 20 June 1960, pp. 11~12.

14 Hebei, 11 March 1959, 855-5-1750, pp. 91~94.

15 Beijing, 23 Jan. and 31 Aug. 1959, 2-11-58, pp. 3~4와 8~10.

16 Nanjing, 14 March 1959, 4003-1-168, pp. 39-49; 14 Aug. 1960, 4003-1-199, p. 2.

17 Nanjing, 23 Dec. 1959, 5003-3-721, p. 115; 21 July 1959, 4003-2-315, pp. 11~18.

18 Nanjing, 21 July 1959, 4003-2-315, pp. 11~18.

19 앞의 책.

20 Yunnan, 29 Nov. 1958, zhongfa (58) 1035, 2-1-3276, pp. 250~253.

21 Nanjing, 14 Aug. 1960, 4003-1-199, p. 2.

22 Nanjing, 21 Nov. 1959, 4003-2-315, p. 32.

23 Gansu, 14 Jan. 1961, 91-18-200, pp. 47~48.

24 Guangdong, 5 Jan. 1961, 217-1-643, p. 63.

25 Hebei, 15 Aug. 1961, 878-1-6, pp. 31~44.

26 Yunnan, 29 Nov. 1958, zhongfa (58) 1035, 2-1-3276, pp. 250~253.

27 Hebei, 15 April 1959, 855-5-1750, p. 133.

28 Hubei, 25 Feb. 1958, SZ34-4-295, p. 7.

29 Hubei, Sept. 1958, SZ34-4-295, pp. 38~42.

30 Hebei, 17 Dec. 1960, 878-2-8, pp. 8~10.

31 Reports from the State Council and the Ministry of Public Security, Hubei, 6 Feb., 5 June and 10 Nov. 1961, SZ34-5-15, pp. 7~8과 58~61.

32 Sichuan, Nov.-Dec. 1961, JC1-2756, pp. 84~85.

33 *Neibu cankao*, 1 May 1960, p. 30.

34 Gansu, 31 Aug. 1960, 91-9-58, pp. 32~37.

35 Hubei, 18 April 1961, SZ34-5-15, p. 9.

36 Hubei, 1961, SZ34-5-15, pp. 9-10.

37 Gansu, 16 June 1961, zhong (61) 420, 91-18-211, pp. 116~119.

38 Yunnan, Aug. 1960, 2-1-4245, p. 55; Yunnan, 10 July 1961, 2-1-4587, p. 83.

39 Yunnan, 10 and 22 July 1961, 2-1-4587, pp. 82와 112~114.

40 Guangdong, 20 July, 2 Aug. and 23 Nov. 1961, 253-1-11, pp. 44, 51 그리고 53.

41 Xuancheng, 25 June 1961, 3-1-257, p. 32.

42 Hunan, 12 Dec. 1961, 186-1-587, p. 5.

43 Ministry of Foreign Affairs, Beijing, 12 June 1958 and 14 Jan. 1959, 105-604-1, pp. 21과 24~30.

44 PRO, London, 28 Feb. 1959, FO371-143870.

45 Ministry of Foreign Affairs, Beijing, 23 Aug. 1961, 106-999-3, pp. 40~55.

46 RGANI, Moscow, 22 May 1962, 5-30-401, p. 39.

47 Ministry of Foreign Affairs, Beijing, 10 May 1962, 118-1100-9, pp. 71~79.

48 RGANI, Moscow, 28 April 1962, 3-18-53, pp. 2~3과 8~12.

49 RGANI, Moscow, May 1962, 3-16-89, pp. 63~67.

50 Ministry of Foreign Affairs, Beijing, 30 June 1962, 118-1758-1, pp. 1~8.

51 RGANI, Moscow, 6 Nov. 1964, 5-49-722, pp. 194~197.

52 *Hong Kong Annual Report*, Hong Kong: Government Printer, 1959, p. 23.

53 ICRC, Geneva, report from J. Duncan Wood, Sept. 1963, BAG 234 048-

008.03.

54 *Hong Kong Standard*, 11 May 1962.

55 CIA가 인터뷰한 한 탈출자의 증언, CIA, Washington, 27 July 1962, OCI 2712-62, p. 4를 보라. 유사한 내용이 *South China Morning Post*, 6 June 1962에 실렸다.

56 ICRC, Geneva, report from Paul Calderara, 5 June 1962, BAG 234 048-008.03.

57 앞의 책; PRO, Hong Kong, 1958-60, HKRS 518-1-5도 보라.

58 Hansard, 'Hong Kong (Chinese Refugees)', HC Deb, 28 May 1962, vol. 660, cols 974-7; ICRC, Geneva, report from J. Duncan Wood, Sept. 1963, BAG 234 048-008.03.

59 Aristide R. Zolberg, Astri Suhrke and Sergio Aguayo, *Escape from Violence: Conflict and the Refugee Crisis in the Developing World*, Oxford: Oxford University Press, 1989, p. 160.

60 'Refugee dilemma', Time, 27 April 1962.

28장 아동

1 Wujiang, 13 April 1959, 1001-3-92, pp. 63~69.

2 Beijing, 4 and 18 Aug. 1960, 84-1-167, pp. 1~9와 43~52.

3 Beijing, 31 March 1959, 101-1-132, pp. 26~40.

4 Guangzhou, 9 Jan., 7 March, 29 April, 18 May and 14 Dec. 1959, 16-1-19, pp. 19~24, 51~55, 57~61, 64~66 그리고 70; on the use of physical punishment in Shanghai see Shanghai, 24 Aug. 1961, A20-1-54, p. 18.

5 Shanghai, 7 May 1961, A20-1-60, p. 64; 24 Aug. 1961, A20-1-54, pp. 16~24.

6 Beijing, 4 Aug. 1960, 84-1-167, pp. 43~52.

7 Beijing, 18 Aug. 1960, 84-1-167, pp. 1~9.

8 Nanjing, 14 Nov. 1961, 5012-3-584, p. 79.

9 Guangzhou, 18 May 1959, 16-1-19, pp. 51~55.

10 Nanjing, 21 April 1960, 4003-2-347, pp. 22~26.

11 Hubei, 25 Dec. 1960, SZ34-5-16, pp. 2~3.

12 Guangdong, 1961, 314-1-208, p. 16.

13 중등학교 체제의 규정과 규칙에 관해서는 Suzanne Pepper, *Radicalism and Education Reform in 20th-Century China: The Search for an Ideal Development Model*, Cambridge: Cambridge University Press, 1996, pp. 293 ff를 보라.

14 Wuhan, 9 April and 26 Dec. 1958, 70-1-767, pp. 33~45.

15 Wuhan, 6 Jan. 1959, 70-1-68, pp. 19~24.

16 Nanjing, 28 Dec. 1958, 4003-1-150, p. 81.

17 Hunan, 2 June 1960, 163-1-1087, pp. 43~45.

18 Sichuan, May 1961, JC1-2346, p. 15.

19 Guangdong, 25 Jan. 1961, 217-1-645, pp. 11~14.

20 Guangdong, 1961, 217-1-646, pp. 10~11.

21 Hunan, 8 April 1961, 146-1-583, p. 96.

22 앞의 책.

23 Guangdong, 31 Dec. 1960, 217-1-576, pp. 54~68.

24 Hunan, 13 Feb. 1961, 151-1-18, pp. 24~25.

25 Guangdong, 1960, 217-1-645, pp. 60~64.

26 *Neibu cankao*, 30 Nov. 1960, p. 16.

27 Yunnan, 22 May 1959, 2-1-3700, pp. 93~98.

28 산둥 성 황 현, 덩차오얼(1951년 출생)과 2006년 4월 인터뷰.

29 쓰촨 성 런서우, 류수(1946년 출생)와 2006년 4월 인터뷰.

30 쓰촨 성 청두, 리얼지어(1922년 출생)와 2006년 4월 인터뷰.

31 이 현상에 관해서는 Robert Dirks, 'Social Responses during Severe Food Shortages and Famine', *Current Anthropology*, vol. 21, no. 1 (Feb. 1981), p. 31를 읽어야 한다.

32 Nanjing, 10 May 1960, 5003-3-722, pp. 27~31.

33 Hebei, 10 Feb. 1960, 855-18-778, p. 36.

34 쓰촨 성 청두, 리얼지어(1922년 출생)와 2006년 4월 인터뷰.

35 Nanjing, 4 Jan. 1960, 4003-1-202, p. 1; 21 July, 30 Sept. and 15 Dec. 1959, 4003-2-315, pp. 17, 20, 27 그리고 36.

36 Nanjing, 4 Jan. 1960, 4003-1-202, p. 1; 21 July, 30 Sept. and 15 Dec. 1959, 4003-2-315, pp. 17, 27 그리고 36.

37 Nanjing, 20 May 1959, 4003-2-315, pp. 12~14.

38 Wuhan, 20 July 1959, 13-1-765, pp. 72-3; Hubei, 30 Aug. 1961, SZ34-5-16, pp. 35~36.

39 Hubei, 18 Sept. 1961, SZ34-5-16, pp. 41~42.

40 Hebei, 17 Aug. 1961, 878-2-17, pp. 142~145.

41 Hebei, 24 Jan. 1961, 878-2-17, pp. 1~5.

42 Guangdong, 10 Feb. 1961, 217-1-640, pp. 18~28.

43 Sichuan, 1 Oct. 1961, JC44-1432, pp. 89-90; 1962년 9월의 한 보고서는 고아 20만 명을 언급한다. JC44-1442, p. 34를 보라.

44 Sichuan, 1962, JC44-1440, pp. 46 and 118~119.

45 Sichuan, 1962, JC44-1441, p. 35.

46 허난 성 루산 현, 자오샤오바이(1948년 출생)와 2006년 5월과 12월 인터뷰.

47 Sichuan, 1961, JC1-2768, pp. 27~29.

48 Hubei, 24 April, 30 Aug. and 18 Sept. 1961, SZ34-5-16, pp. 19, 35~36 그리고 41~42.

49 Yunnan, 16 May 1959, 81-4-25, p. 17.

50 Hunan, 30 June 1964, 187-1-1332, p. 14.

29장 여성

1 Dikötter, *Exotic Commodities*를 보라.

2 여기에 관해서는 Gao Xiaoxian, ' "The Silver Flower Contest": Rural Women in 1950s China and the Gendered Division of Labour', *Gender and History*, vol. 18, no. 3 (Nov. 2006), pp. 594~612를 보라.

3 Hunan, 13 March 1961, 146-1-582, pp. 80~81.

4 Sichuan, 1961, JC1-2611, p. 3.

5 Hunan, 13 March 1961, 146-1-582, pp. 80~81.

6 Guangdong, 23 March 1961, 217-1-643, pp. 10~13.

7 Guangdong, 1961, 217-1-618, pp. 18~41.

8 Guangdong, 2 Jan. 1961, 217-1-643, pp. 61~66.

9 Beijing, 15 March 1961, 1-28-29, pp. 1~2.

10 Beijing, 10 Feb. 1961, 84-1-180, pp. 1~9.

11 후난 성의 수치는 너무 아파서 작업을 할 수 없는 여성을 제외하고 작업 여성들 사이에서 1년에 최소 절반 이상 생리가 없거나 자궁 탈출이라고 정의된 〈부인과 문제〉에 대한 추정치다. Shanghai, 1 Feb. 1961, B242-1-1319-15, p. 1; Hunan, 8 Dec. 1960, 212-1-508, p. 90; Hebei, 19 Jan. 1961, 878-1-7, pp. 1~4도 보라.

12 Hubei, 23 Feb. 1961, SZ1-2-898, pp. 12~17.

13 Guangdong, 6 April 1961, 217-1-643, pp. 1~9.

14 Hebei, 27 June 1961, 880-1-7, pp. 53과 59.

15 Hebei, 27 April 1961, 880-1-7, p. 88.

16 Hebei, 2 June 1960, 855-9-4006, p. 150.

17 Hunan, 21 Jan. 1961, 146-1-580, p. 45.

18 Hunan, 24 Feb. 1961, 146-1-588, p. 9.

19 Hunan, 1959, 141-1-1322, pp. 2~5 그리고 14.

20 *Neibu cankao*, 30 Nov. 1960, p. 17.

21 Kaiping, 24 Sept. 1960, 3-A10-76, p. 19.

22 Kaiping, 6 June 1959, 3-A9-80, p. 6.

23 Sichuan, 18 Aug. 1962, JC44-3927, pp. 2~6.

24 Nanjing, 20 May 1959, 4003-2-315, p. 12.

25 *Neibu cankao*, 13 Feb. 1961, pp. 14~15.

26 *Neibu cankao*, 12 June 1961, pp. 9~10.

27 Guangdong, 1961, 217-1-618, pp. 18~41.

28 David Arnold, *Famine: Social Crisis and Historical Change*, Oxford: Blackwell, 1988, p. 89.

30장 노인

1 Charlotte Ikels, *Aging and Adaptation: Chinese in Hong Kong and the United States*, Hamden: Archon Books, 1983, p. 17.

2 Macheng, 15 Jan. 1959, 1-1-443, p. 28.

3 Deborah Davis-Friedmann, *Long Lives: Chinese Elderly and the Communist*

Revolution, Stanford: Stanford University Press, 1991, p. 87, quoting the *People's Daily* dated 15 Jan. 1959.

4 Beijing, May 1961, 1-14-666, p. 25.

5 Guangdong, 10 Feb. 1961, 217-1-640, pp. 18~28.

6 Sichuan, 29 Nov. and 24 Dec. 1958, JC1-1294, pp. 71과 129.

7 Sichuan, 1959, JC44-2786, p. 55.

8 Hunan, 1961, 167-1-1016, pp. 1과 144.

9 Hunan, 1960, 146-1-520, p. 102.

10 쓰촨 성, 자오줴 현 장귀화(1940년 출생)와 2007년 4월 인터뷰.

11 Hubei, 3 July 1961, SZ18-2-202, p. 70.

31장 사고

1 Hunan, 5 Nov. 1958, 141-1-1051, p. 123.

2 Hunan, 9 March 1959, 163-1-1046, p. 24.

3 Nanjing, 16 April 1959, 4003-1-279, pp. 151~152.

4 Nanjing, 31 Oct. 1959, 5003-3-711, p. 33.

5 Hubei, 5 Jan. 1960, SZ34-4-477, p. 34.

6 Hunan, 16 Jan. and 12 Feb. 1960, 141-1-1655, pp. 54~55와 66~67.

7 Report from the State Council, Hubei, 3 March 1960, SZ34-4-477, p. 29.

8 Hunan, July 1959, 141-1-1224, pp. 13~14.

9 Chishui, 27 Feb. 1959, 1-A10-25, p. 2.

10 Li, *Dayuejin*, vol. 2, p. 233.

11 Mao Qihua가 중앙에 올린 보고서, Gansu, 4 Sept. 1960, zhongfa (60) 825, 91-18-154, pp. 99-106; 보고서는 1만 3,000명의 희생자 가운데 약 5,000명이 광업 부문에서 사고를 당했다고 보고 있다.

12 Sichuan, 15 June to 19 Nov. 1962, JC1-3174, pp. 4~6.

13 Hunan, 4 Oct. 1959, 141-1-1258, pp. 12-13; July 1959, 141-1-1224, pp. 13~14.

14 Nanjing, Sept.-Oct. 1959, 5035-2-5, pp. 15-21; 3 Aug. 1961, 9046-1-4, pp. 47~54.

15 Nanjing, 12 Jan. 1959, 5003-3-721, pp. 1~7.

16 Nanjing, 9 Jan. 1959, 4003-1-171, p. 17.

17 Hunan, May 1959, 141-1-1258, pp. 63~64.

18 Hubei, 12 Sept. 1960, SZ34-4-477, pp. 70~81.

19 Gansu, 1 Nov. 1961, 91-9-215, p. 72.

20 Guangdong, 7 Aug. 1961, 219-2-319, pp. 56~68.

21 Gansu, 12 and 16 Jan. 1961, 91-18-200, pp. 32와 84.

32장 질병

1 Li, *Private Life of Chairman Mao*, pp. 339~340.

2 Nanjing, 7-10 Oct. 1961, 5065-3-467, pp. 33~37과 58~61.

3 Wuhan, 11 Sept. 1959, 30-1-124, pp. 40-2; 22 June 1959, 28-1-650, pp. 27~28.

4 Sichuan, 18 Jan. 1961, JC1-2418, p. 2; also JC1-2419, p. 43.

5 Sichuan, 1961, JC1-2419, p. 46.

6 Sichuan, 1960, JC133-220, p. 137.

7 Guangdong, 30 Oct. 1961, 235-1-255, pp. 170 and 179; Shanghai, 28 July and 24 Aug. 1961, B242-1-1285, pp. 28~37과 46~49.

8 Sichuan, 1960, JC1-2007, pp. 38~39.

9 모든 현의 지리 연감에 관한 체계적 분석은 Cao Shuji, *Da jihuang: 1959-1961 nian de Zhongguo renkou* (The Great Famine: China's population in 1959-1961), Hong Kong: Shidai guoji chuban youxian gongsi, 2005을 보라. 좋은 실례는 p. 128에 있다.

10 Hunan, 5 Jan. 1959, 141-1-1220, pp. 2-3; 1962, 265-1-309, pp. 4~5.

11 Nanjing, 6 April 1959, 4003-1-171, p. 138.

12 Nanjing, 25 Oct. 1959, 5003-3-727, pp. 19~21.

13 Hubei, 1961, SZ1-2-898, pp. 18~45.

14 Shanghai, 18 Oct. 1959, B242-1-1157, pp. 23~26.

15 Wuxi, 1961, B1-2-164, pp. 58~66.

16 Hubei, 25 Feb. and 7 July 1961, SZ1-2-898, pp. 7~11과 45~49.

17 Hunan, 25 Nov. 1960, 265-1-260, p. 85; 8 Dec. 1960, 212-1-508, p. 163.

18 Nanjing, 27 Aug. 1959, 5003-3-727, p. 88.

19 Hubei, 6 June 1961, SZ1-2-906, p. 29; 21 July 1961, SZ1-2-898, pp. 49~52.

20 Nanjing, 3 April 1959, 5003-3-727, p. 67.

21 Wuhan, 19 Feb. 1962, 71-1-1400, pp. 18~21.

22 Guangdong, 1960, 217-1-645, pp. 60~64.

23 Guangdong, 1959, 217-1-69, pp. 95~100.

24 Zhejiang, 10 May 1960, J165-10-66, pp. 1~5.

25 Sichuan, 9 July 1960, JC133-219, p. 106.

26 Wuhan, 16 Aug. 1961, 71-1-1400, pp. 9~10.

27 허난 성 시 현, 리다준(1947년 출생)와 2006년 10월 인터뷰.

28 Nanjing, 1961, 5065-3-381, pp. 53~54.

29 Shanghai, 11 May 1961, B242-1-1285, pp. 1~3.

30 Wuhan, 30 June 1959, 30-1-124, pp. 31~33.

31 Wuhan, 1 July 1960, 28-1-650, p. 31.

32 Wuhan, 30 June 1959, 30-1-124, pp. 31~33.

33 Sichuan, 16 May 1960, JC1-2115, pp. 57~58.

34 Sichuan, 1960, JC1-2114, p. 8.

35 Sichuan, 1959, JC9-448, pp. 46~47.

36 Sichuan, 1959, all of JC44-2786.

37 Report from the Ministry of Health, Hubei, 24 April 1960, SZ115-2-355, pp. 10~13.

38 Hunan, 11 May 1960, 163-1-1082, pp. 26~28.

39 이에 대한 좋은 묘사는 Jung Chang, *Wild Swans: Three Daughters of China*, Clearwater, FL: Touchstone, 2003, p. 232를 보라.

40 Warren Belasco, 'Algae Burgers for a Hungry World? The Rise and Fall of Chlorella Cuisine', *Technology and Culture*, vol. 38, no. 3 (July 1997), pp. 608~634.

41 Jean Pasqualini, *Prisoner of Mao*, Harmondsworth: Penguin, 1973, pp. 216~219.

42 Beijing, 1 Feb. 1961, 1-14-790, p. 109.

43 Barna Talas, ‘China in the Early 1950s’, in Näth, *Communist China in Retrospect*, pp. 58~59.
44 쓰촨 성 지양, 얀시푸(1948년 출생)와 2007년 4월 인터뷰.
45 쓰촨 성 지양, 주얼거(1950년 출생)와 2007년 4월 인터뷰.
46 Hebei, 30 April and Aug. 1960, 855-18-777, pp. 167-8; 855-18-778, pp. 124~125.
47 Reports from the Ministry of Health, Hubei, March and Dec. 1960, SZ115-2-355, pp. 12~15.
48 Beijing, 14 April 1961, 2-13-135, pp. 5~6.
49 후베이 성 첸장 현, 멍샤오리(1943년 출생)와 2006년 8월 인터뷰.
50 허난 성 루산 현, 자오샤오바이(1948년 출생)와 2006년 5월과 12월 인터뷰.
51 쓰촨 성 젠양, 주얼거(1950년 출생)와 2007년 4월 인터뷰.
52 Beijing, 3 July 1961, 2-1-136, pp. 23~24.
53 Sichuan, 1960, JC133-219, p. 154.
54 Sichuan, Oct. 1961, JC1-2418, p. 168; 1962, JC44-1441, p. 27.
55 Sichuan, 31 Aug. 1961, JC1-2620, pp. 177~178.
56 허난 성 핑딩산, 허광화(1940년 출생)와 2006년 10월 인터뷰.
57 굶주림이 어떻게 작동하는지는 Sharman Apt Russell, *Hunger: An Unnatural History*, New York: Basic Books, 2005에 잘 분석되어 있다.
58 Wu Ningkun and Li Yikai, *A Single Tear: A Family's Persecution, Love, and Endurance in Communist China*, New York: Back Bay Books, 1994, p. 130.
59 Guangdong, 23 March 1961, 217-1-643, pp. 10~13.
60 Shanghai, Jan.-Feb. 1961, B242-1-1285, pp. 1~3과 17~27.
61 Hebei, 1961, 878-1-7, pp. 12~14.
62 Hebei, 21 Jan. 1961, 855-19-855, p. 103.

33장 노동 수용소

1 ‘Shanghai shi dongjiaoqu renmin fayuan xingshi panjueshu: 983 hao’, private collection, Frank Dikötter.
2 40퍼센트가 1~5년형을 선고받았고, 25퍼센트는 감시 아래 놓였다. Nanjing, 8

June 1959, 5003-3-722, p. 83.

3 Frank Dikötter, 'Crime and Punishment in Post-Liberation China: The Prisoners of a Beijing Gaol in the 1950s', *China Quarterly*, no. 149 (March 1997), pp. 147~159를 보라.

4 Papers from the tenth national conference on national security, Gansu, 8 April 1960, zhongfa (60) 318, 91-18-179, pp. 11~12.

5 Hebei, 1962, 884-1-223, p. 149.

6 Hebei, 23 Oct. 1960, 884-1-183, p. 4.

7 Guangdong, 1961, 216-1-252, pp. 5~7과 20.

8 Gansu, 3 Feb. 1961, 91-18-200, pp. 291-2; 소설가 양샨후이는 생존자들과의 인터뷰를 바탕으로 수용소의 생활 조건들을 생생하게 묘사하고 2,400명 가운데 1,300명이 사망했다고 추정했는데 이는 간쑤 성의 기록 보관소 자료로 확인된다. Yang Xianhui, *Jiabiangou jishi: Yang Xianhui zhongduan pian xiaoshuo jingxuan* (A record of Jiabian Valley: A selection of stories by Yang Xianhui), Tianjin: Tianjin guji chubanshe, 2002, p. 356.

9 Report from the provincial Public Security Bureau, Gansu, 26 June 1960, 91-9-63, pp. 1~4.

10 Gansu, 15 Jan. 1961, 91-18-200, p. 62.

11 Hebei, 1962, 884-1-223, p. 150.

12 Papers from the tenth national conference on national security, Gansu, 8 April 1960, zhongfa (60) 318, 91-18-179, p. 26.

13 앞의 책.

14 앞의 책, pp. 11~12.

15 Speech on 21 Aug. 1958, Hunan, 141-1-1036, p. 29.

16 Hebei, 27 June 1959, 884-1-183, p. 128.

17 Papers from the tenth national conference on national security, Gansu, 8 April 1960, zhongfa (60) 318, 91-18-179, p. 26.

18 Hebei, 16 April 1961, 884-1-202, pp. 35~47.

19 Yunnan, 22 May 1959, 2-1-3700, pp. 93~98.

20 Guangdong, 2 Jan. 1961, 217-1-643, pp. 61~66.

21 Kaiping, 22 Sept. 1960, 3-A10-31, p. 10.

22 *Neibu cankao*, 30 Nov. 1960, p. 16.

23 Guangdong, 15 Aug. 1961, 219-2-318, p. 120.

24 Beijing, 11 Jan. 1961, 1-14-790, p. 17.

25 이것은 중국의 수용소 시스템에 대한 아직까지 가장 상세하고 믿음직한 역사서를 쓴 Jean-Luc Domenach의 추정이기도 하다. Jean-Luc Domenach, *L'Archipel oublié*, Paris: Fayard, 1992, p. 242.

34장 폭력

1 Beijing, 13 May 1959, 1-14-574, pp. 38~40.

2 쓰촨 성 랑중 현, 리포포(1938년 출생)와 2007년 4월 인터뷰.

3 *Neibu cankao*, 27 June 1960, pp. 11~12.

4 Guangdong, 25 Jan. 1961, 217-1-645, p. 13.

5 Guangdong, 30 Dec. 1960, 217-1-576, p. 78.

6 Guangdong, 5 Feb. 1961, 217-1-645, pp. 35~49.

7 Hunan, 3 April 1961, 151-1-24, p. 6.

8 Hunan, 1960, 146-1-520, pp. 97~106.

9 Hunan, 8 April 1961, 146-1-583, p. 96.

10 Guangdong, 1960, 217-1-645, pp. 25~28.

11 Hebei, 4 Jan. 1961, 880-1-11, p. 30.

12 Hunan, 1960, 146-1-520, pp. 97~106.

13 Guangdong, 16 April 1961, 217-1-643, pp. 123-31; 25 Jan. 1961, 217-1-646, pp. 15~17.

14 Xinyang diwei zuzhi chuli bangongshi, 'Guanyu diwei changwu shuji Wang Dafu tongzhifan suo fan cuowu ji shishi cailiao', 5 Jan. 1962, pp. 1~2.

15 Guangdong, 16 April 1961, 217-1-643, pp. 123~131.

16 이것은 룽 현에서 일어났다. Sichuan, 1962, JC1-3047, pp. 37~38.

17 Guangdong, 16 April 1961, 217-1-643, pp. 123-31; 25 Jan. 1961, 217-1-646, pp. 15~17.

18 Guangdong, 23 March 1961, 217-1-643, pp. 10~13.

19 Hunan, 15 Nov. 1960, 141-1-1672, pp. 32~33.

20 *Neibu cankao*, 21 Oct. 1960, p. 12; Sichuan, 25 May 1959, JC1-1721, p. 3.

21 Guangdong, 23 March 1961, 217-1-643, pp. 10~13.

22 Guangdong, 1960, 217-1-645, pp. 60~64.

23 Hebei, 27 June 1961, 880-1-7, p. 55.

24 Sichuan, 27 Jan. 1961, JC1-2606, p. 65; 1960, JC1-2116, p. 105.

25 Guangdong, 12 Dec. 1960, 217-1-643, pp. 33~43.

26 Guangdong, 23 March 1961, 217-1-642, p. 33.

27 Guangdong, 1961, 217-1-644, pp. 32~38.

28 Guangdong, 29 Jan. 1961, 217-1-618, pp. 42-6; also Hebei, 27 June 1961, 880-1-7, p. 55.

29 Hunan, 3 and 14 April 1961, 151-1-24, pp. 1-13 and 59-68; also 3 Feb. 1961, 146-1-582, p. 22.

30 *Neibu cankao*, 21 Oct. 1960, p. 12.

31 Guangdong, 1960, 217-1-645, pp. 60~64.

32 Neibu cankao, 30 Nov. 1960, p. 17.

33 Hunan, 3 Feb. 1961, 146-1-582, p. 22.

34 Hunan, 10 Aug. 1961, 146-1-579, pp. 32~33.

35 Sichuan, 1960, JC1-2112, p. 4.

36 Guangdong, 16 April 1961, 217-1-643, pp. 123-31; 25 Jan. 1961, 217-1-646, pp. 15~17.

37 Guangdong, 1961, 217-1-644, pp. 32-8; 1961, 217-1-618, pp. 18~41, in particular pp. 21과 35.

38 Hunan, 1961, 151-1-20, pp. 34~35.

39 광둥 성 중산 현 렁(1949년 출생) 씨와 2006년 7월 13일 인터뷰.

40 Guangdong, 1960, 217-1-645, pp. 60~64.

41 Hunan, 8 April 1961, 146-1-583, p. 96; also 12 May 1960, 146-1-520, pp. 69~75.

42 Hunan, Sept. 1959, 141-1-1117, pp. 1~4.

43 Macheng, 20 Jan. 1959, 1-1-378, p. 24; Guangdong, 1960, 217-1-645, pp. 60~64; *Neibu cankao*, 30 Nov. 1960, p. 17.

44 Beijing, 7 Jan. 1961, 1-14-790, p. 10.

45 Hunan, 1961, 151-1-20, pp. 34~35.

46 Guangdong, 1961, 217-1-644, pp. 32~38.

47 Report by Xu Qiwen, Hunan, 12 March 1961, 141-1-1899, pp. 216~222.
48 Yunnan, 9 Dec. 1960, 2-1-4157, p. 171.
49 Report by provincial party committee work team, Sichuan, 1961, JC1-2616, pp. 110~111.
50 Hunan, 15 Nov. 1960, 141-2-125, p. 1.
51 Hunan, 8 April 1961, 146-1-583, p. 95.
52 Report by Xu Qiwen, Hunan, 12 March 1961, 141-1-1899, p. 222.
53 Xinyang diwei zuzhi chuli bangongshi, 'Guanyu diwei changwu shuji Wang Dafu tongzhifan suo fan cuowu ji shishi cailiao', 5 Jan. 1962, pp. 1~2.
54 Sichuan, 5 Jan. 1961, JC1-2604, p. 35.
55 1958년 8월 21일과 24일 연설, Hunan, 141-1-1036, pp. 24~25와 31.
56 1962년 4월 5일 리징취안의 연설, Sichuan, JC1-2809, p. 11.
57 Hunan, 4 Feb. 1961, 151-1-20, p. 14.
58 Hunan, 1961, 151-1-20, pp. 34~35.
59 Report from central inspection committee, Hunan, 15 Nov. 1960, 141-2-125, p. 3.
60 Sichuan, 29 Nov. 1960, JC1-2109, p. 118.
61 Hunan, 4 Feb. 1961, 151-1-20, p. 14.
62 앞의 책, pp. 12~13.
63 Yunnan, 9 Dec. 1960, 2-1-4157, p. 170.
64 Guangdong, 1961, 217-1-644, pp. 32~38.
65 Sichuan, 2 May 1960, JC1-2109, pp. 10과 51.
66 Sichuan, 1961, JC1-2610, p. 4.
67 쓰촨 성 랑중 현, 웨이수(1920년대 출생)와 2006년 4월 인터뷰.
68 Sichuan, 1960, JC133-219, pp. 49와 131.
69 Adam Tooze, *The Wages of Destruction: The Making and Breaking of the Nazi Economy*, New York: Allen Lane, 2006, pp. 530~531.
70 Guangdong, 8 May 1960, 217-1-575, pp. 26~28.
71 Sichuan, 3 May 1959, JC1-1686, p. 43.
72 Yunnan, 22 May 1959, 2-1-3700, pp. 93~94.
73 Guangdong, 5 Feb. 1961, 217-1-119, p. 44.
74 Guangdong, 2 Jan. 1961, 217-1-643, pp. 61~66.

75 Kaiping, 6 June 1959, 3-A9-80, p. 6.

76 Nanjing, 15 Sept. 1959, 5003-3-721, p. 70.

77 Nanjing, 8 May 1959, 5003-3-721, p. 12.

35장 참상의 현장들

1 Hunan, 6 Aug. 1961, 146-1-579, pp. 5~6.

2 Material quoted in Yang, *Mubei*, pp. 901~903.

3 Gansu, 5 July 1965, 91-5-501, pp. 4~5.

4 앞의 책, p. 24.

5 앞의 책, pp. 5~7.

6 앞의 책, p. 7.

7 Gansu, 12 Jan. 1961, 91-4-735, p. 79.

8 Gansu, 10 Feb. 1960, 91-4-648, entire file; 24 March 1960, 91-4-647, 전체 파일.

9 Gansu, 21 April 1960, 91-18-164, pp. 153-60.

10 Sichuan, 1961, JC1-2608, pp. 1-3 and 21-2; 1961, JC1-2605, pp. 147-55.

11 Sichuan, 1961, JC1-2605, p. 171.

12 Sichuan, 1961, JC1-2606, pp. 2-3.

13 Reports by Yang Wanxuan, Sichuan, 22 and 27 Jan. 1961, JC1-2606, pp. 48-9 and 63-4; also 25 and 27 Jan. 1961, JC1-2608, pp. 83~88과 89~90.

14 Sichuan, 8 Dec. 1958, JC1-1804, pp. 35~37.

15 Sichuan, 4 April 1961, JC12-1247, pp. 7~14.

16 Report from the supervisory committee, Chishui, 1961, 2-A6-2, pp. 25-6.

17 Chishui, 30 Sept. 1958, 1-A9-4, pp. 30-1; 14 Jan. 1961, 1-A12-1, pp. 83-7; Dec. 1960, 1-A11-30, pp. 67-71; also 25 April 1960, 1-A11-39, pp. 11~15.

18 Chishui, 9 May 1960, 1-A11-9, pp. 5~9.

19 Guizhou, 1960, 90-1-2234, p. 24.

20 Guizhou, 1962, 90-1-2708, printed pages 1~6.

21 Chishui, 9 May 1960, 1-A11-9, pp. 5~9.

22 녜룽전이 마오쩌둥에게 청두에서 보낸 편지, Gausu, 16 March 1960, 91-9-134,

p. 2.

23 Shandong, 1962, A1-2-1130, pp. 39~44.

24 Shandong, 1962, A1-2-1127, pp. 7~11.

25 탄치룽이 수퉁과 마오쩌둥에게 올린 보고, Shandong, 11 April 1959, A1-1-465, p. 25.

26 수퉁의 고백, Shandong, 10 Dec. 1960, A1-1-634, p. 23.

27 앞의 책, p. 9.

28 양쉬안우가 수퉁에 관해 성 당위원회에 올린 보고, Shandong, 9 April 1961, A1-2-980, p. 15; 1961, A1-2-1025, pp. 9~10도 보라.

29 이것은 당이 지정한 공식 역사가 집단의 추정치이다. Fuyang shiwei dangshi yanjiushi (eds), *Zhengtu: Fuyang shehuizhuyi shiqi dangshi zhuanti huibian* (Compendium of special topics on the party history of Fuyang during the socialist era), Fuyang: Anhui jingshi wenhua chuanbo youxian zeren gongsi, 2007, p. 155.

30 Fuyang, 17 Aug. 1961, J3-2-280, p. 114.

31 Fuyang, 12 March 1961, J3-1-228, p. 20; 18 Aug. 1961, J3-2-280, p. 126.

32 Fuyang, 10 Jan. 1961, J3-2-278, p. 85.

33 앞의 책, p. 86.

34 Fuyang, 12 Aug. 1961, J3-1-228, p. 96b.

35 Fuyang, 17 Aug. 1961, J3-2-280, p. 115.

36 Fuyang, 10 Jan. 1961, J3-2-278, p. 86.

37 Fuyang, 30 Jan. 1961, J3-2-278, pp. 2~9.

38 제서우 지도자 하오루이의 고백, Fuyang, 10 Jan. 1961, J3-2-280, p. 48.

39 앞의 책.

40 린취안의 지도자 자오쑹의 고백, 15 Feb. 1961, Fuyang, J3-2-280, p. 91.

41 Fuyang, 6 Jan. 1961, J3-1-227, pp. 54~55.

42 Fuyang, 12 June 1961, J3-2-279, p. 15.

43 Fuyang, 20 March 1961, J3-2-278, pp. 67 and 69.

44 앞의 책.

45 Fuyang, 29 Feb. 1961, J3-2-278, p. 64.

46 당서기 류다오첸이 지역 당위원회에 보낸 보고, Fuyang, 6 Jan. 1961, J3-1-227, pp. 54~55.

36장 식인

1 Yunnan, 28 Feb. 1959, 2-1-3700, p. 103.

2 Guangdong, 1961, 217-1-646, pp. 25~30.

3 당시 시리 현은 리 현와 시허 현을 합친 것이었다. 공안부에 보낸 경찰 보고서, Gansu, 13 April 1961, 91-9-215, p. 94.

4 앞의 책.

5 Report by work group sent by the provincial party committee, Shandong, 1961, A1-2-1025, p. 7.

6 장중량의 고백, Gansu, 3 Dec. 1960, 91-18-140, p. 19.

7 수퉁의 고백, Shandong, 10 Dec. 1960, A1-1-634, p. 10.

8 Minutes of county party committee meeting, Chishui, 9 Dec. 1960, 1-A11-34, pp. 83 and 96.

9 *Neibu cankao*, 14 April 1960, pp. 25~26.

10 Gansu, Jan.-Feb. 1961, 91-18-200, p. 271.

11 Gansu, 3 March 1961, 91-4-898, pp. 82~87.

12 Sichuan, 1961, JC1-2608, pp. 93과 96~97.

13 그와 아주 똑같이 일이 소련에서도 벌어졌다. Bertrand M. Patenaude, *The Big Show in Bololand: The American Relief Expedition to Soviet Russia in the Famine of 1921*, Stanford: Stanford University Press, 2002, p. 262를 보라.

37장 최종 결산

1 Basil Ashton, Kenneth Hill, Alan Piazza and Robin Zeitz, 'Famine in China, 1958-61', *Population and Development Review*, vol. 10, no. 4 (Dec. 1984), pp. 613~645.

2 Judith Banister, 'An Analysis of Recent Data on the Population of China', *Population and Development Review*, vol. 10, no. 2 (June 1984), pp. 241~271.

3 Peng Xizhe, 'Demographic Consequences of the Great Leap Forward in China's Provinces', *Population and Development Review*, vol. 13, no. 4 (Dec. 1987), pp. 639-70; Chang and Holliday, Mao, p. 438.

4 Yang, *Mubei*, p. 904.

5 Cao, *Da jihuang*, p. 281.

6 Becker, *Hungry Ghosts*, pp. 271~272.

7 Hubei, 1962, SZ34-5-143, 전체 파일.

8 Hubei, March 1962, SZ34-5-16, p. 43.

9 Gansu, 16 March 1962, 91-9-274, p. 1; followed by a reminder sent on 24 May 1962 on p. 5.

10 Fuyang, 1961, J3-1-235, p. 34.

11 Sichuan, Nov.-Dec. 1961, JC1-2756, p. 54.

12 Sichuan, Oct. 1961, JC1-2418, p. 106.

13 Sichuan, 2 Nov. 1959, JC1-1808, p. 166.

14 Hebei, 10 Jan. 1961, 856-1-221, pp. 31-2; 17 Dec. 1960, 858-18-777, pp. 96~97.

15 Hebei, 29 Dec. 1960, 855-18-777, pp. 126~127.

16 Sichuan, May-June 1962, JC67-4; also in JC67-1003, p. 3.

17 Sichuan, 23 Feb. 1963, JC67-112, pp. 9~12.

18 Yunnan, 16 May 1959, 81-4-25, p. 17; 1957년 평균 사망률에 관해서는 *Zhongguo tongji nianjian, 1984*, Beijing: Zhongguo tongji chubanshe, 1984, p. 83; Cao, *Da jihuang*, p. 191를 보라.

19 1961년 5월 류사오치의 연설, Hunan, 141-1-1901, p. 120.

20 Hebei, 21 Jan. 1961, 855-19-855, pp. 100-4; on Hu Kaiming, see Yu, *Dayuejin ku rizi*, pp. 451~475.

21 Cao, *Da jihuang*, p. 234.

22 Hebei, 19 Jan. 1961, 878-1-7, pp. 1-4; Cao, *Da jihuang*, p. 246.

23 Hebei, 19 Jan. 1961, 878-1-7, pp. 1-4; Cao, *Da jihuang*, pp. 240과 246.

24 Gansu, Jan.-Feb. 1961, 91-18-200, p. 57; Cao, *Da jihuang*, pp. 271과 465.

25 Gansu, Jan.-Feb. 1961, 91-18-200, p. 94; Cao, *Da jihuang*, p. 273.

26 Gansu, Jan.-Feb. 1961, 91-18-200, p. 107; Cao, *Da jihuang*, p. 275.

27 Gansu, Jan.-Feb. 1961, 91-18-200, p. 45; Cao, *Da jihuang*, p. 275.

28 Guizhou, 1962, 90-1-2706, printed page 19.

29 Chishui, 14 Jan. 1961, 1-A12-1, pp. 83~87; Dec. 1960, 1-A11-30, pp. 67~71; Cao, *Da jihuang*, p. 158.

30 Chishui, 9 May 1960, 1-A11-9, pp. 5~9; Cao, Da jihuang, p. 164.

31 얀허 현에 관한 보고, Guizhou, 1961, 90-1-2270, printed page 1; 차오수지는 퉁런 지역을 통틀어 2만 4,000명이 조기 사망했다고 언급한다. Cao, *Da jihuang*, p. 166.

32 Shandong, 1962, A1-2-1127, p. 46; Cao, *Da jihuang*, p. 219.

33 Shandong, 1962, A1-2-1130, p. 42.

34 Shandong, 7 June 1961, A1-2-1209, p. 110; Cao, *Da jihuang*, p. 231.

35 Guangdong, 1961, 217-1-644, p. 72; Cao, *Da jihuang*, p. 129.

36 Guangdong, 20 Jan. 1961, 217-1-644, p. 61; Cao, *Da jihuang*, pp. 126~128.

37 Hunan, June and 28 Aug. 1964, 141-1-2494, pp. 74 and 81~82.

38 인구 통계에 관한 공안부 보고서, 16 Nov. 1963, Chishui, 1-A14-15, pp. 2~3.

39 Report by Central Census Office, 26 May 1964, Chishui, 1-A15-15, pp. 6~7.

40 Becker, *Hungry Ghosts*, p. 272.

41 Yu, *Dayuejin ku rizi*, p. 8.

에필로그

1 1962년 1월 27일 류사오치의 연설, Gansu, 91-18-493, pp. 58~60과 62.

2 Li, *Private Life of Chairman Mao*, p. 386.

3 린뱌오의 연설, Gansu, 29 Jan. 1962, 91-18-493, pp. 163~164.

4 저우언라이의 연설, Gansu, 7 Feb. 1962, 91-18-493, p. 87.

5 Liu Yuan, 'Mao Zedong wei shenma yao dadao Liu Shaoqi', Gao, *Zhou Enlai*, pp. 97~98에서 인용. 조금 다른 판본은 류사오치의 아내 Huang, *Wang Guangmei fangtan lu*, p. 288을 보라.

찾아보기

ㄱ

ㄷ

ㅂ

ㅇ

ㅈ

ㅊ

ㅋ

ㅌ

ㅍ

ㅎ

옮긴이 **최파일** 서울대학교에서 언론정보학과 서양사학을 전공했다. 〈바른번역〉에서 번역을 공부했고, 역사 분야를 중심으로 해외의 좋은 책들을 소개하려는 뜻을 품고 있다. 축구와 셜록 홈스의 열렬한 팬이며 제1차 세계 대전 문학에도 관심이 많다. 옮긴 책으로 『시계와 문명』, 『인류의 대항해』, 『아마존』, 『근대 전쟁의 탄생』, 『왜 서양이 지배하는가』, 『십자가 초승달 동맹』 등이 있다.

마오의 대기근

발행일 **2017년 4월 10일 초판 1쇄**
2021년 8월 10일 초판 7쇄

지은이 **프랑크 디쾨터**
옮긴이 **최파일**
발행인 **홍예빈 · 홍유진**
발행처 **주식회사 열린책들**

경기도 파주시 문발로 253 파주출판도시
전화 **031-955-4000** 팩스 **031-955-4004**
www.openbooks.co.kr

ISBN 978-89-329-1828-0 03910

이 도서의 국립중앙도서관 출판예정도서목록(CIP)은 서지정보유통지원시스템 홈페이지(http://seoji.nl.go.kr)와 국가자료공동목록시스템(http://www.nl.go.kr/kolisnet)에서 이용하실 수 있습니다.(CIP제어번호 : CIP2017008020)